Was Juden und Judentum für Christen bedeuten

Reihe „Lernprozeß Christen Juden“ Band 3

Herausgegeben von
Günter Biemer
Ernst Ludwig Ehrlich

Günter Biemer · Albert Biesinger · Peter Fiedler
in Zusammenarbeit mit
Ernst Ludwig Ehrlich, Bernd Feininger, Karl-Heinz Minz,
Ursula Reck und Bernhard Uhde

Was Juden und Judentum für Christen bedeuten

Eine neue Verhältnisbesinnung zwischen Christen und Juden

Lehr-Lerneinheiten für die Sekundarstufen

Herder
Freiburg · Basel · Wien

Publiziert mit Unterstützung des Fonds
zur Förderung der wissenschaftlichen Forschung
und
des Verbandes der Diözesen Deutschlands

Abschluß des Manuskripts
Herbst 1982

Zweite Auflage

Satz: F. X. Stückle, Ettenheim
Druck und Einband: Freiburger Graphische Betriebe 1986
ISBN 3-451-19974-2

Inhalt

Vorwort

Dieses Buch hat nicht nur das Ziel, ein Curriculum zum Lernprozeß Christen Juden vorzustellen, sondern auch einen Beitrag zur Didaktik des Religionsunterrichts zu leisten. In dieser Hinsicht wird die Arbeit der didaktischen Vermittlung von der Fachwissenschaft (Theologie) zur Anthropologie vorausgesetzt, die in anderem Zusammenhang bereits geleistet worden ist und entsprechend den fachdidaktischen Erfordernissen bis zur Erstellung eines Grobzielpools geführt hat.[1] Im Anschluß daran geht es im vorliegenden Band um die Praxisebene der *Unterrichtsplanung*. Für solche Planungsprozesse gibt es bekanntlich einige didaktische Konzeptionen, die deshalb in diesem Zusammenhang auf ihre Verwendbarkeit unter religionsdidaktischen Anforderungen geprüft werden sollen (vgl. Kap. 2).

Zur Durchführung der Überprüfung auf die Verwendbarkeit solcher Konzeptionen bedarf es der Erarbeitung von Kriterien. Ein erster Blick auf die didaktischen Konzeptionen von F. von Cube, W. Klafki und W. Schulz zeigt, daß sie die *explizite Erörterung und Begründung* der elementaren Frage nach dem, was Menschsein überhaupt bedeutet und in welcher Weise folglich die Anleitung zum Menschwerden im Rahmen des Unterrichts zu geschehen habe, außer acht lassen. Solche Ausblendung der Grundfrage der Anthropologie aus der Strukturierungsvorlage für die Unterrichtsplanung erhöht zwar deren Verwendungsmöglichkeit; denn damit sind die Unterrichtskonzeptionen zumindest potentiell für jede anthropologische Vorgabe offen, sei sie reflektiert oder unreflektiert. Andererseits ist damit die Frage um so dringlicher zu stellen, wie es sich mit dieser Offenheit in bezug auf religionsdidaktische und religionspädagogische Erfordernisse verhält.

Von dieser Stelle der Vorüberlegungen aus ist zunächst die Frage zu stellen, ob eine eigene theologische Anthropologie ohne pädagogische Vermittlung in die „Leerstellen" herrschender didaktischer Konzeptionen eingesetzt werden soll. Es schien der Sache angemessener, nach einer umfassenden Grundlegung von Pädagogik zu suchen, die aus ihrem eigenen Begründungszusammenhang den der Religion gemäßen Stellenwert bei der Erziehung und Bildung von Heranwachsenden und Erwachsenen ausweist. In der praxeologischen Grundlegung der Pädagogik wird dies auf eine Weise durchgeführt, die die großen Zusammenhänge der abendländischen Philosophie einbezieht (Kapitel 1.2).

Offen ist dann die Frage nach dem spezifisch Christlichen, das den Religionsunterricht kennzeichnen soll, der als „Katholischer Religionsunterricht" (nach

1) *G. Biemer u.a.*, Freiburger Leitlinien zum Lernprozeß Christen Juden, Düsseldorf 1981, 117–119.

GG 7) sich dem Thema „Lernprozeß Christen Juden“ zuwendet, in dessen Bereich die Thematik des darzustellenden Curriculums angesiedelt ist (Kapitel 1.3). Erst in der Ausfaltung dieses spezifisch Christlichen in der Kurzformel dessen, was als Anspruch und Verheißung Jesu Christi verstanden werden soll, ergeben sich die Möglichkeiten zur kritischen Beantwortung der Frage nach der Verwendbarkeit der vorliegenden Unterrichtsplanungskonzeptionen (Kap. 2.4).

Eine Einführung in den inhaltlichen Zusammenhang des Gesamtthemenbereichs Christen Juden, der in den Lerneinheiten strukturiert werden soll, schließt die Anliegen des Grundlagenteiles ab (Kap. 1.4).

Die Erarbeitung einer eigenen religionsdidaktischen Konzeption (Kap. 2) führt in ihrem Ergebnis über den unmittelbaren Anlaß hinaus und beansprucht allgemeine Gültigkeit für religionsunterrichtliche Planung. Der direkt aus der und für die Unterrichtspraxis konzipierte Hauptteil des Buches (Kap. 3) bringt die Verlaufsplanung eines Grundkurses und zweier Aufbaukurse (Kap. 4) zum vorliegenden Themenkreis, einsetzbar in der Sekundarstufe II, aber in differenzierter Weise auch schon am Ende der Sekundarstufe I; in komprehensiver Weise läßt sich aus allen drei Kursen auch ein Leistungskurs erstellen (s.u. S 184).

Medien zum Thema bietet in umfassendem Sinn der Anhang (Kap. 5), in dem alle erreichbaren Unterrichtsmaterialien zum gleichen Thema und angrenzenden Themenkreisen referiert und rezensiert werden (5.1), sowie fachwissenschaftliches Material zu den Grundkategorien der Verhältnisbesinnung Christen Juden dargestellt wird, das für den Lehr-Lernbedarf zubereitet wurde (5.2).

Die im Curriculum angeführten Dokumente (vgl. Dokumenten-Verzeichnis S. 338–344) sind enthalten im Band 4 dieser Reihe „Lernprozeß Christen Juden“ (Lesebuch).

Günter Biemer, Albert Biesinger, Peter Fiedler

1. Religionsdidaktische Grundlegung

1.1 Der eigene Anspruch

Überblickt man die anstehende Aufgabe, die religionsdidaktischen Grundlagen für eine Unterrichtseinheit zu ermitteln, so sind unter formalen Gesichtspunkten zumindest vier Bedingungen einzuhalten, die erst gewährleisten, daß religiöse Lernprozesse bzw. Lernprozesse über religiöse Inhalte möglich werden. Mit diesen Bedingungen bzw. Voraussetzungen wird sozusagen der eigene Anspruch formuliert, der aus der Fachbezogenheit der Religionsdidaktik anzumelden ist. Im einzelnen handelt es sich dabei um folgende Postulate:

a) Menschsein. Anthropologische Problematik.

Unterrichts-didaktische Konzeptionen – um solche handelt es sich hier –, die die Erörterung des Menschen, die Zielvorstellung der individualen Menschwerdung positiv ausschließen, berauben sich der Möglichkeit, Lernprozesse über den Sinn des Lebens und das Geheimnis des Lebens zu begründen. Wo immer in einem didaktischen Ansatz der Zusammenhang der einzelnen Lernziele mit dem alles umfassenden Gesamtziel *menschlichen Lehrens und Lernens* nicht bedacht werden kann, sind weltanschauliche, ideologische, ideologisch-kritische und jedenfalls sinn-theoretisch und religionsbezogene Lernprozesse nicht erörterbar. So könnte z.B. nicht begründet werden, wie solche Lernprozesse verhindert werden können, die einst Menschen dazu führten, Rassengesetze zu erlassen oder zu dulden, Juden zu verfolgen oder deren Verfolgung zu dulden, Auschwitz aufzubauen und Menschen planmäßig zu töten.

b) Dimension der Religion. Religionsphilosophische und religionsgeschichtliche Problematik.

Eine didaktische Konzeption, die dem spezifischen Anspruch von Religionsunterricht genügen soll, muß zumindest *die Möglichkeit der Erörterung von religiösen Zielen und Inhalten* ausdrücklich vorsehen und legitimieren lassen. Umgekehrt kann man sagen, daß eine didaktische Konzeption, die von ihrer Begrifflichkeit her beispielsweise auf ein technologisches Weltverständnis eingeschränkt wäre oder die Menschsein nur in weltimmanent-materialistischer Weise definieren würde, den fachspezifischen Bedingungen einer Religionsdidaktik nicht genügen würde.

c) Christsein. Theologische Problematik.

Die didaktische Konzeption für einen Religionsunterricht, in dem es um die Vermittlung des Christentums und um die Erschließung der Wirklichkeit im Lichte der christlichen Botschaft geht, muß Legitimationsmöglichkeiten für Lernprozesse solchen Inhalts und solcher Zielsetzung aufweisen. Wenn die christliche Botschaft als *Anspruch und Verheißung Jesu Christi* mit der Kurzformel *Freiheit/Sinn-Liebe-Hoffnung* bezeichnet werden kann – was noch der Ausfaltung bedarf –, dann muß die zu erarbeitende didaktische Konzeption die Möglichkeit offen halten, diesen Anspruch in Lernprozessen zu erschließen.

d) Vermittlung. Fundamentaldidaktische Problematik.

Religiöse Themen umfassen alle Dimensionen des Menschseins, so wie der Gott Abrahams mit seiner Verheißung und mit seinem Anspruch das ganze Lebensschicksal eines Menschen und seiner Sippe betroffen hat. Didaktische Konzeptionen, die der Vermittlung solcher Inhalte dienen sollen, müssen die Möglichkeiten offen halten, außer den kognitiven und affektiven, auch die existentiellen Dimensionen des Lernens einzubeziehen. Alle leib-seelischen Kräfte des Menschen, insbesondere alle Lernprozesse, die das Selbstkonzept des Menschen betreffen, sind für den religiösen Bereich wesentlich. Darum müssen Selbstleitung und Selbstverantwortung im methodischen Instrumentar einer didaktischen Konzeption vorgesehen sein, wenn sie den Erfordernissen für Lernprozesse im Fach Religion und insbesondere im Themenbereich Christen Juden entsprechen soll.

1.2 Religion im Zusammenhang der Selbstbegründung der Pädagogik

Nur solche erziehungswissenschaftliche Entwürfe, die weit genug ausgreifen und die Fundamente erzieherischen und lehrenden Handelns im Zusammenhang mit der Vielfalt menschlichen Handelns überhaupt reflektieren, bekommen die religiöse Verfaßtheit des Menschen in den Blick. Bei einer Reihe von pädagogischen und insbesondere didaktischen Konzepten unserer Tage ist dies nicht der Fall. In den pädagogischen Grundlegungen der Praxeologie von Joseph Derbolav/Dietrich Benner und der Existentialphänomenologie von Egon Schütz wird diese fundamentale Reflexion durchgeführt. In beiden Entwürfen wird Religion als eine notwendende Praxis ausgewiesen, die im Unterschied zu anderen Praxen das Verhältnis des Menschen zum Absoluten, zum Unbedingten zum Inhalt hat. Doch nicht nur diese Umfassendheit zeichnet die beiden pädagogischen Grundlegungen aus. Für den Zusammenhang des Themenbereichs Christen Juden werden zugleich zwei wesentliche pädagogisch-didaktische Direktiven fundiert und aufgewiesen:

– daß bei einer arbeitsteiligen Gesellschaft, in der alle wichtigen sozialen Bezüge in Institutionen repräsentiert und damit professionalisiert werden, die Gefahr vermieden werden muß, den Einzelnen aus seiner Verantwortung für Erziehung, für ethisches Handeln, für politische Vorgänge, für religiöse Akte zu entlassen.

– daß in Lehr-Lern-Prozessen, bei denen die Adressaten in ihrer menschlichen Würde ebenso ernst genommen werden müssen wie die Lehrer, die Vermittlung der Inhalte, die Erschließung der Weltwirklichkeit im Modus der Erlebniszeugenschaft vor sich gehen muß.

Im folgenden sollen beide Entwürfe in ihren Umrissen skizziert und Folgerungen für den religionsdidaktischen Zusammenhang abgeleitet werden.

1.2.1 Religionspraxis im Zusammenhang der menschlichen Handlungsbereiche

Eine besonders umfassende Fundierung erhält die Pädagogik im Zusammenhang mit dem Entwurf einer Praxeologie. Sie kann „als praktische Wissenschaft der Gesamtpraxis“ menschlichen Handelns verstanden werden.[2] Näherhin nennt J. Derbolav seinen Entwurf „eine systematische Differenzierung der Gesamtpraxis nach konstitutiven, d.h. voneinander grundsätzlich unterschiedenen, einander notwendig ergänzenden und sachlich unentbehrlichen Aufgaben“.[3] Dabei wird eine Gesamterfassung und -erklärung menschlichen Handelns auf der Basis der sittlichen Handlungslehre des Aristoteles gegeben. Den Ansatz zu seiner Systematik menschlich-gesellschaftlicher Praxis nimmt Derbolav in transzendentalphilosophischer Weise bei der Frage nach dem Grund der Möglichkeit bzw. der Notwendigkeit menschlichen Handelns. Auf diese Weise kommen drei Paare von Praxisbereichen in den Blick:

– aufgrund der konstitutiven Unfertigkeit des Menschen entstehen notwendigerweise Medizin und Pädagogik als Handlungsbereiche zur Heilung psychophysischer Verletzung und zur Ermöglichung der „Menschwerdung“ des Menschen durch Menschen;

– aus der Koexistenz des Menschen mit Menschen entsteht notwendigerweise die Praxis des Rechts und die Wehrpraxis;

– aus der Notwendigkeit der Auseinandersetzung mit der Natur ergibt sich die Praxis der Technik und der Ökonomik.

Spezifisches Charakteristikum des menschlichen Handelns, wie es in solchen Praxisbereichen systematisch erfaßt wird, ist es, daß in der Folge der situativen Behebung der jeweiligen Not die Not selbst prinzipiell unbehebbar bleibt. Zwar gibt es gelingende Praxis; doch bleibt das Gelingen vorläufig; denn „die Notsituation selber und ihre anthropologischen Ursachen (lassen sich nicht) aus der Welt schaffen ...“[4]. Die Praxisbereiche sind also für die Struktur der menschlichen Gesellschaft von grundlegender, weil bleibender Bedeutung. – Über die genann-

---

2) *J. Derbolav*, Der systematische Anspruch der Praxeologie. Rechtfertigung gegen die Einwände ihrer Kritiker, in: Pädagogische Rundschau 34 (1980) 223–244; 242; *ders.* Nachbesinnung, ebd. 315–329.

3) *J. Derbolav*, Pädagogik und Politik, Stuttgart 1975, 91. – Dazu kritisch *D. Benner*, Zum Problem einer Systematik der Handlungswissenschaften. Anmerkungen zu Joseph Derbolavs Analyse der Beziehungen zwischen Pädagogik und Politik, in: Pädagogische Rundschau 30 (1976) 309–327. Vgl. zum Ganzen *J. Derbolav* (Hrsg.), Kritik und Metakritik der Praxeologie, insbesondere der politischen Strukturtheorie, Kastellaun 1976.

4) *J. Derbolav*, Pädagogik und Politik, a.a.O., 96.

ten Bereiche hinaus nennt Derbolav weitere Praxen, die aus „höheren Bedürfnissen“ entstehen, aus der Daseinsorientierung und -erfüllung. So haben Journalistik und Wissenschaftspraxis sowie Kunst und Religion ihren Ursprung. Der Politik als Praxis gibt Derbolav einen gewissen Primat, der sich auf die Praxisbereiche von Wirtschaft und Technik, Pädagogik und Medizin usw. auswirke.

Religion gehört in der Praxeologie nach Derbolav also zu den Praxen der Daseinsorientierung. Sie hat eine Sonderstellung, insofern sie „den begrenzt gesellschaftlichen auf den *menschheitlichen* Bezug“ hin transzendiert.[5]

Welche Bedeutung die Religionspraxis im Gesamt der menschlichen Handlungsbereiche hat, läßt sich besonders an ihrer Binnenstruktur deutlich machen. Jede Praxis wird von Derbolav in dreistufiger Weise differenziert: Naturwüchsigkeit, Rationalität, regulative Ideen.

Naturwüchsig erscheint das Religiöse in den Volks- und Naturreligionen,[6] die auf ihren Stamm, ihr Volk beschränkt sind. Sie sind ungebrochen von Reflexion und unangefochten vom Pluralismuswettbewerb herrschender Weltanschauungen und werden im naiven Vollzug praktiziert. – Dieser Stufe wären unseres Erachtens auch jene heutigen Formen unverfaßter, ja unbegriffener Religiosität zuzuordnen, die außerhalb von institutionalisierten Religionen oder doch außerhalb des lebendigen Kontaktes mit ihnen gelebt werden. Oder gibt es nicht viele Arten von Amulettenfrömmigkeit, privaten Gottesvorstellungen, abergläubischen Gebeten? Solche deformierte, individualistisch eingeschränkte oder auch einfach naiv, vorwissenschaftlich praktizierte Religion ist ein wichtiger Indikator für Menschen mögliche und die Bedürftigkeit der Menschen anzeigende Praxis von Religion.

Zusätzliche Anreicherung erhält Religionspraxis, wenn sie nach der sehr distinkten Neukonzeption der Praxeologie des Derbolav-Schülers D. Benner ausgelegt wird: „Religion als Praxis der Lebenden mit den Toten angesichts fremder Todeserfahrung und eigener Todesgewißheit.“[7]

Die *Rationalitätsstufe* bedeutet die Orientierung auf die ganze Menschheit: „Alle großen Gründerreligionen sind mehr oder weniger Weltreligionen, d.h. sie sehen in der Menschheit ihre potentielle Anhängerschaft.“[8] Die sog. Hochreligionen, in denen es eine Rechenschaft gibt über Tradition und Rezeption, Anspruch und Verwirklichung in bezug auf das religiöse Erbe, gehören zur Rationalitätsstufe der Religion. – Benner entwickelt in einleuchtender Weise das Konzentrationsprinzip als ein Prinzip der Pädagogik, das zugleich für alle Praxen gilt: die Konzentration (aller Praxen) auf die Aufgabe der Höherentwicklung der Menschheit. Gemessen daran stellt die universale Orientierung einer Hochreligion eine andere Stufe im Vergleich zu lokalen Stammesreligionen dar.

---

5) So korrigiert Derbolav seinen „Primat der Politik“ infolge der Kritik D. Benners in der Darstellung: Der systematische Anspruch a.a.O., 242.

6) *J. Derbolav,* Der systematische Anspruch, a.a.O., 228.

7) *D. Benner,* Grundstrukturen pädagogischen Denkens und Handelns, in: *D. Lenzen/K. Mollenhauer,* Enzyklopädie Erziehungswissenschaft, Bd. I, Stuttgart 1983, 283–300.

8) *J. Derbolav,* Der systematische Anspruch, a.a.O., 228.

Die *regulative Idee* einer Praxis wird als transzendentalphilosophische Weiterführung von Platons konstitutiven Ideen („Güter") verstanden. Regulative Ideen sind nichts anderes als „Richtungsweiser; sie bringen nur zum Bewußtsein und halten zugleich präsent, *weswegen* die jeweiligen Praktiken eigentlich instituiert worden sind und *wem* sie letztlich dienen sollen".[9] Es handelt sich also mit anderen Worten um eine inhaltlich gefüllte Intentionsangabe, die für eine ganze Praxis steht. Da diese „Kurzformel" richtungsweisende Funktion sowohl wie inhaltliche Qualität hat, bezeichnet sie den „vorausgesetzten organisierenden Sinn praxisrelevanten Tuns".[10] – An den regulativen Ideen können sich die Geister scheiden; denn „Sich-Öffnen der regulativen Idee gegenüber (schließt) einen Akt der ‚Metanoia' ein".[11]

„Gläubige Liebe" nennt Derbolav die regulative Idee der Religionspraxis, die die Wegbereitung zur Überwindung von Schicksal und Tod zum Inhalt habe.[12] Dagegen richtet sich die Kritik von B.H. Reifenrath,[13] der die Formel der Leitidee nicht umfassend genug, nicht hinreichend metatheoretisch findet. Reifenrath sieht eine wachsende Abstraktion zwischen der praktischen Glaubensebene zur Theologie, zu Religionsphilosophien, zu religionswissenschaftlichen Theorien bis hin zur Praxeologie, der er „metatheoretische Prinzipienerörterung" zuweist. Wenn also eine Leitidee den ganzen Religionsbereich, die Praxis Religion auch im religionswissenschaftlichen Sinne erfassen soll, dann muß sie auf das für alle Religionen Gültige ausgespannt werden. „Allen Religionen immanent ist das Heilsverlangen des Menschen und kann deshalb – ganz allgemein betrachtet – als Richtmaß religiöser Praxis angesehen werden... Heilsverlangen findet sich in *allen* Religionen. Alle Religionen verheißen ‚Mittel', mit denen man zu einem ‚besseren' Leben gelangt, für das es sich dann lohnt, auf irdische Güter zu verzichten."[14]

Was bringt die Derbolav'sche Systematik menschlicher Handlungsbereiche für die Religionspädagogik? Kann eine regulative Idee gefunden werden, die auf metatheologischer, nämlich praxeologischer Ebene die Richtung für den Bereich Theologie / „Subsystem Religionspädagogik" angibt?

In anderem Zusammenhang haben wir bereits eine solche Leitidee formuliert, die im Anschluß an die Hypothese von der Bildung im System der Wissenschaften entwickelt wurde, die Franz Fischer, ein Schüler Josef Derbolavs, entworfen hat[15]. Es handelt sich bei seinem Theorieversuch darum, einen Sinnzusammenhang der Wissenschaften aufzuzeigen, wonach eine Einzelwissenschaft den Sinn ihres Tuns nicht in sich selbst trage. Vielmehr könne gezeigt werden, so meint

---

9) Ebd., 321. 10) Ebd., 244. 11) Ebd., 321.

12) *J. Derbolav,* Pädagogik und Politik, a.a.O., 99.

13) *B.H. Reifenrath,* Anmerkungen zur Struktur der Religionspraxis, in: Pädagogische Rundschau 34 (1980) 275–290.

14) Ebd., 286f.

15) Vgl. *G. Biemer/D. Benner,* Elemente zu einer curricularen Strategie für den Religionsunterricht in der Sekundarstufe II, in: Pädagogische Rundschau 27 (1973) 798–822; 802 A.7. – Das dort als unveröffentlicht zitierte Manuskript ist zwischenzeitlich publiziert worden: *F. Fischer,* Darstellung der Bildungskategorien im System der Wissenschaften, hrsg. von *D. Benner* und *W. Schmied-Kowarzik,* Ratingen-Kastellaun 1975.

Fischer, daß die Wissenschaften in ihrer Sinnvorgabe untereinander abhängig seien und über sich hinaus verwiesen. Die Einzelheiten seiner Hypothese lassen wir auf sich beruhen; denn für unseren Zusammenhang ist einzig wichtig, daß Fischer sehr richtig sieht: der *Sinn* der *Theologie* kann von keiner anderen Wissenschaft vorgegeben werden, sondern ist der „vorausgesetzte Sinn aus sich selbst", der Sinn überhaupt, der absolute Sinn. Vom Absoluten her als dem Sinn der Theologie werden alle anderen Wissenschaften und Handlungsbereiche (Praxen) als endlich qualifiziert.[16] Ist der *Bezug zum absoluten Sinn als regulative Idee der Religionspraxis* zu verstehen? Dies ist in einer Modifikation der Fischer'schen Konzeption von Bildung zumindest ein wichtiger Gegensatz zu Reifenraths Bestimmung der regulativen Idee der Religion als „Heilsverlangen". – Die Probe auf die Richtigkeit der Bestimmung des „Richtungsweisers" von Religion läßt sich im Blick auf die Praxis erbringen: „Heilsverlangen" zieht die Grenze der Kompetenz des Religionsunterrichts enger als der „Bezug des Menschen zum absoluten Sinn".

Läßt sich die praxeologische Bestimmung von Religion auch für deren *christliche Bestimmung* so verwenden, daß im Vergleich zu bisherigen Versuchen, Religion für den Religionsunterricht zu definieren, mehr Klarheit gewonnen wird oder zumindest zusätzliche Abklärungen möglich werden? Wir glauben dies bejahen zu können, und zwar in dreierlei Hinsicht:

Vom Ansatz und Ziel der Praxeologie her: Wie der Ansatz bei der zu wendenden Not des Lebens genommen wird und somit für alle Handlungsbereiche evident gemacht wird, daß sie für die Lebensbewältigung menschlichen Lebens von unersetzbarer bzw. konstitutiver Wichtigkeit sind –, also auch Pädagogik, auch Religion usw. –, so nimmt Praxeologie ein *Gesamtziel aller Praxen* in den Blick: die Höherentwicklung der Menschheit (D. Benner) bzw. die Gewissensausweitung (bzw. Gewissenskonkretisierung und -verselbstung: J. Derbolav). Mit anderen Worten; die Intensivierung der *Befähigung zur Verantwortung beim einzelnen Menschen* und der Menschheit insgesamt. In diesem Verstand der Zielbestimmung menschlicher Handlungsbereiche würde der *Religionspädagogik* im Rahmen der christlichen Theologie die *spezifische Aufgabe* zufallen, das, was an *universalisierbarem Potential christlicher Hoffnung und Liebe* durch Jesus Christus vermittelt worden ist und vermittelt wird, in *Lernprozesse* andragogischer und pädagogischer Art *umzusetzen.*

Dazu kommt zweitens mit Hilfe einer *regulativen oder Leitidee,* die durchaus Bezug zur Rationalitätsstufe der Religionspraxis haben soll, die Möglichkeit, den absoluten Sinn in der Weise zu formulieren, wie er sich in der Offenbarung in christlichem Verstand zeigt. Gott, wie er sich im Exodus aus Ägypten und in der Auferweckung Jesu Christi den Menschen geoffenbart hat, ist der Befreiende, Menschen aus Menschenherrschaft Freisetzende, der in die Verheißung der *Freiheit* von Leid und Tränen, von Sünde und Tod verweist. Er ist aber zugleich auch derjenige, der durch alle Offenbarungsurkunden hindurch sich als Bundespartner

---

16) Vgl. *F. Fischer,* Darstellung der Bildungskategorien, a.a.O., 88. Vgl. *G. Biemer/D. Benner,* Elemente zu einer curricularen Strategie, a.a.O., 802f.

zeigt und seine eigene Zuneigung zum Menschen als die Voraussetzung und Vorausliebe deutlich gemacht hat, die die Menschen ihrerseits zur *Liebe* Gottes und untereinander, ja zur Gottesliebe durch die Menschenliebe (Mt 25) anstiftet und verpflichtet. Schließlich hat sich Gott in der Geschichte der Juden und der Christen als der Grund dafür gezeigt, daß die Menschen auf die Veränderung, Verbesserung und endgültige Verwandlung der Geschichte der Menschheit hoffen dürfen. Daraus ergibt sich, daß die Kurzformel bzw. Reduktivformel für die christliche Theologie und die ihr als Disziplin der praktischen Theologie zugehörige Religionspädagogik Freiheit / Liebe / Hoffnung lautet oder in genauerer Fassung: Sinn / Freiheit-Liebe-Hoffnung.[17]

Zum Globalziel des Religionsunterrichts, wie es die Gemeinsame Synode in ihrem Beschluß „Der Religionsunterricht in der Schule" vorgelegt hat, besteht insofern eine Verbindung, als von uns hier das spezifisch Christliche in dieser Leitformel zum Ausdruck gebracht wird, das für die dort geforderte Befähigung zu „verantwortlichem Denken und Verhalten im Hinblick auf Religion und Glaube" das Kriterium des Christlichen deutlich macht. Die „regulative Idee" der Religionspädagogik verhält sich zur Globalzielformel des Religionsunterrichts wie die Richtung zum Wegweiser, wie das Kriterium zu den allgemeinen Inhalten.

Für den konkreten Zusammenhang des Projekts Christen Juden kann hinzugesagt werden, daß die Reduktivformel Sinn / Freiheit-Liebe-Hoffnung als Inbegriff und Strukturformel der Botschaft des irdischen Jesus ebenso wie für die Offenbarung in jüdischem Verstand stehen kann.[18]

Schließlich kann man drittens sagen, daß die Praxeologie auf einen besonderen Zusammenhang verweist und ihn deutlich macht, der sonst in der religionspädagogischen Argumentation vermißt wird. Dazu ist zunächst auf Derbolavs *Verhältnisbestimmung der einzelnen Praxen* zu verweisen, wonach „jeweils eine Praxis durch alle anderen hindurchgeht, d.h. in ihnen eine Funktion ausübt oder sogar als wesentliches Element wirksam wird . . .(und) daß jede Einzelpraxis von allen anderen durchlaufen wird".[19] Konkret heißt dies, daß in der Religionspraxis sowohl die pädagogische wie die künstlerische wie die politische wie die wirtschaftliche Praxis vorkommen usw., wie auch das, was das Spezifische der Religion ist – nämlich die unendliche Differenz im Leben angesichts des Todes deutlich zu machen –, durch alle anderen Praxen hindurchgeht.

D. Benner verweist im Blick auf die Verhältnisbestimmung der Einzelpraxen auf einen Zusammenhang von besonderer politischer und pädagogischer Konsequenz. In der arbeitsteiligen Gesellschaft des industriellen, technologischen Zeitalters bestehe die Tendenz, Aufgaben einzelner Praxisbereiche an Institutionen zu delegieren, um damit eine Entlastung des Einzelnen durch die Institution zu

---

17) Vgl. dazu *P. Fiedler,* Der Anspruch Jesu in seiner bleibenden Bedeutung, sowie *K.-H. Minz,* Theologische Reduktivformeln in ihrer Bedeutung für die Religionsdidaktik, in: *G. Biemer/D. Knab* (Hrsg.), Lehrplanarbeit im Prozeß, Freiburg-Basel-Wien 1982. *K.-H. Minz,* Die Bedeutung einer Reduktivformel für die Strukturierung von Curricula, in: Religionspädagogische Beiträge 12, 1983, 46–65.

18) Vgl. *P. Fiedler,* s.u. 1.3.

19) *J. Derbolav,* Der systematische Anspruch, a.a.O., 231.

erreichen. Solche *Professionalisierung* trägt jedoch neben der Entlastungsfunktion auch eine Gefahr in sich, die evident wird, wenn man bedenkt, daß die Verantwortung für die gemeinsame Planung künftiger gesellschaftlicher Aufgaben (Politik) und die Verantwortung für die Hinführung der Heranwachsenden zur Selbsttätigkeit in Freiheit (Pädagogik) oder die selbstverantwortliche Befassung mit dem Sinn des eigenen Lebens angesichts der Differenz von Endlichkeit und Unendlichkeit (Religion) vollständig an die institutionale Verwaltung abgetreten würde. Das Postulat Benners,[20] daß für solche Praxisbereiche die *Aufgabe der Entprofessionalisierung* gestellt sei, leuchtet ein. Das Gewissen kann nicht abgetreten werden. Die Gefahr, Politik, Religion oder Pädagogik usw. durch „die da oben" machen zu lassen, macht evident, wie existenzbezogen und praxisrelevant die theoretisch hoch abstraktiv gefaßten Grundsätze der Praxeologie sind. Als generelle Regel kann gesagt werden, daß Institutionalisierung der Praxisbereiche und tätige Verantwortung des Einzelnen im Sinne jeder Praxis in der menschlichen Gesellschaft in einem angemessenen Spannungsverhältnis stehen müssen. Die verantwortliche Tätigkeit eines einzelnen Staatsbürgers muß in seiner Wahrnehmung politischer Verantwortung, erzieherischer Maßnahmen, arbeits-, wirtschaftsbezogener Aktivitäten ebenso lebendig sein wie die regulierende und Generationen übergreifende Tätigkeit der die jeweiligen Praxen repräsentierenden oder aus ihnen resultierenden Institutionen. Wo bleibt dabei die *Religionspraxis?* Sie erweist sich darin, daß jemand seine Verantwortung nicht nur in Abhängigkeit von diesem und jenem, mit Rücksicht auf solche oder andere Nützlichkeiten, sondern überhaupt und letzten Endes wahrnimmt, vor dem Anspruch des Absoluten; zumindest ist dies der Anfang der Wahrnehmung der unendlichen Differenz, soweit nicht Offenbarungsglaube zu einer deutlicheren und konkreteren Religionspraxis Anlaß gibt. –

Für den Zusammenhang der Unterrichtseinheit Christen Juden hat das Entprofessionalisierungspostulat Benners eindeutige Konsequenzen. Dabei könnte man historisch zurückverweisen, wie sich die Wahrnehmung solcher Verantwortung in den 30er Jahren dieses Jahrhunderts unter Deutschen bzw. Christen im Deutschen Reich für Juden ausgewirkt hätte, was ebenfalls eine sehr wichtige Testfrage ist. Hier geht es jedoch um die Begründung der anstehenden Unterrichtsplanung. Dabei soll als Konsequenz deutlich sein: die spezifische, aus der Religionspraxis kommende Verhältnisbestimmung von Christentum und Judentum hat ihre Auswirkungen für die politische Praxis. Ebenso hat die politische Neubestimmung einer Praxis von Deutschen bzw. Christen Juden gegenüber bzw. dem Staat Israel gegenüber Konsequenzen für die Religion, für die Pädagogik, für die Ethik usw. – Von besonders einleuchtender Dringlichkeit ist folgender Sachverhalt, der aus dem Ineinander der Praxen resultiert: Eine rein offiziell amtliche und damit institutionale Deklaration, wie sie in bezug auf die Verhältnisneubesinnung von Christen und Juden im 2. Vatikanischen Konzil durch die Katholische Kirche vorgenommen wurde, wird nur in dem Maße wirksam werden, als sich Einzelne für ihre Realisierung in ihrem alltäglichen Leben, in ihrem

---

20) *D. Benner,* Grundbegriffe pädagogischen Denkens und Handelns, a.a.O.

Lebenskreis einsetzen. Es darf also nicht bei der institutionalen Ebene und bei dem einen Praxisbereich bleiben, wenn – im Sinne von J. Derbolav gesprochen – eine Ausweitung des Gewissens gleichzeitig mit einer Konkretion der Gewissensaufgaben und der *„Verselbstung" des Gewissens* erfolgen soll.[21]

1.2.2 Vermittlung als Erlebniszeugenschaft: Existentialphänomenologisch orientierte Didaktik

Die Praxeologie, die auf den philosophischen Prämissen I. Kants und Platons beruht, ist vor allem für die interdisziplinäre Zuordnung von Religion bzw. Theologie von Belang und dient somit auch der wissenschaftstheoretischen Grundlegung. Die existentialphänomenologische Didaktik von E. Schütz – entworfen im Anschluß an die philosophische Grundlegung von E. Fink – ermöglicht insbesondere die Begründung didaktischer Vermittlungsarbeit auf verschiedenen Ebenen: von der allgemeinen Lehrplanarbeit bis hin zu konkreten Lernprozessen mit Schülern und anderen.[22]

E. Schütz gründet seinen didaktischen Ansatz auf einer koexistentialen *Phänomenanalyse.* Danach soll menschliches Dasein in eigener „Erlebniszeugenschaft" eröffnet werden, die an den Verstehensmitvollzug der Lernenden appelliert. – Systematisch gesehen beruht der Entwurf der existentialen Anthropologie auf fünf gleichrangigen und gleichursprünglichen, nicht weiter aufeinander rückführbaren oder voneinander ableitbaren Grundkategorien menschlicher Existenz. Diese fünf wesentlichen Grundpfeiler einer menschlichen Daseinsanalytik sind

– *Tod* bzw. Sterblichkeit als Grundzug humaner Existenz, die in dem Zwiespalt von Dasein und Abwesenheit, von Anfang und Ende ihrer Endlichkeit ausgesetzt ist;

– *Arbeit* als die Auseinandersetzung des Menschen mit der Welt zur Wendung seiner Nöte;

– *Herrschaft* als die je notwendige Stiftung von Ordnung im Sozialwesen;

– *Eros-Liebe* als urtümliches leibseelisches Fundament der Gemeinschaft und der Zuneigung der Geschlechter;

– *Spiel* als fundamentaler Zug der Unverzwecktheit, der Festlichkeit und der Epiphanie des Göttlichen.[23]

---

21) *J. Derbolav,* Der systematische Anspruch, a.a.O., 229.

22) *E. Schütz,* Wilhelm vom Humboldt – Staat und Erziehung, in: Vierteljahresschrift für wissenschaftliche Pädagogik, 54 (1978) 506–520 u. 536; *ders.,* Prolegomena zu einer „existentialkritischen" Pädagogik, in: Vierteljahresschrift für wissenschaftliche Pädagogik 55 (1979) 455–464; *ders.,* Einige Überlegungen zu einer existential-phänomenologisch (lebensweltlich) orientierten Didaktik und Curriculumarbeit, in: *G. Biemer u.a.,* Freiburger Leitlinien zum Lernprozeß Christen Juden, Düsseldorf 1981, 158–167. Vgl. dazu *E. Fink,* Grundphänomene des menschlichen Daseins, hrsg. von *E. Schütz/F.A. Schwarz,* Freiburg-München 1979, 428–436; *E. Fink,* Grundfragen der systematischen Pädagogik, Freiburg 1978; *E. Fink,* Nähe und Distanz. Phänomenologische Vorträge und Aufsätze, Freiburg/München 1976.

23) Vgl. *E. Schütz,* Einige Überlegungen, a.a.O., 161.

Der Versuch, die wesentlichen Inhalte des vorliegenden Projekts auf der Lehrplanebene zu vermitteln (im Sinne einer Perspektivplanung, W. Schulz), wurde bereits in anderem Zusammenhang durchgeführt.[24]

In der Tat ist der Interpretationsprozeß bzw. *Vermittlungsprozeß mehrstufig* auf der gerade genannten Ebene der wissenschaftlichen Analyse sowohl wie auf der Ebene der elementaren Selbstvergewisserung und auf der konkret biographischen Ebene. In bezug auf letztere erweist sich Unterrichtsplanung als Planung der wechselseitigen Übersetzung von subjektiven und objektiven Erfahrungen „mit der Grundintention, die Biographie von Heranwachsenden (aber auch, wenn auch weniger prononciert, die Berufsbiographien von Lehrern) so anzureichern, daß persönliche und historische Lebenswelt zu einer gewissen ‚Stimmigkeit' gelangen."[25]

Überblickt man den möglichen Beitrag der existentialphänomenologischen Didaktik zur Lehr-Lernplanung im Bereich des Themas Christen Juden, so lassen sich folgende wesentliche Elemente im Sinne einer Begründung des pädagogischen und didaktischen Vorgehens aufzeigen:

a) Es wird – im Unterschied zur Praxeologie – in einer existential-phänomenologischen Analyse der Lebenswelt bei dem dem Handeln vorausliegenden *Sein des Menschen* angesetzt. Für die Religionsdidaktik ist dieser phänomenologische Ansatz von spezifischer Bedeutung; denn er setzt bei der theologischen Grundtatsache der Existenz an, die *Schöpfung* bzw. Geschaffensein heißt.

b) Gleichzeitig wird aber im Blick auf die miteinander ins Spiel gebrachten Begründungen des pädagogisch-didaktischen Verfahrens aus Praxeologie und Existentialphänomenologie sichtbar, daß zur daseinsanalytischen Begründung aus der Schöpfungsperspektive (Gen 1, 28: existential-phänomenologisch) die aus der *Erlösungsgeschichte,* also dem Heilshandeln Gottes und dem Sendungsauftrag (Mt 28, 18), kommende Initiative zu berücksichtigen ist. Letztere läßt sich durch die regulative Idee von Freiheit/Sinn-Liebe-Hoffnung als Leitidee für die Begründung der Religionsdidaktik ins Spiel bringen (praxeologischer Ansatz).

c) Mit Hilfe der existentialphänomenologisch orientierten Didaktik können theologische Aussagen auf dem Weg der didaktischen Zubereitung in den *Bezug zu einem ausgewiesenen System (einer Fünffalt) der Grundvollzüge des Menschseins* gesetzt werden. Also „Gott lebt im Bund mit den Nachkommen Abrahams" – „Gott lebt im Bund mit den in der Nachfolge Jesu Christi stehenden Menschen" wird je anders als religionspädagogische Thematik vermittelt, wenn dies im Blick auf die gegenseitige Verwiesenheit und Angewiesenheit der Menschen (Eros-Liebe) gesehen wird, oder aber als gemeinsame Aufgegebenheit der Weltbewältigung („Arbeit") oder als Bestreitung illegaler Ordnungsstrukturen („Herrschaft") usw. Dadurch können insbesondere fundamentale Einseitigkeiten vermieden werden, wie sie durch den Ausfall von wesentlichen Kategorien menschlicher Grundvollzüge bei der Planungsarbeit in Lehrplänen vorkommen: so z.B. die Unterbewer-

---

24) Vgl. *G. Biemer,* Die didaktische Konzeption: Lehr-Lernplanung des Themenbereichs „Christentum-Judentum", in: *ders. u.a.,* Freiburger Leitlinien, a.a.O., 99–118.

25) *E. Schütz,* Einige Überlegungen, a.a.O., 158.

tung des leiblich-sexuellen Bereichs, die Tabuisierung der Herrschaftsthematik, die Verkürzung des Bereichs der Sterblichkeit des Menschen und seines Todes usw.[26]

d) Die existentialphänomenologische Didaktik läßt sich aufgrund der Mehrstufigkeit einerseits auf der Ebene der philosophischen Basisreflexion einsetzen, die zur Wissenschaft der Theologie und ihren Grundbegriffen in Relation gesetzt werden kann (Lehrplan-Ebene). Diese „Korrelation" ist dann überprüfbar, offengelegt, kritisierbar und korrigierbar.[27] – Andererseits aber läßt sich auch die Ebene konkreter biographischer und historischer Lebenspraxis im Sinne der Erlebniszeugenschaft als der Einlösung von persönlichen Erfahrungen didaktisch fruchtbar machen. Auf solche Weise würde Erkenntnis durch „dialogisch aufgehellte Erfahrung" zustandekommen und insofern eine existentielle Hinführung und Einführung in den Glauben stattfinden können.

e) In bezug auf die spezifische Thematik des Verhältnisses Christen Juden zeigt sich „die Fruchtbarkeit der elementar-anthropologischen Orientierung der Lehrplanung (und der Unterrichtsplanung, G.B.) vor allem dadurch, daß die unterschiedlichen Gehalte des theologischen Selbstverständnisses von Judentum und Christentum vor dem Hintergrund der Gemeinsamkeit mitmenschlicher Verfassung erfragt werden können. Es werden also nicht theologische Begriffe abstrakt gegeneinander gesetzt oder . . . miteinander verglichen, sondern es wird im Horizont lebensweltlicher Grunderfahrung . . . die theologische Sinndeutung erfragt."[28]

f) Die Korrelation bzw. Vermittlung darf sich jedenfalls nicht auf die Lehrplanebene beschränken. Das zeigt die existentialphänomenologische Didaktik in ihrem Beitrag zur Lehr-Lernplanung sehr deutlich. Es darf also nicht beim Korrelationsprozeß auf je einer Ebene bleiben: sei es auf der Lehrplanebene oder auf der Unterrichtsvorbereitungsebene oder beim Verlauf des Unterrichtsprozesses. Zwei Extremfälle der Nichtgelöstheit der Vermittlung sollen dies anzeigen: Trägt nicht die Problemorientierung das Vermittlungsproblem in den Bereich der Unterrichtsvorbereitung oder unter Umständen sogar in den Bereich des Unterrichtsprozesses, statt es (auch) zuerst auf der Lehrplanebene gelöst zu haben? Ist andererseits bei bestimmten Auffassungen von Elementarisierungstheorien die Vermittlungsproblematik nicht wieder reduziert, ja aufgegeben worden und „allein die Bibel" übrig geblieben (I. Baldermann)?[29]

---

26) Vgl. dazu *G. Biemer/D. Knab* (Hrsg.), Lehrplanarbeit mit Prozeß, Freiburg-Basel-Wien 1982. – Vgl. als Praxis der Erlebniszeugenschaft den Deutschen Katechetischen Kongreß: Kat.Bl. 109, 1983, H 10.

27) Vgl. *G. Biemer u.a.*, Freiburger Leitlinien, a.a.O., 104–113; G. Biemer, Fachdidaktischer Ansatz für die Legitimation von Inhalten des Religionsunterrichts, in: *G. Biemer/A. Biesinger*, Theologie im Religionsunterricht, München 1976, 20–33.

28) *E. Schütz*, Glaube und Menschsein. Zur elementar-anthropologischen Grundlegung der Religionspädagogik, in: *G. Biemer/D. Knab* (Hrsg.), Lehrplanarbeit im Prozeß, a.a.O., 24.

29) *I. Baldermann/K.E. Nipkow/H.Stock*, Bibel und Elementarisierung, Frankfurt 1979.

1.3 Der Anspruch Jesu als „regulative Idee" zu einer Religionsdidaktik

1.3.1 „Freiheit/Sinn-Liebe-Hoffnung" als Gabe und Aufgabe Jesu Christi an seine Kirche

Die Frage nach dem spezifisch Christlichen stellt sich begreiflicherweise auch und besonders für Unterrichtseinheiten zum Thema des Verhältnisses von Christen und Juden. Sie läßt sich mit der „Reduktivformel" Freiheit/Sinn-Liebe-Hoffnung „auf höchster Abstraktionsebene" beantworten.[30] Zur inhaltlichen Füllung dieser drei „Strukturelemente" ist die Kirche jeder Zeit auf Jesus Christus als ihr „Prinzip" zurückverwiesen.[31] Dabei kann heute wie zu Zeiten der Entstehung der neutestamentlichen Schriften der Rückgriff auf kerygmatische Bekenntnisformeln bzw. Credo-Formulierungen nicht genügen, da dann Gefahren der Mythologisierung und Ideologisierung sehr nahe liegen. Dies zeigte sich etwa schon bei der Missionstätigkeit des Paulus, der notgedrungen weitgehend vom irdischen Jesus absah. Doch auch heute wäre ein Verständnis des Glaubens an den Herrn Jesus Christus, „Gottes eingeborenen Sohn", das unter Berufung auf das Apostolicum und das Nicaeno-Constantinopolitanum vom Bekenntnis der Geburt „aus der Jungfrau Maria" zur Passion springen wollte, indem es die Botschaft des irdischen Jesus vernachlässigte, Mißverständnissen und Verfälschungen ausgeliefert. Deshalb ist zur Bestimmung des spezifisch Christlichen Jesu Verkündigung von der in seinem Wirken bereits punktuell vorweg anbrechenden Gottesherrschaft mit dem darin eingeschlossenen Sendungsanspruch unverzichtbar.

Nun begegnet uns zwar Jesu Verkündigung in den Evangelien – als kirchlichen Verkündigungsschriften – stets schon im Lichte des Osterglaubens, was die Aktualisierung seiner Botschaft auf die Anliegen der jeweiligen Adressaten und die Aussageintentionen der einzelnen Verfasser hin ermöglichte. Doch ist dadurch der Rückgriff auf den irdischen Jesus, wie er durch die neuzeitliche historische Fragestellung in Theologie und allgemeinem Glaubensbewußtsein unabweisbar geworden ist, nicht grundsätzlich ausgeschlossen.

Indem nun aber Jesu Wort und Wirken für die Bestimmung des spezifisch Christlichen maßgebend ist, ergibt sich nicht nur für die vorliegende Thematik, sondern auch für die sonstigen religionspädagogischen Bemühungen, die auf religiöse Inhalte und ihnen entsprechende Haltungen zielen, dieser höchst bemerkenswerte Befund: *Im spezifisch Christlichen kommt spezifisch Jüdisches zum Zug.* Denn Jesu Herkunft aus der einfachen jüdischen Bevölkerung (den „amme-haarez") Galiläas, sein Schülerverhältnis zu Johannes dem Täufer sowie ganz allgemein die religiösen und politisch-sozialen Lebensbedingungen im damaligen Is-

---

30) *G. Biemer*, in: *ders./A. Biesinger*, Theologie im Religionsunterricht a.a.O. 28, vgl. 24–28.
31) *G. Biemer/P. Siller*, Grundfragen der Praktischen Theologie, Mainz 1971, 144, vgl. 137–150.

rael unter der Römerherrschaft bilden die Basis und den Horizont seiner Verkündigung.[32]

Dieser „Ort" Jesu im Frühjudentum prägt den Inhalt seiner Botschaft. Dies gilt auch insofern, als er sich nicht zur Heidenwelt, sondern nur zu seinem Volk gesandt weiß (vgl. Mt 15, 24), und zwar in dessen Gesamtheit, innerhalb derer er keine Sondergemeinde neben bereits bestehenden (wie etwa den Essenern) einrichten will. Der für unsere eigene Zugehörigkeit zu Jesus Christus grundlegende Schritt zur Heidenmission wird erst nach und aufgrund der Ostererfahrung getan; ihr Vollzug war unter den aus dem einheimischen und aus dem hellenistischen Judentum stammenden Anhängern des Auferstandenen, d.h. in der jüdischen „Ur-Kirche", bekanntlich heftig umstritten.

Wenn Freiheit/Sinn-Liebe-Hoffnung als im Wirken Jesu festzumachende Gabe und Aufgabe an die Kirche Jesu Christi bezeichnet werden, ist demnach die *theologische Vermittlung* durch das Ostergeschehen ebenso stets mit zu berücksichtigen wie die *historische Vermittlung*, deren Etappen – grob gesagt – durch die Übergänge von der Verkündigung Jesu im damaligen Israel zur nachösterlichen Christusverkündigung durch jüdische Gemeinden des Auferstandenen innerhalb und außerhalb des Mutterlandes und von da zur Aufnahme und Anverwandlung in heidenchristlichen Gemeinden markiert sind; selbstverständlich basiert diese historische Vermittlung auf theologischen Implikationen.

1.3.2 Die Botschaft Jesu als Verheißung und Anspruch

Auf der eben skizzierten Grundlage können nun zentrale Inhalte der Botschaft Jesu – unter Berücksichtigung des darin enthaltenen Sendungsanspruchs – als Richtschnur zur inhaltlichen Bestimmung des spezifisch Christlichen – dargelegt werden.[33] Dabei setzt der folgende Überblick voraus, daß die aufgegriffenen Überlieferungen der Wort- und Tatverkündigung Jesu historisch zuverlässige Aussagen erlauben.[34]

1.3.2.1 Die Gottesherrschaft als Geschenk (Freisetzung)

Mit der *Gottesherrschaft* als zentralem Thema konnte Jesus von vornherein auf breite Aufmerksamkeit für seine Botschaft rechnen. Denn darum ging und geht es dem jüdischen Glauben damals wie heute (vgl. das schon zu Jesu Zeiten gebetete „Kaddisch", dem die ersten beiden Vaterunser-Bitten entsprechen).[35] Die lebendige Erwartung, daß die Gottesherrschaft das Ende aller menschlichen Not und

---

32) Vgl. dazu etwa *J. Maier*, Jesus von Nazaret und sein Verhältnis zum Judentum, in: *W.P. Eckert/H.H. Henrix* (Hrsg.), Jesu Jude-Sein als Zugang zum Judentum (Aachener Beiträge zu Pastoral- und Bildungsfragen, 6), Aachen 1976, 69–113.

33) Das Folgende schließt sich an unseren Beitrag „Der Anspruch Jesu" an (s.o. Anm. 17).

34) Vgl. *P. Fiedler/L. Oberlinner*, Jesus von Nazareth, in: BiLe 13 (1972) 52–74.

35) Zu dieser und zu weiteren Parallelen zum Vaterunser s. den von *M. Brocke/J.J. Petuchowski/W. Strolz* hrsg. Sammelband: Das Vaterunser. Gemeinsames im Beten von Juden und Christen, Freiburg/Basel/Wien 1974.

Unterdrückung bringen werde, wurde von Jesus in seinen Krankenheilungen und in der Seligpreisung der „Hungernden und Weinenden" (Lk 6, 21) aufgenommen.

Gerade diese Seligpreisung der Armen im Blick auf die bevorstehende Wende ihres unglücklichen Daseins läßt deutlich erkennen, welche Stellung Jesus im damaligen Streit um die zum Ziel der Gottesherrschaft führenden Wege bezieht (vgl. die – allerdings unter ganz anderen Voraussetzungen geführte – heutige Auseinandersetzung unter Christen um die Verwirklichung des Christseins speziell hinsichtlich der Art und Weise sozialer Veränderungen). Während die jüdischen Widerstandskämpfer (Sikarier, Zeloten) überzeugt waren, der unmittelbaren Herrschaft Gottes über sein Volk mit letztem persönlichen Einsatz gegen die ihr entgegenstehende römische Besatzungsmacht zum Durchbruch verhelfen zu müssen, lehnt Jesus diese Art des Kampfes gegen menschenfeindliche Herrschaftsstrukturen ab. Denn sie widerspricht der „menschenfreundlichen" Art Gottes, wie Jesus sie in der Begründung des in der Bibel und in zeitgenössischen Überzeugungen vorgegebenen Gebots der Feindesliebe hervorhebt (zu Lk 6, 35par vgl. etwa Ex 23, 4f; Spr 25, 21f; Sir 27, 30–28, 7): Das Tun soll sich an der gerade für fromme Menschen anstößigen Großmut Gottes orientieren, der den Segen der Schöpfung, Sonne und Regen, nicht nur den Guten, sondern auch den Bösen zuteil werden läßt (Mt 5, 45par). Die „politische" Tragweite der Forderung nach Feindesliebe in der damaligen Situation zeigt sich besonders deutlich im Zusammenhang mit Jesu Warnung vor der drohenden Tempelzerstörung (Mk 13, 2); hätten sich nämlich die Kräfte, die zur Hinnahme des „status quo" bereit waren (z.B. auch der Großteil der Pharisäer), gegenüber den zum Aufstand drängenden Gruppen durchgesetzt, so hätte es nicht zur Tempelzerstörung des Jahres 70 zu kommen brauchen.

Die Gottesherrschaft ist für Jesus also durch und durch *Geschenk Gottes.* Sein heilschaffendes Angebot will darum vom Menschen zuversichtlich und vertrauensvoll angenommen werden, vgl. etwa die Gleichnisse Mk 4, 3–8.26–28.30–32 und Mt 13, 33par[36], ferner die „Zumutung", im Verhältnis zu Gott so offen zu werden, wie es Kinder gewöhnlich gegenüber ihren Eltern sind (Mk 10, 14). In diesem Kontext kann die „abba"-Anrede Gottes als entschiedener Ausdruck des in der Glaubenserfahrung Israels grundgelegten und im Judentum lebendigen Vertrauens auf den Retter-Gott gelten.[37]

1.3.2.2 Die Gottesherrschaft als Forderung (zur Liebe)

Die Gottesherrschaft erhebt ihren *Anspruch an das Leben* bereits in der Gegenwart, und zwar zu entschlossenem Einsatz (s. dazu die Gleichnisse Mt 13, 44 und 45f sowie Lk 16, 1–7) und radikal: entweder Gott oder Geld (Mt 6, 24par, vgl. auch V25–34par). Die in der ursprünglichen Fassung des Vaterunsers geäußerte Bitte um ausreichenden Lebensunterhalt bis zum nahen Eintreffen der Gottes-

36) Zu diesen Gleichnissen s. *I. Maisch,* Die Botschaft Jesu von der Gottesherrschaft, in: *P. Fiedler/D. Zeller* (Hrsg.), Gegenwart und kommendes Reich, Stuttgart 1975, 27–41.

37) Vgl. *D. Zeller,* God as Father in the Proclamation and in the Prayer of Jesus, in: *A. Finkel/L. Frizzell* (Hrsg.), Standing before God (FS für J.M. Oesterreicher), New York 1981, 117–129.

herrschaft[38] soll die ungeteilte Hingabe an Gott auf allgemeine Weise bezeugen, die Jesus mit seinem Verzicht auf Besitz und Ehe („um des Himmelreiches willen“: Mt 19, 12) in zeichenhafter Radikalität vorlebt.

Jesu *Gebotsauslegungen* beziehen sich schwerpunktmäßig – darin prophetischer Aktualisierung des Gotteswillens entsprechend – auf den zwischenmenschlichen Bereich. Dabei läßt die Tatsache, daß sich zu „einer großen Anzahl“ der überlieferten Jesusworte „Parallelen in Fülle aus Lehre und Weisheit des Judentums beibringen“ lassen,[39] das bis heute in Theologie und Verkündigung verbreitete Verfahren nicht (mehr) zu, Jesu Tora-Auslegung der (alttestamentlich-)frühjüdischen Ethik, insbesondere in ihrer pharisäisch-rabbinischen Ausprägung, entgegenzusetzen.[40] Wenn gesagt werden kann, daß „Jesus sich einem Pharisäismus hillelitischer Richtung näherte“[41], dann ist das grundsätzliche Urteil erhärtet, daß sich die „Theorien einer der alttestamentlichen Ethik überlegenen Liebesethik des Neuen Testaments ... nicht verifizieren (lassen), weder die Opposition Gerechtigkeitsethik gegen Liebesethik noch die Opposition einer partikularen gegen eine universale Liebesethik“[42]. Daraus folgt eine entsprechende Beurteilung des Verhältnisses der „Ethik“ Jesu zu entsprechenden Auffassungen im Frühjudentum, auch wenn dem die „Antithesen“ des Mt in seiner „Bergpredigt“, die uns da eher in die Irre führen, entgegenzustehen scheinen.[43] Somit ist die von den meisten anderen einschlägigen Darstellungen der Evangelien (und auch den Parallelen Mt 22, 34–40 und Lk 10, 25–28) stark abweichende Erzählung in ihrem Gewicht ernstzunehmen, die Jesus und einen Schriftgelehrten bei der Beantwortung der Frage nach dem „ersten“ bzw. „größten“ Gebot (als Verständnisprinzip der Tora) in völliger Übereinstimmung zeigt (Mk 12, 28–34).[44] Von hier aus ist das für Jesu sittliche Weisungen Charakteristische in *seiner Synthese* von Auslegung des in der heiligen Schrift Israels bezeugten und in der Tradition bewahrten Gotteswillen und (früh-)jüdischem Ethos festzumachen.[45]

Auf dieser Basis kann man u.a. darauf hinweisen: So sehr Jesus sich als praktizierender Jude an die Tora gebunden weiß, steht er zu ihr in einem *viel freieren*

---

38) Dazu s. *A. Vögtle,* Das Vaterunser – ein Gebet für Juden und Christen? in: Das Vaterunser, a.a.O., 165–195, hier 180f.

39) *G. Bornkamm,* Jesus von Nazareth, Stuttgart [10]1975, 85 (86f einige Beispiele, besonders zur „Bergpredigt“; der Autor zieht daraus jedoch nicht die naheliegenden Folgerungen).

40) Zum Befund in der religionspädagogischen Praxis s. meine Analyse „Das Judentum im katholischen Religionsunterricht“ (= Lernprozeß Christen Juden, 1), Düsseldorf 1980, 17–25.90ff.

41) *H. Leroy,* Jesus (EdF 95), Darmstadt 1978, 68, vgl. 65–69.

42) *N. Lohfink,* Liebe. Das Ethos des Neuen Testaments – erhabener als das des Alten? in: *ders.,* Unsere großen Wörter. Das Alte Testament zu Themen dieser Jahre, Freiburg 1977, 225–240, hier 239.

43) Vgl. dazu *I. Broer,* Freiheit vom Gesetz und Radikalisierung des Gesetzes (SBS 98), Stuttgart 1980, 75–113.

44) Dies gilt grundsätzlich auch dann, wenn man mit einer Entstehung der Perikope im hellenistischen Judenchristentum rechnet.

45) Mit Recht betont *C. Thoma,* Christliche Theologie des Judentums, Aschaffenburg 1978, 163, daß man von Jesu „Unverwechselbarkeit, Würde und Bedeutung“ sachgemäß nur sprechen kann „wenn das Judentum der Zeit Jesu in seinen humanen Zügen und in seiner Kreativität aufgewiesen ist“.

Verhältnis, als es den Schriftgelehrten, d.i. den „Theologen" der verschiedenen jüdischen Bewegungen, aus naheliegenden Gründen (man denke an die heutigen Theologen!) geläufig war. So führte er keine schriftgelehrten Erörterungen, wie es nach dem indirekten Zeugnis der Evangelien nachösterlich geschah (und bis heute ist es eben im innerchristlichen Gespräch grundsätzlich so wenig anders wie im innerjüdischen geworden). *Vielmehr trug er seine Auslegung des Gotteswillens in eigener Autorität vor.* Er wandte sich dabei auch gegen einzelne gesetzliche Regelungen wie in der Ablehnung der Ehescheidung Lk 16, 18 oder des Schwörens Mt 5, 34 (vgl. dazu etwa die Aufhebung der Schuldenerlaßregelung beim Sabbatjahr Dtn 15, 1–6 durch Hillels „Prosbul").[46] In der Frage der Auslegung des Sabbatgebotes und der Speise- und Reinheitsgebote weicht Jesus von pharisäischen Bestimmungen ab; wie für andere Juden, die sich auch nicht daran hielten, ist dies für Jesus als Nichtmitglied ganz normal. Für die beiden gern als grundsätzliche Durchbrechung bzw. Aufhebung des Sabbatgebotes herangezogenen Textbeispiele Mk 2, 23–28 und 3, 1–6 ist zu bedenken: Abgesehen von der nachösterlichen Bildung beider Perikopen, hat 2, 27 eine auffallende rabbinische Parallele: „Euch ist der Sabbat übergeben, nicht aber ihr dem Sabbat" – bei gleicher Grundtendenz ist das Wort aus Mk – verständlicherweise – christologisch („Menschensohn"!) zugespitzt.[47] Die andere Perikope ist darüber hinaus tendenziös zugespitzt, und zwar derart, daß sich bereits Mt – wenigstens teilweise – zur Korrektur genötigt sah. In seiner Parallele 12, 9–14 verzichtet er darauf, die von der Art der Krankheit unsinnige und von Pharisäern ohne weiteres zu bejahende Frage nach der Erlaubtheit der Lebensrettung auch am Sabbat aufzuwerfen (vgl. V12 mit Mk 3, 4). Stattdessen bringt er eine Argumentation, die Jesu eigene Auslegung in einer auch Pharisäern einsichtigen Weise hervortreten läßt. Wenn sie nämlich die Rettung eines Schafes zulassen – wobei an den damaligen Wert eines solchen Tieres für die einfache Bevölkerung zu denken ist –, dann kann man die Hilfe für einen kranken Menschen, auch wenn es sich nicht um Lebensgefahr handelt, am Sabbat nicht ausschließen (Mt 12, 11). Auf pharisäischer Seite wäre es demgegenüber nahegelegen, den Sabbat von der Heilung freizuhalten und sie erst am darauffolgenden Tag zu vollziehen; so kämen beide Gebote – das der Sabbatheilung und das der Hilfe für den Kranken – zu ihrem Recht. Was die Behauptung des Tötungsbeschlusses gegen Jesus betrifft, so hat Mt allerdings keine Korrektur der historisch unglaubwürdigen Behauptung von Mk 3, 6 vorgenommen, ein markantes Zeichen der zur Zeit der Niederschrift der Evangelien bereits bestehenden Entfremdung von Heidenkirche und Judentum.[48]

Auch ein Wort wie Mk 7, 15 über die Unterscheidung von Rein und Unrein kann nicht als grundsätzliche Durchbrechung oder Aufhebung der Tora gelten.

---

46) Eine Übersetzung dieses Mischna-Textes (Schwiit X,3f) bei *R. Mayer,* Der Talmud (Goldmann Tb 7571), München [5]1980, 317f.

47) Die rabbinische Regel in der Mechilta zu Ex 31,13 (103b).

48) Dazu *F. Mußner,* Traktat über die Juden, München 1979, 242–253. Zuvor war bereits betont worden, daß Jesus in der „Gesetzes"-Frage „zu Unrecht in Opposition zum Judentum und sein gewaltsamer Tod in Zusammenhang mit der Gesetzesfrage gebracht" worden sei (193, vgl. 185–198).

In einem solchen Fall hätte es nämlich nicht zu den nachösterlichen Auseinandersetzungen um die Art der Aufnahme von Heiden in die Gemeinschaft der Messias-Jesus-Gläubigen kommen können. Vielmehr legt Jesus mit diesem Wort von einer im Volk verbreiteten „unbekümmerten" Haltung aus, die von den ärmlichen Verhältnissen einfach erzwungen war, den Akzent hinsichtlich der Befolgung der grundsätzlich nicht angetasteten Speise- und Reinheitsgebote entschlossen auf das Bemühen um die innere Reinheit: Diesem Anspruch kann sich niemand entziehen.[49] Man braucht sich hierzu nur an ähnlich pointierte Weisungen von Propheten zu erinnern: So ist etwa mit Hos 6, 6 der Tempelkult nicht grundsätzlich verworfen.

Wenn Jesus allerdings hier wie in seinen Auslegungen des fünften (Mt 5, 22), sechsten (V28) und achten Gebots (V34) sowie der Forderung nach Nächsten- und Feindesliebe (Lk 6, 28–35par; 10, 30ff), wo jedesmal der einzelne persönlich den Anspruch des Willens Gottes erfährt, die Wandlung des Herzens verlangt, dann sind diese Gebotsauslegungen nicht von der Heilsbotschaft der Gottesherrschaft zu trennen.[50] Diese Verankerung der Weisungen Jesu im Eschaton, des Heiligungsimperativs im Heilsindikativ, macht auch die Schwierigkeiten erklärlich, die Jesu Jünger, also auch wir in der Kirche von heute, mit ihrer Befolgung haben: Da die Heilsvollendung noch aussteht, sind immer nur mehr oder weniger unzulängliche Versuche zu erwarten, ist alles aufrichtige Bemühen von der Gefahr des Scheiterns und des schuldhaften Versagens bedroht, so wie ja auch die Forderung „werdet barmherzig, wie euer Vater barmherzig ist" (Lk 6, 36par) nur größere oder geringere Annäherungsergebnisse bringen kann.[51] Dieses der Hebräischen Bibel und ebenso dem pharisäisch-rabbinischen Judentum vertraute Bewußtsein der aus menschlicher Kraft nicht aufhebbaren Unzulänglichkeit gegenüber dem Willen Gottes wird deshalb von Jesus im „Gebetsformular" für seine Jünger ebenfalls ausdrücklich thematisiert: „vergib uns unsere Schuld" (vgl. etwa nur die fünfte und sechste Bitte des Achtzehngebets).

1.3.2.3 Die Gottesherrschaft als Befreiung (zur Solidarität)[52]

Die Gottesherrschaft zeigt ihre Kraft vor allem auch in der *Befreiung von der Last der Schuld:* Gott freut sich, wenn er das Verlorene, das ja sein Eigentum bleibt, wieder findet (Lk 15, 4f par). Diese der Bibel und dem Judentum geläufige Überzeugung enthält für Jesus den Auftrag, sich nicht nur den Gerechten, sondern auch – und dies besonders – den Sündern zuzuwenden (vgl. Mk 2, 17).[53] Wie er mit der Parabel Lk 15, 11–32 als Veranschaulichung der von ihm gezogenen

---

49) Zu Mk 7,15 s. *P. Fiedler*, Jesus und die Sünder (BET 3), Bern/Frankfurt 1976, 249–255.

50) *E. Schweizer*, Das Evangelium nach Matthäus (NTD 2), Göttingen 1973, weist bei der Erörterung des Problems der Erfüllbarkeit der Bergpredigt auf Jer 31,33f hin (127, vgl. 124–135). Vgl. *A. Vögtle*, Was ist Frieden? Freiburg/Basel/Wien 1983, 126f.

51) Zu Lk 6,36par s. in meiner oben Anm. 49 angegebenen Untersuchung 189 (mit Anmerkung 503); zum Folgenden ebd. 204–211.

52) Zu diesem Abschnitt s. ebd. passim.

53) *R. Pesch* verweist auf die sogenannte „dialektische Negation", womit „kein ausschließender Gegensatz", sondern „der Vorzug einer Gruppe" bezeichnet wird (zuletzt in: Das Markusevangelium, HThKNT II/1, Freiburg/Basel/Wien 1976, 166).

Konsequenzen aus dem allgemein akzeptierten Glauben an die Vaterliebe Gottes[54] deutlich macht, will die Freude Gottes über den umkehrbereiten Sünder ansteckend wirken: Die Sünde wird hier nicht verharmlost, aber Gottes Vergebungswille ermöglicht jetzt schon neue Bruderschaft mit dem Sünder – eine Zumutung an gerade um die Erfüllung des Gotteswillens und um die Heiligung der Gemeinschaft sich einsetzende Menschen, die durch die Abqualifizierung ernsthafter pharisäischer Kritik als „Selbstgerechtigkeit" für die Kirche von heute nicht verharmlost werden darf.[55] Denn in ihrer Praxis wie in der allgemein unter Christen – und zwar den praktizierenden – herrschenden Einstellung wird aus ebenso ehrenhaften Gründen wie damals auf pharisäischer Seite eine Abgrenzung von Sündern gegenüber dem Versuch bevorzugt, sie durch Integration in die Gemeinschaft der Versöhnung mit Gott und dem Mitmenschen näherzubringen. Das Verständnis der Vaterunserbitte, Gott möge uns davor bewahren, in Versuchung zu geraten, liegt also dem pharisäisch-rabbinischen Verständnis einer ganz entsprechenden Bitte parallel.[56] Angesichts dieser Tatsache bleibt uns immer wieder der Anspruch Jesu voraus, aufgrund der Überzeugung des eigenen Angenommenseins von Gott trotz Schuld und Versagens die Versicherung des Gebets „wie auch wir vergeben unsern Schuldnern" im Leben einzulösen (s. dazu Mt 18, 23–30a; vgl. etwa auch Mk 10, 25–27 als Ausdruck eines grenzenlosen Vertrauens auf Gottes Heilswillen).

1.3.2.4 Das Gottesbild Jesu

Jesus berief sich zur Begründung seiner Offenheit gegenüber Sündern auf den Gott, der nicht den Tod des Sünders will, sondern „daß er seine bösen Wege verläßt und so am Leben bleibt" (Ez 18, 23). Daß er damit nicht auf taube Ohren stieß, zeigt allein schon die Tatsache, daß er seinen Anhängern – alles Juden! – dieselbe Offenheit zumuten konnte. Doch auch eine Geschichte aus dem rabbinischen Judentum wie die von Rabbi Meirs Frau Brurja läßt erkennen, daß Jesu Wirken ein Gottesbild zugrundelag, für das er in seinem Volk auf Zustimmung rechnen konnte. Denn während der Rabbi – ähnlich wie Paulus in 1 Kor 5 – von Gott die Beseitigung der Sünder erwartet, belehrt ihn seine Frau erfolgreich darüber, daß es dem Bibeltext – und das heißt: Gott – um die Beseitigung der Sünden geht.[57] Darüber hinaus hat Jesus offensichtlich in der Gleichniserzählung Mt 20, 1–15 die von seiner Wort- und Tatverkündigung aufgeworfene Frage nach der zugrundeliegenden Gottesvorstellung ausdrücklich thematisiert.[58] In anschaulicher Weise unterstreicht er darin den bereits von der Hebräischen Bibel

---

54) Es ist zu betonen, daß dieser Glaube dem Judentum geläufig war (und ist).

55) Die Erzählung von der Reaktion der Kollegen Rabbi Seiras auf sein Bemühen, Sünder durch freundschaftlichen Umgang zur Lebensänderung zu bewegen (bSanh 37a: Übersetzung bei *R. Mayer,* Talmud, 450f), illustriert einerseits die Schwierigkeiten, vor die Jesus sich gestellt sah; andererseits zeigt sie, daß eine Verständigung nicht grundsätzlich ausgeschlossen war (s. noch unten bei Anm. 57).

56) Diese (bBer 60b) und weitere Bitten aus Qumran bei *A. Vögtle* (s. oben Anm. 38) 171f, vgl. 176–178.

57) Übersetzung des Textes aus bBer 10a bei *R. Mayer,* Talmud 511.

58) Dazu in meiner oben Anm. 49 genannten Arbeit 173–184.

bezeugten Glauben, daß Gott seine Allmacht als Barmherzigkeit ausübt, so daß an sein Handeln menschliche Maßstäbe von Gerechtigkeit nicht angelegt werden können. Damit übereinstimmende Texte aus Talmud und Midrasch, die das Wissen um die Gnadenhaftigkeit jedes von Gott erhofften „Lohnes“ bezeugen,[59] sind hier ebenso zu beachten wie die Beobachtung, daß für *Jesu Hervorhebung des Heilsaspekts* der Gottesherrschaft in der Verkündigung des Deutero-Jesaja eine Parallele besteht. Gegenüber diesem Prophet tritt bei der vorexilischen Prophetie und dann wieder bei Trito-Jesaja die Gerichtsdrohung als Motiv für das Eingehen auf den Gotteswillen hervor. Entsprechend erscheint die als Einladung zur Lebensneugestaltung verstandene Betonung des Heilswillens Gottes durch Jesus gegenüber der stärker auf das Gerichtsmotiv abhebenden Predigt Johannes des Täufers als Umakzentuierung.[60]

1.3.2.5 Jesu Anspruch (umfassend verstanden)[61]

Jesus bewegte sich räumlich und theologisch innerhalb Israels und seines Glaubens. Die Anerkennung der Vielfalt des Judentums seiner Zeit läßt indes von vornherein erwarten, daß Jesus nicht nur Zustimmung, sondern auch Zweifel, Kritik und Ablehnung erfuhr. Man braucht sich dabei bloß das Lebensschicksal eines Mannes wie Jeremia zu vergegenwärtigen. Auf die politischen Implikationen der ethischen Verkündigung Jesu war anläßlich der betonten Forderung nach Feindesliebe bereits hingewiesen worden. Damit war indes zugleich die „theologische“ Frage gestellt, ob *seine* Auslegung den Gotteswillen in jener Stunde der Geschichte Israels „richtig“ deutete. Diese Frage erhob sich ganz besonders angesichts der für Jesus charakteristischen Haltung gegenüber solchen allgemein „anerkannten“ Sündern, wie sie Dirnen oder betrügerische Zöllner darstellten. Der Vorwurf „Zöllnerfreund“ (Mt 11, 19par; vgl. Mk 2, 16par) zeugt von der Schärfe der darüber entbrannten Auseinandersetzungen. Doch auch wer nicht so schroff auf Jesu auffällige Praxis reagierte, konnte mit guten Gründen fragen, ob Jesus seine radikalen Konsequenzen aus dem jüdischen Gottesglauben zu Recht zog: Unterlief sein Angebot von Gemeinschaft an Sünder nicht das – übrigens auch von ihm selbst angestrebte – Ziel der Heiligung des Volkes? Wurde dadurch nicht die Umkehr bagatellisiert und das aufrichtige Bemühen um Gehorsam gegen Gott bloßgestellt? Durfte man da wirklich Jesus zustimmen, durfte man ihm glauben? Da standen gerade seine frommen Hörer vor einer sie sehr tief berührenden Entscheidung. Denn der von Jesus ausgehende Appell zum Einverständnis mit ihm, wie er sehr deutlich auch in den offenen Schlüssen seiner Gleichniserzählungen vernehmbar ist, ließ sich ja nicht als theoretische Angelegenheit behandeln. Vielmehr zielte er auf eine *Verwirklichung gemäß der von Jesus in Wort und Tat verkündeten Praxis der Gottesherrschaft.*

---

59) Vgl. etwa nur das ebd., 176 zitierte Gleichnis, dessen Ausdeutung auf Abot I, 3 zurückgreift; außerdem s. ebd. 60–70.

60) Auch in der urchristlichen Verkündigung tritt dann wieder stärker das Gerichtsmotiv hervor: s. ebd., 264–269.

61) Dazu s. wiederum *G. Biemer* (oben Anm. 30), 24–28.

Die hier schon feststellbare Untrennbarkeit der „Sache“, d. i. des verheißenden und fordernden Charakters der Gottesherrschaft, von der Person dessen, der sie mit seiner in eigener Autorität vorgetragenen Auslegung zur Geltung bringt, tritt in der Berufung persönlicher Nachfolger unmittelbar zutage.[62] Darüber hinaus hat Jesus ausdrücklich den Anspruch erhoben, daß sich in seinem Wirken die Gottesherrschaft, deren Vollendung als nahe bevorstehend erwartet wurde, sozusagen punktuell vorweg vergegenwärtigt (Lk 11, 20par; jüdische Exorzisten damals haben eine solche endzeitliche Sinngebung mit ihrem Wirken offenbar nicht verbunden). Auch dieser Anspruch kann nur gläubig angenommen oder eben bestritten werden: ein Beglaubigungswunder zu wirken hat Jesus ja ausdrücklich abgelehnt (Mk 8, 12).

Derselbe Anspruch äußert sich schließlich in seinen Seligpreisungen – neben den bereits erwähnten der Hungernden und Weinenden die der Augen- und Ohrenzeugen insgesamt (Mt 13, 16f par)[63]. Dagegen ist die Frage, ob Jesus seinen Anspruch in irgenwelche der damals mehr oder weniger geläufigen Hoheitstitel gefaßt hat, höchstwahrscheinlich negativ zu beantworten: Er hätte sich damit der Gefahr von Mißverständnissen ausgesetzt. Zudem wäre seine Verkündigung der Gottesherrschaft durch den Streit um den im jeweiligen Titel gefaßten Anspruch verdunkelt worden.[64] Als Anknüpfungspunkt für den nachösterlichen Gebrauch verschiedener Hoheitstitel genügt der historisch unbestreitbare (jedoch von Jesus – wie angedeutet – nicht „bewiesene“ und daher auch nicht historisch in seiner Berechtigung aufzuweisende) *Anspruch, daß in seinem Wirken das Heil der Gottesherrschaft anbricht und so die Menschen zu neuem, dem endzeitlichen Gehorsam gegenüber Gott befähigt.*

Der Karfreitag schien diesen Anspruch Jesu jedoch erledigt zu haben.[65] Dies gilt offensichtlich auch für seine engsten Gefolgsleute, denen er seine auch von der drohenden Lebensgefahr nicht erschütterte feste Überzeugung von der Teilnahme an der vollendeten Gottesherrschaft versichert hatte (Mk 14, 25par).[66] Denn

---

62) Hier tritt der einzigartige Anspruch Jesu paradigmatisch hervor. Die Erfahrung der Unabgeleitetheit der Verkündigung Jesu spiegelt sich etwa auch noch in der Feststellung des Mk-Evangeliums, er lehre nicht wie die Schriftgelehrten, sondern „mit Vollmacht“ (1,22par, vgl. V27).

63) *I. Maisch* macht auf Entsprechungen beim Selbstverständnis des „Lehrers der Gerechtigkeit“ in Qumran aufmerksam, und zwar in Abhebung vom „Selbstverständnis des Propheten, der hinter dem Gottesspruch zurücktritt, des Apokalyptikers, der von seiner Vision berichtet, und des rabbinischen Meisters, der in der Traditionskette von ‚empfangen – weitergeben‘ (vgl. 1 Kor 11,23; 15,3) steht“: s. oben Anm. 36, 31 (vgl. 28 mit den Stellenangaben 1 QH 2,13; 5,25; 7,19ff; 8,16).

64) Vgl. *A. Vögtle,* Hat sich Jesus als Heilsmittler geoffenbart? in: BiKi 34 (1979) 4–11, unter Bezug auf frühere Untersuchungen.

65) Zu den historischen Fragen des Lebensendes Jesu, wie sie von den neutestamentlichen Passionsdarstellungen aufgeworfen werden, vgl. jetzt *M.-L. Gubler,* Juden und Christen – die fremden Brüder (Kleine Reihe zur Bibel, 23), Stuttgart 1981, 22–37 (unter ständiger Berücksichtigung der im Gefolge dieser Darstellungen später entstandenen schweren Belastung des Verhältnisses der Kirche zum Judentum).

66) Auf diese Weise hat Jesus offensichtlich seinen Tod „bestanden“ und ist so für uns zum „Urheber und Vollender des Glaubens“ (Hebr 12,2) geworden: dazu s. meinen Überblick „Probleme der Abendmahlsforschung“ in: ALw 24 (1982) 190–223; vor allem zur histori-

erst durch die Ostererfahrung wurden die Jünger zur Gewißheit geführt, daß Gott dem Gekreuzigten rechtgegeben, seinen Anspruch endgültig bestätigt hatte. Jetzt war auch die Anwendung von Titeln nicht mehr mißverständlich. Schließlich ist es vom Glauben an Jesu endgültige Einsetzung in die Heilbringerwürde aus begreifbar, daß gegenüber der vorösterlichen Betonung der Gottesherrschaft nun die Person des Erhöhten in den Mittelpunkt rückte.

1.3.3 Zusammenfassung

Die uns in Jesu Verkündigung begegnende, durch den aus den Toten auferweckten Gottessohn im Heiligen Geist bleibend vermittelte Gottesherrschaft

– bietet *Freiheit* an, indem wir sie als unverfügbares Geschenk empfangen dürfen, das uns in der Enge und Begrenztheit unseres Daseins (irdische Sorgen und Nöte, Leid und Tod) den absoluten Sinn erschließt;

– befähigt zur *Liebe,* indem wir als Kinder des barmherzigen Gottes unseren Mitmenschen die von ihm empfangene Liebe weitergeben können;

– erschließt *Hoffnung,* indem die Infragestellung von Sinn und Liebe durch unsere Schuld und unser Versagen von der Zusage der Liebe Gottes aufgehoben bleibt, die durch die Befreiung zu neuer Solidarität den Sinn bewahrt.

1.4 Didaktische Gliederung des gesamten Themenbereichs „Christen Juden“

Obgleich im Verlauf der letzten Jahre diesem Themenbereich gerade in (den christlichen Kirchen) der Bundesrepublik Deutschland wachsende Aufmerksamkeit geschenkt wurde und wird, befinden sich alle, die meinen, es werde bereits zu viel für die Verbesserung des christlich-jüdischen Verhältnisses getan, in einem verhängnisvollen Irrtum.[67] Was bisher geschehen ist und geschieht, ist im Vergleich zur Größe der künftig anstehenden Aufgabe und zum Gewicht der Geschichte, aus der wir alle kommen, nichts anderes als die *Einleitung einer möglichen grundlegenden Wende.*[68] In einer Zeit, da Probleme mit Modebegriffen und

---

schen Problematik s. *L. Oberlinner,* Todeserwartung und Todesgewißheit Jesu (SBB 10), Stuttgart 1981.

67) Über die auf evangelischer Seite in Gang gekommene Diskussion, die durch den Synodalbeschluß der Rheinischen Landessynode 1980 „Zur Erneuerung des Verhältnisses von Christen und Juden“ ausgelöst wurde, vgl. *B. Klappert/H. Starck* (Hrsg.), Umkehr und Erneuerung, Neukirchen-Vluyn 1980.

68) So beginnen die Vatikanischen „Richtlinien und Hinweise für die Durchführung der Konzilserklärung ‚Nostra aetate‘, Art. 4“ mit der Feststellung, daß diese lehramtliche Aussage „einen entscheidenden Wendepunkt in der Geschichte der Beziehungen zwischen den Juden und den Katholiken“ bedeutet.

Schlagzeilen aufgegriffen und nach kurzatmiger Behandlung abgetan werden, ist es notwendig, daß Themen von besonderer Wichtigkeit für das Leben und Überleben von Völkern und Religionen besonnen, sorgfältig, mit Ausdauer und Zähigkeit behandelt werden. Das Thema „Christen Juden" ist von solch gesellschaftlich-geschichtlichem, politischem und kirchenpolitischem Rang. Das muß im vornhinein ausdrücklich bewußt gemacht werden, bevor man daran gehen kann, die Thematik nach den Verfahrensweisen der Didaktik für Lernprozesse in Schule und Kirche, mit Kindern, Jugendlichen und Erwachsenen zu strukturieren.

Bei der hier vorzunehmenden didaktischen Gliederung geht es – in Anknüpfung an das bisherige Arbeitsergebnis[69] – nach einem kurzen Aufweis des Stellenwertes, den das Thema im Hinblick auf Theologie, Gesellschaft und Adressaten hat, um

- den theologischen Begründungszusammenhang,
- die didaktische Vermittlungsweise sowie
- die Gliederung eines Basiskurses und
- den Hinweis auf die Erstellung möglicher Aufbaukurse.

1.4.1 Das Thema im Begründungszusammenhang von Theologie, Gesellschaft und Adressaten

Kein denkender Christ kann übersehen, daß die Glaubens-„Urkunde" des Christentums in einigen ihrer Passagen so starke antijüdisch-polemische Züge aufweist, daß den Lesern späterer Zeiten die fundamentale Gemeinsamkeit, „wodurch das Volk des Neuen Bundes mit dem Stamme Abrahams geistlich verbunden ist"[70], mehr oder weniger verborgen bleibt. So wird beispielsweise[71] das Leben im Sinai-Bund als „Buchstabendienst" dem „Dienst des Neuen Bundes" als Dienst des Geistes gegenübergestellt (2 Kor 3, 7); eine Hülle liege auf dem „(Ver-) Lesen des Alten Bundes" und auf den Herzen derer, die an ihm festhalten „bis heute" (V.14f). Im Johannes-Evangelium wird häufig der umfassend-pauschale Ausdruck *„die* Juden" für Gegner (der Lehre) Jesu gebraucht, ohne daß den Lesern oder Hörern unserer Tage dabei bekannt ist, daß damit weder das ganze Volk Israel zur Zeit Jesu noch zu irgendeiner späteren Zeit gemeint ist, sondern „die Führer der Juden" oder „die Feinde Jesu"[72]. Im Hebräer-Brief erscheint der

---

69) Die folgenden Überlegungen greifen ganz gerafft auf die in den „Freiburger Leitlinien zum Lernprozeß Christen Juden" (= Band 2 dieser Reihe) erarbeitete theologische und didaktische Grundlegung zurück.

70) So in der Konzilserklärung „Nostra aetate", Art. 4.

71) Zur Problematik insgesamt vgl. *O. Michel,* Polemik und Scheidung. Eine biblische und religionsgeschichtliche Studie, in: Judaica 15 (1959) 193–212; *W.P. Eckert, N.P. Levinson, M. Stöhr* (Hrsg.), Antijudaismus im Neuen Testament? Exegetische und systematische Beiträge, München 1967 (= Abhandlungen zum christlich-jüdischen Dialog, Bd. 2); *J. Fangmeier,* Offener Brief an Franz Hesse, in: *B. Klappert/H. Starck* (Hrsg.), Umkehr und Erneuerung, a.a.O., 66–71, hier 69.

72) Vgl. Anm. 1 der Vatikanischen „Richtlinien und Hinweise", a.a.O., II.

Sinai-Bund als ersetzt (8, 6f. 13), und die Tora, an deren Vertiefung Jesus bekanntlich für sich und seine Hörer gelegen ist (vgl. Mt 5, 17–19), wird vergleichsartig abqualifiziert: sie enthalte „nur einen Schatten der künftigen Güter, nicht die Gestalt der Dinge selbst" (10, 1).

Jedem Kenner der Kirchengeschichte ist diese Tatsache geläufig: Bereits die Alte Kirche, die zunächst selbst unter der heidnischen Judenfeindschaft mit zu leiden hatte, macht sich „die verbreitete Animosität gegen die Juden zu eigen, nimmt sie zum Vehikel ihrer Absetzungsbemühungen vom Judentum und verschärft sie mit ihren eigenen, aus ihrem theologischen Selbstverständnis genommenen Argumenten".[73] In den ersten Jahrhunderten herrschte selbst und gerade unter den größten Theologen eine antijüdische Einstellung, die ein eigenes literarisches Genus hervorbrachte, die sogenannten *„Adversus-Iudaeos*-Traktate („Gegen die Juden").[74] Von keinem Geringeren als dem berühmten Johannes Chrysostomus wird in anachronistischer Eintragung der nachnicaenischen Sohn-Gottes-Christologie in die neutestamentliche Passionsgeschichte den jüdischen Zeitgenossen Jesu das Verbrechen eines Gottesmordes (theoktonia) vorgeworfen.[75] „Die böse Natur, die angeblich die Juden der Vergangenheit charakterisierte, mit ihrem Höhepunkt in der Kreuzigung, wird typischerweise in den patristischen Schriften den zeitgenössischen Juden beigelegt ... Isidor erklärt, daß die böse Natur sich niemals ändert ... Augustin spricht in seinem Traktat ‚Gegen die Juden' von den Juden, daß sie mit Bitterkeit und Galle erfüllt seien gleich der, welche sie Jesus am Kreuz zu trinken gaben".[76] Von hier aus muß auch darauf aufmerksam gemacht werden, daß im Brevier Kirchenväter-Texte mit antijüdischen Passagen enthalten sind.

Keinem Religionslehrer darf unbekannt sein, daß die Erhebung des Christentums zur Staatsreligion im Römischen Reich und seine ungewöhnliche Ausbreitung im Mittelalter unter anderem dazu beigetragen haben, daß die Juden, die als Minderheit in den europäischen Staaten lebten und an ihrem Glauben an den Gott Abrahams treu festhielten, immer wieder heftigen Angriffen und Nachteilen, von den Kreuzzügen an in „regelmäßigen" Abständen schrecklichen Verfolgungen und Pogromen ausgesetzt waren;[77] vor der bekannten totalen Ver-

---

73) *K.S. Frank*, „Adversus Judaeos" in der Alten Kirche, in: *B. Martin/E. Schulin* (Hrsg.), Die Juden als Minderheit in der Geschichte (dtv 1745), München 1981, 30–45, hier 31.

74) Der eben genannte Titel des Beitrags von *K.S. Frank* meint nicht nur diese „Kampfschriften" (aus dem 2. bis 7. Jahrhundert), sondern „alle antijüdische Polemik und Aktivität der Alten Kirche": a.a.O., 32.

75) Vgl. *R. Ruether*, Nächstenliebe und Brudermord, München 1978, 124. Ebd. 123 das Zitat aus der Osterhomilie „Vom Passa" des Bischofs Melito von Sardes (Mitte des 2. Jahrhunderts): „Der Gott – ist getötet worden. Der König Israels – ist beseitigt worden von Israels Hand" (§ 96).

76) Ebd. 124. – Die Zuweisung des Serma Adversus Iudaeos an Augustinus ist nicht unbestritten, doch verwendet ihn z.B. auch *K.S. Frank*, a.a.O., 41f. als augustinisch.

77) Vgl. den Überblick bei *H. Greive*, Die Juden. Grundzüge ihrer Geschichte im mittelalterlichen und neuzeitlichen Europa (Grundzüge 37), Darmstadt 1980. Dazu etwa die Beiträge von *D. Mertens*, Christen und Juden zur Zeit des ersten Kreuzzuges, und *F. Graus*, Judenpogrome im 14. Jahrhundert: Der schwarze Tod, in dem von *B. Martin* und *E. Schulin* hrsg. Sammelband (s.o. Anm. 73), 46–67 und 68–84.

treibung aus Spanien (1492) und Portugal (1497)[78] gab es allgemeine Landesverweisungen bereits in England (1290) und Frankreich (1306 und 1394), während es im Gebiet des Deutschen Reiches aufgrund der politischen Aufsplitterung „nur" zu wiederholten örtlichen Vertreibungen kam (z.B. 1314 aus Bayern, 1420/1 aus Österreich, 1430 aus Sachsen, 1446 aus Brandenburg).[79]

Obwohl im Deutschland des 19. Jahrhunderts eine emanzipatorische Einstellung in der staatlichen Gesetzgebung zum Zuge kam und so der Weg zur bürgerlichen Gleichstellung der Juden eingeschlagen wurde, was auf ihrer Seite eine starke Assimilationsbereitschaft auslöste,[80] wurde gerade in diesem unserem Land unter der Diktatur des Nationalsozialismus das größte Verbrechen an den Juden geplant und systematisch in den Vernichtungslagern von Auschwitz, Maidanek, Treblinka u. a. durchgeführt. Damals erinnerte sich nur eine allzu geringe Zahl von Christen daran, daß „das Volk des Neuen Bundes mit dem Stamme Abrahams geistlich verbunden ist".[81] Von jener Zeit bekennt die katholische Kirche in der Bundesrepublik Deutschland zurecht, daß sie, „trotz beispielhaften Verhaltens einzelner Personen und Gruppen, aufs Ganze gesehen doch eine kirchliche Gemeinschaft (war), die zu sehr mit dem Rücken zum Schicksal dieses verfolgten jüdischen Volkes weiterlebte ... und die zu den an Juden und Judentum verübten Verbrechen geschwiegen hat".[82]

Unter diesen außergewöhnlichen Voraussetzungen und im Rückblick auf die hier nur angedeutete lange und aufs Ganze gesehen unheilvoll verlaufene Geschichte erhebt sich die Forderung: Überall dort, wo sich Christen auf die Ursprünge ihres Glaubens besinnen, wo Lernprozesse über das Christentum und im christlichen Glauben stattfinden, muß auch zum Vorschein kommen, *daß die Kirche „durch jenes Volk,* mit dem Gott aus unsagbarem Erbarmen den Alten Bund geschlossen hat, *die Offenbarung des Alten Testaments empfing und genährt wird von der Wurzel des guten Ölbaums,* in den die Heiden als wilde Schößlinge eingepfropft sind."[83]

Dieses Grundpostulat christlicher Religionsdidaktik der Gegenwart und Zukunft entspricht der Wende, die im Verhältnis vom Christentum zum Judentum eingeleitet worden ist, und kann als analog zu der heute in den christlichen Großkirchen schon allgemein akzeptierten *Forderung einer ökumenischen Öffnung der religiösen Unterweisung* und des Religionsunterrichts verstanden werden. Denn ähnlich wie vor mehr als zwei Jahrzehnten eine Wende der katholischen Kirche zu den ökumenischen Bestrebungen in der Christenheit eingetreten ist, als Johannes XXIII. in seiner Weihnachtsbotschaft von 1958 auf die Gemeinsamkeiten der

---

78) Dazu s. jetzt *E. Schulin,* Die spanischen und portugiesischen Juden im 15. und 16. Jahrhundert. Eine Minderheit zwischen Integrationszwang und Verdrängung, ebd., 85–109.

79) *K. Deppermann,* Judenhaß und Judenfreundschaft im frühen Protestantismus, ebd., 110–130, listet 111f. „Judenausweisungen aus einzelnen deutschen Territorien und Städten" zwischen 1492 und 1519 auf.

80) Vgl. einerseits *H. Holeczek,* Die Judenemanzipation in Preußen, ebd., 131–160, andererseits *H.-G. Zmarzlik,* Antisemitismus im Deutschen Kaiserreich 1871–1914, ebd., 249–270.

81) Um die Konzilsaussage zu wiederholen: s.o. Anm. 70.

82) Gemeinsame Synode der Bistümer in der BRD, Beschluß „Unsere Hoffnung", IV.2.

83) Nostra aetate, Art. 4 (Hervorhebung durch d. Verf.).

Christen verwies – „Die getrennten Brüder tragen auf ihrer Stirne den Namen Christi, sie lesen sein heiliges und gesegnetes Evangelium“[84] –, so scheint endlich auch der Zeitpunkt gekommen, da die Kirche in einer Wende des bisherigen Geschichtsverlaufs ihren Blick auf „das gemeinsame geistliche Erbe“ von Christen und Juden richtet und sich dann bemüht, „die gegenseitige Kenntnis und Achtung zu fördern“.[85] Im Unterschied zu jeder Art antijüdischer Äußerungen können heute die deutschen Bischöfe sagen, daß trotz der Trennung der Kirche von Israel bereits im 1. Jahrhundert „doch die Heilsbedeutung Israels und die Heilszusage Gottes an Israel bestehen (bleibt).“[86]

Der epochalen Bedeutung dieser Wende kann man religionspädagogisch nur dann gerecht werden, wenn das Thema „Verhältnis Christen Juden“ grundlegend in allen Lehr-Lernveranstaltungen unter christlicher Leitung eingebracht wird. Das kann auf dreierlei Weise geschehen:

a) *Alle christlichen Inhalte, die eine jüdische Herkunft bzw. einen jüdischen Hintergrund* haben, sollten auch so vermittelt werden, daß dieser Zusammenhang in positiver Weise zum Ausdruck kommt. Dies ist beispielsweise bei der Herkunft der Eucharistiefeier aus dem Letzten Abendmahl Jesu und somit aus dem Zusammenhang mit dem Pesach-Mahl möglich und notwendig. Ebenfalls gilt dies in bezug auf die Bedeutung der Gebote des christlichen Lebens, die unbestreitbar der Tora entstammen. Diese beiden exemplarischen Themenbereiche geben bereits einen kurzen Hinweis, wie fruchtbar es sein wird, die christliche Gotteslehre, Schöpfungslehre, Gnadenlehre, Ethik u.v.a.m. im vergleichenden Zusammenhang in Lehr-Lernveranstaltungen einzubringen. Allerdings zeigen diese religionsdidaktischen Desiderate zugleich die Lücken der von der systematischen und exegetischen Theologie noch unbearbeiteten Bereiche.

b) Von unabdingbarer Wichtigkeit ist im *Zusammenhang mit dem Thema der Weltreligionen* und seiner Bedeutung für den katholischen Religionsunterricht der Gegenwart, daß die jüdische Religion in ihrer Eigenständigkeit von den Ursprüngen bis in die Gegenwart dargestellt und vermittelt wird. Damit kann und soll verhindert werden, daß das Judentum nur als eine Art (historischer) Vorläufer zum Christentum mißverstanden wird.

c) Eine spezifische christliche Thematik ist die Darstellung des *Verhältnisses Christen Juden.* Dies braucht als eigener *Themenbereich zur gegenwärtigen Stunde der historischen Entwicklung* im Zusammenhang mit den bisher genannten Tatsachen aus Herkunft und Geschichte der Kirche sowie im Blick auf die heutige religionspolitische Weltsituation nicht weiter begründet zu werden.

Es zeigt sich, daß auf diesen drei verschiedenen Ebenen der kirchlichen Didaktik das Thema in je verschiedener Weise zur Sprache kommen muß, wenn ein verändertes Verhältnis von Christen zu Juden für die Zukunft erreicht werden soll. Es ist keine Frage, daß alle Orte und Bereiche der didaktischen Tätigkeit der

---

84) Vgl. dazu *H. Fries,* Der Beitrag der Theologie zur Una Sancta, München 1959, 17.

85) Nostra aetate, Art. 4. Zur Bedeutung dieser Wende vgl. auch Kardinal *A. Bea,* Die Kirche und das jüdische Volk, Freiburg/Basel/Wien 1966.

86) Erklärung über das Verhältnis der Kirche zum Judentum (28. April 1980), V. 4. (Letzter Abschnitt).

Kirche von diesem Postulat betroffen sind: der schulische Religionsunterricht ebenso wie die kirchliche Gemeindekatechese, die theologische Erwachsenenbildung ebenso wie einschlägige Themenbereiche und Aktionen kirchlicher Jugendarbeit.[87]

Wer immer solche Postulate über eine Selbstreform der kirchlichen Einstellung gegenüber dem Judentum erhebt, muß trotz der unheilvollen Vergangenheit, die eigentlich Lehrmeister genug für alle sein sollte, damit rechnen, daß er auf die *„Gegenleistung" der Juden* in der Gegenwart und Zukunft hin angesprochen wird. Dazu ist zweierlei zu sagen: Mit Recht verweist bereits das II. Vatikanische Konzil auf die im „Antrieb der religiösen Liebe des Evangeliums" liegende Reformpotenz der Kirche.[88] In der Tat wäre auch eine „einseitige" Reform im Sinne einer Neubesinnung der Kirche auf ein positives Verhältnis zum Judentum eine geistliche und pädagogische Aufgabe, die keiner äußeren Bedingung oder von außen zu fordernden „Balance" zu ihrer Begründung bedarf. Zum andern zeigt sich jedoch, daß tatsächlich verschiedenste Schichten des an religiösen Richtungen reichen Judentums am Gespräch mit den Christen interessiert sind, insbesondere in den USA, aber auch auf der höchsten Ebene des Repräsentantenaustauschs der katholischen Kirche mit jüdischen Vertretern.[89] Daß bei uns in Deutschland das Gespräch von Christen und Juden auf schmaler Ebene verläuft, verglichen etwa mit dem Dialog in den USA und anderswo, haben ja die hierzulande lebenden, außergewöhnlich gesprächsbereiten Juden am wenigsten zu verantworten.

Im Blick auf die jungen Menschen, denen die didaktische Vermittlung dieses umfassenden Themenbereichs vor allem gelten soll, ist von großer Wichtigkeit, daß sie unbefangen und ohne Schuld bzw. Schuldgefühle an diese Problematik herankommen dürfen und heranzuführen sind, daß sie aber zugleich ihre Verantwortung für die Hypotheken der Geschichte übernehmen können, die in diesem Zusammenhang in die Verpflichtung zu fassen ist: Nie wieder Auschwitz![90] Was dabei als Wende der Einstellung der Kirche zum Judentum gilt, wird der jungen Generation weithin als eine Selbstverständlichkeit und alternativlose Notwendigkeit erscheinen. Wie anders soll eine Welt auf Einung unter Völkern hin und auf Toleranz unter Religionen im Sinne der Religionsfreiheit hin zustandekommen, wenn nicht diejenigen, die solches erwarten und fordern,[91] ihrerseits dazu bereit sind und damit beginnen? Um so schwieriger aber wird es sein, die heranwachsende Generation mit den Dokumenten der Geschichte der Kirche und insbesondere auch mit der „Glaubens-Urkunde" der Christenheit, dem Neuen Testament, in solcher Weise vertraut zu machen, daß sie die Spuren des Antijudaismus rich-

---

87) Vgl. *G. Biemer*, Erziehung zum christlich-jüdischen Dialog in der pluralistischen Gesellschaft: FrRu 31 (1979) 8–15 (gekürzte Fassung in: KatBl 105, 1980, 819–830).

88) Nostra aetate, Art. 4.

89) Vgl. die Kommission für die religiösen Beziehungen zum Judentum, die Papst Paul VI. 1974 eingesetzt hatte; ferner etwa die Begründungen „in jüdischen und israelischen Botschaften" zum „Jahr der drei Päpste": „Rundschau" im FrRu 30 (1978) 92–99.

90) Vgl. dazu *J.B. Metz*, Ökumene nach Auschwitz, in: *E. Kogon/ders.* (Hrsg.), Gott nach Auschwitz, Freiburg/Basel/Wien 1979, 121–144.

91) Vgl. die Erklärung über die Religionsfreiheit „Dignitatis humanae" des II. Vatikanischen Konzils.

tig zu verstehen, zu interpretieren und auf die veränderte geschichtliche Situation hin so zu lesen vermag, daß negative Folgen für das Verhältnis zum Judentum zukünftig ausgeschlossen sind. Wenn es wahr ist, was wir Christen glauben, daß sich die Kirche mit ihrem Glauben im Verlauf der Jahrhunderte unter der Führung des Geistes Jesu Christi entfaltet, dann ist diese neue Explikation einer Versöhnung mit dem Volk der Juden, dessen gebliebene Heilsträgerschaft von der Kirche nicht (mehr) bestritten wird, Anlaß und auch positive Möglichkeit zu entsprechender „relecture" der Kirchen- und Glaubensgeschichte und ihrer Dokumente. Das aber ist es, was der in die Kirche hineinwachsenden Generation vermittelt werden soll. Daß es gerade auch unter Jugendlichen noch bzw. wieder Antisemitismus gibt, unterstreicht die Notwendigkeit dieser Aufgabe.[92]

Im Folgenden soll es nun – in einer notwendigen Selbstbeschränkung – darum gehen, den Themenbereich des *Verhältnisses von Christen und Juden* didaktisch umrißhaft zu gliedern. Die komplexe Wirklichkeit von Judentum und Christentum ist dabei so auf den Begriff zu bringen, daß die Besonderheit ihres Verhältnisses zueinander deutlich wird.[93]

1.4.2 Zur Art und Weise der didaktischen Vermittlung

1.4.2.1 Zur Begründung der fachwissenschaftlichen Kategorien

Mit keiner anderen Religion der Welt teilt das Christentum einen so fundamentalen Teil seines Glaubens und seiner Glaubensurkunde wie mit dem Judentum. Denn der Glaube an Gott den Einen und Einzigen, an die Erschaffung und Erhaltung der Welt, an die Berufung Abrahams, des „Vaters des Glaubens", an die Erwählung Israels und seine Befreiung (Erlösung) aus Ägypten, aber etwa auch an die Herbeiführung „jenes Tages" (Jes 25, 6-8), da Gott seine Königsherrschaft zur Vollendung bringt, an die Völkerwallfahrt zum Zion (Jes 2, 1-5; 60) und somit an eine Stellvertretung und Sendung des auserwählten Volkes für alle Völker – dieser Glaube mit diesen und anderen Inhalten ist Juden und Christen auf je ihre Weise gemeinsam. Als Grundkonstanten des jüdischen Glaubens, wie ihn die Hebräische Bibel und die vor allem im Talmud gesammelte autoritative Tradition bezeugt, können diese fünf angeführt werden: der Glaube an den Einen und Einzigen (*Gott*), an seinen *Bund*, mit dem er sich das *Volk* erwählt und ihm ein konkretes *Land* fest zusagt, sowie an seine *Verheißung/Zukunft*.

Das Christentum teilt die Glaubensurkunde der Hebräischen Bibel mit dem Judentum.[94] Ja, für Jesus und für die Hagiographen der neutestamentlichen Schriften waren die Texte der Hebräischen Bibel bzw. der Septuaginta die einzigen

---

92) Vgl. etwa nur *G.B. Ginzel*, Hitlers Urenkel, Düsseldorf 1981; *G.Paul/B. Schoßig* (Hrsg.), Jugend und Neofaschismus, Frankfurt 1979.

93) Vgl. dazu insbesondere 4.5 der „Freiburger Leitlinien", a.a.O., 62ff.

94) Zur umfangmäßigen Differenz zwischen der Hebräischen Bibel und dem katholischen Kanon des Alten Testaments, der sich an die Septuaginta anlehnt, vgl. *D. Nestle*, Neues Testament elementar, Neukirchen-Vluyn 1980, 37–43.

Heiligen Schriften. So sind die genannten „Konstanten“ des jüdischen Glaubens in dem auf Jesus Christus und seinen Aposteln gegründeten Glauben der Christenheit ebenfalls als solche fundamentalen Inhalte anzutreffen. In ihnen sind Ursprung und Vollendung der kosmischen und der gesellschaftlichen Welt des Menschen (Gott) ebenso wie der Verlauf der Geschichte in ihrem Gelingen, in ihrem Scheitern und im erlösenden Wirken Gottes (Volk-Land-Verheißung/Zukunft) enthalten.

In diesen Aussagen deutet sich aber auch die grundlegende *Unterschiedenheit* von christlichem und jüdischem Glauben an. Sie läßt sich folgendermaßen näher kennzeichnen: Von seinem Ursprung her kann der christliche Glaube sowohl im Bild einer Traditionsbeschränkung wie auch einer Traditionserweiterung gesehen werden. Denn einerseits erscheint die christliche Glaubenstradition im Vergleich zur Vielstimmigkeit der sich auf viele Rabbinen gründenden Glaubenstradition Israels als „Beschränkung auf einen einzigen Lehrer“[95]; andererseits hat sie sich faktisch bereits sehr früh in ihrer Geschichte auf „die Völker“ hin universalisiert. So ist es das Christusereignis, das als eine spezielle Erfüllung von messianischen Verheißungen aufgefaßt und zunehmend mit außerbiblischen Vorstellungen erfaßt wurde (z.B. die Gottesprädikation Jesu) und so den grundlegenden Unterschied zwischen dem Glauben Israels und der Kirche konstituiert. Dieses Glaubensverständnis bringt eine besondere Weise der Interpretation und Lesung der gemeinsamen Glaubensurkunde (der Hebräischen Bibel) mit sich. Dadurch ist eine differente Wirkungsgeschichte in zwei verschiedene Religionen ausgelöst worden.

Noch ist die Zeit nicht gekommen, in einer ein für allemal gültigen klaren Systematik Gemeinsamkeit und Differenz zwischen christlichem und jüdischem Glauben darzustellen; denn die Vorarbeiten sind – verglichen z.B. mit denen der innerchristlichen Ökumene – zu gering.[96]

Die Aufgabe der Erziehung und des Unterrichts duldet jedoch keinen weiteren Verzug. Die Qualifikation der heranwachsenden Generation bei Christen und Juden zur Gesprächsfähigkeit miteinander (und mit den Angehörigen aller anderen Religionen und Weltanschauungen), die Qualifikation zum je spezifischen Beitrag des eigenen Glaubens zur „Schalomisierung der Welt“[97] muß bei den vor-

95) *F. Mußner*, Traktat über die Juden, München 1979, 363 (ff.).

96) Außer dem Buch von *F. Mußner* ist hier vor allem (nur) noch auf die Monographie von *C. Thoma*, Christliche Theologie des Judentums, Aschaffenburg 1978, hinzuweisen. Vgl. jetzt auch die Beiträge christlicher Autoren in: *M. Stöhr* (Hrsg.), Jüdische Existenz und die Erneuerung der christlichen Theologie. Versuch der Bilanz des christlich-jüdischen Dialogs für die Systematische Theologie (Abhandlungen zum christlich-jüdischen Dialog, 11), München 1981; ebenso in: *H.H. Henrix* (Hrsg.), Unter dem Bogen des Bundes (Aachener Beiträge zu Pastoral-und Bildungsfragen 11), Aachen 1981; sowie *P. von der Osten-Sacken,* Grundzüge einer Theologie im christlich-jüdischen Gespräch (Abhandlungen . . .12), München 1982. – Vgl. dazu *John T. Pawlikowski,* What are they saying about Christian-Jewish Relations? New York 1980; *ders.,* Sinai and Calvary. A Meeting of Two Peoples, Beverly Hills, Ca. 1976. Ferner *J. Maier/J. J. Petuchowski/C. Thoma,* Judentum und Christentum, in: Christlicher Glaube in moderner Gesellschaft, 26, Freiburg/Basel/Wien 1980, 127 – 168.

97) *F. Mußner,* Traktat, a.a.O., 383 (ff.); vgl. in der genannten Erklärung der deutschen Bischöfe (s.o. Anm. 86) VI. 3.

handenen theologischen Möglichkeiten ansetzen. Es wird so ein didaktischer Zirkel von Theorie und Praxis entstehen, bei dem Postulate aus der erzieherischen und unterrichtlichen Praxis an die Fachwissenschaft Theologie weitergegeben werden müssen, so wie deren Ergebnisse in der Religionspädagogik und Religionsdidaktik zur Handlungsorientierung in die Praxis vermittelt werden sollen.

Deshalb läßt sich bei aller Vorläufigkeit des theologischen Reflexionsstandes sagen, daß die genannten Grundbegriffe als „Konstanten“ des christlich-jüdischen Dialogs mit den folgenden Bestimmungen zur Strukturierung der didaktischen Vermittlung von elementarer Bedeutung sind:[98]

1) *Gottesbegriff:*

Jüdisch: Gott wird geglaubt als der Eine und Einzige, der Schöpfer, Erlöser und Vollender der Welt, der sich aus reiner Gnade und unüberbietbar Israel, dem Volk der Erwählung, geoffenbart hat für alle Menschen.

christlich: Gott wird verstanden als der Eine und Einzige, der als der Dreieinige der Schöpfer, Erlöser und Vollender der Welt ist; der Vater hat sich aus reiner Gnade endgültig geoffenbart: in der Sendung seines Sohnes Jesus Christus und in der Sendung des Heiligen Geistes, der die Offenbarung in der Kirche Christi durch alle Zeiten für alle Menschen unversehrt bewahrt.

2) *Bund:*

jüdisch: Bund ist die *Heilszusage* Gottes an Israel, das für alle Völker erwählt wird (Exodus, Tora, Talmud) und der *Glaubensgehorsam* des Volkes (Mose, Propheten, Synagoge).

christlich: Bund ist die geschichtlich wirksame Ausdehnung der Heilszusage Gottes an Abraham durch *Jesus Christus* auf alle Völker und die Antwort der Getauften im *Glaubensgehorsam* (Ekklesia).

3) *Volk:*

jüdisch: Das Volk Israel ist die von Gott bleibend erwählte Lebens- und Glaubensgemeinschaft, die ihre Abstammung auf Abraham zurückführt und in besonderer Weise durch das Ereignis des Exodus aus Ägypten und den Bundesschluß am Sinai geprägt worden ist, und das trotz heftiger Anfeindungen durch viele Jahrhunderte (Antisemitismus, Auschwitz) seiner Sendung „Zeichen der Völker“ (Jes 11,10) zu sein, gehorcht.

christlich: Volk ist die Gemeinschaft derer, die durch Jesus Christus zum Heil Israels hinzuberufen sind und als „wanderndes Gottesvolk“ (Kirche) ihren universalen Heilsauftrag als Zeichen für die Völker in der Kraft des Heiligen Geistes wahrnehmen.

---

98) Die folgende „jüdische und christliche Bestimmung der elementaren Kategorien“ aus den „Freiburger Leitlinien“ 4.5.3 (a.a.O., 66f.).

4) *Land:*

jüdisch: Land ist als Zeichen der Erwählung Israels Bundesgabe Gottes, die das Volk zur Treue verpflichtet und in der Heilszeit als endgültiger Besitz erhofft wird.

christlich: Die Erde ist das den Menschen von Gott anvertraute Gut, durch dessen Verwandlung in eine neue Schöpfung erst die endgültige Heimat zum Vorschein kommt.

5) *Hoffnung, Glaube an Zukunft:*

jüdisch: Hoffnung (Glaube an Zukunft) ist das Feststehen in den Verheißungen an Israel, die Gott durch seine Machttaten am Anfang der Geschichte des Volkes begründet hat und die sich auch in Zeiten der Katastrophe durch das Überleben des Volkes bewährt haben und bewähren.

christlich: Hoffnung (Glaube an Zukunft) ist das Feststehen in den durch das Christusereignis grundgelegten Verheißungen Gottes, die die Kirche in allen Wechselfällen der Geschichte tragen und leiten.

1.4.2.2 Zur Lebensrelevanz der elementaren theologischen Kategorien: Bezug auf elementare Anthropologie

Es ist bekannt, daß eine lineare Einführung der Theologie in Lern- und Unterrichtsprozessen ohne Übersetzung bzw. didaktische Vermittlung lediglich ein Angebot der theologischen Begriffe und somit eine Hinführung auf einseitig fachwissenschaftliche Lernziele und Inhalte zur Folge hätte. Deshalb werden die als elementare Konstanten der Theologie bezeichneten Kategorien von Gott, Bund, Volk, Land, Hoffnung/Zukunft in einem hermeneutischen Vermittlungsgang auf elementare Kategorien anthropologischer Art hin ausgelegt.[99]

Damit soll eine doppelte Gefahr vermieden werden. Einerseits ist in der Religionsdidaktik die Gefahr bekannt, Theologie unvermittelt, also ohne Übertragung in die Plausibilitätsbereiche der Lernenden, den Schülern vorzusetzen. Andererseits besteht die nicht geringere Gefahr, daß ein Übersetzungsprozeß, der nur auf herrschende Interessenbereiche der Gesellschaft bzw. der am Lernprozeß Beteiligten abgezweckt ist, zu unausgewogener und kurzschlüssiger Aktualisierung führt. Beides wäre für die Palette der Lernziele und Lerninhalte im Themenbereich „Christen Juden“ fatal. Weder allein die Interessen der Tagespolitik noch die Interessen der durch Vorurteile möglicherweise voreingenommenen Adressaten würden der Wirklichkeit und Kompliziertheit des Verhältnisses von Christen und Juden gerecht.

Der Vermittlungsprozeß von Theologie und Anthropologie, von Glaubenserfahrung, die theologisch auf den Begriff gebracht wurde, zu Alltagserfahrung, die philosophisch bzw. existential-phänomenologisch konzentriert wurde, könnte nur durch eine umfassende und detaillierte Darstellung adäquat aufgewiesen wer-

---

99) Vgl. Fachdidaktische Strukturgitter, in: *G. Biemer u.a.*, Freiburger Leitlinien, a.a.O., 109–113.

den. Doch würde das den Rahmen der intendierten Einführung in die didaktische Strukturierung sprengen. Deshalb soll hier auf die Vorarbeit verwiesen werden, die in den „Freiburger Leitlinien zum Lernprozeß Christen Juden" bereits geleistet worden ist. Dort wurden als Grundkategorien der Elementarisierung der Lebenswelt die Begriffe Arbeit, Herrschaft, Eros/Sexualität, Tod, Spiel eingeführt.[100]

Im Folgenden soll lediglich an einem Beispiel in die Methode der Vermittlungsarbeit im Sinne einer didaktischen Übersetzung Einblick gegeben werden. Die Grundkategorien der anthropologischen und theologischen Dimension wurden in einem hermeneutischen Prozeß in Beziehung gesetzt. Für die Kategorie Bund entstanden so folgende Bezüge, die zu je fünf „Bestimmungen" (jüdisch/christlich) führten:

BUND	*jüdisch*	*christlich*
Arbeit	Produktiv-technische Weltaneignung als Gabe Gottes und Aufgabe in der Hoffnung auf die messianische Vollendung	Prozeß der produktiv-technischen Weltaneignung aufgrund der Erlösung durch Jesus Christus in der Hoffnung auf Vollendung
Herrschaft/ Konflikt	Tora als Ermöglichung und Legitimierung solidarischer Ordnungsstrukturen in der Auswirkung der Bundespartnerschaft Gottes	Jesus als Modell Gottes für kritischen Umgang mit menschlichen Machtstrukturen im kirchlichen und gesellschaftlichen Bereich (Mk 10,41 ff)
Eros/ Sexualität	Gottes Erwählung seines Volkes als Auftrag zu menschlicher Partnerschaft	Auftrag zur individuellen und gesellschaftlichen Zuwendung der Christen aus dem Glauben an die Menschwerdung Gottes
Tod	Das Endgültigwerden des Menschseins bei Gott durch Einlösen der in der Bundespartnerschaft enthaltenen Verheißung	Das Endgültigwerden des Menschen bei Gott durch die Teilhabe an dem gekreuzigten und auferweckten Christus
Spiel	Feier der heiligen Feste als Repräsentanz der Bundestreue	Feier der heiligen Feste als Repräsentanz des Christusereignisses

100) Ebd. – Vgl. E. Schütz, Glaube und Menschsein. Zur elementar-anthropologischen Grundlegung der Religionspädagogik, in: *G. Biemer / D. Knab* (Hrsg.), Lehrplanarbeit im Prozeß, a.a.O., 19–26. Vgl. o. 1.2.2.

Diese „Bestimmungen“, die im eigentlichen Sinne als didaktische Strukturierungsergebnisse bezeichnet werden können (Ergebnisse der didaktischen „Übersetzung“), werden zum Ausgangspunkt für die Formulierung von Grobzielen, aus denen schließlich die Lernziele für die Erstellung der Unterrichtseinheiten ermittelt werden.[101]

1.4.3 Aspekte zur Gliederung von Kursen

In einem nun anstehenden Prozeß muß der nach didaktischen bzw. bildungsbezogenen Kriterien *zentrale Begriff dieser theologischen Begriffsreihe* ermittelt werden. Dabei kann davon ausgegangen werden, daß an dem zu eruierenden Begriff das Ganze der differenten Wirklichkeit des Verhältnisses „Christen Juden“ ebenso für die Lernenden erschlossen werden soll, wie die Lernenden ihrerseits für diese Wirklichkeit erschlossen werden können.[102] Unter diesem Gesichtspunkt kann einerseits gesagt werden, daß jeder der genannten Grundbegriffe, die als Konstanten bezeichnet worden sind, eine solche jeweils das Ganze der Heilsgeschichte erschließende Funktion haben kann. Das gilt vom jüdischen und christlichen *Gottes*begriff ebenso wie von der jüdischen und christlichen Bedeutung von *Volk* und *Hoffnung.* Dennoch lassen sich bei näherem Hinsehen Strukturunterschiede – zumindest von der theologischen Seite her – ablesen.

Während der *Gottes*begriff sowohl im jüdischen wie im christlichen Verständnis von einer unvergleichbaren, alles umfassenden Dimension ist und somit gewissermaßen übergreifend den übrigen Theologumena gegenübersteht, erscheint *der Begriff des Bundes* eher als eine Heilskategorie integrierender Art insofern, als darin die von Gottes Initiative ausgehende Geschichte des Heils mit Israel und für die Völker verstanden werden kann und folglich darin die Geschichte des Volkes mit seiner *Hoffnung/Zukunft* und seinem Bezug zu dem ihm verheißenen *Land* enthalten ist. Betrachtet man diese sachlogische Struktur des Bundesbegriffes, so läßt sich unschwer erkennen, daß er als zentrale Kategorie fungiert, als Schlüsselkategorie im Sinne des Nexus mysteriorum (innerer Zusammenhang der Heilsgeheimnisse)[103].

Diese sowohl für Israel als auch für die Kirche zutreffende Beschreibung bzw. inhaltliche Füllung der Heilskategorien nimmt erst eine spezifisch differente inhaltlich christliche Füllung und Ausprägung an, wenn das Christusereignis und

---

101) Daß die didaktischen Bestimmungen des Vermittlungsprozesses theologisch-anthropologischer Art zugleich inhaltsbezogen sind, ist aus ihrer Herkunft deutlich sichtbar; denn den auf den Begriff gebrachten Glaubenserfahrungen von „Gott“, „Bund“, usw. sind all die theologischen, aus den Glaubensurkunden und der Theologiegeschichte eruierbaren Inhalte zugeordnet, aus deren Concreta und Abstracta sie hergeleitet worden sind (vgl. Freiburger Leitlinien, a.a.O., 117).

102) Vgl. dazu *W. Klafki,* Das pädagogische Problem des Elementaren und die Theorie der kategorialen Bildung, Weinheim 3/4 1964, 297f.; 311.

103) Vgl. in den „Freiburger Leitlinien“ besonders 4.5.4 (a.a.O., 67–77, zu „Bund“ 71f.); vgl. Abb. 1, ebd., 64.

-geheimnis in den Bundesbegriff eingetragen wird und so der (Neue) Bund für das „pilgernde Gottesvolk“ der Kirche mit der eschatologischen Verheißung der Wiederkunft Christi inhaltlich zum Tragen kommt.

Gemeinsamkeit und Differenz der von Gott initiierten, beabsichtigten und durchgeführten Heilsgeschichte lassen sich im Blick auf den Bund, wie er im Bundesschluß vom Sinai sowohl wie im Neuen bzw. Golgotha-Bund verwirklicht wurde, als *werdende Gottesherrschaft* bestimmen und bezeichnen, die in der Geschichte des Gottesvolkes realisiert wird. Um hierbei zugleich die Differenz zum Ausdruck zu bringen, läßt sich formulieren, daß die Heilsinitiative Gottes

> im jüdischen Sinne als *werdende Gottesherrschaft* verstanden werden kann,
> im christlichen Sinne als *werdende Gottesherrschaft durch werdende Christusherrschaft.*[104]

Im Blick auf die fünf theologischen Kategorien bzw. Konstanten, die sowohl für die systematische Erfassung des spezifisch Jüdischen wie des spezifisch Christlichen als grundlegend angesehen werden können, hat sich gezeigt, daß es die Konstante „Bund“ ist, die zentrale *Erschließungsfunktion* für das Ganze der Heilsgeschichte bzw. werdenden Gottesherrschaft (durch werdende Christusherrschaft) hat.[105] Da der Gottesbegriff als eigene „Kategorie“ eher transzendentale, d.h. alle anderen Konstanten durchdringende und erfüllende Funktion hat, verbleiben als übrige Kategorien für eine eigene thematische Behandlung „Volk“, „Land“, und „Hoffnung/Zukunft“, die in einem Zuordnungsverhältnis subordinativ zum „Bund“ stehen.

Aus diesen fachwissenschaftlich-sachlogischen Erkenntnissen der Zusammenhänge folgt für die didaktische Makrostrukturierung, daß es eine grundlegende, also *fundamentale* Themeneinheit geben muß, deren entscheidender Inhalt die integrale und integrierende theologische Kategorie „Bund“ ist. Darüber hinaus können die anderen Kategorien „Volk“, „Land“, „Hoffnung/Zukunft“ zu inhaltlichen Leitthemen für *Aufbaukurse* werden.

Allerdings läßt sich eine thematische Abgrenzung dergestalt, daß jeweils nur eine Kategorie Inhalt eines Kurses würde, aufgrund der theologisch-systematischen und konkret geschichtlichen Verzahnung der einzelnen Kategorien untereinander nicht realisieren, ohne der Wirklichkeit der Heilsgeschichte, der Gegenwarts- und Zukunftsbezogenheit künstliche Schranken zu setzen. Gerade im jüdischen Verständnis der Kategorien haben die Definitionsversuche gezeigt, wie *Bund* mit Gehorsam im Glauben und dieser mit der Erwählung des *Volkes* und

---

104) Ebd. 2. (a.a.O., 33–35) sowie die Abb. 2 und 3, ebd., 77f.

105) Didaktisch gesprochen: Das Fundamentale als das Elementare des Elementaren. – So soll hier „Bund“ als das Fundamentale im Lernprozeß Christen Juden verstanden werden in modifiziertem Anschluß an *K.E. Nipkow,* Das Problem der Elementarisierung der Inhalte des Religionsunterrichts, in: *G. Biemer/D. Knab,* Hrsg., Lehrplanarbeit, a.a.O., 73–95; 78. Anders *K. Wegenast* nach *W. Klafki:* vgl. *E. Paul,* Das Ende einer theorielosen Religionspädagogik, in: *G. Stachel/W.G. Esser,* Was ist Religionspädagogik?, Zürich-Einsiedeln-Köln 1971, 9–31; 15f.

diese mit *Land* als Bundesgabe usw. verbunden ist. Ähnlich gilt der Zusammenhang vom christlichen Verständnis der zentralen theologischen Kategorien. Diese Interdependenz muß bei dem Aufbau der didaktischen Struktur der einzelnen Kurse berücksichtigt werden.[106]

---

106) Vgl. die auf der Grundlage dieser didaktisch ausgelegten fachwissenschaftlich zentralen Begriffe formulierten Grobziele unten 3.0.

2. Didaktische Konzeptionen zur Unterrichtsplanung*

Der Begriff „Didaktik" ist verschieden zu fassen: zum einen als die Wissenschaft vom Lehren und Lernen überhaupt in allen Formen und auf allen Stufen[1], zum anderen ist Didaktik „die Theorie der bildenden Begegnung von Person und Sache, von Sache und Person".[2] Didaktik ist nach weiteren Definitionen „Wissenschaft vom Unterricht", allgemeine Unterrichtslehre oder Unterrichtstheorie.[3] Erich Weniger versteht unter Didaktik die „Theorie der Bildungsinhalte und des Lehrplans". Nach J. Derbolav ist Didaktik die Theorie der ‚Bildungskategorien', d. h. Theorie der bereichsgebundenen Sollensgehalte und Gewissensansprüche, die es durch Aneignung der Unterrichtsinhalte zu erschließen gilt.[4]

Versteht man Didaktik als ‚Wissenschaft vom Unterricht' schlechthin, so umfaßt diese pädagogische Disziplin einerseits die Theorie der Bildungsziele und -inhalte (Didaktik im engeren Sinn), andrerseits die Theorie des Unterrichtsprozesses (Didaktik im weiteren Sinn) einschließlich der Theorie der Unterrichtsorganisation. In den meisten Fällen ist es zweckmäßig, beide Sinngebungen des Begriffs Didaktik als „Didaktik im engeren Sinn" und „Didaktik im weiteren

---

* Die Abschnitte von A. Biesinger wurden – mit Ausnahme der Aufbaukurse – von diesem als Teile II und III seiner Habilitationsschrift „Ein Curriculum zum ‚Lernprozeß Christen Juden'. Grundlagen und Prozeßplanung" der Theologischen Fakultät der Universität Freiburg i. Br. 1981 vorgelegt. Wertvolle Anregungen der beiden Gutachter G. Biemer und B. Casper konnten für die Drucklegung noch berücksichtigt werden. Die Auswahl der Dokumente (Medien) wurde aus verlegerischen Gründen vor der Drucklegung von P. Fiedler, K.-H. Minz und U. Reck noch einmal verändert. Für die Korrektur der Druckfahnen sei Thomas Schreijäck, Universitätsassistent, bedankt.

[1] Vgl. *J. Dolch,* Grundbegriffe der pädagogischen Fachsprache, München 1960, 45f.; *G. Hausmann,* Didaktik als Dramaturgie des Unterrichts, Heidelberg 1959, 9; *O. Hammelsbeck,* Pädagogik als Theorie des pädagogischen Berufs, in: Überlieferung und Neubeginn, hrsg. v. *O. Hammelsbeck,* Ratingen 1957, 45; *H. Blankertz,* Art. Didaktik, in: Handbuch pädagogischer Grundbegriffe. Bd. I, hrsg. v. *J. Speck, G. Wehle,* München 1970, 240–296, 240–243; *ders.,* Theorien und Modelle der Didaktik, München [8] 1974, 13f.; *H. Ruprecht,* Modelle grundlegender didaktischer Theorien, in: *H. Ruprecht, H.-K. Beckmann, F.v. Cube, W. Schulz,* Modelle grundlegender didaktischer Theorien. Hannover u.a. [3] 1976, 9–72. 14–16.

[2] *H. Sperber,* Beitrag zur Wesensbestimmung der Didaktik, in: Welt der Schule, 1960, 15.

[3] *W. Schulz, Th. Schwerdt, H. Fiege, H. H. Becker, J. Esterhues u.a.;* vgl. *W. Klafki,* Studien zur Bildungstheorie und Didaktik, Weinheim 8./9. Aufl. 1967, 83, Anm. 7; *G. G. Hiller,* Konstruktive Didaktik, Düsseldorf 1973, 13ff.

[4] Vgl. *E. Weniger,* Didaktik als Bildungslehre. Teil 1: Die Theorie der Bildungsinhalte und des Lehrplans, Weinheim 1956: Teil 2: Didaktische Voraussetzungen der Methode in der Schule, 3/1963; vgl. *J. Derbolav,* Versuche einer wissenschaftstheoretischen Grundlegung der Didaktik, in: Didaktik in der Lehrerbildung, 2. Beiheft der Zeitschrift für Pädagogik, Weinheim 1960, 17ff.

Sinn" aufeinander zu beziehen. Mit dem Begriff der Didaktik im engeren Sinne ist nach W. Klafki die Reflexion über grundlegende Zusammenhänge von Schule und Bildung überhaupt und die Bedeutung dieser theoretischen Grundlagen für den Unterricht gemeint. Die Lehre von den Bildungsinhalten und den damit in Zusammenhang zu bringenden Absichten der Lehrer ist ein weiteres Kennzeichen der Didaktik im engeren Sinne. W. Klafki spricht in diesem Zusammenhang – in seiner frühen Phase – ausdrücklich von einem Primat der Didaktik im engeren Sinne im Verhältnis zur Methodik. Der Begriff Didaktik im weiteren Sinne beinhaltet die Frage nach den Lehr- und Lernvollzügen, nach pädagogischen Wegen, Methoden, Formen und Medien.[5]

2.1 Von der bildungstheoretischen zur kritisch-konstruktiven Didaktik

In seinem – im Vergleich zu 1967 – veränderten Konzept einer „kritisch-konstruktiven Didaktik"[6] legt W. Klafki einen Didaktikbegriff zugrunde, der diese beiden Unterscheidungen vereinigt. Diese Didaktik ist nach wie vor bildungstheoretisch fundiert, da sie „den Bildungsbegriff als eine kritische und zugleich handlungsorientierende Kategorie versteht".[7] Der Bezug des didaktisch-pädagogischen Geschehens auf den *Bildungsbegriff* oder ein Äquivalent *als zentrale Kategorie* ist nach W. Klafki unbedingt notwendig, damit die pädagogischen Bemühungen nicht in eine unverbundene Parzellierung von Einzelaktivitäten auseinanderfallen. Begriffe wie „Emanzipation" oder „Selbst- und Mitbestimmungsfähigkeit" im Sinne oberster Lernziele oder allgemeinster Prinzipien für Lehr-Lernzielbestimmungen leisten nach W. Klafki strukturell das gleiche wie die Kategorie der Bildung. „Sie bezeichnen nämlich zentrierende, übergeordnete Orientierungs- und Beurteilungskriterien für alle pädagogischen Einzelmaßnahmen".[8]

W. Klafki will das ursprünglich vorhandene, kritische Moment des Bildungsbegriffs der deutschen Klassik wieder herausarbeiten und es – weiterentwickelt – auf die historisch veränderten Verhältnisse der Gegenwart und auf Entwicklungsmöglichkeiten in die Zukunft hin einbeziehen, wie das beispielsweise Autoren wie M. Horkheimer, J. Habermas und auf andere Weise H. Blankertz u. a. im Ansatz versucht haben. „Gelingt diese produktive Aufarbeitung, dann besteht

---

[5] Vgl. Studien zur Bildungstheorie und Didaktik, a.a.O., 84–86; vgl. *J. Ziechmann*, Curriculum-Diskussion und Unterrichtspraxis. Ein Beitrag zum Lerngruppen-orientierten Unterricht in der Schule. Stuttgart/Berlin/Köln/Mainz 1979, 90f.

[6] *W. Klafki*, Die bildungstheoretische Didaktik, in: Westermanns Pädagogische Beiträge 32 (1980) 32–37.

[7] Ebd., 32.

[8] Ebd., 33.

kein Anlaß, den Bildungsbegriff als Zentralkategorie einer kritischen Didaktik und einer ihr entsprechenden Konzeption der Unterrichtsplanung fallenzulassen."[9]

Die allgemeinen Voraussetzungen dieses Unterrichtsplanungskonzeptes im Sinne kritisch-konstruktiver Didaktik sind:

– Unterricht soll generell den Lernenden helfen, ihre *Selbstbestimmungs-* und Solidaritätsfähigkeit und die damit zusammenhängende Mitbestimmungsfähigkeit zu entwickeln. „Selbstbestimmungs- und Solidaritätsfähigkeit schließen, als konstitutive Momente, rationale Diskursfähigkeit, d. h. Fähigkeit zu Begründung und Reflexion, entwickelte Emotionalität und Handlungsfähigkeit, d. h. die Fähigkeit ein, auf die eigenen Beziehungen zur natürlichen und gesellschaftlichen Wirklichkeit im Sinne begründeter Zielsetzungen aktiv einzuwirken".[10]

– Der grundlegende *Zusammenhang von Lehren und Lernen* ist als Interaktionsprozeß zu verstehen. Lernende sollen sich mit Unterstützung von Lehrenden mit der Grundlage ihrer und deren individueller Biographien „zunehmend selbständige Erkenntnisse und Erkenntnisformen, Urteils-, Wertungs- und Handlungsmöglichkeiten zur reflexiven und aktiven Auseinandersetzung mit ihrer historisch-gesellschaftlichen Wirklichkeit aneignen".[11]

Das sich in diesem Vorgang vollziehende soziale Lernen muß in die Zielbestimmungen des Unterrichts und damit in die Unterrichtsplanung einbezogen werden. „Das bedeutet also, daß soziales Lernen nicht nur und nicht erst in der Dimension der Unterrichtsmethode, etwa im bislang vorwaltenden Verständnis der Frage nach den ‚Sozialformen des Unterrichts', bedeutsam wird."[12]

– Lernen muß nach diesem Verständnis in seinem Kern *„entdeckendes bzw. nachentdeckendes* und *sinnhaftes, verstehendes Lernen* sein, dem die nur reproduktive Übernahme von Kenntnissen und alles Trainieren, Üben, Wiederholen von Fertigkeiten eindeutig nachgeordnet oder besser: eingeordnet ist, als zwar notwendige, aber nur vom entdeckenden und/oder verstehenden Lernen her pädagogisch begründbare Momente".[13]

– Wenn *Lehren als Hilfe* zu einem so verstandenen Lernprozeß eingestuft wird, muß es für die Lernenden möglich sein, die Planungen zu befragen, und für die Lehrer, sie zu begründen. „Im Lehr-Lernprozeß muß das Selbst- und Mitbestimmungsprinzip in einer Folge wachsender Schwierigkeitsgrade, wachsenden Anspruchs verwirklicht werden: in der Form der *Mitplanung des Unterrichts bzw. einzelner Unterrichtsphasen seitens der Schüler,* durch *Unterrichtskritik* zusammen mit den Schülern, durch ‚Unterricht über Unterricht', das sind Elemente dessen, was heute unter den Stichworten *‚offener'* bzw. *‚schülerorientierter Unterricht'* erfreulich lebhaft diskutiert wird".[14]

[9] Ebd. 33.
[10] Ebd., 32.
[11] Ebd., 32.
[12] Ebd., 33.
[13] Ebd., 32. Die Problematik der Lehr- und Lernverfahren wird unter 2.5 ausführlich erörtert.
[14] Ebd., 32.

Auf dieser Basis skizziert W. Klafki *vier Problemfelder* (Fragedimensionen), die nach seiner Meinung für ein Unterrichtsplanungskonzept erörtert werden müssen (vgl. Schema).

Für die Beantwortung aller sieben Fragen setzt Klafki – in Anlehnung an die lern- bzw. lehrtheoretische Didaktik – „jeweils eine Analyse der konkreten sozio-kulturell vermittelten Ausgangsbedingungen einer Lerngruppe (Klasse), des bzw. der Lehrenden sowie der unterrichtsrelevanten, kurzfristig änderbaren oder nicht änderbaren Bedingungen einschließlich möglicher oder wahrscheinlicher Schwierigkeiten bzw. Störungen“ voraus.[15]
Die nach dieser Analyse folgenden Problemfelder sind:
1. Die Begründungsproblematik
2. Die thematische Strukturierung und Erweisbarkeit
3. Die Zugänglichkeit und Darstellbarkeit
4. Die methodische Strukturierung bzw. Strukturierung des Lehr-Lern-Prozesses

(Vorläufiges) Perspektivenschema zur Unterrichtsplanung

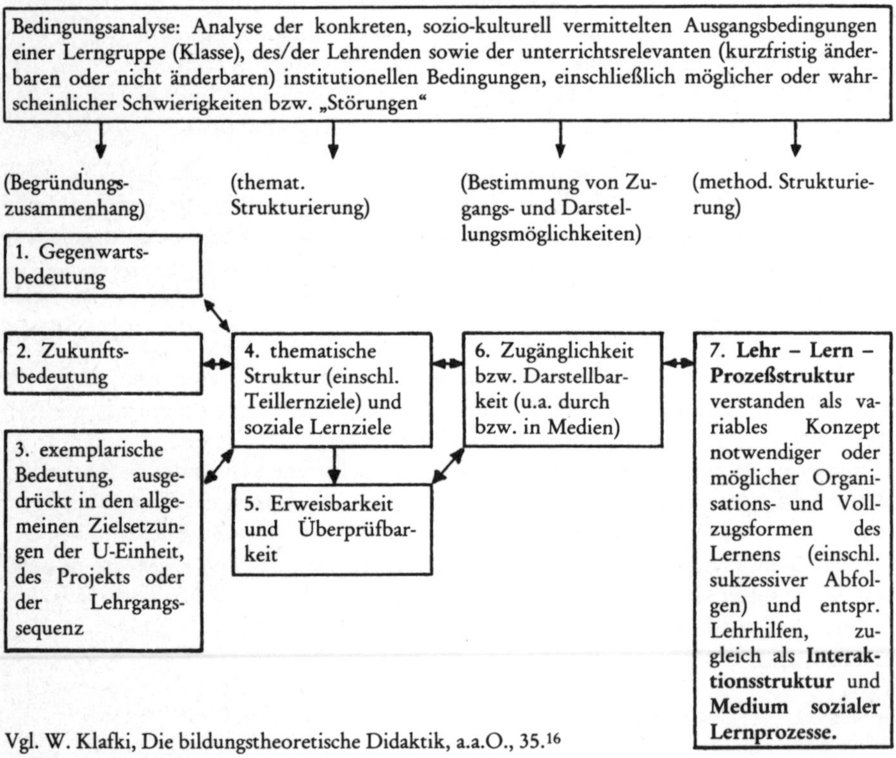

Vgl. W. Klafki, Die bildungstheoretische Didaktik, a.a.O., 35.[16]

---

[15] Ebd., 33. [16] Ebd., 35.

2.1.1 Die Begründungsproblematik

Zum einen wird hier nach der Gegenwarts- (a) und Zukunftsbedeutung (b) und zum andern nach der exemplarischen Bedeutung (c) einer zielorientierten Thematik gefragt. Damit Unterricht die ihm zugesprochene „Vermittlungsaufgabe" erfüllen kann, müssen „vorgesehene Themen und die sie konstituierenden Ziele durch ihre Gegenwarts- und Zukunftsbedeutung für den jungen Menschen und zunehmend mit ihnen zusammen begründet werden".[17]

Dadurch soll erreicht werden, daß Unterricht den jungen Menschen Verstehens-, Urteils- und Handlungsmöglichkeiten für ihre gegenwärtige Lebensphase und zugleich entsprechende Entwicklungsmöglichkeiten auf ihre Zukunft hin eröffnet. Diese Begründungsproblematik stellt sich nach W. Klafki sowohl für den Ziel-Themen-Zusammenhang, der in einem Lehrplan verbindlich oder alternativ vorgegeben ist, als auch für Zusammenhänge, die durch einen Lehrer oder von Schülern eingebracht werden.

a) Die Frage nach der *Gegenwartsbedeutung* ist näherhin zu präzisieren als „Frage nach den von *Kindern* und Jugendlichen erfahrenen und praktizierten Sinnbeziehungen und Bedeutungsgesetzen in ihrer Alltagswelt".[18] Hier rückt W. Klafki von der Konzeption der didaktischen Analyse aus dem Jahre 1958 ab, in der die Frage nach der Gegenwartsbedeutung noch wenig gesellschaftstheoretisch reflektiert eingebracht war. Das, was Gegenwartsbedeutung für die Schüler hat in ihrem Alltagsleben, ihren Erfahrungen von Glück und Sorge, ihren Wertungen und Vorurteilen, ist das Ergebnis bestimmter Sozialisationsbedingungen unserer Gesellschaft (stark technisierte Umwelt, schicht-, klassenspezifische und regionale Bedingungen; Stadt-Land-Gefälle, konfessionelle Strukturen). Demnach kann die Gegenwartsbedeutung eines bestimmten Ziel- und Themenzusammenhangs wie etwa „Freunde" für Kinder und Jugendliche kognitiv, emotional und handlungsbezogen höchst unterschiedlich sein.[19]

b) Für die Frage nach der vermuteten *Zukunftsbedeutung* eines Ziel-Themen-Zusammenhangs gelten entsprechende Überlegungen.

Für beide Fragen, sowohl für die nach der Gegenwarts- als auch die nach der Zukunftsbedeutung, ist die zur Diskussion stehende Thematik auf die jeweiligen Voreinstellungen, Vorurteile und Interessen sowohl des reflektierenden Lehrers als auch der Lerngruppe in Gemeinsamkeit und Divergenz zu beziehen. Darauf ist eigens hinzuweisen, um ein harmonistisches Konzept zu verhindern, denn in jeder Lerngruppe sind unterschiedliche Interessen und Meinungen zur Gegenwarts- und Zukunftsbedeutung vorhanden, so daß die Offenlegungen dieser divergierenden Vorstellungen mit einer der Grundbestandteile des Unterrichts sein müssen.

c) Die Frage nach der *exemplarischen Bedeutung* der Ziel- und Themen-Zusammenhänge einer Unterrichtseinheit bzw. eines Projektes oder der Lehrgangssequenz geht über die beiden erörterten Grundfragen hinaus. „Ein thematischer Zusammenhang kann nicht allein durch die Gegenwarts- und Zukunftsbedeu-

---

[17] Ebd., 33. [18] Ebd., 33. [19] Ebd., 33.

tung didaktisch gerechtfertigt werden, sondern erst, wenn darüber hinaus auch seine exemplarische Bedeutung nachgewiesen werden kann".[20] Exemplarisch ist ein Thema dann, wenn sich allgemeinere Zusammenhänge, Beziehungen, Gesetzmäßigkeiten, Strukturen, Widersprüche, Handlungsmöglichkeiten erarbeiten lassen. Es geht dabei um das bildungskategoriale Problem, welches oder welche allgemeineren oder spezielleren Lernziele und -inhalte können oder sollen anhand eines Themas erschlossen werden. Da zudem die Lernziele am Selbstbestimmungs- und Solidaritätsprinzip orientiert sind, ist das Postulat der Exemplarität nicht nur fachwissenschaftlich zu verstehen. Vielmehr ist bei der Exemplarität auch die Ebene der Lebensrelevanz zu berücksichtigen, sogar „primär" (!):

„Nach meiner Auffassung kann die ‚exemplarische Bedeutung' einer Thematik (eines ‚Bildungsinhalts') niemals nur im Sinne ‚fachwissenschaftlicher Exemplarität' verstanden werden. Primär muß vielmehr die Frage nach der Exemplarität auf der Ebene der ‚Lebensrelevanz' sein. Indessen ist diese Auffassung nicht im Sinne einer schematischen Gegenüberstellung von ‚fachwissenschaftlicher Exemplarität' und ‚Lebensexemplarität' zu verstehen. Das zentrale, wiewohl im einzelnen überaus schwer lösbare Problem besteht gerade in der Vermittlung beider Aspekte. Denn in der neuzeitlichen Welt und zumal in einer Gesellschaft/Kultur, die in zunehmendem Maße von Anwendungs- bzw. Übersetzungsformen der Wissenschaft ins ‚alltägliche Leben' im weitesten Sinne des Wortes geprägt wird, müssen einerseits eben diese immer bereits wirkenden Einflüsse von Wissenschaft auf das ‚Leben' aufgeklärt, d. h. bis zu irgend einem Grade verständlich gemacht werden, und zugleich muß das, was sich – freilich in vielfältigen Formen, oft durchaus kontrovers – jeweils als gegenwärtige ‚Wissenschaft' darstellt, daraufhin befragt werden, was es zur Aufklärung und zur Bewältigung von ‚Lebensproblemen' zu leisten vermag. Ich bin nach wie vor der Auffassung, daß es sich dabei um eine ‚eigenständig-pädagogische Struktur- und Kategorialforschung' bzw. ‚Exemplaritätsforschung' handelt, weil die eben angedeutete Fragestellung in keiner einzelnen Wissenschaft leitend ist außer in der Didaktik".[21] Die Frage nach der Exemplarität stellt sich für schulisches Lernen unter dem speziellen Aspekt der Zuordnung allgemeinerer und speziellerer *Lernziele,* die im Kontext eines möglichen Unterrichtsthemas angestrebt werden sollen bzw. können. Die Frage nach der Hierarchie von Lernzielen und Lernzielebenen ist allerdings weitgehend ungelöst. Curriculumtheoretisch ist die Ableitung von Lernzielen und die Strukturierung zu einem Lernzielsystem noch weitgehend unbewältigt.[22]

Trotz dieser Einschränkung unterscheidet W. Klafki vier „Lernzielebenen":[23]

1. Die Ebene des allgemeinsten oder einiger *allgemeinster Lernziele,* auf der häufig das Ziel der „Emanzipation" oder positiv formuliert die Doppelformel *„Selbstbestimmungs- und Solidaritätsfähigkeit"* angesiedelt sind. Die Zielangabe „Selbstbestimmungs- und Solidaritätsfähigkeit" ist nach Klafki eine Weiterführung des traditionelleren Begriffs der „Mündigkeit" und als Hinweis darauf zu verstehen,

---

[20] Ebd., 34. [21] Vgl. Brief von *W. Klafki* an *A. Biesinger* vom 25. 2. 1981.

[22] Vgl. *H. L. Meyer,* Das ungelöste Deduktionsproblem in der Curriculumforschung, in: Curriculumrevision – Möglichkeiten und Grenzen, hrsg. von *F. Achtenhagen* und *H. L. Meyer,* München 1971, 106–132.

[23] *W. Klafki,* 1980, ebd., 34–35.

daß es in der Erziehung und Erziehungstheorie vornehmlich um „eine Klärung der Beziehungen zwischen der Selbstbestimmung des einzelnen einerseits und der kritischen Aktivität in größeren gesellschaftlich-politischen Zusammenhängen andrerseits“ gehen soll.[24]

2. Auf der zweiten Ebene werden die generelleren Begriffe „Selbstbestimmung“ und „Solidarität“ auf eine Differenzierung in Qualifikationen hin befragt, die noch nicht direkt auf einzelne Sachbereiche bezogen formuliert werden. Begriffe wie *„Kritik- und Urteilsfähigkeit“*, *„Kommunikationsfähigkeit“*, „Fähigkeit, einen eigenen Standpunkt vertreten, aber auch, ihn aufgrund besserer Einsicht korrigieren zu können“ u. a. sind hier anzusiedeln.[25]

3. Auf einer dritten Ebene werden *bereichsspezifische Konkretisierungen* vorgeschlagen, die jedoch die schulischen Einzelfächer noch übergreifen. Hier sind Fragen wie folgende zu stellen: „Was heißt Urteils- oder Kritikfähigkeit etwa im Bereich naturwissenschaftlich-technischer Erkenntnis oder Handlungszusammenhänge, im Bereich sprachlicher Kommunikation oder ästhetischer Gestaltungsphänomene?“[26] Ein anderes Beispiel für diese Ebene bereichsübergreifender Beziehungen ist die „Erkenntnis, daß technische Erfindungen zu unterschiedlichen, ja diametral entgegengesetzten gesellschaftlichen und individuellen Zwecken verwendet werden können“.[27]

4. Die vierte, konkreteste Ebene ist die Basis für *Lernzielbestimmungen im Bereich einzelner Fächer* bzw. fächerübergreifender Beziehungen. Dabei ist eine bewußte Orientierung an den Zielsetzungen auf den abstrakter liegenden Problemebenen mit einzubeziehen. „Hier sind dann z. B. Physik, Chemie, Biologie, Geschichte, Englisch usw. voneinander zu unterscheiden, zugleich aber in ihren möglichen oder notwendigen Beziehungen zu durchdenken. Innerhalb jeder Teildisziplin lassen sich wiederum Hierarchien von generellen fachlichen Zielsetzungen und spezielleren Zielen ermitteln.“[28]

2.1.2 Thematische Strukturierung und Erweisbarkeit

Die Frage nach der thematischen Struktur einschließlich der Teillernziele und sozialen Lernziele[29] soll nach Klafki auf folgende Teilfragen hin bedacht werden:

a) Unter welchen Aspekten und Perspektiven soll das Thema angegangen werden?

b) „Welches ist die immanent-methodische Struktur der jeweils perspektivisch gefaßten Thematik?“

c) „Welche Momente konstituieren die Thematik jeweils unter bestimmten Perspektiven?“

d) „In welchem Zusammenhang stehen die ermittelten Momente (Strukturfaktoren)?“

---

[24] Ebd., 34. [25] Ebd., 34. [26] Ebd., 35.
[27] Ebd., 35. [28] Ebd., 35. [29] Vgl. im Schema Frage 4.

e) „In welchem größeren Zusammenhang bzw. in welchen Zusammenhängen steht – je nach den gewählten Perspektiven – die Thematik?"

f) „Welches sind die notwendigen begrifflichen, kategorialen Voraussetzungen für die Auseinandersetzung mit dem Thema, und welche Verfahren für die Bewältigung des Themas müssen die Schüler entweder mitbringen oder im Zusammenhang der Auseinandersetzungen erwerben?"[30]

Wenn in Beantwortung dieser reichlich komplizierten Fragen die thematische Struktur und die Formulierung von Teillernzielen gewonnen ist, soll im nächsten Schritt die Frage nach der Überprüfbarkeit und Erweisbarkeit im Sinne der Aneignungs- und Auseinandersetzungsprozesse gestellt werden. W. Klafki fordert, daß diese Frage nicht nur von den Lehrern, sondern auch von den Schülern mitbedacht wird und „die Schüler am Prozeß der Bestimmung von Kriterien für erfolgreiche Lernprozesse schrittweise anspruchsvoller beteiligt werden".[31] Die Einstufung der Schüler als Subjekte des Lern-(planungs)-prozesses entspricht der Anwendung des Emanzipationspostulates im Analysebereich der Themenstruktur und Erweisbarkeit.

2.1.3 Zugänglichkeit und Darstellbarkeit

Der Bereich der Zugänglichkeit bzw. Darstellbarkeit der Thematik bzw. einzelner ihrer Teilzusammenhänge und Momente soll Zugänge erkunden durch konkrete Handlungen, Rekonstruktionen und Konstruktionen, Spiele oder Präsentationen bzw. Verfremdung in Medien. Die Qualität der Lösung dieser Frage hängt von der Bedingungsanalyse ab. Zugänglichkeiten differieren z. B. nach Herkunft und Sozialisationsgang der Schüler.

2.1.4 Methodische Strukturierung bzw. die Strukturierung des Lehr-Lern-Prozesses[32]

In diesem didaktischen Analysebereich wird das modale Problem zu lösen versucht: Wie können die in den vorangegangenen Analysefragen ermittelten Momente „in eine *sukzessive Abfolge eines Lehr-Lern-Prozesses* bzw. in *alternative Möglichkeiten solcher Abfolgen* übersetzt werden? Die Frage richtet sich also auf die *methodische Strukturierung* bzw. die *Strukturierung des Lehr-Lern-Prozesses.* Gleichzeitig wird damit immer nach Interaktionsformen, in denen sich die Abfolge des Lehr-Lern-Prozesses vollziehen kann, gefragt".[33] Methoden des Lehrens und Lernens werden nicht nur als der jeweiligen Thematik dienende Lernformen und Lehrhilfen verstanden, vielmehr wird ihnen auch eine Funktion als „Anre-

[30] Ebd., 36. [31] Ebd., 36.

[32] In der frühen Fassung der didaktischen Analyse, vgl. Didaktische Analyse als Kern der Unterrichtsvorbereitung, in: *W. Klafki,* Studien zur Bildungstheorie und Didaktik, 8./9. Aufl., Weinheim 1967, 126–153, ist diese Frage nicht enthalten, da sie sich auf den Zusammenhang von Zielsetzungen und thematischer Strukturierung eingegrenzt hatte.

[33] *W. Klafki,* 1980, ebd., 37.

ger und Vermittler ... sozialer Lernprozesse" zugedacht.[34] Der Lehr- und Lernforschung sowie der unterrichtlichen Interaktionsanalyse kommen nach diesem Konzept erhebliche Bedeutung zu.

W. Klafki weist vor allem auf die nach seiner Meinung wichtigsten, sich ergänzenden und vielfach verschränkenden Lernprozeßtypen des entdeckenden Lernens (Bruner) einerseits und des nachvollziehend-verstehenden Lernens andrerseits – in kritischer Auseinandersetzung mit Ausubel – hin.[35]

2.1.5 Kritische Würdigung

In einer abschließenden kritischen Selbsteinschätzung verweist W. Klafki auf die Grenzen dieses seines didaktischen Entwurfs und dessen praktische Verwendungsmöglichkeiten:

– Das hier vorgelegte Unterrichtsplanungskonzept muß die eigenen Grenzen als Raster verstehen, „das Dimensionen und generelle Kriterien des Unterrichts bzw. der Unterrichtsplanung benennt und damit bewußt macht, hinsichtlich derer begründete, konkrete Entscheidungen aber immer nur in den jeweiligen praktischen Situationen getroffen werden können".[36]

– Dieser Vorschlag ist ein allgemeindidaktisches Konzept. Es kann die Dimension der „bereichs- und fachdidaktischen Konkretisierung" nicht ersetzen, da die jeweiligen Antworten nur auf der Grundlage bereichs- und fachdidaktischer Erkenntnisse gewonnen werden können.[37]

– Die erheblichen Anforderungen an die Unterrichtsplanung können nach Klafki am ehesten von Lehrer*gruppen* – nach Möglichkeit unter Beteiligung von Schülern – realisiert werden.[38]

– Dieses Unterrichtsplanungskonzept bezieht sich nicht auf die Planung einer mehrteiligen Unterrichtsstunde, sondern auf thematisch bestimmte *Unterrichtseinheiten* oder auf ein Unterrichtsprojekt. „Erst in diesem Rahmen (kann) der didaktische Ort einzelner Unterrichtsstunden oder Doppelstunden bestimmt werden."[39]

– Unterrichtsplanung wird nicht als geschlossenes Curriculum verstanden, sondern „als offener Entwurf ..., der den Lehrer zu reflektierter Organisation, Anregung, Unterstützung und Bewertung von Lernprozessen und Interaktionsprozessen, also zu *flexiblem Unterrichtshandeln* befähigen soll".[40]

2.1.6 Kritische Rezeption der „kritisch-konstruktiven Didaktik" für den „Lernprozeß Christen Juden"

Im Blick auf die Verwendbarkeit der „kritisch-konstruktiven Didaktik" für die Planung des „Lernprozesses Christen Juden" im Religionsunterricht ergeben sich

---

[34] Ebd., 37. [35] Ebd., 37. [36] Ebd., 37. [37] Ebd., 37.

[38] Für die erste und zweite Phase der Lehrerausbildung fordert er deswegen Ausbildungsformen, die Lehrer für die Aufgabe gemeinsamer Unterrichtsplanung vorbereiten.

[39] Ebd., 37. [40] Ebd., 37.

eine Reihe kritischer Einschränkungen und Modifikationen des Konzepts von W. Klafki:

1. Das Postulat W. Klafkis, das didaktisch-pädagogische Geschehen auf den Bildungsbegriff oder eine zentrale Kategorie als Äquivalent zu beziehen, um so eine einheitlich-ganzheitliche Struktur des Lern- und Erziehungsprozesses zu gewährleisten, kann prinzipiell begrüßt und positiv beurteilt werden. Für die Übernahme in eine religionsdidaktische Theorie und Praxis bieten sich als „zentrale Kategorie(n)" die Strukturelemente des Christlichen an. D. h. die Frage nach dem Spezifikum des Religionsunterrichts wird durch den Bezug auf die essentials des Christlichen „Sinn (Freiheit), Liebe, Hoffnung" zu lösen versucht.[41]

Zwar erhebt dieser Hinweis nicht den Anspruch, einen christlichen Bildungsbegriff zu legitimieren; dazu bedürfte es einer Konvergenzargumentation zwischen Erziehungswissenschaft und Theologie, vermittelt durch das Methodeninstrumentarium der Religionspädagogik. Dennoch soll damit bereits ein Vorverständnis für die kritische Beurteilung human- und gesellschaftswissenschaftlicher Bestimmung von Bildung bzw. allgemeinster pädagogischer Zielformulierungen, wie etwa „Selbst- und Mitbestimmungsfähigkeit" oder „Emanzipation" gegeben werden. Die Kategorie Selbstbestimmung wird somit beispielsweise im Rahmen einer kritischen Orientierung an dem von Gott (im Exodus und im Christusereignis) geschenkten Sinn der Geschichte und einer daraus entworfenen Anthropologie immer nur als relational, d. h. zu Gott hin bezogene Selbstbestimmung des Menschseins verstanden. Der Mensch ist im Deutehorizont der christlichen Anthropologie durch Gottes Heilshandeln zur Freiheit befreit (erlöst). Eine solche Grundbestimmung transzendiert den neuzeitlichen Emanzipationsbegriff einerseits auf das im Christusereignis geoffenbarte Geheimnis der Freiheit auch im Tod (Auferstehung). Folglich entsteht wie das Sollen aus dem Sein für das Christsein und das christliche Menschenbild das ethische Postulat, an der Befreiung des Menschen aus der Knechtschaft durch Menschen mitzuarbeiten. Im spezifischen Gepräge der jüdisch-christlichen Freiheitsgeschichte erhält dieses Postulat eine besondere Einfärbung.

2. Wolfgang Klafkis Vorschlag, das soziale Lernen zu einem konstitutiven Bestandteil der Zielbestimmungen zu machen, wird hier zugestimmt. Im Blick auf die Übertragung auf das Projekt des „Lernprozesses Christen Juden" ergibt sich eine Modifikation durch die in der Projektzielformulierung enthaltene dialogische Grundstruktur zwischen Christen und Juden, die u. a. die Anerkennung des Judentums als eigenständigen Weg zum Heil und den Abbau antijüdischer Vorurteile voraussetzt.

3. Das Postulat nach einem schülerorientierten Unterricht kann aus einsichtigen didaktischen Argumenten übernommen werden, erhält jedoch aus theologischem Zusammenhang eine andere Begründung. Der Anruf zu einem neuen Denken und Handeln zwischen Christen und Juden, zur Abkehr von Vorurtei-

[41] Vgl. *G. Biemer, D. Benner,* Elemente zu einer curricularen Strategie für den Religionsunterricht in der Sekundarstufe II, in: Pädagogische Rundschau 27 (1973) 798–822; *G. Biemer, A. Biesinger,* Theologie im Religionsunterricht, München 1976, 20–28.

len, zur Metanoia als Sich – Annähern an das Nahen Gottes (Mk 1, 15; Röm 12, 3) impliziert eine hohe Einschätzung des Schülers als frei entscheidendes und handelndes Subjekt dieses Lernprozesses.

4. Die Frage nach der gesellschaftlichen und kirchlichen Tragweite einer zielorientierten Thematik erhält religionsdidaktisch aus der heilsgeschichtlich-eschatologischen Grundstruktur des Christlichen eine spezifische Relevanz, die keinem anderen Unterrichtsfach vergleichbar ist. Hinzu bringt die Projektthematik eine zusätzliche Brisanz: Die Neugestaltung des Verhältnisses von Christen und Juden (in Deutschland!).

Bereits in dem von G. Biemer/D. Benner entwickelten religionsdidaktischen Grundkonzept wurde der *Lebensrelevanz* ein konstitutiver Anteil für die Begründung von Ziel-Themeneinheiten zuerkannt. Für die hier anstehende Planung von Unterricht auf der Basis von bereits (fachwissenschaftlich und lebensrelevant) legitimierten Ziel-Themeneinheiten[42] ist lediglich eine neue Konkretisierungsstufe anzustreben. Zwischen den durch fachdidaktische Strukturgitter ermittelten Inhaltsbereichen und der entwicklungsbedingten und biographischen Bedeutung eines Themas sind die Abstraktionsebenen erheblich zu wechseln. Die kurzformelhaften Inhaltsbereiche bedürfen weiterer hermeneutischer Ausweitung und Spezifizierung, um die konkrete, auch biographische Lebenssituation der Schüler zu treffen. Die exemplarische Bedeutung einer zielorientierten Thematik lenkt den Blick zum einen auf die fachwissenschaftliche Stimmigkeit und Relevanz, zum anderen aber auch auf die existentielle Grundsituation des Menschen.

5. Die *thematische Strukturierung* ist in dem hier zu erstellenden Curriculum bereits durch die Begründung der zentralen fachwissenschaftlichen Begriffe „Gott“, „Bund“, „Land“, „Volk“, „Hoffnung/Zukunft“ bedacht worden.[43] Der fachwissenschaftliche Begriff „Bund“ wird im Rahmen dieser Argumentation als integrierende Kategorie verstanden, die die verschiedenen ermittelten thematischen Zusammenhänge aufeinander bezieht bzw. auf den Begriff „Gott“ als ihre Geheimnisdimension offenhält. Da Klafki keine Verfahrensweise zur fachwissenschaftlichen Vorstrukturierung vorsieht, wird auch darin sein Konzept gezielt überschritten. Wenn die Schüler bewußt in die Planung einbezogen werden, werden sie schrittweise in die Lage versetzt, die Teillernziele strukturell aufeinander zu beziehen bzw. auf deren Abfolge mit Einfluß zu nehmen.

6. Die didaktischen Überlegungen über *Zugänglichkeit und Darstellbarkeit* sowie seine Vorschläge für die Lehr-Lern-Prozeßstruktur müssen für die Ziel-Themeneinheit „Lernprozeß Christen Juden“ besonders breit und fundiert ausgebaut werden. Die Vorschläge W. Klafkis bleiben an dieser Stelle zu allgemein und bedürfen für ein vorurteilsgeladenes Thema wie das vorliegende einer themenspezifischen Reflexion, die eine breite Darstellung der Diskussion über wichtige Lehr-Lernverfahren erforderlich macht. „Der Maßstab für die didaktische Qualität einer Unterrichtsplanung ist nicht, ob der tatsächlich abgelaufene Unterricht

---

[42] Vgl. *G. Biemer*, Die didaktische Konzeption: Lehr-Lernplanung des Themenbereichs „Christentum/Judentum“, in: *G. Biemer u. a.*, Freiburger Leitlinien, a.a.O., 109–119.
[43] Vgl. *G. Biemer u.a.*, ebd., 66–67.

dem Plan möglichst genau entsprach, sondern ob die Planung dem Lehrer didaktisch begründbares, flexibles Handeln im Unterricht und den Schülern produktive Lernprozesse, die einen – wie auch immer begrenzten – Beitrag zur Entwicklung ihrer Selbstbestimmungs- und Solidaritätsfähigkeit darstellten, ermöglicht." [44]

2.2 Didaktische Planung nach der lerntheoretischen Didaktik. – Von der „Berliner Schule" zum „Hamburger Modell"

Im Gegensatz zu W. Klafki, der in seinem frühen Ansatz einer geisteswissenschaftlich orientierten Didaktik Zielen und Inhalten den Primat vor der Lernorganisation im Sinne der Methode einräumte, postuliert die lerntheoretische Didaktik der Berliner Schule eine wechselseitige Interdependenz der Unterrichtsfaktoren Intentionen-Inhalte-Methoden und Medien. W. Klafki hat die diesbezügliche Kritik in sein heutiges Konzept einer kritisch-konstruktiven Didaktik aufgenommen.

W. Schulz blendet als Exponent der lerntheoretischen Didaktik die umfassende Frage nach der Begründung von Bildung zwar nicht völlig aus, legt den Schwerpunkt seiner Überlegungen aber vor allem auf die Komplexität des Unterrichtsgeschehens, während er die Begründung der Intentionen und Inhalte des Unterrichts – das eigentliche Anliegen der Bildungstheoretiker – voraussetzt. Die Frage nach den Mitteln, mit denen bestimmte Inhalte und Ziele lernbar zu machen sind, hat Paul Heimann 1962 eine ‚lerntheoretische' genannt.[45] Das Autorenteam P. Heimann, G. Otto und W. Schulz bezog seit damals Lehren bzw. Unterrichten auf Lernen. Lernen ist nach der Definition von W. Schulz „ein Ausdruck für die Klasse unbekannter Größen – intervenierender Variabler – die die beobachtbaren Veränderungen von Menschen erklären, soweit sie nicht allein auf Reifungsprozesse zurückgehen".[46] Die Autoren dieses Modells gehen davon aus, daß der Lehrer für eine hinreichende Begründung seines Unterrichts eine wissenschaftliche Theorie des Unterrichts benötige, die an intersubjektiv verfügbaren Fakten überprüft werden kann.

Die sechs Strukturmomente von Unterricht:

Der formalen Struktur von Unterricht versuchen Heimann/Otto/Schulz durch sechs Strukturmomente gerecht zu werden. Zwei Strukturmomente, die anthropogenen Voraussetzungen und die sozio-kulturellen Voraussetzungen, sind dem

---

[44] *W. Klafki,* ebd., 37.

[45] Vgl. *P. Heimann,* Didaktik als Theorie und Lehre, in: Die Deutsche Schule 54 (1962) 407–427. Vgl. *G. A. Straka, G. Macke,* Lehren und Lernen in der Schule, Stuttgart/Berlin/Köln/Mainz 1979, 50–56; *H. Riedel,* Allgemeine Didaktik und unterrichtliche Praxis. München 1977, 53ff.

[46] *W. Schulz,* Unterricht-Analyse und Planung, in: *P. Heimann, G. Otto, W. Schulz,* Unterricht-Analyse und Planung (Auswahlreihe B. Bd. 1/2), Hannover [10]1979, 13–47, hier 19.

Lehrenden dabei vorgegeben, über die anderen vier Momente, Intentionen/Thematik/Methoden/Medien kann der Lehrende entscheiden (Entscheidungsmomente). „Mindestens *sechs Momente* konstituieren in ihrem Zusammenwirken Unterricht als absichtsvoll pädagogisches Geschehen: Die pädagogischen *Intentionen* (Absichten), die *Themen* des Unterrichts (Inhalte, Gegenstände), mit denen die Absichten verfolgt werden, die *Methoden* (Verfahren), die zur Bewältigung von Intentionen und Themen dienen sollen, schließlich die *Medien* (Mittel) der Verständigung zwischen den am Unterricht Beteiligten über Absichten, Gegenstände und Verfahren sind Strukturmomente, über deren Auswahl der Unterrichtende oder dessen Vorgesetzte *entscheiden* müssen".[47]

W. Schulz kommt zu folgendem Strukturschema:[48]

	Intentionalität	
Anthropogene	Thematik	Sozial-kulturelle
Voraussetzungen	Methodik	Voraussetzungen
	Medienwahl	

Die *Thematik* umfaßt im Sinne eines selbständigen Moments von Unterricht den Inhalt (das Thema, den Gegenstand), durch den kognitive, emotionale oder pragmatische Intentionen realisiert werden sollen. Die themenrelevante Struktur muß für den Unterricht angemessen beachtet werden. *Das Unterrichtsziel ergibt sich aus der Verbindung von Intentionalität und Thematik.*

Die *Methodik* umfaßt die den Unterrichtsprozeß strukturierenden Verfahrensweisen. Unter Methodenkonzeptionen werden solche Verfahrensweisen verstanden, „... die von einem Gesamtentwurf des Unterrichtsverlaufs her die einzelnen Unterrichtsschritte determinieren" wie z.B. ganzheitlich-analytische Verfahren, Projektverfahren.[49]

Die „Sozialformen des Unterrichts variieren das Verhältnis zwischen dem Lernen von etwas und dem Lernen mit anderen".[50] Beispiele: Frontalunterricht, Einzelunterricht, Arbeitskreise im Gruppenunterricht u.a. Als weitere und letzte Kategorie von Verfahrensweisen sind die Aktionsformen des Lehrens zu verstehen, nach denen der Lehrende agiert. Die Aktionsformen können z.B. eingeteilt werden danach, ob der Lehrende indirekt über Situationen, etwa schriftliche Arbeitsanweisungen, einwirkt, oder ob er sich direkt an die Lernenden wendet, etwa durch einen Vortrag oder durch eine Frage. Als *Medien* werden alle Unterrichtsmittel verstanden, „deren sich Lehrende und Lernende bedienen, um sich über Intentionen, Themen und Verfahren des Unterrichts zu verständigen", etwa Tafelanschrieb, Unterrichtsfilme.[51]

Die *anthropogenen* und die *sozial-kulturellen Voraussetzungen von Unterricht* werden als Voraussetzungs-(Bedingungs-)momente gefaßt. Während die anthropogenen Voraussetzungen durch die Anlagen und Erfahrungen der am Unterricht beteiligten Lehrer und Schüler bestimmt und durch Variablen wie Alter,

---

47 Vgl. *W. Schulz*, a.a.O., 23. 48 *W. Schulz*, ebd., 23.
49 Vgl. *W. Schulz*, ebd., 31. Modellskizze ebd. 23.
50 *W. Schulz*, ebd., 32. 51 *W. Schulz*, ebd., 34.

Geschlecht, Lernkapazität u.a. erfaßt werden, beziehen sich die sozial-kulturellen Voraussetzungen von Unterricht auf die gesellschaftlichen Rahmenbedingungen, in denen Schule und Unterricht angesiedelt sind.

Die *Intentionalität* erfaßt die pädagogischen Absichten, die dem jeweiligen Unterrichtsprozeß zugrunde gelegt werden. Intentionalität hat die kognitive, emotionale oder pragmatische Dimension. Diese Dreiteilung unterscheidet sich von den zweiteiligen Lernzieltaxonomien B. S. Blooms und D. R. Krathwohls.

– *Kognitive Intentionen* liegen vor, wenn Informationen geordnet, verbunden, getrennt bzw. für neue Zwecke umgestellt werden sollen. (Es geht also z.B. um ‚Kenntnisnahme von Sachverhalten', um das ‚Erfassen von Erkenntniszusammenhängen', um ‚Haltungen gegenüber dem kognitiven Bereich' oder um ‚Überzeugungen'.)

– *Emotionale* Intentionen beziehen sich auf ‚Lust- oder Unlustgefühle' sowie entsprechende Zustände des Menschen, die beim Wahrnehmen von Personen oder Gegenständen entstehen können (also z.B. auf ‚eine gewisse emotionale Bewegtheit' (= ‚Anmutungen'), auf Erlebnisse, d.h. das ‚Gefühl, lebensbedeutsame Eindrücke erfahren zu haben', oder auf ‚Gesinnungen', d.h. Haltungen, die aus Erlebnissen gegenüber den Erlebnisbereichen entstehen).

– *Pragmatische* Intentionen ‚zielen unmittelbar auf äußere Aktivität gegenüber der Welt der Sachen und der Mitlebenden' (d.h. auf ‚Fähigkeiten', ‚Fertigkeiten' und ‚Gewohnheiten').[52]

Die Interdependenz der einzelnen Strukturmomente des Unterrichts läßt sich lediglich in der *Planung* mehrstündiger Unterrichtseinheiten beachten. Nur im Rahmen einer solchen stundenübergreifenden Planung besteht die Möglichkeit, „ausführlich zu jedem Strukturmoment zu ermitteln und zu sprechen".[53]

Für die Planung der *Struktur einer gesamten Unterrichtseinheit* ist demnach folgende Beschreibung relevant:

1. Die Ermittlung des Informations- und Entwicklungsstandes der entsprechenden Lerngruppe wird als anthropogene Voraussetzung beschrieben.
2. Der Lehrer macht sich die konkret gegebenen Verhältnisse als sozial-kulturelle Voraussetzungen selbst klar und versucht sie zu erfassen.
3. Beschreibung der Intentionen.
4. Beschreibung der Themenfolge.
5. Darstellung methodischer Schwerpunkte.
6. Beschreibung bevorzugter Medien.

Für die Beschreibung des *Verlaufs einer einzelnen Stunde* werden die Erkenntnisse zu den sozial-kulturellen und anthropogenen Voraussetzungen durch das ergänzt und präzisiert, was für die Stunde selbst bedeutsam ist und was ihr vorausging:

1. Beschreibung der unmittelbaren Voraussetzungen der Stunde (z.B. Vorausarbeiten oder Nacharbeiten der Schüler).
2. Intention/Intentionen.
3. Thema/Themen.

---

[52] Vgl. *W. Schulz,* 25–27. [53] *W. Schulz,* ebd., 46.

4. Methodische Schwerpunkte.
5. Bevorzugte Medien.
6. Beabsichtigte Weiterführung des Unterrichts.

Die *Verlaufsplanung* konzentriert sich im Gegensatz zur Strukturplanung auf das Schülerverhalten. „Schließlich ist, sofern Lehren Lernenmachen bedeutet, das Schülerverhalten die Hauptsache in einer Unterrichtsstunde, das, was gut geschätzt werden muß, das, was durch Lehrerverhalten gefördert werden soll".[54]

Alle weiteren Bemerkungen werden neben der Rubrik „erwartetes Schülerverhalten" und „geplantes Lehrerverhalten" dem „didaktischen Kommentar" zugeordnet. Ein Verlaufsdiagramm der Unterrichtsplanung soll deshalb folgende Rubriken aufweisen:

Erwartetes Schülerverhalten	geplantes Lehrerverhalten	didaktischer Kommentar

Grundlage dieses Planungskonzeptes sind drei didaktische *Prinzipien:* die Interdependenz (a), die Variabilität (b) und die Kontrollierbarkeit (c).

a) Die widerspruchsfreie Wechselwirkung der Planungsmomente *(Interdependenz)* ist nach W. Schulz in folgendem Beispiel realisiert:

Schüler, die vor dem Schulabschluß stehen (anthropogene Voraussetzungen), versuchen die Planung individueller Reisen (sozial-kulturelle Voraussetzung), sie arbeiten selbständig die Route, die Reisefinanzierung aus (Intention) und erarbeiten dabei das Thema Hafen (Lübeck, Schleswig, Husum, Hamburg); sie wenden dabei arbeitsteilige Verfahren und Medien wie Schreibmaschine, Telefonbuch, Kursbuch und Prospekte an (Methoden und Medien).

b) Mit dem Prinzip der *Variabilität* ist angestrebt, Alternativen und Variationen, Korrekturen und verschiedene Wege der Zielerreichung bewußt in die Planung einzubeziehen.

„Der Unterrichtsplan wird erst unter Mitsteuerung der Schüler fertig . . . Variabilität des Unterrichts hat z.B. erreicht, wer Schüler am Entwurf eines Arbeitsplanes beteiligen kann, wer mehrere, auch von Schülern selbst gefundene Gedichte zur Auswahl stellt . . ., wer an entscheidenden Lernprozessen wenigstens die wahrscheinlichste Variante des Verlaufs so gut vorbereitet hat, daß er ohne Schwierigkeit sie auch verfolgen kann, wenn es sich ergibt".[55]

c) Das Prinzip der *Kontrollierbarkeit* didaktischer Entwürfe bezieht sich nicht nur auf empirische Analysen über die Situation der Schüler, sondern vielmehr auf die Kontrolle und Selbstreflexion des Lehrers über sein eigenes didaktisches Handeln in konkreten Unterrichtssituationen.[56]

2.2.1 Die Perspektivplanung

In der Weiterführung der sogenannten „Berliner Schule", dem „Hamburger Modell", schlägt W. Schulz für die Konstruktion von Unterricht auf drei Planungs-

---

[54] *W. Schulz,* ebd., 46. [55] *W. Schulz,* ebd., 45. [56] *W. Schulz,* ebd., 45–46.

ebenen vor: die Perspektivplanung (1), die Umrißplanung (2) und die Prozeßplanung (3).[57]

Die Perspektivplanung bezieht sich auf die übergreifende Lehr-Lernplanung (Rahmenpläne, Schulorganisation, Aus-/Fortbildung von Lehrern, eingeführte Unterrichtsmedien), an der – durch die Lehrplanvorlage – Staat/Gesellschaft/Kultur bereits beteiligt sind und im Planungsbereich des Unterrichts Lehrer, Schüler und Eltern beteiligt werden sollen.[58]

Ein Richtzielkatalog mit den Grundintentionen *Autonomie, Kompetenz und Solidarität* soll als *Kriterienraster* für die Perspektivplanung dienen. Diese drei Aspekte der Intentionalität sollen jedoch nicht additiv und sequentiell, sondern interdependent verstanden werden, „sie interpretieren sich wechselseitig, als Aspekte des gleichen Erziehungsprozesses".[59]

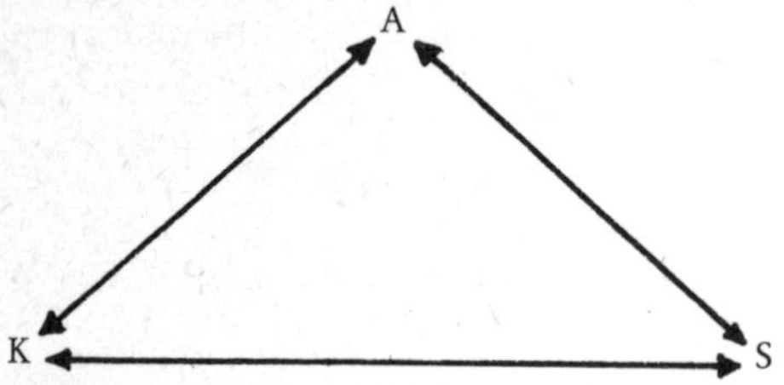

Aspekte der Intentionalität
in ihrem Implikationszusammenhang

A = Autonomie
K = Kompetenz
S = Solidarität

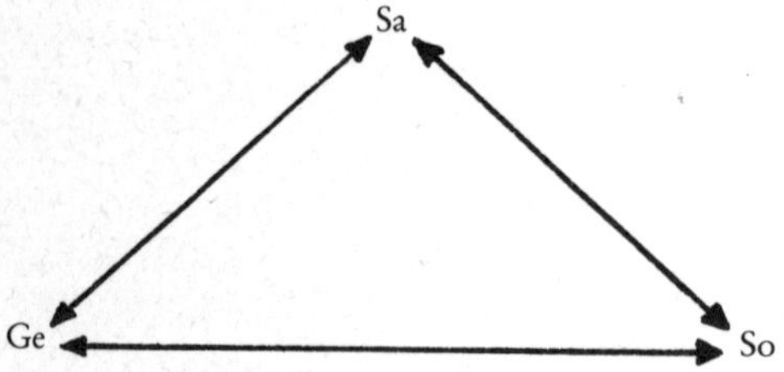

Aspekte der Thematik
in ihrem Implikationszusammenhang

Sa = Sacherfahrung
Ge = Gefühlserfahrung
So = Sozialerfahrung

Die Wechselbeziehung dieser drei Intentionen verhindert eine überspitzte Vereinseitigung der jeweiligen Einzelintention. *„Alle Intentionen,* die man unter dem vorausgesetzten leitenden Interesse mit Unterricht verbinden kann, gelten entweder der Qualifizierung, der *Kompetenzförderung* im Hinblick auf die Aufgabe, sich in der Gesellschaft, wie sie ist, individuell reproduzieren zu können bzw. zur Reproduktion dieser Gesellschaft beizutragen, oder sie dienen der Autonomisierung gegenüber den Funktionalisierungsversuchen der Gesellschaft, oder sie unterstützen die *Solidarisierung* mit den Individuen und Gruppen, die an Autonomisierung gehindert werden."[60]

Die Themenstrukturierung hat ebenfalls drei Dimensionen, die W. Schulz *Erfahrungsaspekte* nennt: Sacherfahrung (1), Gefühlserfahrung (2) und Sozialerfahrung (3).[61] Diese Aspekte der Thematik stehen ebenso wie die drei Dimensionen der Intentionalität in einem Implikationszusammenhang.

---

[57] Vgl. *W. Schulz,* Unterrichtsplanung. München-Wien-Baltimore 1980, 28–182.
[58] Ebd., 29–33. [59] Ebd., 36, 37.
[60] *W. Schulz,* ebd., 35. [61] *W. Schulz,* ebd., 37–38.

1) *Sacherfahrung* im Sinne der „Erfahrung mit den in pädagogischer Absicht ausgewählten Unterrichtsgegenständen wird immer in sozialen Beziehungen gemacht, und oft sind es die frustrierenden Sozialerfahrungen in einer Lehr-Lern-Gruppe, die jedes Sachthema zum Anlaß werden lassen, sich gedrückt, geängstigt, isoliert und unterdrückt zu fühlen".[62] W. Schulz weist hier auf die sogenannte kommunikative Didaktik hin, die von einem Gleichgewicht des Inhalts- und des Beziehungsaspektes auszugehen versucht. Emotionale Gestimmtheit geht wesentlich in die Bewältigung von Inhalten und Beziehungen mit ein, „und die emotionale Verarbeitung der neuen Erfahrungen bestimmt mit, wie weit und in welcher Richtung weitergelernt werden kann".[63]

2) Als *Gefühlserfahrung* versteht W. Schulz „alle Erfahrungen von Stimmungen und Gestimmtheiten, Anmutungen, Erregungen und Affekten, Gemütserlebnissen und -bindungen ... alle lust- bzw. unlustbetonten, zwischen Triebwünschen und normativen Forderungen gespannten, wertenden Stellungnahmen zur Welt".[64] W. Schulz mißt der Gefühlserfahrung auch insofern große Bedeutung zu, als er sie „als Bedingung, als Steuerung und als Ergebnis von Erfahrungen gegenständlicher Welt und der Erfahrung der sozialen Bezüge, in denen man Natur und Gesellschaft bearbeitet", versteht.[65]

3) *Sozialerfahrung* wird als die Erfahrung der sozialen Beziehungen, in denen sich der Umgang mit den „Sachen des Unterrichts und dessen emotionale Verarbeitung vollziehen", bezeichnet.[66] Sozialerfahrung, in diesem Sinne verstanden, ist „einerseits davon geprägt, daß Unterricht wegen der Aufarbeitung von Umfeld und Infeld in komplexen Gesellschaften institutionalisiert wird, andererseits definiert auch die Atmosphäre dessen, was gelernt wird, die Inhalte; Sozialerfahrungen können als ‚hidden curriculum' eine unreflektierte Wirkung ausüben, die auf der Gefühlsebene den Gesamteindruck der Schule als Alptraum bestimmen".[67]

2.2.2 Die Umrißplanung

Insgesamt gesehen fallen bei der Perspektivplanung die Entscheidungen über die erzieherische Relevanz, den Sinnbezug und die (fachwissenschaftliche) Begründung eines Themenbereichs, auch wenn dies in der Darstellung von W. Schulz nicht in dieser Begrifflichkeit und Bündigkeit gesagt wird.

Auf der Grundlage der Perspektivplanung kommt der Umrißplanung die Aufgabe zu, *den Sinnzusammenhang* einer relativ abgrenzbaren *Unterrichtssequenz* zu fassen. Der Begriff „Umriß" will die Offenheit der Planung und damit die Unverfügbarkeit aller am Unterricht beteiligten Personen signalisieren.[68] Der Begriff der Umrißplanung löst bei W. Schulz auf der Grundlage der Einbeziehung des Modells der Themenzentrierten Interaktion das Strukturschema ab.

Die Planung muß als Interaktion der Beteiligten verstanden werden. Die Lehrer sollen die Fähigkeiten entwickeln, die die Lehr-Lern-Gruppe instandsetzen,

---

62 *W. Schulz*, ebd., 37. 63 *W. Schulz*, ebd., 38. 64 *W. Schulz*, ebd., 38.
65 *W. Schulz*, ebd., 38. 66 *W. Schulz*, ebd., 38.
67 *W. Schulz*, ebd. 68 Ebd., 75.

– schon in der Planung möglichst weitgehende Verfügungen aller über sich selbst anzusteuern und

– unter den reflektierten und gegebenenfalls bekämpften schulischen Bedingungen zu diesem Zweck eine dynamische Balance zwischen Sach-, Person- und Gruppenforderungen immer wieder herzustellen.[69]

Die Voraussetzungen für eine so verstandene Planung diskutiert W. Schulz in Auseinandersetzung mit der *Themenzentrierten Interaktion,* wobei er jedoch lediglich auf das Grundwerk R. Cohns, „Von der Psychoanalyse zur Themenzentrierten Interaktion" eingeht, und neuere Schwerpunkte, etwa die hohe Bewertung des „Globe" als Einbezug des Gesamtumfeldes des Gruppenprozesses, zu wenig berücksichtigt.[70]

Schulz folgt Cohn, wenn er die Balance zwischen Personbezug (Ich), Sachbezug (Es) und Gruppenbezug (Wir) durch ein gleichseitiges Dreieck veranschaulicht.[71]

– *Personbezug (Ich)* besagt: jedes Mitglied der Lehr-Lern-Gruppe geht als Individuum in den Lernprozeß ein, das sich selbst beobachtet, befragt, annimmt und mitteilt. Eigene Einschätzungen der Situation, eigene Erwartungen, Wünsche und Vorschläge sollen vom einzelnen Mitglied in den Planungsprozeß verständlich eingebracht werden. Das, was die Beteiligung am Gruppenprozeß, die Aufnahme- und Mitteilungsfähigkeit stört, soll sich der einzelne möglichst schnell klarmachen und äußern.

– *Der Sachbezug (Es)* weist darauf hin, daß jedes Mitglied der Lehr-Lern-Gruppe ermutigt wird und sich darin übt, „die Unterrichtsaufgabe in ihrem *sachlichen Anspruch* zu erfassen".[72] Jedes Mitglied sagt sich u.a.: „Ich will erfahren, was die aufgabenbezogenen Wissenschaften, Techniken und Künste an Vorklärungen, Strukturierungen des Sachverhaltes zur Verfügung stellen können, und abzuschätzen versuchen, inwieweit sie in ihren Fragestellungen, Methoden und Ergebnissen dabei Interessen verfolgt haben, die objektiv nicht meine Interessen sein können."[73]

„Ich will als Schüler den Informationsvorsprung der Lehrkräfte und anderer erreichbarer Fachleute aktiv, d.h. neugierig, fragend, zweifelnd, hartnäckig nutzen, um die Sachforderungen möglichst vollständig zu erfassen, ohne darauf zu verzichten, die mögliche Standortbedingtheit ihrer Auskünfte zu diskutieren."[74]

„Ich will als Lehrer bemüht sein, meinen Informationsvorsprung uneingeschränkt und so zur Verfügung zu stellen, daß er in aktiv aneignender Haltung genutzt werden kann. Mit meinen eigenen Bedenken hinsichtlich der Aufgabe und meiner Funktion halte ich, wo es der Aufklärung des Sachverhaltes dient, nicht zurück."[75]

– *Der Gruppenbezug (Wir)* beinhaltet, daß jedes Mitglied der Lehr-Lern-Gruppe ermutigt wird und sich darin übt, die *Gruppe* als ein Beziehungsgeflecht zu för-

---

[69] Ebd., 76. [70] Vgl. *W. Schulz,* ebd., 148ff., Anm. 104.

[71] Vgl. *R. Cohn,* Von der Psychoanalyse zur themenzentrierten Interaktion, Stuttgart 1978, 113ff. Vgl. auch die angeführten Regeln ebd., 115–116 und 120–128.

[72] *W. Schulz,* ebd., 78. [73] *W. Schulz,* ebd., 78. [74] Ebd., 79. [75] Ebd., 79.

dern, das jedem Mitglied hilft, sich selbst in Auseinandersetzung mit der Sache und als Helfer wie Hilfsbedürftiger den übrigen gegenüber zu entfalten, zu produzieren.[76]

Für jedes Mitglied der Lehr-Lern-Gruppe bedeutet dies: ich achte die Würde der anderen Mitglieder der Gruppe, versuche mitzuhelfen bzw. lasse mir helfen, die Verantwortung für die eigenen Beiträge zu übernehmen. „Ich erwarte weder, daß wir in der Sache aufgeben, noch, daß wir uns aufgeben um der Gruppe willen, sondern daß wir einander helfen, uns in der Auseinandersetzung mit der Sache und mit unseren Beziehungen zu realisieren."[77] Ich versuche, dazu beizutragen, „daß die Gruppe sich der Aufgabenhaltigkeit der Realität öffnet und Verbindung zu anderen Gruppen und einzelnen pflegt; Störungen des Gruppenprozesses will ich aufarbeiten helfen. Ich will als Schüler bereit sein, Lehrer als Anreger und Steuerer dieser Gruppenarbeit zu akzeptieren, solange es mir funktional erscheint, und selbst gegebenenfalls diese Arbeit (mit) zu übernehmen. Als Lehrer will ich mich um Anregung und Steuerung des Gruppenprozesses bemühen, mit dem Ziel, diese Funktion so weit wie möglich zu teilen, in die Kritik einbeziehen zu lassen und wo möglich abzugeben".[78]

Die Realisierung eines so zu gestaltenden Gruppenbezuges läßt sich auf die Dauer nur durchhalten, wenn in der Gruppe das *Solidaritätsprinzip gegen* das von außen herangetragene *Rivalitätsprinzip* durchgesetzt wird.

Den didaktischen Handlungszusammenhang der Umrißplanung stellt W. Schulz in folgendem Schema dar:[79]

Umrißplanung
einer Unterrichtseinheit

L = Lehrer
S = Schüler
als Partner unterrichtsbezogener Planung

UZ = Unterrichtsziele: Intentionen und Themen

AL = Ausgangslage der Lernenden und Lehrenden

VV = Vermittlungsvariablen wie Methoden, Medien, schulorganisatorische Hilfen

EK = Erfolgskontrolle: Selbstkontrolle der Schüler und Lehrer

Unterricht vollziehe sich, sagt W. Schulz, im Gesamtrahmen und in kritischer Auseinandersetzung mit den Produktions- und Herrschaftsverhältnissen sowie

[76] Ebd., 79. [77] Ebd., 79. [78] Ebd., 79. [79] Ebd., 82.

dem Selbst- und Weltverständnis der schulbezogen Handelnden. Lehrer und Schüler sind die Partner unterrichtsbezogener Planung und gestalten als solche Unterricht mit den Faktoren *Unterrichtsziele* (Intentionen und Themen), der *Ausgangslage* der Lernenden und Lehrenden, den *Vermittlungsvariablen* (wie Methoden, Medien und schulorganisatorischen Hilfen) sowie der *Erfolgskontrolle* (im Sinne von Selbstkontrolle und Fremdkontrolle der Schüler und Lehrer). Der Implikationszusammenhang zwischen diesen Handlungsmomenten didaktischen Planens wird mit folgendem Schaubild dargestellt:[80]

Umrißplanung unter dem Primat der Perspektiven

UZ = Unterrichtsziel
EK = Erfolgskontrolle
AL = Ausgangslage
VV = Vermittlungsvariablen (z.B. Methoden und Medien)

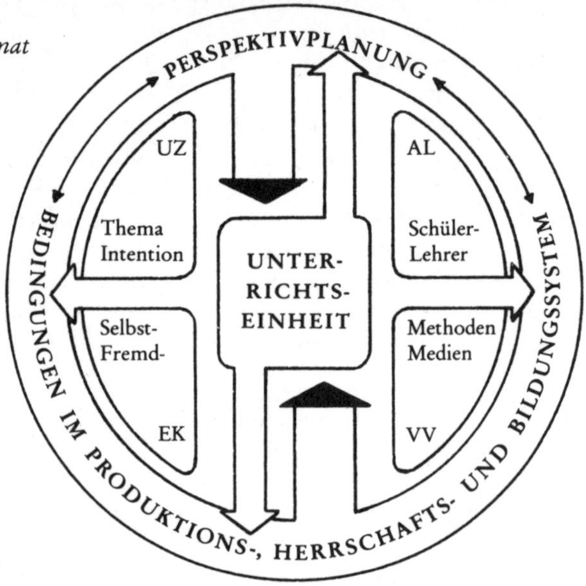

Dieses Schema stellt modellhaft die Umrißplanung in Zusammenhang mit den „Perspektiven" dar. „Wenn also die Planer einer Unterrichtseinheit diese als

– einen edukativen *Sinn*zusammenhang *konstitutieren,*
– darin sozio-kulturell vorgegebenen *Sinn tradieren,*
– indem sie seinen emanzipatorisch relevanten *Sinn evozieren,* dann nähern sie sich allen Aufgaben der Planung (also nicht nur dem Thema) unter einer definierten, begründeten, zur Diskussion gestellten Perspektive".[81]

In einer Differenzierung der Handlungsmomente: Unterrichtsziel (UZ), Ausgangslage (AL), Erfolgskontrolle (EK) und der Vermittlungsvariablen, z.B. Methoden und Medien (VV), kommt das von W. Schulz vorgeschlagene Modell zu immer konkreteren Planungsanweisungen.

Differenzierung der Unterrichtsziele:

Mit dem folgenden Schema wird vorgeschlagen, eine *kognitive, affektive* und eine unmittelbar aufs Handeln gerichtete *psychomotorische Dimension* der auf Kompe-

[80] Ebd., 87. [81] Ebd., 86f.

tenz, Autonomie, Solidarität gerichteten Intentionen zu unterscheiden.[82] Die *Bereiche Anbahnung, Entfaltung und Habitualisierung* weisen darauf hin, daß unterrichtliche Absichten verschieden intensiv sein können. Hier ist daran zu erinnern, „daß unterrichtliche Absichten oft nur die *Anbahnung* des Kontaktes von Lernenden mit der kognitiven/affektiven/psycho-motorischen Dimension beabsichtigen oder zumindest bewirken, oft eine *Entfaltung* der Angesprochenen in dieser Richtung erreichen oder beabsichtigen, und letztlich eine *Habitualisierung* des Gelernten, eine innere Veränderung anstreben, die den Lernanlaß langfristig überdauert, Merkmal der Person wird".[83]

Differenzierung der Ausgangslage:

Bedeutsam sind weiter die Vorschläge zur Differenzierung der Ausgangslage im Kontext der Umrißplanung. Im Gegensatz zu zeitraubenden Eingangsanalysen durch Fragebogen, Soziogramme u.a. schlägt W. Schulz folgende konkreteren Gesichtspunkte vor:

– Welche unmittelbar ziel- und vermittlungsbezogenen Voraussetzungen brauchen Schüler, wenn sie in der zur Verfügung stehenden Zeit das vorgestellte Ziel erreichen wollen?

– Welche dieser Voraussetzungen sind bei allen Schülern durch vorgängigen Unterricht und durch primäre Sozialisierung als gesichert anzusehen?

– Welche Voraussetzungen sind aufgrund etwa schichtenspezifischer, regionaler, geschlechtsspezifischer Sozialisation oder etwa unterschiedlichen Unterrichts nicht bei allen Schülern vorhanden?

– Welche Zwischenziele und welche Lernhilfen wären erforderlich, um alle Schüler instand zu setzen, dieses Ziel zu erreichen?

– Welche Hilfen können vom Lehrenden, von anderen Gruppenmitgliedern geleistet oder an Eltern, Lehrprogramme usw. delegiert werden? Sind Zeit, Raum, Materialien zu beschaffen?

– Welche Erhebungen (Einzel- oder Gruppenbefragungen, Beobachtungen, Tests) sind u.U. erforderlich, um zu einer genügend genauen Einschätzung zu gelangen?

– Welche Lern-Erwartungen sind bei den einzelnen Mitgliedern der Lehr-Lern-Gruppe vorhanden?

– Welche dieser Erwartungen können aus institutionellen Gründen nicht oder nicht sofort und in vollem Umfang erfüllt werden, und wieviel Zeit, Raum, Material stehen zur Verfügung?

– Auf welche der verbleibenden Lern-Erwartungen können die Gruppenmitglieder sich einigen?

– Welche zeitlichen Prioritäten werden mehrheitlich gesetzt, und welche Minderheitenwünsche können berücksichtigt werden?[84]

Die Erhebung der Ausgangslage kann dabei so gestaltet werden, daß sie bereits als eine erste Zielsetzung in den Unterrichtsverlaufsplan aufgenommen wird.

---

[82] *W. Schulz* problematisiert diesen Vorschlag, er versteht diese drei Dimensionen nicht als „Zerstückelung der Unterrichtsteilnehmer oder ihres Lernprozesses", sondern als eine Möglichkeit der Reflexion über die Gewichtung der Lerndimensionen. Vgl., ebd., 101.
[83] Ebd., 101. [84] Ebd., 107f.

Schulz referiert ein illustratives Unterrichtsbeispiel: „Was bedeutet das Fernsehen in unserem Leben". Zunächst sollen Lehrer wie Schüler (als erste Zielsetzung der Unterrichtseinheit) anhand von Notizen in einer Programmzeitschrift für mindestens eine Woche festhalten, wie lange sie „fernsehen", wie sich der Fernsehkonsum über die Woche verteilt, ob sie vor, während oder nach der Sendung mit jemandem darüber gesprochen haben; ob sie Partner hatten beim Ansehen der Sendungen, die sie eigens eingeladen, oder ob sie Leute eigens ausgeladen bzw. sich früher von ihnen verabschiedet haben u.a.m.

Differenzierung der Vermittlungsvariablen im Kontext der Umrißplanung:

Die Vermittlungsvariablen sind in *Methoden und Medien* einzuteilen. Projektlernen, Plan- und Simulationsspiele, Plenums- und Gruppenunterricht, Partnerarbeit und Einzelarbeit sind hier ausschnittweise zu nennen.

Medien sind differenzierbar in solche, die der Selbstinformation, und in solche, die der Kooperation dienen.

Differenzierung der Erfolgskontrolle:

Die Endkontrolle versteht sich als Selbstkontrolle der Lehr-Lern-Gruppe und – dies ist besonders anzumerken – auch als Selbstkontrolle der Lehrer. Die Intention der Endkontrolle besteht nicht darin, die *Schüler* relativ zueinander festzustellen , sondern vielmehr darin, den *gemeinsamen* Lernprozeß nach bestimmten Kriterien zu beurteilen.

2.2.3 Zur Prozeßplanung des Unterrichts

Die Prozeßplanung hat die Aufgabe, die Möglichkeiten, die sich im Rahmen der planungsleitenden Perspektiven für die Umrißplanung ergeben haben, in einen vorläufigen Verlaufs- oder Prozeßplan für den Unterricht zu transformieren. Intendiert ist ein „Umsetzen der aufgeklärten Handlungsgrundlagen in einen Entwurf des Handlungsablaufs".[85]

Dieser Transformationsprozeß ist einerseits ein sachlogisches Problem und andrerseits ein Interaktionsproblem. Während es bei der Umrißplanung darum geht, unter den Bedingungen und Perspektiven der Widerspruchsfreiheit, Eindeutigkeit und „dimensionalen" Vollständigkeit (kognitiv, affektiv, psychomotorisch) der Handlungselemente einen Integrationszusammenhang herzustellen, intendiert die Prozeßplanung „die Reihenfolge der Teilziele, der Hilfen und der Selbstkontrollen, die man ihnen antizipierend zugeordnet hat".[86] Für die Ausformulierung der Planung werden die Gesamtziele der Einheit sowie die Beschreibungen der Ausgangslage der Teilnehmer den gedanklich vorweggenommenen Ausformulierungen des Prozesses vorangestellt, an den Schluß kommt die mögliche Endkontrolle über das Erreichte. Aufgrund der Variabilität der Ausgangslage der Unterrichtsteilnehmer in verschiedenen Phasen der Planungsrealisation, aber auch im Blick auf Differenzen bei der möglichen Entwicklung des Lernprozesses ist es sinnvoll, entsprechende Varianten bereits bei der Planung mit zu notieren.

---

[85] *W. Schulz,* ebd., 163. [86] *W. Schulz,* ebd., 162.

Für die Prozeßplanung werden Lehr-Lern-Ziele, Lernhilfen und Lernkontrollen, Planungsvarianten sowie der Zeitbedarf beschrieben. Mehr Differenzierung sieht W. Schulz nicht vor. „Zu viele Spalten hemmen die Handlungsfähigkeit mehr, als sie an Differenzierung einbringen."[87] Sein genereller Vorbehalt gegenüber der Spontaneität hemmenden Funktion von Schemata sowie zu facheinschlägiger Begrifflichkeit bei der Planung erklärt sich u.a. dadurch, daß das Verlaufs-Planungs-Schema lediglich Hilfsfunktion für die Beachtung aller Dimensionen didaktischen Handelns in übersichtlicher Form haben soll.[88]

Prozeßplanung und Planungskorrektur[89]

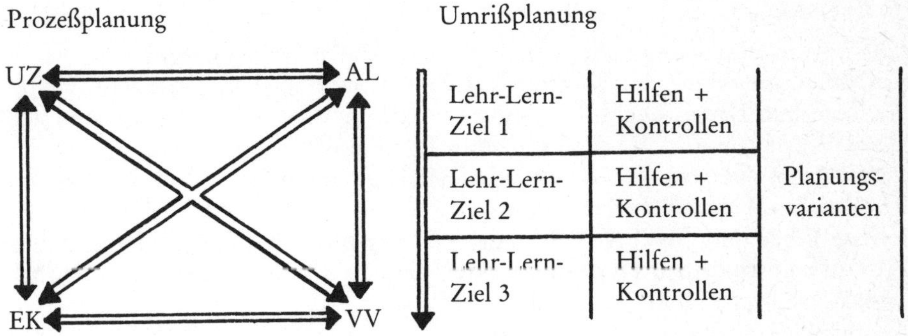

Die Unterscheidung von Umrißplanung und Prozeßplanung

2.2.4 Kritische Würdigung

A. Theologisch-anthropologische Kritik

1. Die von W. Schulz[89] vorgeschlagenen Grundintentionen Autonomie, Kompetenz und Solidarität erheben den Anspruch, Richtzielcharakter für jeden Unterricht an den öffentlichen Schulen in der demokratischen Gesellschaft zu haben. Unter dem Vorbehalt einer spezifischen Interpretation durch die theologische Anthropologie sind diese Begriffe auch im religionsdidaktischen Zusammenhang verwendbar. Für den „Lernprozeß Christen Juden" ist es gerade dringend, daß die Schüler eigene Vorurteile abbauen und *Vorurteilen gegenüber Juden in der Gesellschaft und Kirche selbstbestimmt, kompetent und mit einem erheblichen Maß an Autonomie (Th. W. Adorno) und an Zivilcourage (Gertrud Luckner) entgegentreten.* Vor allem so kann die anzustrebende Dialogfähigkeit und Solidarität mit den Juden als den „Brüdern und Schwestern" handlungsrelevant werden.

2. Die vorgeschlagene Behandlung der Themen auf den Ebenen der Sacherfahrung, Gefühlserfahrung und Sozialerfahrung ist religionsdidaktisch grundsätzlich hilfreich und soll daher aufgegriffen werden. Dies aber im Kontext zentraler christlicher Argumentationen, wie sie religionspsychologisch und religionsdidak-

---

87 Ebd., 166; vgl. das Beispiel der Prozeßplanung *W. Schulz*, ebd., 167–170.

88 *W. Schulz*, ebd., 4–7.

89 *W. Schulz*, ebd., 163ff.

tisch am Beispiel B. Pascal's und John Henry Newman's erörtert werden können. Die den ganzen Menschen herausfordernde Botschaft zu Umkehr und Hinkehr zur Gemeinschaft mit Gott und den Menschen macht diese Dimensionen unverzichtbar.

3. Die Grundanliegen der kommunikativen Didaktik sind bei W. Schulz bereits aufgenommen. Die am Modell des „lebendigen Lernens" nach Ruth Cohn orientierte Umrißplanung weist der thematischen Interaktion, d. h. dem Austausch der Teilnehmer über ihre eigenen Einstellungen zum Thema, die zentrale Bedeutung zu. Religionsdidaktisch ist dies insofern relevant, als für die Planung des „Lernprozesses Christen Juden" thematische Vorgaben unverzichtbar sind.

B. Didaktisch-curriculare Kritik

Für die Prozeßplanung bleiben die Hinweise W. Schulz' zu karg, als daß damit ein differenziertes Instrumentarium für die Beschreibung von Einzelschritten innerhalb einer Unterrichtsstunde geplant werden könnte. Dieses Defizit fand sich beim Vorschlag von W. Klafki ebenso. In unserem Zusammenhang erscheint eine weitere Analyse der Gestaltungsmöglichkeiten einzelner Prozeßabläufe im Unterricht umso dringlicher.

Eine Ergänzung für diese Ebene der Planung bietet der Ansatz der kybernetisch-informationstheoretischen Didaktik, die sich bewußt auf die Ebene der Prozeßplanung beschränkt.

2.3 Die kybernetisch-informationstheoretische Didaktik

Die „kybernetische Didaktik" hat vor allem die „Anwendung kybernetischer Begriffe und Methoden (Regelkreis, Informationstheorie u. a.) auf den Gegenstandsbereich der Erziehung und Ausbildung" zum Anliegen und Inhalt.[90] „Erziehung und Ausbildung bezeichnen einen Prozeß, bei dem Adressaten unter ständiger Korrektur zu einem gegebenen Erziehungsziel oder Ausbildungsziel gesteuert werden. Weiterhin gilt, daß die Verhaltensänderung der Adressaten durch Lernen erreicht werden soll und nicht durch veränderte Reizsituationen."[91] Felix von Cube nennt in Anlehnung an die Kybernetik diesen zielgerichteten und ständig zu korrigierenden Steuerungsprozeß eine „Regelung" im pädagogischen Sinne. Dabei unterscheidet er Erziehung und Ausbildung. Durch Erziehung wird der Soll-Wert der Regelung auf affektive Werthaltungen gelenkt, *Ausbildung* liegt dann vor, wenn kognitive oder pragmatische Ziele erreicht werden sollen.[92]

Der *Regler* in diesem Steuerungsprozeß ist als Stratege der Erzieher oder Ausbilder. „Unter einer Strategie versteht man einen Verlaufsplan zur Erreichung eines gegebenen Ziels, unter einer Lehrstrategie entsprechend einen Plan zur Er-

---

[90] *F. v. Cube,* Die kybernetisch-informationstheoretische Didaktik, in: Westermanns Pädagogische Beiträge 32, 1980, 120–124, 123.
[91] *F. v. Cube,* ebd., 120. [92] Vgl. *F. v. Cube,* ebd., 121.

reichung eines Lehrziels."[93] Die *„Stellglieder"* in der Erziehung oder Ausbildung sind nach F. v. Cube personale oder apersonale technische Medien, die der Durchführung der Lehrstrategie dienen. Er unterscheidet zwischen personalen und technischen Medien.

Die *Meßfühler* in der Erziehung und Ausbildung haben der Lernkontrolle zu dienen. Sie sollen dazu beitragen, daß der jeweilige Lernzustand des Adressaten möglichst exakt und rasch festgestellt werden kann.

Nach F. v. Cube haben *Lehrziele* immer die Form „Ich will", „Ich fordere" u. ä. Sie sind spezielle subjektive Aussagen, die sich begründen und legitimieren lassen. Unter Begründung versteht er „eine logische Zurückführung auf Wertaxiome, d. h. auf tieferliegende Wertsetzungen ... Für diejenigen, die sich zu diesen Wertaxiomen bekennen, wird die Begründung zur Legitimation. Die letzte Instanz der Legitimation ist somit das persönliche Bekenntnis."[94] Eine Lehrstrategie ist nach F. v. Cube eine „Abfolge geplanter Maßnahmen, die vom Ausbilder oder von Medien durchzuführen sind und den Adressaten zu einem bestimmten Lehrziel führen sollen".[95] Lehrstrategien sind demnach immer vom Adressaten und vom Lehrziel, in der Realisation außerdem auch von Medien und anderen Mitteln abhängig. Für eine effektive Vermittlung von *Kenntnissen* ist vor allem die Ordnung der Informationen vor der Aufnahme durch die Adressaten und der wiederholenden Darbietung bedeutsam. Erkenntnisse werden deshalb durch spezielle Erkenntnisstrategien geordnet, die einerseits als darstellende, andrerseits als genetische Strategie verstanden werden. Die *darstellende Strategie* soll die Einzelinformation so anordnen, daß der bestehende Zusammenhang „sichtbar" oder „wahrnehmbar" werde oder die Erkenntnis sich „nahelegt".[96] Die *genetische Erkenntnisstrategie* tendiert neben der Gewinnung der Erkenntnis auf die Schulung des produktiven Denkens. „Der Adressat wird vor (angemessene) Probleme gestellt; zur selbständigen Lösung werden ihm sukzessiv Lösungshilfen angeboten."[97]

Der Erwerb von *Einstellungen* geschieht nach F. v. Cube in der Regel unbewußt durch die soziale Umgebung, die durch Sprache, Sitte und Normen geprägt ist. Sie können allerdings auch „absichtlich durch Erziehung erzeugt oder verändert werden".[98] Als bedeutende Einstellungsstrategien nennt er die Kombination von Identifikations-, Vorbild- und Verstärkungsstrategien.[99]

Der Erwerb von *Fertigkeiten* geschieht „im Vormachen der betreffenden Fertigkeiten und in der Verstärkung oder Löschung des richtigen bzw. fehlerhaften Verhaltens".[100] Fertigkeiten werden verstanden als gesichertes, stets wiederholbares Verhalten, das durch bestimmte Reize abgerufen werden kann. F. v. Cube räumt ein, daß in der praktischen Erziehung und Ausbildung meist „komplexe Lehrziele erreicht werden" müssen. „Sie enthalten kognitive, affektive und pragmatische Komponenten, sie umfassen Kenntnisse, Erkenntnisse, Fertigkeiten,

---

93 *F. v. Cube*, ebd., 121. 94 *F. v. Cube*, ebd., 122.
95 *F. v. Cube*, ebd., 122. 96 *F. v. Cube*, ebd., 122.
97 *F. v. Cube*, ebd., 122. *Ders.*, Ausbildung zwischen Automation und Kommunikation, Bochum 1976.
98 *F. v. Cube*, Die kybernetisch-informationstheoretische Didaktik, ebd., 122.
99 Ebd., 122. 100 Ebd., 122.

Einstellungen usw. Dementsprechend sind auch die Lehrstrategien komplexer als die hier skizzierten; der Erzieher oder Ausbilder kann sie in der Regel nur als ‚Instrumentenkasten' zur flexiblen Anwendung benutzen."[101] Zusammenfassend läßt sich die Vorgehensweise der kybernetisch-informationstheoretischen Didaktik auf die folgenden drei Schritte festlegen:

1. Entwicklung einer Lehrstrategie
2. Planung des adäquaten Medieneinsatzes
3. Festlegung didaktischer Stationen. Didaktische Stationen sind festgelegte Kontrollstationen auf dem Weg zum Lehrziel.[102]

2.3.1 Kritische Würdigung

Felix von Cube will den Wissenschaftsbegriff des kritischen Rationalismus – und zwar in der besonderen Form eines Regelkreismodells – auf den Gegenstandsbereich der Erziehung und Ausbildung anwenden. Die spezielle Problematik, die darin besteht, daß der logisch-empirische Wissenschaftsbegriff einen gegebenen Wirklichkeitsbereich in ein zielorientiertes System umdeutet, führt zu folgenden Problemen:

1. Die Setzung von Erziehungszielen oder Lehrzielen wird kurzerhand in den Bereich außerhalb wissenschaftlicher Aussagemöglichkeiten versetzt. Lehrziele werden somit zu subjektiven Forderungen, die weder als wahr noch als falsch erwiesen werden könnten. Begründen oder Legitimieren spielt sich nur noch im Bereich des subjektiven Dafürhaltens ab. „Die Ausklammerung der Ziele aus der Erziehungswissenschaft ist eine notwendige Konsequenz des logisch-empirischen Wissenschaftsbegriffs!"[103]

2. Die *Erziehungswissenschaft* hat demnach lediglich zwei Gegenstandsbereiche: zum einen die Untersuchung gegebener Erziehungsziele auf ihre historischen Zusammenhänge, ihre Widerspruchsfreiheit, Erreichbarkeit und ihre Konsequenzen und zum andern die Optimierung der Zielerreichung nach den Kategorien Zeit, Ökonomie usw. Eine so definierte Erziehungswissenschaft umfaßt nach F. v. Cube lediglich drei Einzeldisziplinen:

- die Entwicklung und Optimierung von Lehrstrategien
- die Untersuchung der Steuerungswirkung von Lehrmethoden und
- die Untersuchung der Codierungsmöglichkeiten von Medien.[104]

---

[101] Ebd., 122. [102] Ebd., 122.
[103] Ebd., 123. [104] Ebd., 123.

2.4 Zur Relevanz der didaktischen Ansätze W. Klafkis, W. Schulz' und F. v. Cubes für die Planung von Unterrichtseinheiten zum Thema „Lernprozeß Christen Juden"

Für die Beurteilung dieser didaktischen Ansätze werden folgende didaktischen Fragestellungen zugrunde gelegt:

1. Welche Möglichkeiten bieten die referierten Ansätze für die Auswahl und Begründung von Lehr-Lerninhalten aus einem umfassenden Begründungszusammenhang aus der Welt des Menschen?

2. Welche Möglichkeiten der Begründung für die Vermittlung des fachwissenschaftlichen Bereichs „Religion(en)" und ihrer Reflexion in der Theologie in die Lebenswelt der Menschen als Individuen und Gesellschaft bieten diese Ansätze?

3. Welche Vorschläge machen diese Ansätze für die Erörterung und Legitimierung einer bestimmten Art und Weise von Lehr-Lernprozessen, die den dem Religionsunterricht zugrunde liegenden Postulaten von Sinn, Liebe und Hoffnung gerecht werden?

4. Bieten diese Ansätze die Möglichkeit zu einer aufweisbaren Verfahrensweise, von der Lehr-Lernplanung zur Unterrichtsplanung zu kommen und sie nach den für die Ebene des Unterrichts geltenden Gesetzmäßigkeiten zu präparieren, zu analysieren und auszuwerten?

Bewertet man den von W. Klafki neuerdings vorgelegten Ansatz einer kritisch-konstruktiven Didaktik nach diesen Kriterien, so ergibt sich folgender Befund:

1) Das Perspektivenschema zur Unterrichtsplanung eignet sich für die Planung und Begründung einer Unterrichtseinheit unter der Voraussetzung, daß die didaktische Legitimation von Ziel-Themen-Einheiten bereits vorher durch andere Verfahren „ins Auge gefaßt"[105] worden ist. Darum soll in Ergänzung der kritisch-konstruktiven Didaktik die grundlegende didaktische Reflexion gelten, was bereits in der Konvergenz der Curriculum-Determinanten Adressat, Fachwissenschaft und Gesellschaft (nach S. B. Robinsohn) zur Formulierung des Projektziels sowie zur Findung und Begründung zentraler Inhaltsbereiche geführt hat.[106] Aufgrund solcher Vorarbeit kann für die Ebene der konkreten Unterrichtsplanung das Klafki'sche Perspektiven-Schema weiter ausdifferenziert und auf eine konkrete Lerngruppe hin konkretisiert werden.

2) Die Vermittlung des fachwissenschaftlichen Bereichs „Religion(en)" – und

---

105 *W. Klafki*, Die bildungstheoretische Didaktik, in: Westermanns Pädagogische Beiträge 32 (1980) 32–37, 33.

106 Vgl. *S. B. Robinsohn*, Bildungsreform als Revision des Curriculum, Neuwied [5] 1971. *Ders.*, Ein Strukturkonzept für Curriculumentwicklung, in: Curriculumrevision – Möglichkeiten und Grenzen, hrsg. von *F. Achtenhagen* und *H. L. Meyer*, München 1971, 57–74. *G. Biemer u. a.*, Freiburger Leitlinien, a.a.O., 116.

ihre Reflexion in der Theologie – in die Lebenswelt des Menschen als Individuum und Gesellschaft wurde bereits durch die Art der didaktischen Strukturgitter bzw. -ebenen durchgeführt.[107] Im Anschluß an W. Klafkis Analysebereiche werden die bereits eruierten Grobzielkataloge auf die Gegenwarts- und Zukunftsbedeutung, die exemplarische Bedeutung und die thematische Strukturierung hin ausgelegt. Diese miteinander in Verbindung stehenden didaktischen Fragen helfen zur Ausdifferenzierung auf die Ebene der konkreten Unterrichtsplanung. Die so in den didaktischen Strukturgittern vollzogene Vermittlung von Theologie und Grundbefindlichkeiten menschlicher Existenz wird durch die Frage nach der Gegenwarts- und Zukunftsbedeutung der Ziel-Themen-Einheiten um die Zeitperspektive erweitert. Die Erstreckung in die für die Schüler relevante Zeitperspektive (Gegenwart, Zukunft) soll kritisch der heilsgeschichtlichen Grundstruktur der gemeinsamen Zeit/Geschichte von Christen und Juden in Korrespondenz gesetzt werden, so daß aus dem bisher weitgehenden Gegenüber ein zukünftig anzustrebendes Miteinander wird. Die Frage nach der Gegenwarts- und Zukunftsbedeutung der zielorientierten Thematik (Projektziel) bzw. der einzelnen Ziel-Themen-Einheiten (z. B. „Bund jüdisch – Bund christlich") muß insbesondere auch die entwicklungspsychologische Ausgangslage der Adressaten und die intendierten Entwicklungsmöglichkeiten, die durch den Lernprozeß realisiert werden sollen, mitbedenken.

Die Rechenschaft über die *exemplarische* Bedeutung der Ziel-Themen-Einheit geht ebenfalls auf die Vermittlung des fachwissenschaftlichen Bereichs „Religion(en)" – und ihre Reflexion in der Theologie – in die Lebenswelt der Menschen als Individuen und Gesellschaft ein. Einerseits geht es bei der fachwissenschaftlichen Exemplarität insbesondere um die Grundkategorien christlicher und jüdischer Existenz und Theologie, darüber hinaus ergeben sich aus der Lebenswelt der Menschen weitere exemplarische Probleme wie z. B. antisemitische Grundstrukturen, Herrschaft, Konfliktstrukturen, Kommunikationsprobleme zwischen Juden und Christen.

3) Die Möglichkeit der Erörterung und der Legitimierung einer bestimmten Art und Weise von Lehr-Lernprozessen, die zur Inhumanisierung der am Lernprozeß Beteiligten beitragen, kann in W. Klafkis Perspektiven-Schema zur Unterrichtsplanung insbesondere im Bereich der Strukturierung des Lehr-Lern-Prozesses und bei der Frage nach der Zugänglichkeit und der Darstellbarkeit eingetragen werden. Die allgemeinen Voraussetzungen seines Unterrichtsplanungskonzeptes implizieren eine Beurteilung der eingeschlagenen Lehr- und Lernverfahren im Blick auf die Gefahr der Inhumanisierung. Die Frage nach der *Zugänglichkeit und Darstellbarkeit* ist ebenso wie die Frage nach der *Strukturierung des Lehr-Lern-Prozesses* auf die speziellen methodischen Überlegungen zum Abbau *antisemitischer Einstellungen* sowie die Ermöglichung eines auf gegenseitiger Achtung basierenden Dialogs zwischen Juden und Christen hin zu konkretisieren.

4) Das Perspektiven-Schema für die Unterrichtsplanung W. Klafkis bietet eine ernst zu nehmende Möglichkeit, in einer praktikablen und aufweisbaren Verfah-

---

107 *G. Biemer*, Lehr-Lernplanung mit fachdidaktischen Strukturgittern, in: *G. Biemer u. a.*, Freiburger Leitlinien, a.a.O., 104–113.

rensweise von der Lehr-Lernplanung zur Unterrichtsplanung zu kommen und den Unterricht nach den dafür geltenden Gesetzmäßigkeiten zu präparieren, zu analysieren und auszuwerten. Grundlage ist die hermeneutische Vorgehensweise, die es ermöglicht, die in den vorausgehenden Legitimationsgängen (Projektzielbegründung, Inhalts- und Zielbegründung durch didaktische Strukturgitter) gefundenen Lernziele weiter auszudifferenzieren, ohne die „Spurgenauigkeit" aus dem Blick zu verlieren.

Allerdings bleiben die von H. L. Meyer entwickelten Einwände und Bedenken bestehen, da Ableitungszusammenhänge in logischer Stringenz nicht durchgeführt werden (können), die vorgeschlagene Verfahrensweise der Konkretisierung also vor Mängeln oder Einseitigkeiten so wenig geschützt ist wie sonstige hermeneutische Verfahren. Die durch die Offenlegung des Prozesses mögliche Kritik soll diese Fehlerquelle klein halten.

Beurteilt man die sog. „Berliner Didaktik", das „Hamburger Modell" von W. Schulz im Lichte der genannten Aspekte, dann ergibt sich folgende Überlegung für die Brauchbarkeit:

1) Eine Auswahl und Begründung von Lehr-Lerninhalten in einem umfassenden Begründungszusammenhang, also eine fundamentale didaktische Analyse ist auch nach diesem Ansatz nicht möglich. Seine Bedeutung liegt – ähnlich wie bei W. Klafkis neuem Modell – auf der Ebene der Konkretisierung und Differenzierung der bereits didaktisch legitimierten Ziel-Themen-Einheiten. So erscheint die Gliederung in Perspektiv-, Umriß- und Prozeßplanung als eine Hilfe für die Bereitung der Planung auf verschiedenen Ebenen. Wie weit im Bereich der Perspektivplanung die übergreifenden Zielorientierungen sowie die verschiedenen Bereiche der Intentionalität wie z. B. Autonomie, Kompetenz und Solidarität für einen religionsdidaktischen Ansatz aufgenommen werden können, wurde bereits bedacht.[108] Die drei Aspekte der thematischen Ebene Sacherfahrung, Gefühlserfahrung, Sozialerfahrung können in modifizierter Weise als Begründungselemente für die konkretisierende Unterrichtsplanung eingebracht werden. Ausdrücklich ist jedoch festzuhalten, daß auch dieser Ansatz ungenügend ist, solange nicht ein Projektziel und entsprechende Inhaltsbereiche auf fachdidaktischer Ebene bereits begründet sind.

2) Das Modell von W. Schulz bietet eine Begründungsmöglichkeit für die Vermittlung des fachwissenschaftlichen Bereichs „Religion(en)" – und ihrer Reflexion in der Theologie – in die Lebenswelt der Menschen als Individuen und Gesellschaft unter der Voraussetzung, daß die Intentionenbereiche Kompetenz, Autonomie und Solidarität durch den Anspruch des spezifisch Christlichen kritisch in Frage gestellt und für den religiösen Lernprozeß inhaltlich neu gefüllt werden. Die christlichen Strukturelemente Sinn, Freiheit, Liebe, Hoffnung sind aus der jüdisch-christlichen Heilsgeschichte, aus der Auseinandersetzung Gottes mit dem Menschen gewonnen. Sie beinhalten die Perspektive des absoluten Geheimnisses und qualifizieren die gesellschaftswissenschaftlichen bzw. gesellschaftskritischen Kategorien Kompetenz, Autonomie und Solidarität als endlich.

[108] Vgl. 2.2.4.

Allerdings ist es für den Kontext von Religionspädagogik mit der allgemeinen Didaktik wichtig, daß es für die anthropologische Seite der christlichen Strukturelemente Freiheit, Liebe und Hoffnung sehr wohl intentionale Komponenten gibt, die mit Kompetenz, Autonomie und Solidarität zu tun haben. Eine vorschnelle Ablehnung der Kategorien Kompetenz, Autonomie und Solidarität würde wichtige didaktische Möglichkeiten der Gegenwart ausschlagen und einer Theologisierung der didaktischen Prozesse das Wort reden. Da es sich bei Lernprozessen unter den Bedingungen des Lehrens um intentionale Prozesse handelt, sind solche Kategorien, die gleichzeitig lerntheoretische und entwicklungspsychologische Implikationen haben, wichtige Anhaltspunkte. Aus religionsdidaktischer Sicht und damit für den Zusammenhang hier müssen diese Kategorien von Schulz jedoch aus ihrer Immanenzfestschreibung auf den gesellschaftskritischen Hintergrund transzendiert werden.

3) Die Möglichkeit der Erörterung und der Legitimierung einer bestimmten Art und Weise von Lehr-Lernprozessen, die zumindest einer Inhumanisierung der am Lernprozeß Beteiligten gegensteuert, ist im Vorschlag von W. Schulz aus folgenden Gründen gegeben:

Zum einen erfordert die Verfahrensweise, die Themen in den *Erfahrungsaspekten* Sacherfahrung, Gefühlserfahrung und Sozialerfahrung zu behandeln, von vornherein eine Strukturierung des Lehr-Lernprozesses nicht nur in der kognitiven, sondern auch in der affektiven und handlungsorientierten Dimension. Die Entscheidung, bei den individuellen und sozio-kulturellen Voraussetzungen der Schüler und Lehrer anzusetzen, erbringt bei entsprechender Planung und Gestaltung die Möglichkeit, die Einstellung der am Lernprozeß Beteiligten zu verändern. Da die Ausgangslage, der Zielbereich, Lehr-Lernverfahren und die Erfolgskontrolle in einem unauflöslichen Implikationszusammenhang gesehen werden, müssen sich die Entscheidungen über die Lehr-Lernverfahren, aber auch über die Erfolgskontrolle den Zielorientierungen und der Ausgangslage kritisch zuordnen.

4) Das „Berliner" bzw. „Hamburger Modell" bietet die Möglichkeit, in einer überprüfbaren Verfahrensweise von der Lehr-Lernplanung zur Unterrichtsplanung zu kommen und sie nach den für die Ebene des Unterrichts geltenden Gesetzmäßigkeiten zu präparieren, zu analysieren und auszuwerten. Die drei Planungsebenen Perspektivplanung, Umrißplanung und Prozeßplanung berücksichtigen das Grundproblem didaktischer Planung, nämlich wie die Ergebnisse der verschiedenen Planungsebenen auf die konkrete Ebene des Unterrichts hin transformiert werden können. Einwandfrei gelöst ist dieses Anliegen jedoch an der Nahtstelle zwischen Umrißplanung und Prozeßplanung auch durch W. Schulz nur ungenügend. Auch hier stellt sich die Frage, wie die Entscheidungen auf der Prozeßplanungsebene in der „Spurgenauigkeit" der Ergebnisse der Umrißplanung und der dahinter stehenden Perspektivplanung gehalten werden können. Die Überlegungen für die Prozeßebene sind bei W. Schulz wenig ausdifferenziert, weshalb er auch für die Planung des „Lernprozesses Christen Juden" nicht zur alleinigen Grundlage gemacht werden soll. Das Raster auf der Prozeßplanungsebene mit den vier Bereichen Lehr-Lernziele, Lernhilfen und Lernkontrollen, Planungsvarianten, Zeitbedarf ist hilfreich, aber nicht differenziert ge-

nug. Das wird die Darstellung der Lehr-Lernverfahren von J. S. Bruner und D. P. Ausubel zeigen.[109]

Beurteilt man den Ansatz der kybernetisch-informationstheoretischen Didaktik F. v. Cubes nach den genannten Beurteilungsaspekten, ergibt sich folgende kritische Bestandsaufnahme.

1) Der kybernetisch-informationstheoretische Ansatz bietet *keine* Hinweise für die *Auswahl und Begründung von Lehr-Lerninhalten* aus einem umfassenden Begründungszusammenhang der Welt des Menschen.

2) Die Begründungsmöglichkeit für die Vermittlung des fachwissenschaftlichen Bereichs „Religion(en)" – und ihrer Reflexion in der Theologie – in die Lebenswelt der Menschen als Individuen und Gesellschaft besteht auf der inhaltlich bestimmten Ebene nicht, da der *Bereich von Deutungen und Wertungen* außerhalb der selbstgesteckten Reichweite dieses Modells liegt.

3) Dagegen bietet dieser Ansatz wichtige Hinweise für die Legitimierung einer bestimmten Art und Weise von Lehr-Lernprozessen, die zumindest einer Inhumanisierung der am Lernprozeß Beteiligten gegensteuert. Allerdings mit der Einschränkung, daß die Kriterien der Humanität bzw. Inhumanität ebenfalls außerhalb dieser erziehungswissenschaftlichen Argumentation liegen und von daher auch vom Ansatz her nicht gewährleistet sind.

4) Indem die kybernetisch-informationstheoretische Didaktik sich im besonderen um die Entwicklung und Optimierung von Lehrstrategien sowie mit der Untersuchung der Steuerungswirkung von Lehrmethoden auseinandersetzt, ergeben sich Elemente für Verfahrensweisen der Lehr-Lernplanung auf der Ebene des Unterrichtsprozesses, ohne daß der gesamte Regelkreis übernommen werden muß. Dieser Ansatz kann die Vorschläge sowohl von W. Klafki als auch von W. Schulz erheblich ergänzen, da die Realisierungsmöglichkeiten des Lernprozesses Hauptgegenstand dieses Vorschlags von F. v. Cube sind. Eine Analyse dieser lehr-lerntheoretischen Vorschläge für die Prozeßplanung und -beschreibung ist noch zu leisten.

Alle drei Modelle für die didaktische Planung von Unterricht machen – wenn auch aus unterschiedlichen Gründen – eine Auseinandersetzung mit differenzierten Lehr-Lernverfahren für die didaktische Gestaltung der Prozeßebene erforderlich. Unter Prozeß-Planung wird hier mit W. Schulz die „Transformation, Überführung der Möglichkeiten des Handelns, die sich in der Umrißplanung unter den planungsleitenden Perspektiven ergeben haben, in den Plan" verstanden, den man zunächst zu realisieren versuchen will, also das „Umsetzen der aufgeklärten Handlungsgrundlagen in einen Entwurf des Handlungsablaufs"[110]. Es handelt sich also um eine Teilaufgabe des didaktischen Planens, jedoch auf der *konkretesten* Ebene der wirklichen Interaktion im Unterricht, der der Reflexion über Lehr-Lernziele, Lernhilfen, Lernkontrollen und Planungsvarianten zu dienen hat.

---

[109] Vgl. 2.5. [110] *W. Schulz*, ebd., 162.

2.5 Ergebnisse der lernpsychologischen Diskussion für die Planung des „Lernprozesses Christen Juden“

Um ein hohes Maß von Möglichkeiten für die Gestaltung der unterrichtlichen Interaktion zu gewährleisten, werden im folgenden noch Ergebnisse der lernpsychologischen Diskussion untersucht und in ihrer Bedeutung für den „Lernprozeß Christen Juden“ gewichtet.

Lehrer haben die Aufgabe, solche Lernsituationen zu schaffen, die es den Lernenden ermöglichen, ein Lernziel zu erfassen, anzugehen und zu erreichen.[111] Damit konzentriert sich das Problem wie in den bisherigen Überlegungen zunächst allgemein auf Lehrverfahren, die die externen Bedingungen des Lernprozesses zu einer Lernsituation strukturieren. Lehrverfahren bestimmen die Quantität und Qualität der Aktivitäten von Lehrenden und Lernenden, von Medien und von sozialen Formen des Lernens im Lernprozeß. „Mit der Entscheidung für ein bestimmtes Lehrverfahren fällt eine Entscheidung für und gegen bestimmte Aktivitäten der Lehrenden und Lernenden, für und gegen bestimmte Sozialformen und für und gegen bestimmte Medien“.[112]

Die folgende Darstellung zweier einerseits erheblich konträrer, andererseits sich ergänzender Lehrverfahren kann jedoch in Ergänzung dazu spezifische lernpsychologische Möglichkeiten eröffnen, die bisher in der religionsdidaktischen Theorie kaum rezipiert und kritisiert werden, in der religionspädagogischen Praxis dagegen intuitiv und zum Teil dilettantisch angewandt sind: zum einen *Ausubels Theorie des expositorischen Lehrens,* zum andern *Bruners Theorie des Entdeckungslernens.*

2.5.1 Darstellendes Lehren und entdeckenlassendes Lehren

Im Rahmen des expositorischen oder darstellenden Lehrverfahrens wird darauf geachtet, daß ein Sachverhalt durch seine Entwicklung oder Darstellung vermittelt wird, daß dadurch im Lernenden ein in sich stimmiges, umfassendes und miteinander verknüpftes Wissen aufgebaut wird. Darstellen und Erklären durch den Lehrer bzw. durch Medien sowie der Nachvollzug und die Durcharbeitung des Gedankengangs durch die Lernenden wird als der geeignete Weg zur Erreichung des Lehr-Lernzieles angesehen.

Das entdeckenlassende Lehrverfahren geht im Unterschied dazu davon aus, daß die Ziele und Inhalte des Unterrichts möglichst hochgradig *selbständig* durch den Lernenden erreicht werden sollen. Dieses Lehrverfahren will ebenfalls im Lernenden ein gesichertes Wissen aufbauen, gleichzeitig in ihm aber die Fähigkeit entwickeln, *Probleme möglichst selbständig anzugehen und zu lösen.*

---

111 Vgl. *G. Eigler u. a.,* Grundkurs lehren und lernen 36f.
112 *G. Eigler u.a.,* ebd., 37.

2.5.1.1 Elemente des darstellenden Lehrens

Der Aufbau eines organisierten Bestandes an Sinnbedeutungen, d.h. der Aufbau einer kognitiven Struktur, ist nach dem Hauptvertreter des expositorischen Lehrens, D.P. Ausubel, Ziel schulischen Lernens. Das dadurch angestrebte System von untereinander verbundenen und aufeinander bezogenen sinnvollen Bedeutungen soll verhindern, daß die einzelnen Wissenselemente unverbunden nebeneinander stehen. Menschliches Lernen besteht darin, daß die vorhandenen Bedeutungen in der kognitiven Struktur eines Lernenden mit dem neu zu erlernenden Inhalt in Verbindung gebracht werden. Sinnvolles Lernen findet dann statt, wenn das neu zu Erlernende mit schon Gelerntem in einen sinnvollen Zusammenhang gebracht und dadurch die *kognitive Struktur erweitert* wird. Wenn das neu zu Lernende nicht in die kognitive Struktur integriert wird (Strukturerweiterung), handelt es sich nach Ausubel um sinnloses Lernen.

Ein religionsdidaktisches Beispiel: Schüler müssen durch den Lernprozeß Gelegenheit erhalten, die heilsgeschichtliche Kategorie „Bund" so zu erfassen, daß sie einerseits die dahinterstehende Bedeutung der unwiderruflichen Zuwendung Gottes zu Israel in ihren bereits vorhandenen Denk- und Erfahrungsmöglichkeiten von Zuwendung, partnerschaftlichen Bundeserfahrungen u.a. integrieren können. Die kognitive Struktur der Schüler wird durch diesen Lernprozeß andererseits erweitert; so können in diese darauf folgend wieder andere Bedeutungen, wie etwa die ethischen Implikationen des Bundes eingegliedert werden.

„Zum sinnvollen Lernen gehört es, neue Sinnbedeutungen zu erwerben, und neue Sinnbedeutungen sind ihrerseits die Produkte sinnvollen Lernens. Die Entstehung neuer Bedeutungen im Lernenden zeigt also die Beendigung eines sinnvollen Lernprozesses an."[113] Sinnvolles Lernen ist also einerseits von der bestehenden kognitiven Struktur des Lernenden abhängig, andrerseits ermöglicht es seinerseits den weiteren Aufbau und die Differenzierung der kognitiven Struktur.[114]

Menschliches Lernen vollzieht sich nach D. P. Ausubel durch verbale Kommunikation, man kann von „sinnvollem verbalem Lernen"[115] sprechen. Ausubel geht davon aus, daß sinnvolles verbales Lernen als Aufbau einer stabilen kognitiven Struktur vor sich geht. Folgende beiden Aspekte müssen berücksichtigt werden:

– *Darbietung:*

Der schrittweise Aufbau einer kognitiven Struktur in einem Gegenstandsbereich muß durch die Darbietung in einer sorgfältig abgestimmten Sequenz von Lehr-Lerneinheiten gesichert werden. „Die Auswahl von Lerninhalten und Lernzielen muß sich dabei auf die wesentlichen

---

[113] *D. P. Ausubel, J. D. Novak, H. Hanesian,* Psychologie des Unterrichts, Bd. 1, 2. Völlig neu überarbeitete Aufl., 1980, Weinheim und Basel 1980, 64, 62–114. Vgl. *ders.,* Psychology of meaningful verbal learning. An introduction to school learning. New York/London 1963. Vgl. *G. Macke,* Ausubels Theorie des bedeutungsvollen verbalen Lernens. In: *G. Macke* (Hrsg.), Lernen als Prozeß. Überlegungen zur Konzeption einer operativen Lehr-Lern-Theorie, Weinheim/Basel 1978, 236–246. *G. A. Straka, G. Macke,* Lehren und Lernen in der Schule, Stuttgart-Berlin-Köln-Mainz 1979, 112–130, vgl. den schematischen Überblick 127.

[114] *G. Eigler u. a.,* ebd., 63. [115] *D. P. Ausubel,* ebd., 70ff., 88–90.

G r u n d b e g r i f f e und Z u s a m m e n h ä n g e b e z i e h e n, und zwar solche, die die größte Kraft haben, also (für die Erklärung des zu vermittelnden Zusammenhangs in entscheidender Weise beitragen und so z.B.) in möglichst vielfältigen Situationen zur Lösung von Problemen eingesetzt werden können."[116]

– *Sicherung bzw. „Verankerung" des Gelernten:*
Durch den Lehr-Lernprozeß sollen erlernte Begriffe und Zusammenhänge „schrittweise in der kognitiven Struktur des Lernenden verankert werden, das Gelernte soll durch Üben Klarheit und Stabilität gewinnen.[117] Ein religionsdidaktisches Beispiel:

Die fachwissenschaftliche Fundierung des „Lernprozesses Christen Juden" ermöglicht die Realisierung dieses Postulates. Für die didaktische Strukturierung ist die entscheidende Kategorie „Bund". Sie stellt unter theologischen als auch unter didaktischen Gesichtspunkten den Grundbegriff dar, der die größte erklärende Kraft hat.

Das, was der Lernende von „Bund" bereits weiß, soll zum relevanten Bezugspunkt seiner neu aufzubauenden bzw. zu erweiternden kognitiven Struktur werden. Darauf werden neue symbolisch ausgedrückte Vorstellungen bezogen. Diese Bezüge bzw. Verknüpfungen können nicht willkürlich sein. Die neue Bedeutung muß vielmehr im Sinne von Beispielen, Ableitungen, Ausweitungen, Sonderfällen, Verfeinerungen, Einschränkungen, Modifikationen und Verallgemeinerungen mit den schon vertrauten Bedeutungen in Beziehung gesetzt werden. Weiter ist es wichtig, daß die Verknüpfung inhaltlich geschieht, es also mehr auf das gedankliche Substrat einer Bedeutung als auf seine sprachliche Codierung ankommt.[118]

Damit in einer kognitiven Struktur möglichst viele Bedeutungen sinnvoll gespeichert werden, fordert Ausubel ihren *hierarchischen Aufbau.* Bedeutungen von umfassender und abstrakter, allgemeiner Art sollen spezifische und differenziertere Bedeutungen untergeordnet werden. Nach diesem Vorschlag eines hierarchischen Aufbaus der kognitiven Struktur sollen die vorhandenen allgemeinen Begriffe durch zunehmende Differenzierung in ein Bezugsgeflecht von Bedeutungen ausgebaut werden. Ausweitungen, Modifikationen, Einschränkungen oder Beispiele werden den schon bestehenden Bedeutungen höheren Allgemeinheits- und Abstraktionsgrades untergeordnet. Der Vorgang der *Unterordnung* ist nach Ausubel für Lehr- und Lernprozesse insbesondere deswegen bedeutsam, weil allgemeine und übergreifende Bedeutungen sich dem Prozeß des Vergessens stärker widersetzen, eine höhere Erklärungskraft haben und deswegen für neue Bedeutungen spezifischeren Inhalts den geeigneten *„Ankergrund"* abgeben.

Die Integration der neuen Bedeutung in vorhandene Bedeutungen ermöglicht eine Hereinnahme des neuen Sinngehalts in die gedankliche Matrix des Lernenden.

Neben der Unterordnung unterscheidet Ausubel weiter den Prozeß der *Überordnung.* Durch die entsprechende Verknüpfung bereits erlernter Bedeutungen kann im Lernenden eine neue übergreifende Bedeutung entstehen. Wenn Schüler

---

116 *G. Eigler u. a.,* ebd., 63. 117 *G. Eigler u. a.,* ebd. 64.
118 *D. P. Ausubel,* ebd., 91–93, 91.

beispielsweise gelernt haben, daß der Gott der Bibel der Gott sowohl der Juden als auch der Christen ist, kann sich der neu übergreifende Zusammenhang abzeichnen, daß Juden und Christen demnach Glaubensbrüder bzw. Geschwister im Glauben sind.

Die von Ausubel vorgelegte Theorie des „meaningful learning" weist auf Bedingungen für die Gliederung neuer Bedeutungen in eine kognitive Struktur sowie auf Bedingungen für langfristiges Behalten und für Transfer hin. Für das Gelingen des Lernprozesses ist deshalb zunächst zu prüfen, ob zum Verständnis einer Aussage die Vorkenntnisse vorhanden sind. Ansonsten muß diese Voraussetzung durch zusätzliche Klärungen der unbekannten Begriffe geschaffen werden.

Folgende drei Grundprinzipien zur praktischen Anwendung der Erkenntnisse des expositorischen Lernens (Zusammenfassung) sind festzuhalten:

– das *Prinzip des progressiven Differenzierens* (progressive differentiation).
Übergreifende Lehr-Lerneinheiten von mehreren Unterrichtsstunden, aber auch die einzelne Unterrichtsstunde werden nach dem Prinzip des progressiven Differenzierens hierarchisch aufgebaut. Die umfassenden und allgemeinen Ideen sollen deshalb zu Beginn dargestellt und in den folgenden Lerneinheiten tendentiell differenzierter und eingehender ausgeführt werden. „Durch dieses Fortschreiten von allgemeinen zu spezifischen Bedeutungen wird ein gedankliches Bezugssystem aufgebaut, das die sinnvolle Zuordnung neuer Bedeutungen im Verlauf einer Lernsequenz ermöglicht."[119]

– Das *Prinzip des integrierenden Verbindens* (integrative reconciliation).
Dieses Prinzip weist darauf hin, daß die Lerninhalte der einzelnen Schulfächer, aber auch die Lerninhalte desselben Schulfaches nicht unverbunden dargestellt werden oder bleiben sollen. Bei Anwendung dieses Prinzips werden z.B. Sachverhalte von Christentum und Judentum sachübergreifend mit dem Fach Geschichte behandelt oder zumindest Querverbindungen zu Kenntnissen aus diesem Fach hergestellt.

– Das *Prinzip der vorstrukturierten Lernhilfen* (advanced organizers).
Vermittelnde oder vorstrukturierende Hinweise in einer Lehr-Lerneinheit haben die Aufgabe, einen *Vorblick* auf die Thematik und das Lernziel einer Lehr-Lerneinheit zu geben, außerdem die *Verbindung* zu relevanten, in der kognitiven Struktur schon vorhandenen Ergebnissen und Vorstellungen herzustellen, sodann die *Verankerungen* von zu lernenden Bedeutungen in der kognitiven Struktur, insbesondere ihre *Unterordnung* unter subsumierende Zusammenhänge einzuleiten und schließlich auf wesentliche *Unterschiede* zwischen Bekanntem und zu Lernendem hinzuweisen und die für das Behalten wichtige Unterscheidungsfähigkeit zu fördern.

Der Prozeß der Einordnung einer neuen Bedeutung in eine bereits vorhandene kognitive Struktur ist nach dem lerntheoretischen Ansatz Ausubels erst dann abgeschlossen, wenn Klarheit und Stabilität für die neue Bedeutung gewonnen ist. Folgende entscheidende externe Bedingungen des Lernens nehmen Einfluß auf langfristiges Behalten:

[119] *G. Eigler u. a.*, ebd., 76.

- wiederholte Darstellung, sowohl in Form von Zusammenfassungen, als auch unter wechselnden Gesichtspunkten;
- Üben der erlernten Bedeutungen in Anwendungsbeispielen;
- Praktizierender Umgang mit dem Gelernten;
- Regelmäßiges Wiederholen und Anwenden des Gelernten in denselben und in modifizierten Situationen.

Faßt man Ausubels Theorie des sinnvollen Lernens zusammen und versucht man Konsequenzen daraus für expositorische Lehr-Lernverfahren zu ziehen, so kommt man zu folgenden Einzelelementen für die Unterrichtspraxis:

– am Beginn der Lehr-Lerneinheit wird durch „advanced organizers“ eine Brücke vom Bekannten zum neu zu Lernenden geschlagen.

– Im Rahmen dieser Vorstrukturierung werden nicht nur die notwendigen Vorkenntnisse zu mobilisieren versucht, sondern auch die Lernziele explizit dargelegt.

– Wenn relevante Vorkenntnisse nicht präsent sind, werden Lernhilfen etwa in Form sprachlicher Hinweise oder durch Bildinformationen gegeben.

– Die zu vermittelnden Kenntnisse werden in eine klar strukturierte Schrittfolge aufgebaut, und so weit als möglich wird das Prinzip der schrittweisen Differenzierung auch für die Organisation einzelner Lehr-Lerneinheiten (einzelner Stunden bzw. Stundenabschnitte) angewendet.

– Die fächerübergreifende Bedeutung des Unterrichtsstoffes soll gezeigt werden z.B. in der Einführungsphase (Anknüpfungen).

2.5.1.2 Das entdeckenlassende Lehren

Will D. P. Ausubel das neu zu Lernende durch Darbieten und Einüben an die als kognitive Struktur bereits vorhandenen Begriffe und Einsichten anknüpfen, so geht J.S. Bruner von bereits aufgebauten Kenntnissen und Einsichten aus, um in der Bearbeitung von Einzelproblemen die allgemeineren Gesetzmäßigkeiten und Zusammenhänge entdecken zu lassen. Entdecken ist nach Bruner der Vorgang, in dem vorhandene Kenntnisse im Blick auf eine bestimmte Problemstellung reorganisiert und transformiert werden, wodurch neue Zusammenhänge erkannt werden.[120] „Etwas als spezifisches Beispiel eines allgemeinen Falles zu beschreiben – und das ist hier mit dem Verstehen eines grundlegenden Prinzips oder

---

[120] *J. S. Bruner,* Der Akt der Entdeckung, in: *H. Neber* (Hrsg.), Entdeckendes Lernen. Weinheim und Basel 1973, 15–27. Vgl. *J. S. Bruner, R. R. Olver, P. M. Greenfield,* Studien zur kognitiven Entwicklung. Stuttgart 1971. *J. S. Bruner,* The act of discovery, in: *R. C. Anderson/D. P. Ausubel* (Hrsg.), Readings in the psychology of cognition, New York 1965, 606–620. *J. S. Bruner,* Learning and thinking, in: a.a.O., 76–86. *J. S. Bruner,* Toward a theory of instruction, Cambridge, Mass. 1966. *J. S. Bruner,* Relevanz der Erziehung, Ravensburg 1973. Zur Rezeption J. S. Bruners vgl. *Th. Wulf,* Heuristische Lernziele – Verhaltensziele, in: *S. B. Robinsohn* (Hrsg.) Curriculumentwicklung in der Diskussion, Düsseldorf-Stuttgart 1972, 36–45. *J. R. Suchman,* Learning through inquiry, in: Childhood education 41 (1965) 289–291. *E. W. Eisner,* Instructional and expressive educational objectives: their formulation and use in curriculum, in: Aera Bd. 3, Chicago 1969, 1–31. *H. Brügelmann,* Moral Education Curriculum Project, in: Thema Curriculum, Bebenhausen 1973, 25–30. *G. Stachel,* Lifeline – ein englisches Programm zum Unterricht über Lebensfragen, in: KatBl 99 (1974) 571–587.

einer Struktur gemeint – bedeutet, daß man nicht nur einen speziellen Sachverhalt erlernt hat, sondern auch ein Modell für das Verstehen anderer, ähnlicher Sachverhalte, denen man noch begegnen kann.“[121]

Allgemeinere Erkenntnisse werden demnach im Durcharbeiten von Einzelproblemen (Specifics) erworben. Als strukturierender Bezugsrahmen erlauben sie es dem Individuum, ähnliche weitere Einzelprobleme in sinnvolle Zusammenhänge zu bringen. Durch entdeckendes Lernen erwirbt sich der Lernende über neue Kenntnisse und Einsichten hinaus, die er auch im Rahmen des darstellenden Lehrens erwerben könnte, Fähigkeiten und Techniken des Problemlösens. Er baut damit gleichzeitig auch eine positive Einstellung gegenüber dem Problemlösen und dem Lernen als Entdecken auf und wird dadurch motiviert, auch andere und künftig sich stellende Probleme selbständig zu lösen, bzw. anzugehen. Ein religionsdidaktisches Beispiel:

Nach dieser Lehr-Lerntheorie ist es sinnvoll, die Schüler *Möglichkeiten einer Realisierung der ‚Nachfolge Christi‘* (als Antwort auf die Zuwendung Gottes in der Bundesrelation) für bestimmte heutige Lebenssituationen selbst entdecken zu lassen. Dadurch würden sie gleichzeitig lernen, für künftige andere Situationen (andere) Realisierungsmöglichkeiten zu finden.

Der Begriff der kognitiven Struktur hat nach Bruner folgende drei Merkmale: Zum einen wird die „kognitive Struktur“ durch Kenntnisse und Einsichten definiert, die in neuen Entdeckungsprozessen erarbeitet werden. Zum zweiten beinhaltet der Begriff der kognitiven Struktur die Entdeckung von Techniken und Fähigkeiten sowie von Problemlösungsstrategien. Letztens gehört die positive Grundeinstellung zum Entdecken und Problemlösen zum Begriff der kognitiven Struktur.

Für die Auswahl von Lerninhalten ist es bedeutsam, daß diese *den Erwerb von allgemeinen Kenntnissen* durch die Bearbeitung von Einzelproblemen ermöglichen. Dadurch wird ein strukturierender Bezugsrahmen geschaffen, der es den Individuen ermöglicht, ähnliche weitere Probleme in sinnvolle Zusammenhänge zu bringen. Von zentraler Bedeutung ist es weiter, über die Vermittlung grundlegender Kategorien eines Gegenstandsbereiches hinaus eine spezifische Einstel-

---

[121] *J. S. Bruner,* Der Prozeß der Erziehung, 37. Für J. S. Bruner sind es drei sog. Repräsentations-Modi, mit denen sich der Mensch in der Welt zurechtzufinden, erfahrbar zu machen und hantierbar zu machen in der Lage ist: körperliches Tun, sinnliches Abbilden und geistiges Handeln, das im Sprechen seinen deutlichsten, wenn auch nicht ausschließlichen Niederschlag findet. Durch enaktives, ikonisches und symbolisches Operieren kann der Mensch sich selbst realisieren. Nach Bruner ist der Homo faber, der Homo ludens, das animal rationale und animal sociale miteinander untrennbar vereinigt. „Bruners These ist, daß wir in der Entwicklung dieser Fähigkeiten, in ihrem Ineinader-Greifen und ihrem wechselseitigen Aufeinander-Verwiesensein das spezifisch Menschliche vor uns haben; es ist immer kulturellen Überformungen unterworfen, aber der vielfachen Abwandlungen liegt das Dreier-System als Grundmuster zugrunde; das Studium der Geschichte und der zeitgenössischen Variationen erlaubt es, auf eine noch unentdeckte Vielfalt menschlicher Lebensmöglichkeiten zu schließen. Das zu lehren, ist wieder nur die sinnvolle Folgerung.“ *G. Priesemann,* Nachwort des Hrsg., in: *J. S. Bruner,* Entwurf einer Unterrichtstheorie (Sprache und Lernen. Internationale Studien zur pädagogischen Anthropologie. Hrsg. von *W. Loch, H. Paschen, G. Priesemann* Bd. 5), Berlin-Düsseldorf 1974, 165–170, 167.

lung gegenüber Lernen und Forschen herauszubilden, die die Schüler befähigt, Probleme durch eigene Anstrengung zu lösen.

Damit entdeckenlassendes Lernen den Aufbau einer kognitiven Struktur ermöglicht, sollen folgende Zusammenhänge von Problem, Gesamtthema und Lernprozeßbeteiligten beachtet werden (Regeln der Lernorganisation):

- die Problemauswahl muß sich an der Relevanz des Problems im Blick auf die Sachstruktur ausweisen;
- unterstützende Maßnahmen des Lehrenden sollen den Problemlösungsprozeß bei allen Lernenden erfolgreich verlaufen lassen; um negative Lerneinstellungen zu vermeiden, sollen Mißerfolgserlebnisse möglichst unterbunden werden; mit dem bisher Gelernten soll das Ergebnis dieses Lernprozesses sinnvoll verknüpfbar sein und zukünftiges Lernen erleichtern;
- der Lernende wird im Problemlösungsprozeß zu planvollem Entdecken angeleitet.

Für das Gelingen entdeckenden Lernens ist insbesondere das Eingangswissen und die Fähigkeit der Schüler, Probleme planvoll und selbständig zu lösen, fundamental zu beachten. Eine Problemstellung kann einen Lernenden zu Lösungsversuchen nur dann aktivieren, wenn der *Schwierigkeitsgrad* des Problems der bereits ausgebildeten kognitiven Struktur des Lernenden *adäquat* ist. Wird eine Aufgabe durch bloßes Erinnern bereits gelernter Einsichten und Kenntnisse gelöst, ist sie zu leicht. Wenn dagegen wichtige Kenntnisse und Einsichten, die zur Lösung unerläßlich sind, nicht verfügbar sind und auch nicht selbst erschlossen werden können, ist die Aufgabe zu schwer. „Wenn der Lernende zwar nicht in der Lage ist, aufgrund seiner kognitiven Struktur unmittelbar ein Problem zu lösen, wohl aber Thesen zu entwickeln und Alternativen durchzuspielen, liegt eine Aufgabe mittleren Schwierigkeitsgrades vor; von solchen Aufgaben geht die stärkste Aktivierung eines Problemlösungsverhaltens aus."[122] Durch wiederholtes Problemlösen und Praktizieren des entdeckenden Lernens entwickeln sich im Lernenden die Fähigkeiten und Techniken des Problemlösens wie etwa eine Problemstellung zu analysieren, Hypothesen zu formulieren, zu prüfen und evtl. zu verwerfen sowie Alternativen aufzuzeigen. Grundsätzlich sollen die Schüler selbständig Probleme lösen können. Nur wenn der Lernende nicht alle erforderlichen Voraussetzungen in den Prozeß einbringen kann, soll der Lehrende in den Lernprozeß eingreifen.

Aus der bisherigen Darstellung läßt sich zusammenfassend sagen: Die drei wichtigen Faktoren, die der Lehrende für die Planung und Gestaltung des Unterrichtsprozesses nach J. S. Bruner beachten muß, sind die *Problemvorgabe*, die *Lernhilfen* und die *Rückmeldung*.

Der Lehrer gibt auf der Basis des Curriculums ein Problem vor. Der Schwierigkeitsgrad der *Problemvorgabe* muß sich an der vorhandenen kognitiven Struktur des Lernenden orientieren. Durch Präzisierung und Erweiterung der Problemstellungen können auftretende Schwierigkeiten bei der Problemauffassung aufgefangen werden. In manchen Lernsituationen kann es auch möglich sein, durch vorausgehende Vermittlung notwendiger Vorkenntnisse die Schüler zu befähigen, das Problem eigenständig zu erfassen.

---

[122] *G. Eigler u. a.,* 86f.

Bei den *Lernhilfen* ist zu unterscheiden zwischen prozeßorientierten Lernhilfen, die den Lernenden zu systematischem und planvollem Durchdenken anleiten, und ergebnisorientierten Lernhilfen, die insbesondere inhaltliche Hilfen und Anregungen geben.

Prozeßorientierte Lernhilfen sollen dem Schüler vor allem die Analyse des Problems, das Produzieren von Hypothesen und das Überprüfen von Hypothesen deutlich machen. Bestimmte Beobachtungen durchzuführen, in Tabellen zu ordnen, Problemzusammenhänge in Schemata zu transformieren, ist ebenfalls zu den prozeßorientierten Lernhilfen zu rechnen.

Ergebnisorientierte Lernhilfen haben die Aufgabe, jene inhaltlichen Informationen einzubringen, die der Lernende für die Lösung des Problems nicht selbst zur Verfügung hat. Diesen Lernhilfen kommen je nach Phase des Problemlösungsprozesses unterschiedliche Funktionen zu. Sie lenken einmal die Aufmerksamkeit auf jene Informationen, die für die Lösung relevant sind, erinnern an bestimmte Vorkenntnisse, geben Hinweise auf bestimmte Zusammenhänge und Teillösungen vor.

Die Art der Formulierung und der Informationsgehalt der Lernhilfen nehmen erheblichen Einfluß auf die Möglichkeiten, selbständige Denkaktivitäten abzukürzen oder sie eher zu fördern. In vielen Lernsituationen ist es sinnvoll, ergebnis- und prozeßorientierte Impulse gemeinsam einzubringen.

Rückmeldungen im Sinne von Bestätigung oder Korrektur sind von seiten des Lehrenden dann notwendig, wenn für die Schüler die Richtigkeit des Schrittes nicht aus dem Lernmaterial erkennbar ist und wenn die Schüler wegen der zu komplexen Strukturierung des Problems im Prozeß der Lösung von Teilschritten den Gesamtzusammenhang aus dem Auge verlieren. Die Intensität und Qualität der Rückmeldung muß sich am Problemlösungsvorgang der einzelnen Schüler, der sehr individuell verlaufen kann, orientieren. Dabei ist zu beachten, daß die Quantität und Qualität der Rückmeldung zum einen die Selbständigkeit der Lernenden einschränken, zum anderen zur Stagnation des Problemlösungsprozesses führen kann.

Nach Bruners Selbsteinschätzung seiner Methode beansprucht das entdeckende Vorgehen zu viel Zeit, um einen Gesamtgegenstand, wie etwa die Mathematik, zu erlernen. Er schlägt deswegen vor, die richtige Mitte zwischen den beiden Lehr- und Lernverfahren – entdeckenlassenden und expositorischen Lernens – zu finden.[123]

---

[123] Vgl. *J. S. Bruner*, Der Prozeß der Erziehung, 33. Vgl. *ders.*, Relevanz der Erziehung 15, 100, sowie die abschließende Einschätzung von *G. Eigler u. a.*, ebd., 91. Eine Verbindung zwischen entdeckendem und expositorischem Lernen und Lehren realisiert H. Roth, der folgende Lernhilfen in der Schulpraxis vorschlägt:
– Hilfen zur Motivierung des Lernens
– Hilfen zum Überwinden der Schwierigkeiten
– Hilfen beim Finden der Lösung
– Hilfen beim Tun und Ausführen
– Hilfen für das Behalten und Einüben
– Hilfen für das Bereitstellen, die Übertragung und die Integration des Gelernten.
„Auf wenige Stichworte gekürzt können wir feststellen: zu jedem Lernen gehören ein Antrieb (Stufe der Motivation), ein widerstehendes Objekt als Aufgabe in einer Lernsituation (Stufe

Ein weiteres Argument, das für die Kombination von beiden Lernverfahren spricht, ist die Tatsache, daß es nicht allen Lernenden einer Gruppe gelingt, die gestellten Probleme zu lösen, obwohl scheinbar gleiche Voraussetzungen gegeben sind. Diese von B. J. Kersh und M. C. Wittrock empirisch begründeten Ergebnisse interpretiert G. Eigler, indem er individuelle Unterschiede annimmt, „von deren Wirkung auf das Problemlösungsverhalten wir bislang kaum etwas wissen".[124] Ein zwischen expositorischem und entdeckenlassendem Lehren alternierendes Vorgehen kann mit hoher Wahrscheinlichkeit als didaktisch sinnvoll eingestuft werden. „Ob es zu dem Ziel einer stabilen kognitiven Struktur bei hoher Flexibilität gegenüber neuen Aufgaben und Problemen führen wird, wird in empirischer Forschung zu erproben und zu prüfen sein."[125]

2.5.1.3 Zusammenfassung

Abschließend können folgende Elemente des expositorischen und entdeckenlassenden Lehrverfahrens festgehalten werden:

Einzelelemente des expositorischen Lehrverfahrens

1. Überprüfung bzw. Bereitstellung des Eingangswissens

Hier geht es vor allem um die Frage, wie das Eingangswissen auf verschiedene Weise überprüft und vermittelt wird.

Ein religionsdidaktisches Beispiel: durch einen Assoziationstest kann am Beginn einer Unterrichtseinheit zum „Lernprozeß Christen Juden" festgestellt werden, welche Begriffselemente zum Stichwort „Juden/Judentum" vorfindbar sind.

2. Vorstrukturierende Lernhilfen (advanced organizer)

Hier ist zu überlegen, welche vorhandenen Vorstellungen der Lernenden zu aktivieren sind und ob auf Gemeinsamkeiten bzw. auf Unterschiede zu bekannten und neu zu lernenden Bedeutungen hingewiesen werden soll.
Ein religionsdidaktisches Beispiel:

Sowohl aus fachwissenschaftlichen Strukturierungsgründen als auch aus biographisch-lebensweltlichen Elementen ist der Begriff „Bund" ein solcher advanced organizer, weil damit ein themenumfassender Überblick im voraus vermittelt wird, an dem sich alle kognitiven Strukturen ansiedeln lassen.

3. Progressive Differenzierung

Hier ist die Abfolge der Teillernziele im Sinne der Überordnung und Unterordnung zu bedenken. Ein Beispiel: Die Lernzielstrukturierung, wie sie in diesem

---

der Schwierigkeiten), eine Einsicht in einen geeigneten Arbeits- und Lösungsweg (Stufe der Lösung), ein Tun, das diesen Weg als richtigen bestätigt findet (Stufe des Tuns und Ausführens), ein Verfestigen des Gelernten (Stufe des Behaltens und Einübens) und ein Bereitstellen des Gelernten für künftige ähnliche Aufgaben und Situationen durch neue Bestätigungen und Bewährungen (Stufe des Bereitstellens, der Übertragung und der Integration des Gelernten)": *H. Roth,* Pädagogische Psychologie des Lehrens und Lernens, Hannover [15]1976, 179–296, 226.

[124] *G. Eigler u. a.,* ebd., 91.

[125] *G. Eigler u.a.,* ebd., 91.

Curriculum bereits erfolgte, muß die Zusammenhänge einzelner Teillernziele mit dem zentralen Begriff „Bund“ erkennbar machen. Im Unterrichtsprozeß ist regelmäßig auf den Gesamtzusammenhang des eben behandelten Lernbegriffs zur Gesamtstrukturierung hinzuweisen. Das *Prinzip der integrierenden Verbindung* ist in diesem Zusammenhang so mit anzusiedeln, daß auf verwandte Sachverhalte (z.B. zwischen Bund und Land, zwischen bar mizwa und Volk) hingewiesen wird.

4. Transfer
Um bestimmte Bedeutungen zu festigen und einen selbständigen Umgang mit den erlernten Bedeutungen zu erreichen, sind verschiedene Verfahren geeignet: Ein Beispiel: Erarbeiten Sie Gemeinsamkeiten und Unterschiede des jüdischen und christlichen Glaubens. Suchen Sie für die bar-mizwa-Feier analoge Akte in den christlichen Kirchen (Konfirmation/Firmung).

Das entdeckenlassende Lehrverfahren

5. Überprüfung bzw. Bereitstellung des Eingangswissens. Hier wird in Abgrenzung zu demselben Schritt bei Ausubel vor allem auf die Frage Wert gelegt, welches Eingangswissen für die Lösung einer bestimmten Problemvorgabe erforderlich ist.
Ein religionsdidaktischer Beispielsbereich:

Die Überprüfung des Eingangswissens kann sich beim „Lernprozeß Christen Juden“ nicht nur auf die lehrhaft definitorischen Elemente beschränken. Vielmehr ist dabei zusätzlich vor allem die Vorurteilsstruktur gegenüber Juden und Judentum in den Blick zu nehmen, etwa mit der Eingangsfrage für die erste Stunde: „Welche Gründe gibt es für Sie, weshalb Sie gerne Jude sein möchten oder nicht sein möchten?“

6. Problemvorgabe
Die Problemstellung muß für die Lernenden einen Schwierigkeitsgrad haben, der einerseits der Differenzierung innerhalb der Lerngruppe entspricht, zum anderen zu ihrer Motivation führt.
Ein religionsdidaktisches Beispiel:
Um den Begriff der „Rasse“ kritisch hinterfragen zu können, ist es wichtig, daß die Schüler entsprechende Definitionen und summarische Informationen erhalten.

7. Prozeß- und ergebnisorientierte Lernhilfen
Der Lehrer muß überlegen, an welcher Stelle welche prozeßorientierten Lernhilfen eingebracht werden sollen, inwieweit bei den Lernenden Bedarf nach weiteren alternativen prozeßorientierten Lernhilfen besteht, etwa bei der Analyse eines Problems, bei der Bildung von Hypothesen, bei der Überprüfung von Hypothesen.
Ein religionsdidaktisches Beispiel:
Um den Schülern Empathie in die konkrete Situation von jüdischen Schülern während der Nazi-Schreckensherrschaft zu ermöglichen, kann folgende prozeßorientierte Lernhilfe gegeben werden: Wir sind Schüler und Lehrer im Jahre 1938 in einer deutschen Schule. Mitten am Vormittag stürmen HJ- bzw. SA-Leute her-

ein und rufen: „Juden raus!" – Vier Mitschüler werden vor die Klasse gestellt. Die Mitschüler werden geschlagen. Die Parteischergen verschwinden wieder. Der Klassenlehrer nimmt den Unterricht wieder auf, als sei nichts geschehen. – Was machen Sie als Christen in dieser Situation?

Ergebnisorientierte Lernhilfen können durch präzise inhaltliche Anweisungen oder durch stimulierende inhaltsbezogene Fragen eingebracht werden. Dabei ist zu beachten, ob es Anfragen der Lernenden nach Vorgabe von Lernhilfen an einzelne oder an die ganze Gruppe gibt.
Ein religionsdidaktisches Beispiel:
Um das Lernziel erreichen zu können: „Die Schüler sollen Gemeinsamkeiten und Unterschiede zwischen dem christlichen und jüdischen Glauben erarbeiten", ist es didaktisch sinnvoll, die Schüler auf die Grundstruktur des Bundes Gottes mit Israel und des Bundes Gottes in Jesus Christus hinzulenken.

8. Feed-back

Der Lehrende muß überlegen, ob durch die Anordnung des Lernmaterials *unmittelbare Rückmeldung* durch die Schüler aber auch durch den Lehrer ermöglicht wird, also Ergebnisäußerung, spontane Rückfragen, Betroffenheitsbekundung und ähnliches, oder ob den Lernenden eine zusätzliche Möglichkeit für Rückmeldungen eigens gegeben werden soll. Auch ist zu differenzieren, ob die Vermittlung der Rückmeldung individuell oder im Bereich der ganzen Gruppe geschieht.
Ein religionsdidaktisches Beispiel:
Nach einzelnen Abschnitten ist es didaktisch sinnvoll, gemeinsam mit den Schülern den Lernprozeß zu thematisieren (Feed-back als Metakommunikation). Für die weitere Planung ergeben sich damit wichtige Perspektiven und Änderungsmöglichkeiten. So wiesen die Schüler im Unterrichtsversuch bei der Reflexion der Eingangsphase darauf hin, daß es ihnen auf diesem Wege möglich gewesen sei, den in ihnen latent vorhandenen rassistischen Begriff von Judentum abzubauen.

2.6 Themenspezifische Methodenoption

Ein sich grundlegend durch alle Unterrichtseinheiten durchziehendes Problem des Lernprozesses Christen Juden ist die Veränderung bestehender Vorurteile gegenüber Juden bzw. die Verhinderung der Bildung neuer Vorurteile. Für die Entstehung von Vorurteilen ist ein Komplex von Faktoren anzusetzen, der für die Planung von Lernprozessen entsprechend entschlüsselt werden muß. Als religionspädagogisches Problem stellt sich über das konkrete Beispiel hinaus die grundsätzliche Aufgabe des Vorurteilsabbaus: wie tiefste und letzte, d.h. religiöse Überzeugungen so vermittelt bzw. gelernt werden, daß *keine Vorurteile gegenüber Menschen mit anderer religiöser Einstellung* entstehen und bereits bestehende Vorurteile abgebaut werden können.

2.6.1 Zur Definition des Begriffs „Vorurteil"

Die lateinische Bezeichnung „praeiudicium" beinhaltet ein Urteil, das aufgrund früherer Entscheidungen und Erfahrungen zustande gekommen ist.[126] Diese etymologische Wurzel deutet auf Begriffselemente von „Vorurteil" im Sinne von Entscheidungen hin, die unter Ausschluß der eigenständigen Beurteilung und Prüfung eines Sachverhaltes zustande kommen. Dieses Begriffselement wäre im Sinne von „Voraus-Urteil" noch inhaltlich neutral. Jeder Mensch ist angesichts der Bewältigung von Unmengen an Informationen und der daraus resultierenden Entscheidungen auf „Voraus-Urteile" angewiesen. Der in der englischen Literatur maßgeblich gebrauchte Begriff „prejudice" hat dagegen eine diametral entgegenstehende Bedeutung, nämlich im Sinne eines vorschnell gefaßten, Realitäten widersprechenden Urteils.[127]

Hans-Georg Gadamer beschreibt im Kontext seiner Hermeneutik in kritischer Auseinandersetzung mit Martin Heidegger den Begriff Vorurteil keineswegs nur negativ. Erst die Aufklärung habe den Begriff des Vorurteils in die heute gewohnte negative Akzentuierung gebracht. „An sich heißt Vorurteil ein Urteil, das vor der endgültigen Prüfung aller sachlich bestimmenden Momente gefällt wird." Er wendet sich gegen die These, daß „in Überlieferungen stehen" in erster Linie heiße, „Vorurteilen unterliegen und in seiner Freiheit begrenzt sein".[128]

Gadamer unterscheidet zwischen berechtigten und unberechtigten Vorurteilen. Diese Begriffsbestimmung ist insofern hilfreich, als jegliches Verstehen immer schon ein Vorverständnis über die Sache voraussetzt. Allerdings wäre der Begriff „Vorurteil" in diesem hermeneutischen Sinne eher mit dem Begriff Vorausurteil zu fassen. Indem der Mensch nämlich immer schon eingebunden ist in seine Herkunft, die er nicht selbst produzieren kann und diese Herkunft nicht notwendigerweise zu falschen Urteilen führen muß, verschiebt sich das Problem auf die Notwendigkeit, bestehende Herkünfte und Verständnishorizonte auf ihre Stimmigkeit und Adäquatheit hin zu überprüfen. Im Kontext des Lernprozesses Christen Juden stellt sich sehr wohl die Aufgabe, den über Jahrhunderte hinweg überkommenen Verständnishorizont der Christen gegenüber den Juden kritisch zu korrigieren und auf die darin implizierten Fehlurteile hin zu überprüfen.[129]

In der Sozialpsychologie entwickelte sich im Verlauf der Forschungsgeschichte eine Terminologie im Rahmen der Vorurteilsproblematik, die eine weitere Ausdifferenzierung des Begriffs „Vorurteil" in die Begriffe „Einstellung" (attitude) und „Stereotyp" erforderlich macht.

---

126 *Max Horkheimer,* Über das Vorurteil. Arbeitsgemeinschaft für Forschung des Landes Nordrhein-Westfalen, Köln 1963, 5.

127 Vgl. *Max Horkheimer,* a.a.O., 5.

128 *Hans-Georg Gadamer,* Wahrheit und Methode. Grundzüge einer philosophischen Hermeneutik, Tübingen[4] , unveränderter Nachdruck der dritten erweiterten Auflage 1975, 255, 260.

129 Vgl. *H.-G. Gadamer,* ebd., 250–269, insbesondere 255–269. Zur Vorstruktur des Verstehens vgl. *M. Heidegger,* Sein und Zeit, § 32–33. Vgl. weiter *H.-G. Gadamer, G. Boehm,* Seminar: Die Hermeneutik und die Wissenschaft, Frankfurt am Main 1978.

Einstellung

Vorurteile können als besondere Form von Einstellungen betrachtet werden. Der Begriff der „Einstellung" ist im Gegensatz zum Begriff „Meinung", die eine augenblickliche Stellungnahme ohne persönlichen Einsatz impliziert, allgemeiner gefaßt. Einstellungen sind aufgrund ihrer Verwurzelung in der Persönlichkeitsstruktur als *komplexe und dauerhafte Dispositionen* zu verstehen, die die Beziehung einer Person zu bestimmten Objekten in entscheidendem Maße beeinflussen. In ihrer Funktion als Organisator und Lenker psychischer Abläufe sind sie nicht direkt beobachtbare Bedingungen des Verhaltens, jedoch aus dem Verhalten erschließbar. Mit Earl E. Davis sind Einstellungen als „allgemeine latente Bereitschaften, bestimmte psychologische Objekte in einer bestimmten Weise wahrzunehmen und auf sie zu reagieren", definierbar.[130]

Einstellungen sind folgende zwei Kennzeichen gemeinsam:

1. Sie sind subjektive Größen. Sie stehen in einem ständigen Bezug zur Welt, ohne diesen jedoch objektiv zu deuten.

2. Sie sind nicht genetisch vorgegeben, sie entstehen in Lernprozessen. Innerhalb dieser Prozesse sind sie der Wechselwirkung zwischen Umwelt und Individuum unterworfen. Sie befinden sich auf der Basis konkreter Erfahrung, die das Individuum macht. Auf der einen Seite durch Erfahrungen bedingt, nehmen einmal erworbene Einstellungen andererseits wieder Einfluß auf neue Erfahrungen und das weitere Handeln. Für das Lernen von Einstellungen sind kognitive, affektive und emotional-willensorientierte Momente von Bedeutung.

Stereotyp

Stereotypisierung ist der Prozeß, in dem bestimmte Klassen von Ereignissen bzw. Personen in einer bestimmten Art und Weise wahrgenommen werden. Wenn wir ein Objekt wahrnehmen, ist es eines der ersten Dinge, die wir tun, es in eine bekannte Kategorie einzuordnen. „Menschen bilden keine Ausnahme. Gesetzt wir treffen einen Fremden und man erzählt uns lediglich, daß er ein Franzose ist, schreiben wir ihm unverzüglich alle Attribute unseres eigenen Stereotyps der Franzosen zu . . . Wenn wir viele Erfahrungen mit der Kategorie haben (also wenn wir viele Franzosen kennen), können wir umso eher die Person ihrer stereotypen Attribute entkleiden und mit dem Individualisieren beginnen. Aber die Tatsache bleibt bestehen, daß unsere ersten Beurteilungen dazu neigen, stereotyp zu sein."[131]

Diese Begriffsabklärung weist unter anderem auf die Notwendigkeit einer differenzierten Betrachtungsweise hin, die keineswegs alle falschen oder übereilten Urteile als Vorurteile einstuft. Das wichtigste Merkmal des Vorurteils und damit die beste Möglichkeit einer Unterscheidung und Abgrenzung ist dann gegeben, wenn Menschen an Aussagen festhalten, die hinlänglich widerlegt worden sind.[132] Der Mensch kommt nicht umhin, in der Auseinandersetzung mit seiner Umwelt im voraus zu urteilen. Von einem vorurteilsbehafteten Menschen kann

---

130 *Earl E. Davis,* Zum gegenwärtigen Stand der Vorurteilsforschung, in: Vorurteile, ihre Erforschung und Bekämpfung. Frankfurt 1964, 51.

131 *G. W. Allport,* Gestalt und Wachstum in der Persönlichkeit, Meisenheim 1970, 506.

132 *E. Barres,* Vorurteile, Opladen 1978, 40ff.

man erst dann sprechen, wenn die Bereitschaft des Urteilenden fehlt, eigene Urteile als falsch oder überholt einzugestehen, oder wenn er an ihnen trotz besseren Wissens festhält.

Zusammenfassend kann man zum *Begriff „Vorurteil"* festhalten: Unter einem Vorurteil versteht man zunächst einmal *eine vorgefaßte Einstellung, die ein Urteil beinhaltet, das noch nicht überprüft ist.* Ein solches Urteil kann der Realität widersprechen. Ein Vorurteil im spezifischen Sinne ist jedoch erst dann gegeben, wenn von einer Person Urteile ohne Rücksicht auf bekannte Informationen getroffen werden, die diese Urteile als unhaltbar erscheinen lassen, wenn also einmal gefaßte Einstellungen trotz besseren Wissens beibehalten und aus anderen unsachlichen Motiven heraus nicht geändert werden.[133]

Obwohl der Begriff des Vorurteils nicht eindeutig und übereinstimmend definierbar ist, kann man doch eine Reihe von Merkmalen aufzeigen, die für Vorurteile typisch sind:

– Vorurteile werden meist von anderen übernommen, als emotional positiv oder negativ gefärbte Urteile.

– Vorurteile verallgemeinern einen Tatbestand, der aufgrund unvollständiger oder falscher Informationen zustande gekommen ist und verschleiern damit den wahren Sachverhalt oder deuten ihn unter inadäquaten Vorzeichen.

– Vorurteile erweisen sich als zähe, unflexible sowie unreflektierte Urteile von großer Resistenz gegenüber Änderung. Die Tatsache, daß trotz hinzukommender Informationen vorgefaßte Urteile, die zu Vorurteilen geworden sind, kaum oder nur schwer abgebaut werden können, mag unter anderem darin begründet sein, daß Vorurteile oft den ausgesprochenen *Charakter von Werturteilen* haben. Diese können auf der einen Seite weniger exakt überprüft werden als Sachurteile, auf der andern Seite erweisen sie sich als stark gefühlsbetont und in Ich-nahen Schichten verankert, was ihnen ihre Resistenz verleiht und ihre Überwindung sehr schwer werden läßt.[134]

– „Das Urteil beruht nicht mehr auf dem wirklichen Vollzug der Synthesis, sondern auf blinder Subsumption ... Der Wahrnehmende ist im Prozeß der Wahrnehmung nicht mehr gegenwärtig ... Auf dem Felde der Sozialwissenschaften wie in der Erlebniswelt des Einzelnen werden blinde Anschauungen und leere Begriffe starr und unvermittelt zusammen gebracht ... Die Spielmarke wird aufgeklebt: Der Mangel an Rücksicht aufs Subjekt macht es der Verwaltung leicht. Man versetzt Volksgruppen in andere Breiten, schickt Individuen mit dem Stempel Jude in die Gaskammer."[135]

2.6.2 Zum Begriff „Antisemitismus"

Der zum ersten Mal 1879 von Wilhelm Marr gebrauchte Begriff „Antisemitismus" (vgl. sein Pamphlet „Der Sieg des Judenthums über das Germanenthum"

---

133 Vgl. *A. Karsten,* Das Vorurteil, in: *A. Karsten,* (Hrsg.), Vorurteil, Darmstadt 1978, 122.
134 *A. Karsten,* a.a.O., 123.
135 *M. Horkheimer, Th. W. Adorno,* Dialektik der Aufklärung. Philosophische Fragmente, Fischer TB 6144, Frankfurt a.M. 1978, 178–181.

aus demselben Jahr) bezeichnet feindselige Verhaltensweisen und Einstellungen, die sich sowohl gegen Juden als Individuum wie gegen die Juden als Gesamtheit richten. Der Begriff „Antisemitismus“ ist ungenau, da er sich auf die Juden, nicht aber auf alle Semiten im Sinne einer Sprachgemeinschaft bezieht. Zudem impliziert er eine vorwiegend rassistisch orientierte Sichtweise des Judentums. Für den Lernprozeß Christen Juden ist jedoch auch auf die religiös motivierten Anteile des modernen Antisemitismus zu achten, die besser mit dem Begriff „Antijudaismus“ gefaßt werden. Da es sich bei den Schülern im Rahmen religiöser Lernprozesse jedoch immer um Menschen handelt, die durch das Gesamtsyndrom des Antisemitismus, das ökonomischen, religiösen, rassischen, politischen Antisemitismus beinhaltet, bestimmt sind, wird im folgenden der Begriff des „Antisemitismus“, wie er sich in der gängigen sozialpsychologischen Diskussion festgesetzt hat, verwendet.[136]

Wenngleich es sich beim Antisemitismus um ein Vorurteil handelt, das Vorurteilen z.B. gegenüber Kommunisten, Gastarbeitern und anderen negativ belegten Minderheiten in der Gesellschaft ähnlich ist, lassen sich doch Argumente dafür finden, daß sich die Judenfeindschaft nicht als „normales“ Gruppenvorurteil einstufen läßt: Für den Bereich religionspädagogischer Überlegungen ist nämlich vor allem die religiöse Motiviertheit antijüdischer Vorurteile zu bedenken. Das religiös stark ausgeprägte Selbstverständnis der Juden und der Konflikt zwischen dem aus dem Judentum herauswachsenden Christentum und dem Judentum bieten mehr Erklärungsmöglichkeiten für die Entstehung von diskriminierenden, falschen und unbegründeten Urteilen als Hautfarbe, Sprache oder körperliche Statur der Juden. Die religiöse Verwurzelung antisemitischer Vorurteile und Feindseligkeiten ist für den Lernprozeß Christen Juden von zentraler Bedeutung.

2.6.3 Vorurteile verlernen im „Lernprozeß Christen Juden“

Wenn die Analyse stimmt, daß die Judenfeindschaft in großen Teilen der christlichen Geschichte auch oder sogar vorwiegend religiös motiviert ist, dann muß für den Lernprozeß Christen Juden insbesondere diese *religiöse* Motivation aufgegriffen und pädagogisch bearbeitet werden. Insbesondere ist die Ambivalenz der Verwurzelung des Christentums im Judentum entsprechend zu bedenken. Zum einen hat das Christentum im Zuge seiner Identitätsbildung die Abgrenzung vom Judentum und damit impliziert eine Herabsetzung und Entwürdigung des Judentums an vielen Stellen der Kirchengeschichte realisiert. Die tiefreichende Verwandtschaft des Christentums mit dem Judentum kann jedoch zu einer gegenteiligen Reaktion führen: Je größer nämlich die wahrgenommene Ähnlichkeit zwi-

---

[136] Vgl. *H. E. Wolf*, Zur Problemsituation der Vorurteilsforschung, in: Handbuch der empirischen Sozialforschung, hrsg. von *R. König*, Bd. 12, 2. völlig neu bearb. Aufl., Stuttgart 1978, 102–191. Vgl. *A. Silbermann*, Sind wir Anisemiten? Ausmaß und Wirkung eines sozialen Vorurteils in der Bundesrepublik Deutschland, Köln 1982. Verschiedene Arten des Antisemitismus unterscheidet *H. A. Sallen*, Zum Antisemitismus in der Bundesrepublik Deutschland. Konzepte, Methoden und Ergebnisse der empirischen Antisemitismusforschung, Frankfurt a.M. 1977.

schen einer Gruppe und der eigenen Gruppe ist, desto niedriger wird das Vorurteil.[137] Durch die didaktische Strukturierung, bei der *die starke Ähnlichkeit* zwischen Judentum und Christentum verdeutlicht wird, kann sich ein fundamentaler Zugang zum Abbau von Vorurteilen gegenüber Juden anbahnen.

Ein weiteres Ergebnis der Vorurteilsforschung lautet: „Je günstiger die Selbsteinschätzung einer Person, desto größer die Anzahl der akzeptablen ethnischen Zielobjekte und desto positiver die Einstellung der Person ihnen gegenüber. Je negativer die Selbstbeurteilung, desto größer die Anzahl der nicht-akzeptablen Zielobjekte und desto negativer die Einstellung diesen gegenüber."[138] Dieses sozialpsychologische Ergebnis weist darauf hin, daß es für Christen, die von ihrer Selbsteinschätzung ein hohes Maß an Identität haben, eher erwartet werden kann, daß sie diese ihre Identität ohne negative Abgrenzung und Abwertung des Judentums realisieren können. Für die Strukturierung des Lernprozesses Christen Juden ergibt sich daraus, daß zusätzlich zu der Darstellung der intensiven Verwandtschaft des Christentums zum Judentum gleichzeitig auch eine faire und prägnante Darstellung des Spezifikums des Christlichen, also der christlichen Identität, erforderlich ist. An dieser Stelle zeigt sich unter anderem der unausweichliche *Implikations*zusammenhang zwischen Inhalten und den einzuschlagenden Lernwegen für den Abbau von Vorurteilen.

Die folgenden methodischen Überlegungen sind demnach immer auf diese Grundstruktur rückzubeziehen:

– Lernpsychologisch beurteilt werden eigenständige Einstellungsänderungen *nicht durch Unterwerfung oder Druck* erreicht. Insbesondere, wenn man von dem breiten pädagogischen Grundkonsens ausgeht, daß neue Wert- und Einstellungssysteme freiwillig akzeptiert und realisiert werden sollen, verbieten sich Lehr-Lernstrukturierungen, die die Lernenden lediglich an neue Einstellungen anpassen. Für den Prozeß des Vorurteilsabbaus ist es sehr bedeutsam, nicht das einzelne Vorurteil punktuell anzugehen, sondern vielmehr die vorurteilsvolle Struktur insgesamt in Angriff zu nehmen.[139]

– Die Judentumskunde ist nach H.-J. Gamm insofern bedeutsam, da durch *besseres Wissen* Verführung und Aberglaube jeder Art eingedämmt werden können. Über das Judentum ist so zu lehren, daß jene Positionen einbezogen werden, die das antisemitische Vorurteil erfahrungsgemäß am zähesten weiter tradieren, so z.B. der Vorwurf des „Gottesmordes" oder die Einstufung der Tora als „Gesetz" in legalistischem Sinn. Dabei ist zu beachten, daß sich das Wissen übereinander und voneinander nur im Dialog konsolidieren kann und es dabei nicht nur um objektiv richtige Definitionen gehen kann. Der Lernprozeß hängt insbesondere von der Qualität der Klassen-, Gruppen- oder Einzelgespräche und damit grundsätzlich vom Führungsstil des Erziehers ab. Es sind dabei kognitive und affektive Lernprozesse zu beachten.[140]

---

137 Vgl. *H. J. Ehrlich,* Vorurteil. Eine sozialpsychologische Bestandsaufnahme der Lehrmeinungen amerikanischer Vorurteilsforschung, München-Basel 1979, 185.

138 *H. J. Ehrlich,* a.a.O., 185.

139 Vgl. *G. W. Allport,* Die Natur des Vorurteils, Köln 1971, 410.

140 Vgl. *H.-J. Gamm,* Pädagogische Studien zum Problem der Judenfeindschaft. Ein Beitrag zur Vorurteilsforschung, Darmstadt 1966, 72.

– Starke affektive Impulse lassen sich durch *Identifikationen mit Einzelschicksalen* erreichen. Über Identifikationsprozesse lassen sich affektive Veränderungen im Sinne von Solidarität und Abbau von negativen Einstellungen erreichen. Das massenhafte und unvorstellbare Leid im „Holocaust" läßt sich, wenn überhaupt, am ehesten durch die Einfühlung in das Schicksal einzelner jüdischer Mitmenschen wahrnehmen. Indem sich Schüler mit dem Schicksal einzelner Menschen identifizieren, versetzen sie sich in deren Leidensgeschichte. Bilder von Massengräbern z.B. erhalten dann eine intensive Berechtigung und Wirkung, wenn am Beispiel *eines* jüdischen Menschen das gesamte Verbrechen am jüdischen Volk fühlbar wird.

– Als zentrale Möglichkeiten der Identifikation sind Rollenspiele sowie sprachliche und bildhafte Gestaltungen vorzuschlagen. Schüler erhalten durch Rollenspiele die Möglichkeit, sich „in einer anderen Haut" wahrzunehmen, durch die Einsicht in eigene Motive, Ängste und Projektionen ein „tieferes Verstehen" für die Situation anderer Menschen zu entwickeln.[141] Solche Lernprozesse können sehr intensive psycho-somatische Empfindungen ermöglichen, die durch die Erfahrung der angenommenen eigenen Diskriminierung erzeugt werden. Mit B. Grom sind Ausdrucksgestaltungen als Lernmöglichkeiten zu bezeichnen, „in denen die Schüler/Gruppenmitglieder die affektive und subjektive Seite einer bereits erarbeiteten Einsicht oder Wertung oder auch einer offen bleibenden Frage durch eine kreative Gestaltung in einem geeigneten Medium (poetische Sprache, Musik, Bild Pantomime) ausdrücken und dadurch neu erleben können."[142]

Filme, Schauspiele, Erzählungen sind für die Änderung von Vorurteilen dann erheblich wirksam, wenn sie solche Identifikationsmöglichkeiten mit dem Mitglied einer Minderheit herbeiführen. Im Rahmen dieser Möglichkeiten ist „eine sanfte Einladung zur Identifikation im Bereich der Phantasie" zur Veränderung von Vorurteilen sehr wirksam.[143] Begegnungen spricht G. W. Allport insofern Wirksamkeit zu, als er empirisch nachweisen konnte, daß durch ein höheres Maß an Kontakt und Bekanntschaft zwischen verfeindeten Gruppen Vorurteile abgebaut und freundschaftliche Beziehungen entwickelt werden konnten. Dies ist jedoch unter folgendem Aspekt einzugrenzen: Am besten gelang der Abbau von Vorurteilen, wenn beide Gruppierungen einen ähnlichen sozialen und ökonomischen Status hatten.[144] Eine Analyse dieser Kontakt- und Bekanntschaftsprogramme weist auf die notwendige Verbindung zwischen kognitivem und affektivem Lernen hin. Indem neue Informationen hinzu erworben werden und gleichzeitig Beziehungen zwischen Menschen gestiftet werden, kommt es zu einem Abbau von Vorurteilen.

---

[141] *G. W. Allport*, a.a.O., 488.
[142] Vgl. *B. Grom*, a.a.O., 237.
[143] Vgl. *G. W. Allport*, a.a.O., 485.
[144] Vgl. *G. W. Allport*, a.a.O., 476–496. Allport bestätigt und erweitert in manchem die bereits dargestellten methodischen Optionen. Die Grenzen des Konzeptes von G. W. Allport zeigt *H. E. Wolf*, Zur Problemsituation der Vorurteilsforschung, a.a.O., auf.

2.6.4 Ergebnisse aus der Unterrichtsforschung

G. Dietrich[145] kommt in seiner empirischen Untersuchung in sechs Klassen des 8. Schuljahres der Hauptschule (14jährige Jungen) zum Ergebnis, daß je nach Strategie des Unterrichts negative Einstellungen und ablehnende Vorurteile gegenüber Juden verschieden erfolgreich verändert werden können. In Klassen, in denen durch appellative Hinweise auf das vielfältige Leiden des jüdischen Volkes während seiner Geschichte und während der Hitler-Herrschaft die Schüler bewegt wurden, ihr Denken und Handeln gegenüber dem Judentum nicht an das Verhalten vorausgehender Generationen anzupassen, kam es zu keinen Einstellungsänderungen. Diese Schüler hatten außerdem keine Gelegenheit, sich selbständig mit der Problematik auseinanderzusetzen. Auch in der Klasse, in der geschichtliche Tatsachenvermittlung, etwa durch Fotografien aus der „Kristallnacht“ und aus Konzentrationslagern, eingebracht wurde und die Schüler kaum Gelegenheit hatten, eigene Ansichten zum Ausdruck zu bringen, zeichneten sich keine signifikanten Einstellungsänderungen ab. Auch diese Schüler wurden lediglich informiert und instruiert, nicht jedoch zur Stellungnahme herausgefordert. Dagegen zeichneten sich in den Klassen, wo die Schüler durch den Lehrer provoziert wurden, *eigenständig zu werten und zu urteilen,* etwa mit dem Impuls „Was würdest Du sagen, wenn Dir und Deiner Familie solches widerfahren würde?“, erhebliche Einstellungsänderungen ab. Dieser Lehrer gab den Schülern ebenfalls Informationen über wesentliche Tatbestände der „Judenfrage“ in diesem Jahrhundert. Die Schüler hatten jedoch gleichzeitig Gelegenheit „selbst Stellung zu nehmen und im lebendigen Wechselgespräch die bitterliche Notwendigkeit toleranten Verhaltens in einer von ethnischen Vorurteilen, Ressentiments und Aversionen verseuchten Welt zu durchdenken“.[146] Zu ähnlichen Ergebnissen führte das Experiment in zwei anderen Klassen, in denen die Behandlung der negativen Einstellungen gegenüber Juden und Judentum im Kontext einer *grundsätzlich ansetzenden Erziehung zur Toleranz* lokalisiert wurde, um „eine grundsätzliche Änderung der kognitiven Struktur des zwischenmenschlichen Bezugssystems in diesem Punkte zu erreichen“.[147]

Diese Jugendlichen wurden mit negativen Einstellungen und Vorurteilen als einem allgemeinen Menschheitsproblem bekanntgemacht und zudem mit den allgemeinen Funktionsweisen von Vorurteilen, mit der Simplifizierungs-, Distanzierungs-, Abwertungs- und Entlastungsfunktion von Vorurteilen vertraut. Diesen Lernwegen ist gemeinsam, daß die Jugendlichen zu eigenen Stellungnahmen provoziert wurden: „Vor dem Appell an die menschliche Haltung standen in beiden Klassen die umfassende Information, die logische und psychologische Durchdringung der Sachverhalte und die Bemühung, gemeinsame Schlußfolgerungen aus den Tatbeständen zu gewinnen.“[148]

---

145 Vgl. *G. Dietrich,* Durch welche erzieherische Maßnahmen kann die Einstellung von Volksschülern gegenüber „dem Juden“ verändert werden?, in: Zeitschrift für experimentelle und angewandte Psychologie 14 (1967) 191–199. Eine ausführliche Darstellung dieser Überlegungen findet sich bei *A. Biesinger,* Themenspezifische Methodenoption, in: *G. Biemer u. a.,* Freiburger Leitlinien, a.a.O., 119–126.

146 *G. Dietrich,* ebd., 194. 147 Vgl. *G. Dietrich,* ebd., 195. 148 *G. Dietrich,* ebd., 196.

Für die Planung des Lernprozesses Christen Juden können aus diesen Vorschlägen der sozialpsychologischen und schulpädagogischen Literatur folgende Ergebnisse festgehalten werden:

1. Durch *kurzzeitige Appelle* werden keine Änderungen der indifferent-negativen Ausgangseinstellungen der Schüler gegenüber Juden erreicht.
2. Über *Informationen* hinaus ist es sehr bedeutsam, Schüler ihre Vorurteile und *Einstellungen zum Ausdruck bringen* zu lassen und sachlich auf sie einzugehen. Sanktionierungen gegenüber geäußerten Vorurteilen sind aus pädagogischen Gründen zu unterlassen.
3. Für die Planung von Lernprozessen ist die allgemeine Bereitschaft zu negativen Einstellungen und Vorurteilen erzieherisch aufzugreifen. Dies ist deswegen wichtig, weil es sonst sehr schnell zur Verlagerung von Vorurteilen auf eine andere Gruppierung in der Gesellschaft kommen kann.
4. Durch die Analyse, warum Menschen Vorurteile nötig haben, wird diese grundlegende Vorurteilsbereitschaft erzieherisch bearbeitet. Schüler müssen im Rahmen des Lernprozesses Gelegenheit haben, *selbst zu werten, Stellung zu beziehen* und zusammen mit dem Lehrer erforderliche Schlußfolgerungen zu ziehen.
5. Durch *Identifikation mit Einzelschicksalen* wird durch den Prozeß der Einfühlung (Empathie, L. Krappmann) die nötige Sensibilität für die Folgen vorurteilsvollen Handelns für die Schüler existentiell deutlich.
6. Durch konkrete *Kontaktnahmen mit jüdischen Gemeinden*, etwa durch den Besuch des Sabbat-Gottesdienstes, wenn er im Zusammenhang mit Informationen oder Gesprächen steht, oder durch Gespräche mit jüdischen Jugendlichen läßt sich die Dialogbereitschaft der Schüler erheblich verbessern.

2.7 Die „Themenzentrierte Interaktion" in ihrer Bedeutung für den „Lernprozeß Christen Juden"

2.7.1

Für die Strukturierung der Lernprozesse auf der konkreten Ebene im Unterricht eignet sich die Konzeption des lebendigen Lernens und Lehrens nach der TZI-Methode. Die Trennung von Wissensaneignung und Persönlichkeits- und Einstellungsentwicklung ist nach der Begründerin dieser Methode, Ruth Cohn, aufhebbar.[149] Die strikte Verzahnung von der zu lernenden Sache (Thema) und der Person (Ich und Wir) impliziert eine neue Verhältnisbestimmung von Kognition und Emotion und ist in ihrem Grundansatz eine Realisierung des Bildungsbegriffs W. Klafkis, der Bildung als die Erschließung der *Sache* für die *Person* und der *Person* für die *Sache* interpretiert. Für den „Lernprozeß Christen Juden" ist ein solches Lernkonzept, was das Thema auf die individuelle und soziale Betroffenheit hin und umgekehrt die individuelle soziale Betroffenheit auf das Thema hin erschließt, von grundlegender Bedeutung. Es handelt sich dabei geradezu um eine programmatische Form der Überwindung der falschen Alternative von intellektuellem Begriffs- und Theorielernen einerseits und emotional orientiertem Lernen in der Religionsdidaktik andererseits.

Der Mensch ist nach dem Menschenbild und der Struktur der Themenzentrierten Interaktion eine psychosomatische Einheit. Dies meint, daß der Mensch ein unverwechselbar einmaliges Individuum ist, er im Hier und Jetzt lebt und daß in der Gegenwart seine Vergangenheit (Erfahrung) und seine Zukunft (Erwartungen) zusammentreffen. Die Wahrnehmung, das Fühlen und das Denken des Menschen sind untrennbar miteinander verbunden, jedes Geschehen innerer und äußerer Natur wirkt sich auf den ganzen Menschen aus.[150] Das Menschenbild der Themenzentrierten Interaktion konvergiert an dieser Stelle hochgradig mit Aussagen der theologischen Anthopologie, wie sie unter Berufung auf K. Lehmann, B. Welte und K. Rahner bereits dargestellt wurde.[151]

Eine weitere wichtige Übereinstimmung bzw. Realisierungsmöglichkeit für ein religionsdidaktisches Postulat liegt in der hohen Einschätzung der Eigenverantwortlichkeit im Sinne von Entscheidungsfähigkeit, die eine existentielle Grundregel der Themenzentrierten Interaktion darstellt. „Sei Dein eigener Chairman, sei der verantwortliche Leiter Deiner selbst in dieser Gruppe. Sprich oder sprich nicht, wie Du es für richtig und wichtig hältst. Gib anderen, was Dir wichtig ist zu geben, versuche zu bekommen, zu nehmen, was Du willst in bezug auf unser Thema. Sieh unser Thema von Deiner eigenen Warte und wenn Du nicht beim Thema bleiben kannst, und Dir etwas anderes sehr viel wichtiger ist, sage es. Ich werde das gleiche tun."[152]

Den inneren Bedingungen des einzelnen und der Lerngruppe wird durch das zweite existentielle Postulat Rechnung getragen: „Beachte Hindernisse auf Deinem Weg, Deine eigenen und die von anderen. Störungen haben Vorrang (ohne ihre Lösung wird Wachstum erschwert oder verhindert)."[153] Freude, Ärger, Schmerz, Angst, Langeweile, Zerstreutheit, Antipathien zwischen den Teilnehmern, Lehrern und Schülern, unausgesprochene Interessen werden im Rahmen des Unterrichts thematisiert. Die Störungen werden aufzuarbeiten versucht, soweit dies im Rahmen einer Lerngruppe in der Schule möglich ist. Dadurch werden Spielräume geschaffen, die es sowohl Lehrern als auch Schülern ermöglichen, als Person authentisch zu sein und sich entsprechend des Themas, hier der schwierigen Verhältnisbestimmung von Christentum und Judentum, sensibel zu stellen.

Der Formulierung des Themas kommt für das Gelingen lebendigen Lernens große Bedeutung zu, es muß eine bestimmte Qualität haben, d.h. der perönliche Bezug zum Lernenden muß sichtbar sein. „Die meisten Themen können ansprechen, wenn ihr persönlicher Bezug zum Lernenden erkannt wird und sie nicht als Fremdkörper übergestülpt werden. Die Primärfrage ist, wo die emotionellen und intellektuellen Beziehungspunkte jedes einzelnen zum Thema liegen und wie

---

149 *R. Cohn,* Von der Psychoanalyse zur themenzentrierten Interaktion, a.a.O., 117.

150 Vgl. *E. Olszowi,* Menschenbild und Struktur der TZI, in: Gruppenpsychotherapie und Gruppendynamik 10 (1976) 81ff.

151 Vgl. 1.1.

152 *R. Cohn,* zit. nach *E. Olszowi,* ebd., 100. 153 *R. Cohn,* a.a.O., 121.

er diese entdecken kann".[154] Das Thema muß „personalisiert" werden. Durch entsprechende pädagogische Bezüge kann für die einzelnen geklärt werden, was eine bestimmte Fragestellung für sie bedeutet. Wichtig ist in diesem Zusammenhang jedoch die Vorgegebenheit der Offenbarungsinhalte, die *nicht beliebig* interpretierbar und deutbar sind. Die Interpretation von Symbolen im Sinne des symbolischen Interaktionismus (G. H. Mead, L. Krappmann) ist aufgrund der Vorgegebenheit der Offenbarung beschränkt.[155] Andererseits sind jedoch angesichts der radikalen Betroffenheit der einzelnen durch den sich offenbarenden Gott existentiell personalisierende Dimensionen unerläßlich, eine Einpassung in vorgegebene Formeln unsinnig.[156] Der Lehrer ist für die Formulierung des Themas verantwortlich. Er muß den Themenfindungsprozeß einleiten und auf die geeignete Formulierung achten, die die Aufmerksamkeit und Gefühlslage der Teilnehmer zu Beginn auf das Thema hinlenkt. Dem Lehrer als Leiter der Gruppe kommt nach diesem Modell, in dem er „partizipierender Leiter" und für die Gruppe persönlich greifbar „Modell der Auseinandersetzung" ist, eine bedeutende Rolle zu.[157] Die Ansprüche an die Leitungskompetenz des Lehrers sind entsprechend hoch. Sie beziehen sich nicht nur auf seine kognitive Kompetenz, sondern auch auf seine Fähigkeit zur dynamischen Balance der drei Faktoren Es-Ich-Wir. Seine Persönlichkeit ist als bedeutender Faktor für das Gelingen des Lernprozesses einzustufen. „Die Persönlichkeit und Fähigkeit des Gruppenleiters sind natürlich ebenso wichtig wie seine Technik. Keine Methode ersetzt persönliche Wärme, Toleranz und positive Einstellung zum Menschen. Ich glaube . . ., daß nicht nur der Intellekt und das Wissen geschult werden kann, sondern auch die Gefühlswelt. Intuition, Empathie, Takt und Mut sind nicht nur schicksalhaft an konstitutionelle Elemente gebunden oder von Kindheitserlebnissen bestimmt; Gefühle können erzogen und nacherzogen werden."[158]

---

154 *R. Cohn,* a.a.O., 166.

155 *G. H. Mead,* Geist, Identität und Gesellschaft aus der Sicht des Sozialbehaviorismus, Frankfurt a. Main 1968; *L. Krappmann,* Soziologische Dimensionen der Identität, Stuttgart 1971; *ders.,* Neuere Rollenkonzepte als Erklärungsmöglichkeit für Sozialisationsprozesse, in: Familienerziehung, Sozialschicht und Schulerfolg, Weinheim-Berlin-Basel 1971, 161–183; *ders.,* Die Entstehung der Lernfähigkeit im Interaktionssystem der Familie und ihre Förderung in der Schule, in: Neuorientierung des Primarbereichs, Bd. I, Entwicklung der Lernfähigkeit, hrsg. von *H. Halbfas, F. Maurer, W. Popp,* Stuttgart 1972, 178–197. Vgl. *Ch. Morgenthaler,* Sozialisationstheorien in der Religionspädagogik, in: KatBl 102 (1977) 320–328, hier 321.

156 Vgl. zu dieser grundlegenden Problematik *G. Biemer,* Erziehung zum christlich-jüdischen Dialog in der pluralistischen Gesellschaft, in: FrRu 31 (1979) 8–15, 10.

157 *J. Mayer-Scheu,* Lebendiges Lernen mit der themenzentrierten Interaktion (TZI) nach Ruth Cohn, in: *J. Scharfenberg,* Glaube und Gruppe, Freiburg 1980, 53–69, 61.

158 *R. Cohn,* a.a.O., 114. Vgl. *A. Garlichs,* Gruppentherapeutische Ansätze im Unterricht? Versuche einer kritischen Würdigung der themenzentrierten interaktionellen Methode von *Ruth Cohn,* in: *W. Popp* (Hrsg.), Kommunikative Didaktik. Soziale Dimensionen des didaktischen Feldes. Weinheim 1976, 235–260; *M. Kroeger,* Themenzentrierte Seelsorge. Über die Kombination klientzentrierter und themenzentrierter Arbeit nach *Carl C. Rogers* und *Ruth Cohn* in der Theologie, Stuttgart 1976. *H. Modesto,* Theologie und Lebenshilfe, in: *H. Vorgrimler* (Hrsg.), Wagnis Theologie. Erfahrungen mit der Theologie Karl Rahners. Freiburg 1979, 451–463; *K. W. Vopel,* Zur Theorie der themenzentrierten interaktionellen Methode, in: *B. Genser u. a.* (Hrsg.), Lernen in der Gruppe: Theorie und Praxis der themenzentrierten interaktionellen Methode, Hamburg 1972.

In kritischer Würdigung dieses Ansatzes zeigt sich, daß diese Lernkonzeption des lebendigen Lernens für die Planung des „Lernprozesses Christen Juden" deswegen hohe Bedeutung hat, weil es für diesen Lernprozeß um eine die gesamte Persönlichkeit der Lernenden umfassende Neuorientierung gehen kann. Zum einen kann es zu einer radikalen Erschütterung der bisherigen Begründung des Christentums in Abgrenzung vom Judentum kommen, mit der Notwendigkeit, die neue Begründung angesichts der Verwurzelung des Christentums im Judentum zu entdecken und zu stabilisieren. Weiter zeigte sich bei allen Unterrichtsversuchen (vgl. U-Protokolle S. 172ff.), daß gegenüber dem Judentum erheblich intensive Vorurteilsdefizienzen vorlagen und abgebaut werden mußten. Die fachwissenschaftliche Grundstrukturierung für den Basiskurs geht insbesondere auf die Kategorie „Bund" ein. Die Zieldimension, die damit angestrebt wird, kann – muß jedoch nicht – für die Schüler die Frage nach der Entscheidung für den Bund mit Gott bzw. der Umkehr und Hinkehr zu diesem Bund mit Gott stellen und provozieren. Gerade für einen solch fundamentalen Lernprozeß verbietet sich eine vorwiegend fremdgesteuerte und fremdgeleitete Lernkonzeption. „Sei Dein eigener Chairman" und „horche auf die Störungen, die Du im Bezug auf diesen Umkehrprozeß hast", können als Hinweise für einen gelingenden Weg religiöser Erziehung eingestuft werden.[159] „Sich ... mit seiner ... Bestimmung zu konfrontieren und auseinanderzusetzen, ist der heutige Mensch nicht sehr geübt. Er vermag eher seine heilsgeschichtliche Befindlichkeit kognitiv und wie ein Sachwissen zur Kenntnis zu nehmen ... und wagt es zu wenig, sie konkret, mit Haut und Haar, mit Gemüt und Gefühl, mit Freude und Trauer zu erfahren, zu spüren, zu erleben."[160]

Geht man von der These aus, daß der emotional-affektive Bereich menschlicher Existenz Erziehung im Sinne absichtlicher Lernhilfe (Enkulturationshilfe) nicht zugänglich sei und er durch Lernhilfen kaum verändert werden könne, würde man lediglich vor den irrationalen Mächten kapitulieren.[161] „Wenn die Erziehung an der Erziehung der Affekte scheitert, scheitert sie an den Kräften, die die Welt sowohl beleben als auch bedrohen."[162] Entwicklungspsychologisch ist nämlich davon auszugehen, „daß die emotionalen Verhaltensweisen überwiegend eine Folge des Lernens sind".[163]

Um so mehr muß dann interessieren, auf welche Weise sich emotionales Ler-

---

159 Vgl. *G. Biemer,* Zwischen Erfahrung und Offenbarung. Erlebnisbezogene Frömmigkeit, in: Diakonia 12 (1981) 289–292.

160 *H. Modesto,* Theologie und Lebenshilfe, a.a.O., 455f.; vgl. *A. Mahr,* Die Störungsprioritätsregel in TZI-Gruppen. Psychoanalytische und empirische Studien (Beiheft zur Zeitschrift „Materialien zur Psychoanalyse und analytisch orientierten Psychotherapie", hrsg. von *P. Hahn, E. Herdickerhoff),* Göttingen 1979, 212.

161 Vgl. *E. Weber,* Emotionalität und Erziehung (Ein pädagogischer Orientierungsversuch), in: *R. Oerter, E. Weber* (Hrsg.), Der Aspekt des Emotionalen in Unterricht und Erziehung, Donauwörth 1975, 69–125, 74. Durch Erziehung ist die Sensibilisierung, Differenzierung, Stabilisierung und die kritisch-rationale Kontrollierung der Emotionalität anzustreben. Vgl. *E. Weber,* ebd., 110–114.

162 *H. Roth,* Pädagogische Anthropologie, Bd. II: Entwicklung und Erziehung, Hannover 1971, 319.

163 *E. B. Hurlock,* Die Entwicklung des Kindes, Weinheim-Basel-Wien ^{3}1972, 212.

nen denn vollzieht und wie es sich durch Lernhilfen beeinflussen läßt. Der Persönlichkeitsstruktur des Erziehers kommt für die Realisation emotionaler Lernziele erhebliche Bedeutung zu, da die Persönlichkeitsstrukturen bzw. Zuwendungs- und Anerkennungssymbole des Lehrers die emotionale Entwicklung dominant bestimmen.[164] Die *Lerninhalte* sind Symbole in der Interaktion zwischen Lehrer und Schüler (können auch Ergebnisse der Interaktion zwischen Lehrer und Schüler sein). Distanzierte abstrakte Lerninhalte in leistungsüberzogener Fülle lassen kaum ein positives Lehrer-Schüler-Klima aufkommen. Für den Umgang mit jeglicher Art von Lernstoffen des Religionsunterrichts ist als Zielsetzung emotionaler Erziehung die Fähigkeit anzustreben, „in Eigenaktivität den Schüler Lerninteresse entwickeln zu lassen durch einen von emotionaler Stimulierung mitgetragenen Lernstoffbezug".[165]

Für die Zugrundelegung der Themenzentrierten Interaktion für die Planung des „Lernprozesses Christen Juden" spricht, daß auf der *Prozeßebene interne Bedingungen, Inhaltsdetaillierung, Medien, Lehr-Lernverfahren, erwartetes Schüler- und Lehrerverhalten sowie die Feinziele durch dieses existentielle Lernkonzept, das eine gleichgewichtige Zuordnung von Inhalt, Ich- und Wir-Dimension* zu realisieren in der Lage ist, gut vermittelt werden können. Über die in Prozeßschemata hineinschreibbaren didaktischen Faktoren hinaus kommt der Rolle des Leiters hohe Bedeutung zu. Er ist partizipierender Mitlernender, muß seine Biographie ebenso in den Unterricht mit einbringen, wie er dies von den Schülern erwartet. Die Lernatmosphäre spielt für religiöses Lernen eine entscheidende Rolle. Inhalt und Lernweg, Realisierung des Inhaltes, das Verhalten des Lehrers, der Umgang der Schüler untereinander und mit dem Lehrer und umgekehrt, das dem Lernprozeß zugrunde liegende Menschenbild, die Zielperspektiven, auf die hin Wirklichkeit erschlossen werden soll, sind in einer unverrückbaren Weise miteinander verknüpft und fallen signifikant zusammen.

2.7.2

Das Anliegen dieses Bandes, nämlich Schülern zum intensiven Dialog zwischen Christen und Juden Lernmöglichkeiten bereitzustellen, kann durch die Diskussion über den dialogischen Ansatz in der philosophisch-erziehungswissenschaftlichen Diskussion eine Vertiefung erfahren. Martin Buber hat im Kontext seiner Philosophie dem Dialog eine grundlegende erzieherische Dimension zugesprochen, die er in seiner Rede „Über das Erzieherische" beschreibt: „Ein Verhältnis zweier Personen, das in geringerem oder höherem Maß von dem Element der Umfassung bestimmt ist, mögen wir ein dialogisches nennen."[166] Jeder Dialog bezieht seine Echtheit „nur aus dem Berührtsein von dem Element der Umfassung,

---

[164] Vgl. *W. Hopf*, Emotion und Qualifikation, in: *R. Oerter, E. Weber* (Hrsg.), ebd., 269–295.
[165] *E. Hopf*, ebd., 272.
[166] *Martin Buber*, Hauptvortrag auf der Dritten Internationalen Pädagogischen Konferenz in Heidelberg 1925, Heidelberg 1953, 37. Die Problematik des Dialogischen kann hier nur angerissen werden. Vgl. dazu weiter den Habilitationsvortrag *A. Biesinger*, Aufgaben des Religionslehrers, in: *G. Biemer, A. Biesinger* (Hrsg.), Christ werden braucht Vorbilder. Mainz 1983, 103–123.

sei es auch nur in dessen abstrakter Erscheinung, als ,Anerkennung' des So-Seins des Gesprächspartners, welche real, wirksam nur dann sein kann, wenn sie einer Umfassungserfahrung, einer Erfahrung der Gegenseite entsprungen ist."[167] Das *erzieherische Verhältnis* hat nach Martin Buber seinen Grund in der „konkreten, aber einseitigen Umfassungserfahrung".[168] Dem Erzieher kommt die Aufgabe zu, in seiner Person auf eine andere Person „eine Auslese der Welt" einwirken zu lassen, die durch ihn repräsentiert wird.

Setzt man diese Erkenntnisse in unseren Zusammenhang ein, so bedeutet das: Der Lehrer muß für den Lernprozeß Christen Juden den Dialog zwischen Christen und Juden als Bemühung in sich tragen. Ohne zu hohe Postulate aufstellen zu wollen, ist zu sagen, daß der Lehrer sich tatsächlich in einen Auseinandersetzungsprozeß mit seinen eigenen Voreinstellungen als Christ gegenüber den Juden einlassen muß und er bereit sein soll, sie entsprechend zu revidieren oder neu zu begründen. Die Änderung der eigenen „Über-Zeugung" im Sinne einer tatsächlichen Neu-Zeugung der Einstellung im Religionslehrer und in den Schülern muß nicht zuletzt auch deswegen angestrebt werden, weil die über Jahrhunderte hinweg festgelegte negative Einschätzung des Judentums durch Christen als gewaltige geschichtliche Hypothek nicht unterschätzt werden darf.

Der *Begegnungsbegriff* aus der Pädagogik ist für den Lernprozeß Christen Juden über die erzieherische Begegnung hinaus auszuweiten: Begegnung kann zum einen verstanden werden als „verarbeitendes Hereinnehmen des anderen gerade als anderes" (Th. Litt), zum anderen als „Anderswerden am anderen" (O. F. Bollnow) oder drittens als „Selbstwerden durch das andere" (J. Derbolav)[169]. Für den Dialog zwischen Christen und Juden ist jedes dieser drei Elemente von Bedeutung, jedoch kommt letzterer Vorstellung die meiste Relevanz zu: Die Christen werden nur zu sich selbst finden können, wenn sie ihre Verwurzelung im Judentum akzeptieren lernen und angstlos ihre Identität nicht in der Verleugnung und Abwertung dieser Wurzeln suchen. Die grundlegende Einsicht Martin Bubers, wonach der Mensch seine eigentliche Wirklichkeit erst durch seine Bezogenheit auf ein Du erhält, läßt sich für das Christentum in seiner Bezogenheit auf das Judentum analog festhalten.[170] Begegnung zwischen Christen und Juden heißt nach diesem Ansatz, daß die Christen in der Begegnung mit dem Judentum in eine neue Beziehung zu sich selbst gestellt werden,[171] ohne daß deshalb die spezifische und einzigartige Herkunft und Bestimmung durch Jesus den Christus angetastet würde; im Gegenteil, sie wird so vitalisiert.

Religionsdidaktisch wäre ein Vergleich der Grundlagen des Dialogs nach Martin Buber mit den Grundlagen der Themenzentrierten Interaktion nach Ruth

---

167 Ebd., 38. 168 Ebd., 41.

169 Vgl. *J. Derbolav,* Vom Wesen geschichtlicher Begegnung, in: Zeitschrift für Pädagogik 2 (1956) 73–89, 85. Als gute Einleitung in die Begegnungsproblematik vgl. *B. Gerner,* Einleitung: in: Begegnung. Ein anthropologisch-pädagogisches Grundereignis, hrsg. von *B. Gerner* (Wege der Forschung Bd. 231), Darmstadt 1969, 1–35, 25.

170 Vgl. *M. Buber,* Ich und Du, in: Die Schriften über das dialogische Prinzip, Heidelberg 1954.

171 Vgl. *M. Buber,* Ich und Du, zit. nach: Dialogisches Leben, Zürich 1947, 20. Eine gute Darstellung gibt *W. Loch,* Der Begriff der Begegnung in der Pädagogik des 20. Jahrhunderts, in: *B. Gerner* (Hrsg.), Begegnung, a.a.O., 197–294, 203–213.

Cohn höchst interessant. Bei Ruth Cohn ist bereits ein höherer Konkretionsgrad auf der Lehr-Lernebene erreicht, als dies bei Martin Buber möglich war. Die Erweiterung des Dialogs bei Ruth Cohn über die Zweier-Beziehung hinaus auf den Bezug der gesamten Gruppe *untereinander* und zum Leiter, sowie die Aufgabe des Gruppenleiters, die *Gesamtbalance für die Gruppe* herzustellen, zeigt Unterschiede im Sinne einer Weiterentfaltung der streng zweipersonalen Konzeption von Martin Buber. Auch die Betonung des *Themas* in der Themenzentrierten Interaktion fällt zunächst als Differenz zu Martin Buber auf. Jedoch ist das grundlegende Element der „Umfassungserfahrung" in beiden Ansätzen konstitutiv, bei Ruth Cohn weiterentwickelt in ihren Axiomen und Postulaten.[172] Daß der „Erzieher" (M. Buber) bzw. „Leiter" (R. Cohn) immer schon selbst umfaßt sein muß, zeigt, daß beide Konzeptionen nicht voraussetzungslos sind, sondern philosophische Dimensionen beinhalten. Bei M. Buber ist das Thema dem Dialog nicht entnommen, sondern vielmehr verschmolzen. Er verschränkt die Ich-Du-Themen-Beziehung intensiv ineinander, während R. Cohn durch die Differenzierung des Interaktionsprozesses in Thema – Ich und Wir die Gewichtungen offenlegt und auf die Notwendigkeit der Balance hinweist, die zunächst der Leiter herstellen muß. Dieser ist allerdings im Vergleich zum Erzieher-Verständnis bei M. Buber insofern eher entlastet, als die Umfassungserfahrung bei R. Cohn gegenseitig ist. Deutlich ist, daß eine ausführlichere Auseinandersetzung mit M. Buber und R. Cohn höchst lohnenswert wäre.

Festzuhalten ist, daß der Lehrer im Unterrichtsprozeß immer auch *Identifikationsobjekt* ist. Die Vergegenwärtigung geistiger Gehalte und Haltungen läßt sich für den Schüler vorwiegend personal erfahren. „Die Identifikation mit einer Person, die in ihrer Haltung einen geistigen Gehalt oder ethischen Wert verkörpert", korreliert mit dem empirisch nachweisbaren Sachverhalt, daß „die Wertübertragung stark personal gebunden ist".[173] Für diesen Zusammenhang bleibt festzuhalten: Die Schüler müssen ein glaubwürdiges Modell für den anzustrebenden gelingenden Dialog zwischen Christen und Juden im Religionslehrer vorfinden, wenn die Lernprozesse zu einer Neuorientierung des eigenen Verhältnisses zu den Juden bei den Schülern führen sollen. Der Religionslehrer muß sich also graduell intensiv um den Dialog mit dem Judentum, und zwar so weit wie möglich mit zeitgenössischen Juden, bemühen, um seinerseits Schüler auf diesen Dialog vorbereiten zu können.

---

172 *Ruth Cohn*, Von der Psychoanalyse zur themenzentrierten Interaktion, ebd.

173 *K. E. Nipkow*, Beruf und Person des Lehrers, in: *ders.* (Hrsg.), Schule und Religionsunterricht im Wandel. Ausgewählte Studien zur Pädagogik und Religionspädagogik, Heidelberg-Düsseldorf 1971, 98–126, 123. Nipkow verweist hier auf *H. O. Woelber*, Religion ohne Entscheidung, Göttingen [2] 1960, 71f.

2.8 Prinzipielle Überlegungen zur Medienproblematik beim Religionsunterricht über das Verhältnis Christen Juden (U. Reck)

Medien werden heute im allgemeinen definiert als „Träger und/oder Vermittler von Informationen".[174] Diese Definition beinhaltet zwei Aspekte: zum einen Geräte, Apparaturen und Materialien (hardware), zum anderen Inhalte oder Nachrichten (software).

G. Dohmen unterscheidet von diesem mehr allgemeinen Medienbegriff einen spezielleren, auf Unterricht bezogenen, sogenannten didaktischen Medienbegriff, den er wie folgt definiert: „Medien sind Träger/Vermittler von Informationen in didaktischen Funktionszusammenhängen."[175] Dabei unterscheidet er personale und nichtpersonale Medien, wobei Objekte, Geräte und Materialien zu didaktischen Medien werden, indem Informationen und Lehrfunktionen auf sie übertragen werden. Diesen Vorgang bezeichnet G. Dohmen als Lehrobjektivierung.[176] Ein nicht bespieltes Tonband beispielsweise ist noch kein Medium im didaktischen Sinn. Erst wenn es entsprechende Informationen trägt und diese in einem didaktischen Funktionszusammenhang vermittelt werden, kann es als solches bezeichnet werden. So wird auch ein Globus erst dann zum didaktischen Medium, wenn er als Modell für die Erde benutzt wird und im Unterricht die Funktion bekommt, Informationen über die Erde zu vermitteln.[177]

Folgt man dieser Betrachtungsweise, so gibt es keinen Unterricht ohne Medien, und es stellt sich die Frage, welches Medium welche Aufgaben im Unterricht am besten übernehmen kann. Medien verlieren hier ihre enrichment-Funktion, d.h., sie werden nicht mehr zur Auflockerung und Bereicherung, als additiv aufgesetztes Beiwerk zum herkömmlichen Unterricht eingesetzt, sondern dazu, das Lehren und Lernen zu erleichtern, zu optimieren, zu rationalisieren und den Lehrer zu entlasten.[178]

Dabei ist die zentrale „Planung, Entwicklung und Produktion und ein überregionaler Einsatz objektivierter Medienprogramme" schon aus bildungsökonomischen Gründen eine unabweisbare Notwendigkeit.[179]

Zentral erstellte, geschlossene multimediale Lehrgänge basieren auf der Vorstellung von Unterricht als geschlossenem System. Für die Bedürfnisse, Interes-

---

174 Vgl. dazu: *G. Dohmen,* Medien (-Didaktik), in: *C. Wulf* (Hrsg.), Wörterbuch der Erziehung, München/Zürich 1974, 409.

175 *G. Dohmen,* Medienwahl und Medienforschung im didaktischen Problemzusammenhang, in: Unterrichtswissenschaft, Heft 2, 3/1973, 5.

176 Vgl. *G. Dohmen,* a.a.O., 1973, 6.

177 Dieses Beispiel wurde übernommen von: *E. U. Heidt,* Medien und Lernprozesse, Weinheim/Basel 1976, 43.

178 Zu Funktionen des Einsatzes von Medien siehe auch: *H. Dichanz/E. U. Heidt,* Einleitung, in: *H. Dichanz u.a.,* Medien im Unterrichtsprozeß, München 1974, 11f.; *G. Staudigl,* Medien, in: *F. Weidmann* (Hrsg.), Didaktik des Religionsunterrichts, Donauwörth 1979, 151f.

179 Vgl. *G. Dohmen,* a.a.O., 1974, 411.

sen und Eigenarten der Lernenden läßt eine solche Konzeption keinen Raum. Die Lernenden sind diesen Steuerungssystemen ausgeliefert, was im Widerspruch zu Zielsetzungen wie Selbstbestimmung und Selbstverantwortung steht.

Hier stellt sich das bildungspolitische Problem des Ausgleichs zwischen Rationalisierungserfordernissen und solchen Zielsetzungen: „Der Verzicht auf geschlossene multimediale Lehrgänge und die Konzentration auf die Entwicklung begrenzter ‚Bausteine' bzw. ‚Montageteile', die für verschiedene didaktische Gebäude verwendet werden können, erscheint als ein möglicher Weg zur Lösung dieses Problems."[180]

Lehrern und Schülern bleibt es bei diesem Vorschlag überlassen, entsprechend den jeweiligen Situationsbedingungen die verschiedenen „Bausteine" zu einem sogenannten „didaktischen Medienverbund" zusammenzustellen. An Entscheidungskriterien für die Medienwahl können dabei Ergebnisse der Mediendidaktik bzw. Unterrichtstechnologie herangezogen werden:

Aus den *empirischen Untersuchungen* zur didaktischen Effektivität verschiedener Medien lassen sich folgende generalisierbare Ergebnisse als Entscheidungshilfen für die Medienwahl in Unterrichtszusammenhängen ableiten[181]:

– Ein Verbund von personalem Einsatz und nicht-personalen Medien führt im allgemeinen zu besseren Lernergebnissen, als wenn die entsprechende Vermittlerfunktion von einem einzigen Medium übernommen wird.

– Lehrobjektivierung hat im allgemeinen eher positive als negative Auswirkungen auf den Lernerfolg.

– Verschiedene Medien regen ein unterschiedliches Maß an „Aktivität, Selbständigkeit, Kommunikationsfähigkeit" an und wirken so je nach dem didaktischen Funktionszusammenhang mehr oder weniger störend bzw. passend.

– Medien haben Rückwirkungen auf die Vermittlungsqualität des Inhalts, d.h. die gleiche Nachricht verändert sich, je nachdem, ob sie durch die Presse, Hörfunk, Fernsehen usw. vermittelt wird.

Neben diesen Forschungsbemühungen war einer der Arbeitsschwerpunkte der Mediendidaktik – vor allem in den USA – die Entwicklung von *Medientaxonomien.* Die leitende Absicht dabei war, Medien nach unterrichtsrelevanten Merkmalen zu ordnen, um damit Entscheidungshilfen für die Herstellung und Verwendung von Medien bereitzustellen. Im folgenden sollen Hilfestellungen und Anregungen, die von ausgewählten Medientaxonomien[182] zur Verfügung gestellt

---

[180] Ebd., 411.

[181] Vgl. zu den folgenden Punkten: *H. Hoffbauer,* Entscheidungshilfen zum Problem der Medienwahl, in: Die Deutsche Schule, Heft 7, 8/1974, 562; *G. Dohmen,* a.a.O., 1973, 11.
Medienforschungsüberblicke bieten u.a.: *G. Dallmann/W. Preibusch:* Unterrichtsmedien, in: *K. Ingenkamp* (Hrsg.), Handbuch der Unterrichtsforschung, Teil 2, Weinheim/Berlin/Basel 1972, 1529–1800; *W. H. Allen,* Unterrichtsmedienforschung: Vergangenheit, Gegenwart und Zukunft, in: *H. Dichanz/G. Kolb* (Hrsg.), Quellentexte zur Unterrichtstechnologie I, Stuttgart 1975, 84–98.
Eine Systematisierung von Untersuchungsansätzen in der Medienforschung findet sich bei: *K.-D. Eubel,* Ergebnisse und Methoden der bisherigen Medienforschung in kritischer Sicht, in: *H. Dichanz u. a.,* a.a.O., 135ff.

[182] In dem Aufsatz von *E. U. Heidt/D. Schwittmann,* Medientaxonomien: ein kritischer Überblick, in: *L. J. Issing/H. Knigge-Illner* (Hrsg.) Unterrichtstechnologie und Mediendidaktik,

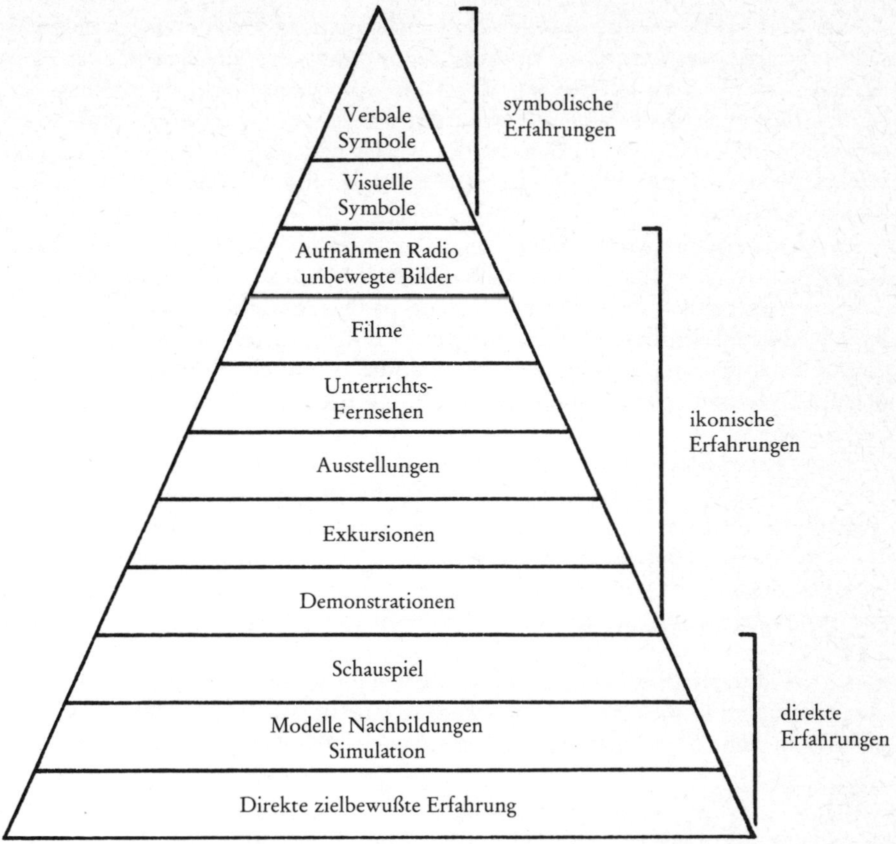

Abb.: ‚Erfahrungskegel' (Cone of Experience) nach Edgar Dale.[183]

werden, um die Medienwahl im Kontext von Lehr-/Lernprozessen differenzierter und bewußter zu gestalten, zusammenfassend systematisiert werden:

Weinheim/Basel 1976, 123–140, werden die in der deutschen Mediendiskussion wohl am häufigsten erwähnten Taxonomien zusammengestellt und nach dem ihnen jeweils zugrundeliegenden Klassifizierungsprinzip systematisiert.
Für diesen Beitrag habe ich aus den dort vorgestellten Taxonomien drei meiner Auffassung nach mehr praxisrelevante, d.h. Entscheidungskriterien für die Medienwahl und Medienproduktion bezogen auf Unterricht bereitstellende Klassifikationen ausgewählt. Die Taxonomie von Edling (1966) und Bretz' ‚Taxonomy of communication media' (1971) werden nicht berücksichtigt, weil ihnen ein eher theoriebezogenes Interesse zugrunde liegt, das darauf abzielt, „(...) unterrichtliche Sachverhalte möglichst genau zu beschreiben und zu erklären, um mögliche gesetzmäßige Beziehungen aufzuzeigen." (*E. U. Heidt/D. Schwittmann,* a.a.O., 124.) Außerdem wird der sehr interessante, eher praxisorientierte Ansatz von Salomon/Snow, in dem davon ausgegangen wird, daß für eine Medientaxonomie medienspezifische Merkmale gefunden werden müssen, nicht vorgestellt, weil Salomon/Snow keine ausgearbeitete Taxonomie, sondern Überlegungen, die als Basis dafür dienen können, formuliert haben. Auf die Vorschläge von Tosti/Ball zur Medienwahl wird hier ebenfalls nicht eingegangen, zumal sie eher für Entwickler von Unterrichtsmaterialien praktikabel sein dürften.

[183] Die Abbildung wurde entnommen aus: *E. U. Heidt/D. Schwittmann,* a.a.O., 126.

– Nach E. Dale[184] sollten bei der Unterrichtsplanung Medien im Anschluß an die Festlegung von Lernzielen und der Bestimmung der internen Bedingungen der Lernenden ausgewählt werden. Zentraler Gesichtspunkt bei der Medienwahl ist die Frage, welchen Grad und welche Art von Erfahrung unterschiedliche Medien zur Verfügung stellen. Dale ist der Auffassung, daß Erfahrungen auf drei Ebenen – enaktiv (direkt), ikonisch (bildlich), symbolisch (abstrakt) vermittelt werden können.[185]

Seine als ‚Kegel der Erfahrung' (Cone of Experience) bekannt gewordene Taxonomie (vgl. Abb. S. 103) baut er nach diesen drei Arten von Sinneserfahrungen auf und ordnet ihnen verschiedene Medientypen bei, die er nach dem Grad wachsender Abstraktion hierarchisch anordnet.[186] Dabei geht er davon aus, daß „... direkte Erfahrungen (...) ein ‚learning by doing', ikonische Erfahrungen ein ‚Beobachtungslernen' und symbolische Erfahrungen ein ‚imaginatives Lernen' (involvieren)."[187]

Dale's Taxonomiekonzeption basiert auf der Annahme, daß Lernende nur dann in der Lage sind, einen sinnvollen Gebrauch von Symbolen zu machen, wenn sie sie auf Erfahrungen enaktiver oder ikonischer Art beziehen können.[188]

Der „Cone of Experience" wird von E. Dale[189] als visuelle Analogie bezeichnet, die das Fortschreiten von Lernerfahrungen, angefangen bei direkten Erfahrungen über bildliche Repräsentation bis hin zum abstrakten, symbolischen Ausdruck aufzeigt.

Für die Unterrichtsplanung ist diese Medienklassifikation insofern eine Hilfe, als sie dafür sensibilisiert, eine ausgewogene Palette von Medien bereitzustellen, die verschiedene Ebenen der Erfahrung anspricht.[190] Sollen Jugendliche eine Vor-

---

184 *E. Dale*, Audiovisual Methods in Teaching, New York u.a. ^{3}1969, 7f.

185 Auch der amerikanische Lerntheoretiker J.S. Bruner unterscheidet diese drei Repräsentationsebenen. Vgl. *J. S. Bruner*, Entwurf einer Unterrichtstheorie, Berlin 1974, 49.

186 „The basis of the classification is not difficulty but degree of abstraction – the amount of immediate sensory participation that is involved." (*E. Dale*, a.a.O., 110).
E. U. Heidt/D. Schwittmann, a.a.O., 127, kritisieren an Dale's Taxonomie die hierarchische Anordnung zwischen visuellen und akustischen Erfahrungen und halten außerdem eine Klassifizierung von Stimuli nach quantitativen Kategorien für wenig fruchtbar, zumal nicht gesagt würde, wie denn ‚the amount of immediate sensory participation' gemessen werden kann. Ihrer Auffassung nach sind durch das Ohr aufgenommene Eindrücke nicht weniger wirklich als visuell aufgenommene Eindrücke, die jedoch in Dale's Taxonomie als „visuelle Symbole" auf einer wirklichkeitsnäheren Stufe des Kegels zu finden sind.
Obwohl auch *H. Hoffbauer*, a.a.O., 558, diese Kritik für angebracht hält, ist seiner Meinung nach dennoch „(...) das Prinzip der Wirklichkeitsnähe eine wertvolle Entscheidungshilfe bei der Medienwahl, sagt doch ein einfacher Versuch zur Regel ‚Heiße Luft steigt hoch' mehr aus (weil wirklichkeitsadäquat), als es die bloßen Worte oder die zeichnerische Darstellung tun könnten."

187 *E. U. Heidt/D. Schwittmann*, a.a.O., 127.

188 „If a symbol is to stand f o r something it must stand o n something – a firm foundation of relevant experience." (*E. Dale*, a.a.O., 109).

189 Vgl. *E. Dale*, a.a.O., 108.

190 Darüber, in welcher Reihenfolge und Kombination nun genau verschiedene Arten von Erfahrungen, die die entsprechenden Medien liefern, dargeboten werden sollen, gibt der ‚Cone of Experience' keinen Aufschluß und kann auch keinen geben, zumal eine solche Entscheidung nur in Abhängigkeit von den Voraussetzungen der Lernenden getroffen werden kann.

stellung vom ‚Holocaust' bekommen – soweit dies überhaupt möglich ist –, wird es unumgänglich, neben der Reflexion über die Voraussetzungen und Konsequenzen der Verfolgung und Ermordung von jüdischen Mitbürgern im Nationalsozialismus, den Lernenden unterschiedliche Erfahrungsmöglichkeiten zu eröffnen, wenn das Entstehen eines ‚Verbalismus' verhindert werden soll: Neben dem Lehrervortrag und Textanalysen können im Unterricht beispielsweise Bilder, Dokumentar- oder Spielfilme[191] gezeigt, Exkursionen zu Gedenkstätten an die nationalsozialistischen Opfer (z.B. Auschwitz, Dachau, Natzwiller, Gurs, Bergen-Belsen) unternommen werden, Szenen wie der Boykott jüdischer Geschäfte oder die Diffamierung jüdischer Mitschüler in ihrer Klasse im Rollenspiel rekonstruiert werden.

– W.H. Allen[192] entwickelte ein Klassifikationsschema (vgl. Abb.), in dem er Medien und Lernziele einander zuordnet.

Ausgangspunkt seiner Überlegungen dabei ist, daß in einer Unterrichtssituation das Medium eingesetzt werden sollte, das am relativ wirkungsvollsten bei der Erreichung zuvor festgelegter Lernziele ist.

Lernziele \ Medien	Bilder	Filme	Fernsehen	3-D-Objekte	Ton-Aufnahme	Programmierte Instruktionen	Demonstration	Bücher	Mündliche Darbietungen
Erlernen von Tatsachenwissen	(±)	(±)	(±)	–	(±)	(±)	–	(±)	(±)
Erlernen visueller Informationen	+	+	(±)	+	–	(±)	(±)	–	–
Erlernen von Prinzipien, Konzepten und Regeln	(±)	+	+	–	–	(±)	–	(±)	(±)
Erlernen von Verfahrensweisen	(±)	+	(±)	–	(±)	+	+	(±)	(±)
Erlernen von motorischen Fertigkeiten	–	(±)	–	–	–	–	(±)	–	–
Entwicklung von Einstellungen, Meinungen und Motivationen	–	(±)	(±)	–	(±)	(±)	(±)	(±)	(±)

+ = ja – = nein (±) = begrenzt

Abb.: Schema nach Allen[193]

191 Eine Zusammenstellung von Filmen zum ‚Holocaust', dem nationalsozialistischen Unrechtssystem und zur Begegnung und Aufarbeitung der Vergangenheit findet sich in: *W. Wirth*, Audiovisuelle Medien zur Darstellung des Judentums im christlichen Religionsunterricht, in: *H. Jochum/H. Kremers* (Hrsg.), Juden, Judentum und Staat Israel im christlichen Religionsunterricht in der Bundesrepublik Deutschland. Paderborn u. a. 1980, 188–191.

192 *W. H. Allen*, Media Stimulus and Types of Learning, in: Audiovisual Instruction, 12, 1967, 27–31.

193 Die Abbildung wurde entnommen aus: *E. U. Heidt/D. Schwittmann*, a.a.O., 131.

In seinem Klassifikationsschema führt Allen sechs Lernzieltypen auf, die er jedoch nicht herleitet und ohne Begründung einführt. Ebenso wird die Auswahl der in der Tabelle aufgeführten Medien nicht erläutert. Die Zuordnungen von Medien und Lernzieltypen („ja, nein, begrenzt") basieren auf Ergebnissen der Medienwirkungsforschung.

Für Lehr-/Lernprozesse zum Thema ‚Judentum – Christentum' verspricht aus dieser Taxonomie vor allem der Lernzieltyp ‚Entwicklung von Einstellungen, Meinungen und Motivationen' aufschlußreich zu sein. Die hier getroffenen Medienzuordnungen kommentiert W.H. Allen[194] dahingehend, daß die Forschung keine eindeutige Auskunft darüber geben könne, welches Medium im jeweiligen Fall das geeignetste sei. Er vermutet jedoch, daß eine Vielzahl unterschiedlicher Stimuli, die viele Dimensionen des Gegenstandes zeigen, am ehesten zur Entwicklung der angestrebten Haltung beim Lernenden führt.

– Von R. M. Gagné[195] wird die Beziehung zwischen Lehren und Lernen untersucht. Er identifiziert verschiedene Lehrfunktionen, die Einwirkungsmöglichkeiten auf den Schüler in einer Unterrichtssituation darstellen und den Lernprozeß lenken. Diese Lehrfunktionen können auch von Medien übernommen werden. In seiner Klassifikation (vgl. Abb.) ordnet Gagné Medien und Lehrfunktionen einander zu.

Funktionen der Lernsituation	Medien	Objekte	Bilder	Demonstrationen	Stummfilme	Lehrer	Texte	Tonfilm/Fernsehlehreinheit	Lehrmaschine
Reizdarbietung	Reize bieten	+	+	+	+	(±)	(±)	+	+
Kommunikation während des Lernprozesses	Modell der erwarteten Leistung bieten	(±)	(±)	(±)	(±)	+	+	+	+
	Aufmerksamkeit lenken	–	–	–	(±)	+	+	+	+
	schon Gelerntes mobilisieren	–	–	–	(±)	+	+	+	+
	Lernhilfen geben	(±)	(±)	(±)	(±)	+	+	+	+
	Übertragung des Gelernten auf neue Situationen veranlassen	(±)	(±)	(±)	(±)	+	+	+	+
Rückmeldung	Lernergebnisse überprüfen	–	–	–	–	+	+	+	+
	Rückmeldung vermitteln	(±)	–	(±)	(±)	+	+	+	+

+ = ja   – = nein   (±) = begrenzt

Abb.: Medientaxonomie von Gagné[196]

[194] Vgl. dazu: *W. H. Allen*, a.a.O., 29f.

[195] *R. M. Gagné*, Die Bedingungen des menschlichen Lernens, Hannover 1970, zweite Auflage nach der ersten amerikanischen Auflage.

[196] Das Schema wurde übernommen von: *G. Eigler*, Auf dem Weg zu einer audiovisuellen Schule, München 1971, 67.

Da nach den von Gagné getroffenen Zuordnungen die meisten Unterrichtsfunktionen von den meisten Medien übernommen werden können, wird die endgültige Wahl der Medienzusammenstellung nach G. Eigler[197] immer ein wenig den Charakter eines Kompromisses haben. Er nimmt jedoch an, daß Lernprozesse optimal eher multimedial als monomedial zu organisieren sind.[198]

Die bisher entwickelten Medientaxonomien stellen keine eindeutigen Handlungsanweisungen für den Einsatz eines bestimmten Mediums zu einem bestimmten Zweck zur Verfügung, und außerdem erfassen sie Medien sicher nicht in ihrer Vielschichtigkeit und Wechselwirkung mit den übrigen unterrichtsrelevanten Faktoren. Sie enthalten jedoch Anregungen und verweisen auf vielfältige Aspekte, die bei Überlegungen zur Medienwahl von Bedeutung sind.

An Medientaxonomien[199] wie auch an der Konzeption empirischer Medienuntersuchungen[200] wurde kritisiert, daß sie Medien verkürzt als isolierte Einzelphänomene und nicht im unterrichtlichen Gesamtzusammenhang sehen würden.

In der deutschen Diskussion wurde nun häufig auf die unterrichtstheoretische Konzeption von Heimann/Schulz zurückgegriffen und angenommen, mit dem Berliner Modell einen Rahmen gefunden zu haben, der es erlaubt, Medien in ihrem Interdependenz-Verhältnis mit den übrigen am Unterricht beteiligten Faktoren erfassen zu können.[201]

Beispielsweise formulierten etliche Autoren[202] auf dem Hintergrund dieses Modells Fragenkataloge zur Analyse, Auswahl und Beurteilung fremdproduzierter

---

An der von R. M. Gagné vorgenommenen Auflistung von Medien wird kritisiert, daß sie kein Ordnungsprinzip erkennen lasse und außerdem unvollständig sei, da der gesamte Bereich der akustischen Medien fehle. Vgl. *E. U. Heidt/D. Schwittmann,* a.a.O., 131.
Die Zuordnungen von Medien und Lehrfunktionen sind nach *G. Glück,* a.a.O., 30, teilweise empirisch nicht abgesichert, und *E. U. Heidt,* a.a.O., 24, ist der Auffassung, daß die Zuordnungsdimensionen – ja, nein, begrenzt – mehr die Unterschiede zwischen den Medien verdecken, als daß sie sie aufdecken.

197 *G. Eigler,* a.a.O., 74. 198 *G. Eigler,* a.a.O., 72.

199 Siehe dazu: *E. U. Heidt,* a.a.O., 1976, 38; *G. Dohmen,* Aufgaben einer Mediendidaktik, in: *L. J. Issing/H. Knigge-Illner* (Hrsg.), a.a.O., 71; *A. Schnitzer,* Medienspezifische Grundfragen und Ansätze, in: *A. Schnitzer* (Hrsg.), Medien im Unterricht, München 1977, 20. Hier wird argumentiert, daß die Zusammenhänge, in denen Medien in Lehr-Lernprozessen stehen, zu komplex seien, als daß sie durch eindimensionale Medientaxonomien adäquat erfaßt werden könnten.

200 Die – gemessen am Aufwand – unbefriedigenden Ergebnisse der bisherigen Medienuntersuchungen und die mangelnde Interpretierbarkeit von Untersuchungsergebnissen werden mit darauf zurückgeführt, daß es der Medienforschung an einem theoretischen Bezugsrahmen fehle. Vgl.: *K.-D. Eubel,* a.a.O., 143f.; *E. U. Heidt,* a.a.O., 11.

201 *E. U. Heidt,* a.a.O., 59ff., betrachtet das Berliner Modell für weiterführende mediendidaktische Überlegungen als nicht geeignet, zumal dort zwar ein Verhältnis wechselseitiger Abhängigkeit zwischen den sechs Strukturmomenten (Intentionalität, Inhaltlichkeit, Methoden, Medien, anthropogene und sozial-kulturelle Voraussetzungen) angenommen wird, über die Art und Qualität dieser Wechselbeziehung jedoch keine Aussagen gemacht werden.

202 Von *G. Tulodziecki,* Analyse und Beurteilung von fremdproduzierten Unterrichtsmedien als Grundlage ihrer Verwendung in Lehr- und Lernprozessen, in: Die Deutsche Schule, Heft 4/1975, 272–279, werden Fragen in bezug auf die Lernenden und den Lehrer, zu technisch-organisatorischen Voraussetzungen der Medienverwendung, zu den Lernzielen, dem Inhalt und den Gestaltungselementen der Medien sowie zur Abstimmung des Medieneinsatzes mit ande-

Medien: Dichanz/Mohrmann[203] untersuchen mit fünf Leitfragen die ‚Beziehungen zwischen dem Faktor Medien und anderen Unterrichtsfaktoren':

„*1. Leitfrage:* Ist aus der Zielvorstellung (den Konkretisierungen der Ziele) eine Affinität zu bestimmten Medien erkennbar?"

„*2. Leitfrage:* Erfordert die Auswahl eines bestimmten Unterrichtsgegenstandes (Inhaltes, Themas) die Verwendung bestimmter Medien?"

„*3. Leitfrage:* Ergibt sich aus der Vorauswahl bestimmter Methoden ein Hinweis auf notwendig einzusetzende Medien?"

„*4. Leitfrage:* Verlangen bestimmte individuelle oder organisatorische Voraussetzungen die Verwendung bestimmter Medien?"

„*5. Leitfrage:* Ergeben sich aus der Absicht, ein bestimmtes Medium, eine bestimmte Medienkombination zu verwenden, Auswirkungen oder Rückwirkungen auf andere Unterrichtsfaktoren?"

Neben den Bemühungen der Mediendidaktik bzw. Unterrichtstechnologie, der „es um das *Studium von Medienwirkungen im Unterricht und um ihren zweckmäßigen Einsatz*" geht, kann in der schulpädagogischen Diskussion eine zweite, kommunikativ-kritische Zugangsweise zum Phänomen Medien unterschieden werden: Hier „geht es um das Studium der Möglichkeiten, Schüler zu kompetenten Medien-Rezipienten heranzubilden. Dies ist die Fragestellung der Medienpädagogik oder Medienerziehung."[204]

Im Rahmen dieser auch als *„Emanzipatorische Medientheorie"*[205] bezeichneten Richtung wurden neben der Kritik an dem der Unterrichtstechnologie zugrundeliegenden zweckrationalen Unterrichtskonzept[206] hauptsächlich Fragen einer kritischen Medienerziehung thematisiert.[207]

Von K. Boeckmann und N. Heymen werden drei Schichten medienerzieherischer Arbeit unterschieden:

---

ren Unterrichtsverfahren aufgelistet; *W. Hagemann/G. Tulodziecki,* Einführung in die Mediendidaktik, Köln 1980³, 130–146, stellen Fragen zur Vorbereitung, Durchführung und Nachbereitung von Unterricht mit Medien zusammen.

203 *H. Dichanz/K. Mohrmann,* Unterrichtsvorbereitung, Stuttgart 1976, 110ff. (im Original fett gedruckt).

204 Vgl. *K. Boekmann/N. Heymen,* Unterrichtlicher Medieneinsatz und Medienerziehung, in: Die Deutsche Schule, Heft 6/1978, 372.

205 Vgl. *W. Protzner,* Zur Medientheorie des Unterrichts, Bad Heilbrunn/Obb. 1977, 28–48. Hier werden Ansätze einer emanzipatorischen Medientheorie analysiert, ebenso bei: *H. Knigge-Illner,* Unterrichtstechnologie und emanzipatorische Mediendidaktik – Gegensätze oder integrierbare Ansätze, in: *L. J. Issing/H. Knigge-Illner* (Hrsg.), a.a.O., 382ff.

206 Die Hauptkritik an unterrichtstechnologischen Ansätzen richtet sich gegen ihre einseitig lernzielorientierte Sicht von Unterricht. Es wird argumentiert, daß Unterricht in diesen Konzeptionen zu einem ‚Instrument der Erreichung zuvor festgelegter Lernziele reduziert' und die Unterrichtsziele selber nicht mehr reflektiert würden. Vgl. dazu: *H. Rumpf,* Zweifel am Monopol des zweckrationalen Unterrichtskonzepts, in: Neue Sammlung, Heft 5/1971, 401.
Im dritten Kapitel von: *L. J. Issing/H. Knigge-Illner* (Hrsg.), a.a.O., 183–274, werden die Hauptargumente der Kritik an unterrichtstechnologischen Konzeptionen vorgetragen.

207 Beispielsweise wurden mögliche Lernziele einer emanzipatorischen Medienerziehung aufgestellt von: *T. Heinze,* Handlungsorientierte Curriculumforschung als Kritik und Alternative zur Technologisierung der Didaktik und Unterrichtsforschung, in: *L. J. Issing/H. Knigge-Illner,* a.a.O., 271f.

„– Analyse der Gestaltungsmittel und Wirkungseigenschaften
– Mediendidaktische Analyse und Auswahl von Unterrichtsmedien durch die Schüler
– Produktion von Unterrichtsmedien durch Schüler.“[208]

Grundkenntnisse zur *Analyse von Gestaltungsmitteln und Wirkungseigenschaften* von Medien werden Lernenden im Raum der Schule üblicherweise im Deutsch- und Kunstunterricht vermittelt.

Im Zusammenhang mit Lehr-/Lernprozessen zum Thema Christen-Juden könnten beispielsweise einzelne Abbildungen, die in fast sämtlichen Unterrichtseinheiten zu dieser Thematik enthalten sind, gemeinsam mit den Schülern auf Gestaltungsmittel und Wirkungseigenschaften hin befragt werden. Gerade hierzu finden sich in der religionspädagogischen Diskussion vielfältige Anregungen.[209] Eine Beteiligung von Schülern an der *Analyse und Auswahl von Medien,* mit denen sie arbeiten wollen, kann im Hinblick auf Unterrichtsmaterialien über Juden und Christen, die in breiter Palette vorliegen (vgl. 5.1.1), durchaus praktiziert werden.

Was die *Produktion von Medien* durch Schüler anbelangt, kann in einer Unterrichtseinheit über das Verhältnis Christentum-Judentum beispielsweise neben der Organisation einer Ausstellung als Abschluß eine Kneipenszene inszeniert und mit Super-8 oder Video aufgezeichnet werden, in der Neonazis von der Unhaltbarkeit ihrer antisemitischen Argumentation überzeugt werden sollen. Dabei haben die Schüler bei der Verfassung eines Treatments[210] oder Drehbuchs die Möglichkeit, sich das zuvor Gelernte zusammenfassend zu vergegenwärtigen sowie ihre Argumentation zu ordnen, wodurch ihre Kenntnisse stabilisiert und vielleicht zusätzlich die Bereitschaft geweckt werden kann, antisemitischen Äußerungen im Alltag entgegenzutreten.

Der abgedrehte, eventuell geschnittene Film oder die Videoaufzeichnung könnte anderen Klassen der Schule oder den Eltern vorgeführt und mit ihnen diskutiert werden.

Zusammenfassend sollen nun mögliche Beziehungen zwischen unterrichtstechnologischen Konzeptionen und von Schülern mitverantwortetem Mediengebrauch aufgezeigt werden: „Unterrichtlicher Medieneinsatz ohne medienerzieherische Reflexion bleibt in einer instrumentellen Nutzung der Medien befangen und drängt die Schüler in eine Objektrolle. Medienerziehung nur an einigen Renommierstücken aus der Welt der Massenmedien ohne Berücksichtigung der täglich genutzten Unterrichtsmedien geht an dem eigentlichen Ziel, der Ausformung eines kompetenten Rezipientenverhaltens, vorbei.

---

208 *K. Boeckmann/N. Heymen,* a.a.O., 374.

209 Etwa bei: *G. Staudigl,* Medien, in: *F. Weidmann* (Hrsg.), Didaktik des Religionsunterrichts, Donauwörth 1979, 155–157; *H. Schultze* (Hrsg.), Unterrichtsmedien im Religionsunterricht, Gütersloh 1979, 96–101.

210 Das Treatment, „das die Handlung (. . .) nach Sequenzen gliedert und wichtige Dialoge und Kommentare enthält“, stellt eine Vorform des Drehbuchs dar. „Als Drehbuch wird die mit genauen Angaben über Bild und Ton ausgestattete Drehvorlage bezeichnet.“ *(U. Kurowski,* Lexikon Film, München ²1973, 24.)

Unterrichtlicher Medieneinsatz ohne Medienerziehung greift genauso kurz wie eine Medienerziehung, welche die Unterrichtsmedien nicht planvoll einbezieht."[211] Medienerzieherische Reflexionen können also als notwendiges Äquivalent zur Medienverwendung im Sinne der Lehrobjektivierung betrachtet werden.

2.9 Vorschlag einer didaktischen Konzeption zur unterrichtlichen Planung des „Lernprozesses Christen Juden"

2.9.0 Voraussetzungen

Die Voraussetzungen für die Erstellung eines Unterrichtsplanungsmodells sind in diesem Zusammenhang folgende:

1. Die Inhalte und Grobziele des gesamten Kurses (Basiskurs) sind durch bereits erfolgte Legitimationsgänge begründet und geordnet.
2. Das zu entwickelnde Planungsraster kann sich keinem der diskutierten und kritisierten Ansätze im einzelnen anschließen und sieht sich aus den erläuterten Gründen genötigt, einen eigenen Ansatz aus Elementen dieser Ansätze zu entwerfen, die dem spezifischen didaktischen Zusammenhang des „Lernprozesses Christen Juden" entsprechen.
3. Wissenschaftstheoretisch argumentiert werden dadurch Elemente der bildungstheoretischen, der lerntheoretischen und empirisch-kybernetischen Didaktik sowie Ergebnisse der lernpsychologischen Diskussion aufeinander bezogen. Dieses Verfahren birgt zwar Probleme, da dadurch einzelne Elemente aus ihrem jeweiligen didaktischen Ansatz herausgelöst werden.

Unter der begründeten Voraussetzung, daß es nach wie vor keine im ausschließlichen Sinne stringenten Unterrichtsplanungsentwürfe gibt, erscheint es um so einsichtiger, daß die *Defizite der einzelnen Ansätze durch die Lösungsmöglichkeiten anderer ergänzt bzw. vervollständigt* werden. Der folgende Arbeitsgang bezieht sich auf die Umriß- und Prozeßplanung. Die Findung und Begründung des Projektziels, der Unterrichtsinhalte sowie der Lernziele auf der Grobzielebene ist der Dimension der Perspektivplanung zuzuschreiben und bereits im vorherigen Kapitel bzw. im Band II der Reihe „Lernprozeß Christen Juden" dargestellt.

2.9.1 Vorschlag einer didaktischen Struktur für die Umrißplanung

Im Arbeitsgang der *Perspektivplanung* wurden das Projektziel und ein Grobzielkatalog für den „Lernprozeß Christen Juden" begründet. Für die hier beginnende Umrißplanung kommt es auf weitere Konkretionen jener Ziele an.

---

[211] *K. Boeckmann/N. Heymen*, a.a.O., 380. (Im Original kursiv).

2.9.1.1 Umrißplanung im Grobzielbereich

Hier sind folgende Kriterien und Differenzierungen zugrunde zu legen:

– Welche *Gegenwartsbedeutung* haben das Projektziel und die entsprechenden Grobziele für die Schüler *in Klassen der Sekundarstufen?*

– Welche Bedeutung haben diese Lernziele für die *Zukunft* der Schüler in dieser Klasse?

– Welche *exemplarische Bedeutung* haben das Projektziel und die Grobziele aufgrund ihrer fachwissenschaftlichen und lebensrelevanten Herkunft für die Planung des Unterrichtsprozesses?

2.9.1.2 Umrißplanung im Inhaltsbereich

Hier ist folgende Fragestellung zu beachten:

– Vergegenwärtigung der thematischen Struktur auf der Basis der „Freiburger Leitlinien" und der begründeten Inhaltsbereiche.

2.9.1.3 Umrißplanung im Bereich der Lehr- und Lernverfahren

Hier sind folgende Aspekte zu beachten:

– Welche der hier erarbeiteten und zusammengefaßten Lehr- und Lernverfahren sollen für die Erreichung der Ziele in welcher Reihenfolge und Gewichtung eingesetzt werden?

– Welche Verfahren gibt es, um die Sacherfahrung, Gefühlserfahrung und Sozialerfahrung für diese Dimensionierung des Ziel-Themenbereichs zu erschließen? Die Ergebnisse der kybernetischen Didaktik sind hier mit zu bedenken. Gleichzeitig ist darauf hinzuweisen, daß hier verschiedene Systeme zusammen genommen werden; eine Überschneidung mit den Taxonomieansätzen von Bloom und Krathwohl wird hier nicht ausgeschlossen. Die von Schulz vorgeschlagene Trias Sacherfahrung, Gefühlserfahrung und Sozialerfahrung verhindert die Engführung des psychomotorischen Bereiches für den religionspädagogischen Zusammenhang.

– Spezielle Methoden, um *Vorurteile* abzubauen bzw. zu verhindern, sind an dieser Stelle zusätzlich und ausführlich einzubringen. Es ergeben sich dann folgende Verfahrensmöglichkeiten:

– Überprüfung bzw. Bereitstellung des Eingangswissens zur Erhebung von eventuellen Vorurteilen.
– Vorstrukturierende Lernhilfen zur Umorientierung aus bestehenden Vorurteilen.
– Progressive Differenzierung zur Überwindung detaillierter Vorurteile.
– Transfer zur Überprüfung der neuen Selbständigkeit.
– Problemvorgabe zur Anwendung neuer kognitiver und affektiver Strukturen, in denen das Vorurteil überwunden erscheint.
– Prozeß- und/oder ergebnisorientierte Lernhilfen zur Aufdeckung und Entdeckung von Vorurteilen.
– Feed-back im Dienste der Korrektur und Infragestellung von Vorurteilen.
– Identifikation mit Einzelschicksalen als Möglichkeit stellvertretender Erfahrung.

Graphische Gliederung

Planungsraster: Didaktische Strukturierung
Umrißplanung

Interne Bedingungen	Analyse des Bildungsgehaltes	Thematische Strukturierung	Zugänglichkeit/ Darstellbarkeit	Erweisbarkeit	grundlegende methodische Struktur Vorurteilsabbau
– Vorwissen der Schüler – Vorurteile der Schüler – Entwicklungs-bedingte Vorgaben – Schülerinteressen – sozio-kulturelle Faktoren	1. Gegenwarts-bedeutung für die Schüler 2. Zukunftsbedeutung für die Schüler 3. exemplarische Bedeutung (Lebens-relevanz, Fach-repräsentanz)	fachwissenschaftliche Zusammenhänge, Strukturen, Schichtungen	Medien Dimensionen: – Sacherfahrung – Gefühlserfahrung – Sozialerfahrung	Überprüfungsmög-lichkeiten der Lern-fortschritte, spezielle Evaluations-möglichkeiten, die den Vorurteilsabbau mit erfassen	darstellendes Lernen entdeckendes Lernen themenspezifische Methoden z.B. Identifikations-methoden

Interdependenz

– Ausdrucksgestaltungen als Mittel zur Erreichung der affektiven Ebene von Vorurteilen (poetische Sprache, Musik, Tanz, Bild, Pantomime).
– Möglichkeiten gemeinsamer Glaubenserfahrung zwischen Juden und Christen (in Weiterführung des Vorschlags der Versöhnungsprogramme nach G. W. Allport).

Die didaktische Reflexion all dieser Aspekte gibt erhebliche Aufschlüsse über das Vorgehen auf der Prozeßplanungsebene und nimmt Einfluß auf die Formulierung und Sequenzierung der Feinziele.

2.9.2 Vorschlag einer didaktischen Struktur für die Prozeßplanung

Die Prozeßbeschreibung bezieht sich auf die einzelnen Schritte einer einzelnen Unterrichtsstunde. Aufgrund der Überlegungen auf der Ebene der Umrißplanung werden zunächst die internen Bedingungen im bereits beschriebenen Sinne – für den konkreten nächsten Lernschritt erhoben. Dabei ist es unersetzlich notwendig, die möglichst genaue *Ausgangslage der Schüler* der konkreten Klasse am Ende der letzten Unterrichtsstunde bzw. für die zu Beginn der geplanten Stunde mit zu bedenken. Im Rahmen des Erprobungsganges zeigte sich mehrfach, daß die internen Bedingungen, wie sie sich am Ende der vorherigen Unterrichtsstunde darstellen, erheblichen Einfluß auf die Gestaltung einer weiteren, dem lebendigen Lernen verpflichteten Unterrichtsstunde nehmen. Danach ist es möglich, die vorgegebenen Feinziele für die Unterrichtsstunde zu revidieren und festzulegen. Die inhaltlichen Angaben werden ebenso wie die Medien möglichst detailliert und differenziert eingetragen.

Ganz erheblich muß auf die Strukturierung des Verfahrens geachtet werden. Hier sind für die einzelnen Lernschritte in der Unterrichtsstunde reflektierte Hinweise auf Lehr- und Lernverfahren sowie auf spezielle Methoden zum Vorurteilsabbau zu machen. Angaben über das erwartete Schüler- und Lehrerverhalten erleichtern die Beschreibung der unterrichtlichen Interaktion.

Nimmt man diese aufeinander bezogenen Faktoren, so ergibt sich folgender Raster für die didaktische Strukturierung auf der Prozeßebene:

Planungsraster: Didaktische Strukturierung
Prozeßebene

Interne Bedingungen	Feinziele	Inhalts-Detaillierung	Medien	Lehr-Lern verfahren Vorurteilsabbau	erwartetes Schüler/ Lehrerverhalten

3 Umriß- und Prozeßplanung eines Basiskurses zum „Lernprozeß Christen Juden“

3.0 Grundlagen: Grobziele

Die folgenden didaktischen Überlegungen basieren auf bereits legitimierten Inhalts- und Zielbereichen. Wie sich bei der Analyse und Kritik der didaktischen Konzeptionen zur Unterrichtsplanung gezeigt hat, nehmen sowohl W. Klafki, W. Schulz als auch F. v. Cube an, daß für die Unterrichtsplanung die Ziel- und Themenbereiche im vorhinein begründet sein müssen. Die unterrichtliche Planung des Basiskurses zum „Lernprozeß Christen Juden“ basiert zum einen auf der Projektzielformulierung, wie sie von G. Biemer, A. Biesinger, P. Fiedler, K.-H. Minz und U. Reck erarbeitet wurde:[1]

„Gemeinsamkeiten und Unterschiede zwischen dem jüdischen und christlichen Glauben und Leben in Vergangenheit und Gegenwart sollen in folgender Weise erfahren und verstanden werden:

1. daß das Judentum als eigenständige, durch die Jahrhunderte bis in die Gegenwart lebendige und vom Christentum unabhängige Religionsgemeinschaft in Theorie und Praxis anerkannt und geachtet wird,
2. daß die bleibende Bezogenheit des Christentums auf das Judentum erfaßt wird,
3. daß ein neuer Begründungszusammenhang für das Christsein aus der jüdischen Wurzel erkannt und realisiert wird,
4. daß Dialogfähigkeit mit Juden in ihrer vielfältigen Lebenswirklichkeit heute und morgen erreicht wird.“

Im Rahmen des didaktischen Begründungsgangs der Inhalte und Ziele des „Lernprozesses Christen Juden“ entstand weiter ein Grobziel-Pool, der die durch das fachdidaktische Strukturgitter ermittelten Inhaltsbestimmungen intentional auf Zielformulierungen hin auslegt.[2] Auf der Basis dieser Grobzielformulierungen wurde für die Strukturierung des Basiskurses von der Arbeitsgruppe um G. Biemer nach sachlogischen und lernpsychologischen Gesichtspunkten folgende Zuordnung von Grobzielen erarbeitet:[3]

---

1 Vgl. in: *G. Biemer* u. a., Freiburger Leitlinien. Theologische und didaktische Grundlegung, a.a.O., 114–116, vgl. die dort beschriebenen Verfahrensweisen für die Formulierung des Projektziels.

2 Vgl. *G. Biemer* u. a., a.a.O., 117–119.

3 Die Buchstabenabkürzung bezieht sich jeweils auf die zentralen fachwissenschaftlichen Kategorien: Gott (G), Bund (B), Volk (V), Land (L), Hoffnung/Zukunft (H). Die arabischen Zif-

„1. Wahrnehmung des *Schöpfungsauftrags* als Verwirklichung von Menschsein in christlichem und jüdischem Lebensvollzug kennenlernen (G 1).

2. Die *Weltaneignung*
– auf der Grundlage der Bundescharta erläutern können (B 1 j)
– aufgrund der Erlösung durch Jesus Christus erläutern können (B 1 c)
– im Horizont von Gottes Verheißungen und Erfüllungen in christlicher und jüdischer Sicht beschreiben können (H 1).

3. *Gottes Herrschaft* im christlichen und jüdischen Sinn als kritischen Anspruch an gesellschaftliche Ordnungsstrukturen anwenden können (G 2).

4. Das Leben nach der Weisung Gottes (jüdisch) bzw. in der Nachfolge Jesu (christlich) als Realisierung der Bundespartnerschaft verstehen und begründen können (Beschneidung, bar mizwah, Taufe, Firmung) (B 2).

5. Die Zuwendung Gottes
– als Grund und Maß individuellen und gesellschaftlichen Miteinanders in christlichem und jüdischem Sinn erfahren (G 3) sowie als Grund- und Maßstab des Miteinanders der Glaubensgemeinschaft und des Umgangs mit allen Menschen im christlichen und jüdischen Sinn wahrnehmen (V 3)
– zu Israel als Modell für partnerschaftliche Kommunikation wahrnehmen (B 3 j)
– aufgrund der Menschwerdung in Jesus Christus für das Leben der Christen in Kirche und Gesellschaft aufzeigen können (B 3 c)
– als Grund für das Vertrauen auf Gott in christlicher und jüdischer Sicht erfassen (H 3).

6. Heilige Feste als Repräsentanz der Bundestreue bzw. des Christusereignisses erläutern und (mit-)feiern können (Sabbat, Sonntag; Pessach, Ostern) (B 5).

7. *Als Ort (Land)* der solidarischen Lebensgemeinschaft soll
– das Land Israel verstanden werden nach dem Vorbild der Zuwendung Gottes zu seinem Volk und mit dem Ziel der Solidarisierung der Völker (L 3 j)
– die Erde verstanden werden nach dem Vorbild der Zuwendung Gottes in Jesus Christus zu seiner Kirche und mit der Aufgabe der Mitwirkung an der Solidarisierung aller Völker (L 3 c).

8. Gott als Grund und Ziel
– der Verwandlung des menschlichen Todes in christlicher und jüdischer Sicht erläutern und begründen können (G 4)
– der endgültigen Einlösung der Hoffnung/Verheißung im Zeitpunkt des Sterbens erfassen (H 4)
– der universalen Vollendung der Erlösung in christlicher und jüdischer Sicht erläutern können (B 4).

---

fern geben den Bereich der menschlichen Grundbefindlichkeiten an, die mit den ko-existentialen Kategorien Arbeit (1), Herrschaft/Konflikt (2), Eros/Sexualität (3), Tod (4) und Spiel (5) beschrieben sind. Die mit den beiden Buchstaben j und c angegebenen Differenzierungen meinen einerseits die jüdische (j) und andererseits die christliche (c) Sichtweise.
Ein Beispiel: B 1 j bedeutet, daß dieses Grobziel durch die Vermittlung der fachwissenschaftlichen Kategorie Bund mit dem ko-existentialen Bereich Arbeit, interpretiert aus jüdischer Sicht gewonnen wurde. Vgl. die fachdidaktischen Strukturgitter in: *G. Biemer*, Freiburger Leitlinien, a.a.O., 109–113.

9. Als *Ziel des Handelns Gottes an den Menschen* die Befreiung aller Menschen in die schöpferische Unendlichkeit Gottes in christlichem und jüdischem Horizont erfassen (G 5).

10. Vorurteile, insbesondere religiös motivierte Vorurteile gegenüber Juden bewußt machen und in sich und bei anderen abbauen lernen."

3.1 Die didaktische Analyse als Umrißplanung

Die auf der Ebene der Perspektivplanung geleisteten fundamentaldidaktischen Überlegungen zur Bestimmung des Projektziels, der Grobziele und der damit implizierten Inhaltsbereiche werden als Ansatz und Voraussetzung für die weiteren didaktischen Überlegungen verstanden. Die didaktische Analyse nach W. Klafki bietet – wie bereits dargestellt – die Möglichkeit, von diesen abstrakten zu konkreteren und konkreten Zielformulierungen zu kommen. Am Ende der Umrißplanung ist die Beschreibung eines Feinzielkatalogs möglich, der für die Planung des Unterrichtsprozesses aufgegriffen werden kann. Bedingt durch den Implikationszusammenhang von Zielen, Inhalten, Methoden und Medien ist gleichzeitig mit der Formulierung von Feinzielen auch eine konkretere Überlegung zur Inhaltsdetaillierung, zum methodischen Vorgehen und zur Frage der Darstellbarkeit durch Medien anzustellen. Wie bereits bei der Bewertung der didaktischen Ansätze W. Klafkis, W. Schulz' und F. v. Cubes dargestellt, ist der Prozeß von der Umrißplanung zur Prozeßplanung bei W. Schulz nur ungenügend transparent. Für die Vermittlung von der Umrißebene zur Prozeßebene eignet sich das Modell der didaktischen Analyse von W. Klafki erheblich besser, da er konkrete didaktische Denkschritte vorschlägt, mit Hilfe derer unterrichtliche Konkretionen gewonnen werden können.

Als didaktische Strukturierungsmerkmale für die Umrißplanung dienen im folgenden die Ergebnisse der didaktischen Analyse:

1. Ausgang von den internen Bedingungen
2. Analyse des Bildungsgehaltes
3. Thematische Strukturierung
4. Zugänglichkeit und Darstellbarkeit
5. Erweisbarkeit
6. Grundlegende methodische Struktur und Vorurteilsabbau.

Der Darstellung liegt ein spezieller Theorie- und Praxiszusammenhang zugrunde, der für die Erstellung dieses Curriculums von der Projektgruppe „Lernprozeß Christen Juden" beachtet wurde:

– ein Team von Mitarbeitern, bestehend aus einem Bibeltheologen, einem systematischen Theologen, einem Religionspädagogen mit erziehungswissenschaftlicher Zusatzausbildung sowie einer Erziehungswissenschaftlerin, erarbeitete unter Leitung eines Fundamentaltheologen und Religionspädagogen eine *sachwissenschaftlich abgesicherte didaktische Grundstrukturierung*, die als Band II der Reihe „Lernprozeß Christen Juden“ mit dem Titel „Freiburger Leitlinien zum Lernprozeß Christen Juden“[4] veröffentlicht ist.

– Der Autor entwarf und erprobte aufgrund der legitimierten Inhaltsbereiche und Projektziel- und Grobzielformulierungen zunächst eine Pilotstudie für eine Unterrichtseinheit zum Thema „Alter Bund/Neuer Bund“, deren Ergebnisse für die Entwicklung eines Basiskurses für die Sekundarstufe II eingebracht wurden.

– Theorie und Praxis fanden ihre Vermittlung bei der Erstellung dieses Curriculums in der Person des Religionspädagogen (Autor), der den Religionsunterricht bei der Erprobung leitete. Die Erziehungswissenschaftlerin U. Reck und der Systematische Theologe K.-H. Minz waren als Unterrichtsbeobachter tätig. Alle Unterrichtsversuche wurden von K.-H. Minz *protokolliert*[5].

Für die folgende Darstellung der Unterrichtsplanung ist es aufgrund dieser Verfahrensweise möglich, durch Unterrichtsprotokolle Beispiele aus der Erfahrung mit dem Pilotmodell zur Veranschaulichung einzelner Theorieelemente einzubringen. Sie sollen keine normative Funktion haben: vielmehr sind sie als Probe aufs Exempel der Realisierbarkeit offen für eine kritische Fortentwicklung in anderen Lernsituationen.

3.1.1 Interne Bedingungen

Die Erhebung der „internen Bedingungen“ bezieht sich zum einen auf das Vorwissen im Sinne von Kenntnissen und Interessen der Schüler in bezug auf Juden und Judentum. Zum anderen muß im Rahmen des „Lernprozesses Christen Juden“ der Vorurteilsproblematik ein erheblicher Schwerpunkt zukommen, so daß sich die Erhebung der internen Bedingungen auch auf die Vorurteile der Schüler gegenüber Juden und Judentum beziehen muß.

Vor allem im Geschichts- und Religionsunterricht haben die Schüler der Oberstufe Vorwissen gesammelt. Die Reaktionen der Mitwelt auf Juden und Judentum angesichts der öffentlich gewordenen Diskussion über den „Holocaust“, die Behandlung der Politik des Staates Israel in den Medien, aber auch die vereinzelte Bekanntschaft mit jüdischen Mitbürgern können auf die Interessen der Schüler Einfluß genommen haben. Ebenso kann ein defizitärer Religionsunterricht starke Antisemitismen ausgelöst haben. Je nach Primär- und Sekundärsozialisation können Schüler einer Lerngruppe eine vorurteilsvolle Denkstruktur haben.[6]

Als Vorgehensweisen für die Erhebung der internen Bedingungen eignen sich folgende vier Wege:
a) die modifizierte Anwendung des Antisemitismus-Tests von H. A. Sallen[7],

---

[4] *G. Biemer,* unter Mitarbeit von *A. Biesinger, P. Fiedler, K.-H. Minz, U. Reck,* Düsseldorf 1981.

[5] Vgl. *D. Benner,* Hauptströmungen der Erziehungswissenschaft. Eine Systematik traditioneller und moderner Theorien. München 1973, 330–346, besonders das Strukturmodell erziehungswissenschaftlicher Forschung, ebd., 346, 331.

[6] Vgl. die Darstellung dieser Problematik im Abschnitt „Themenspezifische Methodenoption“, in: *G. Biemer u. a.,* Freiburger Leitlinien, a.a.O., 119–126.

[7] *H. A. Sallen,* Zum Antisemitismus in der Bundesrepublik Deutschland. Konzepte, Methoden und Ergebnisse der empirischen Antisemitismusforschung, Frankfurt 1977.

b) die Diskussionsmethode, wie sie in der Durchführung der Themenzentrierten Interaktion (TZI-Methode) vorgeschlagen wird[8],
c) ein vorwiegend fachwissenschaftlich orientierter Inhaltstest, wie er im Rahmen des Forschungsprojektes von K.-H. Minz entworfen wurde,[9]
d) ein spezifisch inhaltlich ausdifferenzierter Vorurteilstest, wie er von P. Fiedler in Zusammenarbeit mit K.-H. Minz und U. Reck im Anschluß an T. Ernst entwickelt wurde.[10]

zu a)
Der Antisemitismustest von H. A. Sallen bietet eine Fülle von standardisierten Items, die die Vorurteile gegenüber Juden nach bestimmten Kategorien erfassen können. Der Einsatz aller Items eignet sich jedoch nur bedingt, denn der gesamte Fragebogen beansprucht unverhältnismäßig viel Zeit sowohl beim Test als auch bei der Auswertung. Sehr ratsam ist es, einzelne Items dieses Testes herauszugreifen und die Schüler damit zu befragen.[11] Der Nachteil dieses standardisierten Testes ist die mangelnde Ergiebigkeit für die Planung der konkreten Lernprozesse. Die Ergebnisse des Testes bleiben zu formal und allgemein, als daß genügend konkrete Inhalte und Impulse für die Planung des Lernprozesses bereit gestellt würden. Dieses Defizit kann jedoch durch die zusätzlich am Beginn des Kurses einsetzbare Diskussionsmethode ausgeglichen werden.

zu b)
Durch die Diskussionsmethode als Erhebung der internen Bedingungen kann ein farbigeres und konkreteres Spektrum der Eingangsvoraussetzungen, insbesondere auch der Vorurteile der Schüler entstehen. Durch die Möglichkeit der sofortigen Nachfrage können leichter Schwerpunkte und Strukturen erhoben werden. Beachtet man die Interaktionsregeln, die von der TZI-Methode vorgeschlagen werden, so läßt sich ein sanktionsfreies Gespräch ermöglichen.

zu c)
Die vorwiegend fachwissenschaftliche Inhaltsbefragung der Schüler kann angesichts der Strukturierung des gesamten Kurses durch die theologische Kategorie „Bund" das theologische Vorwissen und die bei den Schülern vorhandenen kognitiven Strukturzusammenhänge erheben; sie ist insofern sinnvoll, als entsprechend des Lernkonzeptes von D. P. Ausubel ohne eine Analyse der kognitiven Strukturen keine Lehr- und Lernplanung zustande kommen kann.

Vorurteile der Schüler können durch fehlgeleitete theologische Deutungen und Informationen mit verursacht sein. Nach Abschluß des 10. Schuljahres könnten aufgrund der Themen des Zielfelderplans für die Sekundarstufe I die Bundes-

---

[8] *H. Sorge*, Didaktische Skizze mit einer Projektidee zum Thema Judentum, in: *H. Gollwitzer, R. Rendtorff* (Hrsg.), Thema Juden-Christen-Israel. Ein Gespräch. Mit einer Entgegnung von *N. P. Levinson*, Stuttgart 1978, 105–124. Und *R. Cohn*, Von der Psychoanalyse zur themenzentrierten Interaktion. Vgl. 2.7 dieser Arbeit.

[9] Vgl. *K.-H. Minz, A. Biesinger*, Fachwissenschaftlich orientierter Eingangstest, in der Dok. zum Themenbereich I, Prozeßplanung. Vgl. den Abdruck im Reader (= Band 4).

[10] *P. Fiedler, K.-H. Minz, U. Reck*, Ausgangserhebung zur Thematik „Christentum – Judentum", in der Dok. zum Themenbereich I, Prozeßplanung. Vgl. den Abdruck im Reader.

[11] Vgl. die Anlage zum Themenbereich I, Prozeßplanung. Vgl. den Abdruck im Reader.

schlüsse in Israel und der Bundesschluß in Jesus Christus bekannt sein, wenngleich mit erheblichen Defiziten und mangelnder Differenzierung gerechnet werden muß. Deswegen ist ein solcher fachwissenschaftlich ausgerichteter Test eine wichtige Orientierung.

zu d)
Um Schwerpunkte religiös motivierter antisemitischer Einstellungen erheben zu können, eignet sich eine speziell darauf hin entwickelte Analyse. Lehrer und Schüler erhalten dadurch Informationen über Zusammenhänge antisemitischer Einstellungen mit theologischen Deutungen und Fehlinformationen. Im Rahmen des Religionsunterrichts sind besonders diese religiös motivierten antisemitischen Einstellungen angehbar und zu verändern.

Für alle vier Zugangswege zur Erhebung der internen Bedingungen gilt grundsätzlich, daß für die Erhebungsphase eine zulassende und sanktionslose Lernsituation hergestellt werden muß, damit möglichst authentische Ergebnisse zustande kommen. Die Auswertung des Antisemitismustests, des Inhaltstests sowie der Eingangsdiskussion darf nicht zu Vorwürfen gegenüber den Schülern verwendet werden. Die Schüler müssen ihre Vorurteile äußern dürfen, ohne Sanktionen des Lehrers oder der Mitschüler befürchten zu müssen.[12]

Im Rahmen dieses Prozesses sind auch die Vorurteile des Lehrers mit zu erheben. Die vorgeschlagenen Tests eignen sich dafür nicht, wohl aber die nach der Themenzentrierten Interaktion orientierte Diskussionsmethode. Der Lehrer kann in einer Fragestellung, etwa „Was habe ich in meiner Kindheit und Jugend bis jetzt über Juden und Judentum gehört“, in seiner eigenen Biographie sehr wohl auch Elemente von Vorurteilen gegenüber Juden aufspüren. Der Lehrer kann sich nach dem Konzept der TZI-Methode nicht aus dem Gruppenprozeß herausnehmen und als derjenige auftreten, der die anderen testet, vielmehr muß er sich selber in diesen Analyseprozeß begeben.[13]

3.1.2 Analyse des Bildungsgehaltes

Ob ein *Inhalt zum Bildungsgehalt* wird, hängt davon ab, ob er für die Person erschlossen, die Person ihrerseits für die mit dem Inhalt gemeinte Sache erschlossen werden kann. Mit dem Begriff Bildung ist also eine Wechselbeziehung von Mensch und Wirklichkeit zu beschreiben. Für den Bildungsvorgang sind die Dimensionen dieser Wechselbeziehung zu beschreiben. Der Bildungsgehalt einer Sache liegt zum einen darin, daß sie Exemplarität in strukturaler Bedeutung hat. Der sich für die Person ergebende Bildungsgehalt liegt zum andern in der Gegenwarts- und Zukunftsbedeutung der Sache. Dies läßt sich an einem religionsdidaktischen Beispiel verdeutlichen:

Die Berufung Abrahams ist von der zu vermittelnden Offenbarungsstruktur her exemplarisch für das jüdische Verständnis von Offenbarung im Sinne von Zuwendung Gottes zu den Menschen. Die Gegenwartsbedeutung und Zukunftsbedeutung der Berufung Abrahams liegt darin, daß für diejenigen Menschen, die

[12] Vgl. Themenspezifische Methodenoption, 2.6 dieser Arbeit.
[13] Vgl. die Darstellung der TZI-Methode 2.7 dieser Arbeit.

sich wie Abraham auf das Offenbarungshandeln Gottes einlassen, eine neue Gegenwart und Zukunft von Gott her erfahrbar wird.

Will man sich die Grundlegung W. Klafkis, nach dessen didaktischen Vorschlägen die Analyse des Bildungsgehaltes hier strukturiert wird, noch einmal in Erinnerung rufen, so ist Bildung in dem Doppelsinne kategoriale Bildung, „daß sich dem Menschen eine Wirklichkeit ‚kategorial' erschlossen hat, und daß eben damit er selbst – dank der selbst vollzogenen (kategorialen) Einsicht, Erfahrungen, Erlebnisse – für diese Wirklichkeit erschlossen worden ist".[14]

Ob ein Inhalt zum Bildungsgehalt wird, hängt also von zwei Kriterien ab:
1. ob ein Inhalt kategoriale Qualität hat
2. vom Bezug, den er für bildungsfähige Menschen hat.

Bildenden Gehalt haben demnach nur Inhalte, die über Einzelwissen und Einzelkönnen hinaus für grundlegende Sachverhalte und Probleme repräsentativ sind. „Alles, was nur ‚auf Vorrat' auf eine Zukunft hin Bedeutung hat, die der junge Mensch nicht bereits in seiner Gegenwart als seine *Zukunft* zu erfahren vermag, alles, was nur tradierte Vergangenheit ist, ohne daß es dem Schüler im Bildungsvorgang selbst als seine Vergangenheit transparent würde; alles, was für den Schüler nicht auf *seine Wirklichkeit* bezogen ist, also nicht in den Horizont seiner lebendigen Fragen und Aufgaben hineingeführt werden und deshalb auch nicht Kategorie des eigenen geistigen Lebens werden kann; alles endlich, was dem Schüler nicht wenigstens der Möglichkeit nach, den Durchstoß zum Fundamentalen, zu den tragenden Kräften der Grundbereiche unseres geistigen Lebens erlaubt – alles das sollte in unserem Bildungswesen keinen Ort – jedenfalls keinen zentralen Ort – mehr haben."[15]

Um den Bildungsgehalt zu ermitteln, werden im folgenden die Fragen nach der
– exemplarischen Bedeutung
– Gegenwartsbedeutung
– Zukunftsbedeutung

der Inhalts- und Grobzielbestimmungen

gestellt, um über diesen Argumentationsgang Differenzierungen für die Feinzielebene und die Ausdifferenzierung der Inhalte zu gewinnen.

3.1.2.1 Zur „exemplarischen Bedeutung" des „Lernprozesses Christen Juden"

Mit der theologischen Kategorie „Bund" wird die Bestimmung des Menschseins nach der biblischen Sinndeutung umschreibbar, insofern, als die Transzendenzverwiesenheit des Menschen durch Gott eingelöst und überboten wird. „Bund" ist die Zusammenfassung des Heilsgeschehens, das sich in der Volkwerdung, in der Landgabe und in der Verheißung von Hoffnung und Zukunft entfaltet. Die Kategorie „Bund" integriert die fachwissenschaftlichen Kategorien Land, Volk, Hoffnung/Zukunft.[16]

---

[14] *W. Klafki*, Kategoriale Bildung, in: ZfPäd 5 (1959) 386–412, zit. nach *W. Klafki*, Studien zur Bildungstheorie und Didaktik, Weinheim 8./9. Aufl. 1967, 25–45, 44.
[15] *W. Klafki*, ebd. 44.
[16] Vgl. *K.-H. Minz*, Die Integralstruktur der Bundeswirklichkeit, in: *G. Biemer u. a.*, Freiburger Leitlinien, a.a.O., 242–248.

Mit der theologischen Kategorie „Bund“ sind zentrale Interpretationselemente des Menschen in biblischer Sicht impliziert. Die Erfahrung der Befreiung durch Gott in konkret-geschichtlicher Situation führt zur Erfahrung des einen, sich zuwendenden Gottes. Dieser hat den Menschen als sein Geschöpf geschaffen, er ist Gott ebenbildlich. Gott sorgt sich nicht nur um den Geist oder die Seele des Menschen, sondern um sein Geschöpf als Ganzheit von Leib, Seele und Geist. Gott beginnt mit der Auswahl eines Volkes. Indem Gott sich seinem Volk als der Schöpfer und Befreier offenbart, wird der Mensch in seiner Subjekthaftigkeit interpretiert und zum Bundespartner Gottes, d. h. als Bundespartner Gottes wird dem Menschen die Welt anvertraut. In seinem Bund zeichnet Gott sein Volk aus. Tora ist als Bundesverfassung die Gabe der Zuwendung von Gnade und Freude für den Menschen. Sie ist nicht die Last, unter der sein Volk seufzen muß.[17]

Der Bund Gottes mit Israel verschränkt die Geschichte des Volkes und damit der Menschheit mit dem Heil: Geschichte wird zum Ort der Theophanie im Sinne des Heil und Unheil (Strafe) wirkenden Gottes. Der Mensch wird angesichts des konkret-geschichtlichen Handelns als geschichtliches Wesen ernst genommen und auf seine eschatologische Bedeutung und Übergrenzung (K. Lehmann) hinaus verwiesen. Im spezifisch christlichen Sinne des Bundes wird zum einen die Verwurzelung des Christlichen im Bund Gottes mit Israel festgemacht. Daß der Bund Gottes mit Israel weiterbesteht in seiner Authentizität, ersehen Christen aus der Existenz Israels. Was Christen lange nicht für wahr haben wollten, erweist sich als geschichtliche Wahrheit. Für die Christen ist der Weg zu Gott in Jesus dem Christus eröffnet, ohne daß sie zuerst in den Bund der Beschneidung eintreten. Im christlichen Bundesverständnis gibt es die Unterschiede zwischen Sklaven und Freien, zwischen Mann und Frau, zwischen Juden und Heiden-Christen nicht. Sie sind für das Heil im Prinzip, d. h. in Jesus Christus bedeutungslos geworden; das soll aber wie alles andere Verheißungspotential in Jesus Christus in der Geschichte eingeholt und realisiert werden – bis hin zur Vollendung der Welt durch Gott selbst.

Die durch Gott im Bundesschluß konkret gewordene Zuwendung zum Menschen kann mit W. Breuning als „werdende Gottesherrschaft“ für Israel bezeichnet werden.[18] Eine unterscheidende inhaltliche Füllung und Ausprägung kommt zustande, wenn die Gottesherrschaft sich in Person und Werk Jesu Christi als „werdende Gottesherrschaft durch werdende Christusherrschaft“ identifiziert.[19] Sowohl für das Judentum als auch für das Christentum jedoch kann der Begriff

---

[17] Vgl. *J. Möller*, Menschsein – ein Prozeß, 22–27.

[18] Vgl. *W. Breuning*, Versuche einer Antwort auf den Fragenkatalog für das Projekt „Judentum im katholischen Religionsunterricht“, in: *G. Biemer u. a.*, Freiburger Leitlinien a.a.O., 136–141. *B. Casper*, Notizen zu einer Antwort, in: *G. Biemer u. a.*, a.a.O., 142–145. *K. Hemmerle*, Antworten zum Fragenkatalog für das Projekt „Judentum im katholischen Religionsunterricht“, in: *G. Biemer u. a.*, a.a.O., 145–150, 146. Vgl. die schematische Darstellung „Zusammenhang der Heilsmysterien jüdisch“ und „Zusammenhang der Heilsmysterien christlich“, in: *G. Biemer u. a.*, a.a.O., 77f. *W. Kasper*, Hinweise zu dem Fragenkatalog für das Projekt „Judentum im katholischen Religionsunterricht“, in: *G. Biemer u. a.*, a.a.O., 150–152. *K. Lehmann*, „Judentum im katholischen Religionsunterricht“, in: *G. Biemer u. a.*, a.a.O., 152–157.

[19] Ebd.

des Bundes als Zentrum für das Heilsgeheimnis im Sinne einer Schlüsselkategorie im „nexus mysteriorum"[20] verstanden werden.

Zusammenfassend können folgende Dimensionen der Bundesthematik in ihrem exemplarischen Anspruch für Juden und Christen beschrieben werden:[21]

– Der Bund Gottes in Jesus Christus gründet im Bund Gottes mit Israel. Das Christentum kann in seiner Identität nur als im Judentum verwurzelt verstanden werden.

– Der einzige Gott ist für Juden und Christen der Initiator und Vollender der Heilsgeschichte. Der einzige Gott ist der Schöpfer der Welt und des Menschen und der Befreier/Erlöser aus der Vergänglichkeit.

– Jüdisch realisiert sich die Bundespartnerschaft Gottes als Erwählung des Abraham, des Volkes Israel, der Propheten, durch die Gabe der Tora und des Talmud.

– Über alle Erschütterungen wie die verschiedenen Exile, die Zerstörung des ersten und zweiten Tempels, in den verschiedenen Phasen des Antijudaismus und Antisemitismus über Auschwitz hinaus bleibt Gott seinem Volk Israel treu.

– Für die nichtjüdische Menschheit geschieht die entscheidende Erlösungsinitiative Gottes im Christusereignis, im Golgotha-Bund. Gott wird im Juden Jesus Mensch für alle Menschen. In Jesus dem Juden wird der gesamten Menschheit durch die Inkarnation des Sohnes Gottes Zugang zum Heil Israels ermöglicht.

– Die vom Gott Israels in Jesus dem Christus zum Heil berufenen Menschen werden in der Kraft des Hl. Geistes als Kirche zum Zeichen für die Völker. Ihre Bundeszeichen auf dem Weg als pilgerndes Gottesvolk sind die Gehorsams- bzw. Gedächtnisbekundungen von Taufe, Eucharistie und die Treue zum Gebot der Gottes- und Nächstenliebe als der Kernformel für den Dekalog.

– Aufgrund des Unterschiedes im Glauben an den gekommenen und kommenden Messias (christlich) und des noch kommenden Messias bzw. messianischen Zeitalters (jüdisch) ergeben sich nicht nur Trennungen; vielmehr laufen beide Hoffnungsansätze durch die Existenz des einzigen Bundes Gottes auf ein gemeinsames Ziel zu. Als die zwei Söhne des einen Vaters sind Juden und Christen der gemeinsamen Zukunft bei dem einen Gott verpflichtet.

---

20 Vgl. *K.-H. Minz,* Versuch einer systematisch-theologischen Begründung der Kategorien „Gott, Bund, Land, Volk, Hoffnung/Zukunft" aus der Juden und Christen gemeinsamen heilsgeschichtlichen Perspektive, in: *G. Biemer u. a.,* Freiburger Leitlinien, a.a.O., 67–78, 76.

21 Vgl. *K.-H. Minz,* Die Integralstruktur der Bundeswirklichkeit, a.a.O. (Lit.!) Vgl. *B. Uhde,* Zum Verständnis von „Bund" (berith) im rabbinischen Judentum, in: *G. Biemer u. a.,* Freiburger Leitlinien, a.a.O., 248–256. *P. Navè Levinson,* Stellungnahme zu den „Freiburger Leitlinien" – insbesondere zum Bundesbegriff, in: *G. Biemer u. a.,* a.a.O., 236–239. *P. Fiedler,* Zum theologischen Gebrauch von „Bund" (berith) in der Hebräischen Bibel, in: *G. Biemer u. a.,* a.a.O., 222–236. Vgl. *C. Thoma,* Christliche Theologie des Judentums, Aschaffenburg 1978, 186–201. *Ders.* (Hrsg.), Auf den Trümmern des Tempels. Land und Bund Israels im Dialog zwischen Christen und Juden, Wien 1968. *F. Mußner,* Traktat über die Juden, München 1979, hier besonders für das Gemeinsame zwischen Judentum und Christentum 88–92.

3.1.2.2 Die Gegenwarts- und Zukunftsbedeutung des Themas „Lernprozeß Christen Juden“

Die Verwiesenheit des Menschen als Individuum auf die Erfahrung von Angenommen-werden und Gemeinschaft ist ein anthropologisches Grunddatum. Mit dieser fundamentalen Angewiesenheit des Menschen auf ein sich ihm zusprechendes Du konvergiert die Alltagserfahrung auch von Kindern und Jugendlichen, in der Freundschaft mit Menschen – sei es in der peer-group oder einer Zweierbeziehung – das Bedürfnis nach gelingender Kommunikation zu verwirklichen.

– Der gegenwärtige Stand der biologischen und sozialen Evolution tendiert zu einem immer höheren Maße an Komplexität (C. Bresch). Der – zwar zögernde – Zusammenschluß der Völker angesichts der immer schicksalhafter werdenden gegenseitigen Abhängigkeiten der ersten, zweiten, dritten usw. Welten, macht ein Erschließen der Schüler für diese Realität im Sinne von eher mehr Gemeinsamkeit und weniger Rivalität und Feindschaft höchst dringlich.

– Die konkret-geschichtliche Situation der Sinnorientierung im Zeitalter „nach Auschwitz“ (J. B. Metz) erfordert für die Schule die Erschließung der Ursachen und der Verhinderungsmöglichkeiten neuer Formen von Vernichtung von Menschen durch Menschen. Im Rahmen des Religionsunterrichts sind die theologisch bedingten Ursachen für die Katastrophe einerseits und die neuen theologischen Fundamente für den aufbrechenden Dialog zwischen Christen und Juden andererseits zu erschließen. Mit dem Thema „Bund“ wird in diesem Zusammenhang die Mitte des Problems angegangen, da einerseits die Bundesinitiative Gottes die Völker einsammelt und da andererseits mit der Formulierung „alter Bund“ über Jahrhunderte hinweg die Verstoßung des Volkes Israel im Sinne der Rücknahme des Bundes von seiten Gottes beschrieben wurde.

– Durch die Analyse und Bewußtmachung von Vorurteilen wird ein wichtiger Bereich menschlicher Urteilsbildung und -mißbildung bei den Schülern angegangen. Der Sinnorientierungsprozeß muß in Überwindung des Ist-Standes den Abbau von Vorurteilen und eine neue dialogbereite Wertorientierung gegenüber Juden auf der Handlungsebene anstreben. Obwohl dem Schüler grundsätzlich die Möglichkeit einer eigenständigen Urteilsbildung nicht abgenommen werden kann, muß jedoch die Lehr-Lernplanung auf die reale Änderung von Vorurteilen auf der praxeologischen Ebene hin konzipiert werden. Angesichts des Zusammenhangs von christlichem Sinnhorizont als Motivation mit konkretem ethischen Handeln wird die ungeheure Pervertierung des Christlichen im konkreten Handeln in der feindseligen Geschichte der Christen gegenüber den Juden deutlich.

– Die in der theologischen Anthropologie geforderte Ganzheit des Menschen ist in diesem pädagogischen Zusammenhang einzulösen, indem alle geistigen und psychischen Vermögen des Menschen mit der Ungerechtigkeit und Grausamkeit antisemitischer Reaktionen von Christen gegenüber Juden aufgegriffen werden.

– Im Prozeß der Sinnorientierung stellt sich immer schon die Frage nach einer Selbst- und Fremddeutung des Menschen. Indem menschliche Identität eine soziale und eine Ich-bezogene Komponente hat,[22] nehmen Fremddeutungen erheblichen Einfluß auf die Selbstinterpretation des Menschen. Der Mensch kann sich als Mängelwesen[23] – nicht nur im theologischen Sinne – verschieden interpretieren. Eine die Existenz und Zuwendung Gottes ausschließende Interpretation ist eine methodologisch zu hinterfragende Einengung und Reduktion der Ausgangsvoraussetzungen für eine Sinndeutung des Menschen in seiner Geheimnishaftigkeit und Transzendierungsfähigkeit.[24] Religionsdidaktisch ist die Konkretisierung des Themas „Lernprozeß Christen Juden" auf die Erfahrungsermöglichung hin auszulegen, das eigene Leben im Kontext der Zuwendung Gottes zu interpretieren und bisherige Sinnorientierungen entsprechend zu überprüfen. Da diese Zieldimension eine erhebliche Veränderung der eigenen Existenzdeutung impliziert, kann sie zum einen nicht von allen Schülern erwartet werden, zum anderen muß die Lehr-Lernplanung diese Dimension jedoch zumindest offenhalten.

3.1.3 Thematische Strukturierung

Im Rahmen dieses Curriculums kommt der Kategorie „Bund" zentrale thematische Strukturierungsfunktion insofern zu, als hier Identität und Differenz der beiden Bruderreligionen Judentum und Christentum transparent, aber auch persönlich bedeutend werden. Bund wird definiert jüdisch: „Bund ist die *Heilszusage* Gottes an Israel, das für alle Völker erwählt wird (Exodus, Tora, Talmud) und der *Glaubensgehorsam* des Volkes (Mose, Propheten, Synagoge)."[25]

Die christliche Definition von Bund: „Bund ist die geschichtlich wirksame Ausdehnung der Heilszusage Gottes an Abraham durch *Jesus Christus* auf alle Völker und die Antwort der Getauften im *Glaubensgehorsam* (Ekklesia)."[26]

Die Bundesthematik kann strukturell verschieden angegangen werden, einmal im Ansatz bei der Exodus-Urkunde des jüdischen Volkes, zum andern bei der christlichen Existenz, der Erfahrung des Leibes Christi und drittens über den lernpsychologischen Einstieg „Wer ist ein Jude heute?"

Schaut man auf die Projektzielformulierung, so ergeben sich vier Bestandteile für die thematische Strukturierung:

- Das Judentum als eigenständige, durch die Jahrhunderte bis in die Gegenwart lebendige und vom Christentum unabhängige Religionsgemeinschaft.
- Die bleibende Bezogenheit des Christentums auf das Judentum.
- Ein neuer Begründungszusammenhang für das Christsein aus der jüdischen Wurzel.

---

[22] Vgl. *G. H. Mead,* Geist, Identität und Gesellschaft aus der Sicht des Sozialbehaviorismus, Frankfurt a. M. 1968, 196f. *L. Krappmann,* Soziologische Dimensionen der Identität, Stuttgart 1971.

[23] Vgl. *A. Gehlen,* Der Mensch, Frankfurt a. M. [9]1971, 50.

[24] Vgl. die Kritik an den wissenschaftstheoretischen Voraussetzungen durch *H. Albert,* Das Elend der Theologie. Kritische Auseinandersetzung mit H. Küng, Hamburg 1979.

[25] *G. Biemer, A. Biesinger, P. Fiedler, K.-H. Minz, U. Reck,* Die jüdische und christliche Bestimmung der elementaren Kategorien für die Darstellung des Judentums im katholischen Religionsunterricht, in: *G. Biemer u. a.,* Freiburger Leitlinien, a.a.O., 66–67, 66.

[26] Ebd.

– Möglichkeiten und Fähigkeiten zum Dialog mit zeitgenössischen Juden und dem zeitgenössischen Judentum.[27]

Diese Elemente zeigen die Grundtendenz der thematischen Struktur des Lernfeldes bereits an. Sie sind aufgrund der fachwissenschaftlichen Analyse im Kontext mit wichtigen Fachdisziplinen und der gegenseitigen Auslegung von Fachrepräsentanz und Lebensrelevanz entstanden. Aufgrund der systematisch-theologischen Aussagen über das Verhältnis von Christentum und Judentum[28] verweisen sie auf die Gemeinsamkeiten und Differenzen hinsichtlich der Möglichkeit einer Verhältnisbestimmung. Für die Behandlung des Themas „Lernprozeß Christen Juden" sind die folgenden Modelle einer Verhältnisbestimmung für die Erstellung einer kognitiven Struktur im Sinne Ausubels zentral, weil sie theologisch legitimierbare Verhältnisbestimmungsmöglichkeiten beinhalten:

– das heilsgeschichtliche Modell,
– das personalistische Modell,
– das eschatologische Bezugsmodell,
– das christologische Dependenzmodell,
– das Transzendierungsmodell,
– das Latenzmodell.[29]

Diese Verhältnisbestimmungen können als Grundaussagen der Schrift und der Kirche über das Verhältnis von Kirche und Judentum, als weitere differenzierte Grundlage für die Dialogfähigkeit zwischen Christen und Juden angesehen werden. Die Unterschiede im Glauben zwischen Christen und Juden, die insbesondere in der Inkarnation Gottes in Jesus Christus und der in ihm angebrochenen Gottesherrschaft bestehen, sind ohne Abwertung des Judentums darzustellen. Daß Christen und Juden so viele Gemeinsamkeiten haben, z. B. ethische Aussagen der Tora, lenkt den Blick auf gemeinsame Aufgaben zwischen Christen und Juden in der Gegenwart und Zukunft.[30]

Um religiös motivierte antisemitische Einstellungen thematisch anzugehen, ist insbesondere der Rassenbegriff, die Gottesmordhypothese und das angebliche Verstoßensein der Juden aufzugreifen. Die mangelnde Aussagekraft des Begriffs „Rasse" und sein ideologischer Verwendungszusammenhang ist dabei besonders herauszuarbeiten. Auch der Begriff des „Antisemitismus" im Verständnishorizont von „gegen die Semiten" läßt sich widerlegen, wenn man bedenkt, daß auch noch andere Völker zu den „Semiten" gehören.

Über die Eingangsfrage „Wer ist ein Jude?" läßt sich bei den Schülern eine

---

[27] Vgl. *G. Biemer, P. Fiedler, A. Biesinger, K.-H. Minz, U. Reck,* Das Projektziel, in: *G. Biemer u. a.,* Freiburger Leitlinien, a.a.O., 114–116.

[28] Vgl. *G. Biemer, P. Fiedler,* Das Rahmenmodell einer Verhältnisbestimmung von Christen Juden, in: *G. Biemer u. a.,* a.a.O., 33–38. *G. Biemer, P. Fiedler,* Systematisch-theologische Aussagen über das Verhältnis von Christentum und Judentum, in: *G. Biemer u. a.,* a.a.O., 54–62. *K.-H. Minz,* Versuch einer systematisch-theologischen Begründung der Kategorien „Gott, Bund, Land, Volk, Hoffnung/Zukunft" aus der Juden und Christen gemeinsamen heilsgeschichtlichen Perspektive, in: *G. Biemer u. a.,* a.a.O., 67–78.

[29] *G. Biemer, P. Fiedler,* Systematisch-theologische Aussagen über das Verhältnis von Christentum und Judentum, in: *G. Biemer u. a.,* Freiburger Leitlinien, a.a.O., 54–62.

[30] Vgl. Erklärung der Deutschen Bischöfe über das Verhältnis der Kirche zum Judentum, hrsg. vom *Sekretariat der Deutschen Bischofskonferenz,* Bonn 1980, 26–28.

kognitive Dissonanz herstellen. Indem sie diese Frage aufgrund ihres bisherigen Informations- und Einstellungsniveaus beantworten und anschließend sich mit Texten und einem Bildtext, die den Rassebegriff z. B. kritisieren, beschäftigen, können sie lernen, daß ihre bisherige kognitive Struktur in bezug auf Juden mit der argumentativ erhellbaren neuen Struktur nicht zusammenpassen. Dadurch entstehen Motivationsmöglichkeiten für den weiteren Fortgang des Lernprozesses.

Eine weitere Möglichkeit einer thematischen Strukturierung bietet sich durch das vorbildliche und wegweisende Arbeitspapier des Zentralkomitees der Deutschen Katholiken zum Thema „Theologische Schwerpunkte des jüdisch-christlichen Gesprächs" an.[31]

Aufgrund dieser Überlegungen ergibt sich für die thematische Struktur des Curriculums folgendes Profil:

I – Judesein – religiös – historisch – politisch
II – Bundesschluß/Bundesschlüsse und ihre Erneuerungen
III – Tora als Zeichen des Bundes
IV – Feier des Bundes in Familie und Gemeinde
V – Wurzeln des Christentums im Judentum
VI – Unterschiede und Gemeinsamkeiten von Christentum und Judentum
VII – Zuordnungsmodelle von Christentum und Judentum
VIII – Vorurteile gegen Juden
IX – Gemeinsame Aufgaben von Christen und Juden

3.1.4 Zugänglichkeit und Darstellbarkeit

Dieser didaktischen Fragestellung kommt im „Lernprozeß Christen Juden" besondere Bedeutung zu. Zunächst sind einige Hindernisse zu bedenken:
Bei den meisten Schülern ist der Zugang zu einer neuen Verhältnisbestimmung von Christen und Juden durch vorgängige religiöse Erziehung bzw. durch gesellschaftliche Vorstellungen verbaut. Sowohl empirische Untersuchungen repräsentativer Art[32] als auch eigene Erhebungen mit den kooperierenden Schülern im Pilotprojekt zeigen, daß die Vorurteilsbestimmtheit in bezug auf dieses Thema ganz erheblich ist. Es besteht also die beträchtliche Aufgabe, im Rahmen dieser Unterrichtseinheit weitgehende Korrekturen zur bisherigen kognitiven und emotionalen Struktur in Bezug auf Juden und Judentum vorzunehmen.

Dabei macht sich die *Situation in Deutschland nach dem Holocaust* nach wie vor höchst schmerzlich bemerkbar: Lernmöglichkeiten für die Einübung des Dialogs zwischen Christen und Juden auf der Handlungsebene bestehen kaum. Um so mehr sind die noch verbleibenden Möglichkeiten der konkreten Erfahrung mit jüdischen Mitbürgern wahrzunehmen. Einmal ist der Besuch eines Sabbat-Gottesdienstes in der Synagoge einer jüdischen Gemeinde in Deutschland vielerorts

---

[31] Vgl. Arbeitspapier des Gesprächskreises „Juden und Christen" des Zentralkomitees der Deutschen Katholiken vom 8. Mai 1979: Theologische Schwerpunkte des jüdisch-christlichen Gesprächs.

[32] Vgl. *H. A. Sallen,* Zum Antisemitismus in der Bundesrepublik Deutschland, a.a.O.

nach entsprechender Planung und Kontaktaufnahme möglich. Auch Gespräche mit Repräsentanten einzelner jüdischer Gemeinden sind nicht ohne Aussicht. Besuche eines jüdischen Friedhofs, eines jüdischen Museums oder die geschichtliche Nachfrage im Wohnort nach ehemaligen Häusern von Juden ermöglichen eine erlebnishafte Auseinandersetzung mit dem Unterrichtsthema. Bei den Schülern können dadurch Hemmschwellen und Fremdheitsgefühle so weit abgebaut werden, daß die Zugänglichkeit und Vorstellbarkeit in bezug auf das neu zu Lernende wesentlich erhöht werden kann.

Angesichts der bereits dargestellten Beschränkungen ist der *medialen Vermittlung* eine besonders große Aufgabe zuzuweisen. Eine breit angelegte Information, die gleichzeitig den Abbau von Vorurteilen mitbedenkt, ist die vierteilige Tonbildreihe „Judentum", in der zum einen die geschichtliche Herkunft des Judentums und andererseits die gegenwärtige Realisierung der jüdischen Religion eindrucksvoll dargestellt sind.[33]

In der Diskussion über themenspezifische Methoden zum Vorurteilsabbau konnte bereits aufgewiesen werden, daß bei der Behandlung des Themas „Lernprozeß Christen Juden" eine Verbindung zum Holocaust nicht geleugnet werden kann. Diese nicht zu leugnende Verbindung bedarf besonders sensibler Behandlung. Für Christen ist es oft schwierig, die Mitschuld zuzugeben. Ein weiteres Hindernis der Zugänglichkeit und Darstellbarkeit ist die Ignoranz über die Judenverfolgung in der neueren Geschichte.

Die Frage nach der Darstellbarkeit der Unterrichtsinhalte impliziert die ausgewogene Aufeinanderbezogenheit der kognitiven und affektiven Lernmöglichkeiten. Dabei geht es nicht um einen quantitativen Proporz zwischen kognitiven und affektiven Elementen, die aneinandergereiht werden. Vielmehr bedarf es einer didaktischen Struktur, die die zentralen kognitiven Strukturen auch auf die affektive, d. h. auf die personal-existentielle Ebene erschließt. Eine grundsätzliche Überlegung betrifft die Frage, mit welchem Vorverständnis die Schüler Juden und Judentum im Rahmen des Religionsunterrichts wahrnehmen können. Zunächst ist festzuhalten, daß die meisten Schüler aufgrund ihrer Teilnahme am Religionsunterricht ein christliches Vorverständis zumindest auf der distanziert-kognitiven Ebene haben können. Die Schüler nehmen Juden und Judentum im-

---

[33] Vgl. Tonbild, Judentum I, Teil A, Judentum I, Teil B, Judentum II, Teil A, Judentum II, Teil B. (Religionen der Welt): *W. Bunte*, Brücken-Film. Diese vierteilige Tonbildreihe ermöglicht einen einführenden Überblick über die Geschichte des Judentums von Abraham über Jakob, den Exodus aus Ägypten, die Könige, die Propheten, den Makkabäeraufstand, den Herodianischen Tempel bis ins 1. Jahrhundert n. Ch. (Judentum 1, Teil A). Judentum I, Teil B, berichtet das jüdische Brauchtum anhand der Beispiele Mesusa, Tallit, Tefillin, jüdische Gebetbücher, den Gottesdienst in der Synagoge, den Heiligen Schrein, die Tora-Rolle, Torazeiger, Mischna, Gemara, Talmud, Halacha, Hagada, betende Juden an der Westmauer in Jerusalem.
Der Teil „Judentum II", Teil A, stellt die Beschneidung, die Bedeutung der Familie für die Weitergabe der Tora, die bar-mitzwa und bat-mitzwa-Feiern, und sehr breit Bräuche und Form der jüdischen Eheschließung dar. Der vierte Teil des Tonbildes „Judentum II", Teil B, beschreibt insbesondere aber sehr ausführlich und fundiert die Gestaltung des Sabbat in der Synagoge und in der Familie. Diese Tonbildreihe ist auch auszugsweise verwendbar. Jeder Teil ist auf ca. 30 Minuten ausgelegt. Vgl. weiter *F.-E. Wilms,* Freude vor Gott. Kult und Fest in Israel, Regensburg 1981.

mer schon aufgrund ihrer vorgängigen Wahrnehmungs- und Erkenntnisstrukturen in bezug auf die christliche Religion auf. Auch hier macht sich das Grundtheorem D. P. Ausubels bemerkbar, daß Lernprozesse immer bei dem ansetzen müssen, was die Lernenden schon wissen. Wie es zum einen stimmig ist, daß Christen das Judentum zumeist nur aus christlicher Sicht wahrnehmen und beurteilen können, so ist zum andern auch nicht zu leugnen, daß damit ein ganz bestimmter Blickwinkel benutzt wird, der das Jüdische in seiner Eigenständigkeit und Andersartigkeit erheblich verstellen kann. Im Rahmen des „Lernprozesses Christen Juden" ist deswegen zu versuchen, die Sichtweise zu wechseln und sich in die zentralen Situationen eines Juden möglichst intensiv hineinzuversetzen und – soweit wie möglich – aus dessen Sicht zu argumentieren. Ein solcher Weg der „Empathie" ermöglicht es den Schülern beispielsweise, das Christentum aus der Sichtweise des Judentums als eine „jüdische Sekte" zu verstehen, die bald eigene Wege ging und zur Staatsreligion wurde.

Durch die modellhafte Darstellung einzelner geschichtlicher Situationen, wie sich Juden und Christen in derselben Stadt als Gruppierungen gegenseitig zueinander verhalten, läßt sich eine konkrete Ebene erreichen. Dazu hilft der mögliche Standortwechsel durch Identifikation, Empathie und Rollendistanz. So wird der hermeneutische Zirkel realisiert, wonach Christen Juden in der Regel als Christen zu verstehen lernen. Durch den Standortwechsel wird dieser Aspekt des Verstehensprozesses selber verdeutlicht.

3.1.5 Erweisbarkeit

Die didaktische Überlegung, daß die Planung und Durchführung von Lernprozessen auf ihre „Erweisbarkeit" hin ausgelegt werden müssen, bezieht sich für die Planung des „Lernprozesses Christen Juden" auf die Lernleistungen im kognitiven Sinne der Schüler (a), die Interessen der Schüler (b), Rückmeldungen für den Lehrer (c), die Veränderung von vorurteilsvollen Einstellungen (d), sowie die Metakommunikation im Sinne der gemeinsamen Überprüfung der kommunikativen Prozesse (e).

a) Um Lernergebnisse zweifelsfrei zu messen, ist eine operationale Lernzielformulierung erforderlich. Schüler und Lehrer stellen sich unter den Anspruch, produktorientierte Lernergebnisse zu überprüfen. Durch schriftliche Tests können Lernleistungen abgefragt werden. Bei diesen Tests bleibt eine selbständige, kompositorische Leistung der Schüler weitgehend unberücksichtigt. Für letztere Ebene eignet sich die „kombinierte" Arbeit, die es dem Schüler erlaubt, in freier schriftlicher Weise (Essay-Form) ein Problem darzustellen und selbständige und begründete Stellungnahmen abzugeben. Unter Bezugnahme auf die Entscheidung des Deutschen Bildungsrates, der sich für die Konzeption von H. Roth entscheidet, lassen sich folgende drei Zugangsweisen für die Leistungskontrolle im „Lernprozeß Christen Juden" vorschlagen:[34]

---

[34] Vgl. *H. Roth* (Hrsg.), Begabung und Lernen, Ergebnisse und Folgerungen neuer Forschungen, Deutscher Bildungsrat, Gutachten und Studien der Bildungskommission, Bd. 4, Stuttgart ⁵1970. Vgl. *Sekretariat der Ständigen Konferenz der Kultusminister der Länder in der Bundesrepu-*

– *Reproduktion*
Die Schüler tragen Fakten, Methoden, Phänomene, Aspekte, Strukturen und Formen, Theorien, Probleme und Aporien zusammen. Beispielsweise sollen die Schüler die verschiedenen Bundesschlüsse in der Hebräischen Bibel zusammentragen, zentrale Phänomene jüdischer Bräuche nennen können, oder etwa die Aporie der Sprachregelung „Alter Bund“ und „Neuer Bund“ erkennen.
– *Reorganisation/Transfer*
Die Schüler ordnen das Gelernte nach bestimmten Gesichtspunkten, gliedern, definieren, analysieren. Die erworbenen Kenntnisse beziehen sie in neue Fragestellungen ein und verknüpfen sie mit anderen Sachverhalten. Texte, Bilder und Situationen werden von den Schülern interpretiert. Beispielsweise sollen die Schüler in der Lage sein, die Grundstruktur des Bundes zwischen JHWH und seinem Volk auf die Grundstruktur des Bundes in Jesus Christus zu beziehen, zu definieren wer ein Jude ist, Gemeinsamkeiten zwischen Juden und Christen zu beschreiben und zu gewichten.
– *Problemlösendes Denken*
Die Schüler kennen die Bedeutung und Grenzen von Informationen, erfragen Aussagen auf Prämissen und Konsequenzen hin, reflektieren Methoden und Argumentationen, deuten Formen und Bilder religiöser und theologischer Sprache, erkennen Wertentscheidungen in ihrer Bedeutung für das daraus resultierende Handeln. Beispielsweise sollen die Schüler die ideologische und abwertende Bedeutung des Begriffs Rasse in seiner Anwendung auf Juden erschließen, die theologische Sprachregelung „Alter Bund“ und „Neuer Bund“ in ihrer Aussagekraft und Grenze beurteilen, sie sollen erkennen, daß die Verwurzelung des Christentums im Judentum einen neuen Begründungszusammenhang christlicher Existenz ergibt.

Um diesen verschiedenen Anforderungen gerecht zu werden, ist die Methodenauswahl für die Erweisbarkeit breit anzulegen. Sie kann reichen vom multiple choice-Test über Korrektur- und Verbesserungsaufgaben, Ergänzungsaufgaben, Umordnungsaufgaben, Rätselaufgaben mit spielerischem Element bis hin zum Malen, Collagen, Plakate Erstellen, zu darstellenden Spielen, Argumentationsaufgaben, Vorbereitung von Streitgesprächen, Referaten und Protokollen sowie Textanalysen.[35]

b) Die von den Schülern geäußerten Interessen sind ein wichtiger Maßstab für die Erweisbarkeit und Zugänglichkeit des geplanten Lernprozesses. Eine höhere Zugänglichkeit wird erreicht, wenn die Interessen der Schüler, auch ihre methodischen Interessen, eingebracht werden. Die Erfahrung der Erlösungsbedürftig-

---

blik Deutschland (Hrsg.), Einheitliche Prüfungsforderungen in der Abiturprüfung, Neuwied 1975. *K. Ingenkamp*, Möglichkeiten und Grenzen des Lehrerurteils und der Schultests, in: *H. Roth* (Hrsg.), Begabung und Lernen, a.a.O., Stuttgart [7]1971, 407–431, hier 422f. *B. Jendorff*, Leistungsmessung im Religionsunterricht, München 1979, 77ff. *K. E. Nipkow*, Religionsunterricht in der Leistungsschule, Gütersloh 1979, 69. *K. Westphalen*, Praxisnahe Curriculumentwicklung, Donauwörth 1977. *H. Anselm, K. Fikenscher*, Leistungsbewertung im Religionsunterricht der Kollegstufe/Studienstufe, Calw–München 1976.

[35] *G. Biemer, B. Kraus*, Leistungsmessung im Religionsunterricht, in: Christlich-pädagogische Blätter 89 (1976) 194–202.

keit und Befreiungshoffnung bei den Schülern, die lebensweltliche Orientierung des Lernprozesses und die sich durchhaltende Intention, eigene Vorurteile und Vorurteile bei andern im Rahmen des „Lernprozesses Christen Juden" zu thematisieren und wenn möglich, zu verlernen bzw. gegen sie anzugehen, erleichtern den Schülern die Zugänglichkeit zum geplanten Lernprozeß und die Erweisbarkeit von Lernergebnissen.

c) Für den Lehrer impliziert die Frage nach der Erweisbarkeit Tendenzen zu einer eigenen Aktionskontrolle. Die Rückmeldungen der Schüler geben Aufschlüsse über gelungene und weniger gelungene Lehr-Lernplanungen durch den Lehrer. Im Selbstverständnis und im Selbstklärungsprozeß muß der Lehrer gerade bei einem solch komplexen und vorurteilsbeladenen Thema auch sich selbst an mehreren Stellen auf eigene Einstellungen und Strukturen hin überprüfen.

d) Durch den Antisemitismus-Test von H. A. Sallen[36] kann eine Veränderung der Vorurteile bei den Schülern am Beginn und am Ende der Unterrichtseinheit überprüft werden. Jedoch ist einschränkend davon auszugehen, daß die Schüler den Testbogen eventuell im Sinne des Erwartungshorizontes des Lehrers ausfüllen und vor allem bei der Kontrolluntersuchung bereits kennen. Eine andere Möglichkeit ist die im folgenden Praxisbeispiel aufweisbare Lernform des Streitgesprächs.

Praxisbericht:
In der Endphase wurde im Pilotprojekt den Schülern folgende Lernstruktur vorgeschlagen: Sie spielen am Stammtisch eines Gasthauses die Situation, in der junge Neonazis Vorurteile und Haßtiraden gegen Juden verbreiten. Die Mehrheit ihrer Klasse versucht mit Argumenten, den Vorurteilen und der Herabwürdigung der Juden eindeutig zu begegnen.

In der Lerngruppe wurde kurz darüber gesprochen, welche Argumente diejenigen Schüler, die die Neonazis spielen, vorbringen werden. In einer kurzen Arbeitsgruppenphase konnten die übrigen Schüler dann überlegen, wie solchen Argumenten begegnet werden kann. Im folgenden Streitgespräch wurde deutlich, daß die Schüler die Vorurteile gegenüber Juden bereits sehr treffend widerlegen und zurückweisen konnten.[37]

e) Durch regelmäßige Phasen der Metakommunikation, in denen Schüler und Lehrer über den Verlauf des Unterrichts sprechen und ohne Sanktionen und Widerrede ihre Eindrücke vermitteln können, gewinnt die unterrichtliche Interaktion wesentlich. Zum einen hat dies motivierende Funktion, da die Schüler merken, daß sie eigenständig den Unterricht mitgestalten können, daß sie als Subjekte des Lernens vom Lehrer akzeptiert sind und auf die weitere Gestaltung des Unterrichts Einfluß nehmen. Besonders in bezug auf die Vorurteilsveränderung sind solche Metakommunikationsphasen bedeutsam, da die Schüler in diesem Rahmen gleichzeitig ihre eigene Situation, seien es Sozialisationsfaktoren im Elternhaus, Lernerfahrungen in der bisherigen Schulausbildung oder in der peer-group

---

[36] *H. A. Sallen*, Zum Antisemitismus in der Bundesrepublik Deutschland, a.a.O.
[37] Vgl. die Dokumentation in der Anlage zur Prozeßplanung.

mit einbringen können. Folgende Fragen können solche Metakommunikationsphasen strukturieren:
- Es ist menschlich, Vorurteile zu haben. Warum habe ich Vorurteile nötig?
- Was habe ich für den Umgang mit Menschen durch diese Unterrichtseinheit gelernt?
- Inwieweit hat dieser Lernprozeß in mir die Erfahrung von Treue, Gemeinschaft und Zuwendung (Bund) im Alltag ermöglicht?
- Inwiefern hat sich meine Voreinstellung zu Juden und Judentum durch diese Unterrichtseinheit geändert?
- Inwiefern ist es für mich jetzt leichter oder schwerer, Christ zu sein?

3.1.6 Grundlegende methodische Struktur und Vorurteilsabbau

Für die Eingangsphase des Kurses „Lernprozeß Christen Juden" ist eine Unterrichtsorganisation erforderlich, die die biographische Lebenswelt der Schüler in bezug auf das Thema grundlegend mobilisiert. Als methodisches Grundlagenkonzept wird hier für das lebendige Lernen nach der TZI-Methode optiert.[38] Danach ist es möglich, die Inhalte (Themen) auf die persönliche existentielle Lebenssituation der Lerngruppe zu beziehen. Wie G. Dietrich in seinem Experiment nachweisen konnte, werden Vorurteile in einer offenen Lernatmosphäre, in der die Schüler die Vorurteile sanktionslos äußern können, am besten abgebaut.[39] Indem die Thematik des Unterrichts jeweils auf das „Ich" und das „Wir" erschlossen wird, wie dies in dem hier präferierten Bildungsbegriff nach W. Klafki erforderlich ist, wird ein unbeteiligtes Lernen weitgehend ausgeschlossen. Ganzheitlich-gestaltpsychologische Überlegungen weisen darauf hin, daß Ausdrucksgestaltungen, wie etwa Bildermalen, Pantomime, Rollenspiele, poetische Sprache u.a. eine wichtige Hilfe sind, um die affektive Ebene von Vorurteilen zu erreichen.

Der Vorurteilsproblematik wird grundlegende Bedeutung zugemessen, insofern als das Bestreben, Vorurteile abzubauen, als durchgängige Leitlinie durch alle Stunden und Ziele zu verstehen ist. Dies schließt nicht aus, einzelne Vorurteile auch als Thema einer Unterrichtsstunde aufzugreifen. Bei Schülern kann durch die Herbeiführung eines Verfremdungseffektes gegenüber den eigenen Vorurteilen Juden gegenüber eine motivierte Ausgangslage bewirkt werden. Dazu eignet sich unter anderem ein sogenannter Bildtest, in dem die Schüler die vorgegebenen Bilder jener Personen ankreuzen, die ihrer Meinung nach keine Juden sind.[40]

Der Inhaltsbereich Jude sein – religiös – historisch – politisch kann nach dem expositorischen Lehr-Lernverfahren D. P. Ausubels vermittelt werden. Unter dem Aspekt des progressiven Differenzierens kann der Begriff „Jude" definiert

---

[38] Vgl. 2.7. dieser Arbeit. Einen religionspädagogischen Praxisbericht bietet *K. Roos,* Wie können wir besser miteinander sprechen? Praktische Anregungen aus der „Themenzentrierten Interaktion", in: KatBl 106 (1981) 689–695.

[39] *G. Dietrich,* Durch welche erzieherischen Maßnahmen kann die Einstellung von Volksschülern gegenüber „dem Juden" verändert werden? In: Zeitschrift für experimentelle und angewandte Psychologie 14 (1967) 191–199.

[40] Vgl. die Bildvorlage in Band 4.

werden nach der Volkszugehörigkeit, nach der Staatsbürgerschaft im Staat Israel, nach der Zugehörigkeit zur Glaubensgemeinschaft. Diese Differenzierungen können die Schüler durch entsprechende Lernanordnungen selbst entdecken.

Weiter eignet sich das expositorische Lehren, weil durch progressive Differenzierung die zentralen Elemente von Bund in der jeweils geschichtlichen Ausformung einerseits und der alle Bundesschlüsse übergreifenden Struktur andererseits erfaßt werden können. Alternativ dazu kann durch die entdeckende Analyse einzelner Bundesschlüsse von den Schülern die Grundstruktur der Zuwendung Gottes zu Israel erschlossen und auf ihre Bedeutung für den jüdischen Glauben hin bezogen werden. Eine auf die Lebenssituation der Schüler hin existentiell ausgelegte Lernstrukturierung kann durch Rollenspiele im Sinne des Identifikationslernens erreicht werden. Indem Schüler eigene Lebenssituationen gestalterisch darstellen, in denen sie sich von Gott befreien lassen wollen, wird eine intensive Verzahnung von Kognition und Emotion erreicht, die die lebensrelevante Bedeutung des Themas für die Schüler durchsichtig macht.

Die Feier des Bundes in Familie und Gemeinde kann zum einen durch den Besuch eines Synagogengottesdienstes und zum anderen durch audio-visuelle Vermittlung erfolgen. Dabei ist es im Sinne der integrierenden Verbindung nach D. P. Ausubel sinnvoll, daß die Schüler konvergierende Elemente religiöser Praxis (Bar mizwa – Firmung/Konfirmation) entdecken können.

Die Wurzeln des Christentums im Judentum können durch gestalterische Methoden und durch eine Auseinandersetzung mit dem Ölbaumbild vermittelt werden.[41] Durch eine strukturale Analyse von Röm 11 läßt sich die kognitive Struktur für diesen Zusammenhang erhellen und auf der Imaginationsebene für die Schüler intensivieren.

Für die Darstellung der Zuordnungsmodelle von Christentum und Judentum wird Christsein als bekannt vorausgesetzt. Durch den Vergleich des Bundes mit den Juden mit dem Bund in Jesus Christus kommt es auch zu einer Vertiefung der christlichen Interpretation. Jedoch ist eine einführende und umfangreichere Darstellung der zentralen Elemente des Christentums nicht vorgesehen, da auf den bisherigen Inhalten des Lehrplans aufgebaut werden kann.

Eine Verzahnung zwischen kognitiven und emotionalen Elementen ist auch für die Behandlung der Zuordnungsmodelle zwischen Christentum und Judentum sinnvoll. Die verschiedenen, in den Freiburger Leitlinien begründeten Modelle können zum einen auf ihre kognitiven Elemente hin analysiert werden, sollten jedoch durch die Umsetzung in Handlungsvollzüge, etwa durch Rollenspiele oder Pantomimen, als handlungsrelevant für den Dialog mit Juden erfahren werden.[42]

Die Unterschiede und Gemeinsamkeiten von Christentum und Judentum können nach dem expositorischen Lehren durch eine Analyse der Erklärung der Deutschen Bischöfe über das Verhältnis der Kirche zum Judentum erfolgen, wo

---

[41] Vgl. die Abbildung in *G. Biemer u. a.*, Freiburger Leitlinien, a.a.O., 12.

[42] Vgl. *B. Grom*, Methoden für Religionsunterricht, Jugendarbeit und Erwachsenenbildung, Düsseldorf–Göttingen [1]1976, 57–88, der eine Reihe solcher methodischen Möglichkeiten vorstellt.

auch die gemeinsamen Aufgaben von Christen und Juden dargestellt sind.[43] Um die Analyse des Textes zu erleichtern, ist eine thesenhafte Zusammenfassung der Argumentationsstruktur durch Schüler sinnvoll.

3.2 Prozeßplanung

Aufgrund der didaktischen Analyse auf der mittleren Abstraktionsebene der Umrißplanung ist es im folgenden möglich, die notwendigen didaktischen Entscheidungen für die Prozeßebene zu fällen. Auf der Basis der Umrißplanung ist es im folgenden möglich, den Prozeß der Formulierung von Feinzielen so zu gestalten, daß Zusammenhänge zu den didaktischen Überlegungen und zu deren Voraussetzungen, den Grobzielen, ersichtlich werden. Für den Bereich der Inhaltsdetaillierung ist es aufgrund der Überlegungen zum Bildungsgehalt und der thematischen Strukturierung ebenfalls möglich, die weiteren Festlegungen transparent zu gestalten.

Für die Formulierung des Feinziel-Profils sind im Sinne einer Zwischenüberlegung zunächst einige Elemente zur Formulierung von Lernzielen zu bedenken.

---

[43] Erklärung der Deutschen Bischöfe über das Verhältnis der Kirche zum Judentum, a.a.O., 26–28. – Interssanterweise wurden in der österreichischen katechetischen Diskussion die Fragestellungen zum Verhältnis von Judentum und Christentum schon relativ früh aufgegriffen; vgl. das Memorandum des christlich-jüdischen Koordinierungsausschusses Wien 1968, Darstellung des Judentums in der Katechese, in: Christlich-pädagogische Blätter 81 (1968), 33-45. Hier wird bereits „Der ungekündigte Bund" zur Grundlage der Darstellung des Judentums gemacht, ebd. 33–39, ebenso wird der Prozeß von der „innerjüdischen Polemik zur christlichen Polemik gegen die Juden" beschrieben, ebd. 39–41. K. Schubert, Die Kirche aus Juden und Heiden (Rez. zu C. Thoma, Kirche aus Juden und Heiden, Wien 1970), in: Christlich-pädagogische Blätter 83 (1970) 330–333, beschreibt die Entwicklung des Verhältnisses von Kirche und Judentum ab 1933, wo E. Peterson als Reaktion auf die Judenpolitik des Nationalsozialismus das Thema „Die Kirche aus Juden und Heiden" bei den Salzburger Hochschulwochen behandelt hat. Eine Studientagung im Februar 1972 zum Thema Judentum und Katechese wird dokumentiert von C. Rijk, Verständnis des Judentums – ein innerchristliches Problem für eine zeitgemäße Verkündigung, in: Christlich-pädagogische Blätter 86 (1973) 191–198, sowie von E. L. Ehrlich, Was erwarten die Juden vom christlichen Religionsunterricht?, in: ebd. 198–200; vgl. K. Schubert, Die Wurzel des christlichen Antisemitismus, in: ebd. 201–202. Die Beiträge von Ehrlich und Schubert sind von H. Wahle protokolliert. P. E. Lapide, Jesus in israelischen Schulbüchern, in: ebd. 203–213. Eine Bibliographie und Hilfsmittel zum Thema Judentum und Katechese stellt H. Wahle, in: ebd. 213–215 vor. Die Intervention von Kardinal Willebrands während der Synode: Katechese heute zeigt die Ernsthaftigkeit der Revision des Verhältnisses von Judentum und Christentum für die Umsetzung in der Katechese; vgl. Katechese und Judentum. Interventionen Kardinal Willebrands in der Synode am 18. 10. 1977, in: Christlich-pädagogische Blätter 91 (1978) 173–175. E. L. Ehrlich, Erwartungen zum christlich-jüdischen Dialog an die ökumenische Christenheit, in: ebd. 93 (1980) 268–280, formuliert Postulate, die in der Katechese bis heute kaum eingelöst sind. Gleichwohl zeigt dieser Beitrag auch, daß es zu Veränderungen gekommen ist. Die Dokumentation von einzelnen positiven Beispielen auch in katechetischen Vorlagen zeigt dies. P. Lapide, Die Frage nach dem größten Gebot in jüdischer Sicht, in: Christlich-pädagogische Blätter 94 (1981), 125–129 zeigt auf, daß Jesus „in lapidarer Kürze einen universalen Heilsbogen spannt, der vom Sinai der Gesetzgebung bis hin zur Bergpredigt in Galiläa reicht", ebd. 128.

3.2.1 Vorüberlegung zur Formulierung von Feinzielen

Für die Formulierung von Feinzielen ist die Frage nach dem Grad der Operationalisierung und der kognitiven und affektiv-handlungsorientierenden Dimensionierung zu stellen. Für die Formulierung von Feinzielen ist es wichtig, daß sie ein beobachtbares Verhalten, das die Schüler durch den Lernprozeß erreichen sollen, zum Ausdruck bringen. Für den Bereich Lernprozeß Christen Juden gibt es gegenüber einer solchen Art von Operationalisierung Grenzen, die sich auf die Gesinnung sowie auf das außerschulische Verhalten der Schüler beziehen. Im Sinne einer präzisen Planung sind operationalisierte Lernzielangaben auf der Feinzielebene hilfreich. In der Diskussion über geschlossene und offene Curricula wurde jedoch auf die Gefahren operationalisierter Lernzielkataloge hingewiesen, die in einem Konzept offener Lehr-Lernplanung, d.h. einer Planung, bei der Schüler und Lehrer als Subjekt des Lernens beteiligt werden, eher hinderlich sein können. Für den Umgang mit den folgenden Lernzielen ist es deswegen wichtig, sie als konkrete intentionale Angaben für die Planung des Lernprozesses zu verstehen, nicht jedoch in ihnen ein unverrückbares einengendes Gerüst zu sehen.

Feinziele geben konkretes Verhalten der Schüler an, das diese durch die Beteiligung am Lernprozeß erreichen sollen. Um zu einer ausgeglichenen Struktur von kognitiven und affektiven Lernzielen zu kommen, legt sich eine Orientierung an den Vorschlägen zur Lernzieltaxonomie von B. S. Bloom und D. R. Krathwohl nahe.[44]

Lernziele, die auf intellektuelle Fertigkeiten und Fähigkeiten tendieren, werden der *kognitiven* Verhaltensdimension zugeordnet.

Lernziele, die sich auf Einstellungen, Haltungen, Präferenzen und Wertungen beziehen, werden der *affektiven* Verhaltensdimension zugeordnet.

Ohne den Anspruch der Lernzieltaxonomien zu verteidigen, ein in sich stimmiges, aufeinander aufbauendes, also hierarchisch gliederndes System von Lernzielen begründen zu können, eignen sich diese Vorschläge doch für eine tendenzielle Zuordnung von Lernzielen zu Verhaltensdimensionen. Sie eignen sich nicht für eine sachlogische Ausdifferenzierung von Grobzielen auf die Feinzielebene, können jedoch als Kriterien für die verschiedenen Dimensionierungen der Lernziele auf Verhaltensebenen als hilfreiches Instrumentarium gelten.[45]

Die Dimensionen der kognitiven Lernzieltaxonomie sind mit folgenden sechs Ebenen zu beschreiben:

1. Wissen
2. Verstehen
3. Anwenden
4. Analysieren

---

[44] Vgl. *B. S. Bloom* (Hrsg.) u. a., Taxonomie von Lernzielen im kognitiven Bereich. Übersetzt von E. Füner und R. Horn mit einem Nachwort von *R. Messner*, Weinheim und Basel 1972. *D. R. Krathwohl, B. S. Bloom, B. B. Masia*, Taxonomie von Lernzielen im affektiven Bereich. Übersetzt von A. Dresmann, Weinheim und Basel 1975.

[45] Vgl. *R. Messner*, Funktionen der Taxonomien für die Planung von Unterricht, in: *B. S. Bloom* (Hrsg.), a.a.O., 217–251.

5. Synthetisieren
6. Evaluieren.[46]

Der Vorschlag D.R. Krathwohls für die affektive Lernzieltaxonomie gliedert sich in fünf Stufen:
1. aufmerksam werden, beachten
2. reagieren
3. werten
4. Wertordnung
5. Bestimmung durch Werte.[47]

In dieser affektiven Lernzieltaxonomie ist auch die psychomotorische, also handlungsorientierende Dimension impliziert.[48]

Diese beiden Lernzieltaxonomien werden im folgenden für die Formulierung von Feinzielen im Lernprozeß Christen Juden heuristisch verwendet.

3.2.2 Feinzielprofil

Aufgrund der dargestellten Voraussetzungen, daß
1. durch die didaktische Analyse die Grobziele auf die Feinzielebene ausdifferenzierbar sind und
2. die Feinziele an den dargestellten Lernzieltaxonomien heuristisch orientiert sind,

läßt sich im folgenden ein Feinzielprofil erstellen.

Durch die Bezugnahme des einzelnen Feinziels auf ein oder mehrere Grobziele und die Angabe der Lernzieldimension ist der Zusammenhang gewahrt und ein hohes Maß an Transparenz geschaffen.

Die Zusammenhänge zu den Grobzielen werden durch die Angabe der Grobzielnumerierung (z.B. GZ 5) dargestellt. Das Feinziel ist dann im Kontext des Grobziels 5 zu verstehen. Ebenso ist hinter jedem Feinziel ein Hinweis auf die Lernzieldimension kognitiv (K) oder affektiv (A) und die entsprechende Numerierung der Lernzieldimension in den dargestellten Lernzieltaxonomien zu finden.

Die Sequenzierung der Feinziele lehnt sich an die IX Bereiche der thematischen Strukturierung an (vgl. 3.1.3). Dabei lassen sich sachlogische und lernpsychologische Gesichtspunkte miteinander verbinden. Der Lehrer wird über die hier dargestellten Feinziele hinaus aufgrund der entsprechenden Unterrichtssituation weitere Feinziele finden, die vorhandenen entsprechend umformulieren oder gewichten. Die didaktische Stimmigkeit wird gewahrt, wenn

---

[46] Vgl. die Kurzfassung der kognitiven Lernzieltaxonomien in: *B. S. Bloom u. a.,* a.a.O., 217–233.

[47] *D. R. Krathwohl, B. S. Bloom, B. B. Masia,* a.a.O., 164–173.

[48] Vgl. dazu *R. H. Dave,* Eine Taxonomie pädagogischer Ziele und ihre Beziehung zur Leistungsmessung. In: *K. Ingenkamp, Th. Marsolek* (Hrsg.), Möglichkeiten und Grenzen der Testanwendung in der Schule, Weinheim 1968, 225 - 237, der psychomotorische Dimensionen vorschlägt, die sich jedoch religionsdidaktisch insofern nicht eignen, als sie vorwiegend auf motorische Verhaltensweisen abheben.

dabei die entsprechenden didaktischen Kontexte und Überlegungen angestellt werden.

Feinziele zum Themenbereich I: Jude sein – religiös – historisch – politisch

1. Die Schüler sollen sich bewußt werden, was sie bisher in ihrem Leben über Juden gehört haben und ihre Erkenntnisse bzw. Erfahrungen auswerten (GZ 10/K 4).
2. Die einzelnen Elemente des Projektziels kennenlernen und bereit sein, diese zu befragen. (Bezug auf Projektziel/A 1).
3. Die Schüler sollen angesichts der eigenen Lernvoraussetzungen formulieren, was sie an der Unterrichtseinheit „Lernprozeß Christen Juden" besonders interessiert (Bezug auf Projektziel/K 4).
4. Durch einen Testversuch eigene Vorurteile gegenüber Juden und Judentum wahrnehmen
(GZ 10/A 1).
5. Den Begriff „Rasse" analysieren
(GZ 10/A 4).
6. Sich über die eigenen Einschätzungen und Vorurteile Rechenschaft ablegen und sie mit der Realität konfrontieren
(GZ 10/K 6).
7. Die Anwendung des Rassenbegriffs angesichts seiner ideologischen Verwendung überprüfen
(GZ 10/K 6).
8. Die Frage „Wer ist ein Jude?" unter Ausschluß des Rassebegriffs beantworten
(GZ 10/K 1).
9. Erkennen, daß Judewerden ebenso durch Abstammung wie durch Übernahme des jüdischen Glaubens geschieht
(GZ 5/K 1).
10. Erörtern, daß ein Jude durch Übertritt zu einer andern Religion sein Judesein aufgibt
(GZ 5/K 2).

Feinziele zum Themenbereich II: Bundesschluß/Bundesschlüsse und ihre Erneuerungen

1. Anhand grundlegender Texte Elemente des jüdischen Glaubens kennenlernen
(GZ 1–9/K 4).
2. Die Grundelemente des jüdischen Glaubens gewichten
(GZ 1–9/K 6).
3. Wahrnehmen, daß der jüdische Glaube auf einer geschichtlichen Befreiungserfahrung durch Gott beruht
(GZ 9/A 1).
4. Den Gott der Juden als den „Gott von Ägypten her" verstehen, der mit seinem Volk einen Bund geschlossen hat
(GZ 5/K 2).
5. Eigene Freisetzungswünsche sammeln und auf den „Gott Abrahams, Isaaks und Jakobs" zu beziehen versuchen
(GZ 5/A 3).

6. Die verschiedenen Bundesschlüsse bzw. Bundeserneuerungen beschreiben und auf ihre Grundstruktur hin untersuchen
(GZ 4/K 2, K 4)[49].
7. Erfassen, welche Bedeutung die Rede von einem neuen bzw. erneuerten Bund für Juden hat und eigene Kenntnisse über den „Neuen Bund“ (christlich) damit vergleichen
(GZ 4, 5/A 3).

Feinziele zum Themenbereich III: Tora als Zeichen des Bundes

1. Die verschiedenen Verständnisse von Tora als schriftliche und mündliche Tora vom Sinai, eingebunden in die grundlegende Heilswirklichkeit „Erwählung“, „Bund“, „Volk“ kennen- und unterscheiden lernen
(GZ 4/K 2).
2. Die Begriffe Tanach und Talmud, Halacha und Haggada kennenlernen und erläutern
(GZ 4/K 2).
3. Erkennen, daß die Erfüllung der Tora nicht äußerlichen Gesetzesgehorsam darstellt, sondern als Leben in der Erwählung und als eingegangene Verpflichtung des Bundes auf die Vollendung der Geschichte in der messianischen Zeit zielt
(GZ 2/K 2).
4. Verschiedenheiten des Tora-Verständnisses im zeitgenössischen Judentum kennenlernen und anerkennen können
(GZ 2, 10/A 2).

Feinziele zum Themenbereich IV: Feier des Bundes in Familie und Gemeinde

1. Jüdische Feste und Feiern als Realisierung des Bundes im Volk erläutern
(GZ 6, 7/K 2).
2. Sabbat als wichtiges Fest für die Realisierung der Beziehung zu Gott erfassen
(GZ 6/K 4).
3. Die Bedeutung von Beschneidung (mila) und bar mizwah kennenlernen und verstehen
(GZ 6/K 2).
4. Die Bedeutung der Familie für die Weitergabe der Bundeserfahrung im Judentum (Liturgie) erfassen und mit der christlichen Bedeutung der Familie vergleichen
(GZ 6/K 4).

Feinziele zum Themenbereich V: Wurzeln des Christentums im Judentum

1. Zentrale Elemente der Verwurzelung des Christentums im Judentum kennenlernen
(GZ 1–9/K 1).

[49] Dieses Lernziel kann wie einige im folgenden formulierte je nach Lernsituation auf verschiedene Lernzieldimensionen bezogen werden.

2. Grundaussagen des NT über die Herkunft der Kirche aus Israel beschreiben (GZ 8, 9/K 2).
3. Die Verwurzelung des Christentums im Judentum in ihrer Auswirkung auf das eigene Christsein hin realisieren
(GZ 3, 5, 6/K 3).

Feinziele zum Themenbereich VI: Unterschiede und Gemeinsamkeiten von Christentum und Judentum

1. Elemente der Verwurzelung des Christentums im Judentum auf Gemeinsamkeiten im Glauben hin exemplarisch analysieren
(GZ 3, 5, 7/K 4).
2. Erkennen, daß das zentrale Unterscheidende zwischen Christen und Juden der Glaube an den inkarnierten Gottessohn ist
(GZ 2, 4, 5, 7/K 2).
3. Die Aufgegebenheit der Welt für Christen und Juden erarbeiten und erfassen (GZ 8, 9/K 5).
4. Den Glauben an die noch ausstehende Vollendung in jüdischer und christlicher Sicht kennenlernen und vergleichen
(GZ 8/K 2).
5. Gemeinsamkeiten und Unterschiede zwischen Christentum und Judentum zusammenfassend miteinander vergleichen
(GZ 3, 5, 7/K 6).

Feinziele zum Themenbereich VII: Zuordnungsmodelle von Christentum und Judentum

1. Gemeinsamkeiten von Christentum und Judentum im ethischen Bereich an der Relevanz der „Bundescharta" Israels für Christen exemplifizieren
(GZ 2, 3, 4/K 2).
2. Das Substitutionsmodell (Ersatzmodell) als Beispiel für negative Verhältnisbestimmung auf seine Konsequenzen für die Juden in ihrer Geschichte mit den Christen und für die Gegenwart bewerten
(GZ 5, 8/K 6).
3. Ein „dialogbezogenes" Verhältnismodell in seiner Auswirkung auf das Verhältnis von Christen und Juden kritisch reflektieren und gestalterisch darstellen
(GZ 3, 5, 8/K 4)

Feinziele zum Themenbereich VIII: Vorurteile gegenüber Juden und Judentum

0. Die Vorurteilsproblematik ist entsprechend den didaktischen Überlegungen in der Umrißplanung durchgängig durch die gesamte Lehr-Lernplanung mitzuberücksichtigen. Dies schließt jedoch nicht aus, sondern legt vielmehr nahe, in der Endphase des Basiskurses eine Schlußreflexion des Gelernten unter dem Aspekt der Vorurteilsänderung zu versuchen.

1. Antijüdische und antisemitische Vorurteile aus Geschichte und Gegenwart aufgrund des bisher Gelernten kritisieren
(GZ 10/K 3).
2. Reflektieren, warum Menschen Vorurteile haben und wie man damit umgehen kann
(GZ 10/K 1).
3. Mitmenschen, z.B. Neonazis, von ihren Vorurteilen gegenüber Juden abzubringen versuchen
(GZ 10/K 5).
4. Sich klar werden, ob und welche eigenen Vorurteile in bezug auf Juden sich durch diesen Lernprozeß verändert haben
(GZ 10/A 5).

Feinziele zum Themenbereich IX: Gemeinsame Aufgaben von Christen und Juden

1. Gemeinsame Aufgaben zwischen Christen und Juden religiös und historisch begründen
(GZ 1, 3, 8, 9/K 4).
2. Den Schöpfungsauftrag im jüdischen und christlichen Sinne als Veränderung der Welt verstehen
(GZ 1, 7, 9/K 2).
3. Den Schöpfungsauftrag im jüdischen und christlichen Sinne als Verbesserung der Gesellschaft interpretieren
(GZ 1, 2, 3/K 2).

3.2.3 Unterrichtsverlaufspläne

Aufgrund der im Rahmen dieser Untersuchungen angestellten didaktischen und religionsdidaktischen Überlegungen werden im folgenden didaktische Einzelschritte für die Planung von Religionsunterricht auf der allerkonkretesten Ebene, der Unterrichtsebene, vorgeschlagen.

Die Angabe der Themenbereiche und Feinziele ermöglicht systematische Transparenz zu den vorausgehenden religionsdidaktischen Entscheidungen. Die Medien sind, soweit es sich um Texte (Bilder) handelt, in Band 4 dieser Reihe, dem Schüler-Reader zusammengestellt; in den folgenden Rastern wird darauf mit „Dok(ument)“ verwiesen (vgl.das Dokumentenverzeichnis unten 7.). Bei der Auswahl wurden sachlogische Gesichtspunkte ebenso berücksichtigt wie das Kriterium der Verständlichkeit für die Schüler der Jahrgangsstufen 10—13.

Um dem Anliegen einer offenen Unterrichtsplanung Rechnung zu tragen, wird die Vielzahl der aufgenommenen Medien als Möglichkeit zur entsprechenden Auswahl verstanden.

Unterrichtsprotokolle aus den Unterrichtsversuchen schließen sich jeweils an die Medien der einzelnen Themenbereiche an.

Planungsraster: Didaktische Strukturierung — Themenbereich: I
Prozeßebene — Judesein – religiös, historisch, politisch — 1. Stunde

Interne Bedingungen	Feinziele	Inhalts-Detaillierung	Medien	Lehr-Lernverfahren Vorurteilsabbau	erwartetes Schüler-/Lehrerverhalten
Erhebung der internen Bedingungen.	Die Schüler sollen sich bewußt werden, was sie seither in ihrem Leben über Juden gehört haben, und ihre Kenntnisse bzw. Erfahrungen auswerten. (FZ I, 1)	Die Inhaltsdetaillierung erfolgt im Rahmen dieser Erhebung der internen Bedingungen ausschließlich durch den Ist-Stand der Schüler.	Papier.	Erhebung der internen Bedingungen: Bewußtmachung von Vorkenntnissen, Vorerfahrungen und Vorurteilen auf biographischer Ebene.	Sch. schreiben ihre Erinnerungen auf, werden motiviert, das, was sie berichten *wollen,* anschließend im Plenum mitzuteilen.
			Protokollierung der Ergebnisse an der Tafel.	Mitteilung der internen Bedingungen der einzelnen in der Lerngruppe.	L. fordert die Sch. auf, nur das mitzuteilen, was sie in der Lerngruppe sagen wollen, und motiviert die Sch., die einzelnen Beiträge kommentarlos anzuhören. L. versucht, eine offene Unterrichtsatmosphäre zu schaffen, die es ermöglicht, eigene Vorurteile *sanktionslos* zu äußern.
		Versuch einer Systematisierung der Erkenntnisse bzw. Erfahrungen der Sch. durch den L.	Tafelbild.	Prozeßorientierte Lernhilfen, um den Begriff „Judesein“ zu klären.	

Interne Bedingungen	Feinziele	Inhalts-Detaillierung	Medien	Lehr-Lernverfahren Vorurteilsabbau	erwartetes Schüler-/ Lehrerverhalten
	Die einzelnen Elemente des Projektzieles anhören und bereit sein, diese zu befragen. (FZ I, 2)	Judentum ist eine eigenständige, durch die Jahrhunderte hindurch bis in die Gegenwart lebendige und vom Christentum unabhängige Religionsgemeinschaft. – Das Christentum ist bleibend auf das Judentum bezogen – Christsein erhält aus der jüdischen Wurzel einen neuen Begründungszusammenhang – Dialog zwischen Christen und Juden ist für die Gegenwart und Zukunft dringlich.	Projektzielformulierung im Vorwort.	expositorisches Lehren.	L. liest die vier Elemente des Projektzieles vor, kommentiert sie kurz und bittet die Sch. um Rückfragen, die gleich geklärt werden. L. versucht, den Sch. die Bedeutung dieser Ziele für sich selber und für die Sch. transparent zu machen.
Differenzierung der Erhebung der internen Bedingungen.	Die Sch. sollen angesichts der eigenen Lernvoraussetzungen formulieren, was sie an der Unterrichtseinheit „Lernprozeß Christen Juden“ besonders interessiert. (FZ I, 3)			Antisemitismustest. Dok VIII, 3 fachwissenschaftlich orientierter Eingangstest. Dok VIII, 4	Die Sch. füllen Tests aus. L. wertet diese bis zur nächsten Stunde aus. Alternativ: Sch. schreiben in Einzelarbeit ihre Interessen auf und berichten diese anschließend in der Lerngruppe.

Interne Bedingungen	Feinziele	Inhalts-Detaillierung	Medien	Lehr-Lernverfahren Vorurteilsabbau	erwartetes Schüler-/Lehrerverhalten
spezielle Erhebung über die eigenen Vorurteile.	durch einen Testversuch eigene Vorurteile gegenüber Juden und Judentum wahrnehmen. (FZ I, 4)	Juden haben kein charakteristisches, spezifisches Aussehen.	Bildcollage mit Menschen, die alle Juden sind. Japaner, Afrikaner, Deutsche u.a. siehe Bildteil in Band 4.	ergebnisorientierte Lernhilfen: es ist ein Irrtum, daß Juden ein spezifisches Aussehen haben. prozeßorientierte Lernhilfen: es ist wichtig, eigene Urteile an der Realität zu überprüfen, damit es nicht zu Vorurteilen kommt.	Sch. kreuzen diejenigen Bilder an, auf denen ihrer Meinung nach *kein* Jude abgebildet ist. Es wird hier bewußt der negative Schluß provoziert, um die Sch. von der typisierenden Feststellung weg zu orientieren, die mit der Redeweise „der ist ein Jude“ verbunden ist.
	den Begriff „Rasse“ analysieren. (FZ I, 5)	anthropologische Unterscheidungen: europide, negride, mongolische Rasse.	Dok I, 8 Dok I, 7	arbeitsteilige Arbeitsgruppen.	Sch. lesen die Texte und erarbeiten Elemente einer Begriffsdefinition.
		Semiten sind *keine Rasse,* sondern eine Sprachgemeinschaft. Ersatz des Begriffs „Rasse“ durch den Begriff „Wuchsstil“, oder „Population“, löst das Problem nicht, da auch dieses nicht auf Juden zutrifft.	Dok I, 11		
	sich über die eigenen Einschätzungen und Vorurteile Rechenschaft ablegen und sie mit der Realität konfrontieren. (FZ I, 6)	es gibt japanische, afrikanische, deutsche, schwedische, amerikanische u.a. Juden.		die Ergebnisse des Tests werden anonym offengelegt. Plenumsdiskussion und Auswertung im LSG.	

Interne Bedingungen	Feinziele	Inhalts-Detaillierung	Medien	Lehr-Lernverfahren Vorurteilsabbau	erwartetes Schüler-/ Lehrerverhalten
	die Anwendung des Rassenbegriffs angesichts seiner ideologischen Verwendung überprüfen. (FZ I, 7)	– zu den „Semiten“ gehören auch Araber, nicht nur Juden – in der wissenschaftlichen Anthropologie wird der Begriff „Rasse“ ersetzt durch den Begriff „Wuchsstil“:	Dok I, 10	entdeckendes Lernen. prozeßorientierte Lernhilfen zur Analyse des Problems, zum Produzieren und Überprüfen der Hypothese, daß der Rassenbegriff ideologische Implikationen hat.	L. lenkt das U.-Gespräch auf die Nichtanwendbarkeit des Rassenbegriffs auf Juden und hinterfragt alle Sch.-Beiträge daraufhin.
		– durch die Belegung eines Volkes oder einer Völkergruppe mit dem Begriff „Rasse“ werden ideologische Elemente meist abwertender Art transportiert	Dok I, 18	Vorbereitete Hausarbeit: Textlektüre und Strukturierung der Inhalte.	
		– der Begriff „Rasse“ ist angesichts der negativen Belegung durch den rassistischen Terror des Hitler-Regims nicht mehr unbelastet verwendbar.	Dok I, 16 *kritisiert* durch Röm 9, 4f.		
L. stellt Zusammenhänge zu den Ergebnissen der Analyse der internen Bedingungen her.	die Frage „Wer ist ein Jude?“ unter Ausschluß des Rassenbegriffs beantworten. (FZ I, 8)	– Juden sind *keine Rasse* – Juden sind zu definieren aufgrund ihres Glaubens, ihrer Zugehörigkeit zum jüdischen Volk – Juden können auch Juden bleiben, wenn sie nicht am Gottesglauben festhalten. (inhaltliche Strukturierungshilfen für den Tafelanschrieb).	Tafelanschrieb.	prozeßorientierte Lernhilfe zur Erstellung einer Hypothese darüber, wer ein Jude sei. Erstellung einer kognitiven Struktur, die den Abbau von Vorurteilen ermöglicht.	Sch. versuchen, in Arbeitsgruppen aufgrund ihrer bisherigen Kenntnisse diese Frage zu beantworten.

Interne Bedingungen	Feinziele	Inhalts-Detaillierung	Medien	Lehr-Lernverfahren Vorurteilsabbau	erwartetes Schüler-/Lehrerverhalten
	die Sch. sollen erkennen, daß Jude werden ebenso durch Abstammung wie durch Übernahme des jüdischen Glaubens geschieht. (FZ I, 9)	Jude ist, wer 1. von einer jüdischen Mutter abstammt und nicht zu einem anderen Glauben übergetreten ist 2. oder zum jüdischen Glauben übergetreten ist.	Dok I, 1 Dok I, 3	ergebnisorientierte Lernhilfen: präzise Textanalyse in Einzelarbeit oder Arbeitsgruppen.	L. versucht, die Sch. zu motivieren, die Frage, „Wer ist ein Jude?", präzise und abschließend zu klären. Er weist auf den Zusammenhang zwischen präzisem Wissen und der Möglichkeit, Vorurteile abzubauen, hin.
	erörtern, daß ein Jude durch Übertritt zu einer anderen Religion sein Judesein aufgibt. (FZ I, 10)	der Fall Daniel Rufeisen: ein Jude von der Abstammung her, der Christ geworden ist.	Dok I, 6 Dok I, 4	prozeßorientierte Lernhilfen zur Überprüfung der Hypothese, daß Judesein zwar nicht ausschließlich, aber wesentlich durch die Zugehörigkeit zum jüdischen Gottesglauben definiert wird.	

*UNTERRICHTSPROTOKOLL (Ausschnitt)**

Themenbereich I, 1. Unterrichtsstunde

S.1: Alle Zentren von Reichtum sind von Juden besetzt. Juden haben dort charakteristische Namen. Man kann durch New York gehen und allein schon an den Haustürschildern ablesen, welche großen Baulichkeiten Juden gehören.

S.2: contra: Man weiß aber nicht, ob diese noch gläubige Juden sind.

S.3: Der Gedanke, daß die Juden eine Rasse sind, hat sich entwickelt. Juden sind Rasse und Religion. Das ist anders als bei Christen.

L.: Wenn ich aber kein Christ mehr sein möchte, kann ich das selbst entscheiden, und ich bin kein Christ mehr.

S.3: Ein Jude *bleibt* ein Jude, weil er von einer Rasse abstammt.

S.8: Juden sind *keine* Rasse.

S.2: Die Juden kommen aus Israel.

S.13: Jüdisch ist *keine* Nationalität.

L.: Frau Cohn in Basel ist Schweizerin. Herr Levy in New York ist Amerikaner. Beide sind Juden.

S.2 gegen S.1: Das Problem ist eine reine Definitionssache.

S.1: „Das ist ein Jude", das bezieht sich auf die Rasse, nicht auf die Glaubensgemeinschaft.

S.7: Man kann aber zum Judentum übertreten.

L.: Wie verhält es sich aber mit Herrn Umajuhu in Tanzania, der als Schwarzafrikaner Jude ist?

S.2: Da ist es nur die Religion, die ihn zum Juden macht.

S.1: Vielleicht gibt es zwei Arten von Juden:
a) richtiger Jude, nämlich von der Rasse her,
b) Jude, vom Glauben her.

L.: Was ist „Rasse"?

S.4: Wenn man aus einer jüdischen Familie kommt.

L.: Gesetzt den Fall eines Deutschen in Indonesien. Die Leute dort sagen: Der ist deutscher Rasse.

S.9: Man sagt: Deutscher Abstammung!

S.10: Juden haben sich weniger vermischt.

L.: Wie weit trägt der Begriff der Rasse überhaupt?

S.4: Neger, Chinesen sind eine Rasse, da sie alle gleich aussehen.

L.: Wir müssen in der nächsten Stunde abklären, was „Rasse" ist.

S.11: Die Frage bleibt kontrovers, ob Herr Levy in New York Amerikaner, Jude oder etwas anderes ist.

---

*) Für intensive Mitarbeit bei der Erprobung der Unterrichtseinheiten ist den Schülerinnen U. Lukaschek, U. Dufner, Ch. Steins, P. Zirker, A. Hauser, C. Faller, A. Baumann, A. Frese, D. Kappes, S. Diringer zu danken.

UNTERRICHTSPROTOKOLL (Ausschnitt)

Themenbereich I, 5. Unterrichtsstunde

L.: Nachdem wir geklärt haben, daß der Rassenbegriff kein Spezifikum für Juden ist, stellt sich umso mehr die grundsätzliche Frage, wer denn ein Jude sei. Wir gehen das jetzt sachlich und langsam durch.

S.1: Jude ist, wer von einer jüdischen Mutter abstammt.

S.7: Eine jüdische Mutter kann aber auch zum jüdischen Glauben übergetreten sein!

L.: Annette, angenommen, Sie konvertieren vom Christentum zum Judentum, dann sind Ihre Kinder auch Juden?!

S.3 Wenn ich zum jüdischen Glauben übergetreten bin, dann bin ich voll und ganz Jude.

(Schüler führen in „Summ-Gruppen" ein kurzes Gespräch darüber.)

L.: Ich habe ein Tafelbild gemacht zur Frage „wer ist ein Jude". Die zwei wichtigsten *Kriterien* sind

a) jüdische Abstammung (und Nichtübertritt zu einer anderen Religion)

b) Übernahme des jüdischen Glaubens.

L.: Wer gehört politisch zum Judentum?

S.4: Wer der jüdischen Nation angehört.

S.1: Das ist aber sehr fraglich!

L.: Ich habe ein Beispiel erlebt. In Bethlehem haben wir auf einer Studienfahrt befreundete arabische Christen getroffen, die die israelische Staatsangehörigkeit haben. Von denen war aber keiner ein Jude.

S.4: Gehören diese der jüdischen Nation an?

L.: Ist Israel eine Nation, der nur Juden angehören? Spanier können in der BRD auch Deutsche werden.

S.9: Deutsche in den USA sind Amerikaner geworden.

L.: Ich kann das Tafelbild weiter fortschreiben. Israeli ist nicht gleich Jude.

L.: Wer ist nun ein Jude? Wie würden Sie das nun beantworten?

S.7: Jude ist, wer dem jüdischen Glauben angehört.

L.: Wir müssen unseren Begriff von Jude überdenken. Jude ist, wer von einer jüdischen Mutter abstammt und keiner anderen Religion angehört oder wer zum jüdischen Glauben übergetreten ist.

Planungsraster: Didaktische Strukturierung Prozeßebene

Themenbereich: II Bundesschluß/Bundesschlüsse und ihre Erneuerungen

6. Stunde

Interne Bedingungen	Feinziele	Inhalts-Detaillierung	Medien	Lehr-Lernverfahren Vorurteilsabbau	erwartetes Schüler-/Lehrerverhalten
	anhand grundlegender Texte Elemente des jüdischen Glaubens kennenlernen. (FZ II, 1)	Gott ist Einer. 1. Joch der Gottesherrschaft – Zuwendung Gottes zu seinem Volk – Errettung aus dem Sklavenhaus – JHWH ist ein eifersüchtiger Gott.	Sch'ma Israel, Dtn 6, 4–9; 11, 13–21; Num 15, 37–41 Betender Jude im Tallit. Dok II, 5 Dok II, 10	Aufbau der kognitiven Struktur durch progressive Differenzierung des Begriffs „jüdischer Glaube“. Textanalyse in Arbeitsgruppen: zentrale Elemente des jüdischen Glaubens erarbeiten.	L. weist auf die Dringlichkeit neuer Informationen hin, um Judesein definieren zu können. L. geht von Gruppe zu Gruppe und steht für Verstehensfragen zur Verfügung.
		2. Joch der Gebote. – Gebote halten zum Leben.	Dok II, 2; Dok II, 3 Dok II, 4; Dok II, 7		
		Abstammung im Glauben von Abraham. Knechtschafts- und Befreiungserfahrung.	Dtn 26, 5–10		
		Landgabe.			
		Dank an Gott			
	die Grundelemente des jüdischen Glaubens gewichten. (FZ II, 2)	Monotheismus. Bund/Tora. Weltgeschichte als Ort von Heilsgeschichte.	Tafelanschrieb.	entdeckenlassendes Lernen: prozeßorientierte Lernhilfe: Anleitung zur Überprüfung der von den Sch. erstellten Hypothesen, was Judesein bedeutet.	

Interne Bedingungen	Feinziele	Inhalts-Detaillierung	Medien	Lehr-Lernverfahren Vorurteilsabbau	erwartetes Schüler-/Lehrerverhalten
	wahrnehmen, das der jüdische Glaube auf einer geschichtlichen Befreiungserfahrung durch Gott beruht. (FZ II, 3)	historischer Kontext der Versklavung in Ägypten. Zuwendung Gottes als real erfahrbare Befreiung durch die Herausführung aus der Sklaverei	Tafelanschrieb. Ex 3, 1–30 Dok II, 9 Dok II, 11	entdeckendes Lernen: prozeßorientierte Lernhilfen für die Analyse der israelitischen Befreiungserfahrung.	
	den Gott der Juden als den „Gott von Ägypten her“ verstehen, der mit seinem Volk einen Bund geschlossen hat. (FZ II, 4)	– Sinai. Gott ist der Gott Abrahams, Isaaks, Jakobs. – Israel gründet sich auf der Erfahrung mit Gott als seinem Befreier. – Israel gründet sich auf Gott, der seine Weisung gibt. – Israel gründet sich auf die Selbstverpflichtung auf die Tora.	Tonbild „Judentum I“ Teil A. Dok II, 8	expositorisches Lehren, progressive Differenzierung des Begriffs „jüdischer Glaube“.	L. versucht, gemeinsam mit den Sch. zu präzisen Ergebnissen für eine strukturelle Beschreibung des Bundesschlusses zu kommen.

8. Stunde

Interne Bedingungen	Feinziele	Inhalts-Detaillierung	Medien	Lehr-Lernverfahren Vorurteilsabbau	erwartetes Schüler-/ Lehrerverhalten
durch eine Analyse der eigenen Situation sollen die Sch. fähig werden, Zusammenhänge mit der Befreiungserfahrung Israels herzustellen.	eigene Freisetzungswünsche sammeln, und auf den „Gott Abrahams, Isaaks und Jakobs“ zu beziehen versuchen. (FZ II, 5)	Situationen der Sch., in denen sie sich befreien lassen wollen. eine Beziehung zwischen diesen Situationen und Gott herstellen. Konsequenzen aus einer lebendigen Beziehung zu Gott für Alltagssituationen.		Befreiungserfahrung Israels mit eigenen Situationen verknüpfen. Personalisierung des Wissens. TZI-Gespräch.	L. motiviert die Sch., zunächst Lebenssituationen zu formulieren, in denen sie sich Befreiung wünschen. Danach wird in einem Versuch, Zusammenhänge zu Gott herzustellen, die Kluft zwischen der weit in die Geschichte zurückreichenden Gotteserfahrung Israels und der eigenen heutigen Lebenssituation ansatzweise geschlossen.

Interne Bedingungen	Feinziele	Inhalts-Detaillierung	Medien	Lehr-Lernverfahren Vorurteilsabbau	erwartetes Schüler-/Lehrerverhalten
	die verschiedenen Bundesschlüsse bzw. Bundeserneuerungen beschreiben und auf ihre Grundstruktur hin untersuchen. (FZ II, 6)	Bundesschluß/Bundesschlüsse: – Abraham (Isaak, Jakob) – Mose – Universalisierung des Bundes bei Noach. Bundeserneuerungen: – Josua – Josia – Nehemia.	Tonbild „Judentum I“, Teil A, Bild 1 – 18. Dok II, 16	expositorisches Lehren und entdeckendes Lernen: – Darstellung der Bundesthematik – Analyse der Texte in AG's: die Bundespartner und die Inhalte/Zeichen des jeweiligen Bundes beschreiben.	L. stellt verschiedene Bundesschlüsse vor und weist auf die Einheit, aber auch die jeweilige geschichtliche Verfaßtheit hin.
bisher wurde in diesem Basiskurs das Judentum ohne ausdrückliche Vergleiche mit dem Christentum dargestellt. Es wurde zwar immer mit christlichem Vorverständnis interpretiert. Hier kommt es nun zu einer bewußten Einblendung christlicher Inhalte im Ziel- und Inhaltsbereich, was im weiteren Fortgang der Einheit üblich wird.	erfassen, welche Bedeutung die Rede von einem neuen bzw. erneuerten Bund für Juden hat, und eigene Kenntnisse über den „Neuen Bund“ (christlich) vergleichen. (FZ II, 7)	– Bundeserneuerung als Reform – Neuer Bund als jüdische Hoffnung – Neuer Bund als entscheidende Wende und neuer Anfang in christlicher Sicht: Christusereignis (Inkarnation).	Jer 31 Dok II, 15 Dok II, 16 Dok II, 14 Dok II, 13	L.-Sch.-Gespräch. problemlösendes Lernen und integrierende Verbindung.	

Planungsraster: Didaktische Strukturierung Prozeßebene — Themenbereich: III Tora als Zeichen des Bundes — 10. Stunde

Interne Bedingungen	Feinziele	Inhalts-Detaillierung	Medien	Lehr-Lernverfahren Vorurteilsabbau	erwartetes Schüler-/ Lehrerverhalten
viele Sch. haben über die jüdischen heiligen Schriften die Vorstellung, daß sie eine Gesetzessammlung seien.	die verschiedenen Verständnisse von Tora als schriftliche und mündliche Tora vom Sinai, eingebunden in die grundlegende Heilswirklichkeit „Erwählung“, „Bund“, „Volk“ kennen und unterscheiden lernen. (FZ III, 1)	Bedeutung von Tora – einheitliche Willensoffenbarung Gottes im Pentateuch – einzelne Weisungen im Sinne von präzisen Vorschriften – liebevolle und ehrfürchtige Begegnung mit Gott im Leben nach der Tora Kurzformel der Tora im Sch'ma Israel und den Gebotstafeln.	Dok III, 4	entdeckendes Lernen: prozeßorientierte Lernhilfe zur Hypothesenbildung. expositorisches Lehren: progressive Differenzierung des Begriffs „Tora“ in Einzelelemente.	Alternative: Sch. tragen zunächst ihre eigenen vorhandenen Vorstellungen über Tora zusammen. Sie bilden aus dem bisherigen eigenen Wissen bereits eine Hypothese.

Interne Bedingungen	Feinziele	Inhalts-Detaillierung	Medien	Lehr-Lernverfahren Vorurteilsabbau	erwartetes Schüler-/ Lehrerverhalten
die meisten Sch. können die Zusammengehörigkeit und innere Struktur der jüdischen heiligen Schriften von der Begrifflichkeit her nicht unterscheiden.	Die Begriffe Tanach und Talmud, Halacha und Haggada kennenlernen und erläutern. (FZ III, 2)	Tora umfassend: schriftliche Tora: – die fünf Bücher Mose – die gesamte Hebräische Bibel (Tora, Propheten, übrige Schriften) mündliche Tora: Talmud als schriftliche Fixierung der mündlichen Auslegung der Tora, bestehend aus Mischna und Gemara.	Dok III, 2 Dok III, 5	darstellendes Lehren mit dem Ziel der Erstellung eines schematischen Überblicks. alternativ: ergebnisorientierte Lernhilfe: Vorgabe eines Schemas.	
		Auslegungsweisen der Tora: – Haggada: legender, gleichnishafte, allegorische Darstellung der Überlieferungen – Halacha: feststehende Norm, Regel, Satzung, einzelnes Gebot (Gesetz) der ursprünglich mündlichen und	Dok III, 11		
		später schriftlich niedergelegten jüdischen Überlieferung. Häufige Formel: „Dies ist eine dem Mose am Sinai übergebene Halacha" – Mischna ursprüngliche halachische Auslegung – Gemara vorwiegend halachische, aber auch haggadische Auslegung.	Tonbild: „Judentum I" Teil B, Bild 68–76. Tafelbild.	darstellendes Lehren: ergebnisorientierte Lernhilfen zur präzisen Klärung der einzelnen Begriffe, aber auch des Zusammenhangs der Schriften und Auslegungsweisen zueinander.	L. versucht, den Sch. anhand einer schematischen Darstellung einen präzisen strukturalen Zusammenhang zu vermitteln.

Interne Bedingungen	Feinziele	Inhalts-Detaillierung	Medien	Lehr-Lernverfahren Vorurteilsabbau	erwartetes Schüler-/ Lehrerverhalten
Legalismus als Form religiöser Praxis. Legalismus als psychische Struktur.	erkennen, daß die Erfüllung der Tora nicht äußerlichen Gesetzesgehorsam darstellt, sondern als Leben in der Erwählung und eingegangene Verpflichtung des Bundes auf die Vollendung der Geschichte in der messianischen Zeit zielt. (FZ III, 3)	Gabe Gottes für das Gelingen der Bundesbeziehung. Antwort des Menschen auf Gottes Wegweisung, die das Volk liebgewinnt. – einzelne Gesetze haben nicht Selbstzweck und sind nicht isoliert, sondern im Kontext der Bundeszuwendung Gottes zu interpretieren – Erfüllung der Tora als Verweis auf die Vollendung der Geschichte. Beispiel: wenn alle Juden einmal zwei Sabbate halten, bricht das messianische Zeitalter an.	Dok III, 10; Dok III, 8 Dok III, 3 Dok III, 18 Dok III, 21 Dok III, 20 Dok III, 22 Dok III, 19 Dok III, 9 Dok III, 16 Dok III, 5 Dok III, 17	entdeckendes Lernen: Identifikationsmethode: versuchen Sie, sich in die Gesinnung eines orthodoxen Juden/einer orthodoxen Jüdin hineinzuversetzen, die sich an Speisegebote halten. Analyse einzelner Texte. Beachtung des Kontextes für die richtige Interpretation der Einzelgebote. Pharisäer sind keine „Gesetzeslehrer“, es ist zwischen einzelnen Richtungen unter den Pharisäern zu unterscheiden. „die Juden“ haben Jesus nicht umgebracht, weil er das Tora-Verständnis der Pharisäer kritisiert hat.	L. ermuntert die Sch., für die Gesinnung von Juden, die den Sabbat halten, Verständnis zu entwickeln. L. knüpft an der christlich verbreiteten Vorstellung, daß Tora gleich Gesetz sei, an und gibt den Sch. zusätzliche Informationen für die Überwindung dieses Vorurteils. – L. versucht, das Mißverständnis, Tora im juridischen und rigorosen Sinn (Lex) durch entsprechende sachrichtige Übersetzungen als Bundesweisung und Bundescharta aufzuklären.

Interne Bedingungen	Feinziele	Inhalts-Detaillierung	Medien	Lehr-Lernverfahren Vorurteilsabbau	erwartetes Schüler-/Lehrerverhalten
die Tora-Verständnisse der zeitgenössischen Juden sind für die meisten Schüler nicht bekannt. Aufgrund der bisher vermittelten kognitiven Struktur ist eine solche differenzierte Wahrnehmung verschiedener zeitgenössischer Tora-Verständnisse möglich.	Verschiedenheiten des Tora-Verständnisses im zeitgenössischen Judentum kennenlernen und anerkennen können. (FZ III, 4)	1. Tora-Verständnis des *orthodoxen* Judentums: Anlehnung an schriftliche und mündliche Tora in getreuer, wörtlicher Übernahme 2. *Reformjudentum:* Bevorzugung der ethischen Weisungen in der Tora (Dekalog, Goldene Regel der Moral usw.), Reduktion der Reinheits- und Speisegebote mit Hinweis auf deren historische Entwicklung. Große Freiräume für individuelle religiöse Entscheidungen. 3. *konservatives* Judentum: Versuch eines Mittelweges zwischen Orthodoxie und Reform-Juden durch zeitgemäße Aufwertung der Gebote. 4. Reconstructionist Judaism: rationales Tora-Verständnis, Judentum als Kultur und Zivilisation. Tora keine Willensoffenbarung Gottes mehr, sondern Niederschlag menschlicher Suche nach Gott.	Dok III, 23 Dok III, 24	entdeckendes Lernen: prozeßorientierte Lernhilfen zur Analyse des Problems anhand von Texten und Erstellung eines Überblicks.	Sch. analysieren die Texte in AG's. Sch. fragen sich, inwiefern sie eine solche Vorstellung von Tora für sich akzeptieren können.

Planungsraster: Didaktische Strukturierung
Prozeßebene

Themenbereich: IV
Feier des Bundes in Familie und Gemeinde

14. Stunde

Interne Bedingungen	Feinziele	Inhalts-Detaillierung	Medien	Lehr-Lernverfahren Vorurteilsabbau	erwartetes Schüler-/Lehrerverhalten
	jüdische Feste und Feiern als Realisierung des Bundes im Volk erläutern. (FZ IV, 1)	die *drei Wallfahrtsfeste:* *Pessach-Fest* zum Gedenken an den Auszug aus Ägypten (etym. = Vorüberschreiten, Verschonung). Essen des ungesäuerten Brotes, häusliche Seder-Feier.	Dok IV, 8 Dok IV, 20	darstellendes Lehren, Analyse der Texte über die einzelnen Feste durch die Sch. Herstellung des Zusammenhangs des jeweiligen Festes zur Bundeserfahrung. integrierende Verbindung.	Sch. analysieren in arbeitsteiligen AG's, erstellen ein kurzes Profil eines Festes auf einer Tapete unter besonderer Berücksichtigung seines Zusammenhangs mit der Bundeserfahrung.
		– *Shawuòt* = Wochenfest, Pfingsten, sieben Wochen nach Pessach; Vergegenwärtigung der Sinai-Offenbarung, daher Verlesung des Dekalogs	Dok IV, 21		
		– *Sukkot* = Laubhüttenfest. Erinnerung an das Wohnen in Hütten beim Zug durch die Wüste.	Dok IV, 22		
		Hohe Feiertage: Neujahrsfest Versöhnungstag	Dok IV, 18 Dok IV, 19		

Interne Bedingungen	Feinziele	Inhalts-Detaillierung	Medien	Lehr-Lernverfahren Vorurteilsabbau	erwartetes Schüler-/Lehrerverhalten
	Sabbat als wöchentliche Feier für die Realisierung der Beziehung zu Gott erfassen (FZ IV, 2)	theologische Begründung: – Ruhetag als Erinnerung an das Ruhen Gottes nach der Erschaffung der Welt – an den Auszug aus Ägypten – Ausblick auf Erlösung. heutige Feier: Höhepunkt der jüdischen Woche. Sabbat-Feier in der Synagoge *und* in der Familie. Begrüßung und Verabschiedung des Sabbats. Tora-Studium. Sinngebung der Sabbatgebote und -verbote.	Dok IV, 15 Dok IV, 17 Dok IV, 11 Dok IV, 14 Dok IV, 9 Dok IV, 10 Dok IV, 11 Dok IV, 12	entdeckendes Lernen: prozeßorientierte Lernhilfe: Überprüfung der Hypothese, daß die Befolgung des Sabbatgebotes der Beziehung zu Gott dienen soll. in den Rahmen dieses Themenbereichs gehört der Besuch eines Sabbatgottesdienstes. Erstellung von Hypothesen über die Bezüge von Sabbat und Bundeserfahrung.	Sch. tragen in AG's Elemente der Bedeutung des Sabbats für die Beziehung zu Gott zusammen und erstellen ein gemeinsames Plakat.

Interne Bedingungen	Feinziele	Inhalts-Detaillierung	Medien	Lehr-Lernverfahren Vorurteilsabbau	erwartetes Schüler-/ Lehrerverhalten
	die Bedeutung von Beschneidung (Mila) und bar mizwah kennenlernen und verstehen. (FZ IV, 3)	Aufnahme in den ewigen Bund Gottes (mit Abraham) durch die Beschneidung: ben-b'rit bar mizwah: Sohn der Weisung. wird zum minjan gezählt. Vollmitglied der Gemeinde. zur Tora „aufgerufen". Gebetsriemen anlegen. bat mizwa: Tochter Weisung, Tochter der Gemeinde. Mädchen entzündet zu Hause das Sabbatlicht. in Gemeinden des Reformjudentums haben Frauen auch Gemeindefunktion bis hin zur Rabbinerin.	Tonbild „Judentum II", Teil A, Bild 1–11, 17–21. Gen 17 Dok IV, 1 Dok IV, 2	expositorisches Lehren: progressive Differenzierung religiöser Bräuche im Judentum. prozeßorientierte Lernhilfe: Analyse von religiösen Bräuchen durch Eigenarbeit.	L. stellt entweder die zentralen jüdischen Bräuche durch das Tonbild und zusätzliche Information dar oder motiviert die Sch., durch die Analyse der Texte und die Auseinandersetzung mit den Bildern die zentralen Feste zu beschreiben.
die Sch. sollen in kritischer Analyse der Bedeutung der eigenen Familie für die Weitergabe des Glaubens sich mit der Bedeutung der jüdischen Familie für die Weitergabe des Glaubens auseinandersetzen.	die Bedeutung der Familie für die Weitergabe der Bundeserfahrung im Judentum (Liturgie) erfassen und mit der christlichen Bedeutung der Familie vergleichen. (FZ IV, 4)	– jüdische Orientierung auf die Familie – christliche Orientierung auf die Gemeinde, Familie als Teil der Gemeinde.	Dok IV, 5 Dok IV, 6 Dok IV, 7	TZI-Methode unter besonderer Berücksichtigung der Störungs-Prioritätsregel.	Sch. und L. geben sich Rechenschaft über die Wirkung dieser Art von Feier auf sich selber. *alternativ:* Sch. führen vorbereitet in zwei AG's einen Dialog zwischen Juden und Christen über die Bedeutung der Familie für die Weitergabe ihres Glaubens.

Planungsraster: Didaktische Strukturierung Prozeßebene

Themenbereich: V Wurzeln des Christentums im Judentum

17. Stunde

Interne Bedingungen	Feinziele	Inhalts-Detaillierung	Medien	Lehr-Lernverfahren Vorurteilsabbau	erwartetes Schüler-/Lehrerverhalten
Erhebung der Sch.-Vorstellungen über die Zusammenhänge des Christentums mit Israel.	zentrale Elemente der Verwurzelung des Christentums im Judentum kennenlernen. (FZ V, 1)	durch Induktionen gefundene Beiträge der Schüler.	Auflistung und Plakatierung.	entdeckendes Lernen.	L. versucht, die Sch. zu motivieren, von ihrem jetzigen Kenntnisstand aus Elemente der Verwurzelung des Christentums im Judentum zu entdecken.
		Glaube an den Einen Gott, Schöpfungsglaube, Mensch als Abbild Gottes, Bund mit Gott, Hoffnung auf Vollendung. Ethik, Grundhaltungen vor Gott. Liturgie, Gebet. *Jesus ist Jude.*	Dok V, 1	Herbeiführung einer kognitiven Dissonanz. Sch. sollen durch den Vergleich des Achtzehn-Gebetes mit dem Vaterunser die Ähnlichkeit zwischen christlichem und jüdischem Beten entdecken.	L. ermuntert die Sch., erste Konsequenzen aus diesem Zusammenhang zu ziehen.

Interne Bedingungen	Feinziele	Inhalts-Detaillierung	Medien	Lehr-Lernverfahren Vorurteilsabbau	erwartetes Schüler-/ Lehrerverhalten
	Grundaussagen des Neuen Testaments über die Herkunft der Kirche aus Israel beschreiben. (FZ V, 2) die Verwurzelung des Christentums im Judentum in ihrer Auswirkung auf das eigene Christsein hin realisieren. (FZ V, 3).	„das Heil kommt von den Juden". Jeder Christ hat jüdische Wurzeln, indem er sich auf den Juden Jesus bezieht.	Ölbaum-Gleichnis Röm 11. Dok V, 3 Dok V, 2	Textanalyse. Bildmeditation „Der eine Ölbaum". TZI-Gespräch mit dem Thema: Als Christ bin ich mit dem Judentum verwurzelt, was dies für mich bedeutet – was es für mich nicht bedeutet.	

Planungsraster: Didaktische Strukturierung
Prozeßebene

Themenbereich: VI
Unterschiede und Gemeinsamkeiten von Christentum und Judentum — 19. Stunde

Interne Bedingungen	Feinziele	Inhalts-Detaillierung	Medien	Lehr-Lernverfahren Vorurteilsabbau	erwartetes Schüler-/Lehrerverhalten
die Sch. haben sich darüber Gedanken gemacht, inwiefern sie als Christ mit dem Judentum verbunden sind. auf dieser Basis können Unterschiede und Gemeinsamkeiten motivierter erarbeitet werden.	Elemente der Verwurzelung des Christentums im Judentum auf Gemeinsamkeiten im Glauben hin exemplarisch analysieren. (FZ VI, 1)	frühjüdische Vorstellungen von Pessach haben einen mehrfachen Gedächtnisbezug: – Erinnerung an die Befreiung aus Ägypten – Erinnerung an die Schöpfung – Erinnerung an die von Isaak selbst mitvollzogene Opferhingabe an Gott – auf die endzeitliche Erlösung. diese Bezüge finden sich im christlichen mysterium paschale (Ostergeheimnis) wieder.	Dok VI, 20 Dok VI, 22 Dok VI, 21 Dok VI, 23 Dok VI, 24	Prinzip des integrierenden Verbindens und Abgrenzens. entdeckendes Lernen: Überprüfung der Hypothese, daß es Gemeinsamkeiten von Christentum und Judentum gibt.	Textanalyse in vergleichender Absicht.

Interne Bedingungen	Feinziele	Inhalts-Detaillierung	Medien	Lehr-Lernverfahren Vorurteilsabbau	erwartetes Schüler-/Lehrerverhalten
aufgrund des bisherigen Lernprozesses spitzt sich die Frage zu, ob Judentum und Christentum nur Gemeinsamkeiten haben.	erkennen, daß das zentrale Unterscheidende zwischen Christen und Juden der Glaube an den inkarnierten Gottessohn ist. (FZ VI, 2)	– die Heilsdynamik des Bundes Gottes als Gemeinsamkeit zwischen Christen und Juden. – die Interpretation des Bundes in Jesus Christus und die daraus resultierenden Glaubensformeln: – wahrer Gott und wahrer Mensch. ich und der Vater sind eins. – trinitarischer Gottesbegriff.	Dok VI, 13; Dok VI, 14 Dok VI, 15 Dok VI, 16 Dok VI, 17 Dok VI, 9	entdeckendes Lernen: prozeßorientierte Lernhilfe zur Überprüfung der Hypothese, daß es die Menschwerdung im Judentum nicht gibt. die Abgrenzung des Judentums vom Christentum am Beispiel der Gottessohnschaft muß dabei deutlich herausgearbeitet werden.	L. versucht, den entscheidenden Unterschied zwischen Christen und Juden so darzustellen, daß einerseits der christliche Glaube vollständig zum Zuge kommt, andererseits der jüdische Glaube in seiner Eigenart und Einzigartigkeit nicht abgewertet werden muß.
		übergreifende Beschreibung des jüdischen Glaubens: werdende Gottesherrschaft. übergreifende Beschreibung des christlichen Glaubens: werdende Gottesherrschaft durch werdende Christusherrschaft.	Dok VI, 1 Dok VI, 2	induktive Erstellung einer übergeordneten Verhältnisformulierung aufgrund des zentralen Unterschieds (kombiniertes Lehr-Lernverfahren nach Bruner/Ausubel)	L. führt die Sch. in der Diskussion auf diese fachwissenschaftliche Basisformulierung hin bzw. stellt sie im Sinne expositorischen Lehrens vor.

Interne Bedingungen	Feinziele	Inhalts-Detaillierung	Medien	Lehr-Lernverfahren Vorurteilsabbau	erwartetes Schüler-/ Lehrerverhalten
	die Aufgegebenheit der Welt für Juden und Christen erarbeiten und erfassen. (FZ VI, 3)	der Schöpfungsauftrag als Verwirklichung der Aufgabe des Menschen. Weltaneignung auf der Grundlage der Bundescharta. Weltaneignung auf der Grundlage der Erlösung durch Jesus Christus.	Dok VI, 5	Texte analysieren und vergleichen. Gemeinsamkeiten und Unterschiede des Weltverhältnisses von Juden und Christen in arbeitsteiliger Gruppenarbeit, einerseits jüdisch, andererseits christlich; anschließend Vergleich von beiden und zusammenfassende Strukturierung.	
	den Glauben an die noch ausstehende Vollendung in jüdischer und christlicher Sicht kennenlernen und vergleichen. (FZ VI, 4)	der Mensch wird endgültig durch die Erlösung in Gott: jüdisch: Hoffen auf das Kommen des Messias und die malkut JHWH christlich: „schon und noch nicht“ als eschatologische Spannung.	Dok VI, 4 Dok VI, 7 Dok VI, 8 Dok VI, 6	entdeckendes Lernen übergeordneter Definitionen der Vollendungsvorstellungen in jüdischer und christlicher Sicht mit ergebnisorientierten Lernhilfen.	L. gibt thesenhafte Informationen. Sch. erschließen sich die Definitionen.

Interne Bedingungen	Feinziele	Inhalts-Detaillierung	Medien	Lehr-Lernverfahren Vorurteilsabbau	erwartetes Schüler-/ Lehrerverhalten
aufgrund der bisherigen Lernmöglichkeiten ist es den Sch. jetzt möglich, zusammenfassende Strukturierungen über Gemeinsamkeiten und Unterschiede zwischen Christentum und Judentum zu erstellen.	Gemeinsamkeiten und Unterschiede zwischen Christentum und Judentum zusammenfassend miteinander vergleichen. (FZ VI, 5)	erhebliche Gemeinsamkeiten: der Eine Gott Ähnlichkeiten in der Liturgie und Gebetspraxis Ethik, Dekalog, Gebot der Liebe. zentraler Unterschied: Menschenwerdung Gottes in Jesus Christus. Trinität	Tafelanschrieb bzw. Plakatierung. Dok VI, 12 Dok VI, 11 Dok VI, 16 Dok VI, 17 Dok VI, 10	Versuch, sachgerecht Gemeinsamkeiten festzustellen und Unterschiede beizubehalten. im Zeugnis des Glaubens ist es möglich, die Deutung der eigenen Religion ohne die Abwertung der anderen als persönlich absolut gültig einzustufen.	L. motiviert die Sch., sich abschließend noch einmal die zentralen Ergebnisse dieses Lehr-Lernabschnittes zu vergegenwärtigen. L. weist darauf hin, daß der Dialog zwischen Juden und Christen an Qualität gewinnt, wenn beide Gesprächspartner sich zu ihrem Glauben bekennen, ohne den anderen Glauben als Abgrenzungsfolie zu benutzen.

UNTERRICHTSPROTOKOLL (Ausschnitt)

Themenbereich VI, 22. Unterrichtsstunde

L.: *Ich fasse zusammen: Der entscheidende Unterschied zwischen den beiden Bruderreligionen Judentum und Christentum ist Jesus Christus, der Gottessohn. Die Tora im Sinne der hebräischen Bibel ist für die Christen ebenso gültig. Das Neue Testament wird von den Juden nicht akzeptiert und ist damit das Spezifikum der Christen.*

Die Inkarnation ist der gravierende Unterschied. Ostern ist die Aufnahme des jüdischen Gottessohnes Jesus von Nazaret in Gottes Leben. Juden glauben nicht, daß Jesus an Ostern von Gott zum Christus gemacht wurde und damit von Gott bestätigt wurde. Sie fordern die Beweislast von den Christen, zu zeigen, daß Christus auferweckt wurde.

S.: *Man kann jedoch nur daran glauben, daß Jesus von Gott auferweckt wurde.*

L.: *Dies ist genau richtig, die Qualität der Aussage: „Jesus ist von Gott auferweckt worden" läßt sich nur in der Zeugnisstruktur entdecken, darauf hat Klaus Kienzler besonders hingewiesen.*

Planungsraster: Didaktische Strukturierung
Prozeßebene

Themenbereich: VII
Zuordnungsmodelle von Christentum und Judentum

23. Stunde

Interne Bedingungen	Feinziele	Inhalts-Detaillierung	Medien	Lehr-Lernverfahren Vorurteilsabbau	erwartetes Schüler-/Lehrerverhalten
aufgrund der Klärung von Gemeinsamkeiten, insbesondere aber auch der Unterschiede stellt sich jetzt um so dringlicher die Frage, nach welchen Modellen Christentum und Judentum einander zugeordnet werden können.	Gemeinsamkeiten von Christen und Juden im ethischen Bereich an der Relevanz der „Bundescharta“ Israels für Christen exemplifizieren. (FZ VII, 1)	die „Zehn Gebote“ sind jüdischen Ursprungs. Christen orientieren sich an dieser „Weisung“. durch diese starke Gemeinsamkeit wird eine Zuordnung von Christentum und Judentum unterstellt, die das Judentum nicht abwertet.		Wiederholung und Vitalisierung der lebensrelevanten Struktur, daß das Judentum für die Lebenspraxis der Christen von Bedeutung ist.	Hilfen zur Motivierung des Lernens.
	das Substitutionsmodell (Ersatzmodell) als Beispiel für negative Verhältnisbestimmungen auf seine Konsequenzen für die Juden in ihrer Geschichte mit den Christen und für die Gegenwart bewerten. (FZ VII, 2)	„Alter Bund“ = ersetzter Bund. Gott wird den Juden untreu und schickt ihnen Leid. Damit verbunden die Gottesmord-Hypothese: weil die Juden den Gottessohn ermordet hätten, werden sie in der Geschichte von Gott bestraft.	Dok VII, 1 Dok VII, 3	die Sch. bereiten ein Rollenspiel vor, in dem eine Situation, die sich als Konsequenz einer solchen negativen, vorurteilsfördernden Verhältnisbestimmung ergibt, dargestellt wird.	L. fordert die Sch. auf, die Implikationen einer solchen negativen Verhältnisbestimmung genau zu eruieren, und sich in die Folgen einer solchen vorurteilsfördernden Verhältnisbestimmung für den Umgang von Christen und Juden hineinzufühlen.
			Dok VII, 7	im Rahmen dieser Lehr-Lerneinheit sollen sich die Schüler mit der Gottesmord-Hypothese kritisch auseinandersetzen, da bei	sehr vielen Schülern das Leid der Juden in der Geschichte als Strafe Gottes für die Ermordnung Jesu eingestuft wird.

Interne Bedingungen	Feinziele	Inhalts-Detaillierung	Medien	Lehr-Lernverfahren Vorurteilsabbau	erwartetes Schüler-/Lehrerverhalten
nachdem am Beispiel eines Negativ-Modells die Gefahren einer vorurteilsbeladenen Verhältnisbestimmung von Christentum zum Judentum erarbeitet worden sind, ist jetzt auf eines der dialogbezogenen Verhältnis-Modelle abzuheben und deren Konsequenz für einen neuen Umgang von Christen und Juden auf der Handlungsebene zu bedenken.	ein „dialogbezogenes“ Verhältnis-Modell in seiner Auswirkung auf das Verhältnis von Christen und Juden kritisch reflektieren und gestalterisch darstellen. (FZ VII, 3)	– *das personalistische Modell* – das heilsgeschichtliche Modell – das eschatologische Bezugs-Modell – das christologische Dependenz-Modell – das Transzendierungs-Modell.	Dok VII, 12 Dok VII, 13 Dok VII, 11	die theologischen Implikationen eines solchen dialogbezogenen Verhältnis-Modelles werden nach der Methode eines TZI-Gesprächs erhoben.	L. fordert die Sch. auf, eigene Vorurteile und bisherige eigene Einstufungen an diesem ausgewählten Zuordnungsmodell kritisch zu messen.

Planungsraster: Didaktische Strukturierung Prozeßebene

Themenbereich: VIII Vorurteile gegenüber Juden und Judentum

25. Stunde

Interne Bedingungen	Feinziele	Inhalts-Detaillierung	Medien	Lehr-Lernverfahren Vorurteilsabbau	erwartetes Schüler-/Lehrerverhalten
aufgrund der bisherigen Planung des Lernprozesses ist es möglich, inhaltsbezogene Vorurteile differenzierter zu thematisieren.	antijüdische und antisemitische Vorurteile aus Geschichte und Gegenwart aufgrund des bisher Gelernten kritisieren. (FZ VIII, 1)	Tora ist Gesetzesrigorismus. „Die Juden" sind „Pharisäer". die Befolgung der mizwot ist isolierter Selbstzweck. seitdem die Juden Jesus nicht als Gottessohn akzeptiert haben, hat sich Gott von ihnen abgewendet. das Leid der Juden in der Geschichte ist die „gerechte Strafe Gottes für den Mord an Jesus".		die Sch. setzen sich in arbeitsteiligen AG's mit je einem dieser Vorurteile auseinander und versuchen, aufgrund der bisherigen Lernergebnisse evtl. unter Bezugnahme auf entsprechende Texte, diese Vorurteile aufzuklären.	L. geht von Gruppe zu Gruppe, um eventuelle Lernschwierigkeiten beheben zu können. L. muß darauf achten, daß die Vorurteile tatsächlich breit untersucht und stichhaltig widerlegt werden, da ansonsten die Gefahr besteht, daß sich diese Vorurteile eher festsetzen als bei den Schülern abgebaut werden.

Interne Bedingungen	Feinziele	Inhalts-Detaillierung	Medien	Lehr-Lernverfahren Vorurteilsabbau	erwartetes Schüler-/Lehrerverhalten
Menschen sind aufgrund ihrer jeweiligen Sozialisation verschieden für Vorurteile anfällig. Um die Vorurteilsproblematik gegenüber Juden und Judentum sachgemäß didaktisch in Angriff nehmen zu können, sind sozialpsychologische Ergebnisse über die Funktion von Vorurteilen zu diskutieren.	reflektieren, warum Menschen Vorurteile haben, und wie man damit umgehen kann. (FZ VIII, 2)	Vorausurteile sind bedeutsam für die Ordnung von Wahrnehmungen.	Dok VIII, 1 Dok VIII, 3	entdeckendes Lernen: prozeßorientierte Lernhilfe: Analyse der Problemlage.	L. leitet die Sch. an, sich mit dem Problem der Vorurteile überhaupt auseinanderzusetzen, und entsprechende Informationen dazu zu erarbeiten.
		Vorurteile sind Vorausurteile, die trotz neu hinzugewonnener Informationen nicht verändert werden.	Dok VIII, 5 Dok VIII, 6	anschließend darauf aufbauendes TZI-Gespräch: Vorurteile – warum ich sie nötig habe, warum ich sie nicht nötig habe.	
		Sündenbock-Mechanismus.			
		mangelndes Selbstbewußtsein.	Dok VIII, 8		
		Abgrenzungstendenzen.			
		Typen von vorurteilsvollen Strukturen.	Dok VIII, 7		

Interne Bedingungen	Feinziele	Inhalts-Detaillierung	Medien	Lehr-Lernverfahren Vorurteilsabbau	erwartetes Schüler-/ Lehrerverhalten
aufgrund der Lernschritte der letzten Stunden ist es sinnvoll, daß die Schüler ihr neues „Wissen“ auf die Handlungsebene hin übertragen und an einem Beispiel eine Situation erproben, in der Vorurteile gegenüber Juden geäußert werden.	Mitmenschen, z.B. Neo-Nazis, von ihren Vorurteilen gegenüber Juden abzubringen versuchen. (FZ VIII, 3)	Widerlegung folgender Vorurteile: 1. Juden sind eine minderwertige Rasse. 2. Juden manipulieren die ganze Welt. 3. Juden sind von Gott verworfen. 4. im Dritten Reich wurden keine Juden ermordet.		Rollenwechsel, eigenständige Parteinahme für diejenigen, die mit Vorurteilen bedacht werden. andere überzeugen, setzt Überzeugtsein voraus und vertieft im Prozeß die eigene Überzeugung.	Sch. bereiten in AG's ein Streitgespräch zwischen einer von ihnen gespielten Gruppe von Neo-Nazis in einem Gasthaus vor. Anschließend spielen sie dieses Streitgespräch in der Lerngruppe. Als Abschluß dient eine „Meta-Kommunikation“ mit etwa folgenden Leitfragen: Wie haben Sie sich in der Rolle der Neo-Nazis gefühlt? Welche Schwierigkeiten haben Sie gehabt, um diese Vorurteile argumentativ zu widerlegen? Können Sie sich vorstellen, das in einer Life-Situation in Ihrer Umgebung ähnlich zu machen?

Interne Bedingungen	Feinziele	Inhalts-Detaillierung	Medien	Lehr-Lernverfahren Vorurteilsabbau	erwartetes Schüler-/ Lehrerverhalten
durch eine Analyse des bisher abgelaufenen Lernprozesses klären L. und Sch. die Lernfortschritte und vergleichen sie mit den Eingangsvoraussetzungen.	sich klar werden, ob und welche eigenen Vorurteile in bezug auf Juden sich durch diesen Lernprozeß verändert haben. (FZ VIII, 4)	welche Vorurteile mußte ich im Laufe dieses Lernprozesses revidieren? was hat die Veränderung dieser Vorurteile bewirkt?	Plakatierung.	Einzelarbeit. TZI-Gespräch.	L. fordert die Sch. auf, in ca. 10 Minuten sich Rechenschaft über die Veränderungen eigener Vorurteile während des Lernprozesses zu geben. Die Ergebnisse werden nicht im Plenum vorgetragen, sondern im anschließenden TZI-Gespräch eingebracht.

UNTERRICHTSPROTOKOLL

Themenbereich VIII, 23. Unterrichtsstunde
11. Jahrgangsstufe

L.: U., nennen Sie Elemente der Verwurzelung des Christentums in Israel.

S.1: Jesus ist aus Israel hervorgegangen. Die eigentlichen Wurzeln des Christentums sind das Judentum. Das Christentum geht aus dem Judentum hervor. Viele Gebete, z. B. das Vaterunser, haben auch ihre Wurzeln im Judentum. Man kann nicht sagen, daß es grundsätzlich zwei verschiedene Religionen sind, denn der Gott der Juden ist auch der Gott der Christen.

L.: Gibt es Ergänzungen? Wie ist es mit dem Bund?

S.1: Ich wollt' sagen, daß das Alte Testament für die Juden und Christen gemeinsam ist, daß es für beide gilt; das Neue Testament, das gilt nur für die Christen.

S.2: Ja, und daß die Hoffnung auf den Messias aus der jüdischen Religion stammt und daß bei den Christen der Messias in Jesus Christus verkörpert wird. Die Juden warten noch auf den Messias. Allerdings, das endgültige Ziel, die Vollendung, daß Gott dann alle auferweckt, ist dasselbe. Sowohl für die Juden als auch für die Christen: Die endgültige Erlösung der Welt.

L.: Das ist interessant. Alter Bund, Neuer Bund, dann die Messiasvorstellung, daß sie aus dem Judentum kommt . . . und für die Juden der Messias überhaupt erst noch kommen muß und für die Christen der Messias schon da war: Und sich noch nichts getan hat in der Welt, sagen die Juden, also die großen Probleme, die die Juden mit der Vorstellung haben, daß Jesus der Messias gewesen sei, hängen damit zusammen. Wenn der Messias kommt, dann wird sich die Welt verwandeln. Die messianische Vorstellung ist: dann wird man die Schwerter zu Pflugscharen machen, da wird das Lamm mit dem Löwen weiden, also da wird der Löwe nicht mehr das Lamm auffressen, es wird Friede sein.

S.2: Die zehn Gebote, das ist die Voraussetzung dafür, daß der Bund geschlossen wird, oder? Die Zehn Gebote.

S.3: Die Bedingung.

S.2: Oder ja, die Bedingung für den Bund und daß die Zehn Gebote für beide gelten, für Christen und Juden. Ohne die Zehn Gebote, da wird der Mensch dem Menschen zum Wolf.

L.: Was heißt das?

S.2: Also, daß es ohne die Zehn Gebote überhaupt nicht gehen wird, kein menschliches Zusammenleben stattfinden könnte.

S.4: Könnte schon.

S.2: Ha, ja, das sagen die halt.

S.5: Es muß halt eine Bindung da sein, eine bei den Christen und Juden . . . und dadurch sind die Menschen verpflichtet, die Gebote zu halten, und bei den andern Stämmen ist das etwas anderes, aber diese Bindung muß durch Gott oder sonst was verstärkt werden, weil sich die Menschen sonst nicht daran halten.

S.6: Es gibt nirgends ein Volk, wo keine Gottesvorstellung da ist, es ist doch eigentlich überall, daß irgendwelche Götter oder irgend etwas angebetet wird. Und dadurch ist die Bindung ja trotzdem da. Auch wenn's nicht gerade der Eine Gott ist, sondern . . .

L.: Nehmen Sie einmal einen atheistisch orientierten Marxisten.

S.1: Der muß die Gesetze von Marx nehmen. Das ist ja auch eine Bindung.

L.: Er muß sich ablösen von einem außerirdischen Wesen zu andern Sinnorientierungen oder Ideologien. – Was ist denn, und das ist auch ein wichtiger Punkt, die Weisung Gottes? Wir haben ja aus dem Judentum vorwiegend die Zehn Gebote als Weisung rausgenommen. Aber die Weisungen sind in der Hebräischen Bibel ja breiter angelegt: Z. B. achte auf deinen Knecht, nütze ihn nicht aus, hilf den Armen, schlage deinen Sohn nicht. Da gibt es eine ganze Menge von Anweisungen, an anderer Stelle steht das Gegenteil: Züchtige deinen Sohn, denn du liebst ihn. Die Weisung Gottes wird jüdisch breiter ausgelegt als bei uns. Dann hat die U. schon auf den Messianismus abgehoben. Wenn man das mal überlegt. Was stellen Sie sich unter einem Messias vor?

Längeres Schweigen.

S.7: Jemand, der seine Stärke demonstriert und zeigt, daß er Gott ist.

L.: Also, daß er derjenige ist, der die menschliche Herrschaft übersteigen kann.

S.7: Ja, schon.

S.8: Er ist derjenige, der alles Böse von der Welt nimmt, alles Unheil.

S.7: Radikal.

L.: Diese Vorstellung, die Sie gerade gebracht haben, die wenden Sie mal auf die heutige Welt an.

S.1: Er schafft die Atombombe ab.

S.6: Er bringt Frieden.

S.9: Daß erstmal die Leute satt werden, Gerechtigkeit.

L.: Jetzt, A., was ist los, der war vor 2000 Jahren schon da, der Messias.

S.10: Ja.

S.9: Der soll doch wiederkommen, habe ich gedacht.

S.: Nach dem jüdischen Glauben.

L.: Nein, nach dem jüdischen Glauben kommt er nicht wieder, da kommt er erst.

S.9: (Gelächter) Das ist peinlich.

L.: Der Messias kommt wieder, aber was passiert in der Zwischenzeit? Z.B. sind die christlichen Kreuzfahrer in Jerusalem einmarschiert und haben Tausende von Menschen niedergemetzelt. Man kann heute noch die Gedenkstätte sehen, wo die Knochen reingeworfen wurden.

S.6: Die Christen haben sich nicht an die Weisungen von Jesus gehalten.

S.8: Du kannst sagen, daß alle, die irgendwie am Krieg beteiligt sind, keine Christen sind. Und alle, die schlecht sind, sind Christen, das kann man nicht sagen. Das ist doof.

S.4: (Gelächter) Umgekehrt.

L.: Bin ich denn nun gut, weil ich Christ bin?

S.9: Ja, eben.

S.4: Viele sagen, daß jemand, der nicht Christ ist, auch nicht gut sein kann.

L.: Das geht zu weit.
Ja, was heißt das jetzt, wenn der Messias da war und sich anscheinend nichts getan hat?

S.7: Da kann der nichts dafür.

L.: Da kann der nichts dafür. Also wenn man mal diesen Punkt nimmt, den die Christine eingebracht hat, wer trägt die Verantwortung dafür, daß es Kriege gibt?

S.7: Ich finde, die Menschen selber, denn es hat ja bei ihnen gelegen, was sie aus den Zehn Geboten gemacht haben. Jesus bzw. Mose hat uns die Zehn Gebote gegeben, und die Möglichkeit, die es uns gezeigt hat, wie Menschen friedlich zusammenleben können, die Menschen haben das nicht ausgenutzt.

S.2: Ich find das aber auch blöd, sowas zu sagen. Z. B. die ganzen Unschuldigen, die da immer bei irgendetwas beteiligt sind, was können sie dafür, die haben es ja nicht selber so gemacht.

S.11: Da war halt irgendeiner, der hat gesagt, da machen wir den Krieg und zehntausend andere haben mitrennen müssen.

S.8: Das ist ja ein bißchen blöd, zu sagen, einer hat das gemacht und die andern sind mitgerannt.

S.4: Vielleicht nicht freiwillig mitgerannt.

S.5: Du kannst nicht die Schuld nur auf einen ziehen, oder so. Das ist auch nicht richtig.

S.7: Wenn die nicht mitgerannt wären – einer allein kann auch nichts machen.

S.5: Eben. So kann man das auch wieder nicht sagen. Ich meine, es war vielleicht der, der das von sich aus gesagt hat, und so, aber daß er da dran schuld ist, der eine, das geht gar nicht.

L.: Nehmen wir mal Hitler. Das kann man ja auch gut belegen. Daß der sich überhaupt hat durchsetzen können, daß er so hochgradig gewählt wurde, oder daß diese Ideologie der Rassenabwertung sich so durchsetzte, das hing nicht allein an Hitler. Das war ja nicht so, daß er vom Himmel fiel, mit Millionen Soldaten alles niedermetzelte und gesagt hat, ich bin jetzt hier der Chef, sondern er ist auf einer Welle hochgespült worden, zumindest mal in den Grundansätzen seiner Ideologie. Selbstverständlich wußte am Anfang 1933 noch kaum jemand, daß er später mal Juden umbringt.

S.6: Ja, man könnte sagen, das waren alles unglückliche Zufälle.

S.8: Ich weiß nicht, du, das glaub' ich nicht.

S.7: Ja, die Leute waren halt durch Wirtschaftskrise und Armut und so was geschwächt, oder auch geistig haben sie's nicht bemerkt, und das Ausland hat nicht reagiert. Er wurde etwas unterschätzt, und so eindeutig kann man niemand die Schuld geben.

L.: Sie gehen von mehreren Faktoren aus, die zusammengekommen sind.

S.7: Ja.

L.: Es gibt Historiker, die das auch so sagen. Die Entstehung des Nationalsozialismus war kein Zufallsgeschehen. Ich meine, Hitler schrieb schon in „Mein Kampf", daß er die Juden umbringen möchte, das konnte jeder nachlesen, der wollte. Es ist klar, daß, als Hitler an der Macht war 1933, es dann schwer war, ihn wieder wegzubekommen. Oder daß man das KZ riskiert hat, wenn man den Mund aufgemacht hat.

S.2: Als die SA auf den Straßen war, da konnte man sich nicht so richtig durchsetzen.

S.7: Du glaubst, daß man da gar nichts dagegen hätte tun können? Daß man's einfach so annehmen mußte?

S.6: Ich könnte mir vorstellen, daß sowas nochmal passieren könnte.

S.7: Ich kann mir das nämlich auch vorstellen.

S.6: Jetzt hat man mehr Gesetze als früher, um das zu verhindern; da hat man ja noch nicht gewußt, wie sowas auslaufen könnte.

S.4: In Persien wehren sich nur wenige gegen den Khomeni.

S.8: Weil die Leute immer so viel Angst haben, mal was zu machen.

S.1: So was geht schneller, als du meinst.

L.: Ich habe es Ihnen ja schon einmal erzählt mit der Frau Luckner, die gesagt hat, wenn es damals viele Leute mit Zivilcourage gegeben hätte, dann hätte das Hitler-Regime es sich nicht leisten können, so etwas zu machen.

S.8: Eben.

S.7: Das ist heute noch genau so.

L.: Wir sind ausgegangen von der Frage: der Messias – Ulrike hat das vorher dargestellt – war für die Juden nicht da, er wird erst kommen. Die Verwandlung der Welt durch den Messias, so ähnlich, wie Sie es vorher kurz angedeutet haben, die endgültige Befreiung, sie steht noch aus. Im Christentum ist das anders gelaufen, da hat sich an der Person Jesu Christi für die Menschen dieser Anspruch bereits eröffnet, daß sich in dieser Person Gott als der Messias zeigt und in der Überwindung des Todes, des individuellen Todes, daß durch diese Überwindung bereits die Macht der Todesgrenze und des Bösen überhaupt gebrochen ist. In dieser Person, dieser einzigen Person, ist stellvertretend für alle Menschen und die ganze Welt die Macht des Bösen gebrochen, und die Macht auch der Grenze gebrochen. Das ist natürlich die andere Seite, daß ich nicht andauernd darauf hoffen muß, bis sich endlich mal etwas tut, und der Messias in Erscheinung tritt, sondern daß sich bereits in dieser mir faßbaren, fühlbaren Welt so etwas ereignet hat stellvertretend beispielsweise auch für mich und für alle, die sich darauf einlassen können. Und dann kommt das, was die Christine sagt, dann kommt das Weitere, dann kann man natürlich nicht diesen Messias für alles verantwortlich machen, was die Menschen durch eigene Schuld an Leid produzieren. Und dann sind wir weitergegangen zu der Frage, z. B. ist es von Gott gewollt, daß Hitler Millionen Juden umgebracht hat. Das war also das Problem. Jetzt gehen wir ein bißchen weiter. Wie stark ist denn der Glaube der Christen, wenn sie auf der Handlungsebene in einer solchen Weise versagen?

S.7: Gleich null.

L.: Jetzt nehmen Sie mal an, Sie würden abgeholt. Das gab's ja. Die haben ja die jüdischen Kinder aus den Schulen herausgeholt, die SS. Sie werden hier abgeholt, das sagt man einfach, also Sie – die sagen schon gar nicht Sie – Du, Du, Du, Ihr kommt raus, und Sie sehen das Zimmer, die Mitschüler und den Lehrer. Der Lehrer steht daneben und macht nichts. Die jüdischen Schüler werden abgeholt. Wie würden Sie das empfinden, wenn wir hier einfach weitermachen im Text und sagen, heute lesen wir das Gleichnis vom Barmherzigen Samariter. Wir machen einfach weiter im Text.

S.6: Egoistisch.

S.4: Das war Angst, oder so.

L.: Das war die Situation. Man sollte das wirklich einmal spielen. Also, ich hab' mir manchmal schon überlegt, das sollte man richtig spielen.

S.6: Man wußte nicht, was denen geschieht.

S.1: Aber zum Schluß war das doch recht bekannt.

S.2: Nein, aber wenn man einfach grundlos irgendwo herausgeholt wird.

S.3: Aber mit der Zeit hat man doch mitgekriegt, daß die Kinder verschwunden sind, oder? Wenn sie einfach nicht mehr in die Schule kamen.

S.8: Sie wollten es nicht wissen, es war viel bequemer, wenn ...

S.6: Ja, eben, ich sag' ja, aus Egoismus oder aus Angst. Oder ich weiß es ja nicht ...

L.: Ich meine, die SS hat es natürlich auch kaschiert. Die haben dann vorgegeben, die werden ausgesiedelt in den Osten, da gebe es große Plantagen, wo die endlich mal zu ihrem Land kämen. Aber ab einer bestimmten Phase konnte jeder, zumindest jeder Lehrer, wissen, was läuft.

S.6: Trotzdem holt man sie nicht einfach aus dem Unterricht heraus.

S.10: Also, ich finde das schon schlimm, wenn man einfach sagt, kommen Sie mal raus, Sie werden ausgesiedelt. Das wär' doch die Höhe, oder? Was sie auch gemacht haben, sie haben es auch umgekehrt gemacht. Wenn z.B. ein Jude in der Redaktion einer Zeitung war, da haben sie ihn abgeführt, fertig.

L.: Ja, sie durften. Aber bis zu den Nürnberger Gesetzen, die sind am 15. September 1935 verabschiedet worden, und da war also eine schlagartige Veränderung, da wurden sämtliche Beamten, auch jüdische Lehrer, und alle Juden im öffentlichen Dienst wurden also rausgezogen. Hier kann man die Zäsur einsetzen: Gesetze zur Erhaltung des Deutschtums. Dann wurden alle Nichtarier auf die Straße gesetzt, Mischehen wurden verboten, man konnte sich nicht mehr habilitieren als Jude.

S.6: Gab es überhaupt Arier? (leise)

S.2: Ach Quatsch!

S.1: Ich glaub' schon.

S.2: Ob es sie früher mal gab, frag' ich.

S.1: Ich hab' mal gehört, das sei eine symbolische Rasse.

S.2: Das hat doch nicht Hitler aufgebracht mit der deutschen Rasse, das war doch so ein anderer, das hat der nur gelesen in so einem Buch, von dem Buch hat er's dann anders ausgelegt.

L.: Hitler beruft sich bei seiner Rassentheorie auf Gobineau und Chamberlain. Also die Begriffe waren alle schon ein oder zwei Jahrhunderte vorher da. Hitler hat sie dann zusammengesucht und ein neues Gebäude daraus gemacht.

Die Kommunisten in unserer Gesellschaft, die haben ja auch so eine Außenseiterrolle. Ich sag jetzt einmal angenommen, – ich sag jetzt nicht an dieser Schule, sondern überhaupt – wenn jemand reinkäme und sagen würde, Du bist ein Kommunist und Du bist ein Kommunist und Du bist ein Kommunist, und Sie drei würden einfach abgeführt und umgebracht, raus mit euch. Würden Lehrer dann nichts machen?

S.4: Manche können ja überzeugte Antikommunisten sein, die unterstützen das ja noch.

S.5: Dafür, daß man Jude ist, kann man ja nichts dafür. Das ist man ja von Geburt aus. Und ein Kommunist – ich mein', es ist falsch, sie so zu behandeln – aber sie können dagegen noch etwas machen, aber ein Jude ist ja ganz schutzlos ausgeliefert. Der kann ja nichts dagegen machen, daß er Jude ist. Als Kommunist kann ich mich vom Kommunismus abwenden, wenn's auch nur gezwungen ist, aber man hat ja die Möglichkeit zu so was.

S.6: Es kann doch aber sein, daß die Eltern Kommunisten sind, und daß jetzt eben die Kinder herausgeholt werden.

L.: Sippenhaft.

S.6: Nein, das glaube ich nicht.

S.4: Da können die aber auch nichts dafür.

L.: Worauf ich noch hinweisen wollte, es sind aber doch *Menschen*, die umgebracht werden. Wobei ich dem Kommunismus sehr skeptisch gegenüber stehe. Aber ich müßte mir da sagen, das ist ein *Mensch*, zunächst einmal.

S.2: Ja, aber die Lehrer, oder diejenigen, die da nichts dagegen machen würden. Die könnten das vielleicht so begründen, daß derjenige ihnen vielleicht irgendeinmal schadet. Und ich meine, von seiner Auffassung her oder wenn halt irgendeiner von denen an die Macht kommt, oder so. Aber bei Juden, das ist ja etwas ganz anderes. Der kann doch niemandem schaden. Vielleicht, daß er ein bißchen anders glaubt, oder so.

S.4: Die haben einen Haß auf Juden gehabt, weil sie eben so gut in Geldgeschäften waren, sie konnten eben gut damit umgehen, und viele haben vielleicht auch ihr Vermögen durch Juden verloren, daß sie das dann genauso unterstützt haben.

S.7: Leihgeschäfte.

S.6: Es war ja damals weit verbreitet, daß die Juden einem schaden. Das war ja damals die Ideologie auch.

S.10: Das war die Propaganda gegen die Juden.

L.: Also: Der Jude frißt euch auf, er hat euch alles Geld abgenommen. Wenn wir ihn nicht ausmerzen, wird das deutsche Volk kaputt sein. – Wenn man das oft hört . . .

S.13: Ja, das prägt sich irgendwie ein.

S.4: Woher möchtest du wissen, daß der Kommunismus dir schadet?

S.8: Genau.

S.2: Ich finde das total etwas anderes, ob man nur etwas anderes glaubt, oder ob man eine andere Auffassung hat und irgendetwas verändern möchte.

S.4: Für die ist ja der Kommunismus auch so wie eine Religion.

S.2: Ja, aber die wollen doch alles verändern. Ich finde das etwas anderes.

S.8: Es kann dich auch selber treffen, wenn du ein Jude bist, oder so.

L.: Das Beispiel mit den Kommunisten habe ich gebracht, damit nicht folgendes passiert: Daß wir jetzt schön über die schimpfen, die damals Juden umgebracht haben, und wenn's z. B. bei einer andern Randgruppe, die uns nicht liegt, wenn's da dann so weit kommt, daß ich da leise bin, daß sich die Vorurteile nur auf andere verlagern. Das wollt' ich nur einmal deutlich gesagt haben.

S.10: Das ist ja ein bißchen unwahrscheinlich bei uns.

L.: Bitte?

UNTERRICHTSPROTOKOLL

Themenbereich VIII, 28. Unterrichtsstunde
11. Jahrgangsstufe

L.: Was ich zum Abschluß noch für wichtig halte, ist folgendes: Wir haben jetzt ziemlich intensiv über das Verhältnis von Judentum und Christentum an einzelnen Beispielen das Unterscheidende und Trennende einerseits und das Gemeinsame andrerseits erarbeitet. Sie haben sicher auch einiges in bezug auf das Judentum neu hinzu gelernt und vermutlich auch ihre Einstellungen und Vorurteile etwas verändern können. Was aber unklar ist, und von daher gesehen ist die Frage ja immer noch die, wieviel dann der Kurs Wert gehabt hat für unser eigenes Leben, wenn z.B. nicht herauskommt, daß das, was wir hier diskutiert haben, eigentlich auch lebensrelevant ist. Daß z. B. die Erfahrung, von Gott im vorhinein akzeptiert zu sein, in der Zuwendung Gottes zu stehen, was das heißt für Ihre eigene Lebensgestaltung. Es gibt verschiedene Möglichkeiten, Religion zu unterrichten. Immer schön kognitiv, reden über, da muß ich mich selber ja nicht einbringen. Oder ich mache es so, daß ich sage, das was wir hier verhandeln, ist für mich bedeutsam. Ich bin dafür, daß wir jetzt diesen Zusammenhang von Bund, der Erfahrung, von Gott geliebt zu sein, und Alltagsrelevanz bedenken. Die Frage wäre dann die: Der Bund mit Gott. Was hat das für Auswirkungen für mein Leben, welche Lebensrelevanz hat der Kurs für Sie jetzt? Ich kann die

Frage auch noch anders formulieren: Was hat das denn mit meinem Leben zu tun, also mit mir selber? Langes Schweigen.

S.1: Also ich finde, mir hat es unheimlich viel gebracht, auch vor allen Dingen Vorurteile abzubauen oder klar zu legen, wie man jetzt argumentieren kann, daß man die Vorurteile abbauen kann. Also mir ist wirklich klar geworden, daß man das Judentum nicht abtun kann.

L.: Also nicht abwerten kann.

S.1: Ja, und ich finde es schon irgendwie wichtig.

L.: Also auch für das eigene Leben?

S.1: Ja.

L.: Wie ist es denn bei den andern? Vielleicht machen wir es einfach reihum. Das ist das einfachste. Machen Sie mal weiter, U.

S.2: Also, ich finde auch, für mich hat es viel gebracht. Ich überlege mir auch heute, wenn ich irgend etwas höre im Zusammenhang mit den Juden, wieso das oder jenes gemacht worden ist, ob das irgendwie mit den Juden an und für sich etwas zu tun hat, also mit ihrem Wesen und mit ihrem Glauben. Also ich nehme das nicht einfach hin und sage, das sind halt Juden, sondern ich denke da eher noch drüber nach als vorher.

S.9: Ja, aber hättest du das vorher so gemacht?

S.4: Ja, ich hätte vorher schon gedacht, warum sie das gemacht haben, aber ich wäre nicht auf die Idee gekommen, das irgendwie mit dem Glauben oder so in Bezug zu setzen.

S.3: Ja, und wie setzt du das in Bezug?

L.: Sie sagen, durch diesen Kurs ist mir auf jeden Fall bewußter geworden, daß menschliches Tun unter mehreren Gesichtspunkten zu bedenken wäre, z. B. auch unter dem Aspekt des Glaubens.

S. 4: Also bei mir ist es so, daß das Bild, was ich vorher von Juden hatte von wegen einer andern Rasse, überhaupt dieser Rassenbegriff, daß der völlig verschwunden ist, daß ich erkannt habe, daß Juden nur einen andern Glauben haben und nicht, daß das mit Rasse zu tun hat. Und auch, daß diese ganzen Vorurteile abgebaut worden sind.

S.5: Und daß eben das gemeinsame Ziel von Christen und Juden die Vollendung ist, also daß ich da einen Bezug sehe.

L.: Also auch von Ihrem Christentum her?

S.5: Ja.

L.: Daß weniger das Trennende zum Zuge kommt, sondern das Gemeinsame.

S.5: Ja.

S.6: Ich weiß eigentlich nicht, was das mir im Moment bringt. Also im Moment bringt mir das nicht so viel. Aber ich kann mir vorstellen, wenn ich vielleicht später einmal jemand treffe, der total anderer Meinung ist, dann ist das hilfreich, was ich da gelernt habe, damit ich nicht so leicht beeinflußt werde, weil ich ja selber was darüber weiß.

L.: Sie meinen, total anderer Meinung ist, indem er sagt, die Juden müßten aus Deutschland raus.

S.6: Nee, nicht so brutal. Ich meine überhaupt zu dem Thema, daß ich da etwas darüber weiß, das wird doch erst wichtig, wenn man darüber redet, und im Moment rede ich ja mit niemand groß darüber. Also ist es nicht so wichtig.

L.: Also das wäre praktisch dann bei Ihnen so, die Lebensrelevanz, die sehen Sie erst in der Zukunft. Also, wenn Sie in eine bestimmte Situation kommen.

S.6: Ja.

S.7: Ja, sagen wir mal so: U. hat gesagt wegen ihren Vorurteilen. Wir haben das doch schon einmal besprochen in der 9. oder 10. Klasse, und da war das schon weg. Aber daß man sich da mal wehrt. Meine Oma z. B., die hat total komische Ansichten über Juden gehabt. Dann habe ich darüber was gewußt und konnte auch was sagen und so, das ist viel besser dann.

L.: Daß Sie das Gefühl hatten, Sie konnten das in der Diskussion anwenden.

S.7: Ja, auch mit dem Rassenbegriff und das alles. Und ich wußte auch viel mehr, auch über die Religion selber, und ich meine, das wußte man in der 9. Klasse auch schon, aber irgendwie anders.

S.8: Bei mir ist es eher so, daß ich für die Juden eingestellt bin, und wenn dann jemand was sagt, dann rege ich mich schon ein bißchen auf.

S.7: Grad meine Oma, ohje, die hat dann gar nichts mehr gesagt hinterher. Ich glaube, ich habe sie gar nicht überzeugen können, weil sie schon so alt ist. Die ist halt so 80 bald, und sie hat auch im 2. Weltkrieg irgendwas mit Juden zu tun gehabt, und dann hat sie gesagt, es wären Gauner und so, und dann habe ich gesagt, daß sie das nicht wären. Ich weiß nicht, meine andere Oma war da noch dabei, die war ganz anders. Die hat halt immer so gesagt, das kann man so nicht sagen und so. Die hat mir dann richtig geholfen. Aber die, die war, sie ist halt schon alt.

L.: Ich meine, das kommt ja auch woher. Die Kirche und der Religionsunterricht haben früher ja die Einstellung gegen Juden mitverursacht. Bevor ich mich aufrege, denke ich immer, woher kommt es denn, daß sie so antisemitisch reagieren.

S.7: Die andere Oma war ja auch in der Kirche, gut, ich meine, die war halt noch ein bißchen jünger, aber ...

S.6: Vielleicht hat es bei ihr anders ausgesehen.

L.: Das muß man alles im Kontext sehen.

S.7: Das ist aber auch so bei andern Tanten, die lassen sich gar nicht mehr so überzeugen, daß die Juden keine Rasse sind.

L.: Die Neonazis, die wachsen hier ja zur Zeit heran. Sie haben vielleicht noch keinen getroffen, aber es kann ja durchaus sein, daß Sie in einer Kneipe mit so jemandem am Tisch sitzen und daß Sie da vielleicht einmal in die Situation kommen, das Judentum verteidigen zu können.

S.6: Ich glaube, das könnte man jetzt schon. Also auch richtig, mit Argumenten und so.

S.2: Es ist die Frage, wie weit man die überhaupt überzeugen kann.

L.: D., machen Sie mal weiter?

S.8: Ja, ich glaube auch, daß man einen Vorteil hat in der Zukunft.

L.: Das war jetzt schon bei mehreren so, daß das Zukünftige vielleicht relevant sein kann.

S.10: Bei mir war es halt so, daß man mehr erfahren hat darüber. Aber die Argumente, mit denen die früher die Juden verfolgt haben, die sind ja eigentlich ganz schön schwach. Dagegen haben wir sehr viele Gemeinsamkeiten zwischen Christentum und Judentum gefunden. So Vorurteile hatte ich eigentlich noch nie gegen das Judentum. Ich habe auch eigentlich oft Positives gehört von Eltern und so. Und was mir auch wichtig war, war eben die Gotteserfahrung der Juden durch die Befreiung und daß man Gott also auch direkt erfahren kann und nicht nur so als Abstraktum. Das war mir auch ziemlich wichtig.

L.: Daß der Gottesglaube also aus einer bestimmten Erfahrung kommt?

S.10: Daß die Juden so ganz direkten Kontakt hatten mit Gott und Vorstellungsweisen in einer langen Geschichte.

S.11: Also ich hatte eigentlich noch nie so richtige Vorurteile gegen Juden, aber nicht weil ich etwas darüber wußte, sondern weil in meiner Umgebung – ich hatte halt nicht so eine Oma wie die A. Es kam eigentlich nur durch die äußeren Einflüsse und nicht durch Argumente, und ich glaube, ich hätte dann ziemlich leicht auch überzeugt werden können. Ich meine, jetzt wo man die ganzen Für- und Gegenargumente kennengelernt hat, dann kann man sich eben auch behaupten.

L.: Sie sind nicht so manipulierbar.

S.12: Ja, das ist auch hauptsächlich bei mir so wie bei ihr, daß ich zwar früher immer gedacht habe, ich hätte keine Vorurteile gegen die Juden oder allgemein gegen andere Rassen oder Gruppen, aber mir ist eben bei der ganzen Sache aufgegangen, daß im Prinzip man doch noch irgendwie Vorurteile hat, weil man kannte sich eben zu wenig aus und man läßt sich halt sofort beeinflussen von jedem, den man darüber hört. Also wahrscheinlich wird man sich auch darüber beeinflussen lassen über die Vorurteile, die man eben hört: Die Juden seien Gauner, oder was es da alles gibt. Ich glaube, irgendwie prägt sich das ganz sicher ein. Deswegen finde ich es also ganz gut, daß man das kennengelernt hat, die ganzen Vorurteile da abzuschätzen. Auch überhaupt, daß man jetzt selber mal darüber diskutieren kann; ja, ich meine, wenn man mit einem andern im Streitgespräch steht, muß man ihn ja nicht überzeugen; es reicht, dem irgendwelche Impulse zu geben, daß er da selber mal darüber nachdenkt und vielleicht selber darauf kommt.

L.: Also, daß zumindest einmal die Schlagkräftigkeit seiner Argumente erschüttert wird, selbst wenn es nicht gelingt, einen überzeugten Neonazi zu überzeugen. Das ist nicht leicht möglich. Man müßte ihn schon längere Zeit kennen.
– Wir müssen jetzt leider abbrechen. Bis bald.

Planungsraster: Didaktische Strukturierung
Prozeßebene

Themenbereich: IX
Gemeinsame Aufgaben von Christen und Juden

29. Stunde

Interne Bedingungen	Feinziele	Inhalts-Detaillierung	Medien	Lehr-Lernverfahren Vorurteilsabbau	erwartetes Schüler-/Lehrerverhalten
nachdem neue Erkenntnisse die Vorurteile und evtl. sogar die vorurteilsvolle Struktur der Sch. verändert haben, kann die Frage nach Gemeinsamkeiten zwischen Christen und Juden auf der Handlungsebene gestellt werden.	gemeinsame Aufgaben zwischen Christen und Juden religiös und historisch begründen. (FZ IX, 1)	der Glaube an den Einen Gott und seine Zuwendung als Motivation für ethisches Handeln.	Brief.	die Sch. sollen einem gleichaltrigen Juden/einer Jüdin in einem Brief ihre Überlegungen, wo sie gemeinsame Aufgaben zwischen Christen und Juden sehen, mitteilen.	L. weist auf die gemeinsame Grundstruktur zwischen Juden und Christen hin, daß sie auf der Grundlage der Zuwendung Gottes zu sittlich gutem Handeln herausgefordert sind.
		Tora als Zeichen und Realisierung des Bundes (jüdisch)	Dok IX, 7		
		Jesus Christus als Motivation für ethisches Handeln (Sinn, Liebe, Hoffnung als Strukturelemente des Christlichen).	Dok IX, 1		L. motiviert die Sch., in Briefform mit einem gleichaltrigen Juden/einer gleichaltrigen Jüdin darüber in Kontakt zu treten. Eventuell kann er versuchen, Adressen von Jugendlichen in Israel für eine Brieffreundschaft zwischen den Schülern und jüdischen Jugendlichen zu vermitteln.
		historische Begründung: Neubesinnung angesichts der Verirrungen von Christen gegenüber Juden.	alternativ: Dok VII, 10 Dok VII, 6 Dok VII, 7 Dok VII, 8 Dok VII, 9 Dok IX, 8	Textanalyse.	
		Besinnung auf die gemeinsamen Grundlagen als Überwindung der Abwertung.			
		Briefe werden vorgelesen und diskutiert.			

Planungsraster: Didaktische Strukturierung — Prozeßebene

Themenbereich: IX — Gemeinsame Aufgaben von Christen und Juden

30. Stunde

Interne Bedingungen	Feinziele	Inhalts-Detaillierung	Medien	Lehr-Lernverfahren Vorurteilsabbau	erwartetes Schüler-/Lehrerverhalten
aufgrund der eigenen Überlegungen der Sch. werden am Ende der Unterrichts-Einheit wichtige Elemente möglicher Zusammenarbeit zwischen Christen und Juden erarbeitet und auf Realisierungsmöglichkeiten hin bedacht.	den Schöpfungsauftrag in jüdischem und christlichem Sinne als Veränderung der Welt verstehen. (FZ IX, 2)	gemeinsame Grundwerte: Bewahrung der Erde Ehrfurcht vor dem Lebendigen Kulturauftrag.	Dok IX, 4	zusammenfassendes L.-Sch.-Gespräch.	
	den Schöpfungsauftrag in jüdischem und christlichem Sinne als Veränderung der Gesellschaft verstehen. (FZ IX, 3)	Protest gegenüber Unrecht und Ideologien. Gottesherrschaft bricht Menschenherrschaft (Propheten). jüdisch-christliche Religion als „Anti-Opium für das Volk".			
		gemeinsamer Einsatz für den Shalom gemeinsame Erwartung der Vollendung als Motivation, zu dieser Vollendung beizutragen Versöhnung aller Völker in Jerusalem (Wallfahrt zum Zion)	Dok IX, 3		

4. Aufbaukurse

4.1 Aufbaukurs „Volk“

4.1.1 Didaktische Analyse als Umrißplanung

Exemplarische Bedeutung

Sowohl das Judentum als auch das Christentum beansprucht, „Volk“ Gottes zu sein.[1] Darin liegt das Hauptproblem für die exemplarische Bedeutung des Themas „Volk“ für Christen und Juden.

Herausgerufen aus allen Völkern, erwählt durch den „Bund“ wird Israel zum „Volk Gottes“. Stellvertretend für alle Völker hat Israel die Tora angenommen. Bei der Wallfahrt aller Völker zum Zion wird die Zeichenhaftigkeit des jüdischen Volkes eschatologisch deutlich.

Auch die Kirche beansprucht, „Volk Gottes“ zu sein. Sie erwächst nicht wie Israel aus der Erwählung eines Volkes, sondern ist zusammengerufen durch Jesus den Christus. So hat sich die Kirche schon sehr früh als das „Neue Volk Gottes“ verstanden. Begründet im Tod und in der Auferweckung Jesu Christi sieht sich die Kirche als Zeichen des Heiles für alle Völker.

Die darin gründende theologische Spannung zwischen Kirche und Judentum bestimmte historisch weitgehend das Verhältnis zwischen Christen und Juden. Dabei spielte die vieldeutige und schillernde Formel vom „Neuen Volk Gottes“, die im Laufe der Kirchengeschichte das Judentum vorwiegend abwertete, eine grundlegende Rolle. Sie bedarf im Rahmen der Unterrichtsplanung eine über die thematische Struktur des Basiskurses[2] hinaus weiterführende Differenzierung.

Die von Paulus von Tarsus vorangetriebene Heidenmission und die Zerstörung des Jerusalemer Tempels im Jahre 70 n. Chr. sind als entscheidende Daten

---

[1] Die Begriffsdefinition von „Volk“ in jüdischer Sicht wird folgendermaßen übernommen: „Das Volk Israel ist die von Gott bleibend erwählte Lebens- und Glaubensgemeinschaft, die ihre Abstammung auf Abraham zurückführt und in besonderer Weise durch das Ereignis des Exodus aus Ägypten und den Bundesschluß am Sinai geprägt worden ist, und das trotz heftiger Anfeindungen durch viele Jahrhunderte (Antisemitismus, Auschwitz) seiner Sendung, ‚Zeichen der Völker‘ (Jes 11, 10) zu sein, gehorcht.“ Die Begriffsdefinition von „Volk“ in christlichem Sinne: „Volk ist die Gemeinschaft derer, die durch Jesus Christus zum Heil Israels hinzuberufen sind und als ‚wanderndes Gottesvolk‘ (Kirche) ihren universalen Heilsauftrag als Zeichen für die Völker in der Kraft des Heiligen Geistes wahrnehmen.“

[2] Vgl. insbesondere die Themenbereiche II: Bundesschluß/Bundesschlüsse und ihre Erneuerungen; V: Wurzeln des Christentums im Judentum; VI: Unterschiede und Gemeinsamkeiten von Christentum und Judentum; VII: Zuordnungsmodelle von Christentum und Judentum; VIII: Vorurteile gegen Juden.

in dieser Geschichte festzuhalten. Die sehr früh auftretende Spannung, daß es juden-christliche und heiden-christliche Gemeinden gibt, daß die junge Kirche sich als Tochter von der jüdischen Mutter ablöst und eigenständig wird, kann als zentrales Problem eingestuft werden.

Im Prozeß der christlichen Identitätsbildung kristallisierte sich eine in großen Teilen vorurteilsvolle und abwertende Beziehung gegenüber den jüdischen Wurzeln des christlichen Glaubens heraus. An Äußerungen von Kirchenvätern und Kirchenlehrern über Juden und Judentum lassen sich Elemente von Enterbungs- und Ablösungstheorien erheben. So bieten etwa Augustinus, Johannes Chrysostomus, aber auch Peter von Cluny oder Martin Luther erschreckende Beispiele einer sich auf Kosten des Judentums definierenden christlichen Identität.[3]

Überblick über die Geschichte des Judentums (nach 70 n. Chr.)

132–135	Bar-Kochba-Aufstand: danach Verbot, Aelia Capitolina (neuer Name Jerusalems) zu betreten; Einführung des Landesnamens „Palaestina“ durch die Römer
4. Jh.–6. Jh.	seit der „Konstantin. Wende“ zunehmend judenfeindl. Gesetzgebung im Röm. Reich (Codex Theodosianus und Codex Justinians): politische und bürgerliche Degradierung
638	Jerusalem gerät unter die Herrschaft des Islam: Juden haben Zutritt
Mitte 7.– Mitte 11. Jh.	Zeitalter der Geonim (Häupter d. babylonischen Gelehrtenschulen)
9.–11. Jh.	Karäer in Babylonien (Ablehnung des Talmuds; Schrift allein)
ca. 800–1200	„Goldenes Zeitalter“ des Judentums in Spanien aufgrund der Zusammenarbeit mit den Muslimen
ca. 900–1400	Epoche der Religionsphilosophie
882–942	Saadja Gaon (Babylonien) greift islam. Theologie auf
1040–1105	Raschi (= Rabbi Schlomo ben Jitzchak): frz. Talmudkommentator
1080–1140 (ca)	Jehuda hal-Levi (Dichter u. Philosoph): Heimkehrbewegung
1096–1099	Judenmorde während des 1. Kreuzzugs, bes. im Rheinland, dann in Jerusalem

[3] Vgl. den Beitrag von *K. S. Frank*, Teil 1, Anm. 73. Vgl. weiter *H. Greive*, Die Juden. Grundzüge ihrer Geschichte im mittelalterlichen und neuzeitlichen Europa (Grundzüge, Bd. 37), Darmstadt 1980; er gibt einen fundierten Überblick über die Situation der Juden im mittelalterlichen Spanien und Südfrankreich unter islamischer und unter christlicher Herrschaft, über die Phase in Nord-Frankreich und Deutschland vor und nach dem ersten Kreuzzug sowie über die Aufklärungs- und Emanzipationsphase. H. Greive schließt seinen Überblick mit der Zerstörung und Sammlung des Judentums und der Darstellung neuer Zentren des zeitgenössischen Judentums, vgl. ebd., 161–198.

1135–1204	Moses Maimonides (Rambam) kodifiziert Talmudisches Recht und schreibt Erläuterungen des Glaubens für Juden, die durch den Aristotelismus verunsichert sind; Verfasser der 13 „Glaubenssätze" (= iqqarim)
1144	erstmalig Beschuldigung des Ritualmordes an Christenkindern (England)
1215	IV. Laterankonzil beschließt bes. Kennzeichnung der Juden an ihrer Kleidung; weitere antijüdische Verordnungen
1242	erstmalig Talmud-Verbrennung (durch Papst Gregor IX. veranlaßt)
1250–1300	jüdischer Minnesänger Süßkind von Trimberg
Ende 13./ Anf. 14. Jh.	weitere Pogrome und Judenvertreibungen aus England und Frankreich
1348–50	im Zusammenhang mit der großen Pest Vorwurf der „Brunnenvergiftung" mit darauf folgenden schweren Verfolgungen
1478	Papst Sixtus IV bevollmächtigt das spanische Königspaar Ferdinand und Isabella zur Einführung außerordentlicher Glaubensgerichte (Inquisition) gegen die Marranen (getaufte Juden)
1492	Ausweisung aller Juden aus Spanien (ca. 300.000), 1497 aus Portugal (sefardische Gemeinden in Amsterdam, London und Hamburg; Sefardim: das westliche Judentum, „soweit es seinen exil. Ausgangspunkt von der iberischen Halbinsel genommen hat" – H. J. Gamm. Aschkenasim: östl. Gruppe mit Ausgangspunkt Deutschland; die Aufspaltung zwischen sefardischen und aschkenasischen Juden geht auf das 9./10. Jahrhundert zurück).
1453–1918	im Ottoman. Reich können Juden als Händler und Handwerker leben und sich entfalten
1520	Erster Druck des Babylon. Talmuds (Venedig)
1534–1572	*Isaak Luria,* ein Haupt der Kabbala (jüd. Mystik), in *Israel*
1564	„Schulchan Aruch" („Gedeckter Tisch") v. *Joseph Karo in Israel verfaßt*
1632–1677	Baruch (= Benedikt) Spinoza, mod. Philosoph (Rationalismus)
1648/49	Judenpogrome in der Ukraine (Kosakenaufstand unter Chmelnic-ki)
1654	Juden lassen sich erstmals in Amerika nieder (Neu-Amsterdam)
1665/66	Sabbatai Zwi, selbsternannter Messias (große Bewegung), konvertiert zum Islam
1700–1760	Israel ben Eliezer („Baal Schem Tow"): osteurop. Chassidismus

18. Jhd. – letzte Jahrzehnte		Judenemanzipation/Haskala (Aufklärung): Moses Mendelssohn als geistiger Wegbereiter (1729–1786)
19. Jh.		Emanzipation u. (relative) bürgerliche Gleichstellung der Juden in den meisten Staaten West- und Mitteleuropas (im Staat New York bereits 1771) – jedoch unter mannigfachen Widerständen (1819/35/48: Südd., Hambg.) auf jüd. Seite starke Assimilationstendenzen, aber auch Abwehr („Reformjudentum“; Orthodoxie)
1880ff		neue Antisemitismus-Welle (Affaire Dreyfus in Frankreich (1894); Hofprediger Stöcker in D, Pogrome in Rumänien und Rußland; Auswanderung nach USA u. a.:)
1882ff		erste Einwanderungswelle (Alijah) nach Palästina zur Rückgewinnung des Landes durch Arbeit: Kibbuzim
1896		Th. Herzls „Judenstaat“ veröffentlicht (polit. Zionismus)
1897		I. Zionistischer Kongreß in Basel
1905		VII. Zionist. Kongreß lehnt „Uganda-Projekt“ ab
1909		Tel Aviv („Frühlingsstadt“) erste mod. Stadtgründung in Palästina.
1917	2.11.	Balfour-Declaration: Heimatrecht in Palästina zugesichert
1920–1948		Palästina unter britischem Mandat
1925		Gründung der Hebräischen Universität auf dem Skopus-Berg in Jerusalem

NAZI-DEUTSCHLAND

1933	1.4.	Boykott aller jüd. Unternehmungen in Deutschland
	7.4.	Gesetz zur „Wiederherstellung des Berufsbeamtentums“ („Arierparagraph“)
	21.4.	Verbot des Schächtens
1935	21.5.	Wehrgesetz: Nur „Arier“ dürfen in die Wehrmacht eintreten.
	Sommer:	Verstärkte Aktionen „Juden unerwünscht“
	15.9.	„Nürnberger Gesetze“
1938	22.4.	Verordnung geg. die „Tarnung jüdischer Gewerbebetriebe“
	17.8.	Zwangseinführung der Vornamen Israel bzw. Sarah für alle Juden (5. 10. neue Pässe mit Zeichen „J“)
	30.9.	jüd. Ärzten wird die Approbation entzogen
	Okt.	23 000 Juden nach Polen abgeschoben: Anlaß für das Attentat H. Grynszpans auf v. Rath in Paris, daraufhin „spontan“ organisiert:
	9./10.11.	„Kristallnacht“ (außer einer Anzahl Ermordeter werden ca. 30 bis 40 Tausend jüd. Männer in KZs gebracht; 1 Mia. RM „Buße“ den Juden auferlegt)
	15.11.	Kein Jude darf nichtjüdische Schulen besuchen

	30.11.	Jüdische Anwälte müssen ihre Praxis einstellen
1939	30. 1.	Vor dem Reichstag sagt Hitler „die Vernichtung der jüdischen Rasse in Europa“ voraus
1942	20.1.	„Wannseeprotokoll“ zur „Endlösung“ (bis Herbst 1944)

1947		UNO schlägt Teilung Palästinas in einen jüdischen und einen arabischen Staat vor (29.11.)
1948	14.5.	Proklamation des Staates Israel (Ben Gurion in Tel Aviv)
	15.5.–7.1.49	erster Palästinakrieg (Altstadt v. Jerusalem in jordan. Hand)
1949	25.1.	Wahlen zum 1. Israelischen Parlament (Knesset)
1956	29. 10.–15. 11.	„Sinaifeldzug“
1967	5.–11.6.	„6-Tage-Krieg“
1973	5.–25.10.	„Jom-Kippur-Krieg“
1979	26.3.	Israelisch-ägyptischer Friedensschluß

Gegenwarts- und Zukunftsbedeutung

Die Hinwendung zu jüdischen Mitmenschen und zum Judentum impliziert für Schüler in Deutschland eine besondere historische Herausforderung. Da der Nazi-Terror nicht auf einzelne Juden, sondern auf das jüdische Volk insgesamt gerichtet war, ist für Deutsche die Befassung mit dem jüdischen Volk im Rahmen von Bildungsprozessen unerläßlich.

Bei der Analyse der historischen Gründe der Judenvernichtung in Deutschland kommt man am religiös motivierten Antisemitismus, auf den sich u. a. auch A. Hitler[4] berief, nicht vorbei. Die Problematik der Gegenwarts- und Zukunftsbedeutung des Themas „Volk“ ist durch die bereits beschriebene geschichtlich vorfindbare Rivalität der Christen gegenüber den Juden bedingt. Über die Erfahrung der „Ausrottung“ des jüdischen Volkes in Deutschland hinaus wird angesichts der gegenwärtigen politischen Situation im Nahen Osten der Konflikt um das „Volk Israel“ in seinem „Land“, dem Staat Israel, besonders bildungsrelevant. Es besteht ein enger Zusammenhang zwischen dem Versuch, das gesamte Judentum auszulöschen während der Naziherrschaft, und der Wiedergründung des Staates Israel.

Die durch das II. Vatikanum eingeleitete Umkehr und Neubesinnung der katholischen Kirche gegenüber dem Judentum ist unter dem Aspekt der religiösen Motiviertheit von antisemitischen Einstellungen insofern von Bedeutung, als eine veränderte kognitive Struktur, d. h. der Zuordnung von Christentum und Judentum, gleichzeitig eine Änderung eigener Vorurteile bewirken kann. Das hohe Maß an Verwandtschaft im gemeinsamen Ursprung im Gott Abrahams,

[4] Vgl. *A. Hitler,* Mein Kampf, München 1935, 69 f.: „Indem ich mich des Juden erwehre, kämpfe ich für das Werk des Herrn.“

Isaaks und Jakobs, neu ausgelegt in Jesus von Nazareth, dem in einem jüdischen Menschen menschgewordenen Gottessohn (Chalkedon), kann ein starkes Motiv für die Veränderung bestehender Vorurteile werden. Dabei ist allerdings auch auf die Gefahr aufmerksam zu machen, daß sich aufgrund einer so engen Verwandtschaft immer auch Erwartungen zur gegenseitigen Assimilation im Sinne des Aufgebens der eigenen Identität ergeben können. Dies kann bei entsprechend schwach ausgebildeter eigener Identität sehr schnell in erneuten Haß und in Abwertung umschlagen. Im Unterricht ist eine Thematisierung dieser engen Verwandtschaft und der damit entstehenden Möglichkeiten zum Vorurteilsabbau, aber auch zu ängstlicher Abgrenzung, um die eigene Identität bewahren zu können, bedeutsam. Die Fragestellung „Was macht es mir aus, daß das Christentum in so intensiver Weise im Judentum verwurzelt ist?" kann auf der Prozeßebene entsprechende Lernmöglichkeiten bieten.

Eine spezifische Verständnisschwierigkeit für den Themenbereich „Volk" kann für Schüler in Deutschland die spezifisch deutsche Situation sein, wonach die Deutschen derzeit kein einiges Volk und auch kein einiges Land sind. Die darin gründende Unsicherheit und Gebrochenheit kann umgekehrt jedoch auch ein Verstehenspotential bergen, das die Bedrohung des jüdischen Volkes einfühlsamer wahrnehmen läßt.

Thematische Strukturierung

Über die thematische Strukturierung des Basiskurses hinaus ergibt sich für den Aufbaukurs „Volk" folgende zusätzliche Inhalts-Differenzierung:
1. Die Urkirche im Ablösungsprozeß vom rabbinischen Judentum,
2. die Konstantinische Wende in ihrer Bedeutung für die Ausbreitung des Christentums und die Zurückdrängung des Judentums,
3. Beispiele von Auseinandersetzungen in der Zeit der Kirchenväter (z. B. Johannes Chrysostomus),
4. Konzilien, z. B. Lateranense IV, die Zeit eines gelingenden Zusammenlebens zwischen Muslimen, Christen und Juden in Spanien und die Katastrophe infolge der Wiedereroberung Spaniens durch die Christen (Reconquista),
5. Versuche des Dialogs zwischen Lessing und Mendelssohn als Phase der Emanzipation der Juden,
6. die Assimilationsbewegung am Beispiel von Abraham Geiger,
7. die Beendigung der bescheidenen Versuche zum Dialog durch den radikalen Versuch zur Vernichtung der Juden im Holocaust,
8. die Juden als Volk im Staat Israel,
9. die Neubesinnung der Kirchen, insbesondere der katholischen Kirche (II. Vatikanum, Papstbesuch in Deutschland).

Zugänglichkeit und Darstellbarkeit

Zentrale Elemente, die für die Zugänglichkeit und Darstellbarkeit des Lernprozesses Christen Juden bereits in der didaktischen Planung des Basiskurses dargelegt wurden, gelten in vielen Aspekten auch für diesen Aufbaukurs „Volk". Darüber hinaus sind folgende Aspekte interessant:

– die Fragestellung „Was bedeutet es mir, Mitglied eines Volkes zu sein?“ kann bei den Schülern die kognitive Struktur für die Auseinandersetzung mit diesem Thema bewußt machen. Daran anknüpfend muß dann jedoch die lediglich beschränkte Adäquatheit der Volkszugehörigkeit von Deutschen zum deutschen Volk im Vergleich zur Zugehörigkeit von Juden zum jüdischen Volk aufgewiesen werden.

– Die Zugehörigkeit zur Kirche als dem „Volk Gottes“ ist für diejenigen Schüler, die sich als Mitglieder der Kirche verstehen, sinnvoller, da hier der religiöse Bezug im Volksverständnis von Christen und Juden Parallelen aufweist. Einschränkend ist darauf hinzuweisen, daß viele Schüler sich nicht als Mitglieder der Kirche verstehen und damit sich auch nicht zum „Volk Gottes“ zugehörig fühlen.

– Die in der bundesrepublikanischen Gesellschaft weithin vorfindbare „Anti-Volk“-Erfahrung, die aus dem Zerbruch der Nation herrührt, kann den Schülern den Zugang zur religiösen Dimension der Volkserfahrung im Sinne einer die Kategorie Volk gerade sprengenden und übergreifenden Dimension deutlich machen. Im Zeitalter wachsender Komplexität zwischen einzelnen Völkern ist die völkerumgreifende Selbstinterpretation der Kirche wichtig, die sich von ihrem Selbstanspruch als „katholische“, d. h. übergreifend und allumfassend, versteht.

– Die über alle Kontinente verbreitete Kirche und das über die ganze Welt zerstreute Judentum haben zwar beide universalisierende Tendenz. Der entscheidende Unterschied ist jedoch, wie bei der Darstellung des Aufbaukurses „Land“ zu erörtern ist, darin zu sehen, daß sich das Judentum nach der „Auschwitz-Tragödie“ in einem konkreten Land, im alten Land Israel, auch örtlich ansiedelt.

– Die gestörte Beziehung der Christen zu den Juden im Laufe der Geschichte kann ein intensiver Zugang für die Schüler sein: die Empathie für eine jahrhundertelang unterdrückte Gruppe in den verschiedensten Gesellschaften birgt angesichts der neuzeitlichen Aufklärung und der damit zusammenhängenden Sensibilisierung der Schüler motivierende Kraft in sich.

Grundlegende methodische Struktur und Vorurteilsabbau

Die Rückbesinnung auf die Verwurzelung des Christentums im Judentum ermöglicht eine entsprechende Veränderung der kognitiven Struktur, die sich auf den Vorurteilsabbau auswirkt. Die Erfahrung einer intensiven Ähnlichkeit im Gegensatz zur jahrhundertelang gepflegten Erfahrung der intensiven Andersartigkeit kann zu einer Dialogbereitschaft und -fähigkeit führen, die zwischen Juden und Christen weniger die Distanz, sondern vielmehr das Verbindende aufnimmt und damit eine neue Phase der Menschheitsentwicklung einleitet.[5]

[5] Zur „Erweisbarkeit“ ergeben sich keine über die bereits im Basiskurs dargestellten Aspekte hinausgehenden Hinweise.

4.1.2 Feinzielkatalog

1. Die Bedeutung der Kategorie „Volk“ für das heutige Judentum differenzieren.
2. Das Werden des Volkes Israel im Exodusgeschehen kennenlernen.
3. Zentrale Stationen der Geschichte Israels kennenlernen und chronologisch zuordnen.
4. Gemeinsamkeit und Verschiedenheit der Spaltungen in Israel und der Spaltung zwischen Christentum und Judentum kennenlernen und bewerten.
5. Zentrale Elemente für die Trennung zwischen Christentum und Judentum benennen.
6. Erkennen, daß die Zerstörung des herodianischen Tempels im Jahre 70 und die Vertreibung der Juden aus Jerusalem 135 n.Chr. keinen Abbruch der Geschichte Gottes mit seinem Volk darstellt, und zentrale Etappen der nachbiblischen Geschichte des Judentums kennenlernen.
7. Die Auswirkungen des theologischen Antijudaismus der Großkirche in antisemitischen Praktiken aufzeigen können.
8. Die historische Entwicklung des Verhältnisses zwischen Christen und Juden anhand von Röm 11, 28f. kritisch beurteilen.
9. Die Haltung der katholischen Kirche zur Judenpolitik des Dritten Reiches im Zusammenhang ihrer Voraussetzungen im 19.–20. Jahrhundert kennenlernen.
10. Das Verweigern von Mitmenschlichkeit gegenüber den verfolgten Juden während der Naziherrschaft als kirchliche Schuldwahrnehmung interpretieren.
11. Die Hilfsaktionen einzelner Christen gegenüber Juden wahrnehmen.
12. Den Heilsanspruch der Kirche im Sinne eines Ur- und Wurzelsakramentes ohne Abwertung der Heilsbedeutung des Judentums erkennen und gewichten.

4.1.3 Unterrichtsverlaufspläne

Planungsraster: Didaktische Strukturierung Aufbaukurs „Volk“
Prozeßebene

1. Stunde

Interne Bedingungen	Feinziele	Inhalts-Detaillierung	Medien	Lehr-Lernverfahren Vorurteilsabbau	erwartetes Schüler-/Lehrerverhalten
D. Sch. haben Aspekte der Kategorie „Volk“ durchgehend durch alle Themenbereiche bereits kennengelernt. Darauf aufbauend wird im folgenden eine Spezifizierung versucht. Für den Lehrer besteht die Aufgabe, konkrete Anknüpfungen an das bereits im Basiskurs Erlernte zu ermöglichen.	Die Bedeutung der Kategorie „Volk“ für das heutige Judentum differenzieren. (FZ 1) Das Werden des Volkes Israel im Exodusgeschehen kennenlernen. (FZ 2)	Volk Gottes Diaspora Volk Staat Israel Exodus – Erwählung – Zukunft	Dok V 1 Dok V 2; vgl. L 4 Dok V 3; vgl. L 25 Dok V 4; vgl. II, 12	darstellendes Lehren induktive Wiederholung im Lehrer-Schülergespräch und zusammenfassende Ergebnisformulierung in einem Tafelanschrieb.	D. Sch. analysieren anhand der in Arbeitsgruppen bearbeiteten Texte einzelne Elemente, die das „Volk“ Israel beschreiben können.

Interne Bedingungen	Feinziele	Inhalts-Detaillierung	Medien	Lehr-Lernverfahren Vorurteilsabbau	erwartetes Schüler-/ Lehrerverhalten
	Zentrale Stationen der Geschichte Israels kennenlernen und chronologisch zuordnen (FZ 3)	– 2. Hälfte 13. Jh. v. Chr. Exodus und Landnahme – 1000–961 v. Chr. David König (Jerusalem Hauptstadt) – 961–931 Salomo und Bau des ersten Tempels – 931–722 Nordreich Israel – 931–586 Südreich Juda – 586–538 Babylon. Exil – 515 Einweihung des zweiten Tempels – 167–164 Makkabäer-Aufstand gegen den syrischen Herrscher Antiochus IV. Epiphanes Wiedereinweihung des Tempels – ab 63 v. Chr. röm. Herrschaft – 30 n. Chr. Kreuzigung Jesu – 66–73/4 n. Chr. jüdisch-röm. Krieg. Zerstörung des zweiten Tempels 70 n. Chr.	Zeittafel } vgl. L 5-10	zusammenfassender Überblick über die Geschichte Israels	L. kommentiert die einzelnen Geschichtsdaten kurz zur Wiederholung.
	Gemeinsamkeit und Verschiedenheit der Spaltungen in Israel und der Spaltung zwischen Christentum und Judentum kennenlernen und bewerten. (FZ 4)	Samaritanisches Schisma Qumran-Essener	Dok V 5 Dok V 6	durch entdeckendes Lernen herausfinden, daß es im Judentum immer schon Streit u. Abspaltungen gab, die jedoch nie ein solches Ausmaß wie die Trennung zwischen Christen und Juden erreicht haben.	

Interne Bedingungen	Feinziele	Inhalts-Detaillierung	Medien	Lehr-Lernverfahren Vorurteilsabbau	erwartetes Schüler-/Lehrerverhalten
	zentrale Elemente für die Trennung zwischen Christentum und Judentum benennen (FZ 5)	Jesus Christus Gottessohn – Ostern. Aufnahme von Heiden ohne vorherige Beschneidung in die judenchristl. Gemeinden: theol. Begründung durch Paulus. Zerstörung des Tempels 70 n. Chr.	Dok V 7	darstellendes Lehren Erstellung einer zusammenfassenden kognitiven Struktur darüber, daß das Christentum fundamental im Judentum verwurzelt ist und doch durch den Glauben an Jesus Christus als den inkarnierten Gottessohn einen neuen Weg beschreitet und damit sich vom Judentum ablöst.	L. u. Sch. erarbeiten im L.-Sch.-G. zusammenfassend die Ursachen für die Trennung zwischen Christen und Juden.
	Erkennen, daß die Zerstörung des herodianischen Tempels im Jahre 70 und die Vertreibung der Juden aus Jerusalem 135 n. Chr. keinen Abbruch der Geschichte Gottes mit seinem Volk darstellt und zentrale Etappen der nachbiblischen Geschichte des Judentums kennenlernen. (FZ 6)	Rabbinat talmudischer Zeit die Bedeutung der Konstantinischen Wende für christliche Judenverfolgung mittelalterliche Religionsphilosophie Kabbala und Lebensordnung, Chassidismus Aufklärung und Emanzipation neuzeitlicher Antisemitismus Zionismus	Dok V 8–10 Dok V 11 Dok V 12–14 Dok V 15–16 Dok V 27 Dok V 17, 20 Dok V 18 Dok V 19; vgl. L 16–24 und Zeittafel in 4.1.1	entdeckendes Lernen durch Textanalyse in Arbeitsgruppen und Erstellung eines Reliefs über das nachbiblische Judentum anhand einer Tapete.	D. Sch. tragen die Ergebnisse der Textanalyse in Arbeitsgruppen auf DIN A 4 Blätter mit Farbstiften ein, die Blätter werden anschließend auf der Tapete entsprechend zugeordnet.

Interne Bedingungen	Feinziele	Inhalts-Detaillierung	Medien	Lehr-Lernverfahren Vorurteilsabbau	erwartetes Schüler-/Lehrerverhalten
	Die Auswirkungen des theologischen Antijudaismus der Großkirche in antisemitischen Praktiken aufzeigen können (FZ 7)	– Kirchenväter – Konstantinische Wende als Ursache für die Verdrängung des Judentums – Kreuzzüge – Talmud-Verbrennungen – Kammer-Knechtschaft – Beschuldigung des Ritualmords – Hostienschändung – Brunnenvergiftung – Inquisition – Vertreibungen	Dok V 21 Dok V 22 Dok V 23 Dok V 24–25 Dok V 26–27	entdeckendes Lernen: d. Sch. sollen die antijüdischen Einstellungen im Christentum kennenlernen, die zu zahlreichen Exzessen gegenüber dem Judentum aus theologischen Gründen geführt haben.	D. Sch. können nach einer Textanalysephase zu ausgewählten Problemen wie etwa Kreuzzügen oder Vorwürfen der Hostienschändung Rollenspiele vorbereiten, die insbesondere die theologische Motivation für die Auseinandersetzungen deutlich machen
	Die historische Entwicklung des Verhältnisses zwischen Christen und Juden anhand von Röm 11, 28f. kritisch beurteilen (FZ 8)	– Die Juden sind nach wie vor auserwählt und Lieblinge Gottes – Die Berufung Gottes und seine Gnadengaben sind nicht zurückgenommen.	Röm 11, 28–32 Dok V 28	LSG unter dem Anspruch der Strukturelemente des Christlichen: Freiheit, Liebe, Hoffnung. Nach diesen Kriterien soll die leidvolle Geschichte Israels seit der Ausbreitung des Christentums vom Anspruch Jesu her kritisiert werden.	L. fordert d. Sch. auf, persönlich Stellung zu nehmen zu dieser geschichtlichen Entwicklung.

Interne Bedingungen	Feinziele	Inhalts-Detaillierung	Medien	Lehr-Lernverfahren Vorurteilsabbau	erwartetes Schüler-/ Lehrerverhalten
	Die Haltung der kath. Kirche zur Judenpolitik des Dritten Reiches im Zusammenhang ihrer Voraussetzungen im 19.–20. Jahrhundert kennenlernen. (FZ 9)	– Das uneinheitliche Bild der kirchlichen Haltung, gegenüber der Judenpolitik des Dritten Reiches – Kardinal Graf Galen – vorsichtige Diplomatie: Bischof W. Berning – Beschwichtigungsversuche durch den Nuntius von Berlin	Dok V 29; 31–32 Dok V 30	entdeckendes Lernen: Analyse von entsprechenden Dokumenten und ihre kritische Bewertung	Im LSG wird versucht, ein differenziertes Bild der Haltung der kath. Kirche zu zeichnen, ohne vorschnelle Verdrängungsmechanismen zum Zuge kommen zu lassen.
	Das Verweigern von Mitmenschlichkeit gegenüber den verfolgten Juden während der Naziherrschaft als kirchliche Schuldwahrnehmung interpretieren. (FZ 10)	– Holocaust als Krise der christlichen Theologie – Gertrud Luckner – Johannes XXIII., 2. Vatikan. Konzil – neuere kirchliche Erklärungen zum christlichen-jüdischen Dialog	Dok V 34–36 Dok V 33 Dok V 39	anhand dieser Personen bzw. theologischer Neuformulierungen sollen d. Sch. lernen, daß die Schuld der Christen an den Juden geringer gehalten (Gertrud Luckner) oder im Nachhinein erkannt und bekannt wurde (Johannes XXIII.); Synodenbeschluß „Unsere Hoffnung". D. Sch. können daran eine Möglichkeit des Umgangs mit der christl. Schuld gegenüber den Juden und dem Judentum wahrnehmen und ihr eigenes Verhalten in Auseinandersetzung mit diesen Modellen orientieren.	

Interne Bedingungen	Feinziele	Inhalts-Detaillierung	Medien	Lehr-Lernverfahren Vorurteilsabbau	erwartetes Schüler-/ Lehrerverhalten
	Die Hilfsaktionen einzelner Christen gegenüber Juden wahrnehmen (FZ 11)	Das Beispiel Gertrud Luckner.	Dok V 33	Die Sch. sollen am Beispiel der couragierten Handlungsweise von Gertrud Luckner unter Einsatz ihres Lebens (KZ-Aufenthalt) die angemessene christliche Haltung gegenüber den Juden in der Verfolgungszeit kennenlernen und sich kritisch mit ihr identifizieren.	

Interne Bedingungen	Feinziele	Inhalts-Detaillierung	Medien	Lehr-Lernverfahren Vorurteilsabbau	erwartetes Schüler-/Lehrerverhalten
	Den Heilsanspruch der Kirche im Sinne eines Ur- und Wurzelsakramentes ohne Abwertung der Heilsbedeutung des Judentums erkennen und gewichten. (FZ 12)	Kirche als Zeichen des Heiles für alle Völker. Jesus Christus als das Ursakrament. Anerkennung der bleibenden Erwählung Israels.	Dok V 37–38 Dok V 39	TZI-Gespräch: Was macht es mir aus – was macht es mir nicht aus, daß auch das Judentum von Gott erwählt ist.	In ruhigem einfühlendem Gespräch sollen die Sch. in sich hineinhorchen, was es ihnen bedeutet, daß auch die Juden von Gott erwählt sind. Dabei soll durchaus der eigene Glaubensstandpunkt betont und die christliche Identität erhalten bleiben. Nicht jedoch so, daß die christliche Identität auf Kosten des Judentums im Sinne von Abwertung gefestigt wird.

4.2 Aufbaukurs „Land“

4.2.1 Didaktische Analyse als Umrißplanung

Parallel zur didaktischen Strukturierung des Basiskurses werden im folgenden nach dem bereits referierten und kritisierten Modell der didaktischen Analyse und des Planungskonzeptes von W. Schulz didaktische Überlegungen auf mittlerer Abstraktionsebene angestellt, die zur Konkretisierung und Präzisierung eines Feinzielkataloges dienen.

Exemplarische Bedeutung

Für die didaktische Planung des Themenbereichs „Land“ ist zwischen der jüdischen Sicht und der christlichen Interpretation von „Land“ zu unterscheiden. Für das Judentum hat das Thema „Land“ eine grundlegende exemplarische Bedeutung. Für die Christen ist diese exemplarische Bedeutung jedoch vor allem über den anzustrebenden Dialog mit den Juden deutlich zu machen. *„Land“ als zentrale Kategorie des Judentums* soll auf seine Erschließbarkeit für Christen bedacht werden. „Land ist als Zeichen der Erwählung Israels Bundesgabe Gottes, die das Volk zur Treue verpflichtet und in der Heilszeit als endgültiger Besitz erhofft wird“.[6] Die Zuwendung Gottes zu Abraham und die Befreiung seiner Nachkommen aus der Knechtschaft ist Ermöglichungsgrund der Bundespartnerschaft Gottes mit seinem Volk. Die Gabe des Landes ist Realisierung der Bundeswirklichkeit bei Abraham und in der Exodusverheißung. In der Beziehung zum Gottesgeschenk „Land“ verleiblicht sich die Beziehung zu Gott. „Ob die menschliche Existenz gelingt, ob sie vor Gott als richtig erscheint, das hat auch damit zu tun, wie der einzelne Mensch zum Land steht (bKetubbot 110b), denn die volle Erfüllung der göttlichen Weisung ist nur im Lande Israel möglich (bSota 14).“[7]

Im jüdischen Brauchtum finden sich viele Hinweise für die Verbundenheit der Juden mit ihrem Land:

– Viele Juden verrichten ihre Gebete in Richtung auf Jerusalem. In jüdischen Häusern wird die Richtung, in der Jerusalem liegt, durch eigene Tafeln angegeben.

– In jüdischen Häusern fehlt ein Ziegel als Zeichen der Nichtvollendung.

– In jüdischen Bibliotheken bleibt ein Platz leer, der erst besetzt wird, wenn die Bibliothek nach Jerusalem geschafft wird.

– Bei jüdischen Hochzeiten wirft man Kristallglas an die Wand, das zerbrochene Glas soll die Jungverheirateten daran erinnern, daß die Welt unvollendet ist und der größte Gipfel ihrer Freude Jerusalem sei.

---

[6] *G. Biemer u. a.*, Die jüdische und christliche Bestimmung der elementaren Kategorien für die Darstellung des Judentums im katholischen Religionsunterricht, in: *G. Biemer u. a.*, Freiburger Leitlinien, a.a.O., 67.

[7] Vgl. *I. Maisch*, Die Thematik des „Landes“ in christlicher und jüdischer Sicht, in: *G. Biemer u. a.*, ebd., 258–264, 262. Die Talmud-Belege finden sich bei R. Mayer (Hrsg.), Der Talmud, München 1980 u. ö.

– Am Sederabend rufen sich die Juden zu: „Nächstes Jahr in Jerusalem"![8]

Für die Juden ist das Land Israel zwar einerseits ein Land wie die anderen auch, ein Platz auf der Erde, bebaubar, industrialisierbar. Die Meinungen über die religiöse Dimension des Landes (Staates Israel) sind kontrovers. Aber dies ist nicht die spezifisch jüdische, religiöse Bedeutung des Landes. Für dieses Land fallen für die meisten Juden Physisches und Religiöses untrennbar miteinander zusammen. A. Neher beschreibt dies in einem Vergleich: „Man kann sagen, dass das Land der Leib der Seele Israels ist und dass Israel die Seele des Leibes Israel ist. In abstrakterer Weise formuliert kann man sagen, dass das Land der Raum und die Zeit Israels ist", d.h. daß sich darin die Geschichte Israels heute realisiert.[9]

Beschreibt man die Kategorie „Land" für die Juden und das Judentum in der geschichtlichen Dimension, so kann man von der Geschichte einer großen Sehnsucht sprechen. Jedoch sind dabei verschiedene Zeitabschnitte mit verschiedener Realisierung der Landverbundenheit bzw. der Möglichkeit dazu zu unterscheiden:

1. Die Zeit bis 70 bzw. 135
2. Die Zeit ab 135
3. Die Zeit ab 638
4. Die Zeit ab 1917
5. Die Zeit ab 1948.

ad 1: Nach der Eroberung Jerusalems durch David lebten die aus den Stämmen zusammengeführten Juden nicht nur in ihrem durch die Landnahme gewonnenen Land, sondern wurden auch auf das durch die Bundeslade zur Kultstätte gewordene Jerusalem hin orientiert. Bis 70 bzw. 135 lebt die jüdische Bevölkerung im Land, das babylonische Exil bringt diesbezüglich keine Änderung, da lediglich die Oberschicht in das Exil verschleppt worden war. Mit 70 bzw. 135 verlagert sich der Schwerpunkt des Judentums in die Diaspora.

ad 2: Ab 135 n.Chr. ist es den Juden verboten, Jerusalem zu betreten. Kaiser Hadrian benannte Judäa um in „Palästina", um das Heimatrecht der Juden auch von der Bezeichnung her auszulöschen.

ad 3: Die Toleranz der Moslems ermöglichte es den Juden ab 638 n.Chr., daß sie wieder freien Zugang zu Jerusalem hatten.

A. Neher[10] weist darauf hin, daß zu keiner Zeit während der 19 Jahrhunderte das Land Israel völlig leer von Juden gewesen sei und daß die Juden immer nach Jerusalem gegangen seien, wenn sie dort überhaupt Zutritt hatten. Zu Beginn der Kreuzzüge lebten etwa 250000 Juden im Land. Die Bevölkerung von Jerusalem habe zu dieser Zeit ebenso mehrheitlich aus Juden bestanden wie später im 18. Jahrhundert, also nur ein Jahrhundert bevor die Zionistische Bewegung an Ausmaß gewann.

---

[8] *R. R. Geis,* Vom unbekannten Judentum. Freiburg 1961, 73–75.

[9] *A. Neher,* Die Haltung Israels gegenüber Staat, Land und Volk, in: FrRu XXVIII (1976) 56–59, 57.

[10] Ebd., 56–59.

In der gesamten jüdischen Geschichte seit 70 n.Chr. habe es Lehrer gegeben, die sich bewußt im Land Israel niedergelassen haben: so Jehuda Halevi, der jüdische Dichter und Philosoph des „goldenen“ muselmanischen Zeitalters Spaniens im 12. Jahrhundert. Er starb gleich bei seiner Ankunft in Israel, jedoch nicht ohne zuvor die Sion-Lieder gesungen zu haben, die als grundlegende Texte des Zionismus gelten und damals im 12. Jahrhundert geschaffen wurden. Oder: Rabbi Yehiel von Paris, der vor den Verfolgungen König Ludwigs IX. nach Jerusalem flüchtete. Im selben 13. Jahrhundert habe der berühmte Kabbalist und Theologe Nachmanides Spanien verlassen und sich in Jerusalem niedergelassen, um die jüdische Gemeinde von Jerusalem zu erneuern. Die aus Spanien Vertriebenen seien etwas später gefolgt und ließen sich im 16. Jahrhundert in Massen in Israel, vor allem in Safed (Galiläa) nieder. Zum Ende des 18. und zum Beginn des 19. Jahrhunderts sei eine ganze Anzahl chassidischer Rabbis gruppenweise nach Israel eingewandert, ebenso aber auch Gegner des Chassidismus.

Die Bildung des *Staates Israel* sei im Kontext der Rückgliederung des in seiner Substanz bedrohten Volkes in sein Land zu verstehen. Noch eine lange Zeit nach der Zerstörung des Tempels, im Bar-Kochba-Aufstand in den Jahren 132–135, war die Idee eines Wiederaufbaus des Staates lebendig.

Im Laufe des Mittelalters seien unter der arabisch-türkischen Herrschaft solche Versuche zur Wiedergründung des jüdischen Staates blitzartig und immer wieder aufgetaucht. Einer der größten Mischna-Kommentatoren, Rabbi Obadia von Bertinoro, habe am Ende des 15. Jahrhunderts Italien verlassen, um sich in Israel anzusiedeln. In einem seiner Briefe, die er von dort aus schrieb, heißt es: „Ach, welch ein Jammer! Kämen doch wenigstens zehn Juden, die wie ich das Abenteuer auf sich nähmen – morgen schon hätten wir unseren Staat.“[11] Juda von Naxus, einer der Ratgeber Sultan Suleimans, habe im 16. Jahrhundert versucht, wenigstens ansatzweise rings um den See von Tiberias eine Art jüdische Provinz zu errichten. Im Jahre 1666 habe sich Sabbatai Zwi als Messias verkünden lassen und Juden aus Europa hätten bereits ihr Gepäck reisefertig gemacht und ihre Koffer nach Genua und Hamburg geschickt, um im Land Israel dem König David in der Person Sabbatai Zwis zu huldigen, der den neuen Staat Israel errichten sollte. Sabbatai Zwi trat jedoch später zum Islam über.

Auch Spinoza habe es der jüdischen Tradition entsprechend gefunden, daß die in der Diaspora Lebenden sich eines Tages sammeln und ihren Staat neu gründen.

Diese Beispiele aus der jüdischen Geschichte seit der Zerstörung des Tempels weisen darauf hin, daß die Alija, der Hinaufstieg nach Zion = die Rückkehr nach Israel, ein im jüdischen Glauben immer präsentes Element geblieben ist und der Zustrom nach Israel nicht erst nach den Pogromen in Rußland um 1880 als neue Idee aufgekommen ist.[12]

---

[11] Zit. nach *A. Neher,* ebd., 58.

[12] *A. D. Leuner,* Zwischen Israel und den Völkern (Institut Kirche und Judentum, H. 6), Berlin 1978, 101. Vgl. den hervorragenden Überblick von *F.-W. Marquardt,* Die Juden und ihr Land, Siebenstern TB 189, Hamburg 1975.

ad 4: England, an das Palästina 1920 als zeitlich begrenztes Mandat fiel, sprach sich in der sog. Balfour-Erklärung „für die Errichtung einer nationalen Heimstätte für das jüdische Volk in Palästina" aus.[13] Unter der britischen Mandatsregierung wuchs die jüdische Bevölkerung vor allem durch Einwanderung erheblich an. Als Reaktion der Araber auf die Zionistische Bewegung ergaben sich bald schon Feindseligkeiten zwischen der in Palästina wohnenden arabischen und jüdischen Bevölkerung. Die britische Verwaltung entsandte in den letzten Jahren vor Ausbruch des 2. Weltkrieges Truppen zur Schlichtung der Feindseligkeiten und entschloß sich zu einer harten Einwanderungsbegrenzung für Juden nach Palästina. Als Folge der Eskalation der Gewalt wurde 1947 das Kriegsrecht ausgerufen. Die Vollversammlung der Vereinten Nationen, vor die das Problem 1947 gebracht wurde, beschloß einen Teilungsplan für Palästina, der einen jüdischen Staat mit den Grenzen Oberlauf des Jordans, Bisan-Tal, Jezreel-Tal, Küstenebene und Negev vorsah. Das britische Mandat sollte bis spätestens zum 1. 8. 1948 beendet sein. „Am 14. 5. 1948 verließ der britische Oberkommissar mit dem Rest seines Stabes den palästinensischen Boden und signalisierte von einem Kreuzer außerhalb des Hoheitsgewässers das Ende der Mandatsära. Einige Stunden später verlas David Ben Gurion die Unabhängigkeitserklärung des neuen Staates Israel."[14]

ad 5: Der erste Palästinakrieg vom 15. 5. 1948 – 7. 1. 1949 brachte es mit sich, daß die fünf arabischen Nachbarstaaten Ägypten, Jordanien, Irak, Syrien und Libanon gegen die jüdischen Siedlungen in Palästina vorrückten, die Altstadt von Jerusalem wurde von den Jordaniern, das Gebiet um Gaza von den Ägyptern erobert. Im Waffenstillstandsabkommen vom 1. 6. 1949 blieb Jerusalem geteilt, der Gaza-Streifen wurde von Ägypten, das Gebiet östlich der Demarkationslinie Palästinas von Transjordanien einverleibt. Die Anerkennung des neuen Staates Israel durch die Araber blieb jedoch aus. Wirtschaftsboykotte und eine vorwiegend von Kairo aus gestartete Propaganda sollten dem Staat Israel schaden.

Der Sinai-Feldzug 1956, der 6-Tage-Krieg 1967 sowie der Jom-Kippur-Krieg 1973 als kriegerische Auseinandersetzungen zeichnen die Fragilität und Dauerbedrohung des Staates Israel signifikant. Das in der jüngsten Vergangenheit beschlossene Abkommen zwischen Ägypten und Israel (Camp David-Vereinbarungen) kann als einmalige und erst neuerdings aufkeimende Entwicklung auf einen dauerhafteren Frieden hin interpretiert werden.

Faßt man die Bedeutungsgehalte von *„Land" in jüdischer Sicht* zusammen, so können folgende Elemente festgehalten werden:

- seine Herkunft hat das Land in der Bundeszusage Gottes, die zunächst durch die Väter des Glaubens Israels aufgenommen wurde. Die Gabe des Landes ist die volle Erfüllung der Bundeszusage.
- „Land" ist demnach ein zentrales Element des jüdischen Glaubens. Eine nichtreligiöse Deutung ist der jüdischen Herkunftsgeschichte nicht entsprechend.
- Die staatliche Verfaßtheit des alten und neuen Israel ist an dieses konkrete

[13] *B. Uhde* (Hrsg.), Judentum im Religionsunterricht. Sekundarstufe II. Einführung, Texte, Unterrichtsmodelle, Arbeitsmaterial, München 1978, 19.
[14] Vgl. *B. Uhde*, ebd., 21.

Land gebunden. Es ermöglicht die Realisierung der messianischen Zukunftserwartung und hat eine ausgesprochen eschatologische Dimension.

- Die verschiedenen Gruppierungen innerhalb des Judentums sind allerdings bei der Interpretation des „Landes“ nicht eindeutig. So lehnen z.B. die orthodoxen Juden in Mea-schearim Israel als Staat aus religiösen Gründen ab, weil dies nach ihrer Ansicht die Herrschaft Gottes über Israel verunmöglicht. Andere Gruppierungen etwa lehnen die religiöse Bedeutung des Landes ab. Zwischen diesen beiden Extremen ist die hier zugrunde gelegte Deutung angesiedelt.

Um die exemplarische Bedeutung der Kategorie *„Land“ in christlicher Sicht* aufzufalten, soll hier an die Definition von „Land“ erinnert werden, wie sie in den Freiburger Leitlinien im Sinne einer Grundlagenorientierung bereits vorgenommen wurde. „Die Erde ist das den Menschen von Gott anvertraute Gut, durch dessen Verwandlung in eine neue Schöpfung erst die endgültige Heimat zum Vorschein kommt.“[15] Die christliche Identität ist von ihren Ursprüngen her ebenfalls auf das Land Israel verwiesen, insofern die Christen Anteil an den Verheißungen Israels haben. Der Bezug zum konkreten Land, in dem Jesus gelebt hat, wurde jedoch früh *spiritualisiert* und in der Person Jesu *personalisiert.* Dies kommt einem Verzicht der Christen auf ein konkretes Land als irdische Heimat ihres Glaubens, insbesondere im Bereich eschatologischer Hoffnung, gleich. Das „Land“ als Gabe Gottes ist nicht einfach für Christen mit „Welt“ identisch. Den Christen steht kein Anspruch auf Welt zu. Die Welt ist lediglich Aufgabe für die Verkündigung des Reiches Gottes und die Wahrnehmung des Schöpfungsauftrages. Die Christen verbinden die Verheißung nicht mit einem irdischen Land. Die Botschaft geht an alle Völker, sie ist in Jesus Christus personal festgemacht. Im eschatologischen Bezugspunkt der verwandelten Erde kommt der Welt als „Zwischen-Schöpfung“, die durch die Erlösung durch Gott in die Vollendung geführt wird, lediglich reduzierte Bedeutung zu. Der Zuneigung Gottes im Land Israel entspricht im christlichen Sinne eine nicht irdisch verbundene Zuneigung. In der sakramentalen Zuneigung Gottes zu den Menschen werden die elementaren Lebenssituationen des Menschen zwar sehr wohl mit irdischen Symbolen signifikant interpretiert (Wein und Brot, Wasser, Öl, Kommunikation), sie sind jedoch von der Zuordnung und Hinorientierung auf ein bestimmtes Land oder an heilige Stätten unabhängig.

Angesichts dieser Analyse können folgende christliche Bedeutungsgehalte über „Land“ unterrichtlich vermittelt werden:

- Christen haben zum Land Israel dadurch einen Bezug, daß sie auf Jesus von Nazaret bezogen bleiben.
- Für Christen ist es eine Aufgabe, das Land Israel als die bleibende Bundesgabe Gottes an Israel zu verstehen.
- Das Interesse der Christen an ihrer jüdischen Geschwisterreligion umfaßt konsequenterweise auch das Interesse am Schicksal des jüdischen Landes.
- Für Christen ist Land jedoch nur verstehbar als Aufgabe an der Schöpfung unter eschatologischem Vorbehalt, als der Ort, wo die Entscheidung zur Zuge-

---

[15] *G. Biemer u. a.*, ebd., 67.

hörigkeit zum Reich Gottes fällt. Die gesamte Welt ist der Ort für die Verkündigung des Heiles. Die Sakramente sind Zeichen dafür, daß Gott in der Welt faßbar am Werk ist. Gott hat in christlicher Sicht sein Wirken in der Welt durch Jesus Christus inkarniert. Die Inkarnation beinhaltet für den Christen keine Bindung an ein konkretes Land.

– Die jüdische Interpretation von „Land“ kann für die Christen jedoch Mahnung sein, die Verheißung nicht zu sehr zu spiritualisieren, sondern sie in der konkreten Welt festzumachen. Die Christen haben einen Auftrag zur Veränderung dieser konkreten Welt, an dem Ort, an dem sie leben.

Gegenwarts- und Zukunftsbedeutung

Die Gegenwarts- und Zukunftsbedeutung des Themas „Land“ erschließt sich zum einen durch die aktuelle Problematik des Nahost-Konfliktes und zum anderen durch den intensiver werdenden Dialog zwischen Christen und Juden in der gegenwärtigen Phase der Gesellschaft. Der christlich-jüdische Dialog muß wiederum über sich selbst hinausweisen auf die Zusammengehörigkeit zwischen allen Völkern und Religionen.

Durch die aktuelle Problematik des Nahost-Konfliktes wird die umstrittene Existenz des Staates Israel deutlich in den Blickpunkt des Interesses gerückt. Die verschiedenen Schichtungen der Bedeutung von „Land“ – politisch, sozial, religiös – werden jedoch auf der Ebene des Nahost-Konfliktes nicht allein deutlich zu machen sein. Deswegen erscheint es pädagogisch sinnvoll, die biographisch-existentielle Ebene der Schüler zu erschließen. Dabei geht es vor allem um den Zugang der Schüler, ob sie zu ihrem eigenen Land Deutschland einen Bezug haben. Aufgrund des eigenen Vorverständnisses angesichts der Teilung Deutschlands im Gefolge des NS-Unrechtsstaates und des Zweiten Weltkrieges ist für viele Schüler eine Identifizierung mit „Deutschland“ nur in sehr beschränktem Ausmaße möglich. Die Frage jedoch, ob den Schülern plausibel ist, welche erheblichen Chancen für die eigene Idendität eine Rückbindung an eine konkrete Heimat sein kann, wird nur in der konkreten Unterrichtssituation erhebbar sein. Deutlich ist festzuhalten, daß die Kategorie „Land“ im jüdischen Sinne nicht einfach gleichzusetzen ist mit dem deutschen Begriff „Heimat“, im Sinne von Romantik, Ort der Geburt, Welt nur in örtlichem Sinne.

Gerade an diesem Punkt ist im Sinne einer kognitiven Dissonanz die Möglichkeit gegeben, die Schüler auf das „Mehr“ in der Bedeutung des Landes für Juden hinzuweisen. Für die Schüler hat der Begriff „Heimat“ keine religiöse Bedeutung. Er würde sich also nur dann für eine Anknüpfung an die Ausgangssituation der Schüler eignen, wenn er ausweitbar ist auf die religiöse Sinndimension von „Heimat“ des Glaubens bei den Juden.

Eine engagierte Auseinandersetzung und Stellungnahme zum Staat Israel ist im Rahmen dieses Aufbaukurses zwar nicht differenziert zu leisten, jedoch insgesamt für eine umfassende Darstellung des Verhältnisses von Christen und Juden in der Gegenwart und Zukunft unerläßlich. Die Verneinung oder Bejahung des Staates Israel hat für das Verhältnis der Christen zu den Juden fundamentale Qualitätsunterschiede. Aufgrund der deutschen Geschichte, aber auch im Sinne der Verbundenheit des Christentums mit dem Judentum über die Verheißungen des Bundes Gottes legitimiert sich eine auf die Bejahung des Staates Israel hinzielende Lernstrukturierung. Israel akzeptieren heißt dabei jedoch nicht, jede konkrete israelische Regierung legitimieren zu sollen. In diesem Modell wird jedoch angesichts der deutschen Geschichte dafür optiert, daß gerade Deutsche auch bei berechtigter Kritik angesichts konkreter realpolitischer Maßnahmen sich nicht als Hauptkritiker am Staat Israel hervortun sollten.

Am Beispiel der Nichtanerkennung Israels durch den Vatikan kann die Zustimmung der katholischen Christen zum Lande Israel problematisiert werden.

Thematische Strukturierung

Für die Ausdifferenzierung der thematischen Struktur sind folgende Elemente bedeutsam:

- die konkrete Faßbarkeit der Zuwendung Gottes zu Israel (Bund) in der Gabe des verheißenen Landes,
- die Vertreibung, Diaspora und Rückkehr in der Geschichte Israels,
- die nie aufhörende Hoffnung auf die Wiederherstellung Israels durch die Jahrhunderte,
- das heutige *jüdische* Verständnis des Staates Israel,
- Jesus Christus als der Ort der Zuwendung Gottes für die Christen,
- die Welt als Ort der Christusnachfolge in der Hoffnung auf die neue Schöpfung,
- das Verständnis und die Interpretation des heutigen Staates Israel durch Deutsche und (katholische) Christen,
- Gemeinsamkeiten und Verschiedenheiten des Verständnisses von Land in jüdischem Sinne und der Welt als der neuen Schöpfung in christlichem Sinne.

Zugänglichkeit und Darstellbarkeit

Wie bereits aufgewiesen, ist es für Christen aufgrund der theologisch bedingten Ablösung von der Landverheißung schwierig, einen theologisch motivierten Zugang zum „Land“ Israel zu haben. Eine theologisch stimmige Weise der argumentativen Zugänglichkeit ist die Verbundenheit mit dem Juden Jesus, der im Kontext und im Land der Verheißung gelebt und in diesem Land seine Botschaft verkündet hat. Dies ist aber gleichzeitig auch eine entsprechende Einengung der Zugänglichkeit, da sehr viele Schüler zu Jesus dem Christus nicht ein so intensives Verhältnis haben, daß sie über ihn im Sinne einer Bezugsperson zu seinem Land eine entsprechende Beziehung aufbauen könnten.

Sicherlich ist die aktuelle Diskussion über den Nahost-Konflikt eine einfachere Weise der Darstellbarkeit der Kategorie „Land“; denn eine engagierte Stellungnahme der Schüler zum Staat Israel kann den Schülern den Zugang zu Themen erleichtern. Von hier aus läßt sich dann auch leichter zurückfragen, woher die Vorstellung, daß die Juden ein Land brauchen, religiös motiviert wird.

Für die Einstellungen gegenüber Juden, Judentum und Staat Israel mögen die politischen Vorgänge in Israel eine besondere Rolle spielen. Durch bestimmte politische Entscheidungen gehen wesentliche Elemente auf die Bildung von judenfeindlichen und zumindest skeptischen Einstellungen aus. Diese schlagen sich leicht in Vorurteilen nieder und werden oft zur Stützung bereits vorhandener Vorurteile benützt. Für den Prozeß des Vorurteilsabbaus ist es demnach sehr bedeutsam, daß aufgedeckt wird, ob bei den Adressaten nicht solche Einzelentscheidungen zum Vorwand für die Beibehaltung oder sogar für den Aufbau von Vorurteilen lediglich vorgeschützt werden. Entsprechende Argumentationen sollten zumindest offen angegangen und diskutiert werden. Die engagierte Stellungnahme für die Existenz und das Lebensrecht des Staates Israel ist in diesem religionsdidaktischen Zusammenhang anzustreben.

4.2.2 Feinzielkatalog

1. „Land" in Zusammenhang mit der Bundesverheißung an Israel als Zeichen der Zuwendung Gottes und als Heilsgabe für die Juden verstehen.
2. Die geschichtliche und religiöse Verbundenheit des Volkes Israel mit seinem Land erklären.
3. Die Verbundenheit der Juden mit ihrem Land durch die 1800jährige Geschichte von 70 n.Chr. bis zum Aufkommen des Zionismus kennenlernen.
4. Die Entstehungsgeschichte und Problematik des Staates Israel erläutern.
5. „Land" verstanden als die Welt im Licht des im Christusereignis gründenden eschatologischen Vorbehalts bewerten.
6. Die kritische Distanz von Juden und Christen zu „Land" und „Welt" angesichts der noch ausstehenden eschatologischen Vollendung durch Gott differenzieren und bewerten können.
7. Den Schöpfungsauftrag in jüdischem und christlichem Sinne als Auftrag zur Gestaltung der Welt verstehen.

4.2.3 Unterrichtsverlaufspläne

Planungsraster: Didaktische Strukturierung Aufbaukurs „Land“
Prozeßebene

1. Stunde

Interne Bedingungen	Feinziele	Inhalts-Detaillierung	Medien	Lehr-Lernverfahren Vorurteilsabbau	erwartetes Schüler-/Lehrerverhalten
1. D. Sch. kennen die Begriffsbestimmungen von Jude und Judentum, die Bedeutung des Exodus und der Verheißung des Landes aufgrund mehrjähriger Lernprozesse. 2. Die Mehrschichtigkeit des Begriffs „Land“ mit den Elementen „Wohin ich gehöre“, „Heimat“ in der entwicklungs-psychologischen Situation der Jugendlichen in der Ablösungsphase.	sich bewußt werden, was es bedeutet, keine/eine Heimat zu haben.	– Land/Heimat im Bewußtsein der Sch. – Ort des Wohnens – sozialer Bezug – Sinnzusammenhang – wo gehöre ich letzten Endes hin? – Kirche als Heimat (universal) – Haus Gottes (Augustinus)	Plakate Plakate	entdeckendes Lernen zur Erhebung der eigenen Vorstellungen über die Bedeutung von „Land“	Sch. erarbeiten in Einzelarbeit assoziativ die Bedeutung von „Heimat“ im lebensweltlichen Sinne. Die Ergebnisse werden durch ein Lehrer-Schüler-Gespräch zusammengetragen und in einem Protokoll festgehalten.
3. D. Sch. haben immer schon ein Vorverständnis über „Land“, das sich in der hiesigen Gesellschaft als unreflektiert und verbrämt als Vorstellung des geteilten Deutschland realisieren kann. 4. D. Sch. sind angesichts der Nahostproblematik mit dem Phänomen des Staates Israel vertraut, die rel. Bedeutung von „Land“ ist jedoch meist verdrängt.	„Land“ im Zusammenhang mit der Bundesverheißung an Israel als Zeichen der Zuwendung Gottes und als Heilsgabe für die Juden verstehen (FZ 1)	– die Landverheißung an Abraham – die Landverheißung im Exodus – Propheten – Diaspora nach der Zerstörung des Tempels	Dok L 1; vgl. II, 12 Dok L 2 Dok L 3 Dok L 4; vgl. V 2	kritische Analyse u. integrierende Verbindung der „Land“-Problematik mit dem Bundesgeschehen. Arbeitsgruppen über Glaubensurkunden u. Quellen	

Interne Bedingungen	Feinziele	Inhalts-Detaillierung	Medien	Lehr-Lernverfahren Vorurteilsabbau	erwartetes Schüler-/Lehrerverhalten
Die Sch. haben sich die Bedeutung von „Heimat“ und der Verbundenheit zu einem Sinnzusammenhang bewußtgemacht. Die geschichtl. Entwicklung der Landverheißung kann darauf aufbauend auf die religiöse Sinndimension von „Land“ ausgeweitet werden.	Die geschichtliche und religiöse Verbundenheit des Volkes Israel mit seinem Land klären (FZ 2)	Geschichtlicher Überblick von der Landverheißung bei Abraham bis 70 n.Chr. – Bund – Landnahme – David: Eroberung Jerusalems und die Entstehung seiner religiösen Bedeutung. – Der Bezug der Juden zum Land und zu Jerusalem zur Zeit Jesu. – Die Zerstörung des Tempels 70 n.Chr. und der Verlust der staatl. Selbständigkeit.	Geschichtlicher Überblick: Geschichtsfries*. Dok L 5 Dok L 6 Dok L 7–8 Dok L 9 Dok L 10 * vgl. Inhaltsdetaillierung- „Volk“, 2. St.	entdeckendes Lernen zur Überprüfung der Hypothese, daß für das jüdische Volk ein „Land“ religiöse Bezüge hat. – Arbeitsgruppen: durch die Analyse von Texten zu einzelnen Situationen der Geschichte Israels sollen die Sch. eigenständig einen Geschichtsfries mit spezifischen Aussagen erstellen.	Die Sch. analysieren Texte und tragen die Ergebnisse auf ein Blatt ein, das in der geschichtl. Reihenfolge auf einem Geschichtsfries aufgeklebt wird.

Interne Bedingungen	Feinziele	Inhalts-Detaillierung	Medien	Lehr-Lernverfahren Vorurteilsabbau	erwartetes Schüler-/ Lehrerverhalten
	Die Verbundenheit der Juden mit ihrem Land durch die 1800jährige Geschichte von 70 n. Chr. bis zum Aufkommen des Zionismus kennenlernen. (FZ 3)	135 n. Chr.: Verbot für Juden, Jerusalem zu betreten. Umbenennung der Provinz Judäa in „Syria Palaestinae“ durch Kaiser Hadrian.	Dok L 11–12; vgl. V 8–10	darstellendes Lehren – Entwicklungen von Empathie für die Situation des jüdischen Volkes in der Diaspora.	Sch.-Referate zu einzelnen Phasen. Rollenspiele zur Situation von Juden ab 135 n. Chr.: die Sch. spielen ein Streitgespräch anläßlich der Umbenennung Judäas in „Palästina“. Ein röm. Soldat verteidigt Hadrian.
		– 638 n. Chr. Herrschaftsantritt der Muslime. Aufgrund deren Toleranz wieder Leben in Jerusalem für Juden erlaubt.	Dok L 13		Ein Aufständischer aus den Reihen Bar Kochba's vertritt seine Anliegen.
		– Ab 1098 n. Chr. christliche Eroberungen durch die Kreuzfahrer	Dok L 14		Religiöse Argumente aus dem Kontext der Anhänger Rabbi Akiba's vertritt ein anderer Schüler.
		– ab Mittelalter Rückkehr einzelner bedeutender Juden und größerer Gruppen aus der Diaspora.	Dok L 15; vgl. V 13, 15 und 26a		Später gesellt sich ein christl. Kreuzfahrer und ein Ostvertriebener aus dem Zweiten Weltkrieg geschichtsdisfunktional zu dieser Streitrunde hinzu. Jede Rolle wird durch umrißhafte Angaben vorstrukturiert, so daß es am Ende zu einer Konferenz zwischen Menschen von 135 bis 1945 n.Chr. in der Gegenwart kommt.

Interne Bedingungen	Feinziele	Inhalts-Detaillierung	Medien	Lehr-Lernverfahren Vorurteilsabbau	erwartetes Schüler-/ Lehrerverhalten
	Die Entstehungsgeschichte und Problematik des Staates Israel erläutern. (FZ 4)	Aufkommen des Zionismus. – Rückwanderungsbewegungen (russische Pogrome). – Palästina am Anfang des 20. Jahrhunderts. – Balfour-Erklärung 1917. – Palästina unter britischer Mandatsregierung. – Auswirkungen des Naziterrors. Rückwanderungen nach Israel werden durch die britische Mandatsregierung abgeblockt. – Der Staat Israel wird bedroht und wird von anderen als Bedrohung empfunden. – Religiöse Bedeutung dieser Kriege aus moslemischer Sicht	Dok L 16; vgl. V 19 Dok L 17–18 Dok L 19–22 Dok L 23 Dok L 24–25 Dok L 26, 28–29; vgl. V 34b Dok L 27	Die Sch. zeichnen anhand der einschlägigen Texte eine schematische Darstellung der Entwicklung des Staates Israel und seiner Bedrohung. – Arbeitsgruppen: Analyse der Grundintentionen für die Entstehung des Staates Israel.	Nach der Analyse einzelner Texte in den AG's erstellen die Schüler ein Übersichtsblatt, aus dem die geschichtliche Entwicklung unter besonderer Berücksichtigung der Ideen, die zur Wiedergründung des Staates Israel geführt haben, hervorgeht.

Interne Bedingungen	Feinziele	Inhalts-Detaillierung	Medien	Lehr-Lernverfahren Vorurteilsabbau	erwartetes Schüler-/Lehrerverhalten
	„Land" in christl. Sicht verstanden als die Welt im Lichte des im Christusereignis gründenden eschatologischen Vorbehalts bewerten. (FZ 5)	Christl. Identität ursprünglich auf das Land der Verheißung verwiesen.	Dok L 30, 33	Die Sch. sollen Verständnis entwickeln für die vielgestaltigen Bezüge der Juden zu ihrem „Land". Gleichzeitig sollen sie durch entdeckendes Lernen die Ablösung der christl. Vorstellung von der „Verheißung" vom konkreten Land durch zentrale christlich-theologische Entwicklungen eigenständig erheben und darstellen.	
		Der Bezug zum konkreten Land, in dem Jesus gelebt hat, wird in Jesus dem Christus personalisiert.	Dok L 31		
		Das „Land" ist für die Christen die bleibende Bundesgabe an Israel. Durch das Bekenntnis zu Jesus Christus sind Christen auch auf seine Herkunft, auf das „Land" verwiesen. Teilnahme am Schicksal der Juden umfaßt auch Interesse am Schicksal ihres „Landes".	Dok L 30, 33		
		Spiritualisierung der Verheißung durch die Geistsendung. Communio als Land (Heimat) für die Christen.	Dok L 34		
		Mission Transformation der Welt als Gabe und als Aufgabe für die Christen.	Dok L 35		
		– In Christus sein (Paulus)	Dok L 32		

Interne Bedingungen	Feinziele	Inhalts-Detaillierung	Medien	Lehr-Lernverfahren Vorurteilsabbau	erwartetes Schüler-/ Lehrerverhalten
	Die kritische Distanz von Juden und Christen zu Land und „Welt“ angesichts der noch ausstehenden eschatologischen Vollendung durch Gott differenzieren und bewerten. (FZ 6)	*jüdisch:* Jüdische Existenz in realistischem und mythischem Bezug zum „Land“. „Land“ als Ermöglichung der vollen Erfüllung der göttlichen Weisung. „Land“ wird in der Heilszeit als endgültiger Besitz erhofft. *christlich:* Die angebrochene Gottesherrschaft in Jesus dem Christus in der Spannung „zwischen schon und noch nicht“. Der christl. Glaube in der „Welt“ angesichts der eschatologischen Umformung dieser Welt durch Gott.		Abschließende und zusammenfassende Diskussion der bisherigen Lernergebnisse. Vergleich der jüdischen und christlichen Auffassungen über das Land.	L. versucht zusammenfassend die Bedeutung des „Landes“ für Juden mit der Bedeutung von „Welt“ für Christen abschließend durch ein Tafelbild zu strukturieren.

Interne Bedingungen	Feinziele	Inhalts-Detaillierung	Medien	Lehr-Lernverfahren Vorurteilsabbau	erwartetes Schüler-/ Lehrerverhalten
	Den Schöpfungsauftrag in jüdischem und christlichem Sinne als Auftrag zur Gestaltung der Welt verstehen. (FZ 7)	Auf der Basis der Gemeinsamkeiten und Unterschiede zwischen Juden und Christen lassen sich folgende gemeinsame Aufgaben begründen: – Anrecht aller Menschen auf einen Ort in der Welt und auf Hoffnung auf Vollendung.	Dok L 36	TZI-Gespräch: Juden und Christen – die gemeinsamen Aufgaben, die sie haben.	

5. Anhang: Medien und fachwissenschaftliche Bezüge

5.1 Medien: Kurzcharakteristik von Lehr-Lern-Einheiten zum Thema ‚Christentum – Judentum'

(K.-H. Minz, U. Reck)

Die Darstellung von Unterrichtseinheiten zur Thematik ‚Christentum – Judentum' ist gedacht als kritischer Hinweis, als Würdigung und Aufforderung, neben dem im Rahmen unserer Projektgruppe entwickelten Unterrichtsmodell auch andere Arbeiten für die eigene Unterrichtsplanung heranzuziehen. Daneben werden die im Zusammenhang mit dieser Besprechung formulierten Beurteilungskriterien als mögliche Anregung für die Analyse hier nicht berücksichtigter Materialien interpretiert.[1]

Zur Auswahl der Unterrichtsmodelle

Von uns werden nur solche für den Religionsunterricht konzipierten Unterrichtseinheiten berücksichtigt, die das Thema ‚Judentum' und das Verhältnis ‚Christentum – Judentum' umfassend darzustellen versuchen; Bearbeitungen von Teilaspekten wie ‚das Judentum zur Zeit Jesu' oder ‚der Staat Israel' können hier nicht aufgenommen werden. Außerdem legen wir den Schwerpunkt der Besprechung auf Unterrichtsmodelle für die Sekundarstufe II. Vorliegende Analysen wurden 1981 abgeschlossen.

Wer sich einen Überblick verschaffen möchte, sei auf die von Herbert Jochum[2] zusammengestellte, teilweise kommentierte Bibliographie von Quellen- und Textheften, Schulbüchern, Modellen, Projekten und Unterrichtshilfen für die Primarstufe, Sekundarstufe I und II zum Thema ‚Juden, Judentum und Staat Israel' verwiesen.

---

[1] Analyse- und Bewertungsschemata für didaktische Materialien finden sich in: *H. Lucht-Wraage*, Beschreibung und Bewertung didaktischer Materialien, Weinheim – Basel 1980; *G. Hilger*, Ein Fragenkatalog als Hilfe zur Analyse von Religionsbüchern, in: *G. Hilger*, Religionsunterricht als offener Lernprozeß, München 1975, 225 – 232; *F. Weidmann*, Das Religionsbuch, in: *F. Weidmann* (Hrsg.), Didaktik des Religionsunterrichts, Donauwörth 1979, 176f.

[2] *H. Jochum*, Juden, Judentum und Staat Israel im Religionsunterricht. Eine religionspädagogische Bibliographie, in: *H. Jochum/H. Kremers* (Hrsg.), Juden, Judentum und Staat Israel im christlichen Religionsunterricht in der Bundesrepublik Deutschland, Paderborn u. a. 1980, 169 – 180.

Darstellungsgesichtspunkte und Beurteilungskriterien für Unterrichtseinheiten zum Thema ‚Christentum – Judentum'

I. Informationen über die *Projektgeschichte,* worunter hier Arbeitsbedingungen, Selbstverständnis und Qualifikationen (Ausbildung, Unterrichtserfahrung) des Verfassers bzw. des Verfasserteams verstanden werden, können bei der Interpretation von Entscheidungen der jeweiligen Autoren hilfreich sein und werden deshalb – soweit sie offengelegt oder ermittelbar sind – angeführt.

II. Unter der Kategorie *Art der Materialien* wird im einzelnen aufgelistet, ob Schülermaterialien, Lehrerhefte oder Quellenband vorliegen.

III. In *Lernbereichen und Schuljahren,* für die die Materialien konzipiert sind, wird unterschieden zwischen katholischem und evangelischem Religionsunterricht, Geschichts- und Gemeinschaftskundeunterricht sowie Sekundarbereich I (5.–10. Schuljahr) und Sekundarstufe II (11.–13. Schuljahr).

IV. Die ausgewiesenen Leitideen der Unterrichtseinheit, ihre Herleitung sowie die Entscheidung für ein mehr offenes oder eher geschlossenes Curriculum fassen wir unter der Kategorie *Projektziel und didaktische Grundoption* zusammen.

V. Im Rahmen der Kategorie *Didaktische Konzeption und Aufbau der Materialien* wird beschrieben, nach welchen didaktischen Kriterien die Teilthemen und Lernziele in den Lehr-Lerneinheiten ausgewählt werden, inwieweit ein Begründungszusammenhang zwischen den einzelnen Curriculumelementen hergestellt wird, welche Typen von Materialien berücksichtigt und wie sie im einzelnen aufgebaut sind.

VI. Unter dem Gesichtspunkt *Art der Verhältnisbestimmung,* welche der Konzeption zugrunde liegt, wird thematisiert, welche Art von Wertungen in bezug auf das eigene Selbstverständnis und die jüdische Bruderreligion vorgenommen wird.

VII. *Fachwissenschaftlicher Gehalt und berücksichtigte Themenaspekte* werden beurteilt auf der Basis der fachwissenschaftlichen Grundkategorien Gott, Bund, Volk, Land, Hoffnung/Zukunft im Zusammenhang mit den ‚Freiburger Leitlinien'.[3]

VIII. Die *Gesamtbeurteilung* vermittelt einen zusammenfassenden Überblick über das rezensierte Modell aufgrund der Analyse-Ergebnisse.

W. Trutwin, K. Breuning, Wege des Glaubens. Unterrichtsmodell für den katholischen Religionsunterricht der Jahrgangsstufen 7/8 (Grundfassung), Düsseldorf 1981, 199–216.

Projektgeschichte:

W. Trutwin, Oberstudiendirektor in Bonn, arbeitet seit 25 Jahren in der Christlich-Jüdischen Gesellschaft und ist Mitglied des Gesprächskreises „Juden und

[3] Vgl. auch: *P. Fiedler,* Das Judentum im katholischen Religionsunterricht, a.a.O., 37f.

Christen“ beim Zentralkomitee der Deutschen Katholiken. Die vorliegende Lehr-Lerneinheit basiert auf Erfahrungen aus zahlreichen Unterrichtsversuchen.

Art der Materialien:
Schülerbuch, Seiten 199–216 (von insgesamt 256) über Judentum.

Lernbereiche und Schuljahre:
Katholischer Religionsunterricht der Sekundarstufe I, Klassen 7/8.

Projektziel und didaktische Grundoption:
Die Unterrichtseinheit ist als geschlossenes Curriculum konzipiert, die didaktische Konzeption wird nicht offengelegt. Folgende Formulierung könnte als Projektziel interpretiert werden: „Zwar sind bis auf den heutigen Tag noch nicht alle Vorurteile gegenüber Juden abgebaut, aber viele Christen fangen an,
- das Judentum besser kennenzulernen,
- ihre Verwandtschaft mit dem Judentum zu verstehen,
- die christliche Schuld gegenüber dem Judentum zu bekennen,
- gemeinsame Wege für die Zukunft zu suchen.“ (216)

Didaktische Konzeption und Aufbau der Materialien:
Die Lehr-Lerneinheit ‚Das Judentum – Gottes Minderheit’ ist in fünf Themenblöcke gegliedert: 1. Ein kleines Volk; 2. Wie Juden leben (mit Exkurs: Der Staat Israel); 3. Was uns mit den Juden verbindet; 4. Was Christen den Juden antaten; 5. Wir müssen neu anfangen.

In den Schülerinformationen mit sich anschließenden weiterführenden Fragen werden potentiell vorhandene antijüdische Vorurteile – z. B. ‚der Gott des Alten Testamentes fordere die Juden zu Rache und Haß auf‘ – angesprochen, widerlegt oder es wird zu ihrer Diskussion aufgefordert.

An Abbildungen finden sich vorwiegend Farbphotographien.

Art der Verhältnisbestimmung:
Dialogbezogenes Modell unter der Gesamtbestimmung: Christentum – Judentum – *ein* Gottesvolk. Das entspricht der zentralen Korrelationsformel der „Freiburger Leitlinien“ von „Werdende Gottesherrschaft (jüd.) – werdende Gottesherrschaft durch werdende Christusherrschaft (christl.).“ Cf. ebd. auch Kapitel 4.3.

Fachwissenschaftlicher Gehalt und berücksichtigte Themenaspekte:
Die fachwissenschaftlichen Grundkategorien Gott, Bund, Volk, Land, Hoffnung/Zukunft werden im vorliegenden Unterrichtsmodell berücksichtigt, die Schülerinformationen sind sehr solide und ausgewogen.

Für weitere Auflagen sollten die folgenden Ergänzungen eingefügt werden:

S. 200: Hinweis auf den ‚Rasse‘-Begriff sollte noch angemerkt werden. (Bei 1. Punkt 6).

S. 206: Bzgl. Kaschrut-Begründung: Hinweis auf den Götzendienst (Fruchtbarkeitsriten) in Kanaan anfügen.

S. 210: Bei Frage 3: Besser wäre hier „von bestimmten Formen der Frömmigkeit“.

S. 211: Das 7. Licht der Menora ist der gekreuzigte Jude Jesus von Nazareth. Dieser Hinweis sollte eingefügt werden.

Gesamtbeurteilung:
Die vorliegende Einheit ist optimal und vorbehaltlos empfehlenswert; sie ist auf dem neuesten Stand der fachwissenschaftlichen Diskussion (z. B. durch Integration der von Prof. Franz Mußner verfaßten Erklärung der dt. Bischöfe vom 28. 4. 80 mit ihren entscheidenden Konsequenzen für die Praktische Theologie), verständlich formuliert – unter Einbeziehung von potentiellen antijüdischen Vorurteilen – und mit gelungener Bildauswahl. Hervorzuheben bleibt, daß die sachgemäße Behandlung des Judentums nicht auf die hier vorliegende Lehr-Lerneinheit beschränkt wurde, sondern Unterrichtsprinzip ist, d. h. auch in den übrigen Kapiteln des Buches angestrebt wurde.

Annette Bygott, Wege Israels. Ein Modell für den Religionsunterricht in den Klassen 9–11, Berlin 1981 (= Das Judentum. Abhandlungen und Entwürfe für Studium und Unterricht, Bd 3), 80 Seiten.

Projektgeschichte:
Der vorliegende Band wurde im Rahmen der Reihe ‚Das Judentum. Abhandlungen und Entwürfe für Studium und Unterricht' des Instituts Kirche und Judentum publiziert. Nach Auffassung von Prof. Dr. Peter von der Osten-Sacken, dem Herausgeber dieser Reihe (cf. dessen Vorwort in Bd 2), ist angesichts der über Generationen überlieferten Vorurteile gegenüber Juden und ihrer Abrufbarkeit ‚in bestimmten politischen Zusammenhängen (. .) auch zu anderen als religiösen Zwecken' . . . „(d)er Arbeit an einem neuen Verhältnis von Christen zum jüdischen Volk (. .) vorrangig aufgetragen, Voraussetzungen für einen verwandelten Unterricht über das jüdische Volk in den verschiedenen schulischen und kirchlichen Bildungs- und Ausbildungseinrichtungen zu schaffen."

Die Publikation von Annette Bygott wird als Beitrag zu diesem Auftrag verstanden.

Art der Materialien:
Das Modell ist ‚gleichermaßen als Arbeitsgrundlage für Lehrer und Schüler entworfen'. (Vorwort in Bd 2 der Reihe).

Lernbereiche und Schuljahre:
Religionsunterricht der Sekundarstufe I und II, Klassen 9–11.

Projektziel und didaktische Grundoption:
Die Lehr-Lerneinheit ist als geschlossenes Curriculum konzipiert, die didaktische Konzeption – so auch das Projektziel – wird nicht offengelegt.

Didaktische Konzeption und Aufbau der Materialien:
Der Band ist unterteilt in die Themenblöcke: Sch'ma Jissrael; Tora und Talmud; Der Sabbat; Die Synagoge; Chanukka – Das Wunder des Überlebens; Zionismus und Religion; Die Situation der Juden im 19. Jahrhundert; Schritte auf dem Weg

zur Staatsgründung; Der Konflikt mit den Arabern; Israel und die Diaspora; Anhang (Hinweise zu Personen, Glossar, Adressen, Quellenverzeichnis).

Innerhalb dieser Hauptkapitel findet eine grafische Untergliederung in Form von fett gedruckten Zwischenüberschriften statt.

Neben einleitenden Sachinformationen der Verfasserin finden sich in diesem Heft eine Vielfalt von Quellentexten – von Bibel- und Talmudstellen, Gebeten bis hin zu Briefauszügen und Zeitungsberichten –, zahlreiche vor allem photographische Abbildungen, Landkarten, eine statistische Zeittafel sowie Schüleraufgaben.

Art der Verhältnisbestimmung:
Eine Verhältnisbestimmung Judentum – Christentum wird explizit nicht vorgenommen; in den Arbeitsaufgaben werden die Schüler jedoch zu einem Vergleich beider Religionen angeregt, dem implizit ein dialogisches Verhältnismodell zugrunde liegt.

Fachwissenschaftlicher Gehalt und berücksichtigte Themenaspekte:
Es werden die Kategorien Gott, Volk und Land thematisiert, die Kategorie Bund nur im Rahmen von Tora, die Kategorie Hoffnung/Zukunft bleibt unthematisiert.
56ff.: Die Texte bzgl. Zionismus und Staat Israel sind teilweise unausgewogen. 62: Es wird nicht erwähnt, daß die arabischen Staaten 1948 diese Flucht mitverursacht haben. Dto. 64 oben: Die arabischen Staaten haben diese Rückkehr untersagt. 66: Die Ausführungen über die Zustände in den ‚besetzten Gebieten' müßten durch eine israelische Sicht der Verhältnisse ergänzt werden.

Gesamtbeurteilung:
Gute Informationen, vielfältiges und informatives Bildmaterial zu den einzelnen Themenblöcken. Das Heft empfiehlt sich sehr zur Anschaffung als eine Art ‚Nachschlagewerk' für Kurzinformationen, außerdem als Schülerarbeitsheft, falls gerne mit gut strukturierten, schulbuchmäßig konzipierten Materialien gearbeitet wird.

Herbert Jochum, Rudolf Kühne, Ulrich Pasedach, Juden und Christen, Dillingen 1981 (= Stationen 4), 32 Seiten.

dies., Stationen 4: Juden und Christen – Lehrerkommentar – (in: Religionspädagogische Hefte V/1981), 40 Seiten.

Projektgeschichte:
„Das Heft: ‚Juden und Christen' orientiert sich am Lehrplanentwurf für Rheinland-Pfalz und dem vorläufigen Lehrplan für das Saarland. Die Lehrpläne sehen die Behandlung des Themas für das 8. Schuljahr in Rheinland-Pfalz und für das 7. Schuljahr im Saarland vor". (LK, 3).

Art der Materialien:
Schülerarbeitsheft und Lehrerkommentar (LK).

Lernbereiche und Schuljahre:
Evangelischer Religionsunterricht der Sekundarstufe I, Klassen 7/8.

Projektziel und didaktische Grundoption:
Die vorliegende Lehr-Lerneinheit ist als offenes Curriculum konzipiert; als Sinn der Unterrichtseinheit wird ausgewiesen: , „Das Verhältnis von Christen und Juden bedenken“ ‘ (LK, 3). Die Herleitung dieser Themenstellung ergibt sich aus nachfolgender Argumentation: „Das Christentum ist aus dem Judentum hervorgegangen. Die Kirche kann sich ohne Israel nicht verstehen. Deshalb ist die Beschäftigung mit dem Judentum für den christlichen Glauben unerläßlich. Christen haben zwar die Kenntnis von dieser Abhängigkeit nie völlig verloren, aber dieses Wissen bot keine Gewähr für eine sachgerechte Würdigung und Darstellung des Judentums. (. .) Die herkömmliche Art, wie Christen von Juden sprachen, war daher weniger von echtem Verständnis getragen als vielmehr von dem Wunsch, sich gegenüber dem Judentum abzugrenzen. Wo aber das Judentum nur als dunkler Hintergrund in den Blick kam, von dem sich der eigene Glaube um so leuchtender abhob, dort traten notwendigerweise schwerwiegende Entstellungen und Verzerrungen auf. Die Ereignisse des Dritten Reiches haben gezeigt, welch verhängnisvolle Konsequenzen aus einem solchen Reden und Denken erwachsen. Die Bestürzung, die der Mord an sechs Millionen Juden ausgelöst hat und die Erkenntnis, daß eine jahrhundertelange, religiös begründete Judenfeindschaft Auschwitz ermöglicht hat, ließ bei vielen Christen die Bereitschaft entstehen, sich um ein besseres Verhältnis zum Judentum zu bemühen. (. .) Bei der Wahrnehmung dieses Anliegens kommt dem Religionsunterricht eine wichtige Funktion zu.“ (LK, 2).

Didaktische Konzeption und Aufbau der Materialien:
Schülerarbeitsheft:
Das Thema ‚Juden und Christen‘ ist in 5 Hauptkapitel gegliedert:
1. Zerstreuung und Heimkehr: Judenfeindschaft heute; Judenfeindschaft in der Geschichte; Judenverfolgung im Dritten Reich; Sehnsucht nach Zion; Staat Israel.
2. Nach Auschwitz: Jude sein nach Auschwitz; Christ sein nach Auschwitz.
3. Was Christen und Juden verbindet: Die Bibel; Der Glaube; Feste und Feiern; Beten.
4. Was zur Trennung führte: Die Messiasfrage; Die Frage nach der Schuld am Tode Jesu.
5. Auf dem Weg zueinander: Der Bund ist nicht gekündigt; Edler und wilder Ölbaum; Das Gleichnis von den kostbaren Steinen.

Diese Anordnung beruht auf sachlogischen – und im Blick auf die Lernenden – motivationsbezogenen Erwägungen (vgl. LK, 3, 4).

Die Texte der Verfasser werden u. a. ergänzt durch den Abdruck von Bibelstellen, einem Zeitungsausschnitt, Auszügen aus Autobiographien, Liedertexten sowie christlichen und jüdischen Gebeten. Daneben ist das Schülerarbeitsheft reichhaltig ausgestattet mit schwarz-weiß Abbildungen, vorwiegend photographischer Art. Zu den einzelnen Medien werden detaillierte Arbeitsaufgaben gestellt, die von der Platzgestaltung her schriftlich beantwortet werden können.

Lehrerkommentar:
Nach ‚Didaktischen Überlegungen' zur Begründung der Thematik, der Situation des Schülers, Reflexionen zum Lehrplanentwurf für Rheinland-Pfalz/Saarland sowie dem Aufbau des Schülerarbeitsheftes folgt das Kapitel ‚Verlaufsplanung': Im Anschluß an die Gliederung des Schülerarbeitsheftes werden hier zu den einzelnen Texten und Abbildungen Erläuterungen und weiterführende Sachinformationen gegeben sowie Hinweise zum methodischen Vorgehen. Die Verlaufsplanung wird ergänzt durch einen Übersichtsplan, in dem zu den 5 Hauptkapiteln Lernziele formuliert, Inhalte, Methoden und Medien einander zugeordnet werden.

Zusätzliche Textmaterialien, eine Liste mit ausgewählter Literatur sowie den 1980 verabschiedeten Beschluß der Rheinischen Landessynode zur Erneuerung des Verhältnisses von Christen und Juden haben die Verfasser im letzten Teil des Heftes zusammengestellt.

Art der Verhältnisbestimmung:
Es geht dem Entwurf wesentlich um Begegnung. Der Unterricht „soll in einen Dialog einführen, dessen einer Partner kaum noch Gelegenheit hat, selbst zu Wort zu kommen." (LK, 2) Ziel ist also eine positive, engagierte christliche Verhältnisneubestimmung im Miteinander von Christen und Juden (cf. LK, 4). „Auf dem Weg zueinander" (LK, 21) wird vermittelt und vertieft: „Der Bund (mit Israel) ist nicht gekündigt" (loc. cit.) wie auch wird das Zueinander von Kirche und Israel wesentlich durch das Bild vom Ölbaum aus Röm 11 interpretiert.

Fachwissenschaftlicher Gehalt und berücksichtigte Themenaspekte:
Es werden die Kategorien Gott, Bund, Volk, Land und Hoffnung behandelt. Diese Inhalte sind deutlich erkennbar in den einzelnen Themeneinheiten enthalten (cf. Inhaltsverzeichnis S. 2). Der Gesamtakzent liegt dabei auf dem abschließenden Themenblock, der integralen Bundeswirklichkeit.

Präzisierungen sollte man sich S. 12 in bezug auf den Konflikt (1948) mit der arabischen Bevölkerung wünschen. Unverständlich bleibt, warum im Schülerarbeitsheft auf S. 11 beim Lied der Naomi Shemer ein völlig fremder Text untergeschoben wurde, der mit seiner hebräischen Vorlage kaum etwas zu tun hat.

Im LK *muß in jedem Fall* auf S. 6 bei „Entgegnung" die Ausführung über ‚Rasse' geändert werden, da Judentum keine Rasse ist. Ebd. S. 16 muß es bei Chanukka heißen: 164, beim Jom Haazmaut: 14.5.1948.

Gesamtbeurteilung:
Die Verfasser haben hier eine überzeugende und sehr empfehlenswerte Unterrichtseinheit vorgelegt, der man weiteste Verbreitung wünschen kann.

J. Czech, H.-J. Loth, F. Trazaskalik, U. Tworuschka, Judentum (= Weltreligionen. Geschichte. Quellen. Materialien), Frankfurt/M. u. a. / München 1978, VI. 149 Seiten.

Projektgeschichte:
„Autoren und Leser sind auf Grund der Geschichte ihres Lebensraumes mit dem Judentum intensiver verbunden, als etwa mit dem Islam und Buddhismus. Diese Geschichte verlangt nicht nur eine kritische Reflexion, sondern auch eine engagierte Stellungnahme. Dies um so mehr, als Leser und Autoren, wenn auch nicht immer bis ins letzte und bewußt reflektiert, aus dem Erbe einer christlich-jüdischen Konkurrenz und den Versuchen einer christlich-jüdischen Koexistenz leben. Zum anderen bedingt die unauflösliche Verknüpfung von jüdischer Religion mit der unauslöschlichen Hoffnung auf Identität des Volkes in einem eigenen Land eine qualitativ andere Stellungnahme als dies etwa gegenüber Islam und Buddhismus nötig wäre.“ (V)

Art der Materialien:
Arbeitsheft für Lehrer und Schüler, das vorwiegend Quellentexte enthält.

Lernbereiche und Schuljahre:
Religionsunterricht der Sekundarstufe II und Erwachsenenbildung (vgl. V).

Projektziel und didaktische Grundoption:
Die vorliegende Darstellung des Judentums basiert auf einer geschlossenen Curriculumkonzeption.

Als Projektziel kann folgende Formulierung interpretiert werden: „Die Implikationen der gemeinsamen, beladenen und belasteten Geschichte verlangen, daß durch die Akzentuierung von Schwerpunkten, die Auswahl von Texten und das zusätzliche Angebot von Quellentexten ein engagiertes Gespräch ermöglicht wird. Dieses Gespräch kann allerdings nur dann in Gang kommen, wenn sich beide Partner ihres Standpunktes, dessen geschichtlicher Bedingtheit und dessen Bedingungszusammenhanges bewußt sind.“ (V)

Didaktische Konzeption und Aufbau der Materialien:
Der Band ist in acht Themenkomplexe gegliedert:
1. Streiflichter; 2. Jüdischer Glaube im Wandel der Zeiten; 3. Grundbegriffe jüdischen Glaubens; 4. Religiöses Leben; 5. Geschichte des jüdischen Volkes; 6. Antijudaismus; 7. Zur gegenwärtigen Lage des Judentums; 8. Begegnung von Juden und Christen.

Dabei sollte „die Durcharbeitung in der Abfolge der Themenkomplexe erfolgen (. .) Zumindest sollten die Kapitel 2–4 – mehr systematisch – einen Block darstellen. Ebenso sollten die Kapitel 5–8 – eher historisch – eine Behandlungseinheit bilden.“ (V)

Innerhalb dieser acht Themenbereiche werden die – neben Beiträgen der Verfasser – vorwiegend aus Quellentexten zusammengesetzten Materialien durch Unterkapitel aufgeschlüsselt.

Die Auswahl der Texte (vgl. V) und die Akzentuierung von Schwerpunkten folgte dem Anliegen, ‚ein engagiertes Gespräch' mit Juden zu ermöglichen. Da ein solches Gespräch voraussetzt, daß sich ‚beide Partner ihres Standpunktes, dessen geschichtlicher Bedingtheit und dessen Bedingungszusammenhanges bewußt sind', wird aufgezeigt, ‚wie unterschiedliche Motivationsstränge schließlich zusammengefaßt im Ereignis Holocaust kulminierten.' Die Judenverfolgung im Nationalsozialismus selbst wird nicht eingehend dargestellt, ‚weil diese Darstellung nach Ansicht der Autoren ihren adäquaten Ort im Geschichtsunterricht hat'.

Neben Texten beinhaltet das Buch photographische Schwarzweißabbildungen sowie Landkarten.

Ein Glossar und weiterführende Literatur am Ende des Bandes sind als ‚Hilfe zum Verständnis' und zur Vertiefung bzw. intensiveren Bearbeitung ‚von einzelnen Themenkomplexen gedacht für den Fall, daß Schülern die Erarbeitung einzelner Kapitel überlassen wird, sei es zur Erstellung eines Referates, sei es zur Vorbereitung einer Diskussion im Plenum.' (V)

Art der Verhältnisbestimmung:
Engagierte Stellungnahme der Autoren auf dem Hintergrund des bisherigen (schuldhaften) Gegeneinanders von Christen contra Juden in der Geschichte. Betonung des *dialogischen* Miteinanders der beiden Bruderreligionen: 8. Begegnung von Juden und Christen.

Fachwissenschaftlicher Gehalt und berücksichtigte Themenaspekte:
Die Kategorien Gott, Bund, Volk, Land, Hoffnung/Zukunft werden thematisiert.

Zu Kap. 6, Antijudaismus, ist anzumerken, daß hier der rassische Antisemitismus lediglich beschrieben, aber nicht aufgezeigt wird, aus welchen Gründen er wissenschaftlich unhaltbar ist.

Gesamtbeurteilung:
Optimale Quellensammlung für Lehrer und Schüler.

Große fremde Religionen. Grundlagen für einen Dialog. Hrsg. u. erarbeitet von P. Freimark, H. Grothaus, H. Kittel, E. Lederer, D. Thyen, Dortmund 1977/Hannover 1978 (Schülerband), 236 Seiten;

dass., Hannover 1978 (Lehrerband), 111 Seiten.

Projektgeschichte:
Autorengruppe, Peter Freimark als Judaist.

Art der Materialien:
Schülerband (SB), Seiten 6–60 (von insgesamt 236) über Judentum. Lehrerband (LB), Seiten 17–33, 96–98, 101–111 (von insgesamt 111) über Judentum.

Lernbereiche und Schuljahre:
Religionsunterricht der Sekundarstufe II (Studienstufe).

Projektziel und didaktische Grundoption:
Neben dem Judentum werden in den vorliegenden Bänden der Islam, Hinduismus und Buddhismus vorgestellt mit der Zielsetzung,
„– große fremde Religionen besser kennenzulernen und zu verstehen
– ihre Gemeinsamkeiten aufzuspüren
– das Verhältnis dieser Religionen zum Christentum und zueinander zu verdeutlichen
– ihren Einfluß auf das soziale und wirtschaftliche Leben ihrer Völker einsichtig zu machen
– die Anhänger dieser Religionen – Mitschüler, Kollegen oder Nachbarn – und deren Situation richtiger zu beurteilen." (SB, 3).

In diesem Rahmen „will der Abschnitt ‚Judentum' schwerpunktmäßig Informationen über jüdische Religion und Geschichte vermitteln. Außerdem sollen Hinweise auf Gemeinsamkeiten mit und Abgrenzungen vom Christentum gegeben, relevante Momente für die Minderheiten- und Vorurteilsproblematik aufgezeigt und die gegenwärtige Situation des jüdischen Volkes verdeutlicht werden." (LB, 17).

Die den vorliegenden Bänden zugrundeliegende Konzeption folgt eher einem geschlossenen Curriculummodell, obwohl mit ihnen auch thematisch-problemorientiert gearbeitet werden kann: „Das Kursangebot der Sekundarstufe II ist im wesentlichen thematisch und problemorientiert. Das hat seinen guten Sinn, solange ein Basiswissen vorhanden ist. Im Blick auf die nichtchristlichen Religionen kann dieses jedoch nur selten vorausgesetzt werden. Darum wurde das Religionsbuch ‚Große fremde Religionen' so konzipiert, daß es einen Einblick in die Geschichte, die Lehren und die gegenwärtige Bedeutung der vier nichtchristlichen Religionen Judentum, Islam, Hinduismus und Buddhismus gibt. Die Auswahl und Akzentuierung war wesentlich vom Selbstverständnis dieser Religionen bestimmt, nahm aber auch wichtige Fragestellungen auf, die sich aus dem interreligiösen Dialog ergeben. Obwohl damit nicht dem Anliegen eines thematisch-problemorientierten Unterrichts direkt Rechnung getragen wurde, bietet das vorliegende Buch dennoch eine Fülle von Material, das im thematisch-problemorientierten Unterricht eingesetzt werden kann." (LB, 101).

Didaktische Konzeption und Aufbau der Materialien:
Schülerband:
Das Thema Judentum wird in zwei Hauptblöcke gegliedert:
1. Die jüdische Religion – ‚Nach in die Thematik einführenden Fragen und Antworten werden die zentralen Glaubenslehren, die religiösen Institutionen und Praktiken vorgestellt.' (LB, 18).
2. Geschichte des jüdischen Volkes – ‚Hier liegt das Hauptgewicht auf der Darstellung der jüdischen Geschichte und Religionsgeschichte. Entscheidende Entwicklungen der jüdischen Religion (...) werden in diesem Block behandelt.' (LB, 18).

Die Informationstexte des Verfassers werden ergänzt durch Quellen- und Bildmaterial. ‚Ihre Funktion ist es, die oftmals notwendigerweise allgemein gehaltenen Darlegungen zu konkretisieren und anschaulich zu machen.' (LB, 17).

An Quellen werden ‚Gebetstexte', ‚Aussagen der jüdischen Tradition', ‚Beispiele aus der Literatur, die jüdisches Alltagsleben behandeln', ‚politische Streitschriften', ‚mittelalterliche religionsphilosophische Erörterungen', ‚offizielle Stellungnahmen' sowie ‚individuelle Äußerungen' angeführt. (vgl. LB, 17).

„Durch diese Vielfalt soll erreicht werden, daß unterschiedliche Aspekte bestimmter Sachverhalte auf die ihnen zukommende Art repräsentiert sind und erörtert werden können. Im Bemühen, neben rein religiösen Quellen auch andere Materialien anzubieten, drückt sich zunächst einmal etwas von der Komplexität des Gegenstandes aus. Außerdem ist damit beabsichtigt, evtl. schon vorhandene Überzeugungen und Wertungen durch Konfrontation mit bisher unbekannten und nicht rezipierten Aussagen in Frage zu stellen." (LB, 17).

An Bildmaterial sind photographische Abbildungen – zumeist in schwarzweiß –, Gemälde, Holzschnitte, Zeichnungen, Plakate, Graphiken und Karten abgedruckt. „Über den Informationswert hinaus enthalten einige der Abbildungen (...) wichtige Motive, die vom Schüler allein oder gemeinsam mit dem Lehrer ausgedeutet werden sollen." (LB, 17).

Zwischen den Darlegungen des Verfassers, den Quellen und dem Bildmaterial sind Arbeitshinweise eingebaut, die ‚besondere Probleme herausstellen', ‚erworbenes Wissen überprüfbar machen' wollen (SB, 3) und ‚Leitfragen zu den einzelnen Themen (enthalten), mit denen eine Diskussion eröffnet und weitergeführt werden kann'. (LB, 19). Mit Erklärungen zu Begriffen und Hinweisen zu Personen schließen die beiden Hauptblöcke.

Im Anschluß daran werden im Abschnitt „Zur Diskussion" ‚zentrale Vorstellungen der jeweiligen Religion zusammengefaßt. Diese Texte bieten Argumente zur Diskussion. Zusätzlich ermöglichen gezielte Fragen eine Kontrolle der genannten Lernziele.' (SB, 3).

Eine Zeittafel, weiterführende Literatur und ein Gesamtregister, das die zentralen Begriffe des Buches drucktechnisch hervorhebt und alle begrifflichen Kurzinformationen nachweist, finden sich im Anhang des Schülerbandes.

Lehrerband:

Im Rahmen der Einführung zum Lehrerband wird die Frage nach dem Sinn einer Beschäftigung mit den großen Weltreligionen unter religionspolitischem, gesellschaftlichem, theologischem und pädagogischem Aspekt diskutiert.

Der didaktische Kommentar zur Religion des Judentums ist untergliedert in:

1. Absichten, Ziele, Aufbau der Lehr-Lerneinheit;
2. Unterrichtsverlaufsplan, der in die einander zugeordneten Spalten Zeitdauer, Gegenstand, Intention (Inhaltsformulierung), Verfahren sowie Medien und Materialien unterteilt ist. Um eine kontinuierliche Arbeit mit dem Schulbuch zu ermöglichen, folgt die Unterrichtsverlaufsplanung ‚weitgehend der Anlage und dem Aufbau des Abschnitts im Schulbuch'. (LB, 19);
3. Informationen, Zusatzliteratur und Quellen zu den Bildern und Texten des Schülerbuchs und
4. kommentierte Literaturhinweise für Lehrer.

An Lehreinheiten werden aufgelistet: Die zentralen Glaubenslehren (alternativ mit Intentionen und zusätzlichen Materialien: Die Quellen der jüdischen Religion) – Die religiösen Grundlehren – Die zentralen religiösen Institutionen (Der Sabbat, Synagoge und Gottesdienst); Grundzüge der jüdischen Geschichte; Deutsche und Juden in Auschwitz; Der Staat Israel und die aktuelle Nahost-Problematik; Religionswissenschaftlicher Vergleich: Judentum – Christentum – Islam; Phase der Erfolgskontrolle.

„Die vorgeschlagenen Lehreinheiten sind in sich geschlossen, einzelne von ihnen können auch ausgetauscht oder weggelassen werden. Nur sollte sichergestellt sein, daß die Behandlung des Stoffes nach der Einführung mit der 1. Lehreinheit (Die zentralen Glaubenslehren) einsetzt, um hiermit dem Schüler Kenntnis von den wichtigsten religiösen Grundlehren und Institutionen zu geben." (LB, 19).

Neben diesem mehr geschlossenen Kurs zum Thema Judentum wird im vorliegenden Lehrerband zusätzlich 1. der Kursus ‚Judentum – Islam' angeboten. Gemeinsamkeiten und Differenzen der beiden Religionen sind hier in tabellarischer Form zusammengestellt. Außerdem werden 2. Aussagen der jüdischen Religion, des Islam, Hinduismus und Buddhismus zu den fünf in Problemfelder unterteilten Themen: Die Gottesfrage – Religion als Institution – Zeit/Ewigkeit/Erlösung – Wesen des Menschen (Anthropologie) – Glauben und Verhalten (Ethik) vergleichend zusammengestellt.

Auf dieser Grundlage sowie den Materialien der vorliegenden Bände und der Bibel kann thematisch-problemorientiert unterrichtet werden; es können ‚wichtige Problemfelder aus der unterschiedlichen Sicht der verschiedenen Religionen erarbeitet werden.' (LB, 101).

Art des Verhältnismodells:
Dialogisches Verhältnismodell, cf. „Freiburger Leitlinien" 4.3. Lehrerband, S. 8: „Bei der Abfassung dieses Buches waren die Autoren bestrebt, die einzelnen Religionen von ihrem Selbstverständnis her zu erschließen und ihre Bedeutung im jeweiligen soziokulturellen Kontext aufzuweisen. Hierbei war ausschlaggebend, Grundlagen für das interreligiöse Gespräch zu schaffen, indem Fragestellungen eröffnet wurden, die die Dialogpartner betreffen. Deshalb traten die Autoren schon bei der Erarbeitung der Texte mit qualifizierten Vertretern der jeweiligen Religionen in einen Austausch ein, um eine höchstmögliche Genauigkeit zu erreichen. Für sie entspricht dieses Verfahren sowohl der theologischen wie der religionswissenschaftlichen Tradition." In diesem Rahmen steht auch im Lehrerband, S. 96–98, ein Kursangebot ‚Judentum – Islam' als Einführung in eine benachbarte Religion.

Fachwissenschaftlicher Gehalt und berücksichtigte Themenaspekte:
Es werden die Kategorien Gott, Bund (Erwählung: S. 7f. „Gott hat ein Volk unter allen Völkern erwählt", nur knappe Hinweise), Volk und Land behandelt.

Es sind folgende Einzelausstellungen zum Schülerband hervorzuheben und zu beachten:

S. 9: Hinweis auf ‚Gnade' (chäsed) im Tanach fehlt.
S. 12f: Fachtermini bei der Sabbatliturgie hätten eingefügt werden können.
S. 18f: Dto. bei Synagoge.
S. 20: Das „Vater unser" ist ein genuin jüdisches Gebet.

S. 21: Statt ‚christlicher Gottesdienst' auch Hinweise auf Eucharistie (Seder!) erforderlich.

S. 23: Bei manchen Festen fehlen deren hebräische Namen.

S. 33: Die Perspektive des Tempelbildes ist irreführend.

S. 35: Hier fehlt Ostern! In bezug auf das Proprium Christianum ist das ein ganz entscheidender Mangel. Zudem ist hier folgender Satz völlig falsch, wenn es von Jesus heißt: „Seine Lehre mußte Widerstand auslösen, da er als Jude gegen das religiöse Gesetz (etwa die Sabbatvorschriften) verstieß, es in Frage stellte und die eschatologische Zeit ankündigte." Sachlich falsch ist hier auch der Satz: „Das Judentum hatte auch in bestimmtem Umfang Mission betrieben, die Anzahl derjenigen, die die rituellen und zeremoniellen Vorschriften anerkannten und Juden wurden, war im Vergleich mit dem Christentum freilich gering."

S. 35f: (Merkkästchen) Das ist falsch! Denn Jesus steht überhaupt nicht im Gegensatz zur jüdischen Religion, sondern nur zu bestimmten Richtungen in ihr.

S. 43: Der Begriff ‚Haskala' fehlt.

S. 51: Der Hinweis auf die Shoa im „Dritten Reich" ist viel zu knapp.

S. 53: Der Grund der Flucht der Araber wird nicht angegeben, nämlich die falschen Siegesverheißungen der angreifenden arabischen Staaten.

S. 53: Datierung des Magen David ist früher anzusetzen (cf. bei G. Scholem). Ein Hinweis der Herkunft aus der Magie/Kabbala fehlt.

S. 59: Das Junktim ‚Bindung der Religion an ein Volk' legt Ethnozentrik des Judentums sowie die Definition des Judentums als Rasse für einen uninformierten Leser nahe.

Gesamtbeurteilung:
Guter Überblick und gute Informationen, die in ein dialogisches Verhältnismodell integriert sind.

Ingeborg Kleinert, Dietmar Pohlmann u. a., Werte und Normen 4, Judentum. Ein Modell für die Sekundarstufe II, Verlag Vandenhoeck & Ruprecht. Göttingen 1978, 94 Seiten.

Didaktischer Begleitbrief zu Modell 4: Judentum, 103 Seiten.

Projektgeschichte:
Die Verfasser kennzeichnen ihren politischen Standort als Gegner jeder Form von Antisemitismus, betrachten den Staat Israel für politisch legitimiert, verurteilen alle kriegerischen Handlungen im israelischen Konflikt und halten eine Politik der Verständigung zwischen Juden und Arabern für unabdingbar. Im Hinblick auf das Verhältnis Christentum-Judentum betonen sie die gemeinsamen Wurzeln und gemeinsamen Aufgaben in der Gegenwart im Anschluß an die EKD-Denkschrift ‚Christen und Juden' (SA, 3).

Art der Materialien:
Didaktischer Begleitbrief und Schülerarbeitsheft (SA).

Lernbereiche und Schuljahre:
Grundkurs für das Fach Evangelische Religionslehre, Sekundarstufe II, der zu einem Leistungskurs ausgebaut werden kann.

Projektziel und didaktische Grundoption:
Der Kurs basiert auf einer offenen Curriculumkonzeption, an Kursintentionen werden genannt: „1. (. . .) Die Schüler sollen erkennen, daß das Wesen des Judentums nicht als geschlossene Größe, sondern nur unter mehreren Aspekten zu fassen ist. 2. (. . .) Die Wurzeln von Christentum und Kirche, sofern sie im Judentum liegen, sollen aufgedeckt werden. Dabei müssen sowohl *Kontinuität als auch Diskontinuität zwischen Judentum und Christentum erkennbar* werden. 3. *Denk- und Verhaltensmuster* gegenüber dem Judentum, die religiös oder weltanschaulich, psychisch oder sozial begründet sind, sollen geprüft und ggf. durch Kenntnis und Einsicht überwunden werden. 4. Die Schüler sollen im Judentum einen besonderen *Lebensentwurf* kennenlernen, der ihnen Hilfe bei einer eigenen Lebensdeutung sein kann. Sie sollen die Bedeutung des Judentums für die Entwicklung der europäischen Kultur abschätzen und würdigen können. 5. Die Schüler sollen sich durch Analyse des Judentums unter verschiedenen Aspekten die *Auswirkungen einer Religion* auf den konkreten Lebensvollzug des einzelnen und den politischen Weg einer Gemeinschaft vor Augen führen und so einen Begriff von dem Wirkungsfeld des Phänomens Religion überhaupt erwerben. 6. Das *Phänomen der Schuld* gegenüber dem jüdischen Volk muß erörtert werden, wobei der durch Geschichte bedingte persönliche Anteil des einzelnen erfahrbar werden soll." (SA, 4).

Didaktische Konzeption und Aufbau der Materialien:

Schülerarbeitsheft:
Der Kurs besteht aus vier Segmenten, die aufgrund nicht näher erläuterter inhaltlicher und unterrichtspraktischer Erwägungen unterschieden werden: 1. Judenfeindschaft und Antisemitismus; 2. Zionismus; 3. Selbstverständnis und Gottesverständnis Israels; 4. Jüdischer Glaube in Bräuchen, Riten und Symbolen (vgl. SA, 3f.).

Diese Teilthemen sind ‚ohne innere und äußere Sequentialität gedacht': „Sie sind *austauschbar,* sind *auswählbar,* und man kann sie durch andere – hier nicht entwickelte – Segmente ergänzen" (SA, 3). Die Benutzer ‚sollen alle didaktischen und methodischen Hinweise (. . .) als *curricular verantwortete Empfehlungen* auffassen' (SA, 4).

Als das Ganze strukturierende curriculare Orientierung, als thematischer Ausgangs- und didaktischer Zielpunkt des Kurses und der einzelnen Elemente wird die Frage nach dem Wesen des Judentums und sein Verhältnis zum Christentum festgelegt: „(. . .) jedes Segment muß (. . .) für sich allein so viel ‚Judentum' erfahrbar machen, daß mit ihm das übergeordnete Thema (. . .) (das Wesen des Judentums und seine Beziehung zum Christentum) stets konkret gegenwärtig ist." (Vgl. SA, 3).

Die einzelnen Segmente sind jeweils in folgende Abschnitte untergliedert: 1. Intentionen des Segments, die den Kursintentionen zugeordnet werden; 2. Lernziele des Segments, deren Bezug zu den Intentionen des Segments im einzelnen nicht ausgewiesen wird; 3. Strukturskizze, in der die jeweilige Thematik in Teilthemen aufgefächert wird. Diesen Teilthemen sind überblicksartig Lernziele, Medien sowie Verweise auf weitere Materialien zugeordnet; 4. Im vierten Teil folgen die Materialien, welche von Gebeten, Verweisen auf Bibelstellen, Predigten, Liedtexten, Reden bis hin zu Gedichten, Briefauszügen, Spottversen, Verordnungen, einer Zeittafel und Landkarten reichen. Bilder fehlen in diesem Heft; 5. Eine Literaturliste ist am Schluß aufgeführt.

Didaktischer Begleitbrief:
Neben der Begründung der Thematik Judentum im Hinblick auf Lehr-Lern-Prozesse im Religionsunterricht enthält der didaktische Begleitbrief fachwissenschaftliche Informationstexte zu den vier Segmenten, in denen die jeweilige Thematik reflektiert wird. Im Anschluß daran sind auf didaktische und inhaltliche Aspekte bezogene Kommentare zu den Materialien des Schülerarbeitsheftes zusammengestellt.

Es folgen unkommentierte Literaturangaben zur Vertiefung der einzelnen Segmente sowie eine Liste von AV-Medien. Im Anhang sind Informationstexte mit Literaturhinweisen abgedruckt zu den Themen: ‚Religion und Gesellschaft – Probleme des Staates Israel', ‚Geschichte des Judentums', ‚Jüdische Geistigkeit in unserer Zeit', ‚Jüdische Deutung des Lebens in Bildern und Symbolen'. Diese Themen können zu eigenen Segmenten ausgebaut werden.

Art des Verhältnismodells:
Die Verfasser bezeichnen sich als „Gegner jeder Form von Antisemitismus" (3). Maßgeblich bleibt die folgende Verhältnisbestimmung (ebd.): „Im Blick auf das Verhältnis von Judentum und Christentum ist es heute wichtig, die gemeinsamen Wurzeln wieder in den Blick zu bekommen. Demgegenüber sollte das Trennende nicht verwischt werden, aber seiner Bedeutung entsprechend einen geringeren Stellenwert erhalten. Dabei ergeben sich für Christen und Juden in der Gegenwart gemeinsame Aufgaben: Sie sind herausgefordert, ihre aus dem gemeinsamen Glauben erwachsende Weltverantwortung wahrzunehmen (vgl. EKD-Denkschrift ‚Christen und Juden', S. 31-33)."

Für die Intentionen des Kurses bedeutet das die kursorisch-obligate Behandlung dieser Verhältnisbestimmung, die Thematisierung der konstitutiven Wurzeln von Christentum im Judentum wie aber auch der Aufweis von Kontinuität/Diskontinuität zwischen den beiden Bruderreligionen (so 4, Punkt 2). Dabei werden im Kurs die Kategorien Land, Volk, Hoffnung/Zukunft (Geschichte) und Gott (Messias) (wenn auch in unterschiedlicher Gewichtung) in den Texten präsentiert (cf. 6f.: 0.5 Liste der Materialien). Die zentrale Kategorie Bund fehlt völlig.

Fachwissenschaftlicher Gehalt und berücksichtigte Themenaspekte:
Ausstellungen: Es finden sich – neben ausgezeichneten Passagen und Texten – leider viele Oberflächlichkeiten, Auslassungen (eklatant: die Kategorie ‚Bund' fehlt völlig!) und sachliche Fehler. Fast alle vorliegenden Rezensionen haben auf solche Ausstellungen hingewiesen. So ist z. B. S. 77 im Begleitbrief die Formulie-

rung „jüdische Fähigkeit zur Selbstanklage“ mehr als bedenklich, wird S. 82 das Judentum als eine Rasse dargestellt, bleibt es S. 90 offen, welche Summa des Aquinaten denn gemeint ist, muß auf S. 91 der Leser rätseln, was denn wohl eine „fideistische Existentialität“ bedeute u. v. a. m. Die vielen orthographischen Fehler im Text hätten von einem gewissenhaften Lektorat vermieden werden können.

Ferner wäre ein Segment 5 empfehlenswert gewesen, in dem die Dimension der gemeinsamen Berufung der beiden Bruderreligionen darzustellen wäre, z. B. im gemeinsamen Dienst an der Welt.

Gesamtbeurteilung:
Gut arrangierte Material- und Informationseinheit, die jedoch wegen vieler sachlicher Unzulänglichkeiten sehr gründlich hinterfragt und vom Lehrer vorbereitet werden muß.

Werner Trutwin/Günter Wischmann, Juden und Christen (= Theologisches Forum 7. Texte), Düsseldorf [7]1979, 118 Seiten.

Heinz Gahlen, Juden und Christen. Arbeitsheft (= Theologisches Forum 7. Arbeitshefte). Düsseldorf 1979, 195 Seiten.

Projektgeschichte:
Der Quellenband ‚Juden und Christen‘ erschien erstmalig 1971 und liegt nun in erweiterter, neubearbeiteter Fassung bereits in der 7. Auflage vor. Durch das Arbeitsheft, das vielfach im Unterricht erprobt wurde, soll die Arbeit mit den Quellentexten erleichtert werden. „Es geht von der Überzeugung aus, daß die Neubesinnung auf dieses Thema weiter gefördert werden muß.“ (AH, 7).

Art der Materialien:
Quellenband (QB) und Arbeitsheft (AH) für die Hand des Lehrers.

Lernbereiche und Schuljahre:
Katholischer und Evangelischer Religionsunterricht der Sekundarstufe II.

Projektziel und didaktische Grundoption:
Die Konzeption der vorliegenden Lehr-Lerneinheit kann eher als offen charakterisiert werden; als Globalziel wird ausgewiesen: „Das Judentum und seine Geschichte als authentischen Heilsweg verstehen. Das Alte Testament (die hebräische Bibel) als gemeinsame Basis von Judentum und Christentum annehmen und das Christentum von seinem jüdischen Grund her deuten. Die Möglichkeit und Notwendigkeit eines jüdisch-christlichen Dialogs begreifen und gegensätzliche Positionen (Erlösung, Messiaserwartung) als dialektische Einheit des zerspaltenen Gottesvolkes erfassen. Fähig sein zur Integration divergierender Aspekte des einen Glaubens.“ (AH, 10).

Didaktische Konzeption und Aufbau der Materialien:

Quellenband:

Das Quellenheft ‚Juden und Christen' ist in vier Unterrichtsblöcke aufgeteilt, wobei die Begründung für die Auswahl dieser Themeneinheiten nicht offengelegt wird:

1. Der Jude Jesus: Ursprung und Grund der Differenz; Der Messiasglaube; Jüdische Urteile über Jesus.
2. Stationen der Geschichte.
3. Fragen der Theologie.
4. Zeugnisse jüdischer Frömmigkeit.

Die Texte dieser Hauptkapitel werden durch Überschriften gegliedert und sind nach folgenden Gesichtspunkten ausgewählt und angeordnet:

„Hier sollen nur solche Texte vorgelegt werden, die in spezifischer Weise für den Religionsunterricht wichtig sind und deren Thematik bisher kaum in anderen Fächern behandelt wurde. Daß in diesem Heft in besonderer Weise jüdische Autoren zu Wort kommen, braucht nicht eigens begründet zu werden. (. .) Fast alle Texte sind Auszüge aus größeren Aufsätzen oder Büchern. (. .) Die Reihenfolge in der Auswahl bedeutet keine Wertung, wiewohl sie mit Bedacht erfolgt ist. Sie will nicht den Gang des Unterrichts festlegen." (QH, 9f.).

Im letzten Kapitel des Quellenbandes sind die ‚Ringparabel' von G. E. Lessing, ‚Der andorranische Jude' von M. Frisch, ein Glossar, Verfasser- und Quellenverzeichnis abgedruckt.

Arbeitsheft:

Neben der Explikation der Schülervoraussetzungen, der Begründung des Themas ‚Juden und Christen', dem Aufweis des Globalzieles der Lehr-Lerneinheit sowie der Einordnung der Thematik in die Zielsetzung des Religionsunterrichts werden in der Einführung zu diesem Arbeitsheft Hinweise zur Vorbereitung des Kurses gegeben.

Im Anschluß daran finden sich Hilfestellungen für den Lehrer zur Arbeit mit den im Quellenband abgedruckten Texten der vier Unterrichtsblöcke: Nach einleitenden Vorbemerkungen zu den einzelnen Unterrichtsblöcken werden jeweils ihre Zielsetzungen aufgelistet; es schließen sich Hinweise zur Struktur und Vertiefung der im Quellenheft abgedruckten Texte an. Schülerarbeitsaufgaben zur Texterschließung und -nachbereitung sowie Vorschläge zur Überprüfung des Lernerfolges der Schüler folgen jeweils am Ende der Unterrichtseinheiten.

Zu sechs ‚weiterführenden Kursen' sind Textmaterialien zusammengestellt und erläutert, Zielsetzungen und methodische Hinweise formuliert: 1. Antisemitismus; 2. Stationen der Geschichte; 3. Der Staat Israel und die christlichen Kirchen; 4. Der Jude Jesus – Jesus Christus – Erlösung – Reich Gottes; 5. Die Berufung Israels und der Kirche; 6. Thora und Kreuz: Zwei Wege zu einem Volk Gottes?; Die Thora (Weisung) des Judentums und der Kirche.

Art der Verhältnisbestimmung:
Die vorliegende Unterrichtseinheit ist eindeutig als dialogisches Modell strukturiert und bestimmt. Die im Quellenband präsentierten Texte wie auch das Arbeitsheft machen solches wesenhafte Zueinander von Christentum und Judentum transparent. Bei der Definition des Globalziels (AH, 10) heißt es daher in bezug auf Identität/Differenz der beiden Religionen, daß die Schüler die „Möglichkeit und Notwendigkeit eines jüdisch-christlichen Dialogs begreifen und gegensätzliche Positionen (...) als dialektische Einheit des zerspaltenen Gottesvolks erfassen" sollen (cf. ebd. 42). Der Bogen des einen Bundes, in dem das Volk Gottes in seiner Zweigestalt und Einheit lebt, ist Mitte und Herzstück dieser Unterrichtseinheit.

Fachwissenschaftlicher Gehalt und berücksichtigte Themenaspekte:
In den vorgestellten Themenkreisen finden sich, wenn auch verschieden gewichtet, die Kategorien Gott, Bund, Volk, Land, Hoffnung/Zukunft. Sehr wichtig ist dabei die besondere Hervorhebung der Heilswirklichkeit von Thora.

Gesamtbeurteilung:
Mit dem *Quellenheft* liegt eine repräsentative, positive wie negative Texte umfassende Anthologie vor, wobei gerade pro-vokative Quellen für die Schule oft weiterführend sind. Es erscheint ein breites Spektrum (kein Unisono!) von jüdischen Stimmen. Jedoch hätte vorliegendes Heft noch mehr an Tiefe und Authentizität gewonnen, wenn statt heutigen Tages oft zitierter jüdischer Autoren (die sicher nicht repräsentativ „Judentum" vertreten) mehr Texte aus Talmud, Sidur oder jüdischer Philosophie Aufnahme und Kommentierung gefunden hätten.

Von diesen Desideraten aber abgesehen: *Der vorliegende Quellenband ist uneingeschränkt empfehlenswert. Er ist einer der ganz wichtigen Bausteine im Dialog.*

Im *Arbeitsheft* werden die schwierigen Problemfelder dem Lehrer sachkundig und äußerst differenziert dargeboten.

Man hätte sich aber auch hier eine viel breiter gefächerte Auswahl der jüdischen Autoren gewünscht. Für eine Neuauflage sollten die Aussagen der großen christologischen Konzilien (Nizäa, Chalkedon) aufgenommen werden (cf. S. 17). S. 64 scheint nach dem heutigen Stand der Forschung der historische Sachverhalt doch verharmlost zu sein (Vatikan-Juden im II. Weltkrieg). S. 69 sollten die Vatikanischen Ausführungsbestimmungen zu Nostra Aetate Nr. 4 noch aufgenommen werden.

Aber auch diesem überzeugenden und mit großer Sachkenntnis geschriebenen Arbeitsheft ist weiteste Verbreitung im RU zu wünschen.

Bernhard Uhde (Hrsg.), Judentum im Religionsunterricht Sekundarstufe II. Einführung, Texte, Unterrichtsmodelle, Arbeitsmaterial. Autoren: F. Böhl, P. Schmitz, B. Uhde, München 1978, 212 Seiten.

Projektgeschichte:
„Aus dem Gedanken, das Judentum aus seiner eigenen Tradition heraus darzustellen, aus dem Versuch, diese Darstellung auf die zentralen Inhalte unter Aus-

lassung von bisweilen auch wichtigen Einzelheiten zu begrenzen, und aus dem Wunsch, das Ergebnis dieses Versuchs für den Religionsunterricht nutzbar zu machen, entstand dieses Buch." (Vorwort). Die Inhalte dieses Bandes wurden von dem Judaisten Felix Böhl ausgesucht bzw. überprüft und von Peter Schmitz, Studienassessor, didaktisch ausgewertet, sowie den Anforderungen der Schulpraxis gemäß geordnet; die religionsgeschichtliche Basis, ‚aus der die Systematik der Einzelinformationen hervorging', entwarf Bernhard Uhde, Wissenschaftlicher Assistent am Seminar für Religionsgeschichte an der Universität Freiburg. (Vorwort).

Art der Materialien:
Lehrerheft, das auch Schülermaterialien beinhaltet.

Lernbereiche und Schuljahre:
Religionsunterricht der Sekundarstufe II.

Projektziel und didaktische Grundoption:
„Als Projektziel wird – im Sinne eines ‚Verhaltensziels' – die aus der Kenntnis wichtiger Glaubensinhalte des Judentums entwickelte Fähigkeit angestrebt, das Besondere des Judentums zu erkennen, bedeutende Phänomene erklären und deren Zusammenhang interpretieren zu können, um Respekt vor der Religion des Judentums und Verständnis für die Lage des Nahen Ostens zu gewinnen. (. .) Grundsätzlich ist das Mißverständnis von einer Verflechtung von ‚Rasse' und Religion hinsichtlich des Judentums aufzulösen. Indem hieraus explizit die Religion als Kennzeichen des Judentums bestimmt wird, kann Religion als grundlegende Sinngebung menschlichen Lebens bewußt gemacht werden, um so auch über das Projektziel hinaus zu Sinnfragen und Selbsterfahrung zu führen. Diese können zu einer weiteren Beschäftigung mit dem Judentum, aber auch mit dem Christentum oder anderen großen Religionen anregen; nicht nur die Entwicklung von Toleranz gegenüber Andersartigem – am Judentum besonders aufzuzeigen – wird somit gefördert, sondern auch die für das ganze Leben wünschenswerte Besinnung auf die Grundlagen menschlicher Existenz." (13)

Das Unterrichtsmodell ist tendenziell als offenes Curriculum konzipiert, zumal der Unterrichtsverlaufsplan als ‚Angebot und Anregung' (15) interpretiert wird, zu den Unterrichtseinheiten Exkurse des Lehrers möglich sind und die einzelnen Unterrichtseinheiten kombiniert werden können. (Vgl. 14).

Didaktische Konzeption und Aufbau der Materialien:
Das Buch ist in drei Hauptabschnitte gegliedert: Im ersten Teil, der auch einen Vor- und Nachtest beinhaltet, wird die didaktische Konzeption offengelegt; im zweiten Teil sind acht Unterrichtseinheiten abgedruckt: Krieg um Israel; Zionismus und Judenstaat; Leben und Brauch; Kult und Feste; „Höre Israel"; Gott ist Einer; Geschichte als Ziel; Verheißung und Konflikt; im dritten Abschnitt findet sich ein Verzeichnis von Namen und Begriffen, eine Zeittafel, Statistiken über Wanderungen der Juden sowie ihrer zahlenmäßigen Verteilung auf Kontinente/Länder und Karten des Nahen Ostens.

Die acht Unterrichtseinheiten im zweiten Hauptabschnitt gliedern sich je in: 1.

Informationen (Darstellung/Texte); 2. Grobziele und Feinziele; 3. Didaktische Hinweise; 4. Unterrichtsverlaufsplan; 5. Materialien für den Schüler; 6. Medien.

Den Grobzielen – sie haben die Form von Inhaltsformulierungen – sind Feinziele zugeordnet, deren Auswahl dem Anliegen folgte, ‚das Judentum in seinen Grundzügen als eine Religion einzuführen und zu zeigen, daß deren Stärke nicht nur in der Vergangenheit liegt'. (12). Der Zusammenhang zwischen Lernzielen, Inhalten, Methoden und Medien wird in den ‚Didaktischen Hinweisen' aufgezeigt; hier werden auch potentiell vorhandene Vorurteile der Schüler wie ‚die Thora sei als „Alter Bund" durch das Erscheinen Jesu ungültig geworden' (130) angesprochen. Die Abfolge der acht Unterrichtseinheiten wurde aufgrund sachlogischer Überlegungen sowie Annahmen über die Interessen und Kenntnisse der Schüler getroffen.

Art der Verhältnisbestimmung:
„Das jüdische Gottesverständnis muß (. . .) abgelöst werden von der Vorstellung, es mit dem Gott des ‚Alten Testaments' zu tun zu haben in dem Sinne, daß dieser Gott gleichsam durch Jesus Christus ‚ergänzungsbedürftig' wäre." (148). Das Judentum und Christentum werden als gleichwertige Religionen interpretiert. Dazu etwa die Seiten: 11, 48, 59f., 63, 133, 159, 169, 170f., 173ff., 181f. (u. a. gegen christl. Antijudaismus), 191 (Punkt 2.2: Konflikt Judentum – Christentum).

Fachwissenschaftlicher Gehalt und berücksichtigte Themenaspekte:
Behandelte Kategorien
- Land
- Volk
- Bund
- Gott
- Hoffnung/Zukunft (Geschichte/Messias)

Gesamtbeurteilung:
Insgesamt ein guter und nützlicher Entwurf, der kenntnisreich informiert. Leider wird der Begriff der Rasse in diesem Band nicht expliziert, obwohl im Zusammenhang mit dem Projektziel formuliert wird, ‚das Mißverständnis von einer Verflechtung von „Rasse" und Religion hinsichtlich des Judentums aufzulösen.' (13)

Daneben müssen aber die kritischen Hinweise beachtet werden, die der Rezensent im „Archiv für Liturgiewissenschaft" 20/21 (1978/79), 515, aufführt. Dort heißt es u. a.:

„So sehr der Wunsch, Kenntnis des nachbiblischen, insb. des jungen Deutschen kaum noch sichtbaren heutigen Judentums zu verbreiten, begrüßenswert ist, so deutlich ist, daß, indem an die Stelle der traditionellen existentiellen Betroffenheit durch das Judentum (als Grundlage des eigenen Glaubens und als Opfer von Verfolgungen) ein welt-, bestenfalls geistesgeschichtliches Interesse tritt, das tiefere Verständnis nicht unbedingt gefördert wird. Das nun doch in Judentum und Christentum heute bes. von jungen Menschen bedachte Problem der inneren Anteilnahme kommt in diesem Buche zu kurz (am auffälligsten bei der Behandlung der Speisegebote ... oder bei der Darstellung des Gemeindegottesdienstes ...). Sollte sich einmal die Hoffnung erfüllen, daß junge Juden in ihrem Religionsunterricht etwas über das Christentum erführen, so möchte man wünschen, daß mehr ins Innere vorgestoßen wird."

Alfred Wittstock, Toraliebe im jüdischen Volk. Theologische Grundlegung und Ausarbeitung einer Unterrichtsreihe für Sekundarstufe II, Berlin 1981 (= Das Judentum. Abhandlungen und Entwürfe für Studium und Unterricht, Bd. 2), 103 Seiten.

Projektgeschichte:
Die vorliegende Aufarbeitung des Themas ‚Toraliebe im jüdischen Volk' von A. Wittstock, die in einer Reihe des Instituts Kirche und Judentum erschienen ist, entspringt nach Aussage des Verfassers einer ‚persönlichen Betroffenheit' (15) sowie einer theologischen wie pädagogischen Notwendigkeit (9): „Zu dem Bild eines beachtlichen Teils christlicher Tradition vom jüdischen Volk gehörte und gehört eine Sichtweise von Tora, die sich auf ‚Gesetz' und seine Werke beschränkt, dem das eigene Leben allein aus Glauben als Evangelium gegenübergestellt wird. (..) Eine andere Spielart der Nivellierung der Besonderheit Israels (..) erklärt die Existenz des jüdischen Volkes aus historischen Zufälligkeiten der Weltgeschichte. Beiden ist gemeinsam, gerade jene Größe, in welcher die Besonderheit des jüdischen Volkes wurzelt, nicht mehr wahrnehmen zu können oder zu wollen: die Tora, die Israel als Gemeinschaft konstituiert. Das Handeln gemäß der Tora entspricht dieser Konstitution. Beides bildet eine untrennbare Einheit, die jüdischerseits nur von Liebe getragen sein kann. Eine Reduktion des Toraverständnisses auf ‚Gesetz' löst diese Einheit auf und liefert die einzelnen Bestandteile ‚Israel' und ‚Tora' allen Formen von Willkür aus, deren exegetisch-systematische vielleicht noch harmlos scheint, aber nicht ist, da auch sie wirkungsgeschichtlich relevant wird. (..) Angesichts eines aufflackernden Neonazismus, besonders unter Jugendlichen, und einer erschreckenden Verharmlosung dieses Phänomens von seiten der Öffentlichkeit wird die Entfaltung des vorliegenden Themas eine vordringliche Aufgabe besonders des Religionsunterrichts." (9)

Der Verfasser studierte zwei Jahre an der Hebräischen Universität in Jerusalem, und die Unterrichtsreihe wurde an zwei Schulen in Rheinland-Pfalz erprobt.

Art der Materialien:
Unterrichtseinheit mit theologischer Grundlegung für die Hand des Lehrers (7).

Lernbereich/Schuljahre:
Religionsunterricht der Sekundarstufe II.

Projektziel und didaktische Grundoption:
Die Realisierung des Themas ‚Toraliebe im jüdischen Volk' steht in folgendem Horizont: „‚Daß Auschwitz nicht noch einmal sei, ist die erste (Forderung) an Erziehung." (Adorno, Erziehung nach Auschwitz, S. 88).' (9)

Die Reihe verfolgt das Ziel, „die Bedeutung der Tora von

– ihrer Begründung (als Bundesverfassung und Konstituens eines Volkes)
– ihrem Anspruch (als Aufgabe an Israel, die universale Bedeutung in sich birgt)
– ihrer tragenden Kraft (als Hoffnung auch in Leidenssituationen)
– ihrem Geschenkcharakter (dem Israel mit einem Fest antwortet)
erkennen zu können." (57)

Das vorliegende Unterrichtsmodell ist eher als geschlossenes Curriculum konzipiert, wobei zu berücksichtigen bleibt, daß es von der Verwendung solcher Modelle in der Unterrichtspraxis abhängt, „ob diese Praxis dann ausschließlich durch sie bestimmt und gestaltet wird oder ob sie ihrem Charakter gemäß als zusätzliches Angebot zu je eigenen Vorstellungen aufgefaßt werden." (89)

Didaktische Konzeption und Aufbau der Materialien:
Das Buch ist in folgende Hauptteile gegliedert:

1. Zunächst werden die Ausgangsbedingungen der Schüler im Kontext der reformierten Oberstufe sowie die Lehrervoraussetzungen in bezug auf das Thema analysiert;
2. Das zweite Kapitel informiert über die theologischen Voraussetzungen des Unterrichtsmodells, „Ursprungsort und Selbstverständnis der Tora ... (werden) beleuchte(t)." (17);
3. Anschließend findet sich eine Analyse und Kritik ausgewählter Religionsbücher und des Lehrplans ‚Evangelische Religionslehre' für die Mainzer Studienstufe;
4. Der Abschnitt ‚Konkretionen' beinhaltet die Ausfaltung des Bedeutungshorizonts des Themas für den Schüler, den Aufweis der didaktischen Reduktion des Themas ‚Toraliebe im jüdischen Volk' an Grobzielen und Überlegungen zur ‚Methode' (Unterrichtsformen, Medien);
5. Es folgt die ‚Unterrichtsreihe' mit Lernzielen, Verlaufsplänen und Medien;
6. Der Band schließt mit einem Abkürzungs- und Literaturverzeichnis.

Die Unterrichtsreihe (Kapitel 5) ist in 7 Themenkomplexen sachlogisch angeordnet:

5.1: Die Forderung an den Menschen: Sabbatgebote – Last oder Freude?
5.2: Die Konstitution des Volkes Israel: Bund und Bundesverfassung,
5.3: Der Wille Gottes und dessen Anerkennung: Sabbatheiligung als Toraerfüllung,
5.4: Die Tora als Gabe und Aufgabe: Heiligung des Lebens,
5.5: Das Überleben Israels: Die Treue der Tora,
5.6: Die Antwort Israels: Simchat Tora – Torafreudenfest,
5.7: Der Synagogengottesdienst: Vorbereitung eines Besuches.

Innerhalb dieser einzelnen Themenkomplexe wird jeweils ein Grobziel aufgelistet, dem Feinziele zugeordnet sind; diese wiederum werden im Verlaufsplan mit Lernschritten/Inhalt, Methode und Medien in Beziehung gesetzt. Im Anschluß an den Verlaufsplan sind Quellentexte abgedruckt: „Neben biblischen Texten stehen halachische Abschnitte, erzählende Texte der talmudischen und nachtalmudischen Zeit, Gebete als religiöse Dichtung und deren Vertonung, mischnische Texte, kommentierende Texte, eine Lebenserinnerung und Prosa." (56f.) Zusätzlich finden sich vier Abbildungen (Ecclesia und Synagoge am Straßburger

Münster, Gottesdienst im 19. Jahrhundert und heute). Audiovisuelle Medien werden leider – mit Ausnahme der Angabe einer Schallplatte – nicht berücksichtigt. „(D)as Auswahlprinzip (für Medien) richtet sich nach der Intention der Unterrichtsreihe, sowohl dem Schüler ein neues Erlebnisfeld religiösen Denkens zu eröffnen als auch dem literarischen Reichtum der Tora in ihrer Differenzierung von schriftlicher und mündlicher gerecht zu werden." (57)

Art der Verhältnisbestimmung:
Dialog zweier gleichberechtigter Bruderreligionen. („Das Verhältnis von Christen zu Juden wird so zur unabdingbaren Voraussetzung allen theologischen Denkens, und dem Entwurf einer biblischen Theologie kommt in Übereinstimmung damit unausweichlich die Aufgabe zu, eine Verhältnisbestimmung von Altem und Neuem Testament, von Synagoge und Kirche auszuarbeiten, die nicht zu Lasten der jüdischen Identität geht, sondern von der ‚Wahrnehmung der bleibenden Erwählung Israels' ... geprägt ist." (15)

Kirchliche Machtpolitik gegenüber dem Judentum ist abzulehnen (9 und 47). „Auf einer solchen Grundlage kann ökumenisches Handeln entstehen, dem sich dieser Dialog verpflichtet weiß, da Kirche und Judentum unter dem ‚Leitbild' des ungekündigten Bundes ‚das *eine* gespaltene Gottesvolk aus Juden und Christen' ... sind, in dem Absolutheitsansprüche des Christentums scheitern müssen. So gesehen gibt es dann ‚nur eine tatsächlich große ökumenische Frage ...: unsere Beziehung zum Judentum' ..." (49)

Fachwissenschaftlicher Gehalt und berücksichtigte Themenaspekte:
Die Unterrichtseinheit beschränkt sich auf die Auffächerung der Thematik Tora. „Der Zusammenhang von Tora – Volk – Land wird in dieser Unterrichtseinheit nicht thematisiert, da die Aufarbeitung der Landverheißung mehrere Komplexe umschließt, die zumindest angedeutet werden müßten. Mit der Landverheißung stellt sich dem Schüler auch die Frage nach den Hintergründen des Nahostkonflikts. Allerdings bedarf die Aufarbeitung dieses Komplexes einer eigenen Unterrichtsreihe, in der die Rolle der verschiedenen Religionen der am Nahostkonflikt Beteiligten analysiert werden müßte. In der Frage nach dem Zusammenhang von Volk und Land ist auch das Problem des Landverlustes und der Aufarbeitung der Bedeutung der Galut (Diaspora) mitgestellt, was in theologischen Erklärungsversuchen weiterhin die Aufarbeitung von Landverlust als Folge der ‚Untreue Israels' nach sich zieht. Stellt die Staatsgründung Israels 1948 an dieses Verständnis Anfragen, so wird als Folge der Ausklammerung des Zusammenhangs Tora – Volk – Land auch dieser Komplex aus den oben genannten Gründen nicht besprochen." (53) Die fachwissenschaftliche Darstellung ist auf dem allerbesten judaistisch/theol. Informationsstand (S. 93-100: sehr gute Literaturhinweise zur Vertiefung).

Gesamtbeurteilung:
Aufgrund ihrer Zentrierung auf die Dimension des Bundes hat die vorliegende Einheit eine sehr große innere Nähe zu den „Freiburger Leitlinien" (Bund als heilsgeschichtliches Integral), wobei von Wittstock jedoch das Judentum nicht explizit mit dem Christentum in Bezug gesetzt wird und die Frage ‚Wer ist Jude?'

sowie die unserer Erfahrung nach damit auftretenden Mißverständnisse nicht thematisiert werden.

Die fachwissenschaftliche Information ist verständlich formuliert, kenntnisreich, auf dem besten judaistisch/theologischen Niveau, was durch optimale Quellenangaben (gerade auch aus Talmud und Rabbinistik) unterstrichen wird. Vorliegendes Buch ist ein sehr empfehlenswerter Beitrag zum ‚Lernprozeß Christen Juden'.

5.2 Fachwissenschaftliche Darstellung

5.2.1 Das Judentum unter der Weisung Gottes (Bernd Feininger)

Toraverständnis in Geschichte und Gegenwart

0. Die erste Frage nach der „tora im Judentum" ist wohl, ob es überhaupt möglich sei, auf wenigen Seiten ein derartig vielfältiges religionsgeschichtliches Phänomen zu beschreiben. Wagt man es trotzdem, bleibt als zweites Problem, wie man das Thema organisiert: systematisch zentriert oder historisch prozeßhaft entwickelt. Die vorliegende Darstellung versucht einen Mittelweg. Nach den Ursprüngen des tora-Verständnisses im Alten Testament und im Frühjudentum wird schwerpunktmäßig die tora im klassischen Judentum vorgestellt. Dabei wird besonders auf die Phänomenologie der tora als „miṣwa" Wert gelegt, weil sich darin das Judentum als Religionsgemeinschaft nach außen am besten zu erkennen gibt. Die tora als Überlieferung und Schriftenkorpus leitet dann über zu ihrer Innenseite als theologisches Prinzip unter verschiedenen Aspekten. Einige Hinweise zur Entwicklung der tora-Vorstellung im Mittelalter und in der Gegenwart ermöglichen einen Ausblick auf die währende Dynamik tora-orientierten jüdischen Denkens und Glaubens bis in unsere Zeit. –

1.0 Einige Voraussetzungen im Alten Testament[4]

1.1 Das hebräische Substantiv „tora" ist im Zusammenhang mit dem Verbum „lehren" und dem substantivierten Partizip „Lehrer" zu sehen. Sprachgeschichtlich hängt die Bedeutung des Wortes wohl an einer Vorstellung wie „die Hand, die Finger ausstrecken, um den Weg zu zeigen", eine weisende Gebärde.[5] In diesem Sinne begegnet das Wort im AT als Weisung der Mutter (Spr 1, 8), des Familienvaters (Spr 4, 1f) und des vorbildlich klugen Lebenslehrers (Spr 5, 12; 7, 2; 13, 14) an die Heranwachsenden in einem klaren, mündlich personalen Kommu-

---

[4] Aus praktischen Gründen ist hier die christliche Bezeichnung für die hebräische Bibel, den „Tenach", beibehalten. Näheres s. unter 3.3!

[5] *W. Gesenius,* „jrh" in: Handwörterbuch über das AT, Berlin, Göttingen, Heidelberg [17]1962, 318. Zum ganzen Abschnitt s. die gute Übersicht bei *G. Liedke/C. Petersen* zu „tora" in: Theologisches Handwörterbuch zum AT (= THAT), hrsg. von *E. Jenni* u. *C. Westermann,* Bd. 2, München 1976, Sp. 1032–1043; vgl. zum Stichwort *R. Rendtorff* in: Religion in Geschichte und Gegenwart (RGG), Bd. 6, Tübingen 1962, Sp. 950.

nikationsvorgang: Die Weitergabe von Überlieferungen der „Weisheit" als Anleitung zu einem sinnerfüllten, vor Gott und den Menschen geglückten Leben: „Bringe dein Leben in Übereinstimmung mit der Menschen und Dinge übergreifenden Weltordnung, die letztlich im Willen und Wollen Gottes wurzelt!"[6]

1.2 Neben dieser ganz praktischen, „körperhaften" tora (die bei aller Welt- Immanenz und Lebensnützlichkeit zielstrebig auf Gott bezogen bleibt)[7], stehen weitaus die meisten Kontext-Stellen für das Wort in einem klar religiösen Zusammenhang: Wenn der *Priester* dem Laien „tora erteilt", gibt er meist Auskunft über kultische Fragen (Ex 12, 49 Lev 6, 2.7.18; 10, 10–11; Ez 22, 26): z.B. betreffs der Unterscheidung von „Rein" und „Unrein", Sabbat, Pascha, bestimmte Opfergaben. Tora begegnet in der Priesterschrift des Pentateuch sowohl als Bezeichnung für das einzelne religiöse Gebot, wie auch zusammenfassend im Plural (torot: z.B. Lev 26, 46). Im Idealfall war den Priestern die tora als gesamte Willensoffenbarung Jahwes zur Bewahrung und Weitergabe anvertraut (Dtn 27, 9; 31, 9; 33, 8–10; Hos 4, 6 (!); vgl. auch die „Einzugsliturgien" Ps 15 und 24, 3–6), eine Aufgabe, die Priester und Leviten nicht immer beherzigten (Mal 2, 9!).[8]

Dann redeten die *Propheten* auf ihre Weise von der tora Jahwes, aus dem Innern eines tiefen Wissens um Seinen Willen, Seine rechte Verehrung und die von Ihm verlangte, besondere, jedenfalls „tora-ähnliche" Ordnung des Volkes, die man sich vielleicht schon früh in irgendeiner Form schriftlich fixiert denken kann (etwa eine Urform des Dekaloges seit Mose). Schon Hosea (8. Jh.) klagt: „Ich kann ihnen noch so viele meiner (d.i. Gottes) torot aufschreiben, sie gelten ihnen so wenig wie die eines Fremden." (Hos 8, 12; vgl. 8, 1; 4, 6). Dabei haben die Propheten in erster Linie die Anwendung der Willensoffenbarung Gottes an sich im Blick, und nicht die „fachgebundene" priesterliche Einzeltora. Sie fordern ein religiöses *und* mitmenschliches Verhalten, wie es Hosea unter Anspielung auf das apodiktische Gottesrecht in 4,1 einklagt: „Es gibt keine Treue und keine Liebe und keine Gotteserkenntnis im Land." Kennt Hosea bereits den Dekalog als Kern-tora, nach der er Israels Gottesverhältnis mißt und wertet, wenn er fortfährt (4, 2): „Nein, Fluch und Betrug, Mord, Diebstahl und Ehebruch machen sich breit, Bluttat reiht sich an Bluttat."?[9] Das eigene Profil prophetischer Jahwe – tora verbindet sich gut mit dem Bild von *Jahwe, dem Lehrer* (Ps 27, 11; 86, 11

---

6 *A. Deissler,* Die Grundbotschaft des AT, Freiburg [6]1978, 133.

7 Der theologische Bezug auch der weisheitlichen tora-Stellen wird kontrovers diskutiert: THAT, a.a.O., Sp. 1034.

8 Zur tora der Einzugsliturgien vgl. *K. Koch,* Tempeleinlaßliturgien und Dekaloge. In: *K. Koch/R. Rendtorff* (Hrsg.) Studien zur Theologie der alt. Überlieferungen. Neukirchen 1961, 45–60.

9 Die Authentizität verschiedener Stellen ist umstritten: vgl. *Sellin/G. Fohrer,* Einleitung in das AT, Heidelberg [12]1979. Z. Stelle s. *H. W. Wolff,* Dodekapropheton I: Hosea (= BKAT XIV/1), Neukirchen [3]1976, 176f. Das Verhältnis der Propheten zum „Gesetz" kann hier nicht weiter thematisiert werden. Ich vertrete die Meinung, daß sich bereits vorexilische Propheten auf göttliches Recht beriefen, das bereits früh „Jahwerecht" war und eine Sonderstellung im Alten Orient einnahm. Literatur zur Einführung: *H. J. Boecker,* Recht u. Gesetz im AT u. im Alten Orient, Neukirchen 1976; *G. Fohrer,* Geschichte der israelitischen Religion, Berlin 1969, unter den Stichwörtern „Prophetie" und „Recht". Ganz gewiß ist, daß den Propheten der babylonischen und persischen Periode göttliche Satzungen wesentlich für ihre ethische Argumentation sind. Einführung zum Dekalog: Vgl. *A. Deissler,* Ich bin dein Gott, der dich befreit

u.a.) und der *tora – „Frömmigkeit“* bestimmter *Psalmen:* „Wohl dem Manne... der Freude hat an der Weisung des Herrn, über seine Weisung nachsinnt bei Tag und Nacht“ (Ps 1, 1.2; 119). Sie wird auch vom Buch *Deuteronomium* weitergetragen, das sich nicht in der Aufzählung von Rechtsnormen erschöpft, sondern als Herzenspflicht eine freudige Gebotserfüllung aus Dankbarkeit für Gottes Wohltaten wecken will, dabei alle Lebensbereiche umfaßt und zentral die Bindung an den Nächsten erstrebt: „Der dtn Begriff „tora“ meint das Ganze der heilsamen Willenszuwendungen an Israel.“[10]

Ohne Zweifel wurde bereits in der späteren Königszeit Judas das gesetzgebende Kernstück des Dtn als schriftliche tora und durch Mose vermittelte Bundescharta verstanden, wie immer man hier den Terminus „Bund“ interpretieren möchte, sonst wäre die Reform des Josia 622/21 undenkbar (vgl. 2 Kön 22, 3–20; 23, 1–3. 21–23).[11]

Für das *deuteronomistische Geschichtswerk* (Teile des Dtn und die Bücher Josua-Könige) ist demnach das ganze Dtn der „sefer ha-tora“ (= Buch der tora) bzw. der „sefer torat moshe“ (= Buch der tora des Mose) (vgl. 2 Kön 22, 8; 23, 25). Er schließt in dieser Interpretation die Sinai-Offenbarung Gottes mit dem Dekalog im Mittelpunkt ein (Dtn 4, 13.14; 5; Ex 20, 2–17) und parallelisiert das Dtn als Bundesurkunde mit den steinernen Dekalog-Tafeln des Mose in der Bundeslade, neben der diese Urkunde aufbewahrt wird (Dtn 9, 9ff; 10, 8; 31, 9–12.24–26; Ex 24, 3–4.7; Zeit: exilisch – frühnachexilisch;[12] ähnlich „P“: Ex 40, 16–21). Für das *chronistische Geschichtswerk* ist bereits der gesamte Pentateuch die tora (1 Chr 22, 12; 2 Chr 12, 1 u.ö.).[13]

1.3 Zusammenfassend sind *drei Tendenzen* erkennbar:

a) Das Wesen der *Lehre* in den Vorschriften der Priester- und Laienbelehrung ebenso wie in der Weitergabe von Lebensregeln zwischen den Generationen;

b) die Auffassung von tora als *einheitliche Willensoffenbarung Gottes,* die zunächst den Pentateuch, schließlich das ganze AT als schriftliche Offenbarungsurkunde umfassen wird und den Akzent auf die zugleich liebevolle wie strenge Be-

---

hat, Freiburg 1975; *G. Botterweck,* Form- und überlieferungsgeschichtliche Studie zum Dekalog. In: Concilium 1 (1965), 392–401; aus jüdischer Sicht: *S. Ben-Chorin,* Die Tafeln des Bundes, Tübingen 1979.

[10] *G. v. Rad,* Theologie des AT, Bd. 1, München [7]1978, 235. Dieser Gebrauch von tora bezieht sich auf die Rahmenteile des Dtn: 1–4; 27–32. Die Genitiv-Verbindung „tora Jahwes“ kommt im Dtn nicht vor.

[11] Vgl. *G. Braulik,* Die Ausdrücke für „Gesetz“ im Buch Dtn. In: Biblica 51 (1970), 39–66.

[12] Die deuteronomistische Schule hat als erste umfassend theologisch das Verhältnis zwischen Jahwe und Israel unter der Leitidee eines Bundes bedacht und damit die Heils- und Unheilsgeschichte des Volkes gedeutet. Das schließt frühere Bundesreflexionen und Bilder nicht aus, sondern setzt solche gerade voraus. Zur kurzen Information s. in den Wörterbüchern unter „berit“: *G. J. Botterweck/H. Ringgren:* Theologisches Wörterbuch zum AT (= ThWAT), Bd. 1, Stuttgart usw. 1973 *(M. Weinfeld)* und THAT, Bd. 1 *(E. Kutsch),* vgl. Anm. 2. S. auch zusammenfassend *W. H. Schmidt,* Alttestamentlicher Glaube in seiner Geschichte, Neukirchen [3]1979, 104–107! Als Einführung in das deuteronomistische Geschichtswerk (abgk. „dtr“) kann dienen: *U. Köppel,* Das dtr. Geschichtswerk und seine Quellen. Bern, Frankfurt/M., Las Vegas 1979.

[13] *T. Willi,* Tora in den biblischen Chronikbüchern. In: Judaica 36 (1980), 102–105 und 148–151!

gegnung mit Gott legt, eingebunden in die grundlegenden Heilswirklichkeiten „Erwählung“, „Bund“, „Volk“;
c) die Vereinzelung der Weisungen des religiösen Lebens zur *präzisen Gesetzesvorschrift,* eingebunden in die Verwirklichung von „Heiligkeit“ und „Frömmigkeit.“

Sämtliche drei „Seinsweisen“ von tora, denen insgesamt die Dynamik der Erfüllung als Tun recht erkannter Wahrheit innewohnt, sind komplementär und gleichwertig, dürfen nicht gegeneinander ausgespielt werden. Nur so ist die umfassende Bedeutung von tora für das Judentum voll verstehbar. Eine tora, in der priesterliche, prophetische und weisheitliche Überlieferung zusammenfließen, wird man nicht im Anschluß an die Übersetzung der griechischen Septuaginta mit „nomos“/„Gesetz“ übertragen dürfen.[14] Der Offenbarungsanspruch der tora überschreitet (auch im kleinsten Einzelgebot!) sofort jedes vereinfachende Gesetzesverständnis im Sinne legalistischer Religionsbindung zu Gunsten personaler Gottesbegegnung, dem alten „Nomadenerbe“ israelitischer Religion. Später werden das die Rabbinen im Gleichnis formulieren:

„Kann man den einen Handel tätigen, durch den der Verkäufer zusammen mit seinen Waren verkauft wird?! Gott aber sprach zu Israel: – Ich verkaufte dir meine tora, aber mit ihr zusammen bin auch ich verkauft, wie es heißt: „Sie sollen für mich eine Opfergabe nehmen“ (Lev 25, 2) – lies: „Sie sollen *mich* als Opfergabe nehmen.“ Das gleicht einem König, der eine einzige Tochter hatte. Da kam einer von den Königen und nahm sie zur Frau. Dann wollte er in sein Land zurückkehren und sie mitnehmen. Da sprach der Vater zu ihm: – Die Tochter, die ich dir gab, ist meine einzige. Ich kann mich nicht von ihr trennen. Ich kann aber auch nicht sagen: Geh’ doch, nimm sie nicht mit; denn sie ist deine Frau! Aber tu’mir diesen Gefallen: Überall, wo du hingehst, richte mir eine Kammer, daß ich bei euch wohnen kann, denn ich vermag meine Tochter nicht zu verlassen! So sprach der Heilige, gepriesen sei er, zu Israel: – Ich gab euch die tora. Mich von ihr trennen, vermag ich nicht; zu euch sagen: Nehmt sie nicht, kann ich nicht; aber überall, wo ihr hinkommt, macht mir ein Gotteshaus, worin ich wohnen kann, wie es heißt: „Macht mir ein Gotteshaus, daß ich unter ihnen Wohnung nehme!“ (Ex 25, 8) (BamR 33, 1).[15]

Dennoch: bei aller Korrektur, die ein verfehltes, rein nomistisches Verständnis der tora (auf christlicher Seite) erfordert, bleibt doch schon für das AT in der Linie der Einzelweisung ein positiv gesetzlicher Charakter unverkennbar, der bei einer Religion, die sich so zielstrebig im Leben „verleiblicht“, nicht verwundern sollte. Weil AT und Judentum keinerlei Trennung von weltlichem und religiösen Bereich kennt, ist das Fünfbuch des Mose als tora Grundlage für alle Lebens-

---

[14] Wobei das griechische Wort an sich in vielem eine passende Übersetzung wäre, wenn es nicht im späteren Verständnis eine Bedeutungsverengung mitgemacht hätte: „Instead of denying the Septuagint and charging ist with distortions and misunderstandings belonging to later generations, it seems preferable to learn from it, and if we understand thoroughly the signification and development of the Hebrew term, we shall see that nomos actually fits it.“ *E. Urbach,* The Sages – their concepts and beliefs, vol. I, Jerusalem 1975, 289.

[15] Vgl. auf diesem Hintergrund *M. Buber* in: Zwei Glaubensweisen. In: Werke Bd. 1, Heidelberg 1962, 690.

vollzüge des einzelnen und seiner Gemeinschaft zumindest seit dem Ende des 5. nachchristl. Jh.[16]

Mögen auch die religiösen Strömungen der nachexilischen Zeit mit erneuertem Tempelgottesdienst, letzter Prophetie und vielfältigen eschatologischen Richtungen (einschließlich beginnender Apokalyptik) ihre Impulse gesetzt haben, prägend und für die Zukunft entscheidend war die hierokratische Staatsführung unter dem „Gesetz des Himmelsgottes" (Esr 7, 12), das nun auf alle Einzelheiten des täglichen Lebens und des Kultus angewendet, bzw. in den Fällen, für die es keine konkrete Vorschrift gab, ergänzt wurde: „Während in der frühen Zeit die priesterliche Tradition und Weisung solche Fragen geregelt hatte, mußte dergleichen nunmehr aus dem schon schriftlich niedergelegten Gesetzeskodex abgeleitet werden. Dies zu tun, war Aufgabe der Schriftgelehrten."[17]

Entsprechend liest man in Neh 8, 3ff: „Vom frühen Morgen bis zum Mittag las Esra auf dem Platz vor dem Wassertor den Männern und Frauen das Gesetz vor. Das ganze Volk lauschte auf das Buch des Gesetzes ... Als er das Buch aufschlug, erhoben sich alle. Dann pries Esra den Herrn, den großen Gott, darauf antworteten alle mit erhobenen Händen: Amen, amen! ... Man las aus dem Buch, dem Gesetz Gottes, in Abschnitten vor und gab dazu Erklärungen, so daß die Leute das Vorgelesene besser verstehen konnten." – So geschehen vermutlich in der ersten Hälfte des 5. Jh. in Jerusalem! Esra nimmt hier den kollektiven Bundesschluß vom Sinai wieder auf. Dazu paßt, was E. Zenger innerhalb von Ex 24 der Bundesbuchschicht zuordnet (zweite deuteronomistische Redaktion der frühnachexilischen Zeit): „Und Mose ging und erzählte dem Volk alle Worte Jahwes und alle Rechtssätze. Das ganze Volk antwortete einstimmig und sagte: Alle Worte, die Jahwe geredet hat, wollen wir tun. Und Mose schrieb alle Worte Jahwes nieder. Er nahm die Vertragsurkunde und las sie dem Volk vor. Sie sagten: Alles, was Jahwe geredet hat, wollen wir tun." (Ex 24, 3–4.7)[18]

Darum ist es falsch, den *religionsgesetzlichen* Charakter der alttestamentlichen tora zu unterschätzen. Sie stellt als gottesgeschenktes „Grundgesetz" die Konstitution des jüdischen Volkes in religionsstaatlicher Verfaßtheit dar, und damit auch in ihrer Wirkung die entscheidende „Grundlinie für eine Gesetzgebung, als Grundlage öffentlicher Einrichtungen und die Lebensordnung für den einzelnen."[19]

2.0 Tora im Frühjudentum

2.1 Das tora-Verständnis der frühjüdischen (bis etwa 70 n.Chr.) und klassisch-rabbinischen Zeit (bis zur Eroberung Palästinas durch die Araber im 7. Jh.) kreist um die Zuordnung von Offenbarung, Geschichte, Tradition und Erfüllung von

---

16 „Es ist auf der einen Seite ein Mißverständnis jüdischer Religiosität, das Judentum als ein rein legalistisches System darzustellen, es ist auf der anderen Seite falsch verstandene Apologie von Juden, wenn man versucht, den legalistischen Charakter der tora, und der Halacha überhaupt wegzuleugnen ..." *E. L. Ehrlich*, Tora im Judentum. In: EvTheol 37 (1977), 536–549. Der Talmud ist über weite Partien nur mit einem juristischen Sammelwerk zu vergleichen.

17 *G. Fohrer*, Geschichte der israelitischen Religion, Berlin 1969, 390.

18 *E. Zenger*, Die Sinaitheophanie. Würzburg 1971 (fzb 3), 164/65.

19 *S. Safrai*, Das jüdische Volk im Zeitalter des Zweiten Tempels. Neukirchen 1978, 38.

Offenbarung. Dabei werden die alt. Ansätze weiter ausgezogen; gemäß dem religionsinternen Pluralismus, der über wenige Grunddaten hinaus keine dogmatischen Festlegungen erlaubt, in sehr vielfältiger Weise. Jede der aus der Zeit Jesu bekannten Religions„parteien" hatte ihre eigenen Vorstellungen: „Gegenüber dem status-quo-orientierten Tora-Verständnis der Sadduzäer entwickelte die Apokalyptik infolge der Verbindung von Toraerfüllung und heilsgeschichtlichem Verlauf eine radikale Gegenposition, während die Pharisäer ... sich gegen beide Extreme abzusichern suchten. Ein Sonderfall ist das Tora-Verständnis des hellenistischen Diaspora-Judentums."[20]

2.2 Die Jerusalemer Priesteroberschicht der *Sadduzäer* bekämpfte jedes tora-Verständnis, das über das mosaische Fünfbuch hinausging (darin den Samaritanern ähnlich): Einmal, weil gleichzeitig ihre „Konkurrenzgruppen" die Propheten und Schriften des AT einschließlich weitergehender mündlicher Offenbarung für sich in Anspruch nahmen und toragemäß bewerteten, zum anderen, weil sie als Tempeldiener an der Entsprechung von Kultordnung, kosmischer Ordnung und Fünfbuch nicht rühren wollten, ohne, wörtlich genommen, den Bestand der Welt zu gefährden. Die Offenbarung war für sie abgeschlossen, die Überlieferung auf den Tempelbezirk im weiteren Sinne beschränkt. Demgemäß konnten sie über die Zerstörung des Tempels im Jahre 70 n.Chr. hinaus nicht fortwirken.[21]

2.3 Die Laienschriftgelehrten dagegen, und unter ihnen vor allem die *Pharisäer* mit ihrem Bestreben, alle Lebensbereiche möglichst vollständig dem Willen Gottes zu unterwerfen, verstanden auch die Propheten und Schriften der hebräischen Bibel als vollgültige tora, die zusammen mit dem Fünfbuch und in dauernder novellierender Auslegung (mündliche tora) unter geschichtstheologischem Hinblick praktisch anzuwenden und zu erfüllen waren. Das Offenbarungsverständnis der Pharisäer ist so bezüglich tora über die Gegenwart in die Zukunft hinein offen und erfaßt auch kommende Lehren und Entscheidungen, damit aber auch schwierigere Urteilsfindungen und Überlieferungsprozesse, sowie bestimmte Institutionen, von denen nur Lehr- und Bethaus genannt sein sollen. Während die Apokalyptiker ihre Offenbarungsgeschichte dualistisch und deterministisch letztlich festschrieben (trotz aller beabsichtigten religiösen und politischen Dynamik und Radikalität!), gelang es den Pharisäern, Gott, geoffenbarte tora, Geschichte und Anthropologie in einem überzeugenden *relationalen* Gefüge zu entwickeln, dessen Stärke in viererlei Faktoren bestand:
a) rückhaltloses Bekenntnis zum alleinzigen (Väter-) Gott und seiner Willensoffenbarung; b) Verleiblichung dieser Offenbarung als Ziel des Menschen im Tempelgottesdienst *und* im „Gottesdienst des Lebens"; c) dauernde Anpassung dieses Gottesdienstes an die wechselnden Lebensumstände durch immanente Auslegung der Willensoffenbarung; d) Rückbindung menschlicher Offenbarungserfüllung an das Fortschreiten der Offenbarungsgeschichte in vertikaler und horizontaler Dimension.[22]

---

[20] *J. Maier*, Geschichte der jüdischen Religion, Berlin, N. Y. 1972, 23.

[21] *J. Maier*, a.a.O., 47: „Konservatives Tora-Verständnis des Establishments."

[22] „Auf drei Dingen steht die Welt: Auf der tora, auf dem Tempelgottesdienst und auf der Liebestätigkeit." mAv 1, 2. Zur tora-Auffassung anderer Gruppen im frühen Judentum vgl.

3.0 Tora im klassischen Judentum

3.1 Derart im Frühjudentum angelegte Bezugspunkte religiösen Denkens gruppieren sich bei den Rabbinen, den Tradenten dieser Gedanken im klassischen Judentum, zu einem vielzitierten Schema, das die Zentrumsstellung der tora als Medium der „Näherung", der Zuwendung des weltjenseitigen Gottes zur Schöpfung und zu „seinem" Israel (in Stellvertretung für die Geschicke der Menschheit), blockhaft darstellen kann:

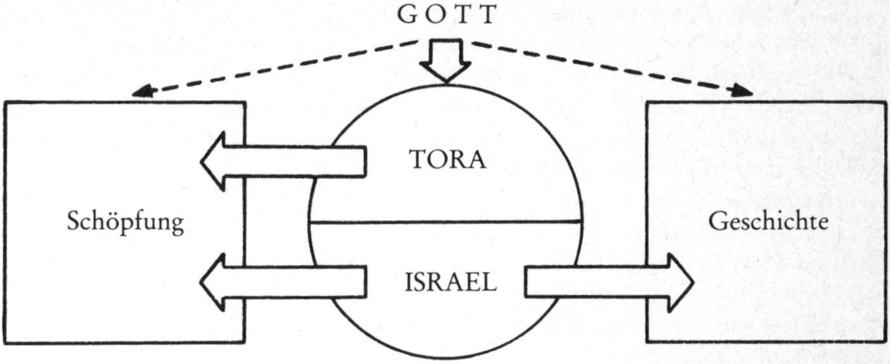

Tora und Volk Israel gehören engstens zusammen. Durch sie wirkt Gott (bereits vor Erschaffung der Welt!) medial im „ordentlichen Heilsweg" auf seine Schöpfung und deren Geschichte ein. Das Volk Israel wird zum ernstgenommenen (aber nicht gleichrangigen!) „Partner" für diese Verwirklichung der Absicht Gottes. Seine „außerordentliche" Einwirkung (gestrichelte Linien) bleibt unbeschadet dessen bestehen (z.B. durch Wunder).[23]

Das Folgende erläutert die Zusammenhänge dieser Graphik nach dem rabbinischen Schrifttum der Antike, in der das Judentum geistig geprägt wurde und die Gestalt annahm, die ihm in den Grundzügen heute noch eignet. Die Zitate aus der rabbinischen Überlieferung dürfen nicht als „Beweise" mißverstanden werden, sondern wollen der anschaulichen Verdeutlichung dienen.[24]

3.2 Gewirkte Willensoffenbarung Gottes: tora im Hinblick auf die Gebotserfüllung, „miswa"

Würde man das Judentum auf den Begriff „Religion der Orthopraxis" einengen, ginge eine wesentliche Bestimmung von Religion überhaupt verloren: Die Dimension des Glaubens, im Judentum das Vertrauen in das Geschichtswirken

---

J. Maier, a.a.O., 43–79; *J. Maier/K. Schubert,* Die Qumran-Essener, München 1973, 137–141; *A. Schlatter,* Die Theologie des Judentums nach dem Bericht des Josephus, 1932 (NA Hildesheim 1970).

[23] *J. Maier,* a.a.O., 161

[24] Die Abkürzungen richten sich nach den Regeln des judaistischen Seminares von Frankfurt/M. Wenn eine Übersetzung in der leicht erreichbaren Ausgabe von *R. Mayer,* Der Babylonische Talmud (Auszüge), München 1963, vorhanden ist, habe ich noch die Seitenzahl dieses Werkes zitiert (Goldmann-TB 7902).

Jahwes, denn Judentum ist „geglaubte Geschichte." Dennoch soll hier das „Tun" zuerst besprochen werden; das Judentum ist viel weniger im Rahmen einer „systematischen Theologie" beschreibbar als etwa das Christentum. An seiner körperhaften Seite zeigen sich theologische Grundlinien einfacher und für den Nichtjuden jedenfalls eindeutiger – auch deshalb, weil man gezwungen ist, sofort seine Vorurteile einzubringen, über die man allemal schneller ins Gespräch kommt: Denn wer denkt nicht an die „Gesetzesreligion", wenn er vom Judentum spricht?

Das alttestamentliche „miṣwa", ein Verbalnomen vom hebräischen ṣwh, drückt das „befehlende und gebietende Reden eines Übergeordneten zu einem Untergeordneten" aus,[25] Hoheitsakte des Königs. Nur in 10% seines Vorkommens im AT wird miṣwa *nicht* mit Jahwe als Subjekt verbunden. Steht das Verbum als Terminus für die Gebots- und Gesetzesproklamation Jahwes, verwendet das Dtn Plural wie Singular des Substantives für ganze Reihen von Rechtssätzen und Geboten und für das „Gesetz" insgesamt (Dtn 5, 31; 6, 1; 7, 11). Der Akzent liegt deutlich auf dem *„Hören" und „Tun"* der Willensoffenbarung Gottes. „Wenn wir Gott bitten, uns die tora verstehen zu lehren, so begnügen wir uns nicht mit der bloßen Bitte um Belehrung im Worte des Gesetzes: wir wünschen gleichzeitig, daß Gott uns befähige, allen seinen Geboten zu gehorchen, sie zu beobachten und auszuführen."[26]

„Tora beginnt und endet mit der Erfüllung guter Werke", meint Rabbi Simlai und drückt so die enge Verbindung von tora und miṣwa aus (bSot 14a; Mayer S. 250). „Tora und miṣwa borgen voneinander wie Weisheit und Vernunft, Nächstenliebe und Freundlichkeit, der Mond und die Sterne" (ShemR 31, 15).[27]

Die tora wird studiert, und die miṣwa erfüllt die tora; aber schon das Studium der tora selbst ist (wichtige!) miṣwa: „Gelobt seist du, Ewiger, unser Gott, König der Welt, der uns geheiligt durch seine Gebote und uns befohlen, uns mit den Worten der tora zu beschäftigen."[28]

Tora ist Offenbarung, aber die miṣwa setzt sie gegenwärtig und führt sie zugleich weiter. Insofern der Mensch seinen Lebensvollzug nach der tora ausrichtet, erfüllt er ihn als miṣwot, in Geboten. Miṣwa ist immer und allein auf diese Entscheidung für die tora bezogen: „Ihr Gegenteil wäre die Übertretung" der Gebote, die „awera", die Sünde. Der universellen Geltung der tora muß ihre universelle Erfüllung auf der Ebene des Menschen und seiner Welt entsprechen: „If religion is anything, it is everything."[29]

Die rückhaltlose, letztgültige tora-Gabe Gottes (s.u. 3.4.3!) verlangt ebenso den

---

[25] *G. Liedke* in: THAT Bd. 2, Sp. 531

[26] *M. Friedländer,* Die jüdische Religion, Basel 1971, 181.

[27] Vgl. *Urbach,* a.a.O. (Anm. 14), XIII, 315: „Despite all the expansion of meaning that the term „tora" underwent in Rabbinic literature, the precept remained its basic element; without commandments there could be no tora."

[28] Aus dem hebr. Gebetbuch, hier: Sidur Sefat Emet, Basel 1967, 4. Vgl. die Diskussion in bQid 40b: „Ist Studium (der tora) größer oder ist Tun größer? Rabbi Tarphon antwortete und sagte: Tun ist größer. Rabbi Aqiva antwortete und sagte: Studium ist größer. Da antworteten alle und sagten: Studium ist größer, denn das Studium führt zum Tun." (s. *Mayer,* 251).

[29] *S. Schechter,* Aspects of Rabbinic Theology, N. Y. [5]1975, 142.

letztgültigen Einsatz des Menschen in seiner ganzen psychischen Befindlichkeit von Furcht, Liebe und Freude, mit seiner „Seele", seiner gesamten Schöpfungswirklichkeit. Miṣwa bildet so das Lebensprinzip des Menschen:

„Denn eine Leuchte ist die miṣwa und die tora das Licht. Was heißt das, eine Leuchte ist die miṣwa? Jeder, der die miṣwa erfüllt, zündet eine Leuchte an vor dem Heiligen, gepriesen sei er, und belebt also seine Seele, wie es heißt: „Eine Leuchte des Herrn ist des Menschen Seele" (Spr 20, 27)." – Diese „Leuchte" ist hier das Gewissen, mit dem Gott in den Herzen der Menschen lebt (ShemR 26, 3), andernorts als Tochter Gottes personifiziert (PesR 8, 2).

Einer Linse gleich zentriert die miṣwa alle täglichen Verrichtungen zur Gebotserfüllung. Zahllose *„Berakhot"*, Segenssprüche (von hebr. „barakh", segnen), transformieren das Leben intentional in die Qualität der miṣwa. Diese „kawana", die willentlich-wissende *„Erfüllungsgerichtetheit des Herzens"* ist vor allem wichtig beim Tun der Gebote. Sucht man Vergleichbares im Christentum, wird man ungefähr an die „gute Meinung" oder an „Stoßgebete" erinnert, als Äußerung von Glaube, Hoffnung, Liebe. Aber für das Judentum gilt noch eher: Es geht um „die Suche nach der unter der Vielfalt der trivialen Welt verborgenen Einheit... und eine ... Ausdrucksweise für die theologische und metaphysische Vorstellung von einem einzigen und einzigartigen Gott, dem Schöpfer des Himmels und der Erde, dem Offenbarer einer einzigen, ganzen tora, dem Garanten für die Einheit und letztgültige Bedeutung allen menschlichen Handelns und aller Geschehnisse."[30]

Zur Verdeutlichung kann ein Beispiel aus dem hebräischen Gebetbuch dienen: „Des Morgens nach dem Aufstehen hat man sogleich Hände und Gesicht zu waschen. Man nimmt ein Gefäß mit Wasser, gießt daraus zuerst über die rechte, dann über die linke Hand und wiederholt dies dreimal. Alsdann wäscht man das Gesicht; vor dem Waschen muß man die Ringe von den Fingern ziehen. Während des Abtrocknens der Hände spricht man: „Gelobt seist du, Herr, unser Gott, König der Welt, der uns mit seinen Geboten heiligte (miṣwot) und uns das Händewaschen gebot."[31]

Dazu noch einmal J. Neusner: „Heilig ist der, der versteht, tief in die Geheimnisse der tora, insbesondere ihrer so trivialen Bestimmungen, einzudringen. In ihrem Kontext enthalten diese Trivialitäten Offenbarung und vermitteln dem, der sie ergreift, die vollwirkliche Erfahrung des Heiligen. Die Aufgabe ist, daß wir über uns selbst hinausgehen, um die Wirklichkeit durch Interpretation dessen, was ist, im Licht dessen, was sein könnte und sollte, umzugestalten."[32]

Ein anderes Beispiel zeigt, wie selbst die Notsituation als miṣwa fruchtbar wird: „Unsere Meister lehrten: Wer an einen Ort geht, wo Scharen von wilden Tieren und Räubern lauern, sagt ein Gebet – ein kurzes Gebet ... Tue deinen Willen im Himmel droben und gib Beruhigung denen, die dich fürchten, drunten, und tue, was gut ist in deinen Augen! Gelobt seist du, Herr, der Gebete erhört" (bBer 29b; Mayer S. 559).

[30] *J. Neusner*, Der Talmud. In: *E. Kedourie* (Hrsg.), Die jüdische Welt. Frankfurt/M. 1980, 118.
[31] A.a.O., V, vgl. auch daselbst 289–292. S. zu den Segenssprüchen *M. Kadushin*, Worship and ehtics, Westport Con., 1978, 63–96 und *E. Munk*, Die Welt der Gebete, Basel 1962.
[32] A.a.O., 118.

Das ist eine Haltung, die im *Märtyrertod* die äußerste Dichte des tora-Gehorsams aus Liebe zur miṣwa zeitigt (vgl. das Martyrium des Rabbi Aqiba in bBer 61b/Mayer S. 431, der in Erfüllung des Shema '-Gebotes seinen Lebensgeist Gott zurückgibt).[33]

Genau aus dieser Perspektive sind auch die zahlreichen *Reinheitsgebote, Gebets-, Sabbat- und Speisevorschriften* leichter zu verstehen. Sie haben für die Rabbinen keinerlei „rationale" Begründung (etwa, daß der Genuß von leichtverderblichem Schweinefleisch im Nahen Osten gesundheitsschädlich wäre, oder aus kontroversreligiösen Gründen zur Abgrenzung von der Umwelt), sondern drücken in ihrer Erfüllung einerseits die Verwirklichung der besonderen, stellvertretenden Berufung der Juden im Gottesbund aus, andererseits aber die Zuwendung Gottes in Liebe und Gericht. Kultische Reinheit hat schon im AT *Zeichenfunktion* hin auf den heiligen, „ganz anderen" Gott (s. unten zum Bekenntnischarakter der miṣwa).[34] Der *Inhalt* der Gebote ist in dieser Sicht sogar zweitrangig.

Die oftmals angeführten *613 Weisungen* der tora (365 Verbote gemäß der Tage des Jahres und 248 Gebote nach den Gliedern des Menschen) bedeuten ähnlicherweise, daß der *ganze Mensch* während des *ganzen Jahres* im Dienste Gottes und seiner Weisungen steht: Der Talmud interpretiert sie gleichzeitig im Focus umfassender religiöser Verhaltensausrichtung: „Dann kam *Micha* und verringerte sie auf drei: „Es ist dir gesagt worden, Mensch, was gut ist und was der Herr von dir erwartet: Nichts anderes als dies: Recht tun, Güte und Treue lieben, in Ehrfurcht den Weg gehen mit deinem Gott" (Mich 6, 8). Dann kam erneut *Jesaja* und verringerte sie auf zwei: „. . . Wahrt das Recht und sorgt für Gerechtigkeit!" (Jes 56, 1). Dann kam *Amos* und verringerte sie auf eine: „Sucht den Herrn, dann werdet ihr leben!" (Am 5, 6), genauso der Prophet *Habakuk:* „Der Gerechte aber bleibt wegen seiner Treue am Leben" (Hab 2, 4)."[35]

Bekannt ist die Geschichte vom Nichtjuden, der zum strengen *Shammai* und dem großzügigen *Hillel* (1. Jh. n. Chr.) kam mit der Bitte, ihm die *ganze* tora zu lehren – während er auf einem Fuß stehe! Shammai schickt ihn empört weg, aber Hillel antwortete: „Was dir nicht lieb ist, das tue auch deinem Nächsten nicht. Das ist die ganze tora und alles andere ist nur die Erläuterung: Geh' und lerne sie!" (bShab 31 a; Mayer S. 227).[36]
Eine Anekdote, die nebenbei schön die Einheit von tora und miṣwa erhellt: – Geh', mach dich auf den Weg und wende an, was du lernst. . .

Tora in ihrer Erfüllung als miṣwa heißt *Studium und Hinwendung zu Gott*

---

[33] Dtn 6, 4–5: „Höre (= shema') Israel! Jahwe unser Gott, Jahwe ist einzig. Darum sollst du den Herrn, deinen Gott, lieben mit ganzem Herzen, mit ganzer Seele und mit ganzer Kraft."

[34] Zum wichtigen Thema von „Rein und Unrein" im Judentum vgl. vor allem *J. Neusner,* The idea of purity in ancient Judaism, Leiden 1973.

M. Friedländer gliedert a.a.O. (Anm. 26) die religiösen Pflichten des Juden in sieben Abschnitte: 1) Dekalog 2) Allgemeine ethische Grundsätze (Gott, Mitmenschen, wir selbst) 3) äußere Zeichen von Gottes Gegenwart 4) Sabbat, Fest- und Fasttage 5) Gottesdienst 6) Speisegesetze 7) Jüdisches Leben

[35] Rabbi Simlai, 3. Jh. n. Chr. BMak23b u. parr (*Mayer* 258ff). Vgl. *S. Schechter,* a.a.O. (Anm. 29), 138–142.

[36] Zur Motivkritik dieser „Goldenen Regel" im Judentum und im NT vgl. *D. Zeller,* Die weisheitlichen Mahnsprüche bei den Synoptikern, Würzburg 1977 (fzb 17), 117–120 (Lit.).

ebenso wie *Hinwendung zum Mitmenschen;* allein schon aus der kollektiven Verantwortung des Volkes heraus, aber auch auf Grund der Schöpfungstheologie: „*Rabbi Aqiba* sagte (Lev 19, 18): „Du sollst deinen Nächsten lieben wie dich selbst... Du sollst nicht sagen: – Weil ich verachtet wurde, deshalb soll auch mein Nächster mit mir verachtet werden. *Rabbi Tanchuma* sagte: – Wenn du dich so verhälst, dann wisse, wen du verachtest: „Nach dem Bilde Gottes schuf er ihn“ (Gen 1, 27) BerR 24, 7). Der Gebotsbereich des rituellen Lebens und der „Nächstenliebe“ darf nicht kontrastierend voneinander abgehoben werden. Beide sind gleiche Bereiche der Bewährung, mit der gleichen Intention erfüllt: Die Herrschaft Gottes zu verwirklichen (s.u.).

In typisch komplementärem Denken hierzu gilt jedoch auch *eine einzige vollkommen erfüllte miṣwa* als Voraussetzung für die Erlösung zur kommenden Welt. In mMak 3, 16 heißt es: – Der Heilige, gepriesen sei er, wollte Israel zur Gerechtigkeit führen, deshalb hat er ihm viele Lehren und Gebote erteilt (Jes 42, 21): „Der Herr hatte in seiner Gnade beschlossen, das Gesetz groß und herrlich zu machen.“ *Maimonides* meint in seinem Mishna-Kommentar zur Stelle, Gott habe so viele Gebote gegeben, damit man recht oft Gelegenheit habe, durch vollkommene Erfüllung *eines Gebotes* (je nach „Begabung“) die Erlösung zu erlangen. Sinngemäß heißt es bekanntlich für das gesamte Volk: – Wenn Israel zwei Sabbate in rechter Weise beachten würde: Sofort wäre es erlöst! (bShab 118b; Mayer S. 571).

Miṣwa als eine Relation der *Erlösung* verweist wiederum auf den personalen Aspekt der tora in der Spannung des „König-Vater-Gottesbildes“, in seinem Verhältnis zum einzelnen wie zum Volk, als Gerichtsherr wie als Vater der Barmherzigkeit. Ergänzend zum Geschenkcharakter der tora und zur Idee der angerechneten Verdienste der Väter Israels liegt in miṣwa als Relation der Erlösung aber auch die *eigengewirkte Gerechtigkeit* begründet. Das (bis in die Zeit des modernen Israel) bedeutende Dictum *Rabbi Hillels* gehört in diesen Zusammenhang: „Im ejn ani li, mi li? – wenn ich nicht für mich bin, wer dann?!“ (mAv 1, 14), sinngemäß zu interpretieren wie: „Wenn ich nicht selbst für mich Verdienste erwerbe, wer dann?“[37]

Denn: „Der Mensch ist frei, und deshalb muß er für sich selbst eintreten.“[38] Verdienst oder Rechtfertigung (hbr. zakhut) ist dabei das, was der Läuterung im Gericht dient und eben durch die miṣwot erlangt wird. Jeder trägt zunächst in Freiheit die Eigenverantwortung für die Übernahme des „Joches des Himmelreiches bzw. des Königreiches Gottes“, für die gegenwärtige Verwirklichung der „malkut shamajim“ (= die uneingeschränkte, universelle Souveränität Gottes über die gesamte Schöpfung) an ihm selbst und in der Welt (s. oben die Graphik unter 3.0). So nennt man den ersten Teil des Shemaʿ-Gebetes auch „Joch der Königsherrschaft Gottes“ (Dtn 6, 4–9) und den zweiten Teil „Joch der tora“ (Dtn 11, 13–21). In diesem Zusammenhang sehen die Rabbinen das Ineinander von

---

37 *S. Schechter,* a.a.O., 182/83. Der ganze Spruch lautet: „Wenn ich nicht für mich bin, wer ist dann für mich? Und wenn ich für mich allein bin, was bin ich? Und wenn nicht jetzt, wann denn?“ Das Wort Hillels wurde in profanierter Gestalt einer der Kernsätze des heutigen Staatsverständnisses in Israel.

38 *M. Lehmann,* Sprüche der Väter, Bd. 1, Frankfurt ²1921, z. Stelle: 96.

„geschenkter Erlösung als Vorgabe Gottes" und *„menschlicher Eigenleistung"* beim Sinaigeschehen modellhaft vorgezeichnet:

„Ich bin der Herr, dein Gott!" – Warum sind die Zehn Gebote (als Forderung Gottes, die der Mensch verdienstvoll zu erfüllen hat), nicht ganz zu Anfang des Fünfbuches zitiert? Die Weisen erklärten das in einem Gleichnis. Womit kann man das vergleichen? Mit einem König, der in ein Land kam und zu den Leuten sprach: – Kann ich euer König sein? Aber sie antworteten ihm: – Hast du etwas Gutes für uns getan, daß du das Recht hast, über uns zu herrschen? Was tat er also? Er baute ihnen die Stadtmauer, leitete ihnen das Wasser in die Stadt, führte ihnen Kriege. Dann frage er sie erneut: – Kann ich König über euch sein? Sie antworteten: – Ja, gewiß! So auch der Herr: Er führte Israel aus Ägypten, spaltete ihnen das Meer, ließ ihnen das Manna herabfallen, ließ ihnen den Brunnen aufsteigen, trieb ihnen die Wachteln herüber und führte ihnen den Amalekiter-Krieg. Dann sprach er: Ich will über euch König sein (d.h. „Ich bin der Herr, dein Gott", s.o.: Ex 20, 2). Und sie sprachen zu ihm: „Ja, gewiß!"[39]

Schon das AT band ja vertragsurkundlich das Vasallenvolk Israel an seinen Sinai-König, nachdem ihm dieser rettend beistand. Der Befreiungstat folgt die Rechtsverkündigung: „Ihr habt ja gesehen, was ich Ägypten angetan habe, wie ich euch auf Adlersflügeln getragen und hierher zu mir gebracht habe. Jetzt aber, wenn ihr meine Stimme hört und meinen Bund haltet, werdet ihr unter allen Völkern mein besonderes Eigentum sein" (Ex 19, 4.5). Damit ist nun miṣwa *auch Tatbekenntnis* zur tora *vor den Völkern der Welt,* sichtbarer Ausdruck dafür, daß Israel stellvertretend für alle tora verwirklicht. Dieses offene *Bekenntnis zur Erwählung* begründet die Wertschätzung, die für die Rabbinen im *Tun der Gebote „lishmah", „um ihrer selbst willen",* liegt (tora lishmah/miṣwa lishmah), und ist Ausdruck der *„Weisung in Freude":* Freude und miṣwa gehören zusammen: „Jauchzen laßt uns, deiner uns freuen" (Hld 1, 4): „deiner", das heißt: „deiner tora"; „deiner", das heißt: „deiner Hilfe"; da sprach *Rabbi Yiṣḥaq:* „deiner", das heißt: „der 22 Buchstaben (des hebräischen Alphabetes), die du uns in deiner tora geschrieben hast" (PesK 30; Buber S. 190a).[40] Spätere Gelehrte sehen in der freudigen Ausübung der miṣwa sogar eine Notwendigkeit für ihre rechte Erfüllung, und diese Einstellung wurde bald zu einem Charakterzug gelebten Judentums. Dafür legt auch das *„Fest der tora-Freude"* Zeugnis ab (Simḥat-tora am 9. Sukkot), wenn zum Abschluß des synagogalen Lesezyklus die tora-Rollen beim Gottesdienst in feierlicher Prozession umhergetragen werden. Auch das Erleben der *„Sabbat-Freude"* wäre hier erwähnenswert (ʿoneg shabbat), die Jes 58,13 entlehnte Bezeichnung für die dem Sabbat innewohnende Freude an der tora und an den Geboten.

---

[39] MekhY bahodesh, § 5,(*Horowitz/Rabin,* 219; vgl. auch *K. E. Grözinger,* Tora und Midrasch. In: *E. Kedourie* (Hrsg.), Die jüdische Welt, Frankfurt/M. 1980, 123. – Die Rabbinen setzen die alt. Vorstellungen vom Königreich Gottes fort und greifen dabei auch Bilder des römischen Kaiserreiches auf: „the analogies do not always come to emphasize the differences between the King of the kings of kings and a human sovereign." *E. Urbach,* a.a.O. (Anm. 14), 316. Zum Thema „Gesetz und Gnade" vgl. vor allem *K. Hruby,* Gesetz und Gnade in der rabbinischen Überlieferung. In: Judaica 25 (1969) 30–63.

[40] Die hebr. Konsonantenbuchstaben von „bekha", „deiner" ergeben als Zahlzeichen den Wert 22.

Wer freudig die Gebote hält, denkt nicht an möglichen Lohn, sondern dankbar an den Herrn, der ihm die Gebote gab. „Seid nicht wie Knechte, die dem Herrn dienen, in der Absicht, Lohn zu empfangen, sondern wie Knechte (!), die dem Herrn dienen ohne die Absicht, Lohn zu empfangen" (mAv 1, 3). Erst recht wird er nicht seine Kenntnis der Gebote zu materiellem Vorteil ausbeuten: „Mache sie (die tora) nicht zu einer Krone, um damit zu prunken, auch nicht zu einer Hakke, um damit zu graben!" (mAv 4,5). „Als Ideal gilt, daß das Motiv der Gebotserfüllung nicht das dadurch erworbene Verdienst, nicht der Lohn, und nicht die Furcht vor Strafe bei Übertretungen sein soll, sondern die Liebe zu Gott und seiner tora. Ursache der tora-Erfüllung ist somit Gottesliebe aus dem Glauben. . ."[41]

Dies führt zurück zur Gebotspredigt des Deuteronomiums und zur großen Forderung des „Höre Israel!", des Shemaʿ-Gebetes: „Du sollst den Herrn, deinen Gott, lieben mit ganzem Herzen. . ." (vgl. oben zum Martyrium des Rabbi Aqiba!)

Dies führt den Menschen aber auch zur *„Qedusha"*, zur *Heiligung* über den Weg der *„Imitatio Dei":* „Seid heilig, denn heilig bin ich, der Herr, euer Gott!" (Lev 11, 44; 19, 2). „Auf den Wegen Gottes gehen" nennt dies das Dtn (Dtn 10, 12; 11, 22), und darin liegt eben gerade der Sinn von tora in Gestalt der „Wegweisung", ganz unmittelbar vorgezeichnet in der Wüstenzeit, als Israel dem Herrn, seinem „Herzog", nachfolgte (Hos 2, 16; 9, 10; 13, 5; Jer 2, 2–3; Ex 13, 21) auf dem Weg aus Ägypten. Eine endgültige Steigerung in der Erfüllung der tora als miṣwa ist dann die „ḥasidut", die *„Frömmigkeit"*: „Heilige dich auch in dem, was dir erlaubt wäre!" (bJev 20a). Der nach Vollkommenheit strebende Fromme tut immer mehr, als von ihm verlangt ist, er übererfüllt die miṣwot und erschwert sie sich, d.h. wendet sie auch dort noch an, wo er davon befreit wäre, oder er verzichtet zu seinen Ungunsten auf eine gesetzliche Vorschrift, wenn sie für andere ein Härtefall wäre. Dann ist er erst recht lebendiger Wegweiser der den Geboten innewohnenden Absicht Gottes, nämlich Abbild dessen eigener „Nachfolge" gegenüber seiner Schöpfung, seiner verzeihenden Liebe zu den Menschen, Zeichen der Barmherzigkeit, Menschenfreundlichkeit und Güte Gottes.[42]

In dieser Imitatio Dei liegt für den gläubigen Juden der tiefste Grund jeder, auch noch so unscheinbaren, Gebotserfüllung, und sie ist es, die „die Welt im Innersten zusammenhält." (Goethe, Faust I).

3.3 Die Willensoffenbarung als Überlieferung und Schriftenkorpus

3.3.1 Ein Proselyt fragte *Rabbi Shammai:* „Wieviele torot habt ihr?" Die Antwort lautete: „Zwei: Die geschriebene tora (tora she-bikhtav) und die mündliche tora (tora she-beʿal peh) (bShab 31a; Mayer S. 227). Unter „geschriebener tora" ist hier wohl die hebräische Bibel zu verstehen, die 24 Bücher des „Tenakh"[43]

---

[41] *F. Böhl* in: *B. Uhde* (Hrsg.) Judentum im Religionsunterricht, München 1978, 122.

[42] *F. Böhl,* Gebotserschwerung und Rechtsverzicht als ethisch-religiöse Normen in der rabbinischen Literatur. Freiburg 1971, 109–117.

[43] Es sei auf eine orthodoxe jüdische Bibelübersetzung von entsprechender Einteilung verwiesen: Die 24 Bücher der Heiligen Schrift, übersetzt von *Dr. Zunz,* Basel o. J. Zur abweichenden Zählung der Bücher vgl. etwa die gute Einleitung zur neuen kath. „Einheitsübersetzung AT" (in allen Ausgaben).

(hebr. tenakh: tora – neviim – ketuvim), bestehend aus den fünf Büchern Mose (Pentateuch, Fünfbuch), den Propheten und den „Schriften." Die Rabbinen übernahmen die Begriffe des AT, das schon im Pentateuch sich selbst als „tora" verstand, wie es auch Einzelweisungen oder bestimmte Abschnitte als tora bezeichnen konnte (z.B. das „Zehnwort", der Dekalog; s.o. 1.2). Den Rabbinen galt dies im besonderen Maße für das dritte Buch Mose, Leviticus, die „torat kohanim", die tora der Priester,[44] wegen der darin enthaltenen Vielzahl wichtiger Unterweisungen. Noch heute beginnt die traditionelle Hebräisch-Lektüre für orthodoxe jüdische Kinder mit diesem Buch! In erster Linie hat man mit tora aber das gesamte Fünfbuch bezeichnet, das in Form einer Buchrolle zum Zentrum des Synagogen-Gottesdienstes, ja zum Gegenstand der Heiligkeit wurde. Als dann gegen Ende des 1. Jh. n. Chr. die Kanonbildung der hebr. Bibel zum Abschluß kam, konnte man den tora-Begriff dezidiert auf den ganzen Tenakh ausdehnen, offenbar auch in Abwehr der sadduzäischen (oder samaritanischen) Lehrmeinung (s.o. unter 2.0).[45]

Der Schüler soll nun die ganze tora lernen: Wie eine Braut sich mit 24 Arten von Schmuck ziert, so soll er sich mit den 24 Büchern des Tenakh schmücken (ShemR 41, 5; Mirkin S. 138). Entsprechend werden Propheten und Schriften in der rabbinischen Literatur in gleicher Weise zitierend eingeleitet wie Worte des Fünfbuches.[46] Andererseits wird das Fünfbuch der Synagoge deutlich höher gewertet und auch von den Rabbinen als tora schlechthin bevorzugt: Dann sind die Propheten als Ergänzung oder Kommentar zum Pentateuch eingestuft.[47] Das hängt mit rabbinischer Auffassung von Prophetie zusammen: Das Fünfbuch gilt als prophetischer Offenbarungsempfang des Mose und Mose wiederum als vollkommener Prophet überhaupt (Num 12, 6–8; Dtn 34, 10), mit dem Gott selbst in unüberbietbar direkter Weise verkehrte. So gelingt es den Rabbinen über den Prophetenbegriff sowohl jeden Gegensatz zwischen den einzelnen Blöcken des Tenakh auszuschalten,[48] wie auch die herausragende Würde der Mose-Bücher zu betonen. Die „Ketuvim" (Schriften) sind dabei inhaltlich nachgängig auf die tora bezogen (bTaan 9a: „Gibt es denn etwas, das in den Schriften geschrieben steht, und nicht in der tora angedeutet ist?!").

3.3.2 „Mose empfing tora am Sinai und reichte sie weiter an Josua und Josua den Ältesten und die Ältesten den Propheten und die Propheten reichten sie den Männern der „Großen Versammlung" (mAv 1, 1).

---

[44] mMeg 3, 5; nach *E. Urbach*, a.a.O. (Anm. 14) 286.

[45] Vgl. TanB r'eh § 1 (S. 19); MTeh 78, 1 (*Buber*, 344). Zur Kanonbildung im Judentum vgl. *S. Safrai*, Das jüdische Volk im Zeitalter des zweiten Tempels, Neukirchen 1978, 79–85, und *E. Schürer*, The History of the Jewish People in the age of Jesus Christ, vol. II, Edinburgh 1979 (revised edition), § 25, 314–321.

[46] *S. Schechter*, a.a.O., 121–125.

[47] Ähnlich wie die protestantische Exegese von Luther bis in die Mitte des 19. Jh. die Propheten als Ausleger des mosaischen Gesetztes betrachtete: Vgl. *G. v. Rad*, Theologie des AT Bd. 2, München [6]1975, 13. S. auch *E. Schürer*, a.a.O., 319/20.

[48] Das war besonders in der Auseinandersetzung mit apokalyptischen Kreisen, die die Dynamik der Prophetie gegen die „Statik des Gesetzes" ausspielen wollten, äußerst wichtig; s. auch die Ansicht, daß der Prophet seine Legitimation von der tora erhalten müsse: yBer 3b.

Am Sinai (Ex 19 – Num 10, 10) offenbarte Gott dem Mose das Fünfbuch (Buchstabe und Wort, als *urschriftliches* Dokument übermittelt bzw. dem Mose zur Abschrift übergeben), und diese „qabbala“, der Offenbarungsempfang, führt sofort weiter zur „masore“, der Überlieferung, der Tradition, die damit wieder sofort eine enge Verbindung zur eigenen Offenbarung der *Propheten* eingeht: Auch die Propheten gehören zum Sinai-Geschehen und nicht allein sie, auch die ersten bedeutenden Schriftgelehrten, denn zur „Großen Versammlung“ werden Hillel und Shammai dazugezählt (an der Schwelle des 1. Jh. n. Chr.).[49] Nicht etwa, daß ein „Depositum fidei“ stafettenförmig durch die Jahrhunderte weitergereicht würde – die beteiligten Tradenten haben ja selbst tora hinterlassen! – Mose empfing am Sinai nicht allein, für sich, das Fünfbuch, sondern, proleptisch vorweggenommen, bereits mit den übrigen Propheten (jetzt verbal-inspirativ gedacht!) die übrige schriftliche tora, die ganze hebräische Bibel: Die Propheten haben im Laufe der Offenbarungsgeschichte nur verkündet, was „damals“ am Sinai schon gesagt worden war. Dasselbe gilt ebenso für die *tora der Schriftgelehrten.* Schon früh bezeichnen die Rabbinen ihre im Gegensatz zum Tenakh mündlich tradierten Lehren als tora vom Sinai[50], von der gleichen Offenbarungsintensität und -qualität wie die des Tenakh: Eben die „mündliche tora“, die zuerst ganz bewußt nicht schriftlich festgehalten werden durfte (wobei natürlich jede religionsgesetzliche Weisung, „halakha“, genauso wie die beispielhafte, erzählende Weisung, „haggada“, bestimmten Kriterien unterworfen war, ehe sie in den Traditionsprozeß aufgenommen wurde).[51] Mündliche tora ist Teil der schriftlichen tora, insofern sie sich aus dem Studium des Tenakh ergibt. Das „Lernen“ (Mishna = lernende Wiederholung der Lehre; Talmud = das Lernen) der schriftlichen tora „generiert“ mosaisch-sinaitische Offenbarung, bringt an den Tag und zur öffentlichen Geltung, was Gott längst am Sinai proklamierte.[52]

„Bibel, Mishna, Talmud und Haggada, sogar was ein gelehrter Schüler in Gegenwart seines Meisters lehren muß, war bereits Mose am Sinai bekannt gemacht“ (yPea 2, 6; bMeg 19b). „Ein erstaunliches Phänomen, daß die Mishna von Menschen, die innerhalb der Jahrzehnte der Entstehung der Mishna lebten, mosaisch und sinaitisch genannt wird. Nach Auffassung der talmudischen Rabbinen

---

[49] Zu den „Männern der großen Versammlung“ s. *J. Maier,* a.a.O. (Anm. 20), 35–37, u. Anm. 73 u. 76; *G. F. Moore,* Judaism in the first centuries of the Christian Era, vol. I, Cambridge 1927, 29ff.

[50] In mAv 1, 1 steht tora im Sinne halakhischer Weisung wie in der alten Mishna. *E. Urbach,* a.a.O., 286. Vgl. auch *Strack/P. Billerbeck,* Kommentar zum Neuen Testament aus Talmud u. Midrasch, Bd. 4, München 1928, 435–451, mit wertvollen Stellenangaben und *P. Schäfer,* Die Vorstellung von Hl. Geist i. d. rabbinischen Literatur, München 1972.

[51] Das Problem der Verschriftlichung mündlicher tora entzündet sich bereits an der Frage der Targumim; was dort bald praktische Notwendigkeit wurde, zwang hier die Rabbinen im Wechselspiel von Schulbildung, Anwachsen der tora und Austausch der Meinungen zur Sammel- und Redaktionstätigkeit. Siehe dazu *G. F. Moore,* Judaism (Anm. 49), Bd. I, 98f. Zur kurzen Erklärung von „halakha und haggada“ s. *J. Maier,* a.a.O. (Anm. 20), 2–3; „halakha“ von hebr. „halakh“ (gehen, nämlich auf dem recht gewiesenen Weg), „haggada“ von hebr. „higgid“ (beispielhaft erzählen).

[52] Zu den hermeneutischen Regeln der Auslegung s. *H. L. Strack,* Einleitung in Talmud und Midrasch, München [6]1976, 95–109, (Lit) und *G. F. Moore,* a.a.O. (Anm. 49), Vol. I, 247ff.

ist die tora ... ein noch nicht voller Korb, ein noch offener und unabgeschlossener Kanon ...“[53]

In Ausführung des oben referierten Talmud-Zitates ist es verständlich, daß schließlich das gesamte Korpus der rabbinischen Literatur (in allen ihren Bestandteilen!) vom Targum über die Midraschim bis zu den Sammelwerken des Mittelalters als mündliche tora angesehen wurde: „Sie ist die immerfort sprudelnde Quelle, besonders da, wo Worte der tora zwischen Lehrer und Schüler erörtert werden.“[54]

Demnach gilt sogar, dieses Korpus „aufsprengend“: „Im Unterschied zur schriftlichen tora hat sie keinen bestimmten Umfang, ja auch keinen formulierten Text, sie ist eher ein Dogma, denn eine bestimmte Textgröße, und sie umfaßt eigentlich alles, was als tora tradiert wird und als tora tradiert werden könnte: d.h. nicht nur das Faktische, sondern auch das Mögliche, d.h. noch künftige Lehren und Entscheidungen. Sie nimmt ihren Anfang bei Moses, sie ist dem Moses offenbart worden, und dauert bis in die Gegenwart, in der sie durch weitere Erkenntnis sich entfaltet.“[55]

Das so verstandene theologische Prinzip im Verhältnis von Offenbarung, Tradition und je neu aufbrechender (aber immer schon verkündeter) Offenbarung diente, jetzt von den Funktionen der jüdischen Gemeinde her gesehen, als dynamisches Procedere der auslegenden Anpassung und Weiterentwicklung religionsgesetzlicher Normen der biblischen tora in einer sich wandelnden Zeit und der entsprechenden Legitimation ihrer religiösen Lehrer: „Die Rabbinen als Träger der mündlichen Überlieferung decken ... nur sinaitische Offenbarungsinhalte auf.“[56]

3.4 Gott, Israel und der Kosmos: tora als Integral-Begriff religiösen Denkens im Judentum

3.4.1 Nicht ohne Grund spricht man im Zusammenhang der tora von der „Willens (!) – Offenbarung“ Gottes. Es läßt sich nicht einfach behaupten, *Gott* habe sich am Sinai „geoffenbart“. Offenbarung in der Art christlicher Selbstmitteilung Gottes kann es im Judentum nicht geben, erst recht nicht im klassischen rabbinischen Judentum, das ein Wort für Offenbarung gar nicht kennt. Der rabbinische „Fachterminus“ wäre einfach „mattan tora“, „das Geben der tora“.

Im Zusammenhang des Offenbarungsbegriffes wollen die Rabbinen den fernen, jenseitigen Gott in der Spannung der Zuwendung zu seiner Schöpfung, in der Offenlegung des gottgewollten Sinnes und Zieles seiner Geschöpfe an *einem* Ort (Sinai), zu *einer* geschichtlichen Stunde, in *endgültiger* Weise, aber doch im weiteren Zeitverlauf in *immer neuem, dynamischen Geschehen sich entrollend,* bedenken. Aber, das ist keine Theologie, kein Reden von Gott, sondern allemal ein funktionales und relationales, oft sehr unbequem dialektisches Denknetz und -gewebe *zwischen* Gott und den Menschen. Ein theologisches Traktat „Gotteslehre“

[53] *J. Neusner,* a.a.O. (Anm. 30), 110.
[54] *K. E. Grözinger,* Tora und Midrasch. In: *E. Kedourie* (Hrsg.), a.a.O. (Anm. 30), 123.
[55] *A. Goldberg,* Rede und Offenbarung in der Schriftauslegung Rabbi Aqibas in: Frankfurter Judaistische Beiträge 8 (1980), 76/77.
[56] *J. Maier,* a.a.O. (Anm. 20), 171, Anm. 4.

wäre für die *Rabbinen* undenkbar! Selbst die vielbemühten „Eigenschaften" Gottes, „Gerechtigkeit" und „Barmherzigkeit" sagen nichts aus über Gottes „Wesen", sind keine Attribute, vielmehr Instrumente göttlichen Umgangs mit den Menschen. Sogar ein so wichtiger und gefüllter Gottesbegriff wie „Shekhina" offenbart nichts über Gott: „Das Wesen Gottes bleibt immer transzendent ... transzendent in unserem Sinne. Die Rabbinen kannten diesen Begriff nicht."[57]

3.4.2 Nur auf diesem (einschränkenden) Hintergrund kann man die tora-Vorstellung der Rabbinen als theologisches „Konzept" richtig einordnen: Sie wäre nach dem bekannten jüdischen Theologen *Max Kadushin* (amerikanisches konservatives Judentum, s.u. Abschnitt 5.3!) ein prozeßhaft integrierender Begriff, der in dynamischer Weise Situationen, Aktionen oder Ereignisse mit der diesen jeweils gemäßen (umfassend religiösen) Bedeutung erfüllt.

Um Kadushin erläuternd weiterzuführen: Es entsteht eine Art von „Dreieck", das Situation, Aktion oder Ereignis einbezieht, gebildet aus Gott, dem Menschen und dem (den) theologischen Konzept(en):

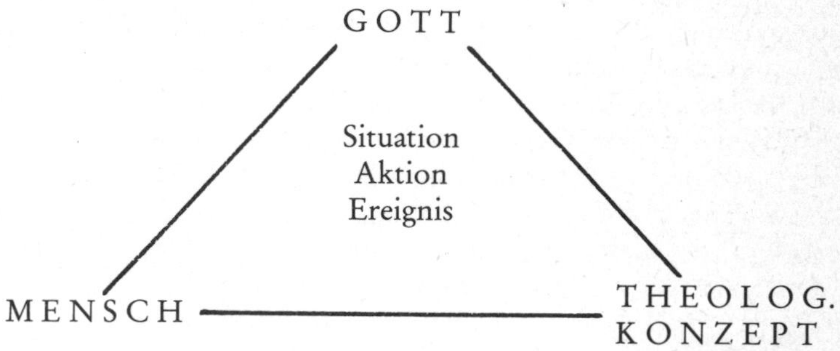

Auf solche Weise begegnen die Rabbinen „ihrer" Welt: Das Konzept ist untrennbar von je augenblicklicher Erfahrung. In Verbindung mit drei anderen theologischen Konzepten (*„middat ha-din"*, *„middat ha-raḥamim"* – gerechter und barmherziger Gott, s.o. – und *„Volk Israel)"* bildet so *„tora"* das vierte integrierende Konzept, „Schaltstellen" jüdisch-religiösen Denkens und Lebens, die gleichzeitig mit entsprechenden Subkonzepten verwoben sind: Für tora wären das vor allem: Das Studium der tora, die miṣwot, gute Werke, ethische Lebensführung. Die Oberfläche der tora – „Erscheinungen", wie sie besonders in 3.2 besprochen wurden, bleibt so organisch auf die *Einheit der tora* (gemäß dem *einen* Gott) bezogen. Kadushins Erläuterungen sind m.E. der einzig richtige Ort, um auch die umfassenden Aussagen der Rabbinen zur tora in adäquater Weise zu verstehen.[58]

3.4.3 So erscheint das Prinzip der Zusammengehörigkeit von schriftlicher und mündlicher tora als einzige Möglichkeit fruchtbarer Verwirklichung des Offenbarungswillens Gottes zu *jeder* Zeit. Das „Geben der tora" konstituiert Israel als theologische Größe im „Bund" zwischen Gott und Volk, ist damit Erwählung

[57] *A. Goldberg*, Untersuchungen über die Vorstellung von der Shekhina in der frühen rabbinischen Literatur. Berlin 1969, 533/34. Mit „Shekhina" ist die Gegenwart Gottes bei seinem Volk gemeint. *K. E. Grözinger*, Middat ha-Din und Middat ha-Rahamim. In: Frankfurter Judaistische Beiträge 8 (1980), 95–114.

[58] *M. Kadushin*, The Rabbinic Mind. N. Y. [3]1972.

und Auserwählung des Volkes (bBer 11b), teils ungeschuldet, teils durch die Verdienste der Väter Israels (s. schon Dtn 7, 6–8!). Der Sonderbund setzt aber auch die *universale Geltung* des tora-Gebens mit. Das Königreich Gottes, das Israel in den Geboten als freudiges Joch annimmt, dehnt sich bereits geistig universal auf alle Völker aus: Weil Israel die tora annahm, schuf es durch dieses Verdienst Frieden zwischen Gott und seiner Welt (BerR 66, 2): „Es erzittert die Erde und alle ihre Bewohner" (Ps 75, 4) . . . „Ich selbst aber" (Ps 75, 4 = Gott), weil sie (= Israel) *das* auf sich nahmen: „Ich bin der Herr euer Gott" (Ex 20, 2, verbunden mit dem tora-Geben!), „habe ihre Säulen (= der Erde) auf festen Grund gestellt" (Ps 75, 4), „und die Welt angenehm gemacht." . . . „Alles Gute kommt nur durch ihr Verdienst in die Welt: Regen fällt nur durch ihr Verdienst (= Israels!), der Tau nur durch ihr Verdienst, wie es heißt: „Gott möge dir geben vom Tau des Himmels" (Gen 27, 28)."

Bekanntlich wurde die tora darum nicht im Lande Israel gegeben, sondern in der „staatenlosen" Wüste, damit Gott sie allen Völkern anbieten konnte (bAZ 2aff; Mayer S. 131; MekY baḥodesh 5 zu Ex 20, 2/Rabin – Horowitz S. 219). Aber nur Israel nahm sie an (vgl. PesR 20/1, Friedmann S. 98b!) und wurde zum Offenbarungszeugen vor allen. Demgemäß soll aber die Tür zum Königreich Gottes den Völkern geöffnet bleiben, damit sie immer die (in geistiger Realität schon errichtete) Herrschaft Gottes (durch Entgegennahme der tora) anerkennen können: Jes 26, 2: „Öffnet die Tore, damit ein gerechtes Volk (goy) durch sie einzieht", wird darum auf die Völkerwelt bezogen.[59] Auf diese Art ist tora auch *Movens der Mission* im Judentum. In der Stellvertretung *für* die Völker und in der tora-Mission *vor* den Völkern wird die tora-Vorstellung der Rabbinen universal ausgeweitet und trotzdem national verankert.

3.4.4 Im Geschehen der tora-Gabe wurden Himmel und Erde miteinander verheiratet, jubelte das gesamte Universum vor Freude, ein schöpfungsartiges Ereignis (ShemR 30, 5; 33, 7). Aber mit Israel ging die tora auch in die Geschichte ein, und fortan *verknüpft tora Schöpfung und Geschichte.* Das gilt schon für die Existenz Israels als Volk in seinem Land gemäß der Verantwortung für sein eigenes Schicksal:

„Und nun, Israel, höre die Gesetze und Rechtsvorschriften, die ich euch zu halten lehre. Hört und ihr werdet leben, ihr werdet in das Land, das der Herr, der *Gott eurer Väter* euch gibt, hineinziehen und es in Besitz nehmen (Dtn 4, 1) . . . welche große Nation besäße Gesetze und Rechtsvorschriften, die so gerecht sind, wie alles in dieser *tora,* die ich euch heute vorlege?! (Dtn 4, 8) . . . Nehmt euch in acht! (Dtn 4, 23) . . . wenn ihr tut, was in den Augen des Herrn, deines Gottes, böse ist, und wenn ihr ihn erzürnt – den Himmel und die Erde rufe ich heute als Zeugen gegen euch an: dann werdet ihr unverzüglich aus dem Lande ausgetilgt sein . . . nicht lange werdet ihr darin leben. Ihr werdet vernichtet werden!" (Dtn 4, 25.25). Der deuteronomistische Prediger verknüpft die Existenz des Volkes und seines Landes mit den Verdiensten der Väter (Gottes Bund mit Abrahahm, Isaak, Jakob, später als „Beschneidungsbund" noch deutlicher betont: Gen 17, 1–27) und mit Gottes tora-Gabe. Dieses geschichtsbezogene Denken, das

[59] *S. Schechter,* a.a.O. (Anm. 29), 106.

Brüche und Versagen im Gottesbund ebenso kennt wie das lebensfördernde „Miteinander“, wird von den Rabbinen aufgegriffen.

An Israels Verhalten gegenüber der tora entscheidet sich sein jeweiliger Erdenweg, und hierbei gilt: „Alle Israeliten bürgen füreinander“ (Sifra zu Lev 26, 37). Weil aber Israel stellvertretend für die Völkerwelt die tora annahm, entscheidet sich dabei das Geschick aller Menschen. Der geschichtlich universalen Bedeutung von tora entspricht nun durch ihre *Schöpfungsqualität* eine kosmisch-universale: Das wurde schon in der rabbinischen Auslegung von Ps 75, 4 deutlich. Die Annahme der tora durch Israel verbürgt den *kosmischen Bestand der Welt.* Durch die tora wird Israels Existenz in kollektiver Heilsverantwortung heilsrelevant. Weil dies kein einmaliges Ereignis war, sondern dauernd mit dem Verhalten Israels auf der Geschichtsachse zusammenhängt, bleibt das Bestehen der Welt *abhängig* von diesem Ineinander tora/Israel: „Unser Planet lebt in der ständigen Gefahr, daß Israel den Götzendienst seiner Nachbarn nachahmt, was seine Verdammung und Zerstörung bedeuten würde.“[60] Andererseits bedeutet der tora-Gehorsam Israels die Erfüllung von Welt und Kosmos (und darin liegt wieder die Wichtigkeit jeder einzelnen miṣwa!), was schließlich die Tage des Messias heraufführen wird. In diesem Angewiesen-Sein auf das empirische Israel gibt es (neben Umkehr und Buße!) nur eine zusätzliche Sicherheit: daß nämlich Abraham durch sein Verdienst der Welt vorläufig Festigkeit verleihen konnte: „Abraham unser Vater hat die ganze Weisung vollkommen erfüllt!“ (bYom 28b; Mayer S. 113). Mit der tora und Israel ist demnach die Erfüllung der Geschichte, so wie Gott sie in der Schöpfung angelegt hat, verbunden.

„Alle Sippen der Erde“ – selbst die Sippen, die überall am Erdkreis leben, können nur um Israels willen gesegnet werden ... Selbst die Schiffe, die von Gallien nach Spanien unterwegs sind, erreichen ihr Ziel nur wegen Israel“ (bYev 63a). An anderer Stelle heißt es: „... Da lernst du, daß die Welt alleine auf der tora gegründet ist. Und sie hat der Heilige, er sei gepriesen, Israel gegeben, damit sie sich mit ihr und ihren Geboten befaßten, Tag und Nacht, wie es in der Schrift heißt ... denn um der Hüter der tora willen hat die Welt Bestand ... denn der Heilige, er sei gepriesen, hat mit dem Schöpfungswerk vereinbart und ihnen (= den Geschöpfen) gesagt: – Wenn Israel die tora ... annimmt, ist es gut; wo nicht, stürze ich euch ins Tohuwabohu zurück“ (Tan Ber 1).

Darin liegt die universalste Ausweitung der tora-Vorstellung: Die Schöpfung ist weder vollendet, noch in eine selbsttätige und in ihrem Verlauf zufällig sich entrollende Geschichte entlassen: „Die Welt, die Gott erschuf, ist nicht ein vollendeter Kosmos, der durch den Menschen unglücklicherweise verdorben wurde, sondern eine Welt, die nur in der Gemeinschaft Gottes mit den Menschen vollendet werden wird ... Die Geschichte ist der Raum, in dem sich die Schöpfung (als Absicht und Plan) Gottes vollendet.“[61]

Das Gewicht dieser Vorstellung wird durch den Ernst verstärkt, mit dem Gott in der tora-Gabe eine letztgültige Entscheidung traf und die *ganze tora ohne Vor-*

---

[60] *S. Schechter,* a.a.O., 130; *K. Schubert,* Die jüdisch-christliche Ökumene – Reflexionen zu Grundlagen des christlich-jüdischen Dialogs. Kairos 22 (1980) 1–33.
[61] *A. Goldberg,* Schöpfung und Geschichte. In: Judaicia 24 (1968) 44.

behalt Israel anvertraute: „Sagt nicht: – Ein anderer Mose wird auferstehen und uns eine andere tora vom Himmel bringen. Deshalb tue ich euch kund: Sie ist nicht im Himmel (das bedeutet), daß nichts von ihr im Himmel zurückgeblieben ist" (DebR 8, 6). Gott selbst hat damit (fast) unabgesichert den Verlauf der Schöpfung Israels verantworteter „Partnerschaft" anheimgestellt. Das zeigt humorvoll die bekannte Anekdote vom Streit der Rabbinen um eine Lehrmeinung, die darin auch Gottes Himmelsstimme, die vernehmbar intervenierte, nicht mehr akzeptieren wollten: „Deswegen brauchen wir auch nicht auf eine Himmelsstimme zu hören, denn du (= Gott) hast ja auf dem Berg Sinai in die tora geschrieben: – Nach der Mehrheit ist zu entscheiden!" (Ex 23, 2; bBM 59a/b; Mayer S. 311/12). (Vgl. auch das rabbinische Gleichnis in 1.3: „Ich verkaufte dir meine tora, aber mit ihr zusammen bin auch ich verkauft ...").

So bedeutet tora-Gabe *auch* „Selbstauslieferung Gottes", Preisgabe des Schöpfers gegenüber seiner Schöpfung (freilich unter den in 3.4 ausgeführten Vorbehalten: Gott bleibt auch in diesen Aussagen dialektisch der souveräne Herr der Welt). Dennoch: Als religionsgeschichtlicher Vergleich zum Christentum kommt für die tora nur das Christusereignis selbst in Frage, nicht einfachhin das Neue Testament als Offenbarungsurkunde.

3.4.5 Ein weiterer, sehr wesentlicher Gesichtspunkt knüpft hier an: Die Aussagen zur *Prä-Existenz der tora.* In BerR 1, 4 heißt es, daß sechs Dinge der Erschaffung der Welt vorausgingen: Die tora, der Thron der Herrlichkeit, die Väter Israels, Israel selbst, das Heiligtum, der Name des Messias, die Umkehr (vgl. auch bPes 54b, wo statt Israel und den Vätern das Paradies und das Fegefeuer angeführt sind)[62]. Die tora wurde zwar „erst" am Sinai geoffenbart, aber bereits vor der Bildung der Welt von Gott erschaffen. Rabbi Hoshaja: *„Mit* (= bereshit) dem Anfang schuf Gott die Welt ... es gibt aber keinen anderen Anfang als die tora selbst" (BerR 1, 1). „Dies hat seinen Grund darin, daß sie nach Ansicht der Rabbinen das Werkzeug war oder auch der Plan, mit dessen Hilfe Gott die Welt erschuf. Die tora ist also auch die Schöpfungsordnung, das dem Bestand der Welt zugrundeliegende Prinzip. Wie ein irdischer Baumeister, wenn er ein Haus bauen will, in seinen Bauplan schaut, ... so blickte der Heilige, gepriesen sei er, in die tora und erschuf die Welt."[63]

Rabbi Aqiba sagte: „Übermäßige Liebe wurde Israel von Gott zuteil, denn es wurde ihnen das kostbare Werkzeug gegeben, mit dem die Welt erschaffen wurde" (mAv 3, 14). Nach *Rabbi Shimon Ben Laqisch* wurde die tora 2000 Jahre vor der Weltschöpfung erschaffen (BerR 8, 2); nach anderen soll sie 974 Generationen vor Adam vorhanden gewesen sein (bShab 88, b; bZev 116a). Das heißt: Der Kosmos existierte (und existiert) nie ohne, nie außerhalb von Offenbarung, und die Geschichte war von ihren Anfängen an Heilsgeschichte! Von hier aus wird

[62] Hier ist bezeichnenderweise die Umkehr mitgenannt, weil sie ein Weg ist, der Welt Bestand zu verleihen, wenn sich Israel verfehlt hat. Vgl. PRE 3 u. 11! Zum Ganzen s. *A. Goldberg,* Schöpfung u. Geschichte: Der Midrasch von den Dingen, die vor der Welt erschaffen wurden. In: Judaica 24 (1968) 27–44.

[63] *P. Schäfer,* Die tora der messianischen Zeit. In: ZNW 65 (1974) 30. Schäfer bezieht sich hier ebenfalls auf BerR 1, 1, wo in der Auslegung das schwierige hebr. „amon" (etwa „Facharbeiter") u. a. durch „amun" (Architekt) ersetzt wird.

noch einmal deutlich, daß tora für die Rabbinen „viel eher ein Formalprinzip des Erkenntnisprozesses denn wirkliche Quelle neuer Erkenntnisse war. Von nun an konnte im Judentum nichts mehr zur Geltung gebracht werden, das nicht wenigstens „formal“ der tora entnommen war.“[64]

Der in den „Sprüchen der Väter“ genannte *Ben Bagbag* meint demgemäß: „Wende sie (= die tora) hin und wende sie her, denn alles ist in ihr, schaue in sie hinein und werde grau und alt in ihr, und von ihr weiche nicht, denn es gibt nichts Köstlicheres als sie!“ (mAv 5, 22).

Schon im Frühjudentum hatte die tora durch die Weisheitsspekulation und die Kulttheologie ihre Bedeutung als Weltgesetz erhalten: Sie griff einerseits die heilsgeschichtliche Rolle der Jerusalemer Kult- und Tempelsymbolik auf, bis hin zur Repräsentanz des gesamten Kosmos (der Tempel als Erd-Himmel-Achse und Mittelpunkt der Welt!), wie sie bereits in der vieldeutigen Zionstheologie ältester Zeit vorgegeben war;[65] und assimilierte andererseits altorientalische Vorstellungen der „gerechten göttlichen Weltordnung“ unterschiedlicher Herkunft, vor allem im Umfeld des Königstums.[66]

Entscheidend dabei war die Identifikation der tora mit der Weisheitsvorstellung, vor allem im Anschluß an Spr 8, wo die Weisheit selbst (personifiziert) in den Vordergrund tritt (Spr 8, 1ff; vgl. Spr 1, 20ff; 9, 1ff): „Ihr ‚ich‘ gleicht nach Form und Inhalt dem ‚Ich‘ Jahwes in den prophetischen Gottessprüchen. Ist sie in 1, 20ff eine Art Bußpredigerin, in 8, 1–12 eine werbende, Segen verheißende Ratgeberin, in 9, 1 eine Gastgeberin mit vornehmem Haus, ... so verrät sie in 8, 22–31 ihr letztes Geheimnis und stellt sich vor als die, der Jahwe „als Anfang seiner Schöpfungstaten Leben gab“ (8, 22), die bei all seinen Schöpfungswerken ihm als „Beraterin zur Seite stand“ (8, 30).“[67]

Ob die Weisheit hier rein dichterisch personifiziert, oder bereits als frühe Ausformung der Logos-Lehre zu verstehen ist, wird kontrovers diskutiert.[68] Jedenfalls sprechen diese Verse von einer entschiedenen Zuwendung Gottes zur Welt auf neue Art.[69]

Wenn in Sirach 24 (2. Jh. v. Chr.) Weisheit und tora tatsächlich explizit gleichgesetzt werden können, wie die Mehrzahl der Forscher glaubt, erscheint Jahwe selbst als weisheitlicher tora-Lehrer, bzw. für die Rabbinen als göttlicher „Pädagoge“ und Brautvater, der die Braut, seine himmlische Tochter, am Tag der Si-

---

64 *K. E. Grözinger,* a.a.O., (Anm. 54), 122.

65 Trotz aller Ablehnung gegenüber den Sadduzäern schuf dieser traditionsgeschichtliche Anschluß erst die Möglichkeit, den tora-Vollzug als Ersatz für den Tempelgottesdienst anzusehen. Vgl. oben zu 2.0! *J. Maier,* a.a.O. (Anm. 20), 173; s. zur Einführung auch *W. H. Schmidt,* Alttestamentlicher Glaube in seiner Geschichte, Neukirchen ³1979, § 3, Der Zion, 206–220, und *T. A. Busink,* Der Tempel von Jerusalem von Salomo bis Herodes, 2 Bde., Leiden 1970/80.

66 *H. H. Schmid,* Gerechtigkeit als Weltordnung, Tübingen 1968; vgl. *Deissler,* a.a.O. (Anm. 6), 109ff; *K. W. Whitelam,* The just King, Sheffield 1969.

67 *Deissler,* a.a.O., (Anm. 6), 135. Er lehnt die Wiedergabe des hebr. Textes in 8, 30 mit „Kind“ ab. S. dazu unten Anm. 68.

68 *B. Lang,* Frau Weisheit. Düsseldorf 1975 (Lit.). *B. Gemser,* Sprüche Salomos, Tübingen 1937 (= HAT 1/16); *G. v. Rad,* Weisheit in Israel, Neukirchen 1970, 195ff; 316ff; *H. Ringgren,* Word and Wisdom, Lund 1947, 95–106.

69 *A. Deissler,* a.a.O. (Anm. 6) 136.

nai-Offenbarung mit Israel verheiratet: Schöpfungsprinzip und Schöpfungsnorm, religiöse und sittliche Norm für das Handeln der Menschen sind ineins gesetzt.[70] Dies war vermutlich nur denkbar unter dem Einfluß der hellenistischen Kultur, in einer Synthese weisheitlich-biblischen und hellenistischen Denkens:

„Die philosophischen Systeme des Platonismus und der Stoa ermöglichten es dem Judentum ... die tora mit dem von Gott gedachten und in der Welt wirkenden Naturgesetz gleichzusetzen ... Für einen offenbarungsgläubigen Juden lag nichts näher, als das Weltgesetz, das der Stoiker erst auf Grund der Beobachtung des gesamten Kosmos zu erfahren hoffte, mit dem ihm geoffenbarten Gesetz der tora zu identifizieren."[71]

Das wird im Buch der Weisheit (1. Jh. v. Chr.) in den Kapiteln 6–9 noch klarer: (Weish 9, 9): „Mit dir ist die Weisheit, die deine Werke kennt und die zugegen war, als du die Welt erschufst. Sie weiß, was dir gefällt und was recht ist nach deinen Geboten" (vgl. Weish 7, 26; 8, 1; 9, 4!). *Philo von Alexandrien* schließlich (ca. 15 v. Chr. – 50 n. Chr.), der „jüdisch-hellenistische Philosoph schlechthin" (K. Schubert), entwickelt die platonisch/stoische – alttestamentlich/weisheitliche Synthese hinsichtlich der Praeexistenz der tora am eindrucksvollsten weiter. In seiner Schrift „De opificio mundi" heißt es: Daher bildete Gott, „als er diese Welt erschaffen wollte, vorher die gedachte, um dann mit Benutzung eines unkörperlichen und gottähnlichen Vorbildes die körperliche (das jüngere Abbild einer älteren) herzustellen, die ebensoviele sinnlich wahrnehmbare Arten enthalten sollte, wie in jener gedachte vorhanden waren."[72]

Die Ideenwelt besitzt für Philo keinen Ort außerhalb Gottes, sondern ist der göttliche Logos an sich, der „Gedanke des Weltbaumeisters" (Baumeistergleichnis!). „Der philonische Logos ist einerseits als gedachte Welt das Urbild des sichtbaren Kosmos und andererseits die diesem Kosmos immanente Weltordnung."[73] Gleichzeitig durchbrach Philo das immanentistische System der Stoa und deutete den Logos als *Instrument* der Weltschöpfung und Mittlerschaft Gottes (s.o. bei den Rabbinen!): De op.m. 25; De specialibus legibus I, 81; De Cherubim 127.[74]

Die Schöpfung selbst wird dabei als Creatio aus „gestaltloser Materie" vorgestellt, ein Zusammenfügen und Ordnen von gegebenem Material (Plato, Timaios; vgl. Weish 11, 17: formlose Materie!). Darin liegt aber für Philo kein Gegensatz zur echten Schöpfertätigkeit Gottes und zum Transzendenzproblem des Göttlichen, bzw. keinerlei Gefahr einer dualistischen „Materie-Gottheit." Die Rabbi-

[70] Es ist bemerkenswert, wie auch abstrakte philosophisch-theologische Überlegungen sich immer wieder in personale Ausdrucksformen kleiden. BerR 1, 1; PesRK 104b, vgl. *S. Schechter,* a.a.O. (Anm. 29), 130.

[71] *K. Schubert,* Die Kultur der Juden, Teil 1, Wiesbaden 1977, 228. Siehe aber die Vorbehalte bei *E. Urbach,* a.a.O. (Anm. 14), 199f, und bei *G. F. Moore,* a.a.O. (Anm. 49) 417ff. Die schwierige Erforschung der hellenistischen Beeinflussung frühjüdischen und rabbinischen Denkens ist noch zu keinen gesicherten Erkenntnissen gelangt; doch ist dieser Einfluß eher stärker als zu gering einzuschätzen.

[72] De op. m. Abschnitt 16 (vgl. auch Abschnitte 17–20.), nach: Philonis Alexandrini opera quae supersunt, vol. I–VII, hier vol. I, ed. *L. Cohn,* Berlin 1896. Übersetzung nach *K. Schubert,* a.a.O. (Anm. 71) 231.

[73] *K. Schubert,* a.a.O. (Anm. 71), 232.

[74] Nach der gleichen Ausgabe, s. o. Anm. 72.

nen betonen in der Mehrzahl die „creatio ex nihilo“,[75] doch ist das für sie kein wichtiger Gegenstand des Nachdenkens oder gar ein Glaubensproblem.[76] Erst das spätere Judentum mißt dem als „Glaubenssatz“ größere Bedeutung bei. Doch sei daran erinnert, daß selbst *Maimonides* in seinen 13 Grundsätzen des Glaubens im ersten Grundsatz die Creatio ex nihilo *nicht* aufnimmt (Mishnakommentar zu mSan 10, 1), weil dieses Bekenntnis nicht entscheidbar sei (vgl. dazu More Newuchim, Buch 2, Kap. 13!).[77]

So läßt sich zusammenfassen: „Ob Werkzeug, Schatten, Abbild, Ehefrau, Sohn oder Tochter Gottes, der Logos ist für Philo die aus Gott herausgetretene Mittelursache, durch die die göttliche Schöpfungsordnung dem Kosmos ihre Gesetzlichkeit vermittelt, die als tora, als das Gesetz des Mose, für den Menschen relevante Ordnung ist.“[78]

Diese Überlegungen erklären die innerste, geschichtsbewegende Kraft der tora und die Einheit vom Schöpfungsplan Gottes mit der geschichtlichen Verwirklichung dieser Schöpfung. Weil aber Israel am Sinai die tora empfing, nimmt es diese herausragende Stellung im Schöpfungsplan ein, kann man sagen, daß die Welt um Israels willen geschaffen sei (BerR 1,6).[79]

3.4.5.1 Die rabbinischen Erläuterungen zur Praeexistenz der tora, die doch immer in der Gefahr schwebten, die Transzendenz Gottes immanenzartig zu verwischen, blieben in der Folgezeit, besonders unter den Religionsphilosophen, nicht unwidersprochen.

Saadja Gaon (882–942) lehnte sie ebenso ab wie *Juda Ben Barzillai* (12. Jh.); beide sehen darin höchstens eine Metapher der Wertschätzung für die tora und dafür, daß Gott die Welt „in Weisheit erschuf.“ *Abraham Ibn Ezra* (1089–1164) stieß sich am Problem der Zeit „vor Erschaffung der Welt“ und sah in diesen Gedanken ein metaphysisches Rätsel. *Yehuda Hallevi* (1075–1141) interpretierte teleologisch: Gott schuf die Welt, um die tora zu offenbaren, der erste Gedanke ist gleichzeitig der Abschluß des Werkes. Ähnlich drückt sich in aristotelischen Kategorien *Joseph Albo* aus (1380–1435), einer der ersten „Systematiker“ der jüdischen Religion. Nur die *Qabbala* griff die Praeexistenz der tora wieder auf und integrierte sie in ihre Vorstellungswelt (s.u.).[80]

3.4.5.2 Ergänzend zu den Überlegungen um die tora „vor der Zeit“ stellt sich die Frage nach der tora am Ende der Zeit, nach der „tora des Messias.“ (Diese Fragestellung ist nicht zu verwechseln mit der nach dem zeitlosen Jenseits; aber selbst dort sprechen die Rabbinen nur von der Aufhebung der Gebote, nicht der

---

[75] *A. Marmorstein*, The old rabbinic doctrine of God I, 1927, 74–76.

[76] Die Rabbinen fragen eher, *für wen* die Welt geschaffen wurde: – für den Menschen (und nicht umgekehrt!); – für den Gerechten, wie Abraham und die Patriarchen; – um Israels willen; – um der tora willen! Vgl. dazu *G. F. Moore*, a.a.O. (Anm. 49), 383.

[77] S. auch *A. Altmann*, A note on the Rabbinic Doctrine of Creation. In: Journal of Jewish Studies 7 (1956) 195–206.

[78] *K. Schubert*, a.a.O. (Anm. 71), 232.

[79] S. oben Anm. 76! Vgl. *K. Hruby*, Begriff und Funktion des Gottesvolkes in der rabbinischen Tradition. In: Judaica 21 (1965), 237ff mit weiteren rabbinischen Beispielen zur Praeexistenz der tora.

[80] Vgl. zum Ganzen Encyclopaedia Judaica, vol. 15, Jerusalem 1971, Sp. 1236–38.

Grafik I

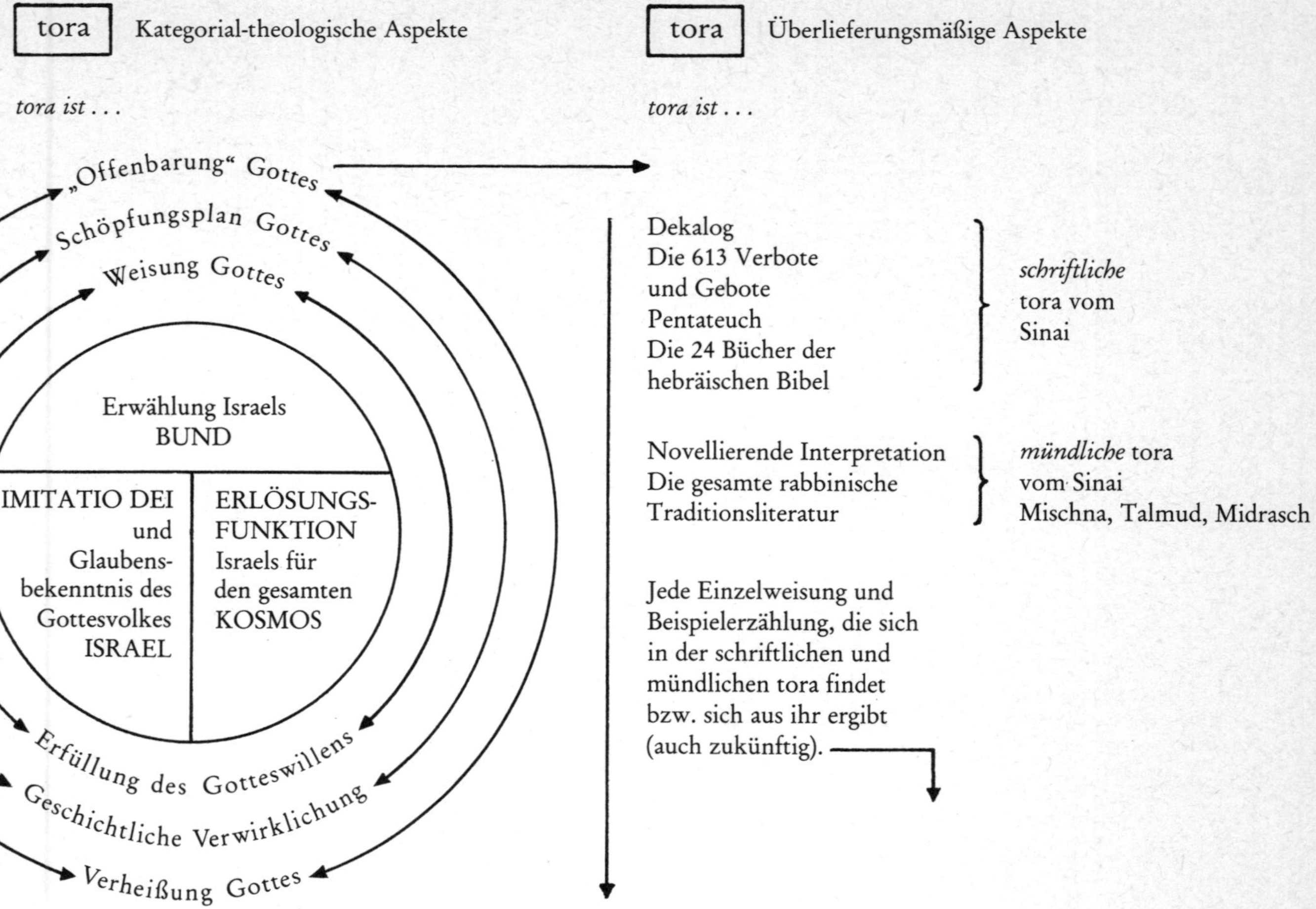
tora
Kategorial-theologische Aspekte
tora
Überlieferungsmäßige Aspekte
tora ist . . .
tora ist . . .
„Offenbarung“ Gottes
Schöpfungsplan Gottes
Weisung Gottes
Erwählung Israels
BUND
IMITATIO DEI
und
Glaubens-
bekenntnis des
Gottesvolkes
ISRAEL
ERLÖSUNGS-
FUNKTION
Israels für
den gesamten
KOSMOS
Erfüllung des Gotteswillens
Geschichtliche Verwirklichung
Verheißung Gottes
Dekalog
Die 613 Verbote
und Gebote
Pentateuch
Die 24 Bücher der
hebräischen Bibel
schriftliche
tora vom
Sinai
Novellierende Interpretation
Die gesamte rabbinische
Traditionsliteratur
mündliche tora
vom Sinai
Mischna, Talmud, Midrasch
Jede Einzelweisung und
Beispielerzählung, die sich
in der schriftlichen und
mündlichen tora findet
bzw. sich aus ihr ergibt
(auch zukünftig).

Grafik II tora im Wertefeld der Ausrichtung religiösen Verhaltens:

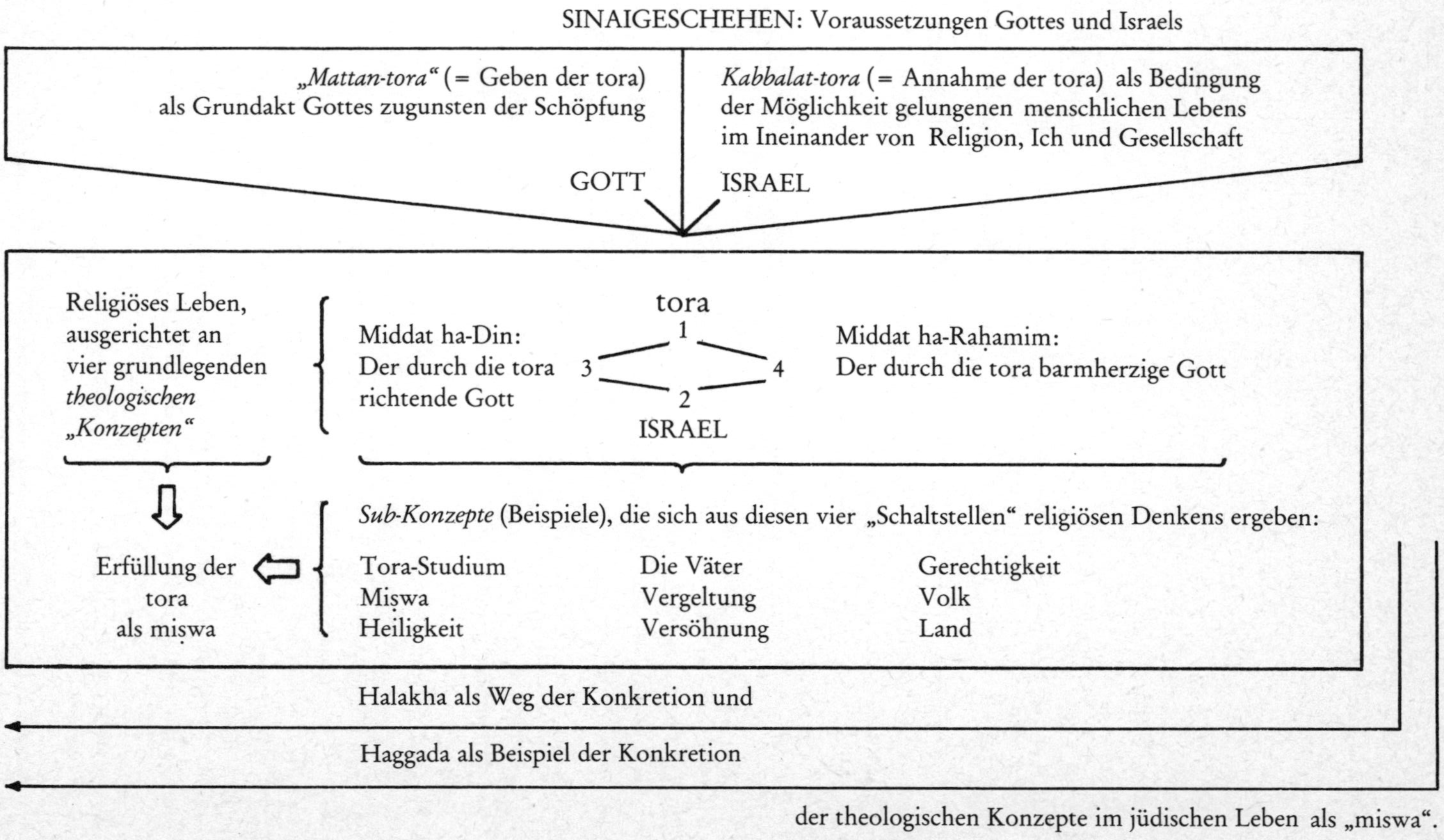

tora!).[81] Trotz gewisser Aussagen der Rabbinen zu einer „neuen tora" (KohR 11, 8 § 1), der Aufhebung der tora in der Endzeit (bSan 97a/b; Mayer S. 639; bShab 151b, vgl. bNid 61b; Mayer S. 639) oder Änderungen an der tora (Sif Dev § 168) ergibt eine sorgfältige Exegese aller einschlägigen Stellen, daß die tora der Messias-Zeit unterschiedslos in Kraft bleibt.

„Die Mehrzahl der Rabbinen hat sich von der messianischen Zeit ein vollkommenes Verständnis der tora vom Sinai erhofft, Einsicht in die Gründe der Gebote und Verbote (!) und, nicht zuletzt, die Wiederherstellung der ursprünglichen Einheit der tora" (= einheitliche Auslegung der tora).[82]

Die Autorität des Mose überwiegt selbst die des Messias![83] Demnach endet das Gesetz auch nicht mit dem Kommen des Messias, und das Paulus-Wort „Christus ist des Gesetzes Ende" (Röm 10, 4) läßt sich nicht global auf dem Hintergrund rabbinischen Glaubens verstehen. Mögliche Änderungen an der tora betreffen höchstens gewisse Reinheits- und Schächtvorschriften, eine Meinung, die allerdings bald in die Nähe des Häresieverdachtes gerät (antinomistische Tendenz!).

3.5 Als Abschluß des Kapitels über die tora-Vorstellung im klassischen Judentum stehen zwei Diagramme (Seite 260 und 261), die Hauptlinien des Textes noch einmal anschaulich nachzeichnen wollen.

4.0 Einige Aspekte zur tora-Vorstellung im Mittelalter

4.1 Im Zusammenhang der Arbeiten „philosophierender Theologen" werden a) die Einzigartigkeit und Unveränderlichkeit der Mose-tora gegenüber dem Christentum und dem Islam herausgestellt und in rationaler Apologetik verteidigt. Das führte auch zum Suchen nach Vernunftgründen für die einzelnen miṣwot, ein Weg, den die Rabbinen nie beschreiten wollten. Da sich aber die prophetische tora vom Sinai nicht in diesen Einzelheiten mit weltlicher Vernunft verteidigen ließ, unterschied man b) Vernunft- und Gehorsamsgebote, eine unglückliche Aufteilung der tora, denn: „Der Nachteil dabei war, daß die Besonderheit der jüdischen Religion so auf die rational uneinsichtigen Gebote reduziert wurde."[84]

c) Dem Intellektualismus des frühen Mittelalters konnten und wollten sich auch jüdische Gelehrte nicht entziehen. War für das rabbinische Judentum tora die Erkenntnisquelle überhaupt, steht nun *neben* der tora die profane Wissenschaft mit ihrem „natürlichen Gesetz". Die tora bildet nicht länger das alleinige Zentrum allen Denkens, das einheitsstiftende Offenbarungsprinzip scheint aufgebrochen. Das führte auch zum Widerspruch von praktischer tora-Frömmigkeit und religiöser Spekulation. Dagegen gelang es *Yehuda Hallevi* (s.o.) in einer großartigen Synthese, das rabbinische Gedankengut für das Mittelalter neu zu formulieren, vielleicht gerade deshalb, weil er nicht zuerst apologetisch gezwungen das

---

[81] S. den Aufsatz von *P. Schäfer*, a.a.O. (Anm. 63), 31–42.
[82] *P. Schäfer*, a.a.O., 42.
[83] *S. Schechter*, a.a.O. (Anm. 29), 123, Anm. 5.
[84] *J. Maier*, a.a.O. (Anm. 20), 371, dessen Darstellung, 370–375, hier zugrunde gelegt wird.

Judentum mit den Prinzipien damaliger Philosophie versöhnen wollte. Weil Gott nicht vernunftmäßig bewiesen werden kann, er sich aber über die Mittlerschaft Israels der Welt kundtut, kommt der tora als Willensoffenbarung Gottes wieder die entscheidende Stellung zu. Dementsprechend betont er die Bedeutung des als miṣwa gelebten Judentums.[85]

4.2 Von entscheidender Bedeutung wurde Hallevi für die *tora-Mystik des Mittelalters*, der *Qabbala*, die ihre durch unvermittelte Schau erhaltenen Offenbarungen gleichzeitig als älteste Tradition, als eigentlichen Inhalt der mündlichen tora und als das Urwissen Adams vor dem Sündenfall ansahen. Die tora wird in ihrer Funktion als Weltgesetz und Schöpfungsplan betont und ist gleichzeitig Explikation des *einen* Gottesnamens Jahwe: In ihm sind alle kosmogenen Potenzen enthalten (s. auch den Traditionshintergrund Philos in 3.4.5). Entsprechend spielen auch die Buchstaben des Hebräischen (Sprache der Schöpfung und der tora!) eine große Rolle: „In der gesamten Qabbala gewinnt der Wortlaut der tora bis zum einzelnen Buchstaben und Vokalzeichen eine eminente Bedeutung als Gegenstand der Kontemplation ... diese mystisch-magische Bedeutung überträgt sich auch auf den praktischen Vollzug der tora und damit de facto auf das gesamte Leben des Frommen. Damit hat die religiöse Relevanz der tora in der jüdischen Religionsgeschichte fraglos ihren Höhepunkt erreicht."[86]

In der Relation der 613 Gebote und Verbote zum ganzen Menschen (s. oben 3.2) und seiner Zeit sind darüberhinaus menschlicher Körper und tora aufeinander bezogen, so daß jede Gebotserfüllung oder -übertretung kosmische, ja, transkosmische Relevanz erhält, zumal die tora in Spitzenaussagen mit Gott selbst identifiziert wird (was wiederum bei den Rabbinen unmöglich wäre): „Seine tora ist in ihm, und das ist es, was die Qabbalisten sagen, daß der Heilige, gelobt sei er, in seinem Namen ist und sein Name in ihm, und daß sein Name seine tora ist ... Denn die Buchstaben seines Namens sind er selber. Wenn sie sich auch von ihm wegbewegen (= Emanation!), so bleiben sie doch fest in ihm verwurzelt."[87]

5.0 *Ausblick: Tora-Vorstellungen im zeitgenössischen Judentum*

Abschließend seien einige Gruppierungen des Judentums von heute in ihrem Verhältnis zur tora vorgestellt. Unvermeindliche Verkürzungen und Einseitig-

---

[85] Nach seinem Hauptwerk „Al Kuzari". Vgl. *M. Waxman,* A history of Jewish Literature, vol. I, London 1960, 333.

[86] *J. Maier,* a.a.O. (Anm. 20), 375. Zur „buchstäblichen" Liebe der tora vgl. auch die „philologische Liebe" der Masoreten, die für die Überlieferung des Tenakh sorgten (dazu als Einführung: *E. Würthwein,* Der Text des AT, Stuttgart [4]1973, 12–47 und die Buchstaben- und Zahlensymbolik der Gematrie (*J. Maier,* a.a.O., 194ff).

[87] Zitiert bei *G. Scholem,* Zur Kabbala und ihrer Symbolik, Kap. II: Der Sinn der tora in der jüdischen Mystik, Zürich 1960, 49– 116, hier: 64 (die Klammer stammt von mir). Zur weiterführenden Lektüre dieses Themenbereiches können die Veröffentlichungen von G. Scholem, die in verschiedenen neueren deutschen Ausgaben erhältlich sind, nur empfohlen werden. Vgl. ferner zur kurzen Einführung: *R. L. Z. Werblowsky,* Jüdische Mystik. In: *E. Kedourie,* Hrsg., a.a.O. (Anm. 30), 225–231, und *D. R. Blumenthal,* Understanding Jewish Mysticism, A source Reader, N. Y. 1978. „Qabbala" = (Offenbarungs-)empfang.

keiten gehen auf Kosten der knappen Darstellung, die sich am amerikanischen Judentum als der am wichtigsten und einflußreichsten jüdischen Glaubensgemeinde unserer Zeit orientiert.

5.1 *Orthodoxes Judentum*

Das Glaubensbild des heutigen *orthodoxen Juden* ist noch weitgehend von dem des klassischen rabbinischen Judentums bestimmt. Gottes Offenbarungswillen wird durch tora erkannt und durch miṣwa erfüllt. Tora umfaßt danach die mündliche und schriftliche Tradition in getreuer, wörtlicher Mose-Überlieferung vom Sinai. Die Halakha darf nicht hinterfragt werden, sondern trägt ihre Autorität in sich. Sie ist unveränderlich und jedes einzelne Gebot gleich wichtig. In absoluter „tora-Zentrik" müssen sich alle Elemente modernen Lebens, einschließlich naturwissenschaftlicher Erkenntnisse, an ihr messen lassen. Von morgens bis abends verrichtet der Orthodoxe die miṣwot, wie sie im „Shulkhan Arukh"[88] vorgeschrieben sind. In eifrigem Studium der tora und deren Anwendung in der Praxis verwandelt er sein Leben in ein (höchst real spürbares!) Opfer vor Gott. Das orthodoxe Judentum besitzt im heutigen Staat Israel bedeutenden politischen Einfluß; obwohl zahlenmäßig in der Minderheit, prägt es das religiöse „Profil" des Landes.[89]

5.2 *Reformjudentum*

Das *Reformjudentum* betont die währende Gültigkeit der ethischen (im modernen Sinne) Weisungen in der tora (Dekalog, Goldene Regel der Moral usw.). Dagegen hält man rituelle Reinheitsgebote, Speise- und bestimmte Sabbatvorschriften für geschichtlich gebunden, menschlich-gesellschaftlichen, nicht göttlichen Ursprunges, damit auch für heute nicht mehr verpflichtend. Dem entspricht eine progressive Offenbarungsvorstellung: Gott gibt jeweils für jede Generation durch Israel neue Weisungen, aber nicht im Sinne „novellierender Interpretation" der einen tora, sondern in direkter Sorge um das Leben der jüdischen Gemeinde. Die mündliche tora, das rabbinische Schrifttum, hat ebenfalls keinen überzeitlichen Charakter, ist lediglich geschichtliche Gestalt einer vergangenen Epoche. Der individuellen religiösen Entscheidung sind große Freiräume gestattet, das jüdische Leben in der festgesetzten miṣwa ist aufgegeben. Die gewandelte Einstellung gegenüber tora/miṣwa wird in der „Pittsburgh Platform" der Reformbewegung von 1885 deutlich, die so heute noch gilt:

„We recognize in the Mosaic legislation a system of training the Jewish people for its mission during its national life in Palestine, and today we accept as binding only the moral laws and maintain only such ceremonies as elevate and sanctify our lives, but reject all such as are not adopted to the views and habits of modern civilization."[90]

---

[88] Wörtlich „gedeckter Tisch": Nach Sachgebieten geordnete Zusammenstellung der mosaisch-talmudischen Gesetzeslehre (16. Jh.).

[89] Literatur: *G. S. Rosenthal,* The many Faces of Judaism, N. Y. 1978, 26–57; *J. Agus,* Guideposts in Modern Judaism, N. Y. 1954; *I. Epstein,* The faith of Judaism, London 1960; S. Spero, Orthodox Judaism. In: *B. Martin* (Hrsg.) Movements and issues in American Judaism, Westport/Con. 1978, 83–102.

[90] Zitiert nach *G. S. Rosenthal,* a.a.O., 81.

Natürlich ergeben sich daraus auch Schwierigkeiten für das jüdische Selbstverständnis, und so bemüht man sich in jüngster Zeit wieder um einen ausgewogeneren Anschluß an die traditionelle miṣwa (so u.a. der auch in Deutschland bekannte J. J. Petuchowski).[91]

5.3 *Konservatives Judentum*

Das *konservative Judentum* versucht in manchem, einen Mittelweg zwischen orthodoxem und Reformjudentum zu finden. So bekennt man sich grundsätzlich zur offenbarten tora vom Sinai, macht aber wie das Reform-Judentum Unterschiede im einzelnen, ohne freilich wie dieses die ethischen Gebote allein anerkennen zu wollen. Prinzipiell besteht kein Unterschied zwischen ethischen und rituellen Geboten. Am wichtigsten ist das dialogische Offenbarungsverständnis: Der Mensch nimmt Gottes Offenbarung geschichtlich selbständig auf und denkt sie weiter; damit ist sie auch sofort menschlichen Wandlungen und Irrtümern unterworfen. Mündliche und schriftliche tora ist so nicht „einseitige" Willensoffenbarung Gottes, sondern in ihrer vorliegenden Form bereits ein Ineinander von Gotteswort und menschlicher Antwort. Trotzdem wird eine ausgesprochen positive Einstellung zur miṣwa bewahrt, die in vorsichtiger Umformung den Bedürfnissen unserer Zeit angepaßt werden soll. Das konservative Judentum bekennt sich bewußt zu seinem rabbinischen Erbe. Der oben oft zitierte S. Schechter gehörte zu seinen geistigen Vätern.[92]

5.4 *Reconstructionist Judaism*

Diese besondere Bewegung innerhalb des amerikanischen Judentums ist eng mit der Biographie des Rabbiners *Mordecai Kaplan* verbunden, der aus dem konservativen Judentum hervorging. Gemäß dem philosophisch weiten Gottesbegriff Kaplans, der humanistische und naturphilosophische Gedanken einschließt und in Gott ein prozeßhaftes, unpersönliches Prinzip sieht, das auf die Vollendung von Mensch und Welt hinwirkt, ist tora keine Willensoffenbarung Gottes mehr. Sie ist nicht Gotteswort, sondern Niederschlag menschlicher Suche nach Gott. Wo der Mensch bei dieser Suche religiöse und ethische Wahrheit findet, ereignet sich Offenbarung. Statt von miṣwa spricht man von „Volkstum" und „Bräuchen", die als Ausdruck religiösen Lebens die jüdische Sozietät darzustellen vermögen: miswa ist keine „Vorschrift" von Gott, sondern ein Mittel spirituellen und gemeinschaftlichen Lebens, und nur dazu dienliche miṣwot werden auch befolgt.[93]

Reconstructionist Judaism entfernt sich wahrscheinlich am weitesten von den Vorstellungen des klassischen Judentums der Antike, bewegt sich jedoch, wenn-

---

91 *JL. Blau,* Modern Varieties of Judaism. N. Y. 1966; *ders.* (Hrsg.): Reform Judaism, A historical Perspective. N. Y. 1973; *E. L. Fackenheim,* Quest for Past and Future: Essays in Jewish Theology. Bloomington/Indiana 1968.

92 *G. S. Rosenthal,* a.a.O., 92–117; *B. Martin,* Conservative Judaism and Reconstructionism. In: *B. Martin* (Hrsg.): a.a.O. (Anm. 89), 103–137; *M. Davies,* The emergence of Conservative Judaism, Philadelphia 1963.

93 *G. S. Rosenthal,* a.a.O., 118–139; *B. Martin* a.a.O. (Anm. 89), 137–150; *M. Kaplan:* Judaism as a Civilization: Toward a Reconstruction of American Jewish Life. N. Y. 1967 (Schocken-Bocks); *ders.,* Judaism without Supernaturalism. N. Y. 1958; *ders.,* The meaning of God in Modern Jewish Religion, N. Y. 1962.

gleich auf einer „Außenbahn“, immer noch um das Problem von „tora im Judentum“, die so im traditionellen wie im erneuernden jüdischen Denken, in der Zustimmung wie in der Opposition, den bleibenden „Lebensbaum“ darstellt, der dem Judentum durch Jahrtausende immer neues Leben schenkt, wie eine Quelle auch, neu und alt zugleich.

5.2.2 „ER unser Gott, ER Einer“. Überlegungen zum Prinzip des Judentums. (Bernhard Uhde)

I. „Er“

Das Judentum hat keine Gottesvorstellung, es hat kein Gottesbild[94]: „Der Raw sprach einen Schüler, der eben bei ihm eintrat, so an: ‚Mosche, was ist das, ›Gott‹‘ Der Schüler schwieg. Der Raw fragte zum zweiten- und zum drittenmal. ‚Warum schweigst du?‘ ‚Weil ich es nicht weiß.‘ ›Weiß ich's denn?‘ sprach der Raw. ‚Aber ich *muß* sagen; denn so ist es, daß ich es sagen muß: Er ist deutlich da, und außer ihm ist nichts deutlich da, und *das* ist er.‘“[95]

Der Chassid spricht aus, was er nicht wissen kann ohne die Selbstoffenbarung dessen, der da ist und der hören ließ von sich; indem diese Selbstoffenbarung als Mitteilung des Namens des Heiligen und als Entfaltung dieses Namens begriffen werden kann[96], diese Entfaltung als Thora aber Sprache ist[97], kann ein Wissen in Sprache geformt werden, das menschliches Begreifen übersteigt. Nur deshalb auch ist dieses Wissen der Undeutlichkeit allen menschlichen Begreifens entzogen, entspricht ihm doch weder eine intellektuelle noch eine sinnliche Anschauung.[98] Genau deshalb aber ist dieses Wissen deutlich da, weil dies der Name des Heiligen selbst ist: Er ist da.[99]

Die Mitteilung dieses Namens ist die Mitteilung einer Gegenwart, die nicht untergeht, die Vergangenes und Künftiges im Dasein des Daseienden[100] zum Ewigen vereint[101]. Solches Dasein ist aber nicht an sich selbst, sondern an seinen Wirkun-

---

[94] Eine umfassende Darstellung ist daher nicht möglich. Auch die folgenden Zeilen werden Vieles – und nicht nur Nebensächliches – vermissen lassen. Größere Abhandlungen: *A. Marmorstein,* The old Rabbinic doctrine of God I: London 1927; II: London 1938. *A. J. Heschel,* Gott sucht den Menschen. Eine Philosophie des Judentums. Neukirchen-Vluyn 1980. Für die Kabbala: *G. Scholem,* Von der mystischen Gestalt der Gottheit. Studien zu Grundbegriffen der Kabbala. Zürich 1962. – Nachdrücklich sei vermerkt, daß hier nicht nach Art der Exegese des Alten Testaments, sondern jüdischem Selbstverständnis folgend gehandelt werden soll.

[95] *M. Buber,* Werke III: Schriften zum Chassidismus. München 1963, 390.

[96] Vgl. *G. Scholem,* Judaica III. Studien zur jüdischen Mystik. Frankfurt 1973, 7ff., bes. 26ff.

[97] Die Thora ist „heilige Sprache“, weil sie Sprache Gottes ist; vgl. dazu den Ausspruch des R. Jochanan zu Gn 11, 1: „Es bedeutet, daß sie in der Sprache des Einzigen der Welt redeten, in der heiligen Sprache“ (yMeg 1, 71b, 44).

[98] Ex 20, 4; Lv 19, 4; Dt 4, 15 u. a.; dazu *Heschel,* a.a.O., 45ff.

[99] Ex 3, 14. Dazu *M. Buber.* Der brennende Dornbusch, in: Werke II: Schriften zur Bibel. München 1964, 62ff.; vgl. *W. v. Soden,* Jahwe. „Er ist, Er erweist sich.“, in: Welt des Orients 3, 1966, 177ff.; *G. v. Rad,* Theologie des Alten Testaments I. München [3]1961, 181ff.

[100] Vgl. *Buber,* Dornbusch, a.a.O.

[101] Vgl. *F. Rosenzweig,* „Der Ewige“. Mendelssohn und der Gottesname, in: Kleinere Schriften. Berlin 1937, 191ff.

gen[102] erkennbar, die als unvergleichliche Taten[103] erscheinen. Daher ist Er, der da ist, niemals seinem Wesen nach ganz zu erfassen[104], sondern seinem Dasein nach hervortretend: „Höre Jißrael: ER unser Gott, ER Einer!"[105]

Er, der Ewige, läßt Seinen Namen wissen, und Er läßt das Wissen um Seinen Namen unaussprechlich sein, ist doch die Aussprache dieses Namens heilig, daher im Verborgenen zu wahren und nur in Seiner Gegenwart erlaubt.[106] Seine Gegenwart: Er, der nicht gesehen werden kann[107], spricht und kann angesprochen werden, Seine Gegenwart ist im Worte, das Seinen Namen bedeutet. Dieser Zuwendung entspricht die Einwohnung Seiner Wirkkraft unter den Menschen, die Seinen Namen verständlich und Seine Offenbarung deutlich macht: die Schekhinah.[108] So ist Er erstlich der sich in Gegenwart Offenbarende, dessen Wirkkraft und deren Wirkungen unvergleichlich, weil allem Anderen deutlich unterschieden sind.

Ausdruck dieser Offenbarung ist die Thora, die als Plan der Schöpfung[109] die Schöpfung selbst als Gottgeschaffene erkennbar werden läßt. Aus dieser Schöpfung, die von der Geschichte ungetrennt[110] und mit ihr auf den Schöpfer zurück-

---

102 Vgl. *Buber*, Werke III, 559: „Zur ersten Frage des Rätselspiels, das am Schluß der Pessach-Haggada gesungen wird – ‚Eins, wer weiß es? Eins, ich weiß es' –, sprach Rabbi Mosche von Kobryn: ‚Eins, wer weiß es? Wer kann den einzig Einen erkennen?' Fragen doch die Serafim selber: ‚Wo ist der Ort seiner Herrlichkeit?' [Aus dem im sabbathlichen Gottesdienst vorgetragenen Wechselgesang]! Eins, ich weiß es dennoch! Denn wie der Weise sagt: ‚Wo finde ich dich? Und wo finde ich dich nicht?' [Aus einer Hymne des Jehuda Halevi]. Und auch die Serafim antworten: ‚Voll ist die ganze Erde seiner Herrlichkeit.' [Aus Js 6, 3 aufgenommen]. Ich kann den einzig Einen erkennen darin, was er an mir wirkt."

103 Vgl. Ps 86, 8f. u. a.

104 Vgl. *Philo*, De specialibus legibus I, 32f. (im Anhalt an *Platon*, Timaios 28c 2f.), 36ff.; vgl. auch Sir 3, 17–24, auch Js 55, 8–9 u. a.

105 Dt 6, 4. Übersetzung von *M. Buber*, Die Fünf Bücher der Weisung. Berlin 1930, 555.

106 Dies im Anhalt an Ex 20, 7; vgl. auch *Raschi* zu Ex 3, 14. Der Name wurde daher vom Hohenpriester am Jom Kippur (vgl. bJoma 39b Bar), im Tempel undeutlich (vgl. yJoma 3, 40d, 58) und nicht außerhalb des Tempels (vgl. SNu 6, 23 § 39 (12a)) ausgesprochen, sondern als *schem ha-mephorasch* umschreibend ersetzt (vgl. Exkurs bei *Strack/Billerbeck* II, 311ff.) und schließlich seiner Aussprache gewehrt: „Folgende haben keinen Anteil an der zukünftigen Welt: ... Abba Sch'ul sagte: Auch der, der den Namen [Gottes] nach seinen Buchstaben ausspricht." (mSanh X, 1). – Entsprechend wird das Tetragramm in Thorarollen voll ausgeschrieben, nicht aber in sonstigen Texten.

107 Ex 33, 20: „Mein Angesicht kannst du nicht schauen, denn kein Mensch sieht mich und bleibt am Leben." Vgl. Ex 19, 21; Lv 16, 2; Nm 4, 20.

108 Dazu *A. M. Goldberg*, Untersuchungen über die Vorstellung von der Schekhinah in der frühen rabbinischen Literatur. Berlin 1969, 196ff.

109 Vgl. GnR 1 (Anfang): „... ‚Ich [Weisheit = Thora] war bei ihm Baumeisterin, ich war Entzücken Tag für Tag [Spr 8, 30].' Die Thora spricht: Ich bin das Handwerkszeug Gottes gewesen. Wenn ein König von Fleisch und Blut einen Palast baut, so baut er ihn nach dem auf Erden üblichen Brauch nicht nach seiner eigenen Ansicht, sondern nach der Ansicht eines Baumeisters, und der Baumeister baut ihn nicht nach seinen eigenen Gedanken, sondern er hat dazu Pergamente und Tafeln, um zu wissen, in welcher Weise er die Gemächer und die Türen anlegen soll. Ebenso hat Gott in die Thora geblickt und die Welt geschaffen. Und die Thora sagt: ‚Durch den Erstling schuf Gott den Himmel und die Erde' [Gn 1, 1], und ‚Erstling' ist nichts anderes als die Thora, wie es heißt: ‚Der Herr hat mich [Weisheit = Thora] als Erstling seines Weges geschaffen [Spr 8, 22]." Vgl. dazu auch BerR 1, 4, wo die Thora als Erste genannt ist.

110 Vgl. dazu *A. M. Goldberg*, Schöpfung und Geschichte, in: Judaica 24, 1968, 44ff.

weist[111], wird Gott erkennbar[112], nur Auserwählte erkennen Ihn von sich aus[113]. So sind für Menschen Gott, Thora und Schöpfung und Geschichte verflochten als aufeinander verweisend und vereinzelt dem Begreifen entzogen gegeben, wobei Gott die Thora und die Schöpfung und die Geschichte durchdringt, diese aber auf Ihn und Seine Herrlichkeit zeigen.

Er durchdringt die Thora. Er, der Ewige, ist Schöpfer und Bewahrer der heiligen Thora, ja, Er beobachtet selbst die Thora[114], die als Erstling Seines Willens ihre Kraft aus Seinem Worte zieht[115]. Die Thora ist Weisung; Weisung erging und ergeht als Grundlage der Herrschaft[116], aber auch als Ausdruck der Gnade[117]: beides ist aufgehoben in Bundesschlüssen[118]. So ist die Thora Bestimmung des Bundes[119], den Er in Zuwendung einging. Die vom Ewigen gegebene und durchdrungene Weisung klärt auch das Wirken Gottes, das ohne Belehrung menschlichem Denken verschlossen und unverständlich bleiben müßte[120]; die Weisung aber geht von Gott aus, der größer ist als sie: sie stellt Ihn vor, ohne Ihn zu beschreiben; sie kündet von Ihm, was Er von sich kündet; sie führt den Weg, den Er weist. Er aber bleibt im Verborgenen, und gleichzeitig in Nähe, so daß Seine verhüllte Gegenwart durch die Anwesenheit der Thora bezeugt wird.

Er durchdringt die Schöpfung.[121] Er ist das Prinzip der Schöpfung, Erhalter

---

111 Vgl. Ps 148; 145, 10 u. a. 112 Vgl. bes. Weish 13, 1ff.

113 Abraham, Hiob, Hiskia und der Messias; vgl. NuR 14, 173a, 40f.

114 Vgl. ʻAboda Zara 3b: „Rab Jehuda hat gesagt, Rab habe gesagt: ‚Zwölf Stunden hat der Tag; die ersten drei sitzt Gott und beschäftigt sich mit der Thora . . .“

115 Vgl. *S. Schechter,* Aspects of Rabbinic Theology. New York ⁵1975, 127ff.

116 Vgl. Sifra zu Lev 18, 2, 85d: „‚Rede zu den Israeliten und befiehl ihnen: Ich, der Herr, bin euer Gott‘ [Lv 18, 2]. R. Schim'on ben Jochai sprach: ‚Das ist es, was Gott sagte ›Ich bin der Herr, euer Gott‹ [Ex 20, 1]. Bin ich nicht der Herr, dessen Herrschaft ihr in Ägypten auf euch genommen habt? Die Israeliten antworteten: Dem ist so! (Gott fuhr fort): So wie ihr mein Reich auf euch genommen habt, nehmt (jetzt) auch meine Verordnungen auf euch: ›Du sollst keine fremden Götter vor mir haben!‹ Das ist es, was hier gesagt wird: ›Ich, der Herr, bin euer Gott!‹ [Lv 18, 2]. Bin ich es, dessen Herrschaft ihr am Sinai auf euch genommen habt? Sie antworteten: So ist es! (Da sprach Gott): So wie ihr meine Herrschaft auf euch genommen habt, nehmt (jetzt) auch meine Verordnungen auf euch: ›Was man in Ägypten tut, wo ihr gewohnt habt, dürft ihr nicht tun!‹ [Lv 18, 3]‘“. Zum Gesamten *M. Buber,* Werke II, 485ff. („Königtum Gottes“).

117 Vgl. *K. Hruby,* Gesetz und Gnade in der rabbinischen Überlieferung, in: Judaica 25, 1969, 49ff.

118 Vgl. *B. Uhde,* Zum Verständnis von „Bund“ (bᵉrith) im rabbinischen Judentum, in: *G. Biemer u. a.,* Freiburger Leitlinien zum Lernprozeß Christen Juden (= Lernprozeß Christen Juden II). Düsseldorf 1981, 248ff. und andere diesbezügliche Beiträge in diesem Band.

119 Vgl. Sifra Bamidbar Shelach § 111 (ed. *Horovitz,* 116, Zeile 10 ff.); vgl. Mechilta Bo Mass. de-pisha 5 (ed. Horovitz/Rabin, 15).

120 Freilich sind Gottes Wege unerforschlich, während Er des Menschen Wege kennt (vgl. Ps 139, 1–18 u. a.); die Weisung gibt Klärung, nicht Begründung.

121 Vgl. GenR 4 (4a): „Ein Samaritaner sprach zu R. Meïr: ‚Ist es möglich, daß der, von dem geschrieben steht: ›Erfülle ich nicht den Himmel und die Erde?‹ [Jer 23, 24] mit Mose zwischen den beiden Stangen der Bundeslade geredet hat?‘ ‚Bringe mir‘, sagte R. Meïr, ‚ein Vergrößerungsglas, und nun schau dein Bild darin!‘ Er sah es groß. Darauf sprach R. Meïr: ‚Bringe mir ein Verkleinerungsglas!‘ Nachdem er es gebracht hatte, sprach R. Meïr: ‚Schau dein Bild darin!‘ Er sah es klein. ‚Wenn nun schon du‘, versetzte R. Meïr, ‚der du Fleisch und Blut bist, dich selbst verändern kannst in jede beliebige Größe, um wieviel mehr vermag das der, welcher sprach und die Welt ward. Wenn er will, heißt es von ihm: ›Erfülle ich nicht den Himmel und

und Vollender von Allem.[122] Er ist der Erste, der Gegenwärtige und der Letzte: vor aller Schöpfung, bei aller Schöpfung, nach aller Schöpfung.[123] Dabei ist Er sich selbst stets gleich, unverändert und unveränderlich, was in Seiner Treue gegenüber der Schöpfung deutlich wird, die er nicht verderben läßt.[124] So erhält der Unwandelbare das Vergängliche, indem Er das Vergängliche in Abhängigkeit beläßt und ihm keine Eigenständigkeit zuweist:

> „Für immer, o Herr, steht Dein Wort fest im Himmel.
> Deine Treue gilt allen Generationen;
> Du hast die Erde gegründet, und sie steht.
> Bis zu diesem Tag besteht sie nach Deinen Befehlen;
> denn alle Dinge dienen Dir" (Ps 119, 89–91).[125]

Er durchdringt die Geschichte.[126] Er ist Herr und Handelnder in der Geschichte, die nur als Geschehen Gottes mit den Menschen, nicht aber als „Faktengeschichte", zu verstehen und zu lernen ist. Diese Geschichte Gottes mit den Menschen beginnt mit der Schöpfung, wird mit der Schöpfung des Menschen Adam vertraut und mit dem Bund mit Noah verbunden, einem Bund, der mit den Bundesschlüssen mit Abraham und Mose immer inniger wird. So ist Geschichte ein Handeln Gottes mit den Menschen und „ein Handeln Gottes durch die Menschen"[127]. Geschichte des Menschen ist niemals ohne Ihn, den Herrn der Geschichte; Geschichte hat kein Bestehen ohne Ihn, der Allem Bestand gibt. Daher ist die Bewegung der Geschichte nur auf ein Ziel gerichtet: auf die Nähe Gottes und der Schöpfung. Diese Nähe wird in der Geschichte als Vertrautheit und Verbindung gewonnen, deren Grundlage durch die Thora gegeben ist.

„Er" ist der, der sich erwiesen hat, der durch Thora, Schöpfung und Geschichte dringt, weil er der Gegenwärtige ist. Er ist in Seinem Zuwenden zur Schöpfung nicht erklärbar, sondern die Wirkungen Seines Zuwendens erklären Schöpfung und Geschichte, und der Erstling aller Wirkungen, die Thora, ist dem Menschen erste Hilfe zur Klärung. Und klar ist: Er, dessen Name – nicht ausgesprochen – gegenwärtig ist wie Er, Er ist da und Er handelt. Dies ist nicht Gegenstand undeutlichen Wissens, dies ist Gewißheit, die aus der Kenntnis und Erfahrung der Geschichte erwächst. Gott ist so nicht der Ferne, sondern der stets Nahe, denn Seine Erhabenheit wird durch Seine Werke der Liebe zur Schöpfung vermittelt:

„R. Simlai hat gesagt: Willst du wissen, daß alle Wege Gottes Liebe sind [Ps 25, 10]? Im Anfang der Thora hat er eine Braut geschmückt [vgl. Gn 2, 22]; an ihrem Ende Liebe, denn er hat einen Toten begraben [vgl. Dt 34, 6]; und in ihrer Mitte hat er einen Kranken besucht [vgl. Gn 18, 1]." [128]

---

die Erde?‹, und wenn er will, redet er mit Mose zwischen den Stangen der Bundeslade.'" – Vgl. auch ExR 3 (69d). – Dazu *Schechter*, a.a.O., 27f.

122 Vgl. *B. Uhde* (Hrsg.), Judentum im Religionsunterricht. Sekundarstufe II. München 1978, 138ff.

123 Vgl. ySanh § 1 Hal 1 (18a unten); Mechilta de Rabbi Jischmael, Bachodesch Jethro 5 (ed. Horovitz/Rabin 5. 219f.) u. a.

124 Vgl. Jer 33, 25f. u. a. 125 Übersetzung nach *Heschel*, a.a.O., 72.

126 Vgl. dazu *M. Buber*, Werke II, 1031ff. („Geschehende Geschichte").

127 *Buber*, Werke II, 1033. 128 TanchB § 1, 42a.

Diese Liebe ist auch der Anspruch Gottes an den Menschen, denn „Gott ist kein Begriff, sondern eine Herausforderung. Wir denken Ihn nicht, wir werden von Ihm zutiefst aufgewühlt. Wir können Ihn niemals beschreiben; wir können zu Ihm zurückkehren. Wir können uns zu Ihm hinwenden, begreifen können wir Ihn nicht. Wir können Seine Gegenwart spüren, aber wir können Sein Wesen nicht erfassen. Sein ist der Ruf, an uns die Auslegung. Sein ist die Schöpfung, an uns das Nachdenken darüber. Er ist kein Gegenstand, den man ergreifen, keine These, die man bestätigen könnte. Er ist auch nicht die Summe alles dessen, was ist (Tatsachen), noch eine Zusammenfassung alles dessen, was sein sollte (Ideale). Er ist das höchste Subjekt. . . Während wir über Ihn denken, werden wir von Ihm gedacht."[129] Er ist es, der Allem nahe ist, dem Menschen auch im Fragen und Suchen nahe, denn „die Frage des Menschen nach Gott ist Gottes Frage an den Menschen"[130]. So bleibt der Fragende nicht allein, denn Er ist da.

II. „Unser Gott"

Der Erhabene, Geheimnisvolle, der Schöpfung und Geschichte durchdringt und beherrscht, ist als der Gegenwärtige Herr von Allem, Er ist König der Welt[131]. Diese Königsherrschaft steht in enger Verbindung mit der Herrschaft über Israel[132], das Er sich als Eigentumsvolk erwählte und das Er zu beherrschen sich herabließ. So ist Er für Israel, in das Bundesverhältnis eingetreten, nicht nur ein Gott der Art, wie die Völker Götter verehren, sondern Er ist „Unser Gott" *und* König der Welt. Diese Spannung macht Ihn zum Fernen, Gewaltigen, und gleichzeitig zum Nahen, Liebenden. „Unser Gott" ist es, der den Menschen schuf, der als „Gott der Väter" wirkte, der „uns aus Ägypten" geführt hat, der als treuer Gott Seines Volkes gedenkt; es ist „Unser Gott", der durch die Thora spricht, der Bundesschlüsse mit „uns" einging, der „unsere" Geschichte lenkt – und es ist „unser Gott", der unsere Gebete erhört, in denen wir Ihn so ansprechen dürfen.

„Unser Gott" – dies Wort, das Israel erlaubt, weil gegeben ist, schließt die Völker nicht aus, aber es unterscheidet durch die in diesem Namen Gottes gegebene Zusage.[133] Diese Unterscheidung, deren Inhalt das Volk zum Volke Gottes erhebt, verschränkt die Geschichte des Volkes und das Leben des Einzelnen mit Ihm. Daher kann das Volk den Bund nicht verlassen[134], nachdem es die Thora bereitwillig und zustimmend angenommen hatte[135], und daher kann der Einzelne das Volk nicht verlassen, nachdem er darin geboren wurde[136]: das Verlassen geschieht erst durch die Zurückweisung des Anteils an der künftigen Welt, indem die Abwendung von Gott die Verbindung gebrochen hat.[137]

---

129 *Heschel*, a.a.O., 121. 130 *Heschel*, a.a.O., 103. 131 Dazu *Schechter*, a.a.O., 65ff.

132 Vgl. dazu die bei *Strack/Billerbeck* I, 172ff. gesammelten Belege.

133 Vgl. ExR 29 (88d): „‚Ich bin der Herr dein Gott' [Ex 20, 2]. R. Schim'on ben Jochai hat gesagt: Gott sprach zu den Israeliten: Gott bin ich über alle, die in die Welt kommen, aber meinen Namen habe ich nur mit euch vereint; ich heiße nicht der Gott der Völker der Welt, sondern der Gott Israels."

134 Vgl. *Uhde*, „Bund", 251f. 135 Vgl. Bamidbar Rabba 14, 10.

136 Vgl. bQid 68a: wer von einer jüdischen Mutter geboren ist, gehört zum Volke (vgl. Maimonides, Mischneh Thora, Sefer Keduschah, Hilchoth isurej biah 15, 3f.); „Künder" aber bleiben alle, selbst Unzuverlässige und Götzendiener (vgl. bQid 36a).

137 Vgl. z.B. mSanh X, 1 u.a.

„Unser Gott“ – das ist Ausdruck Seiner Zuwendung zu Israel, ist Hinweis auf die enge Bindung. „Unser Gott“ – das ist auch Ausdruck des antwortenden Menschen, Ausdruck des Gebetes Israels. Es ist Anrede Gottes im zweifachen Sinne und eben daher inniges Verhältnis. Dieses Verhältnis ist geprägt durch Seine Treue und Israels Vertrauen. Es ist ein Verhältnis, das dem des Vaters[138] und der Mutter[139] zu den Kindern gleicht: „Kinder Gottes“ werden die Israeliten genannt.[140] Daher ist der „Vater im Himmel“[141] der fürsorgliche Nahe, und „im Himmel“ der Ferne; Er ist der Liebende und der Strenge. Die Strenge Gottes wird aber vermittelt durch Seine Liebe, weil alles Tun Gottes zum Guten ist.[142]

Das Tun Gottes erweist sich beispielhaft an Seinem Volk, das dieses Tuns im Ritus gedenkt. Dieses Gedenken hält gegenwärtig, was die Völker nur als vergangen verstehen, weil sie die Kraft der Wirkungen dieses Tuns nicht unmittelbar annehmen. Wie aber der Ewige der Gegenwärtige ist, so ist Israel gegenwärtig im Gedenken des Ewigen, und nur dies Gedenken erhält Sein Volk. „Unser Gott“ läßt „uns“ Anteil nehmen an Seiner Herrlichkeit der Gegenwart, indem Er die Feste gestiftet und „uns“ durch die besondere Gabe des Sabbath – in zweifacher Weise eingesetzt und auch daher besonderer Ausdruck der Weisen der Zuwendung – ausgezeichnet und unterschieden hat[143].

Das Wirken Gottes beginnt bei der Schöpfung, deren am Sabbath gedacht wird. Es ist ein Gedenken, das Sein Wirken von Anfang an erinnert, das Seine Taten an der Schöpfung, am Menschengeschlecht und an Israel vergegenwärtigt. So ist das Gedenken Israels ein Bedenken der auf Israel weisenden Fürsorge Gottes, dessen Wille von Anbeginn auf Israel und dessen Erwählung gerichtet war. Es ist das gedenkende Bedenken der Geschichte, deren Verlauf durch das Verhalten des Volkes einen Wechsel von Freude und Leid – von Heimat und Galuth – erkennen läßt. „Unser Gott“ ist der Gott der Geschichte Israels, es ist der Gott, der mit Israel Geschichte verwirklicht.

„Unser Gott“ ist aber als der Gegenwärtige der Nahe – und als der Ferne ist er gleichwohl nicht der Fremde.[144] Das besondere Verhältnis Gottes zu Israel ist auch ein Verhältnis der Bekanntschaft, zu der Er sich auf Israel wie auf eine Geliebte eingelassen hat. Dieser so gewaltige Vorgang, unbegreiflich dem Menschen, vollendet sich im göttlichen Nahen auf dem Sinai. Von diesem Ereignis an ist engste Vertrautheit zwischen Gott und Israel; auch wenn Gott als der Mächtige

---

[138] Vgl. die bei *Strack/Billerbeck* I, 392ff. gesammelten Belege.

[139] Vgl. Js 49, 14; Js 66, 13; Hos 11, 1f. u.a. [140] Vgl. Anm. 136. [141] Vgl. Sir 23, 1 u.a.

[142] Vgl. bBer 60b: „R. Huna sagte, Rab habe im Namen des R. Meïr gesagt – und ebenso ist im Namen des R. Aqiba als Bar gelehrt worden: Immer gewöhne sich ein Mensch zu sagen: Alles, was der Allbarmherzige tut, tut er zum Guten, wie jenes Erlebnis des R. Aqiba zeigt. Als dieser sich einmal unterwegs befand, kam er in eine Ortschaft; er bat um Beherbergung, aber man gewährte sie nicht. Er sprach: Alles, was der Allbarmherzige tut, ist zum Guten. Er ging und übernachtete auf einem Felde. Er hatte bei sich einen Hahn und einen Esel und eine Lampe. Es kam ein Windstoß, er löschte die Lampe aus; es kam eine Katze, sie fraß den Hahn; es kam ein Löwe, er fraß den Esel. Da sagte er: Alles, was der Allbarmherzige tut, ist zum Guten. In jener Nacht kam eine Streifschar und führte die Ortschaft in die Gefangenschaft. Da sprach er zu ihnen: Habe ich es euch nicht gesagt: Alles, was der Heilige – gepriesen sei Er! – tut, das ist alles zum Guten.“

[143] Vgl. Ex 20, 8f; Dt 5, 12f.; vgl. *Uhde*, „Bund“, 250. [144] Vgl. yBer 9, 1 u.a.

fern von Seinem Volke scheint, so bleibt diese vertraute Verbindung ewig: „Selbst eine eiserne Scheidewand kann keine Trennung erwirken zwischen Israel und seinem Vater im Himmel."[145]

„Unser Gott" ist das Prinzip Israels und das Prinzip von Allem. Er ist nicht Prinzip Israels, weil er Prinzip von Allem ist, sondern Er ist Prinzip von Allem, weil er Prinzip Israels ist.[146] Daraus erhellt die wahre und tiefe Bedeutung des Wortes „unser": wäre nicht Gottes Einlassen auf Israel, dürfte dies die Gemeinschaft fassende Wort nicht gebraucht werden, und wäre nicht Israels prinzipielle Verantwortlichkeit in diesem Wort verwahrt, so würde mit Israel Alles untergehen. Daraus ergibt sich Israels Verhältnis auch zur Welt: wie die Treue Gottes Israel erhält, so dies Vertrauen Israels die Welt.

„Unser Gott" ist aber auch der Gott jedes Einzelnen, der in der Gemeinschaft des Volkes ist oder diese sucht. Daher ist der Israelit als Einzelner von Gott prinzipiell angerufen, und auch als Einzelner ist er mit dem „Vater im Himmel" verbunden, von Ihm geliebt und beschützt. An Ihn wendet er sich, antwortend auf Seine Zuwendung, voller Hoffnung, voll Vertrauen. So ist Gott nicht eine abstrakte, allgemeine Größe, sondern ein Lebendiger, der auch für den einzelnen Israeliten – wie für jeden Menschen guten Willens – Seinen Namen offenbart: Ich bin da.

III. „ER Einer"

Er, der von sich spricht „Ich bin da", Er ist Gott. Er ist Gott Israels. Was unterscheidet nun Ihn von den Göttern der Völker?

Der Gott Israels stellt sich vor als der einzig Eine. Die Einzigkeit Gottes umfaßt Seine Einzigkeit und Seine Ewigkeit.[147] Das Wissen um diese Einheit kann nur als Wirken dieser Einheit selbst verstanden werden, als Zuwendung der Einheit zur Vielheit. Solches Denken ist Reflexion des einheitlichen Wirkens, bedingt durch dieses Wirken und gerichtet auf dieses Wirken. Daher ist das Bedenken der Einheit Gottes nicht möglich, ist sie doch Voraussetzung allen Denkens, denn „Er ist Einer, aber nicht durch Einheit".[148]

Die Einheit des Einen selbst ist unbegreiflich, aber sie ist – wie die Einheit des göttlichen Namens und die Einheit der Thora – auslegbar als sichere Voraussetzung und fester Glaube.[149] Für diese Auslegung können vier prinzipielle Bereiche erschlossen werden: Erstens ist der Gedanke der Einheit Gottes ein Ausschluß des Polytheismus, zweitens bedeutet er die Unvergleichlichkeit und Einmaligkeit

---

[145] Ausspruch des Jehoschua ben Levi (Pesachim 85b).

[146] Vgl. TanchB § 3 (1b); LvR 23 (121d) u.a.

[147] Zur Einheit Gottes vgl. *S. S. Cohon*, The Unity of God. A Study in Hellenistic and Rabbinic Theology, in: HUCA XXVI, 1955, 425ff.; *E. E. Urbach*, The Sages. Their Concepts and Beliefs I. Jerusalem 1975, 19ff.; *J. Maier*, Geschichte der jüdischen Religion. Berlin/New York 1972, 162f., 346f. (dort weitere Literaturangaben). Vgl. auch *Heschel*, a.a.O., 95ff.

[148] *Maimonides*, Führer der Unschlüssigen I, 57; vgl. *Maimonides'* Mischna-Kommentar zu mSan X, 1: „Ich glaube ..., daß Gott ... keine Einheit gleicht ..." (2. „Glaubensartikel" des Maimonides).

[149] Hier ist auch der Ort der Religionsphilosophie, die besonders vom Neuplatonismus angeregt wurde; als Überblick dienlich *I. Husik*, A History of Mediaevel Jewish Philosophy. New York [4]1976.

Gottes, drittens zeigt er Seine Unbedürftigkeit und viertens die Einfachheit und Unbeschreiblichkeit des Einen.[150] Diese Bereiche legen gemeinsam nahe, nicht anders als auf dem Wege der Negation über Ihn nachzusinnen, ist Er doch der einzige Eine, der sich selbst begreift.[151]

Was bedeutet aber die Einheit des Einen? Zunächst dies: Er tritt nicht in die Anschauung, da Er als Einheit der Wahrnehmung der Vielheit entzogen ist: „Mein Angesicht kannst du nicht schauen, denn kein Mensch sieht mich und bleibt am Leben."[152] Und Er braucht auch nicht in die Anschauung zu treten, da Er ohnehin gegenwärtig ist, solche Gegenwart zeitlicher Wahrnehmung aber unzugänglich bleibt. Wahrnehmbar sind die Wirkungen des Einen in Thora, Schöpfung und Geschichte, wahrnehmbar Seine Taten an Israel und den Völkern; so ist Er, der Eine, das einzige Prinzip allen Geschehens. Es liegt an den Wahrnehmenden, dies zu erkennen.

Die Einheit des Einen ist aber auch Gegenstand zweimaligen täglichen Bekennens.[153] Damit wird nicht die Einheit des Einen an sich, sondern in ihrer Relation zu „uns", in ihrer prinzipiellen Bedeutung für „uns" erhoben. Diese Bedeutung wird in der Abgrenzung zu den Völkern besonders deutlich.[154] Israel bedarf des Einen, um sich zu bewahren, es bedarf des Anrufs des Einen. Der Eine wendet sich in einmaliger Weise zu, und Israel antwortet Ihm in einmaliger Weise; die göttliche Einheit verbürgt die Einmaligkeit dieser Beziehung. „ER Einer" ist daher auch Ausdruck einer Beziehung und eines Wissens, das durch Thora, Schöpfung und Geschichte vermittelt die Gegenwart des Einen als lebendige Offenbarung begreift. Dies Begreifen lehrt auch, was allein Prinzip des Judentums ist:

„Einst saß Rabbi Mendel eine ganze Nacht mit seinen Chassidim. Keiner redete, aber alle spürten eine große Ehrfurcht und eine große Erhebung. Zuletzt sagte der Rabbi: ‚Wohl dem Juden, der weiß, daß der Sinn von ›Einer‹ Einer ist!'".[155]

5.2.3 Das Volk Gottes in christlichem Verständnis (Karl-Heinz Minz)

Die Selbstmitteilung Gottes[156] bleibt nach christlichem Glauben ein für allemal der Welt eingestiftet, und zwar wird die neue Bundeswirklichkeit im Heil-von-Gott-in-Jesus-Christus[157] gebildet. Dieses Ja Gottes, das im Mysterium Paschale

---

150 So *Philo;* vgl. dazu *H. A. Wolfson,* Philo I, Cambridge (Mass.) ⁴1968, 171ff.

151 Vgl. *Maimonides,* Führer der Unschlüssigen I, 59.

152 Ex 33, 20; vgl. Ex 19, 21; Lv 16, 2; Nm 4, 20.

153 Im Gebet „Schma", das abends und morgens zu lesen ist.

154 Vgl. *J. Maier,* a.a.O., 166: „Das forcierte Bekenntnis des EINEN Gottes als des Schöpfers und Herrn entsprang nicht einer theologischen Spekulation, sondern einer bedrängenden religiösen Konfrontation."

155 *M. Buber,* Werke III, 692.

156 Zu diesem zentralen Begriff etwa in der Theologie von *Karl Rahner* in dessen Schriften zur Theologie, Bd. IV. Neuere Schriften, Einsiedeln, Zürich, Köln ⁵1967, 18f., 21f., 84, 87, 90–98, 125–127, 171, 220f., 264–269, 303, 311, 319, 323f., 327, 338, 414, 494.

157 Vgl. *E. Schillebeeckx,* Menschliche Erfahrung und Glaube an Jesus Christus. Eine Rechenschaft, Freiburg, Basel, Wien 1979, 75. Ferner: *P. Escobar,* Das universale concretum Jesu Christi und die „eschatologische Reduktion" bei Hans Urs von Balthasar, in: ZKTh 100 (1978), 560–595.

gesprochen worden ist, hat der Schöpfung Heil als end-gültige, sinn-volle Zukunft eingestiftet. Die werdende Gottesherrschaft realisiert sich fortan durch werdende Christusherrschaft. Alle ambivalente Dialektik der Geschichte[158] wurde hier durch eine allerkonkreteste Dia-logik, durch das inkarnierte Wort Gottes, zerbrochen. Bezeugung und zeitenüberdauernde Vergegenwärtigung solcher Erlösung und Versöhnung geschieht durch die Kirche, welche sich als das in Kreuz und Auferstehung ihres Herrn lebende Bundes- und Gottesvolk versteht.[159]

I. Das Christusereignis als gründender Grund des Gottesvolkes der Kirche

Durch die aktive Pro-existenz[160] des irdischen Jesus und die betroffenmachende Erfahrung von ‚Vergebungsgnade'[161] an Ostern bildete sich eine Jüngergemeinde, und zwar *im* Volk Israel. Diese Jünger gingen auch nach Ostern in den Tempel, um dort zu beten und zu opfern.[162] Obwohl die Ersten, die Jesus nachfolgten,[163] genau wie er auch gesetzestreue Juden waren, so sind es die folgenden Zentrifugalkräfte gewesen, die dann schließlich zu einer neuen Gemeindebildung führten:[164] Die Taufe auf den Auferstandenen, Gebetsgottesdienst und eschatologisch verstandenes Gemeindemahl, eine vom jüdischen Leben abgegrenzte Gemeindeleitung und die damit verbundene gemeindliche Koinonia.

Auf diesem Hintergrund aber waren es zwei gravierende Zäsuren, die zu einer definitiven Trennung von der jüdischen Kultgemeinde führten, nämlich 1.) die durch Paulus von Tarsus betriebene Heidenmission und 2.) die Zerstörung des Jerusalemer Tempels im Jahre 70.[165]

Die neue Gemeinde[166] verstand sich vom Golgotha-Bund her als das *neue Volk Gottes* (λαός, ἐκκλησία). Nach dem Glauben dieser Gemeinde ist in Jesus Christus Gottes eschatologische Bundestat, „das Ende der Zeit"[167] dem Kosmos einge-

---

[158] Dazu: *H. Schlier,* Das bleibend Katholische. Ein Versuch über ein Prinzip des Katholischen, in: *ders.,* Das Ende der Zeit. Exegetische Aufsätze und Vorträge III, Freiburg, Basel, Wien 1971, 297–320, bes. 314–316 über die Kirche.

[159] Vgl. *I. Backes,* Gottes Volk im Neuen Bunde, in: TThZ 70 (1961), 80–93; ebd. 83f. Hinweis auf Theologen, die die Kirche als ‚Volk Gottes' darstellen.

[160] Vgl. *W. Breuning,* Aktive Proexistenz – Die Vermittlung Jesu durch Jesus selbst, in: *ders.,* Communio Christi. Zur Einheit von Christologie und Ekklesiologie. Hrsg. von *J. Herberg,* Düsseldorf 1980, 48–69. Sowie *H. Schürmann,* Wie hat Jesus seinen Tod bestanden und verstanden? Eine methodenkritische Besinnung, in: Orientierung an Jesus. Zur Theologie der Synoptiker. *FS J. Schmid,* hrsg. von *P. Hoffmann* in Zusammenarbeit mit *N. Brox* und *W. Pesch,* Freiburg, Basel, Wien 1973, 325–363.

[161] So *E. Schillebeeckx,* Jesus. Die Geschichte von einem Lebenden, Freiburg, Basel, Wien ^{3}1975, 344–346. [chen 1979, 246.

[162] Das wird durch Apg 2, 46 nahegelegt. Vgl. dazu *F. Mußner,* Traktat über die Juden, Mün-

[163] Vgl. *Schillebeeckx,* Jesus, 194–203: „Die vorösterliche Lebensgemeinschaft der Jünger, die ‚ihm nachfolgen', mit Jesus".

[164] Nach *H. Küng,* Die Kirche, Freiburg, Basel, Wien ^{4}1967 (= ÖF.E Bd. 1), 133–135.

[165] Vgl. dazu *Küng,* Kirche, 135–138, sowie *H.J. Schoeps,* Das Judenchristentum. Untersuchungen über Gruppenbildungen und Parteikämpfe in der frühen Christenheit, Bern und München 1964 (= Dalp-Taschenbücher, Bd. 376).

[166] Zur Diskussion um den sogenannten Frühkatholizismus die Kontroverse zwischen *K. H. Neufeld* und *H. Wagner* in: ZKTh 94 (1972), 1–28, 433–444; 96 (1974), 353–384; 98 (1976), 52–64, 440–446. [167] Vgl. die Beiträge in *Schlier,* Das Ende der Zeit.

stiftet worden. Konzentriert hat die Ekklesia dieses Novum, gerade auch dezidiert und bewußt in Absetzung von Israel als dem „alten“ Gottesvolk, in 1 Petr 2, 9–10 formuliert. Dort heißt es:

„Ihr aber seid ein auserwähltes Geschlecht, eine königliche Priesterschaft, ein heiliger Stamm, ein zu eigen erworbenes Volk, auf daß ihr die Großtaten dessen verkündet, der euch aus der Finsternis berufen hat in sein wunderbares Licht. Die einst Nichtvolk waren, sind nun Gottesvolk; die kein Erbarmen fanden, haben nun Erbarmen gefunden.“[168]

Ein heutiger Judenchrist, Daniel Rufeisen aus Haifa, beurteilt die Brisanz dieser Ablösungsphase folgendermaßen:

„Weil die Entwicklung vom Urchristentum, das ja noch jüdisch war, nach Griechenland und nach Rom ging, muß unser Christentum in einer Einheit mit der großen Kirche geschehen. Ich glaube, hier war der große Fehler der Urchristen. Sie hatten aufgehört, sich gegenseitig als Brüder zu sehen, sowohl die hellenistisch geprägten als auch die jüdisch geprägten Christen. In einer ersten Epoche ging das noch. Da war die Kirche genügend pluralistisch, um sich als eine Kirche zu sehen, obwohl sie verschiedene Gesichter hatte. Dann aber, vom 3. oder vielleicht erst 4. Jahrhundert an, geschah die Tragödie des Christentums, indem man diejenigen, die von Anfang an wirklich Brüder waren, nicht mehr als Brüder angesehen hat und sehen wollte. Heute muß ich als Christ jüdischer Herkunft diese Position annehmen. Oder darf ich heute, ohne daß ich aufhöre, die Brüder der großen Weltkirche Brüder zu nennen, wieder fragen: Wie war es eigentlich damals? Die große Kirche kann sich doch heute erlauben, mich als einen Christen, der den Quellen nähertreten möchte, als Bruder anzunehmen. Die Kirche ist doch heute stark genug zu dieser Offenheit ihrer Mutter (-Religion) gegenüber.“[169]

Das Selbstverständnis der Kirche (als des „neuen“ Gottesvolkes) ist vom eschatologischen Christusbund aus ein wesentlich heilsgeschichtliches Bewußtsein. In diesem Volk werden die einzelnen Heilsmysterien je neu einer Jetztzeit vermittelt. 1 Joh 1, 2–3 formuliert das so: „Wir künden euch das ewige Leben, das beim Vater war und uns erschien. Was wir gesehen und gehört haben, künden wir euch, damit auch ihr Gemeinschaft habt mit uns und unsere Gemeinschaft Gemeinschaft sei mit dem Vater und mit seinem Sohn Jesus Christus.“[170]

Die Heilskategorien Gott, Bund, Land[171] und Hoffnung/Zukunft finden sich *in* der Kirche, und zwar im und durch den von Christus „erneuerten Bund. Zugleich geht sie durch eine Zeit der vielfachen Unvollendetheit der letzten Vollendung, dem eschatologischen Gottesreich entgegen, zu dem Gott selbst sie hinführt. So ist sie wesentlich Kirche zwischen den Zeiten, Kirche im Übergang, und damit nicht etwa eine Kirche der Angst, sondern eine Kirche der Erwartung und

---

168 Zu dieser Trennung *C. Thoma*, Christliche Theologie des Judentums, Aschaffenburg 1978 (= CiW 6. Ser., Bd. 4a/b), 217–231.

169 *D. Rufeisen*, Experiment Judenchristentum. Hoffnung für die Weltkirche, in: Entschluss. Zeitschrift der Jesuiten 36 (1981), Heft 2, 14–16, hier 15.

170 So auch im programmatischen Prooemium der Dogmatischen Konstitution ‚Dei Verbum‘ des II. Vatikanums; ebd. in Nr. 4: Der endgültige Bund in Jesus Christus.

171 Vgl. zu diesem Gefüge auch die Ausführungen unten im Beitrag „Land“ (5.2.4).

der Hoffnung: eine Kirche, die aus ist auf die Vollendung der Welt durch Gott."[172]

Von einer solchen eschatologischen Spannung eines ‚Schon und noch nicht', in der die Kirche immer lebt, wird die Forderung eines ‚ecclesia semper reformanda' selbstevident, geht es doch darum, die Heilsbotschaft, die in Jesus dem Christus geschenkt worden ist, in ihrer Ursprünglichkeit und Identität, gerade auch in einer Kirche der Sünde und der Schwachheit, je neu zu vermitteln und zu prädizieren.[173] Nur dann wird die Kirche ihrem Wesen als ‚Leib Christi'[174] entsprechen können. Und nur dann behält die folgende Charakterisierung von Kirche ihre Gültigkeit:

„Das Haupt dieses Leibes ist Christus. Er ist das Bild des unsichtbaren Gottes, und in ihm ist alles geschaffen . . . Er ist das Haupt des Leibes, welcher die Kirche ist . . . Die Kirche, die sein Leib und seine Fülle ist, erfüllt er mit seinen göttlichen Gaben (vgl. Eph 1, 22–23), damit sie sich ausweite und gelange zu der ganzen Fülle Gottes (vgl. Eph 3, 19)."[175]

II. Die Kirche als Ur- und Wurzelsakrament

In der Sendung des präexistenten und wesensgleichen Logos, dem Sohn, teilt sich der dreifaltige Gott selbst seiner Schöpfung mit. Jesus Christus als der absolute Heilbringer[176] *ist* daher Sakrament par excellence. In ihm ist der dreifaltige Gott immanent-transzendent an-wesend, *konkret* präsent im raum-zeitlichen Corpus Christi mysticum. Die Kirche bleibt damit zutiefst eingebunden in die Zirkulation des trinitarischen göttlichen Lebens.

Diese konstituierende Relationalität ist vom II. Vatikanum im Dekret über die Missionstätigkeit der Kirche deutlich ausgesprochen. Denn die „pilgernde Kirche ist ihrem Wesen nach ‚missionarisch' (d. h. als Gesandte unterwegs), da sie selbst ihren Ursprung aus der Sendung des Sohnes und der Sendung des Heiligen Gei-

---

172 *Küng*, Kirche, 158.

173 Dazu *H. Küng*, Artikel ‚Reform der Kirche', in: Handbuch theologischer Grundbegriffe, dtv-Ausgabe Bd. 2, München 1970, 467–472. Besonders auch *A. Mirgeler*, Kirche ohne Prophetie, in: Internationale Katholische Zeitschrift »Communio« 2 (1973), 321–341. Sowie *K. Rahner*, Das Dynamische in der Kirche, Freiburg 1958 (= QD 5).

174 Dazu die Grundlegung in der Enzyklika ‚Mystici Corporis' vom 29. Juni 1943 (in: DS 3800–3822). Zur Übersicht über die Ekklesiologie: DS, Index systematicus: Deus congregans ecclesiam salutis, G 1a-H 2c. Ferner die folgenden Sammelbände: *G. Baraúna* (Hrsg.), De Ecclesia. Beiträge zur Konstitution »Über die Kirche« des Zweiten Vatikanischen Konzils, 2 Bde., Freiburg, Basel, Wien 1966. *F. Holböck/Th. Sartory* (Hrsg.), Mysterium Kirche in der Sicht der theologischen Disziplinen, 2 Bde., Salzburg 1962. *K. Rahner*, Schriften zur Theologie, Bd. XIV, In Sorge um die Kirche. Bearbeitet von *P. Imhoff SJ.*, Zürich, Einsiedeln, Köln 1980. *U. Valeske*, Votum Ecclesiae. I. Teil, Das Ringen um die Kirche in der neueren römisch-katholischen Theologie. Dargestellt auf dem Hintergrund der evangelischen und ökumenischen Parallel-Entwicklung. II. Teil, Interkonfessionelle ekklesiologische Bibliographie, München 1962.

175 Dogmatische Konstitution ‚Lumen Gentium' des II. Vatikanischen Konzils, Nr. 7; zu den Bestimmungen ‚eine, heilige, katholische und apostolische Kirche' des Symbolons: *H. Küng*, Strukturen der Kirche, Freiburg, Basel, Wien 1962 (= QD 17), 36–74.

176 Vgl. diesen Begriff in der Theologie *K. Rahners*, z.B. in dessen Schriften zur Theologie, Bd. V, Zürich, Einsiedeln, Köln [3]1968, 202f., 206.

stes herleitet gemäß dem Plan des Vaters ... Er hat die göttliche Güte freigebig ausgegossen und gießt sie immerfort aus, so daß er, der Schöpfer von allem, endlich ‚alles in allem' (1 Kor 15, 28) sein wird, indem er zugleich seine Herrlichkeit und unsere Seligkeit bewirkt."[177]

Die Kirche als der Leib des erhöhten und in seiner Gemeinde an-wesenden Herrn lebt wie dieser Kyrios selbst als ein ‚Esse ad Patrem' in einem sakramental-trinitarischen Gefüge.[178] Das Volk Gottes kann daher im Raum dieser trinitarisch/christozentrischen Lebensdynamik als Ur- und Wurzelsakrament charakterisiert werden. Nach O. Semmelroth, der diese Nomenklatur in die neuere theologische Diskussion eingebracht hat,[179] bleibt zwar eine Unterscheidung zwischen dem Wurzelsakrament Kirche und dem Ursakrament Christus sinnvoll. „Wenn man die Kirche als Ursakrament bezeichnet, weist man darauf hin, daß ihre einzelnen Heilshandlungen, je mehr und eigentlicher sie Handlungen der Kirche sind, um so mehr am sakramentalen Charakter der Kirche selbst teilhaben. Nach dem von der Kirche selbst verkündigten Glauben verwirklicht sich diese Aktualisierung der sakramentalen Kirche am dichtesten in den sieben Einzelsakramenten. Dem Vorrang Christi wird dadurch kein Eintrag getan ..."[180]

Der so im und als Sakrament gegenwärtig lebende Kyrios ruft den Menschen in eine personale Entscheidung, insofern Sakrament eo ipso in eine Krisis stellt. Diese Kirche ist ja ein Zeichen, „in dem die durch es zu vermittelnde göttlich-gnadenhafte Wirklichkeit mit Anspruch an die existentielle Entscheidung des Menschen herantritt, ihn anrufend, daß er sich für die Aufnahme der im Sakrament enthaltenen Gnade erschließe."[181]

Durch ein solches Verständnis von Kirche, gleichsam als einem Schlüsselbegriff oder Leitmotiv, läßt sich dann die komplexe Wirklichkeit dieses Wurzelsakraments detailliert erschließen.[182] Wesentlich bleibt ihr *Dienst am Heil* der Welt, der je in und aus der Verbundenheit mit ihrem Haupt (Anakephalaiosis)[183], dem erhöhten Herrn, sein Leben empfängt.

Solche Gegenwart als das Commercium, d. h. als der Austausch von Gott und Welt in Jesus Christus[184], manifestiert sich in der Einheit und Koinonia der Ge-

---

177 Dekret ‚Ad Gentes' des II. Vatikanums, Nr. 2; ebenso ‚Lumen Gentium', Nr. 2–4; ferner: *J. Moltmann*, Kirche in der Kraft des Geistes. Ein Beitrag zur messianischen Ekklesiologie, München 1975. Ebd.: Kirche in der trinitarischen Geschichte Gottes (66–82) und Kirche und Israel (156–171).

178 Vgl. *W. Breuning*, Die Verherrlichung Christi und die Kirche, in *ders.*, Communio Christi, 134–156; ebd., 154–156: Trinitarische Struktur des Heils in der Kirche.

179 *O. Semmelroth*, Die Kirche als Ursakrament, Frankfurt 1953.

180 *O. Semmelroth*, Die Kirche als Sakrament des Heiles, in: MySal IV/1, 309–356, hier 318.

181 *Semmelroth*, a.a.O., 317. Zum Entscheidungscharakter eines notwendigen Gemeindebezugs bei der Kindertaufe: *W. Breuning*, Die Bedeutung der Taufe für die Einübung im Christentum, in: *ders.*, Communio Christi, 167–182.

182 Dazu *E. Schillebeeckx*, Kirche und Menschheit, in: Conc(D) 1 (1965), 29–41, bes. 36f.: Einheit von Schöpfung, Erlösung und »Aufbau der Kirche«. Sowie: *M. Bernards*, Zur Lehre von der Kirche als Sakrament. Beobachtungen aus der Theologie des 19. und 20. Jahrhunderts, in: MThZ 20 (1969), 29–54. (Die Anmerkungen sind eine wahre Fundgrube zum Thema!).

183 Zur Anakephalaiosis: *F. Mußner*, Christus, das All und die Kirche. Studien zur Theologie des Epheserbriefes, Trier 1955 (= TThSt 5), 64–68: „IV. Die ‚Anakephalaiosis' (Eph 1,10) als die Wiederherstellung der ursprünglichen All-Einheit in der eschatologischen Christusherr-

meinde. „Die Kirche ist ja in Christus gleichsam das Sakrament, das heißt Zeichen und Werkzeug für die innigste Vereinigung mit Gott wie für die Einheit der ganzen Menschheit.“[185]

Diese Kirche ist von ihrer Wurzel her, nämlich von der Verwirklichung der Gottesherrschaft in Person, in Jesus dem Christus, ein Verwiesen-Sein auf die eschatologische Gottesherrschaft. Sie ist „vom Herrn als sakramentales Symbol der Gottesherrschaft der Geschichte eingestiftet worden, als Unterpfand des Heilswillens Gottes über die Geschichte. Daher muß sie vom Menschen als Ja zu dieser Gottesherrschaft anerkannt und die Gliedschaft an der Kirche als Leben unter Gottes Herrschaft und im Lebensbereich seines gnädigen Heilswillens verstanden und vollzogen werden.“[186]

‚Werdende Gottesherrschaft durch werdende Christusherrschaft‘ realisiert sich demnach im und als Sakrament Kirche, wiewohl auch hier stets zwischen signum und res des Sakraments differenziert werden muß. Von solcher Diastase darf dann auch das (zu) oft im integralistischen Sinn gelesene Theologoumenon ‚Extra ecclesiam nulla salus‘[187] (und der ‚Necessitas ecclesiae‘) heute nur in der Weise verstanden werden, daß man positiv betont: Es gibt Heil *innerhalb* dieser Kirche. Daher „hat sich die Katholizität der Kirche nicht nur in bezug auf die zu bewähren, die in der Kirche sind, sondern auch in bezug auf die außerhalb. Diese Bewährung geschieht nicht dadurch, daß man die ganze Welt verkirchlicht! Gewiß, die ganze Welt ist in der Hand Gottes, der nach Altem und Neuem Bund nicht nur der Juden und Christen, sondern aller Menschen Gott ist. Der ganzen Welt ist in Christus Gottes Gnade eröffnet ... Die Kirche ist in der Welt. Aber sie behauptet gegenüber der Welt keinen exklusiven heilsgewissen Anspruch und keine geistliche Herrschaft. Was sie will, ist etwas ganz anderes: ein selbstloser unprätentiöser Dienst am Heil dieser Welt. Gerade als wahrhaft katholische Kirche versteht sich die Kirche nicht einfach als Welt, aber andererseits auch nicht als eine geschlossene Gesellschaft von das Heil Besitzenden, sondern als eine offene Gemeinschaft von Dienenden und Helfenden zum Heil aller, der ganzen Menschheit.“[188]

Das II. Vatikanum hat in ‚Lumen Gentium‘ Nr. 16 die Frage nach der Absolutheit der Kirche offengelassen[189], und Monographien über die Absolutheit des Christentums im Kontext der christlich-jüdischen Ökumene stehen noch aus.[190]

---

schaft“. Dazu mit anderer Auffassung: *H. Schlier,* Die Kirche nach dem Briefe an die Epheser, in: *ders.,* Die Zeit der Kirche. Exegetische Aufsätze und Vorträge, Freiburg, Basel, Wien [4]1966, 159–186.

[184] Zum Begriff ‚Commercium‘ in der Theologie von Erich Przywara: *B. Gertz,* Glaubenswelt als Analogie. Die theologische Analogie-Lehre Erich Przywaras und ihr Ort in der Auseinandersetzung um die analogia fidei, Düsseldorf 1969, 360–372.

[185] Lumen Gentium, Nr. 1. [186] *Semmelroth,* a.a.O., 334.

[187] Vgl. *Semmelroth,* a.a.O., 334–340. [188] *Küng,* Kirche, 378; ebd. 371–378.

[189] Lumen Gentium, Nr. 16: „Wer nämlich das Evangelium Christi und seine Kirche ohne Schuld nicht kennt, Gott aber aus ehrlichem Herzen sucht, seinen im Anruf des Gewissens erkannten Willen unter dem Einfluß der Gnade in der Tat zu erfüllen trachtet, kann das ewige Heil erlangen.“

[190] Diese Frage ist z.B. nicht behandelt in: *W. Kasper* (Hrsg.), Absolutheit des Christentums, Freiburg, Basel, Wien 1977 (= QD 79). Jedoch zeigt ein programmatischer Beitrag von

Es bleibt jedoch immer zu betonen und festzuhalten, daß nur in solcher Geöffnetheit die Zeichenhaftigkeit des freimachenden Wurzelsakraments Kirche in der Welt gewahrt wird. Ein kirchenpolitischer Integralismus muß ausgeschlossen bleiben. Die gnadenhafte Selbst-Zusage Gottes im Logos Jesus Christus (als dem Lumen Gentium) ist als Heils-Zeichen und Heils-Angebot in der Kirche der Welt eingestiftet, *Zeugnis* für den ‚Deus semper maior', der diese Welt in ihrer Selbstapotheose durch-kreuzt hat, und der dadurch zugleich auch ein ‚Deus semper minor' ist.[191]

III. Die Diakonie der Kirche

Da die Kirche sich als mystischer Leib Jesu Christi versteht und konstituiert, hat sie aus dieser ihrer Wurzel einen unaufgebbaren trinitarischen Bezug. In der Inkarnation wurde das Liebende-Sich-Sein-Lassen und die unendlich freimachende Gewährnis[192] des trinitarischen Lebens (als der göttlichen plenitudo fontalis) der Welt als end-gültiges Heil geschenkt. Solche christologische Selbstentäußerung setzt sich fort als eine ‚aktive Pro-existenz'[193] in das Leben der Kirche.

Aus diesem Anspruch der Selbstentäußerung soll sich das Leben dieses Gottesvolkes *in* der Welt als ein christologisch begründetes Arm-Sein bestimmen. Die Kirche vermag *nur* in dieser Haltung ihren Dienst und ihr Apostolat als Verwandlung der Welt[194] zu realisieren. Nur dann hat sie Wahrhaftigkeit[195] und Glaubwürdigkeit, nur dann ist sie ‚Salz'[196] und ‚Weizenkorn' (Joh 12, 24). Die Bastionen und Mauern einer Macht-Kirche sind zu schleifen.[197]

In dieser Haltung der Nachfolge Jesu Christi bleibt die Kirche das ‚wandernde Gottesvolk', das von der Mitte einer eucharistischen communio, dem Herren-

---

J. Oesterreicher die Richtung einer Lösung an: *J. Oesterreicher,* Unter dem Bogen des Einen Bundes – Das Volk Gottes: Seine Zweigestalt und Einheit, in: Theologische Berichte 3, Zürich 1974, 27–69. Ferner: *P. van Buren,* Ein Modell systematischer Verhältnisbestimmung von Israel und Kirche, in: *Martin Stöhr* (Hrsg.), Jüdische Existenz und die Erneuerung der christlichen Theologie. Versuch der Bilanz des christlich-jüdischen Dialogs für die Systematische Theologie, München 1981 (= Abhandlungen zum christlich-jüdischen Dialog Bd. 11), 138–153. Sowie auch die Beiträge in: *H. H. Henrix* (Hrsg.), Unter dem Bogen des Bundes. Beiträge aus jüdischer und christlicher Existenz, Aachen 1981 (= Aachener Beiträge zu Pastoral- und Bildungsfragen 11).

191 So in der gesamten Theologie von Erich Przywara.

192 So in *K. Hemmerle,* Das Heilige und das Denken. Zur philosophischen Phänomenologie des Heiligen, in: *B. Casper, K. Hemmerle, P. Hünermann,* Besinnung auf das Heilige, Freiburg, Basel, Wien 1966, 9–79.

193 Vgl. *Breuning,* Aktive Proexistenz.

194 Dazu die Interpretation von *K. Rahner,* Die gesellschaftskritische Funktion der Kirche, in: *ders.,* Schriften zur Theologie, Bd. IX, Einsiedeln, Zürich, Köln 1970, 569–590; ebd. 569, Anm. 1–3: Literaturhinweise. Sowie *J. Ratzinger,* Kirche als Ort des Dienstes am Glauben, in: *ders.,* Dogma und Verkündigung, München, Freiburg/Br. 1973, 255–262.

195 Das ist überzeugend ausgeführt in *H. Küng,* Wahrhaftigkeit. Zur Zukunft der Kirche, Freiburg, Basel, Wien [8]1968 (= ÖF, Ergänzende Abteilung. Kleine Ökumenische Schriften, 1).

196 Dazu *H.U. v. Balthasar,* Cordula oder der Ernstfall, Einsiedeln 1966 (= Kriterien 2), 111–113: „6. Wenn das Salz dumm wird".

197 So *H.U. v. Balthasar,* Schleifung der Bastionen. Von der Kirche in dieser Zeit, Einsiedeln [4]1952 (= Christ heute. 2. Reihe, 9. Bändchen), 83.

mahl[198] lebt. Ihre trinitarisch-christologische Gegründetheit[199] ist Grund für die Teleologie eines ‚Esse ad Patrem' (Joh 16, 28).[200] Denn das „Volk Gottes hat ja hier keine bleibende Heimstatt, sondern sucht die zukünftige."[201]

Maria als die Ersterlöste bleibt Typos dieser Kirche; d. h.: „Wie die Mutter Jesu, im Himmel schon mit Leib und Seele verherrlicht, Bild und Anfang der in der kommenden Weltzeit zu vollendenden Kirche ist, so leuchtet sie auch hier auf Erden in der Zwischenzeit bis zur Ankunft des Tages des Herrn (vgl. 2 Petr 3, 10) als Zeichen der sicheren Hoffnung und des Trostes dem wandernden Gottesvolk voran."[202]

Das Ziel dieser Pilgerschaft, die universale Versöhnung und Vollendung der Welt, wird also mit der Parusie Christi erreicht sein.[203] Solche Pilgerschaft impliziert eine weltbejahende Diakonie, ein Ernstnehmen der Kreuzestheologie. Im Horizont dieser Kreuzesnachfolge wird deutlich: „Die Verwirklichung des endzeitlichen Friedens hängt weder von der quantitativen Größe der Kirche noch von ihrer machtpolitischen Bedeutung im gesellschaftlichen Kräftespiel, sondern vom Willen Gottes ab."[204] Dieser universale Friede, den die Kirche als Sakrament der Welt vermitteln soll, ist identisch mit dem Frieden, den das Judentum erwartet.[205] So wird am Ende der Zeiten die Kirche in der Parusie ihres Herrn ihre Voll-endung finden. Dann „wird sich jener Gott offenbaren, den Israel, Jesus und die Kirche verkünden: Er wird die Toten erwecken und so seine unüberwindliche Macht zeigen. ‚Wir erwarten die Auferstehung der Toten und das Leben der kommenden Welt.' Das in der Öffentlichkeit aller Welt zu bezeugen, ist gemein-

---

198 Vgl. *P. Neuenzeit,* Das Herrenmahl. Studien zur paulinischen Eucharistieauffassung, München 1960 (= StANT, Bd. 1). Dazu auch die Augustinus-Interpretation von *J. Ratzinger,* Herkunft und Sinn der Civitas-Lehre Augustins. Begegnung und Auseinandersetzung mit *Wilhelm Kamlah,* in: AM Bd. 2, 965–979; ebd. 978f.: Die Kirche weiß sich „gerade in der sakramentalen Feier des Herrenmahles jenem ‚Oben' verbunden, in dem sie wahrhaft zu Hause ist. Ihr wahres Wesen ist es, am Leib des Herrn teilzunehmen und so selber dieser Leib zu sein. Unter Civitas Dei ist also die ecclesia zu verstehen, die als Gemeinschaft des Herrenleibes die pneumatische Polis Gottes oder vielmehr deren auf Erden in Fremdlingschaft harrender Teil ist ..."

199 *W. Beinert,* Der Sinn der Kirche?, in: MySal IV/1, 288–308; die Kirche „ist die Repräsentanz der Welt, die in der Wahrheit des Sohnes und der Liebe des Geistes das Leben des Vaters gewinnt. Ihre Pro-Existenz wird nochmals deutlich, wenn wir darauf hinweisen müssen, daß sie das immer nur ansatzhaft, immer nur fragmentarisch realisiert: Die endgültige Versöhnung Gottes mit der Welt ohne Rest und ohne Rätsel, die Aufrichtung von Gottes Herrschaft und Reich ist das Ereignis des endgültigen eschatologischen Einbruchs Gottes in die Geschichte in der Parusie Christi." Ebd. 306.

200 So auch in der Interpretation bei *W. Thüsing,* Per Christum in Deum. Studien zum Verhältnis von Christozentrik und Theozentrik in den paulinischen Hauptbriefen, Münster ²1969 (= NTA, NF 1).

201 Lumen Gentium, Nr. 44; vgl. Unitatis Redintegratio, Nr. 3 und Gaudium et Spes, Nr. 11.

202 Lumen Gentium, Nr. 68.

203 Vgl. die Parusie-Theologie bei P. Teilhard de Chardin!

204 *Beinert,* a.a.O., 307; ferner: *A. Böckmann,* Die Armut in der innerkirchlichen Diskussion heute. Ein Beitrag zu einem Neuverständnis der Ordensarmut, Münsterschwarzach 1973 (= Münsterschwarzacher Studien, Bd. 25). Sowie: *J. B. Metz,* Armut im Geiste. Vom Geist der Menschwerdung Gottes und der Menschwerdung des Menschen, in: GuL 34 (1961), 419–435.

205 So die Erklärung der deutschen Bischöfe Nr. 26: Über das Verhältnis der Kirche zum Judentum, VI./3.

same Aufgabe von Christen und Juden."[206] Der ‚Bogen des einen Bundes'[207], unter dem die Bruderreligionen Judentum und Christentum in einer raum-zeitlichen Zwiefachheit leben, wird sich dann in das Pleroma Gottes als universale Erlöstheit aufheben – und Gott wird sein ‚alles in allem' (1 Kor 15, 28).

5.2.4 „Land" als theologische Kategorie

Die Schöpfung ist freieste Gabe Gottes an und für den Menschen. In Welt und Kosmos offenbart sich Gott mit seinem Wesen, und zwar als liebendes Du in der Stiftung von bundhaft geformter Heilsgeschichte. Das Volk des Christus-Bundes[208] versteht sich in dieser guten Schöpfung Gottes als Zeichen und Ursakrament; es verwirklicht nämlich in der Gestalt seines Dienens eine heilmachende und befreiende Güte an den Strukturen dieser Welt. Durch solchen Dienst an der Schöpfung wird ein Beitrag zu deren Voll-endung geleistet, so daß das Pleroma Gottes ‚am Ende der Zeit'[209] sie durchformt und durchflutet.[210] So wird gerade hier, bei den heilsökonomischen Aussagen über „Land" in deutlicher Weise das Gefüge der Heilsmysterien (cf. DS 3016) *leibhaftig*.

*I. Schöpfung und Welt als **äußerer** Grund des Christusbundes*

Der dreifaltige Gott hat in seinem Wirken nach außen (operationes ad extra)[211] die Welt aus freiestem Willen (DS 3002)[212] und aus dem Nichts geschaffen.[213] Das biblische Verb bara (ברא) besagt eben diese Schöpfung aus dem Nichts. Nach christlichem Glauben ist die Schöpfung der *äußere* Grund des Bundes, in welchem sich Gott selbst in Jesus dem Christus gnadenhaft mitgeteilt hat. Und umgekehrt bildet der Bund den *inneren* Grund von Schöpfung.[214]

Von daher ist das Motiv der Schöpfung[215] in der Antwort auf die Frage nach

---

206 Ebd. VI./5. 207 Vgl. *J. Oesterreicher,* Unter dem Bogen des Einen Bundes.

208 Vgl. den Beitrag „Volk" in diesem Band 5.2.3.

209 Zum Problem: *G. Greshake,* Auferstehung der Toten. Ein Beitrag zur gegenwärtigen theologischen Diskussion über die Zukunft der Geschichte, Essen 1969 (= Koin. 10), bes. III. Teil: Versuche zum theologischen Zukunftsverständnis.

210 Vgl. hierzu die Christo- und Theozentrik in der Theologie von P. Teilhard de Chardin.

211 DS 1331: „... Pater et Filius et Spiritus Sanctus non tria principia creaturae, sed unum principium."

212 DS 3002: „Hic solus verus Deus bonitate sua et ‚omnipotenti virtute' non ad augendam suam beatitudinem nec ad acquirendam, sed ad manifestandam perfectionem suam per bona, quae creaturis impertitur, liberrimo consilio ... condidit creaturam..." Hierzu *J. Rabeneck,* Die Lehrentscheidung des Vatikanischen Konzils über die Freiheit des Schöpfers, in: Schol. 32 (1957), 565–569.

213 Vgl. *G. May,* Schöpfung aus dem Nichts. Die Entstehung der Lehre von der creatio ex nihilo, Berlin, New York 1978 (= AKG 48).

214 So *K. Barth,* Die Kirchliche Dogmatik. III. Band, Die Lehre von der Schöpfung, Erster Teil, Zollikon-Zürich ³1957, 103–377, bes. 105 und 261. Sowie: *P. Schoonenberg,* Bund und Schöpfung, Zürich, Einsiedeln, Köln 1970.

215 Die Antworten der ‚Schultheologie' bei *J. Auer,* Die Welt – Gottes Schöpfung, Regensburg 1975 (= Kleine Katholische Dogmatik, Bd. III), 90–109; *L. Scheffczyk,* Schöpfung und Vorsehung, Freiburg, Basel, Wien 1963 (= HDG, Bd. II, Faszikel 2a) – besprochen durch *A. Stenzel* in: Schol. 39 (1964), 308f. –.

dem Grund der Inkarnation Gottes gegeben. Die divergierenden Lösungen, die im Laufe der Dogmengeschichte von den verschiedenen theologischen Schulen gegeben worden sind, z. B. solche der Thomisten und solche der Skotisten[216], lassen sich insofern auf einen gemeinsamen Nenner bringen, als (im Blick auf die faktisch sich vollziehende Heilsgeschichte) gesagt werden kann: *Wenn* Gott sich in der Fülle seines Lebens (in Christus) mitteilen wollte, *dann* mußte er den Menschen schaffen. Denn die „Selbstmitteilung des freien personalen Gottes, der sich als ‚Person' (im heutigen Sinn des Wortes!) gibt, setzt einen personalen Empfänger voraus. Gott teilt sich nicht nur faktisch diesem mit, der Adressat der Selbstmitteilung muß vielmehr vom Wesen dieser Selbstmitteilung selbst her so sein. Will Gott in Freiheit aus sich selbst heraustreten, muß er – den Menschen schaffen."[217]

Damit wird eo ipso transparent, daß eine Theologie der Schöpfung und der Welt letztlich immer nur in einem christologisch-trinitarischen Kontext möglich sein kann. Entwürfe einer ‚trinitarischen Ontologie'[218] haben das (im Ausgang vom Christusereignis!) überzeugend dargestellt. Die Welt (als ens contingens)[219] ist demnach nicht das Resultat einer mit Notwendigkeit ablaufenden Emanationsreihe (wie etwa in der monistischen Philosophie Plotins)[220], sondern sie erhält ihre Würde durch das liebende Wollen Gottes, sich mit seinem Leben selbst in sie hinein mitzuteilen.

Dieser Gott bringt sich in Kreuz und Auferstehung Christi in das Geschick dieser Welt ein, ist nicht ein unbeteiligter Zuschauer, sondern wird von ihr betroffen. „Wenn wir die Tatsache der Menschwerdung, die uns der Glaube an das Grunddogma der Christenheit bezeugt, unbefangen und klaren Auges anblicken, dann werden wir schlicht sagen müssen: Gott kann etwas werden, der an sich selbst Unveränderliche kann *selber am andern* veränderlich sein."[221] Ein Pantheismus oder Theopaschismus ist aufgrund der analogia entis (cf. DS 806) in jeder Hinsicht auszuschließen. Und insofern sich Gott in das Andere seiner selbst, in die Schöpfung, weggibt, ihr immanent-transzendent an-west, entsteht ein Novum im dia-logischen Kairos zweier unableitbarer Freiheiten. Das Wechselspiel dieser beiden Freiheiten realisiert sich in Individual- und Universalgeschichte.

„Das Leben ist Gabe, Frei-Gabe und zukunftweisende Auf-Gabe der lebenstif-

[216] Vgl. *F. Malmberg,* Über den Gottmenschen, Basel, Freiburg, Wien 1960 (= QD 9), 9–26.

[217] *K. Rahner,* Der dreifaltige Gott als transzendenter Urgrund der Heilsgeschichte, in: MySal II, 317–401, Zitat 375.

[218] Z.B. bei *F. A. Staudenmaier: A. Burkhart,* Der Mensch – Gottes Ebenbild und Gleichnis. Ein Beitrag zur dogmatischen Anthropologie F. A. Staudenmaiers, Freiburg, Basel, Wien 1962 (= FThSt 79); *K. Hemmerle,* Thesen zu einer trinitarischen Ontologie, Einsiedeln 1976 (= Kriterien 40); *C. Kaliba,* Die Welt als Gleichnis des dreieinigen Gottes. Entwurf zu einer trinitarischen Ontologie, Salzburg 1962.

[219] Hierzu *J. Schmucker,* Das Problem der Kontigenz der Welt. Versuch einer positiven Aufarbeitung der Kritik Kants am kosmologischen Argument, Freiburg, Basel, Wien 1969 (= QD 43).

[220] Hierzu *H. Buchner,* Plotins Möglichkeitslehre, München/Salzburg 1970 (= Epimeleia 16).

[221] *K. Rahner,* Zur Theologie der Menschwerdung, in: *ders.,* Schriften zur Theologie, Bd. IV, Neuere Schriften, Einsiedeln, Zürich, Köln [5]1967, 137–155, Zitat 146f. Ferner: *H. Küng,* Menschwerdung Gottes. Eine Einführung in Hegels theologisches Denken als Prolegomena zu einer künftigen Christologie, Freiburg, Basel, Wien 1970 (= ÖF.S 1), 611–670.

tenden göttlichen Treue in und über der von Gott mit dem Menschen geführten und auf eine absolute Vollendung hindrängenden Geschichte, – eine Vollendung, die als universales Leben (Heil, Frieden ...) oder universale Gottesherrschaft angesagt ist. Gerade weil das Leben Frei-Gabe zur Auf-Gabe ist, wird es nicht als ‚Fertiges' dem Menschen übergeben, ist die Geschichte nicht die Reproduktion des (Ge-)Wesens, kommt die vollendete Zukunft nicht (nach einer geschichtlichen ‚Bewährungszeit') von selbst, sondern der Mensch ist von Gott kraft seiner befreiten Freiheit produktiv in den Prozeß des auf Vollendung drängenden Lebens hineingenommen. In Jesus Christus *hat* es seine normative Vollendung gefunden, so aber, daß diese Vollendung als normatives Ziel seiner Jüngerschaft noch bevorsteht."[222]

Heilsgeschichte ereignet sich so als und in Weltgeschichte.[223] Aufgabe der Christen ist es, diese Weltgeschichte zu einer Heilsgeschichte umzuformen. Die Welt ist durch die trinitarischen Sendungen von Sohn und Hl. Geist in die Zirkulation des göttlichen Lebens eingebunden. Gott ist in dieser Selbstmitteilung anwesend und durchformt als ungeschaffene Gnade (gratia increata) die Welt.[224] Geschaffene Gnade ist in den Wirklichkeiten und Strukturen dieser Schöpfung gegeben, nämlich dann, wenn diese innerhalb der umgreifenden Ganzheit des Horizonts trinitarischer Selbstmitteilung je gnadenhaft heils-wirksam werden.

Solche Gnadenordnung wird relevant in bezug auf die Ursünde (peccatum originale) und ihre Folgen. Denn durch die freie Tat des Menschen wurde der gnadenvolle Urstand sündhaft zerstört; die „sehr gute Schöpfung' (Gen 1, 31) verlor dadurch ihre Gottunmittelbarkeit.[225] Diese (nur im analogen Sinn als Sünde zu verstehende) Ursünde kann bestimmt werden „als eine von der willentlichen Entscheidung Adams her *situierte* Daseinsweise"[226], die diese Welt negativ und sündhaft formt.[227]

In Christus wurde die Macht der Sünde zerbrochen; die Schöpfung wurde zu einer ‚Neuen Schöpfung' (καινὴ κτίσις).[228] Gott hat also trotz des menschlichen Versagens nie seine Treue gebrochen. Im Raum dieser göttlichen Treue und Selbstmitteilung darf der Mensch sein Mensch-Sein verwirklichen.

„Die Gnade Gottes vermenschlicht uns, insofern sie uns die Verderbnis, die wir in der geschichtlichen Vergangenheit uns zugezogen haben, langsam überwinden

---

222 *Greshake,* Auferstehung, 412.

223 Zur Problematik solcher Verhältnisbestimmung: *E. Schillebeeckx,* Christus und die Christen. Die Geschichte einer neuen Lebenspraxis, Freiburg, Basel, Wien 1977, 728–744.

224 Zu dieser Unterscheidung: *I. Willig,* Geschaffene und ungeschaffene Gnade. Bibeltheologische Fundierung und systematische Erörterung, Münster 1964 (= MBTh 27).

225 Vgl. *M. J. Scheeben,* Handbuch der katholischen Dogmatik, 3. und 4. Buch, hrsg. von *W. Breuning* und *F. Lakner* (= Gesammelte Schriften, Bd. V), Freiburg, Basel, Wien ³1961; die lehramtlichen Aussagen ferner bei *P. Schoonenberg,* Der Mensch in der Sünde, in: MySal II, 845–941, bes. 899–927: Die Erbsünde.

226 Ebd. 929.

227 Dies in der Sicht von Teilhard de Chardin bei *K. Schmitz-Moormann,* Die Erbsünde. Überholte Vorstellung, bleibender Glaube, Olten und Freiburg/Br. 1969.

228 Dazu *P. Fransen,* Das neue Sein des Menschen in Christus, in: MySal IV/2, 921–984, hier 921–953. Ferner: *A. Seigfried,* Das Neue Sein. Der Zentralbegriff der ‚ontologischen' Theologie Paul Tillichs in katholischer Sicht, München 1974 (= BÖT 10).

hilft, und sie vergöttlicht uns, insofern das Leben Christi, die Vollverwirklichung der Gegenwart Gottes in unserer Menschengeschichte, uns mitgeteilt wird und in uns heranreift. Somit lassen sich in der Wirksamkeit der Gnadengegenwart Gottes zwei Aspekte unterscheiden: die ‚Heilungsgnade' und die ‚Erhöhungsgnade', aber als zwei Funktionen, die untrennbar zur gleichen Wirklichkeit gehören."[229]

Durch das Getauftwerden auf den dreifaltigen Gott[230] wird der Christ in diese Dimension des Heils aufgenommen. Hier erfährt der Glaube an die ewige Treue Gottes zur Schöpfung seine höchste Existentialisierung. Eine „wahre und volle Gemeinschaft des Lebens, eine Gemeinschaft, wodurch der Mensch in die Zirkulation des göttlichen Lebens hineingezogen würde, um dasselbe im Sohne und durch den Sohn aus dem Vater zu schöpfen und im Sohn und durch den Sohn auch den persönlichen Geist des Sohnes als seinen Geist in sich aufzunehmen – eine solche Gemeinschaft bewirkt nur die Inkarnation. Wie sie den Menschen in Christus auf den Thron Gottes, in die Gemeinschaft der Würde mit den göttlichen Personen setzt, ihn in die trinitarischen Verhältnisse einführt: so versetzt sie ihn auch in den Schoß und das Herz Gottes, um in der realsten und innigsten Vereinigung mit den göttlichen Personen, als zu ihrem Verbande gehörig, deren eigenes Leben mit ihnen zu genießen."[231]

II. Der Schöpfungsauftrag des Menschen

Weil Gott in seiner ewigen Liebe die Welt gewollt und bejaht hat, hat er „den Menschen nach seinem Bilde, nach dem Bilde Gottes" (Gen 1, 27)[232] erschaffen und ihn zum Herrn über diese Welt eingesetzt. Weltbeherrschung besagt: Vermenschlichung und Vergöttlichung der Schöpfung als korrelative Dynamik zum Heil der Menschen und zum Ruhm Gottes. Darin erfüllen die Menschen den Schöpfungsauftrag Gottes. Denn er hat ihnen segnend gesagt: „Seid fruchtbar und mehret euch und erfüllet die Erde und macht sie euch untertan!" (Gen 1, 28) Der Mensch soll demnach die Welt-Strukturen und -Potenzen so umformen, daß in ihnen immer mehr und tiefer die Wirklichkeit und Dynamik einer ‚humanen Welt' sichtbar wird.

‚Die Gnade setzt die Natur voraus, zerstört sie nicht, sondern bereichert und vollendet sie' – so lautet ein ganz zentraler Satz der Gnadentheologie.[233] Im Zusammenwirken von Gnade und Natur vollzieht sich die Heilsgeschichte einer Erlösung dieser Welt.[234]

---

229 *Fransen,* Das neue Sein, 937.
230 Vgl. *R. Schnackenburg,* Das Heilsgeschehen bei der Taufe nach dem Apostel Paulus. Eine Studie zur paulinischen Theologie, München 1950 (= MThS.H 1), 99–132.
231 *M. J. Scheeben,* Die Mysterien des Christentums. Wesen, Bedeutung und Zusammenhang derselben nach der in ihrem übernatürlichen Charakter gegebenen Perspektive dargestellt. Ausgabe letzter Hand, hrsg. von *J. Höfer,* Freiburg, Basel, Wien ³1958 (= Gesammelte Schriften, Bd. II), 327.
232 Vgl. *L. Scheffczyk* (Hrsg.), Der Mensch als Bild Gottes, Darmstadt 1969 (= WdF 124).
233 Vgl. *E. Przywara,* Der Grundsatz: ‚Gratia non destruit, sed supponit et perficit naturam', in: Schol. 17 (1942), 178–186. *K. Rahner,* Natur und Gnade, in: ders., Schriften IV, 209–236.
234 Zum ‚concursus divinus': *Auer,* KKD III, 141–151.

Aus dieser (trinitarischen) Gnadendimension[235] folgt nun für den Christen alles andere als ein Fatalismus oder ein blinder, fideistischer Vorsehungsglaube.[236] Vielmehr hat der Mensch gerade in dieser Gnaden- und Erlösungsordnung *aktiv* diese Welt umzugestalten, hat mit seiner Arbeit und mit den Mitteln seiner Technik diese Aufgabe ernstzunehmen.[237] Hierzu hat das 3. Kapitel (Nr. 33–39) der Pastoralkonstitution ‚Die Kirche in der Welt von heute' (‚Gaudium et Spes') des II. Vatikanums Wesentliches gesagt. In Artikel 34 heißt es:

„Eines steht für die Glaubenden fest: das persönliche und gemeinsame menschliche Schaffen, dieses gewaltige Bemühen der Menschen im Lauf der Jahrhunderte, ihre Lebensbedingungen stets zu verbessern, entspricht als solches der Absicht Gottes. Der nach Gottes Bild geschaffene Mensch hat ja den Auftrag erhalten, sich die Erde mit allem, was zu ihr gehört, zu unterwerfen, die Welt in Gerechtigkeit und Heiligkeit zu regieren und durch die Anerkennung Gottes als des Schöpfers aller Dinge sich selbst und die Gesamtheit der Wirklichkeit auf Gott hinzuordnen, so daß alles dem Menschen unterworfen und Gottes Name wunderbar sei auf der ganzen Erde."

Das Konzil fordert hier aktives Leben und Engagement, die ‚vita activa'[238] ist zu realisieren, um diese Verwandlung der Erde zu bewältigen. Hierbei partizipieren die Menschen an der Freiheit ihres Schöpfers. „Der Schöpfer gibt uns Anteil an seiner schöpferischen Freiheit. Wir sollen Mut haben, sie zu entfalten. Das setzt aber den Mut voraus, sie als Gabe Gottes zu empfangen und anzunehmen. Eine Spiritualität christlichen Weltverhaltens lebt so aus den Grundworten: Annahme und Antwort."[239]

Das Heil realisiert sich in *dieser* Welt, nicht irgendwo im Jenseits – wie es Häresien zu allen Zeiten proklamiert haben. Der Christ ist also nicht einer, den das (oft armselige) Mühen um einen Fortschritt und um Verbesserungen menschlicher Lebensbedingungen nichts anginge. „Christen sind nicht weniger Humanisten als alle Humanisten. Aber sie sehen das Menschliche, das wahrhaft Menschliche, das Humane, sie sehen den Menschen und seinen Gott, sehen Humanität, Freiheit, Gerechtigkeit, Leben, Liebe, Frieden, Sinn von diesem Jesus her, der für sie der konkret Maßgebende, der Christus ist."[240] Weltflucht wäre Manichäismus und Gnostizismus[241], die leider ‚subkutan' oft zu einer solchen, nur vermeintlich

---

235 Vgl. *K. Rahner,* Immanente und transzendente Vollendung der Welt, in: *ders.,* Schriften zur Theologie, Bd. VIII, Einsiedeln, Zürich, Köln 1967, 593–609.

236 Zur ‚providentia divina': *Auer,* KKD III, 118–127; *W. Kern,* Zur theologischen Auslegung des Schöpfungsglaubens, in: MySal II, 464–545, bes. 529–544. Kritisch: *C. Amery,* Das Ende der Vorsehung. Die gnadenlosen Folgen des Christentums, Reinbek 1972.

237 Vgl. *J. David,* Die schöpferische Kraft des Menschen – Theologie der Arbeit und der Technik, in: MySal II, 787–804 (ebd. 802–804 Lit.); *J. Habermas,* Technik und Wissenschaft als „Ideologie", Frankfurt 1968.

238 So auch der Titel von *H. Arendt,* Vita activa oder Vom tätigen Leben, Stuttgart 1960. Ferner: *H.U. v. Balthasar,* In Gottes Einsatz leben, Einsiedeln ²1972 (= Kriterien 24), darin bes. 89–101: Christ und Welt.

239 In: Zukunft der Schöpfung – Zukunft der Menschheit. Erklärung der Deutschen Bischofskonferenz zu Fragen der Umwelt und der Energieversorgung ›Nr. 28‹, Bonn 1980, 13.

240 *H. Küng,* Christ sein, München/Zürich ⁵1975, 594.

241 Hierzu *K. Rudolph,* Die Gnosis. Wesen und Geschichte einer spätantiken Religion, Göttingen 1978, 391–401 (Ausblick: Metamorphose und Wirkungsgeschichte).

„christlichen" Haltung verführt haben. Der Christ hat am Werk Gottes aktiv mitzuarbeiten. M. D. Chenu, einer der Protagonisten der Arbeiterpriester-Bewegung in Frankreich, hat das einmal mit folgenden Worten ausgedrückt:

„Der Mensch ist Mitarbeiter an der Schöpfung, er ist Demiurge ihrer Entfaltung durch seine Tätigkeit als Entdecker, Nutznießer und geistiger Baumeister der Natur. Diese Tätigkeit an der Natur, *‚die Arbeit'*, ist eine Teilhabe an dem göttlichen Tun, wobei das Wagnis der geistigen Verkehrung des göttlichen Planes von Gott selbst mit in Kauf genommen wird. Im christlichen Humanismus besteht der homo-faber zu Recht; vielleicht besteht er zu Recht auch schon in dem klassischen Humanismus. Die Maschine ist das Werkzeug dieses schöpferischen Unternehmens."[242]

Die Sozialenzykliken der Päpste haben, gerade auch in Zeiten, in denen die Arbeit verzweckt und die Arbeitenden ausgebeutet wurden, konkrete Wegmarken und Grenzlinien für menschliches Arbeiten und Schaffen aufgezeigt, z. B. in der Sozialenzyklika ‚Mater et Magistra' von Papst Johannes XXIII. aus dem Jahre 1961.[243] Die Erklärung der römischen Bischofssynode ‚De justitia in mundo' von 1971[244] zeigt den umfassenden Rahmen auf, in dem sich kirchliches Engagement für diese Welt verwirklichen muß.

Das II. Vatikanum hat in seiner Pastoralkonstitution ‚Gaudium et Spes' das Verhältnis von Kirche, Welt und menschlichem Schaffen ausführlich formuliert. Demnach muß alles soziale Engagement orientiert bleiben an der in der Schöpfungsordnung gegründeten (und von daher: unantastbaren) Würde des Menschen. In ihren Lehraussagen hat die Kirche das mit sehr deutlichen Worten ausgesprochen:

„Der Kirche als religiöser und hierarchischer Gemeinschaft steht es an und für sich nicht zu, fertige Lösungen anzubieten, um im sozialen, ökonomischen und politischen Bereich die Gerechtigkeit in der Welt zu verwirklichen. Wohl aber gehört zu ihrer Sendung die Verteidigung und ggf. der kämpferische Einsatz für die personale Würde und die Grundrechte des Menschen."[245]

In dieser Haltung trifft sich die Kirche mit ihren jüdischen Glaubensbrüdern.[246] Jüdischer Sozialmessianismus[247] und christliche Theologie der Weltbejahung gehen hier gemeinsam, Schulter an Schulter (Zeph 3, 9), um in der Welt Shalom/Frieden zu realisieren.[248] Die dt. Bischöfe haben das in ihrer Erklärung

---

242 *M. D. Chenu,* Die Arbeit und der göttliche Kosmos. Versuch einer Theologie der Arbeit, Mainz 1956, 69.

243 Der Text ist leicht zugänglich in: *Katholische Arbeitnehmer-Bewegung (KAB) Deutschlands* (Hrsg.), Texte zur katholischen Soziallehre. Die sozialen Rundschreiben der Päpste und andere kirchliche Dokumente, Kevelaer 1975, 201–270.

244 A.a.O., 525–547.

245 A.a.O., 536, Nr. 38.

246 Vgl. a.a.O., 534, Nr. 31.

247 Vgl. *G. Dietrich,* Das jüdisch-prophetische Erbe in den neueren revolutionären Bewegungen, in: *W. Strolz* (Hrsg.), Jüdische Hoffnungskraft und christlicher Glaube, Freiburg, Barcelona, London 1971, 191–243.

248 So *F. Mußner,* Traktat über die Juden, München 1979, 383–386: ‚Schalomisierung der Welt'; und: Erklärung der deutschen Bischöfe Nr. 26 ‚Über das Verhältnis der Kirche zum Judentum' vom 28. 4. 1980, Bonn 1980, VI.3.

(Nr. 26) „Über das Verhältnis der Kirche zum Judentum“ (vom 28.4.80) hervorgehoben. „Was beim Studium der Propheten Israels auffällt, ist der Protest, den diese gegen bestehendes Unrecht im wirtschaftlichen und sozialen Bereich und gegen alle ideologische Unterdrückung erhoben haben. Solcher Protest ist eine bleibende Aufgabe für beide, Kirche und Judentum ... Die jüdisch-christliche Religion ist darum das Anti-‚Opium‘ für das Volk.“[249]

In Unterscheidung vom Judentum mit seiner bleibenden Verwurzelung im konkreten Land/Staat Israel (ארץ/מדינת ישראל) beziehen sich die Aussagen christlicher Theologie über „Land“ auf die Schöpfung als ganze. ‚Christlicher Zionismus‘ hat (bisher) keine Wirkungsgeschichte gehabt.[250] Im Gegenteil: Der Staat Israel wird von der katholischen Kirche bis zum heutigen Tage *nicht* anerkannt.[251] Eine rühmliche Ausnahme ist hier der Beschluß der Landessynode der Evangelischen Kirche im Rheinland vom 11.1.1980 (Nr. 37) „Zur Erneuerung des Verhältnisses von Christen und Juden“, wo es heißt „. . ., daß die fortdauernde Existenz des jüdischen Volkes, seine Heimkehr in das Land der Verheißung und auch die Errichtung des Staates Israel Zeichen der Treue Gottes gegenüber seinem Volk sind (vgl. Studie ‚Christen und Juden‘ III, 2 und 3, S. 364–368).“[252] Diese Einsicht veranlaßt die Synode dazu, ein neues Verhältnis zum Judentum zu formulieren.[253]

III. Strukturen christlichen Weltdienstes

Von Christus her versteht sich die Kirche als das Ursakrament[254], welches durch ihr Leben und Tun Heil vermittelt. „Heil“ aber ist kein Konstrukt, das sich auf ein u-topisches Jenseits bezieht, sondern „Heil“ muß *in dieser* Welt realisiert werden.

Nach den Aussagen des II. Vatikanums sollen die Christen aktiv an der Vollendung der ‚neuen Erde‘ mitarbeiten.[255] Doch unterscheidet sich eine christliche

---

249 Bischofserklärung Nr. 26, VI.2.

250 Dazu den Artikel ‚Christian Zionism‘ von *Yona Malachy* in: EJ, Bd. 16, 1152–1155. Ferner als positives Beispiel: *S. Schoon/H. Kremers,* Nes Ammim. Ein christliches Experiment in Israel, Neukirchen-Vluyn 1978, bes. 27–32.

251 Signifikant hierzu sind die Äußerungen im ‚Osservatore Romano‘ vom 14. Mai 1948, dem Tag der israelischen Unabhängigkeitserklärung, wonach das „heilige Land“ und die „heiligen Stätten“ allein der Christenheit als dem wahren Israel gehören sollen. Und auch noch im Jahre 1980 fehlt in der Erklärung der dt. Bischöfe *jeder* Hinweis auf den Staat Israel.

252 Zitiert nach *G. B. Ginzel* (Hrsg.), Auschwitz als Herausforderung für Juden und Christen, Heidelberg 1980 (= Tachless: Zur Sache, Bd. 1), 404.

253 Zur gegenwärtigen Kontroverse um diesen Beschluß: *B. Klappert/H. Starck* (Hrsg.), Umkehr und Erneuerung. Erläuterungen zum Synodalbeschluß der Rheinischen Landessynode »Zur Erneuerung des Verhältnisses von Christen und Juden«, Neukirchen-Vluyn 1980. Ferner: Zionismus. Befreiungsbewegung des jüdischen Volkes, Berlin 1977 (= Veröffentlichungen aus dem Institut Kirche und Judentum bei der Kirchlichen Hochschule Berlin, Heft 5); *U. Berger u.a.,* Jerusalem – Symbol und Wirklichkeit. Materialien zu einer Stadt, Berlin ²1979 (= Veröffentlichungen aus dem Institut Kirche und Judentum bei der Kirchlichen Hochschule Berlin, Heft 1).

254 Vgl. die Beiträge „Volk“ und „Hoffnung“ in diesem Band 5.2.3 u. 5.2.6.

255 Eine ‚aktivierende‘ Interpretation von ‚Gaudium et Spes‘ gibt *K. Rahner,* Über die theologische Problematik der »Neuen Erde«, in: *ders.,* Schriften VIII, 580–592. Ferner: *J. Ratzinger,* Der Weltdienst der Kirche. Auswirkungen von „Gaudium et spes“ im letzten Jahrzehnt, in:

Theologie der Welt grundsätzlich – weil ursprünglich – von allen immanenten Humanismen.[256] Dem christlichen Glauben geht es ja nicht um eine universale Emanzipatorik (gleichsam um eine Autoemanzipation der alttestamentlichen מעשי ידים), auch nicht um ein ‚Laboratorium eines möglichen Heils' (laboratorium possibilis salutis), wie es Ernst Bloch formuliert hat[257], sondern um die Aufhebung der bestehenden ‚Leidensgeschichten' in der Kreuzesnachfolge Jesu.

Indem Christen zu allen Zeiten die ‚gefährliche Erinnerung' an die Tat Gottes in Kreuz und Auferweckung Jesu präsent machen, gelingt ihnen eine Überwindung der schuldhaft begründeten Leidensgeschichte(n) in dieser Welt.[258] In der ‚Politischen Theologie' von J. B. Metz ist dieser Gedanke immer wieder neu bedacht und aktualisiert worden. So sagt Metz:

„Christentum als Gemeinschaft der in Jesus Christus Erlösten ist von Anfang an nicht primär eine Interpretations- und Argumentationsgemeinschaft, sondern eine Erinnerungs- und Erzählgemeinschaft: erzählende Erinnerung der Passion, des Todes und der Auferweckung Jesu. Der Logos des Kreuzes und der Auferweckung hat indispensable Erzählstruktur. Der Austausch von Glaubenserfahrung wie von jeder ursprünglichen Erfahrung des Neuen, Niedagewesenen, hat nicht die Gestalt des Arguments, sondern der Erzählung. Der Glaube an die Erlösung der Geschichte und an den ‚neuen Menschen' tradiert sich angesichts der menschlichen Leidensgeschichte in gefährlich-befreienden Geschichten (unter denen der von ihnen betroffene Hörer zum ‚Täter des Wortes' wird)."[259]

Der Grund für solches Tun des Wortes liegt für den Christen also in der Theologie, in einer Theopragmatik der Liebe[260], in der Armut Gottes. Indem der Welt glaubhaft bezeugt wird: Gott ist Liebe (1 Joh 4, 8)[261], werden die Relevanzstrukturen christlicher Heilsbotschaft erkennbar und gewinnen existentielle Bedeutung. Die negative ‚Dialektik der Aufklärung'[262] einer Leidens-Geschichte der

---

Internationale katholische Zeitschrift »Communio« 4 (1975), 439–454; *Ph. Reymond*, Bibliographie zu „Gaudium et spes", in: *F. Böckle u.a.*, Kirche im Umbruch der Gesellschaft, Freiburg/Schw. 1970, 106–119.

[256] Hierzu *K. Rahner*, Marxistische Utopie und christliche Zukunft des Menschen, in: *ders.*, Schriften zur Theologie, Bd. VI. Neuere Schriften, Einsiedeln, Zürich, Köln, 77–88.

[257] Vgl. *F. Vilmar*, Welt als Laboratorium Salutis. Zur Aufhebung von Transzendenz und Immanenz in der Philosophie Ernst Blochs, in: *S. Unseld* (Hrsg.), Ernst Bloch zu ehren. Beiträge zu seinem Werk, Frankfurt 1965, 121–134.

[258] Programmatisch in: *J. B. Metz*, Erlösung und Emanzipation, in: *L. Scheffczyk* (Hrsg.), Erlösung und Emanzipation, Freiburg, Basel, Wien 1973 (= QD 61), 120–140; Ferner: *J. B. Metz*, Zur Theologie der Welt, Mainz 1968 (= Topos TB 11). Dazu auch die Bände 17–20, 23 und 27 der Reihe: Christlicher Glaube in moderner Gesellschaft. Enzyklopädische Bibliothek in 30 Teilbänden, hrsg. von *F. Böckle u.a.*, Freiburg, Basel, Wien 1980ff.

[259] *Metz*, Erlösung, 138. Zu diesem Entwurf von Metz aber auch die Anfragen bei *Schillebeeckx*, Christus, 736f. Zur Theodizeefrage: *W. Kern*, Theodizee: Kosmodizee durch Christus, in: MySal III/2, 549–581.

[260] Zu diesem Zentralbegriff der Theologie H. U. v. Balthasars die Ausführungen von *W. Breuning*, Systematische Entfaltung der eschatologischen Aussagen, in: MySal V, 779–890.

[261] Vgl. die Interpretation bei *E. Jüngel*, Gott als Geheimnis der Welt. Zur Begründung der Theologie des Gekreuzigten im Streit zwischen Theismus und Atheismus, Tübingen ²1977, 430–453 (= §20. Der Gott, der Liebe ist. Zur Identität von Gott und Liebe).

[262] So das Ergebnis der Analysen in: *M. Horkheimer u. Th. W. Adorno*, Dialektik der Aufklärung. Philosophische Fragmente, Frankfurt 1971 (= Fischer TB 6144).

Welt kann so durch- und zerbrochen werden. Der trinitarische Kontext christlichen Heils ist Grund *gegen* alles Scheitern.[263]

Eine Bestätigung (und: Bewährung!) hat die Theologie von J. B. Metz in den heutigen lateinamerikanischen Befreiungstheologien erhalten.[264] In Ländern, wo nur noch brutale Ausbeutung herrscht, hat christliche Botschaft konkret-befreiende Kraft und Dynamik entfaltet. Das Böse kann hier überwunden[265], die Menschenwürde geachtet und gewahrt werden, so daß mit Irenäus von Lyon gesagt werden kann: Der Ruhm Gottes – das ist der lebende Mensch („Gloria Dei, vivens homo", in: Adversus haereses IV, 20, 7).[266]

In solchem Einsatz für *seine* Welt wird der Mensch in Gemeinschaft mit der Menschheit Humanität und soziale Strukturen verbessern. Aber er wird sich nie mit einem bestimmten Ordnungsmodell oder einem erreichten Ist-Stand zufriedengeben, es sei denn um den Preis einer Aufgabe seiner eschatologischen Hoffnung.[267]

Denn mit dem II. Vatikanum muß immer wieder festgehalten werden, daß die endgültige Voll-endung der Welt nie Werk des Menschen allein sein kann. Es „entsteht in der Welt etwas, das allen in die Kindheit scheint und worin noch nie-

---

263 Vgl. *E. Schillebeeckx*, Gott, Kirche, Welt, Mainz 1971 (= Gesammelte Schriften, Bd. 2), 270–298: Christlicher Glaube und irdische Zukunftserwartung (Skizze der Pastoralkonstitution ‚Gaudium et Spes'); hier bes. 277: „Die Kirche muß Gott Vater und seinen menschgewordenen Sohn gleichsam *sichtbar* allen Menschen präsent machen und sich deshalb aus der Kraft des Heiligen Geistes fortwährend erneuern und läutern ... die Christen müssen auch führend in der Sorge um den Menschen und im Streben nach mehr Gerechtigkeit und Liebe sein; vor allem für die Armen müssen sie eintreten. Ihre Brüderlichkeit muß zeigen, was menschliche Solidarität bedeutet."

264 Dazu aber die Anfragen bei *Schillebeeckx*, Christus, 739–744. Ferner: *H. Goldstein* (Hrsg.), Befreiungstheologie als Herausforderung. Anstöße-Anfragen-Anklagen der lateinamerikanischen Theologie der Befreiung an Kirche und Gesellschaft hierzulande, Düsseldorf 1981. Sowie: *L. Boff*, Rettung in Jesus Christus und Befreiungsprozeß, in: Conc(D) 10 (1974), 419–426; *ders.*, Erfahrung von Gnade. Entwurf einer Gnadenlehre, Düsseldorf 1978. *K. Rahner u.a.* (Hrsg.), Befreiende Theologie. Der Beitrag Lateinamerikas zur Theologie der Gegenwart, Stuttgart 1977. *G. Guzman*, Camilo Torres. Persönlichkeit und Entscheidung, München 1970. *G. Lohfink*, Nicaragua und das Reich Gottes, in: ThQ 160 (1980), 306–308. Dazu kritisch: J. T. Pawlikowski, Christ in the light of the Christian-Jewish dialogue, New York/Ramsey 1982, 59-75 (Latin American Perspectives). Zur Theologie der Armut: *Y.-M. Congar*, Die Armut im christlichen Leben inmitten einer Wohlstandsgesellschaft, in: Conc(D) 2 (1966), 343–354. *F. Wulf*, Das Mysterium der Armut Christi in der Welt von heute, in: GuL 36 (1963), 128–133. *E. Fromm*, Haben oder Sein. Die seelischen Grundlagen einer neuen Gesellschaft, Stuttgart 1976.

265 Eine überzeugende Antwort bieten die Überlegungen von *H. Haag*, Vor dem Bösen ratlos?, München/Zürich 1978, 261–275: Das Böse durch das Gute überwinden. Ebd. 275: „So oft wird heute gefragt, worin sich eigentlich der Christ von anderen Menschen unterscheide. Vielleicht liegt mehr als in allen Bekenntnisformeln und Glaubenssätzen das unterscheidend Christliche in der Art, wie der Christ dem Bösen begegnet." So wird sich der Christ befähigt sehen, auf heutige Fragen einer säkularen und profanen Welt zu antworten. Hierzu: *H. Cox*, Stadt ohne Gott?, Stuttgart, Berlin 1966, und: *U. Ruh*, Säkularisierung als Interpretationskategorie. Zur Bedeutung des christlichen Erbes in der modernen Geistesgeschichte, Freiburg, Basel, Wien 1980 (= FThSt 119); ebd. 467–478: Literaturverzeichnis.

266 Das ist die Mitte der Besinnungen von *E. Schillebeeckx*, Menschliche Erfahrung und Glaube an Jesus Christus. Eine Rechenschaft, Freiburg, Basel, Wien 1979.

267 Vgl. den Artikel „Hoffnung" in diesem Band 5.2.6.

mand war: Heimat."[268] Diese Heimat kann aber letztlich immer nur eine Gabe Gottes sein.[269] Hier versagt jede Art von Futurologie[270] vor dem Unsagbaren des göttlichen Heilsplanes, der allem Faustischen Streben verborgen bleibt – Deus semper maior.

Natur und Gnade durchdringen sich innerhalb des irdischen Vollendungsgeschehens; der Schöpfergott *ist* der Welt immanent-transzendent. Die Bewegung der menschlichen Freiheitsgeschichte „auf ihre Vollendung hin ist von Anfang an getragen durch jene göttliche Macht der sich selbst in Freiheit absolut selbstmitteilenden Liebe. Indem diese das alles Endliche Transzendierende ist und bleibt, ist sie das Immanenteste aller Kreatur."[271]

Schritt für Schritt wird die Welt durch die Arbeit der Menschen ‚reif werden'. Das Universum wird zu seiner Vollgestalt heranwachsen. Die ‚schauende' Theologie von P. Teilhard de Chardin hat solche Fülle, solche Pleromatisation in einer Art ‚Mystik der Welt' in großartiger Weise beschrieben.
„Das Evangelium kündet uns an, eines Tages werde die allmählich aufgeladene Spannung zwischen der Menschheit und Gott die durch die Möglichkeiten der Welt gesetzten Grenzen erreichen. Dann wird das Ende da sein. Wie ein Blitz, der von einem Pol zum andern fährt, wird sich die in den Dingen lautlos angewachsene Gegenwart Christi jählings offenbaren. Sie wird alle Dämme, hinter denen die Schleier der Materie und die gegenseitige Abgeschlossenheit der Seelen sie scheinbar zurückhielten, durchbrechen und das Antlitz der Erde überfluten. Wenn schließlich die wahren Verwandtschaften des Seins frei wirken, dann werden die geistigen Atome der Welt von einer Kraft, in der sich die vereinigenden Mächte des Universums enthüllen, mitgerissen und nehmen in Christus oder außerhalb – aber immer unter dem Einfluß Christi – den Platz der Freude oder der Strafe ein, den ihnen die lebendige Struktur des Pleromas zuweist ... Wie ein Blitz, wie ein Lauffeuer, wie eine Sintflut wird die Anziehung des Menschensohnes alle wirbelnden Elemente des Universums ergreifen, um sie seinem Leibe zu vereinigen oder zu unterwerfen ... Dies wird die Vollendung des Göttlichen Bereiches sein."[272]

Durch Christus aber ist das Pleroma und das Schauen des liebenden Gottes „alles in allem" (1 Kor 15, 28).

---

268 So der Schlußsatz der faszinierenden Hoffnungsanalysen von *E. Bloch*, Das Prinzip Hoffnung, 3. Bd., Frankfurt 1970 (= Wissenschaftliche Sonderausgabe), 1628.

269 Vgl. *Schillebeeckx*, Gott, 295 und 298. Ebd. 298: „Ein Christ flieht die Welt nicht, sondern flieht mit der Welt in die Zukunft, nimmt die Welt mit in die absolute Zukunft, die Gott selbst für den Menschen ist."

270 Z.B. bei *O. K. Flechtheim*, Der Kampf um die Zukunft. Futurologie, Bonn 1980.

271 *Rahner*, Vollendung, in: Schriften VIII, 609.

272 *P. Teilhard de Chardin*, Der göttliche Bereich. Ein Entwurf des inneren Lebens, Olten u. Freiburg/Br. 1962, 189f. Anfragen an diesen Entwurf Teilhards bei *S. M. Daecke*, Teilhard de Chardin und die evangelische Theologie. Die Weltlichkeit Gottes und die Weltlichkeit der Welt, Göttingen 1967. Zur Theo-zentrik der Schöpfung: *W. Beinert*, Christus und der Kosmos. Perspektiven zu einer Theologie der Schöpfung, Freiburg, Basel, Wien 1974, 76–88.

5.2.5 Die Zukunft des jüdischen Volkes in der biblischen Verkündigung (Ernst Ludwig Ehrlich)

Ziel dieses Artikels ist es, das Zeugnis der Hebräischen Bibel über das Problem der Zukunft Israels aufzuzeigen. Es ist daher nicht beabsichtigt, moderne politische Grenzen eines Staates durch die Bibel zu legitimieren. Diese müssen im Einverständnis mit allen beteiligten Staaten nach anderen Gesichtspunkten festgelegt werden. Wohl aber spielt bis zum heutigen Tage das Gedankengut der Bibel für die Entstehung des jüdischen Bewußtseins eine wesentliche Rolle. Begriffe wie Volk und Land sowie deren Beziehung zu Gott, der Bund und der Exodus, prophetische Weisung und Erleben haben das Bewußtsein des jüdischen Volkes in Jahrhunderten geformt und ihren Niederschlag bis zum heutigen Tage gefunden. Auch säkularisierte Juden sind daher noch durch diese biblischen Vorstellungen geprägt worden, da sie in mannigfachen Gestaltungen in der jüdischen Tradition weiterüberliefert wurden. Nicht zuletzt spielten hier der Festkalender und das jüdische Gebetbuch eine wichtige Rolle: Die hier von uns dargestellten biblischen Gedanken werden durch Lesungen oder Gebete im Gottesdienst lebendig erhalten; der Exodus, um nur ein Beispiel zu nennen, wird in jedem Jahr am Vorabend des Pessach-Festes gleichsam existentiell erfahren, wenn jede Generation aufs Neue sich so betrachten soll, als ob sie selbst aus Ägypten herausgeführt worden sei. Die existentielle Verpersönlichung biblischer Vorstellungen hat dazu geführt, daß die Bibel auch heute noch im jüdischen Volke ein lebendiges Buch ist, dessen literarischer und teilweise archaischer Charakter die Menschen nicht davon abhält, sich von diesem Buche ansprechen zu lassen. Das aber hat zur Folge: Die in der Bibel erscheinenden Begriffe wie Land und Volk haben wesentlich zur jüdischen Identität beigetragen und konstituieren sie immer aufs Neue.

Dieses Thema läßt sich mit aller Sicherheit nicht in uns heute geläufigen Kategorien und Terminologien behandeln. Wir würden aber den Gegenstand verfehlen, wenn wir nicht wenigstens versuchten, soweit das überhaupt möglich ist, in den Geist der Bibel einzudringen, trotz aller Bedenken, die sich uns entgegenstellen mögen. Die eigentliche Schwierigkeit liegt nämlich in der Tatsache, daß die Hebräische Bibel (oder der Tenach) theozentrisch denkt; wir aber gehen meist vom Menschen aus, der biblische Mensch jedoch von Gott. Dieser handelt in der Geschichte, und ER ist der Gott Israels. Man hat festgestellt, daß allein der Gottesname JHWH nicht weniger als 6828 Mal in der Hebräischen Bibel belegt ist.

Dieses Volk Israel nun hat eine Zukunft, weil es eine besondere Vergangenheit besitzt. Wir sprechen hier nur von der Zukunft des Volkes, nicht von Heilsvermittlern, auch nicht über die Entwicklung der Eschatologie. Man könnte sagen: Israel lebt in einer Spannung zwischen der Vergangenheit und der Zukunft. Die Vergangenheit mit den großen Heilstaten Gottes, *mit der Herausholung aus Ägypten*, dem Bund und den Verheißungen ragt gleichsam in die Zukunft hinein. Erst in der Zukunft wird voll realisiert werden, was in der Vergangenheit begonnen hat. Gegenwart ist daher stets etwas Provisorisches: Sie verweist auf das Heilsgeschehen in der Vergangenheit und zugleich auf das, was einmal kommen muß, da Gott es verbürgt. Diese Vorstellungen haben Konsequenzen, weil sie institutionsüberwindend wirken. Selbst Tempel und Kult gehören in diese Welt des Vorläufigen, da sie menschlichen Interessen untergeordnet sind; die Propheten berichten darüber ausführlich.

Die Zukunft Israels vollzieht sich im Kommen Gottes. Er, der kam, als alles begann, Er, der *dieses* Volk in die Geschichte rief, wird auch in der entscheidenden Stunde am Ende erscheinen. Der Gott Israels ist ein kommender Gott. Er kommt in der Geschichte, im konkreten Ereignis. Er kommt und geht, kommt und verbirgt sich, eine Erfahrung der Patriarchen und der Propheten. Den sich verbergenden Gott haben die Propheten ebenso erlitten wie den kommenden Gott. Aber gerade auch hier gilt die Tatsache, daß dieser Gott in die Zukunft weist. Denn dieser kommende Gott erfüllt seine Absicht in der besonderen Geschichte, die das Volk Israel besitzt, weil Gott es sich zum Dienen berufen hat, ohne daß dieses Volk etwa besser als andere wäre. Die Hebräische Bibel kann die Zukunft des Volkes Israel nur so begreifen, daß Gott am Ende zu diesem Volke kommt und durch dieses Kommen zu *einem* Volke auch zu allen andern Völkern. Die Zukunft ist daher der Schwerpunkt von Israels Glauben, die Quelle seiner Vitalität, seines Optimismus und seiner Hoffnung:

> „Da euer Gott! Da, der Herr!
> Er kommt mit Macht, und sein Arm greift ein ...
> Wie ein Hirt, der seine Herde hütet,
> mit seinem Arm die Lämmer sammelt
> und an seinem Busen trägt,
> die Muttertiere leitet." (Jes. 40, 10f.).

Aus allem, was wir im Tenach zu erkennen vermögen, geht hervor, daß wir das Schicksal Israels nicht allein in der Terminologie historischer Strukturen begreifen können. Natürlich gab es politische, soziale und religiöse Institutionen im Staate und im Kulte. Man versuchte auch immer wieder, in den Lauf der Geschichte durch ideologische Veränderungen einzugreifen, wie etwa die große deuteronomische Reform des Jahres 621 v.Chr., die das totale religiöse und historische Denken zu erfassen suchte und zu einer Umgestaltung des Traditionsgutes führte. Hier ist der Versuch unternommen worden, die Bundesbeziehung in das religiöse und politische Leben des Volkes einfließen zu lassen. Man wird nicht sagen können, dieses grandiose Unternehmen sei gelungen, denn die nachträgliche Interpretation der Geschichte nach dem Schema der Belohnung des Gerechten und der Bestrafung des Frevlers war schließlich allzu schematisch. Im übrigen befand sich diese Deutung im Gegensatz zum Gange von Israels Geschichte.

Hier stehen wir nun vor einem, wie wir meinen, wichtigen Problem: Dem Überleben dieses historischen Volkes Israel und seinem Weg in die Zukunft. Wir erörtern hier nicht die vielen soziologischen und psychologischen Erklärungsversuche. Die Antwort der Bibel mag uns heute zu einfach sein, aber sie lautet schlicht: Das Volk Israel wird leben, weil es Gottes Absicht ist. Man mag in der Interpretation von Israels Rolle in dieser Welt noch einen Schritt weiter gehen und sagen, Israel lebt, um die von Gott geforderte Gerechtigkeit in dieser Welt zu verkünden, Gottes Willen, wie ihn Tora und Propheten entfalten. Und vielleicht wird Israel auch leben, um Christen an ihre Wurzel zu erinnern, denn ohne diese Wurzel kann sich auch die christliche Botschaft nicht erhalten, wie schon der Apostel Paulus in Röm. 9–11 wußte.

Eine der Kernstellen biblischer Heilsverkündung für Israel findet sich im 12. Kapitel der Genesis. Dabei handelt es sich nicht um eine historisierende Legende, sondern um Zukunftsverheißung. In Gen. 12, 1–9 kehrt nicht weniger als siebenmal das Leitwort „Land“ wieder, und dreimal hören wir „Kanaan“. Abraham wird der Befehl erteilt, aus dem Vaterhaus auszuziehen „in das Land, das ich dich schauen lassen werde. Ich will dich zu einem großen Stamme machen und will dich segnen.“ Und ferner: „Mit dir werden sich segnen alle Sippen des Bodens.“ Und es erschien der Herr dem Abraham und sprach: „Deinem Samen werde ich *dieses* Land geben.“ Nicht ein Land, sondern *dieses* Land. Es ist nicht einmal von einem guten Lande die Rede, es ist dieses Land, das Gott hier dem Abraham zeigt. Mit dieser ersten Landverheißung ist auch ein erstes Sich-Sehenlassen Gottes verbunden: „Er ließ von Abrahahm sich schauen.“ Erst jetzt in Kanaan hören wir davon, daß Abraham hier im Angesicht Gottes stand, man pflegt es auch das „Sehen Gottes“ zu nennen: „Der Mann, dem Gott das Land zu sehen gibt, ist der erste, der ihn sieht“ (M. Buber).

Der Abrahambund war ein Bund mit Zukunftserwartung, die unlöslich mit dem Volke Israel verbunden ist. Auf diesen Bund konnte Israel stets rekurrieren, wenn es sich fragte, ob es noch in der Wirklichkeit des Bundes lebte; eine derartige Ungewißheit war zweifellos durch das Exil aufgekommen. Es ist in diesem Zusammenhang interessant, daß der Sinaibund in der israelitischen Religionsgeschichte eine viel geringere Rolle gespielt hat als der Exodus, die einmalige Heilstat Gottes an seinem Volk, sowie dieser Abrahamsbund, auf den Israel immer wieder zurückgreift, weil er Zukunft ermöglicht. Diese Väterverheißung als Landverheißung hat dann wiederholt eine entscheidende Rolle gespielt; auf sie ist man in der Bibel in den verschiedensten Formen zurückgekommen, nicht zuletzt übrigens in einer Verarbeitung im Deuteronomium, wobei diese Verheißung auch als „Schwur Gottes“ (Dt. 26, 3.15) bezeichnet wird. Israel sah sich als wanderndes Gottesvolk in seinen Vätertraditionen, ein Volk, unterwegs zur Erfüllung der empfangenen Verheißungen und zur Vollendung seines Weges in der Gemeinschaft mit seinem Gott.

Es gibt also in der Hebräischen Bibel verschiedene in die Zukunft führende Linien. Von der Erschaffung des Menschen zu Abraham dem Stammvater, dem Träger der Verheißung, jenem Abraham, in welchem, wie Gen. 15, meint, das kommende Volk gleichsam angelegt ist: „Wie die Sterne sollen deine Nachkommen sein“ (15, 5) und: „Deinen Nachkommen gebe ich dieses Land vom Strom Mizraims bis zum großen Strom, dem Strom Perat“ (15, 18). Das ist kein rein politisches Versprechen, sondern Teil einer Bundesverheißung. Ohne den Bund keine Verheißung, ohne den Bund hat das Volk Israel keine Zukunft. Das mag etwas zu einfach klingen, für uns problembelastete Menschen kaum nachzuvollziehen: Es ist biblische Wahrheit: Ohne Bund keine Verheißung, keine Zukunft. Die Geburtsstunde des Volkes Israel beginnt mit diesem Bund, und er allein gewährt Zukunft für dieses Volk. Dieser Bund gilt für das Volk, und er gilt auch für die Dynastie, welche dieses Volk einmal regieren wird (2 Sam. 7, 12ff): Dieser Bund mit dem Hause David, von dem es heißt, es sei ein ewiger Bund (ad'olam), hat schließlich die Eschatologie beherrscht und ist zu einer wesentlichen Konstante endzeitlicher Vorstellungen geworden. In diesen beiden Worten

„ad'olam", auf ewig, welche in 2 Sam. 7, 13–16 als Leitwort dreimal vorkommen, liegt eine ungeheure Dynamik; die davidische Dynastie ist auf Zukunft angelegt, kein König verkörpert das wahre Königtum, fast alle scheitern, aber einer wird schließlich erhofft, denn es ist ein Königtum „ad'olam".

Wohl ist 2 Sam. 7 die Verheißung für David, die Charta für seine Dynastie; das Entscheidende aber ist, daß hier nicht nur die Fundierung für das davidische Geschlecht gelegt wird, sondern parallel dazu, mit gleich großem Gewicht, für das Volk. Dem „Ich will dir einen bedeutenden Namen machen" (V. 9b) – gemeint ist der davidische König – folgt in V. 10–11: „Ich will meinem Volk Israel einen Platz zuweisen und es einpflanzen, daß es an seiner Stätte wohnen kann. Es soll nicht mehr zittern und frevelhafte Menschen dürfen es nicht mehr bedrücken wie früher ...". Und noch einmal am Ende des Abschnittes V. 23–24: War am Anfang das Leitwort für den König „ad'olam", auf ewig, so finden wir diesen Hinweis nun am Schluß auch für das Volk. In diesen beiden Versen erscheint das Wort „am" (Volk) nicht weniger als 5 Mal. Die entscheidenden Leitmotive zu unserem Thema sind in dem Abschnitt angedeutet: am/Volk, erez/Land, Elohim/Gott. „Wer ist wie Dein Volk Israel, ein Volk im Lande; daß ein Gott gegangen wäre, es sich zum Volk zu erlösen, um ihm einen Namen zu verschaffen, und ihnen Großes zu tun ... Du hast Dir Dein Volk Israel zum Volk auf ewig aufgerichtet, und Du Herr bist ihnen Gott geworden."

Uns scheint, deutlicher könne man diese Einheit von Gott, Volk, Land nicht ausdrücken, vor allem aber diesen Zukunftscharakter, denn wie kann man Zukunft anders bezeichnen, als wenn man sie „ad'olam" erstreckt.

Eine andere Linie findet sich bei einigen Propheten: Sie sind sozusagen die Späher, welche in die Zukunft blicken, um Gottes Kommen anzukündigen, die Herolde, die Gottes Herrschaft auf dieser Erde proklamieren, eine Herrschaft, die freilich vom Menschen etwas fordert, nämlich den Willen Gottes zu erfüllen.

Wir können hier im Einzelnen nicht die Zukunftshoffnung der großen Schriftpropheten des 8. Jahrhunderts behandeln, aber über das Wort Jesajas soll kurz gesprochen werden: „Da wird der Wolf zu Gast sein bei dem Lamme und der Panther bei dem Böcklein lagern. Kalb und Jungleu weiden beieinander, und ein kleiner Knabe leitet sie. Kuh und Bärin werden sich befreunden, und ihre Jungen werden zusammen lagern; der Löwe wird Stroh fressen wie das Rind. Der Säugling wird spielen an dem Loch der Otter, und nach der Höhle der Natter streckt das kleine Kind die Hand aus." (Jes. 11, 6ff). Jesaja beschreibt den Tierfrieden. Ihm entspricht der totale Menschenfrieden, von dem Jes. 2, 2–5 spricht, wiederholt in Mi. 4, 1–4:

„Sie schmieden ihre Schwerter zu Pflügen, und ihre Lanzen zu Winzermessern;
nicht hebt Volk wider Volk das Schwert,
sie lernen nicht mehr Krieg."

Diese totale Friedenshoffnung steht jedoch in einem bestimmten Zusammenhang: Die Völker wallfahrten zum Hause des Herrn, zum Haus von *„Jakobs Gott"*, „daß Er uns Seine Wege weise und wir in Seinen Pfaden wandeln. Denn von Zion geht Weisung aus, und von Jerusalem das Wort des Herrn." Der Frieden ist also nur möglich auf der Grundlage göttlicher Weisung; sie ist die Basis möglicher zukünftiger Existenz. Zion ist der Mittelpunkt der Gerechtigkeit, und deshalb muß Frieden sein, der sich auch darin dokumentiert, daß eine große Völkerwallfahrt zum Gottesberg stattfindet.

Kaum ein anderer Prophet hat stärker als Jesaja seinem Volke das Gericht angekündigt. Dennoch aber ist auch bei ihm die Erwartung einer kommenden göttlichen Rettung und die Hoffnung auf Frieden und Gerechtigkeit lebendig geblieben. Was immer die Propheten von ihren besonderen Voraussetzungen erlebt und erlitten, gesehen und verkündet haben, sie standen in der Konfrontation des Gottes*volkes* mit seinem Gotte, den Jesaja „den Heiligen Israels" nennt. Daß Gottes Plan gegen alle anderen Mächte zustande kommt, darum geht es: „Der Herr der Heerscharen hat es beschlossen; wer wills zunichtemachen; Seine Hand ist ausgestreckt, wer will sie zurückbiegen?" (Jes. 14, 27).

Die theologische Basis für Israels Zukunft ist vielfältig. Grundlage bildet jedoch immer Gottes Plan, Absicht, Ziel in der Geschichte. Die Berufung Israels zum Dienst war die Versicherung dieses Planes. Israel konnte diesem Dienste zu entfliehen suchen, den Bund brechen, Gott jedoch wurde nicht abtrünnig. Solange diese Welt besteht, wird Israel bleiben (Jer. 31, 35). Gott ist Israels Schöpfer (Dt. 32, 15), sein Fels (Dt. 32, 18), sein Schild (Ps. 3, 3).

Bei Jesaja sowie später bei Deutero-Jesaja gilt die Zukunft Israels als geplant. Gott hat für sein Volk einen Plan. „Das ist der Plan, geplant über die ganze Erde, und das ist die Hand gereckt über alle Völker" (Jes. 14, 26), und schließlich ganz konkret bei Jes. 46, 9ff:

> Gedenket des Früheren von einst;
> denn Ich bin Gott und keiner sonst;
> bin Gott und nichts ist wie Ich!
>
> Ich künde von Anfang das Spätere,
> in der Vorzeit, was noch nicht geschah.
> Ich sage Meinen Plan, der eintrifft,
> alles, was Ich will, führe Ich aus . . .
>
> Ich lasse nahen Mein Heil, es ist nicht mehr fern,
> und Meine Hilfe verzieht nicht.
> Und Ich gebe in Zion Heil,
> für Israel Meine Herrlichkeit."

In diesen wenigen Versen ist all das hineingenommen, was wir bisher aufzuzeigen versuchten: Gott ist ein Gott der Geschichte, der seinem Plan entsprechend verfährt, ein Gott, der Israel seine Zukunft verheißt: Konkret „teschuah" – Hilfe-Heil, – „tiferet" – Herrlichkeit. Gott bringt diesem Volke „teschuah".

Gott schloß einen Bund; Er hat einen Plan, aber Er will auch in dieser Welt, vor den Menschen, vor den Völkern gerechtfertigt werden, gerade auch, wenn Israel, angesichts seines Abfalls sich dafür eigentlich nicht eignet. Gott nämlich handelt um seiner selbst willen, um Seinen Namen in dieser Welt zu heiligen, und durch dieses Handeln wird Israel mitbetroffen, seine Zukunft wird dadurch berührt:

„Und ihr werdet erkennen, daß Ich der Herr bin, wenn Ich mit euch verfahre, um meines Namens willen, nicht nach eurem bösen Wandel und eurem verderbten Treiben, Haus Israels, ist der Spruch des Herrn" (Ez. 20, 44); Israel in seinem Abfall zeugt nicht für Gott; Gott aber zeugt für die Treue, mit der er zum Bunde steht. Gott ist es gleichsam sich selbst schuldig, um Israels Zukunft besorgt zu sein, weil sonst Gottes Verheißung als ungültig vor den Völkern der Welt erschiene: „Und da man zu den Völkern kam, wohin sie kamen, schändeten sie Meinen heiligen Namen, da man von ihnen sagte: Das Volk des Herrn sind diese, aber aus Seinem Land mußten sie ziehen. Da tat es Mir leid, um Meines heiligen Namens willen, den das Haus Israel geschändet unter den Völkern, dahin sie gekommen ... Nicht um euretwillen tu Ich's, Haus Israel, sondern für Meinen heiligen Namen, den ihr geschändet unter den Völkern, wohin ihr gekommen. Und Ich heilige Meinen großen Namen ... und erkennen sollen die Völker, daß Ich der Herr bin ... indem Ich mich an euch heilig erweise vor ihren Augen" (Ez. 36, 21f). Trotz des Exils bleibt Hoffnung und Zukunft für dieses Volk. Es kann nicht für sich beanspruchen, den Bund gehalten zu haben, es ist abgefallen, aber dennoch muß gleichsam Gott zu diesem Volke stehen: Es ist nicht die wie beim Propheten Hosea aufflammende Liebe Gottes, die nicht länger strafen kann; es ist nicht wie bei Jesaja der Hinweis auf die Treue Gottes zu seiner Stadt und den von ihm erwählten Davididen, sondern die Majestät und Ehre Gottes selber, in der Er die einmal geschehene Verpfändung Seines Namens an das Volk Israel, das Sein Volk ist, nicht zurücknimmt, vielmehr seinem Namen durch die Neuerwekkung Israels Seine Ehre wieder zurückgibt. Das soll kein verborgenes Tun bleiben. *Die Völker* mögen erkennen, daß Gott in alldem handelt und sich der Welt in Seinem wahren Wesen vorstellt.

Gott hat seinen Plan und Israel eine Zukunft, aber diese Zukunft und das Heil für dieses Volk sind keineswegs immer deutlich zu erkennen. Es ist der Prophet Jeremia, der offenbar nur gewagt hat, in Andeutungen darüber zu sprechen. So, wenn Jeremia an die Exulanten in der Ferne schreibt: „Ich weiß, was für Gedanken ich über euch hege, ... Gedanken zum Heil und nicht zum Unheil, euch eine Zukunft und Hoffnung zu gewähren" (Jer. 29, 11). Und dennoch wird Gott von Jeremia „Mikweh" „Gegenstand des Vertrauens" für Israel genannt: Hoffnung. In einer Liturgie heißt es: „Du Hoffnung Israels, sein Retter zur Zeit der Bedrängnis" (Jer. 14, 8). Und im 31. Kapitel spricht Jeremia davon, daß es noch eine Hoffnung (tikwah) für die Zukunft gibt, „die Kinder kehren heim in ihre Marken" (V. 15ff). Daß Jeremia diese Zukunft als eine Zukunft im Lande der Verheißung erwartet, wird im Kap. 32 deutlich. Mitten in der Belagerungszeit Jerusalems, als der Prophet schon in Haft im Wachthof festgehalten wird, kündigt ihm der Herr das Kommen eines Verwandten an, der ihm, weil Jeremia als Nächstverwandter das Vorkaufsrecht hat, einen Acker in Anatoth, dem schon vom Feinde besetzten Lande, zum Kauf anbietet. Jeremia kauft auf Geheiß Gottes am Vorabend der Katastrophe diesen Acker und sorgt dafür, daß die Kaufurkunden mit den Zeugenunterschriften sorgfältig verwahrt werden. In diesem Zusammenhange wird nun das Wort gesprochen: „Noch werden Häuser und Felder und Weinberge in diesem Lande gekauft werden" (Jer. 32, 15). „Baarez hassot" – „in diesem Lande". Stärker kann man wohl Hoffnung und Zukunft für ein Volk nicht verfremden, indirekter wird man schwerlich Zukunftshoffnung ausdrükken können: Die Katastrophe ist im Kommen, aber „in diesem Lande“ wird man weiter leben, auch nach dem hereinbrechenden Unheil.

In diesem Zusammenhang mag es reizvoll sein, dieser verhaltenen Hoffnungskonzeption die reich entfaltete des Ezechiel im 37. Kapitel entgegenzustellen: „Siehe, Ich öffne eure Gräber und führe euch aus euren Gräbern heraus als Mein Volk und bringe euch ins Land Israels. . . Und ich lege Meinen Geist in euch, daß ihr Leben bekommt, und setze euch in euer Land, und ihr sollt erkennen, daß Ich der Herr geredet habe und es tue, spricht der Herr“ (12.14). In beiden Vorstellungen, in der des Jeremia und der des Ezechiel, wird das „Land“ erwähnt; es ist notwendiger Bestandteil von Israels Zukunft, weil es von Abrahams Zeiten in die Verheißung gehört. Ohne Bund keine Verheißung, ohne Gottes Treue keine Zukunft, aber ohne Konkretisierung keine Hoffnung, und Inhalt dieser Hoffnung ist eben dieses „Land“. Freilich muß dabei bedacht werden, daß diese Hoffnung allein auf den einen Gott gerichtet ist, der verdorrte Totengebeine zu neuem Leben erwecken kann.

Die Erwartungen Israels haben ihren eigentlichen Ausdruck in den verschiedensten Formen der Vorstellungen eines neuen Zeitalters gefunden. Man mag dabei an eine Vollendung dessen denken, was Gott mit dieser Welt eigentlich gewollt hat, und was zunächst mißlungen schien, denn das Scheitern ist nicht endgültig, es ist so provisorisch wie eine Welle im Meere der Geschichte.

In diesen ganz vielfältigen Zukunftsbildern müssen die Propheten vor allem an die historischen Ereignisse anknüpfen, an das, was schon war, aber in anderer, überhöhter Weise wieder sein wird, nicht in Form bloßer Wiederholung, sondern in einzigartiger Überbietung, am deutlichsten bei Deutero-Jesaja. Er verwendet Bilder aus dem Exodus und den verschiedenen Stadien des Wüstenzuges.

Das, was einst Angst und Dunkel war, als Gott sein Volk aus Ägyptens Fron befreite, als er sich dieser Sklavenschar als der Herr erwies und damit aus Sklaven ein Volk schuf, wird nun bei Deutero-Jesaja verklärt und licht: „Nicht in angstvoller Eile werdet ihr ausziehen, noch fluchtartig davonziehen, denn vor euch her geht der Herr, und den Schluß eures Zuges bildet der Gott Israels“ (Jes. 52, 12). Das Grundmotiv der Geschichtsverwendung des Deutero-Jesaja für seine Zukunftsschau Israels ist das der Überhöhung. Alles wird neu sein: „Gedenket nicht mehr der früheren Dinge, und des Vergangenen achtet nicht mehr. Siehe ich mache Neues . . .“ (Jes. 43, 18). Eine solche Vorstellung bedingt keine Auslöschung oder gar Verachtung der Geschichte, denn diese bleibt ja an Bund und Verheißung gekettet, sondern es ist Verwendung von Geschichtlichem für eine wunderbare Zukunft. Diese aber hat ein einziges Ziel: „Dieses Volk, das ich mir geschaffen habe, wird meinen Ruhm erzählen“ (43, 21). Das ist das eigentliche Ziel der Geschichte, der Inhalt der Hoffnung. Wir sagten vorhin, Israel lebt in einer Spannung zwischen der Vergangenheit und der Zukunft; hier, bei Deutero-Jesaja, wird es ganz deutlich. Die Heilsankündigung bekommt ihr Ziel im Vorausblicken auf die Folge, die der neue Exodus haben soll. Aber nun kommt das Entscheidende: Alles, was Deutero-Jesaja hier meint, so neu es sein mag, spielt sich auf dem Boden der Geschichte ab. Die Bilder stammen aus ihr, und die Zukunft vollzieht sich auch in dieser unserer Welt. Die Geschichte Gottes mit Israel geht also weiter. Eine neue Heilstat ist erfolgt, und sie findet ihr Echo im Lob der

Erretteten: „Dieses Volk, das ich mir erschaffen habe, wird meinen Ruhm erzählen“ (43, 21). (Nicht *„das* Volk“, sondern *dieses* Volk: *„Am zu jazarti li, tehillati jesapper“).*

Deutero-Jesaja meint also nicht, mit dem Neuen, das Gott zu schaffen im Begriff sei, würde ein absoluter Heilszustand eintreten. Die Geschichte geht weiter. Das erzählende Lob ist nur sinnvoll in einem geschichtlichen Fortgang: es sind noch die da, denen von Gottes Heilstat an Israel erzählt werden muß, und Gottes Tat wird so über den Kreis derer, die sie erfuhren, hinausgetragen werden.

In unser Thema gehört eigentlich nicht mehr die Frage hinein, inwieweit Deutero-Jesaja sich auch der Völkerwelt zuwendet; daher sei hier nur angedeutet, daß der Prophet auch die Völker in seine Schau mit hineinnimmt, eine Folge seiner universalistischen Gotteskonzeption. „Ich habe bei mir selber geschworen, aus Meinem Munde ist Wahrheit ausgegangen, ein Wort, das nicht rückgängig wird: Mir wird sich beugen *jedes* Knie, Mir Treue schwören *jede* Zunge: Nur im Herrn ist Heil und Stärke“ (Jes. 45, 23f). In diesen Zusammenhang tritt dann auch das eigene in den Liedern vom Gottesknecht geschilderte Amt des Propheten, der den Auftrag bekommt, zum Licht der Völker zu werden (Jes. 49, 6).

Deutero-Jesaja ist im Unterschied zum verhaltenen Jeremia oder auch zum Propheten Ezechiel, dessen Vorstellungen den Rahmen des Begreifbaren selten überschreiten, jener Prophet gewesen, der an die Grenze des Aussagbaren vorstößt. Jes. 44, 23:

„Jubelt, ihr Himmel, denn gehandelt hat der Herr,
Ruft laut, ihr Tiefen der Erde!
Brecht aus, ihr Berge, in Jubel,
der Wald und alle Bäume darin,
denn erlöst hat der Herr Jakob, und an Israel sich verherrlicht.“

Diese Lieder (es gibt andere, etwa in 42, 10–13) sind Antwort, Widerhall der majestätischen Rettungstat Gottes an seinem Volke Israel. Aber nicht nur dieses eine Volk wird zum Jubel aufgerufen, sondern Himmel, Erde, Berge, Bäume. Der, der Israel rettet, ist wirklich der Schöpfer der Welt; das wird nicht nur vom Wirken dieses Gottes gesagt (Jes. 40, 12–31), sondern auch von anderer Seite, von der Schöpfung her, die dazu aufgerufen wird, diesem Wirken Gottes entsprechend zu antworten. Das Heilshandeln Gottes und das Wirken des Schöpfers werden hier ineins gesehen. Der Schöpfer ist zugleich auch der Erlöser. *„Gott hat Israel erlöst und sich an diesem Volk verherrlicht“.* Knapper wird man die theologische Dimension biblischer Zukunftshoffnung kaum ausdrücken können.

Die Grundlage von Israels Zukunft ist der Bund. Die deuteronomistische Geschichtsbetrachtung hatte gemeint, die Ursache von Israels Scheitern wäre der Abfall von diesem Bunde. Und die Propheten haben an dieser Spannung gelitten, daß Israel ohne diesen Bund seinem Gott doch gar nichts sei, und an diesem Bunde sich immer aufs Neue vergehe. Dem verzweifelten Ausruf des Jesaja (2, 6) vom „verstoßenen Volk“, steht das „Und dennoch“ des Hosea gegenüber: „Mein Volk bist du“ (2, 25), und dieses Volk wird antworten: „Elohaj“ – Mein Gott. Daß aber eben das Volk „Elohaj“, mein Gott, so oft nicht geantwortet hat, ist Quelle der Verzweiflung für die Propheten. Daher gehört notwendigerweise in jede Zukunftshoffnung nicht nur eine Konkretisierung der Hoffnung im Lande, auf dem

Boden Israels, der ja Teil der Verheißung ist, sondern vor allem auch im Geiste. Dieses Volk muß und wird einen neuen Geist bekommen. Man kann sich die Zukunft des Volkes Israel schlechthin nicht vorstellen, wenn dieses Volk nicht so sein wird, wie Gott es will. Bedeutet die Rückkehr in das Land eine politische Konkretisierung, so die neue Hinwendung zu Gott eine geistige: „Und ihr werdet Mir zum Volk, und Ich werde euch zum Gott" (Jer. 30, 22). Das ist vorerst nur Hoffnung des Propheten.

Wir haben im Tenach zwei große Schilderungen dieser geistigen Wende Israels in der Zukunft, die eine stammt von Ezechiel (36, 24–28), die andere von Jeremia (31, 31–34). Wenn wir diese Texte vernehmen, mögen wir vor allem das große „Ich" heraushören, denn die Initiative liegt allein bei Gott. Biblische Zukunftshoffnung ist theozentrisch.

„Und Ich nehme euch aus den Völkern und sammle euch von allen Landen und bringe euch auf euren Boden. Und Ich sprenge über euch reines Wasser, daß ihr rein werdet von allen euren Unreinheiten, und von allen euren Götzen will Ich euch rein machen. Und Ich gebe euch ein neues Herz, und neuen Geist setze ich in euer Inneres, entferne das Herz von Stein aus eurem Leib und gebe euch ein Herz von Fleisch. Und Meinen Geist lege Ich in euer Inneres, und mache, daß ihr in Meinen Satzungen wandelt und Meine Rechtsvorschriften wahrt und sie übt. Und ihr sollt wohnen in dem Lande, das Ich euren Vätern gegeben, und ihr sollt *Mir* sein zum *Volk*, und *Ich* will euch Gott sein" (Ez. 36, 24–28).

Was sagt uns hier der Prophet für unser Thema? Er stellt zwei zunächst getrennte, dann verbundene Vorstellungsgruppen heraus: „Lew chadasch" (ein neues Herz) / „ruach chadascha" (einen neuen Geist) stehen gegenüber: „Erez" (Land) / „admatechem" (euer Boden). Das beide Vorstellungsgruppen verbindende Element ist der Begriff des „am" – des Volkes: „Ihr werdet Mir zum Volk, und Ich werde euch zum Gott". Eigentlich, so müßte man meinen, sei dieser Hinweis überflüssig; ist Israel nicht schon längst Gottes Volk gewesen? Gott verheißt hier jedoch die entscheidende Wende, das Neue. Der Prophet sieht ein *neues* Volk Israel in den Ordnungen göttlicher Gerechtigkeiten, ein Volk, das in seinem Land, auf seinem Boden wohnt, aber jetzt erst wirklich und ganz Volk Gottes ist.

Diesen Vorstellungen entspricht die Konzeption vom neuen Bund, Gedanken, die wir bei Jer. 31, 31–34 finden: „Siehe Tage kommen, ist des Herrn Spruch, da schließe Ich mit dem Haus Israel und dem Haus Juda einen neuen Bund. Nicht wie der Bund, den Ich mit ihren Vätern geschlossen am Tag, da Ich sie an der Hand faßte, um sie aus dem Land Mizraim zu führen, wo sie dann Meinen Bund übertraten, wiewohl Ich ihr Herr geworden, ist des Herrn Spruch. Sondern dies ist der Bund, den Ich mit dem Haus Israel schließen will nach jenen Tagen, ist des Herrn Spruch: Ich senke meine Weisung in sie und schreibe sie auf ihr Herz. Dann werde Ich ihnen Gott und sie Mir Volk sein. Dann lehrt nicht mehr einer den anderen und einer den Bruder, sprechend: Erkennt den Herrn! Denn sie werden Mich kennen, von ihrem Kleinsten bis zum Größten, ist des Herrn Spruch. Denn Ich verzeihe ihre Sünde und ihrer Schuld will Ich nicht mehr gedenken."

Dieser Abschnitt gehört zu einem Trostbüchlein (Kap. 30, 31), das Jeremia wohl erst in den Tagen nach der Katastrophe abgefaßt hat. Hier wird dem wiedervereinigten Volke ein neuer Bund verheißen: Ein Bund, nicht mehr auf Tafeln, sondern ein Bund ins Herz. Die Kontinuität freilich bleibt durch den Hinweis auf die göttliche Herausholung aus Mizraim gewahrt, aber dieser neue Bund weist auf die Vollendung hin: Das Wort des ersten Bundesschlusses kann nun endlich zur vollkommenen Wirklichkeit werden: JHWH GOTT Israels, Israel Volk JHWH's. Die Deuteronomiker meinten (Dt. 30, 14), das Wort Gottes brauche nur eben getan zu werden, aber Jeremia weiß nur zu gut um menschliche Schwäche und menschliches Scheitern, hält es für notwendig, daß Gott selber Sein Wort Israel ins Herz schreibe, ohne Tafeln, ohne gegenständliche Mittel. Freilich selbst Jeremia konzipiert nicht nur eine abstrakte Vorstellung vom neuen Menschen, vom neuen Bund, vom neuen Volk mit seinem Gott. Die biblische Zukunftshoffnung, so theozentrisch sie immer sein mag, ist objektbezogen: „So spricht der Herr der Scharen, der Gott Israels: Noch wird man dieses Wort sprechen im *Land Jehuda* und in seinen Städten, *wenn ich sie wiederherstelle:*

‚Der Herr segne dich,
Aue des Rechts,
Geheiligter Berg!'

Und es werden darin wohnen, Jehuda und alle seine Städte insgesamt, Landleute, und die mit Herden ziehen" (Jer. 31, 23f). Auch das Volk und das Land haben also eine Zukunft.

Die Grundmotive dieser Zukunftshoffnung Israels sind der neue Bund, das neue Herz, der neue Geist. Die Hebräische Bibel hat die Schöpfung mit der Geschichte verknüpft, nicht mit der Wiederkehr, wie sonst im Alten Orient. In der Bibel ist daher von Schöpfung und Neuschöpfung die Rede, es geht daher nicht etwa um eine Verwandlung der Natur, sondern um neue Schöpfung durch ein nochmaliges Eingreifen Gottes. Die ursprüngliche Schöpfung kehrt nicht wieder. Der Tenach kennt also die Verbindung von Schöpfung und Geschichte einerseits und die neue Tat Gottes zum Heil seiner Welt und seines Volkes andererseits. Die neue Schöpfung durch Gott führt dann die Natur und ihre Geschichte, führt das Volk Israel und die Welt zur Vollendung. Gott also stellt seine Welt durch ein neues Handeln wieder her. Gott vollendet damit auch seine Gemeinschaft mit seinen Geschöpfen und schenkt nochmals seinen Geist als neuschaffende Kraft. So vollendet Gott seinen Weg mit seinem Volk – einen Weg, der als Geschichte dieses Volk von Hoffnung zu Hoffnung führte.

Aus dieser geschichtlichen Führung erhob sich die Gewißheit, daß es möglich wäre, Gott würde sich seinem Volke noch einmal unmittelbar zuwenden. Das ist deutlich das Ergebnis der Exegese von Ez. 36 und Jer. 31. Dabei wird freilich ständig an Vergangenes angeknüpft. Man denke an das Motiv: „Als JHWH Israel bei der Hand nahm, um es aus Mizraim zu führen". Um also Vertrauen auf Gottes Treue in der Zukunft zu wecken, werden die geschichtlichen Erfahrungen von Exodus und Bund erzählt. Gottes Treue ist daher nicht ein Lehrsatz, den man von den Alten aus mythischer Vorzeit überkommen hat, sondern eine Geschichte, die man erzählen muß und erwarten kann. Es waren nicht nur alte Texte, die ihre Zukunft hatten und haben wollten, die weiterreden und so ständig neue Hoffnung schenken konnten, sondern es war Israels Weg mit und unter seinem Gott als Geschichte, der auf Zukunft und Heil verwies und hoffen machte.

Gottes Weg ist der Weg der Treue, und die Zukunft wird Gott und seine Wahrheit offenbaren vor Israel und aller Welt.

Das kommende, erhoffte Zeitalter ist das des Geistes.

„Denn Ich gieße Wasser auf das Durstige,
Riesenfluten auf das Trockene.
Ich gieße Meinen Geist auf deine Nachkommen
und Meinen Segen auf deine Sprößlinge" (Jes. 44, 3).

Der Prophet Joel 3, 1ff malt das Bild weiter aus, so daß das ganze Volk zu Visionären werden wird. Und gegen Ende der Prophetie heißt es wieder und noch einmal:

„Nicht durch Macht
Und nicht durch Kraft,
Allein durch Meinen Geist,
spricht der Herr der Scharen" (Sach. 4, 6).

Das ist die Magna Charta, die alle Macht der verschiedensten Institutionen transzendiert: „Durch meinen Geist", spricht der Herr. Israel hat eine Zukunft, und sein Heil kommt dem Volke zu, in und um Jerusalem. In späterer Zeit hat man für die des Heiles Bestimmten, für die Träger der Zukunft den Begriff des Restes geprägt. Der Restbegriff kann exklusiv (Hag. 2, 10ff; Jes. 61, 9) und weitherzig (Jes. 56, 1ff) gefaßt werden. Gewöhnlich wird den Völkern als einem weiteren Kreis dann die Teilhabe am Heil zugesprochen. Sie werden auch einmal zu Verehrern des einen Herrn, wenn sie sich angesichts des Erlebten zu Ihm bekennen werden (Jes. 34, 3). Immerhin scheint die Teilhabe am zukünftigen Heil für Israel und die Völker kollektiv gedacht zu sein. Der Einzelne hat am Heil nur als Glied der Gemeinschaft, als Glied des Volkes Anteil.

Die Hebräische Bibel begnügt sich aber nicht nur mit der Zukunftshoffnung eines Volkes, dieses einen Volkes. Sie geht den entscheidenden Schritt weiter:

„Zu gering ist es, daß du Mir Knecht seist,
aufzurichten die Stämme Jakobs und die Bewahrten Israels zurückzubringen.
So mache Ich dich zum Licht der Völker,
daß Mein Heil reiche bis zum Ende der Erde" (Jes. 49, 6).

Und noch einmal:

„So spricht der Herr,
der die Himmel geschaffen und ausgespannt,
der die Erde gegründet, und was aus ihr sproßt,
der Atem gibt dem Volk auf ihr
und Lebensgeist denen, die auf ihr wandeln:

Ich der Herr, rufe dich in Gerechtigkeit
und fasse dich bei der Hand.
Ich fasse dich und mache dich
zum Bund des Volkes (berit am), zum Licht der Völker (or gojim).

Zu öffnen blinde Augen,
aus dem Kerker zu führen Gefangene,
aus dem Gefängnis, die im Finstern wohnen" (Jes. 42, 5–7).

Dem Bund des Volkes steht das Licht der Völker gegenüber. Niemand wird bestreiten wollen, daß hier Geistiges angesprochen wird. Es handelt sich hier, wie auch sonst bei Deutero-Jesaja, um die Missionsbotschaft, für diesen einen Gott zu zeugen.

Bei allen geistigen Bezügen zielt die Bibel jedoch auch immer auf Konkretes hin, denn syntaktisch angeschlossen an den Begriff „Licht der Völker" spricht der Prophet von einer prosaischen, erdgebundenen, gleichsam nationalen Aufgabe: Die noch in den Gefängnissen Schmachtenden sollen befreit, die Gefangenen aus dem Kerker geführt werden. Man hüte sich daher, die Botschaft der Propheten völlig zu spiritualisieren und dabei ihren eigentlichen Bezug zu verdrängen: Auch Deutero-Jesaja denkt an die konkrete Zukunft seines im Exil, im Finstern wohnenden Volkes.

Versuchen wir das bisher Gesagte in einem biblischen Text zusammenzufassen, so finden wir diese Gedanken in einem Abschnitt aus der Zeit nach Deutero-Jesaja. Wir meinen hier Jes. 60. Die Botschaft dieses Propheten bezieht sich zwar auf Deutero-Jesaja, ist aber dennoch unabhängig, und verarbeitet dessen Heilszusage auf eigene Weise. Wie auch sonst in der Bibel, enthält diese Zukunftshoffnung eine Wendung zum Heil innerhalb der Geschichte. Gott bewirkt eine wunderbare Wandlung seines Volkes. Jes. 60, 1ff:

> „Auf, werde Licht, denn es kommt dein Licht,
> und die Herrlichkeit des Herrn geht über dir auf!
>
> Denn siehe: Finsternis bedeckt die Erde
> und Dunkel die Völker;
> aber über dir erstrahlt der Herr,
> und Seine Herrlichkeit erscheint über dir.
>
> Statt daß du eine Verlassene bist,
> verhaßt und niemand durchzog,
> mach Ich dich zu dauernder Pracht,
> zur Freude für Geschlecht um Geschlecht . . .
>
> und wirst erfahren, daß Ich der Herr dein Helfer
> und dein Erlöser der Starke Jakobs . . .
>
> Z2 deiner Aufsicht setz Ich *Frieden* ein
> und zu deinen Treibern *Gerechtigkeit.*
> Man hört nicht mehr von Gewalttat in deinem Land,
> von Sturz und Bruch in deinen Grenzen.
> Deine Mauern wirst du Heil nennen
> und deine Tore Ruhm . . .
>
> Deine Sonne wird nicht untergehen,
> und dein Mond nicht mehr schwinden;
> denn der Herr wird dir ewiges Licht sein,
> und zu Ende sind die Tage deiner Trauer.
>
> Dein Volk: sie alle sind Gerechte,
> für dauernd werden sie das Land besitzen,
> Sproß Meiner Pflanzung,
> Werk Meiner Hände, Mich zu verherrlichen."

Gott erweist sich auch hier. Durch das nun aufbrechende Geschehen wird jedem deutlich: Gott ist Israels Moschia-Helfer und Goel-Erlöser. Eine solche Zukunft ist undenkbar ohne Frieden und Gerechtigkeit, ohne Aufhören von Gewalt. Aber was wird in diesem ganzen Geschehen mit dem Volke Israel sein?

„Dein Volk: sie alle sind Gerechte,
für dauernd werden sie das Land besitzen,
Sproß meiner Pflanzung,
Werk meiner Hände, Mich zu verherrlichen."

Von einem Messias ist nicht die Rede, wohl aber von Gott als Israels Erlöser. Die Zukunft Israels aber kann nach dem Zeugnis der Bibel nicht verstanden werden, ohne daß nicht auch etwas mit dem Menschen geschehe. Die nationale Existenz des Volkes gilt hier dem Propheten als gesichert, aber das ist nur das Eine; israelitische Zukunftserwartung ist unvollständig ohne dieses: „*Mein* Volk: sie alle sind Gerechte", und es ist nicht zufällig, daß unmittelbar daran anschließend die Verheißung erfolgt: „für dauernd werden sie das Land besitzen". Land und Gerechtigkeit gehören zusammen. Aber dieses Volk Israel hat eine Funktion, es ist ja Volk Gottes: „Sproß Meiner Pflanzung, Werk Meiner Hände, Mich zu verherrlichen".

5.2.6 Die eschatologische Kategorie „Hoffnung/Zukunft" (Karl-Heinz Minz)

Im konsistenten Gefüge (Kosmos) der Mannigfaltigkeit heilsgeschichtlicher Momente transzendieren die Kategorien ‚Gott, Bund, Volk, Land' von sich aus auf die Kategorie ‚Hoffnung/Zukunft', wobei diese ihrerseits jene als implizit-transzendentales Moment (in integraler Retroaktivität) durchformt.[273] Durch solche Hoffnung wird eine Zu-kunft freigesetzt, die als Dimension von endgültigem Heil und ewiger Voll-endung, als welche sich Gott zugesagt hat, sowie als ‚das Ganze im Fragment'[274] die Dynamik alles Geschaffenen bestimmt. Von der *konkreten* Heilsgeschichte, in der das Wahre immer das Ganze ist, ist die Differenzierung in eine Hoffnung als Inhaltlichkeit (spes quae) und eine Hoffnung als Vollzug (spes qua) bei der Deskription solcher integralen Hoffnungs-/Zukunftsdimension nicht möglich.[275] Die Dynamik von Subjektivität und Objektivität vollzieht sich hierbei als ein koextensives Bedingungsgefüge.

I. Die Gründung im Osterereignis

Die Selbstmitteilung Gottes als Logos und Pneuma offenbart sich in unwiderruflicher Weise im Osterereignis, insofern hier der dreifaltige Gott sein eigenes Le-

---

273 Diese Komplexität eines heilsgeschichtlichen Egreß-Regreß-Schemas ist in Bd. 2 dieser Reihe (Freiburger Leitlinien), S. 77f., in zwei Schemata veranschaulicht.

274 Zu dieser Sicht: *H. U. v. Balthasar,* Das Ganze im Fragment. Aspekte einer Geschichtstheologie, Einsiedeln 1963.

275 So *W. Post,* Artikel ‚Hoffnung', in: Handbuch philosophischer Grundbegriffe, Studienausgabe Bd. 3, München 1973, 692–700, hier 692. Vgl. auch die Dialektik des Wollens bei *M. Blondel,* Die Aktion (1893). Versuch einer Kritik des Lebens und einer Wissenschaft der Praktik, Freiburg/München 1965.

ben als Tod und Auferweckung seines Sohnes aussagt und Mensch und Schöpfung in die Zirkulation dieses Lebens miteinbezieht.[276] In Kreuz und Auferstehung ereignet sich Erlösung und Versöhnung. „Insofern die Auferstehung Jesu sich in der Kraft desselben Pneuma vollzieht (Röm 8, 11), in dessen Kraft sich Jesus selbst am Kreuze dem Vater dargebracht hat, sind Kreuz und Auferstehung nur zwei Momente eines und desselben Geschehens, nämlich der Zeitwerdung der göttlichen Liebe in ihrer wirhaften Existenzweise."[277] Gottes eigene Geschichte *wird* hier *konkret*. In ihr eröffnet sich das Wahre (der Zu-kunft Gottes) als das Ganze (der Heils-ökonomie), nämlich als die komplex-faktische Dimension des Reiches Gottes.

„Das kommende Reich, dessen Gewißheit die Jünger in den Ostererscheinungen Christi fanden, hat dann durch diesen Christus Kreuzesgestalt in einer entfremdeten Welt angenommen. Das Kreuz ist die Form des kommenden, erlösenden Reiches, und der Gekreuzigte ist die Inkarnation des Auferstandenen. Im Gekreuzigten ist das ‚Ende der Geschichte' mitten in den Verhältnissen der Geschichte präsent. Darum findet sich in ihm Versöhnung mitten im Streit und Hoffnung auf die Überwindung des Streites."[278]

In der durch Ostern[279] vermittelten Anwesenheit des dreieinen Gottes in der Welt[280] erhält diese Schöpfung den Freiraum der βασιλεία[281], in welchem sich diese auf ihre Endgültigkeit hin transzendiert.[282] J. Moltmann wurde durch die grandiose Hoffnungsphilosophie im Werk von Ernst Bloch zu einer *christlichen* Besinnung über die (existentiale) Dimension ‚Hoffnung/Zukunft' initiiert und inspiriert. In seiner ‚Theologie der Hoffnung'[283] hat er die Überholung eines bloßen ‚laboratorium possibilis salutis' (Bloch) mit der Schwebe seines ‚peut-être'

[276] So etwa bereits in der ‚integralen Theologie' von *M. J. Scheeben*, z.B. in dessen ‚Die Mysterien des Christentums' (1865), § 23. Dazu: *K.-H. Minz*, Die Lebensdynamik der göttlichen Dreieinigkeit. Der Beitrag Scheebens für eine heutige Neuorientierung, in: rhs 105 (1981), 49–51.

[277] *H. Mühlen*, Die Veränderlichkeit Gottes als Horizont einer zukünftigen Christologie. Auf dem Wege zu einer Kreuzestheologie in Auseinandersetzung mit der altkirchlichen Christologie, Münster ²1976, 34; ebd. 34f.: Gegen den ‚Spekulativen Karfreitag' Hegels. Vgl. ferner: *H. Küng*, Menschwerdung Gottes. Eine Einführung in Hegels theologisches Denken als Prolegomena zu einer künftigen Christologie, Freiburg, Basel, Wien 1970 (= ÖF. S 1), 207–239; op. cit. aber auch positiv die Exkurse I–V (611–670) zum ‚Werden Gottes'.

[278] *J. Moltmann*, Der gekreuzigte Gott. Das Kreuz Christi als Grund und Kritik christlicher Theologie, München 1972, 173.

[279] Dazu *H. U. v. Balthasar*, Mysterium Paschale, in: MySal III/2, 133–326; darin bes. 317–319: Existenz im Mysterium Paschale.

[280] Vgl. *K. Rahner*, Der dreifaltige Gott als transzendenter Urgrund der Heilsgeschichte, in: MySal II, 317–401, bes. 376–382.

[281] Zu den Bestimmungen der βασιλεία: *H. Küng*, Christ sein, München/Zürich 1974, 205f.

[282] Dazu *K. Rahner*, Die Christologie innerhalb einer evolutiven Weltanschauung, in: *ders.*, Schriften zur Theologie, Bd. V, Zürich, Einsiedeln, Köln ³1968, 183–221. Zur Koextensivität von Erlösung und Werden des Menschen: *L. Scheffczyk* (Hrsg.), Erlösung und Emanzipation (= QD 61), Freiburg, Basel, Wien 1973; darin bes. *G. Greshake*, Der Wandel der Erlösungsvorstellungen in der Theologiegeschichte (69–101).

[283] *J. Moltmann*, Theologie der Hoffnung. Untersuchungen zur Begründung und zu den Konsequenzen einer christlichen Eschatologie, München ⁸1964 (= BEvTh 38). Vgl. auch: *ders.*, Umkehr zur Zukunft, München u. Hamburg 1970 (= Siebenstern-Taschenbuch 154).

durch die eschatologische Tat Gottes an Ostern prägnant diskutiert. Demnach gilt: „Die Offenbarung der Möglichkeit und Mächtigkeit Gottes in der Auferwekkung des Gekreuzigten und die darin erkennbare Tendenz und Intention Gottes machen den Horizont dessen aus, was Geschichte zu nennen und als Geschichte zu erwarten ist."[284] Die so freigesetzte neue Ganzheit gründet in einem „Novum ex nihilo"[285], das zur Hoffnung im Dienst an der Welt freimacht.

Dabei bleibt die eschatologische Spannung eines ‚Schon und noch nicht' resp. eines ‚Nicht mehr und noch nicht' bestehen. So „hat die Offenbarung als Erfüllung noch eine *Zukunft,* die gewiß die Zukunft ihrer selbst ist, aber als Zukunft noch nicht gegenwärtig ist, sondern erwartet wird. Diese Zukunft ist die Vollendung des bereits endgültig Ereigneten und Gekommenen, die Zukunft ist die in der Mitte, in der Erfüllung, bereits angebrochene und von ihr getragene, bewirkte und gehaltene Zukunft. Sie gründet im Hodie und Ecce des Geschehenen und kann nur das ‚Zu-Ende-Bringen' dessen meinen, was bereits begonnen hat: die Aufhebung des im ‚Schon' bereits anwesenden ‚Noch-nicht'."[286].

II. Hoffnung/Zukunft als individuelle Heilsgeschichte

In der Christusnachfolge[287] lebt der Mensch glaubend, hoffend und liebend auf den dreifaltigen Gott hin. „In dem Wort ‚Hoffnung' meldet sich dieses eine, einigende ‚Von-sich-weg' in die eine Unverfügbarkeit Gottes hinein; ‚Hoffnung' steht darum als diese einigende Mitte zwischen Glaube bzw. Schau und Liebe (auf dem Weg und auch noch am ‚Ziel'). *‚Hoffnung' sagt daher im allerletzten nicht eine Modalität von Glaube und Liebe, solange das Vorläufige ist, sondern ist die bleibende Wegräumung des Vorläufigen auf die radikale und reine Unverfügbarkeit Gottes hin, ist die ständige Zerstörung des Scheines, die absolute und letzte Wahrheit sei das umgriffen Begriffene und die Liebe sei das durch unsere Liebe Bewirkte* ... Hoffnung aber ist das Wort für das Wagnis des in beiden Grunddimensionen des Menschen radikal Unverfügbaren, das also gerade dort sich ereignet, wo das Verfügbare endgültig überholt ist, d.h. in der Endgültigkeit des ewigen Lebens ... Hoffnung besagt den einen Grundcharakter der Entgegennahme von Wahrheit und von Liebe: das bleibende ‚Von-sich-weg' in die Unverfügbarkeit Gottes."[288]

Damit sind nun existentiale Koordinaten für menschliches (Zusammen-)Leben eröffnet. Denn Christus ermöglicht neue Grundorientierungen, Grundhaltungen, Lebenseinstellungen; „einen neuen *Sinnhorizont* und eine neue *Zielbestimmung* in Dispositionen des unprätentiösen Engagements für die Mitmenschen,

---

284 *Moltmann,* Theologie der Hoffnung, 206. Dazu aber die Anfragen in: *W.-D. Marsch* (Hrsg.), Diskussion über die „Theologie der Hoffnung" von Jürgen Moltmann, München 1967. Sowie auch in: *G. Greshake,* Auferstehung der Toten. Ein Beitrag zur gegenwärtigen theologischen Diskussion über die Zukunft der Geschichte, Essen 1969 (= Koin. 10), 134–162.

285 *J. Moltmann,* Die Kategorie *Novum* in der christlichen Theologie, in: *S. Unseld* (Hrsg.), Ernst Bloch zu ehren. Beiträge zu seinem Werk, Frankfurt 1965, 243–263, hier 261.

286 *H. Fries,* Die Offenbarung, in: MySal I, 159–238, hier 231.

287 Dazu etwa: *A. Schulz,* Nachfolgen und Nachahmen, München 1962 (= StANT 6). Ferner: Themenheft ‚Jesus Christus Nachfolgen' von „Lebendiges Zeugnis" (November 1972 – Heft 4).

288 *K. Rahner,* Zur Theologie der Hoffnung, in: *ders.,* Schriften zur Theologie, Bd. VIII, Einsiedeln, Zürich, Köln 1967, 561–579, Zitat 569.

der Solidarisierung mit den Benachteiligten, des Kampfes gegen ungerechte Strukturen; Dispositionen der Dankbarkeit, Freiheit, Großzügigkeit, Selbstlosigkeit, Freude, aber auch des Schonens, Verzeihens und Dienens; Dispositionen, die sich auch in Grenzsituationen bewähren, in der Leidensbereitschaft aus der Fülle des Sichverschenkens, im Verzicht auch da, wo man es nicht nötig hätte, in der Einsatzbereitschaft um der größeren Sache willen."[289]

Ein Lebens-Sinn ist dem Menschen geschenkt worden[290], eine ‚Sehnsucht nach dem ganz Anderen'[291], die ihn zu seiner einmalig unverwechselbaren Person*werdung* befähigen.[292] Mit dem zentralen Leitmotiv der Theologie des Augustinus formuliert: „Du hast uns auf Dich hin geschaffen, und unruhig ist unser Herz, bis es ruht in Dir." (Conf. I/1) Solches naturale Verlangen (desiderium naturale[293]) führt den einzelnen Menschen ein in die Zirkulation des trinitarischen göttlichen Lebens. Und in der Folge von Ostern läßt sich von einer so bestimmten Hoffnungsstruktur retroaktiv der Zusammenhang der Heilsgeheimnisse (nexus mysteriorum) wie auch die Rangordnung der Heilswahrheiten (hierarchia veritatum[294]) prädizieren.

Erweist sich Hoffnung so als Existential des Menschen, dann ist letztlich alle Absurdität negiert[295] und die Frage des Sisyphos je schon sinn-los. In der Freiheit des liebenden Gottes[296] bleiben die Menschen „freilich gerade die in aller Gefahr Gelassenen und Fröhlichen, gaudentes in spe. Und diese Hoffnung ist auch ihre ‚Weisheit', ihre sapientia, das, was ihnen ‚Geschmack' gibt an dieser unserer unabgeschlossenen Geschichte, was die Orthodoxie des Glaubens ständig in die Orthopraxie geschichtlichen Handelns umsetzt. Nie dürfte ja solche Hoffnung unsere Welt als eine Art vorgefertigtes – unzulänglich genug vorgefertigtes – Wartezimmer erscheinen lassen, in dem man desengagiert und gelangweilt – je hoffender, umso gelangweilter – herumzusitzen hätte, bis die Tür zum Sprechzimmer Gottes aufgeht. Für solche Hoffnung zeigt sich die Welt nie als ein

---

289 *H. Küng,* Die Problematik der Katechismusfrage »Wozu sind wir auf Erden?«, in: Conc(D) 13 (1977), 493–496, hier 495. Heft 10 dieses Jg. steht unter dem Leitthema: „Wozu sind wir auf Erden?" Vgl. ferner: *R. Schnackenburg,* Zukunft. Zur Eschatologie bei Juden und Christen. Mit Beiträgen von *I. Fetscher u.a.,* Düsseldorf 1980 (= Schriften der Katholischen Akademie Bayern, Bd. 98).

290 Hierzu sei hingewiesen auf *V. E. Frankl,* Ärztliche Seelsorge, Wien [5]1948. Zur aktuellen Diskussion ferner: *A. Paus* (Hrsg.), Suche nach Sinn, Suche nach Gott. Vorlesungen der Salzburger Hochschulwochen 1977, Graz 1978.

291 So nach dem Titel von *Max Horkheimer,* Die Sehnsucht nach dem ganz Anderen. Ein Interview mit Kommentar von *Helmut Gumnior,* [3]1975 (= Stundenbücher 97).

292 Vgl. die (miteinander verwandten) Ansätze von Maurice Blondel und Bernhard Welte.

293 Zu diesem Begriff die ausgezeichnete Interpretation bei *K. P. Fischer,* Der Mensch als Geheimnis. Die Anthropologie Karl Rahners, Freiburg, Basel, Wien [2]1974 (= ÖF.S 5), 235–268.

294 Zu dieser Hierarchisierung der Heilswahrheiten etwa: *K. Rahner,* Reflexionen zur Problematik einer Kurzformel des Glaubens, in: *ders.,* Schriften zur Theologie, Bd. IX, Einsiedeln, Zürich, Köln 1970, 242–256, hier 248. Dazu: K.-H. Minz, Die Bedeutung einer Reduktivformel für die Strukturierung von Curricula, in: Religionspädagogische Beiträge 12/1983, 46-65.

295 Die Möglichkeit des Atheismus bleibt bestehen! Hierzu *B. Welte,* Religionsphilosophie, Freiburg, Basel, Wien 1978, 150–165.

296 Vgl. *J. Moltmann,* Die ersten Freigelassenen der Schöpfung. Versuche über die Freude an der Freiheit und das Wohlgefallen am Spiel, München [4]1974 (= KT 2), bes. 22–50.

Fixum, das in einem von sich aus leeren Zeitraum sich ‚in abgeschlossenen Totalitäten' (Bloch) beliebig wiederholt, sondern als eine entstehende, *auf die Zukunft Gottes hin entstehende Welt*, für deren Prozeß die Hoffenden in Verantwortung stehen."[297]

Hier wird der Berührungspunkt mit den heilsgeschichtlichen Kategorien „Volk" und „Land" manifest. Heilsgeschichte geschieht *in* Weltgeschichte[298], und der hoffende Mensch hat sich *in* dieser von Gott geschaffenen Welt zu verwirklichen. Das Gefüge der Kategorien Gott, Bund, Volk und Land erweist sich also auch von seiner teleologischen Perspektive her als in der *konkreten* Heilsökonomie (in einer trinitarisch durchformten und konstituierten Welt) begründet und bewährt.

Aus solcher Verschränktheit ergibt sich dann, daß die Geschichte jedes einzelnen Menschen in ihrer Einmaligkeit hineingeborgen bleibt in die schöpferische Treue und das Sinn schenkende Leben Gottes. Die gnadenhaft präsente Treue Gottes zu seinem Geschöpf, das er je ‚beim Namen gerufen' hat, verläßt den Menschen auch in Sterben und Tod nicht. Mit seiner ganzen Geschichte, in der er sich ausgezeitigt und personalisiert hat, wird der Mensch im Tod in die Ewigkeit Gottes aufgenommen. Diese Bundestreue (Schöpfertreue) Gottes, von der die Hebräische Bibel lebendigstes Zeugnis gibt und die von den Christen aufgrund der eschatologischen Tat der Auferweckung Jesu an Ostern existentiell bezeugt wird[299], kann den Menschen nicht der Vernichtung ausliefern.

Tod impliziert dann zwar ein ontisches Nichts, nicht jedoch ontologische Nichtigkeit. Aufgrund dieser göttlichen Treue darf gesagt werden: „Bei der Negativität des Todes gibt es ... die Möglichkeit, zwischen ontisch zu fassendem ‚Nichts' und ontologischer ‚Nichtigkeit' zu unterscheiden. In der Spannung zwischen dem Nichts und dem Nichtigen, bleibt es Gottes Machterweis, daß der Mensch nicht zum Nichts werden kann. Gottes Schöpferakt kann der Mensch nicht rückgängig machen, auch nicht mit seinem Tod."[300]

Bei solchen kategorialen Bestimmungen muß jedoch immer mitgesehen werden, daß von einem ‚Gott der Hoffnung' (Röm 15, 13) her eine ‚Definition' der Eschata unmöglich *bleibt*. Und so meint und sieht eine christliche Eschatologie „den erlösten Menschen, wie er jetzt ist; von *ihm aus* weiß sie das Zukünftige als das *selig* Unbegreifliche, das in Freiheit (also in der Gefahr des Verlustes) anzunehmen ist; *dieses* Zukünftige, das in Bildern beschworen, aber nicht in Reporta-

---

297 *J. B. Metz*, Gott vor uns. Statt eines theologischen Arguments in: *FS E. Bloch*, 227–241, hier 241.

298 Vgl. *K. Rahner*, Weltgeschichte und Heilsgeschichte, in: *ders.*, Schriften Bd. V, 115–135.

299 So die Erklärung der deutschen Bischöfe Nr. 26 (28. April 1980) ‚Über das Verhältnis der Kirche zum Judentum', II./5.

300 So *W. Breuning*, Systematische Entfaltung der eschatologischen Aussagen, in: MySal V, 779–890, hier 878. Diese Überlegung erhält ihren Inhalt erst und nur durch den Horizont einer Theologie des Bundes. Vgl. ferner: *K. Rahner*, Prolixitas mortis, in: a.a.O., 466–472; *ders.*, Das Sterben vom Tod her gesehen, in: a.a.O., 473–493. Hierzu die ausgezeichnete Monographie: W. M. Klein, Christliches Sterben als Gabe und Aufgabe. Ansätze zu einer Theologie des Sterben, Frankfurt a. M. u. a. 1983 (= Disputationes Theologicae Bd. 13); hierin auch die äußerst gründliche Aufarbeitung der wissenschaftlichen Diskussion.

ge schon jetzt vorgestellt werden kann, wird dem Menschen gesagt, weil er seine Gegenwart nur bestehen kann, wenn er sich in der Bewegung weiß auf seine Zukunft hin, die der unbegreifliche Gott in seinem eigenen Leben ist."[301]

Solche heils*geschichtliche* Teleologie legt es (als Theologoumenon) nahe, daß Tod und Auferweckung koinzidieren.[302] „Wenn sich mithin im Tod die Freiheit des Menschen verendgültigt, so ist in deren konkreter Gestalt der Endgültigkeit Leib, Welt und Geschichte dieser Freiheit bleibend aufgehoben; und wenn nun weiter Gott nach dem Zeugnis des Glaubens auch und gerade im Tod als dem äußersten, kritischen Ort unseres ‚In-Christus-Sein' der konkreten Existenz, in welcher der Ertrag des Lebens für immer geborgen ist, die Treue hält, so ist *diese* Zukunft das, was Schrift und theologische Tradition mit Auferstehung des Leibes (oder Fleisches) meinen . . ."[303]

Aus solcher ganzheitlich/geschichtlichen Sicht kann dann konkret formuliert werden: „Gott liebt mehr als die Moleküle, die sich im Augenblick des Todes im Leib befinden. Er liebt einen Leib, der gezeichnet ist von der ganzen Mühsal, aber auch der rastlosen Sehnsucht einer Pilgerschaft, der im Lauf dieser Pilgerschaft viele Spuren in einer Welt hinterlassen hat, die durch diese Spuren menschlich geworden ist. . . Auferweckung des Leibes heißt, daß von all dem Gott nichts verlorengegangen ist, weil er den Menschen liebt. Alle Tränen hat er gesammelt, und kein Lächeln ist ihm weggehuscht. Auferweckung des Leibes heißt, daß der Mensch bei Gott nicht nur seinen letzten Augenblick wiederfindet, sondern seine Geschichte."[304]

Aufgrund solcher Auszeitigung der menschlichen Person kann evident gemacht werden (und das nicht nur gegen eine gnostisierende frühchristliche Anthropologie), „daß der Gegenstand der Hoffnung im Augenblick des Todes nicht die Gabe der (Seelen-)Unsterblichkeit ist, sondern das, was Paulus mit soma pneumatikon meint, nämlich *die Vollendung der konkreten Existenz,* die alle sarkischen Mächte überwunden hat und ganz vom pneuma Gottes erfüllt ist. Im Tod also geschieht ‚Auferstehung des Leibes'."[305]

Jede Individualgeschichte ist vergleichbar dem Punkt auf einer Decke (der Universalgeschichte). Die Verschränktheit und Kontinuität/Diskontinuität läßt sich dann mit dieser Metapher der Decke veranschaulichen; denn „man greift sie an *einer* Stelle und sie hebt sich doch ganz empor, weil jeder Punkt verwoben ist mit vielen anderen."[306] Das Wahre erweist sich hier wieder als ‚das Ganze im Fragment'.

---

301 *K. Rahner,* Artikel ‚Eschatologie', in: SM I, 1183–1191, hier 1188.

302 Zur Begründung *Breuning,* a.a.O., 881–885. Dagegen (und gegen seine eigene frühere Meinung): *J. Ratzinger,* Zwischen Tod und Auferstehung, in: Internationale Katholische Zeitschrift »Communio« 9 (1980), 209–223. Gegen Ratzinger: *G. Greshake-G. Lohfink,* Naherwartung, Auferstehung, Unsterblichkeit. Untersuchungen zur christlichen Eschatologie, Freiburg, Basel, Wien ³1978 (= QD 71), 131–184 (⁴1982).

303 *Greshake,* Auferstehung der Toten, 387.

304 *W. Breuning,* Tod und Auferstehung in der Verkündigung, in: Conc(D) 4 (1968), 77–85, hier 81.

305 *Greshake,* Auferstehung, 385.

306 So *Greshake,* a.a.O., 393f. Dazu bemerkt *W. Breuning,* Entfaltung, 887, Anm. 129: „Das . . . Bild ist sehr aussagekräftig, aber mit Vorsicht zu handhaben . . . Das Spannende unserer eige-

Das Ineins aber von göttlicher und menschlicher Person-Wahrheit ist in der visio beatifica, der unverhüllten und beseligenden Schau Gottes, erreicht, in welchem *unmittelbaren* Schauen ‚von Angesicht zu Angesicht' (cf. 1 Kor 13, 12) der Mensch in einen ewigen Dialog mit dem dreieinigen Gott tritt. Es ist dies die wahre Wirklichkeit und wirkliche Wahrheit als die Fülle des ‚Himmels'[307], in welcher der Mensch endgültig in die Liebe seines Schöpfers eingeborgen bleibt.

III. Universalität von Hoffnung/Zukunft

Da christliche Eschatologie (in den Momenten Hoffnung und Zukunft) primär nicht individualistisch, sondern in ihrem Selbstverständnis zutiefst *welthaft universal* gefaßt ist[308], kommt in ihr der transformatio mundi als der Realisation der ‚werdenden Gottesherrschaft' prävalente Bedeutung zu.

Der Mensch hat als ‚erster Freigelassener der Schöpfung' an der Vollendung der Welt mitzuarbeiten. Im Zusammen-Spiel von göttlicher und menschlicher Freiheit ereignet sich der Dialog von Bundesgeschichte, und zwar je als ein wirkliches Novum. Und hier hat der Mensch seinen Beitrag in die Umgestaltung und Vervollkommnung der Welt einzubringen. Für die Verschränkung von Protologie und Eschatologie ergibt sich für die Hoffnung dieser Freigelassenen, „daß im Tode eine neue Dimension des Lebens erschlossen wird, in welcher all das, was in der Zeit geworden ist, als Ernte eingebracht und als Baustein zugesteuert wird. Von dieser Hoffnung her ist das ‚neue Leben' ein Geschehen, das sich in der Geschichte verwirklicht, je im Tod verendgültigt und im Leben bei Gott seine Vollendung findet. So gesehen, entfällt auch die absolute Diastase zwischen individueller und universaler Zukunft, zwischen Zeit und Ewigkeit, zwischen agonaler Geschichte und vollendetem Sein: Universales erfülltes Leben, universale vollendete Gottesherrschaft ist nicht als statisches Endgeschehen, sondern als ein einziges durchgehendes dynamisches Vollendungsgeschehen zu verstehen."[309]

Dieser komparativische Elan eines ‚Je-mehr' in der transformatio mundi bleibt bestimmt durch die Sicht einer evolutiven Welt, wie sie in der Theologie P. Teilhard de Chardins formuliert worden ist. Diese Evolutionstheologie wurde dann in der Pastoralkonstitution ‚Gaudium et Spes' des II. Vatikanums rezipiert.[310] K. Rahner hat dann u.a. in seiner Interpretation ‚Die Christologie innerhalb einer evolutiven Weltanschauung'[311] diese dezidiert christozentrische Theologie vertieft („Maximosprinzip").

---

nen zeitlichen Situation besteht nämlich darin, daß die Decke noch nicht fertig ist. Der Sinn des Bildes bleibt, nur ist es eben ‚komplizierter' als bei der fertigen Decke."

307 Hier hat die Metapher vom ‚himmlischen Jerusalem' ihren Ort. Vgl. *J. Ratzinger,* Auferstehung und ewiges Leben, in: *ders.,* Dogma und Verkündigung, München, Freiburg/Br. 1973, 301–314, hier 304–308.

308 Vgl. *P. Henrici,* Endverheißung und menschliche Zukunft, in: Internationale Katholische Zeitschrift »Communio« 9 (1980), 244–252, bes. 246.

309 *Greshake,* Auferstehung, 413.

310 Zu dieser Rezeption Teilhardscher Theologie durch das II. Vatikanum: *W. Klein,* Teilhard de Chardin und das zweite Vatikanische Konzil. Ein Vergleich der Pastoral-Konstitution über die Kirche in der Welt von heute mit Aspekten der Weltschau Pierre Teilhards de Chardin, Paderborn 1975 (= Abhandlungen zur Sozialethik 8).

311 Vgl. *K. Rahner,* Die Christologie, in: Schriften V.

Mit den Worten des II. Vatikanums läßt sich das Mysterium der Universalvollendung so formulieren:

„Den Zeitpunkt der Vollendung der Erde und der Menschheit kennen wir nicht, und auch die Weise wissen wir nicht, wie das Universum umgestaltet werden soll. Es vergeht zwar die Gestalt dieser Welt, die durch die Sünde mißgestaltet ist, aber wir werden belehrt, daß Gott eine neue Wohnstätte und eine neue Erde bereitet, auf der die Gerechtigkeit wohnt, deren Seligkeit jede Sehnsucht nach Frieden in den Herzen der Menschen erfüllt und übertrifft. . . Obschon der irdische Fortschritt eindeutig vom Wachsen des Reiches Christi zu unterscheiden ist, so hat er doch große Bedeutung für das Reich Gottes, insofern er zu einer besseren Ordnung der menschlichen Gesellschaft beitragen kann.

Alle guten Erträgnisse der Natur und unserer Bemühungen nämlich, die Güter menschlicher Würde, brüderlicher Gemeinschaft und Freiheit müssen im Geist des Herrn und gemäß seinem Gebot auf Erden gemehrt werden; dann werden wir sie wiederfinden, gereinigt von jedem Makel, lichtvoll und verklärt, dann nämlich, wenn Christus dem Vater ‚ein ewiges, allumfassendes Reich übergeben wird: das Reich der Wahrheit und des Lebens, das Reich der Heiligkeit und der Gnade, das Reich der Gerechtigkeit, der Liebe und des Friedens'. Hier auf Erden ist das Reich schon im Geheimnis da; beim Kommen des Herrn erreicht es seine Vollendung."[312]

Für die Sendung der Kirche (als dem Wurzelsakrament) bedeutet das dann sehr konkret: „Die von der Kirche erhoffte Zukunft der Welt ist . . . etwas Entstehendes und Ausstehendes. Darum muß die Hoffnung, die die Kirche für sich und für die Welt einsetzt, wesentlich schöpferisch kämpferisch sein, sie muß sich in einer schöpferisch-militanten Eschatologie realisieren."[313]

Mit diesen Überlegungen zur transformatio mundi ist dann zugleich eine Aussage über die Aktualisierung der Naherwartung Jesu gemacht[314], da hierin das Evangelium von der ‚werdenden Gottesherrschaft' für den Menschen der Gegenwart lebendig und präsent bleibt. Durch den Dienst an der Welt, in welchem der Mensch den Schöpfungsauftrag realisiert, wird diese Welt zu ihrer Vollendung heranreifen. Das Werk Gottes *und* der Menschen wird für immer „aufgehoben" (in Kontinuität und Diskontinuität, aber als wirkliches Novum) bleiben im Leben Gottes, der seiner Schöpfung immanent-transzendent anwest. Solche Einswerdung hat in seiner Sprache des Schauens P. Teilhard de Chardin einmal so formuliert:

„So wird der organische Komplex errichtet sein: Gott und die Welt, das Pleroma – geheimnisvolle Wirklichkeit, von der wir nicht sagen können, daß sie schöner

---

[312] Zitiert nach LThK, E. III, 393, 395, 397; vgl. dazu und zu Nr. 38 von Gaudium et Spes: *Greshake*, Auferstehung, 390–393, bes. 392, Anm. 50. Ferner die Interpretation durch *K. Rahner*, Über die theologische Problematik der »Neuen Erde«, in: Schriften VIII, 580–592.

[313] *J. B. Metz*, Verantwortung und Hoffnung. Vier Diskussionsthemen, in: StZ 177 (1966), 451–462, hier 459. Vgl. dazu die Dogmatische Konstitution Lumen Gentium, Nr. 48, des II. Vatikanums.

[314] Zum Problem: *G. Lohfink*, Zur Möglichkeit christlicher Naherwartung, in: *Greshake/Lohfink*, Naherwartung, 38–80, bes. 40 (Fragestellung). Dazu auch *H. Küng*, Christ sein, 211–213.

sei als Gott allein, da Gott nicht auf die Welt angewiesen ist, von der wir aber auch nicht glauben können, daß sie absolut nebensächlich sei, ohne die Schöpfung unverständlich, das Leiden Christi absurd und unsere Anstrengung bedeutungslos zu machen.
Et tunc erit finis.
Wie eine gewaltige Flut wird das Sein das Brausen der Seienden übertönen. In einem zur Ruhe gekommenen Ozean, von dem aber jeder einzelne Tropfen das Bewußtsein haben wird, er selbst zu bleiben, wird das außerordentliche Abenteuer der Welt beendet sein. Der Traum jeder Mystik wird seine volle und berechtigte Erfüllung gefunden haben. *Erit in omnibus omnia Deus.*"[315]

Solche universal eschatologische Perspektivik läßt nochmals die Verschränktheit der Kategorie Hoffnung/Zukunft mit den Kategorien Land, Bund, Volk und Gott manifest und struktural transparent werden. Eine gleiche Relationalität gilt in bezug auf die *gemeinsame* Berufung der beiden Bruderreligionen Judentum und Christentum. „Vor Gott sind so die beiden, Jude und Christ, Arbeiter am gleichen Werk. Er kann keinen entbehren."[316] Das hat dann wieder Konsequenzen für eine Zukunft der Zukunft, denn „das wirklich Gemeinsame, das Christen und Juden teilen, sind die Kategorien der Hoffnung, der Verantwortlichkeit und des gemeinsamen Gangs zur Humanitas und zur Welt, eines Gangs, der von demjenigen des Humanismus verschieden ist, indem er auf gemeinsame Verantwortung *vor* Gott und gemeinsame Hoffnung *auf* Gott ausgerichtet ist. Sollte das nicht genügen, um eine Basis für eine Erneuerung des Verhältnisses auch jüdischerseits zu ermöglichen?"[317]

5.2.7 Über die Befreiungsbewegung des jüdischen Volkes: Der Zionismus (Ernst Ludwig Ehrlich)

Der Zionismus ist die nationale Befreiungsbewegung des jüdischen Volkes. In einer Welt, in der jede noch so kleine Gruppe mit Recht ernstgenommen wird, wenn sie ihre Unabhängigkeit fordert, kann man einem Volk, zu dem Millionen Menschen auf der Welt gehören, und von dem bereits ein Fünftel in seiner ursprünglichen Heimat lebt, das Recht auf Selbstbestimmung nicht verweigern. Die Juden haben sich im Laufe von 3000 Jahren ein religiöses, kulturelles und geistiges Erbe erworben und sind durch die Bande des gemeinsamen Glaubens, der Kultur, der Tradition, des Schicksals und der Geschichte zu einem Volk geworden.

Der Zionismus hat einen längeren und mühsameren Weg zur nationalen Befrei-

---

315 *P. Teilhard de Chardin,* Die Zukunft des Menschen, Olten 1963 (= 5. Bd. der Werke von Teilhard de Chardin), 403.

316 *F. Rosenzweig,* Der Stern der Erlösung, Haag 41976 (= Franz Rosenzweig, Gesammelte Schriften II), 462. Ebd. 463 aber auch der Hinweis auf die Getrenntheit der beiden Bruderreligionen. Dazu: *H.-J. Görtz,* Die Wahrheit der Erfahrung in Franz Rosenzweigs „Neuem Denken", in: ThPh 56 (1981), 389–406, bes. 404ff.

317 *R. J. Z. Werblowsky,* Trennendes und Gemeinsames, in: Handreichung Nr. 39 der Evangelischen Kirche im Rheinland: Zur Erneuerung des Verhältnisses von Christen und Juden, 1980, 29–43, hier 43. In die gleiche Richtung zeigt Kapitel VI. in ‚Erklärung der deutschen Bischöfe Nr. 26'.

ung zurückgelegt als viele andere Völker, die seit dem 19. Jahrhundert und besonders in der zweiten Hälfte des 20. Jahrhunderts ihre Unabhängigkeit erlangten. Andere Völker befreiten sich von der Fremdherrschaft durch eine Revolte oder mit Hilfe eines internationalen Beschlusses. Der Zionismus hingegen setzte seine Ziele auf eine Weise durch, die in der Geschichte kaum einen Präzedenzfall hat: um einer dem jüdischen Volke inhärenten Konzeption und eines nationalen Ideals willen, folgte ein Strom von Einwanderern dem anderen, wurden Gebiete im Lande Israel urbar gemacht, ein neuer Menschentypus geschaffen, ein neues Gesellschaftskonzept entworfen, eine Arbeiterklasse gebildet, eine Nationalsprache zu neuem Leben erweckt und mit all dem das Fundament für eine Demokratie gelegt. Dieser Prozeß vollzog sich, ohne daß wirksame politische Druckmittel eingesetzt werden konnten und bedeutende finanzielle Mittel zur Verfügung standen. Man mußte vor allem mit der Kolonialmacht verhandeln oder gegebenenfalls Widerstand leisten sowie an vielen Fronten Feinde abwehren. Dies war der langjährige Befreiungsprozeß des Zionismus.

Der moderne Zionismus ist von seiner Entstehung im 19. Jahrhundert an kein einheitliches Phänomen gewesen. Die mannigfachen, auf verschiedenen Ideologien beruhenden Richtungen und Parteien bestehen in der einen oder andern Form bis heute fort. Allen gemeinsam ist das Bewußtsein der Verbundenheit des Landes Israel mit dem jüdischen Volke; das vielgestaltige religiöse und geistige Erbe blieb von dieser Zionsidee durchdrungen. Während zweier Jahrtausende betete man um die Rückkehr nach Zion, wo Juden auch immer in der Diaspora zerstreut lebten.

Den modernen politischen Ausdruck für die zionistischen Bestrebungen fanden Juden im 19. Jahrhundert in Verbindung mit Weltanschauungen jener Zeit. Moses Hess (sein Hauptwerk: Rom und Jerusalem, 1862) sah in einem jüdischen Staat in Palästina die Verwirklichung des emanzipatorischen Prinzips des Sozialismus auf dem spezifischen Hintergrund der jüdischen Existenz. So wurde der Zionismus auf seine Weise ebenfalls mit dem Gesamtphänomen der Emanzipation der Juden im 19. Jahrhundert verknüpft. Rabbi Yehuda Hai Alkalai (1798–1878) und Rabbi Zwi Hirsch Kalischer (1795–1874) waren die Vorläufer einer Bewegung, welche die jüdische Orthodoxie mit den nationalen Hoffnungen des jüdischen Volkes verbanden. Es dauerte dann freilich noch viele Jahrzehnte, bis der breite Strom der gesetzestreuen Juden den Anschluß an die zionistische Bewegung vollzog.

In der Folge hat die zionistische Idee durch Persönlichkeiten wie Léon Pinsker, Max Nordau sowie Theodor Herzl ihren Ausdruck gefunden. Durch das Charisma und die leidenschaftliche Intensität Herzls wurde eine moderne politische Bewegung geschaffen, die sich die Aufgabe stellte, einen Judenstaat in Palästina zu errichten. Das spirituelle Element im Zionismus verkörperte Achad Haam, in dessen Tradition später Martin Buber wirkte. Heute stehen sich neben den verschiedenen religiösen Richtungen im Zionismus vor allem zwei Varianten gegenüber: Die auf Aharon David Gordon (1856–1922) zurückgehende sozialistische Bewegung sowie die Vladimir Jabotinski (1880–1940) verpflichtete nationalistische Richtung, die von jeher für ein Groß-Israel eingetreten ist. Diesem Flügel des Zionismus gehört Menahem Begin an.

Einer der letzten zionistischen Persönlichkeiten von Format war David Ben Gurion (1886–1973), dem es aus mannigfachen Gründen nicht gelang, sein Ziel eines jüdischen Modellstaates einer gerechten Gesellschaft mit dem Tagesgeschäft praktischer Politik zu vereinen. Für ihn bedeutete jedoch die zionistische Revolution neben der politischen zugleich auch eine soziale und geistige Renaissance des jüdischen Volkes. Einen Ausgleich mit den Arabern konnte er, jedenfalls solange er Ministerpräsident war, nicht finden, weil er, in Skepsis gegenüber dem Friedenswillen der arabischen Führer befangen, kaum Wege für eine Verständigung suchte. Zu seiner Zeit hatten die arabischen Staaten freilich auch keinerlei Zeichen einer Bereitschaft gezeigt, das Lebensrecht des Staates Israel anzuerkennen. Es ist daher müßig, darüber zu spekulieren, was geschehen wäre, wenn Ben Gurion von sich aus eine aktivere Friedenspolitik getrieben hätte. Die geschilderten historischen Entwicklungslinien bestehen heute in den politischen Parteien fort. Nur Splittergruppen der Linken sowie nicht wenige Einzelpersönlichkeiten aus verschiedenen politischen Lagern sind heute bereit, das große Wagnis einzugehen, auch unkonventionelle Durchbrüche zu vollziehen, um zu einer Verständigung mit den Palästinensern zu gelangen. Das ist übrigens im Zionismus kein neues Phänomen: Auseinandersetzungen über Grundsatzfragen und -entscheidungen haben sich seit jeher jenseits der eigentlichen politischen Zielsetzungen und des politischen Partei-Getriebes abgespielt, das nach außen hin die Geschichte der Bewegung und später des Staates bestimmten (Achad Ha'am, Josef Chajim Brenner, Martin Buber, u.a.). Da die Palästinenser ihrerseits in zahlreiche sich teils befehdende Richtungen zerfallen sind, ist ein sinnvolles Übereinkommen leider noch nicht sichtbar. Die PLO vermag sich derzeit nicht einmal dazu durchzuringen, den Staat Israel, in welchen Grenzen auch immer, anzuerkennen. Ähnliches gilt auch für die arabischen Staaten, die sich in einander feindlichen Lagern gegenüberstehen und den Gedanken an die eine „arabische Nation“ zwar literarisch pflegen, nicht aber für eine Friedenspolitik einsetzen. Bei den Juden schließlich ist durch das tragische Erlebnis des Holocaust das ohnehin durch Jahrhunderte Diasporaerfahrung vorhandene Mißtrauen noch gewachsen. Daher herrscht die Meinung vor, nur massive militärische Überlegenheit könne den Bestand des Staates Israel sichern. Wie auch sonst in der Politik dürfte jedoch ein Pochen auf militärische Rüstung langfristig kaum dem Wohle des israelischen Staates dienen. Eine militärische Eskalation in diesem Raum erhöht eher die Kriegsgefahr und führt die Völker noch weiter von dem dringend notwendigen Friedensprozeß weg. Dieser kann, nach Lage der Dinge, nur in zahlreichen kleinen Schritten erfolgen. Zu ihnen gehört heute mehr Mut als das Bestellen von Massenvernichtungsmitteln bei der Sowjetunion (Araber) oder bei den USA (Israel).

Die nationale Befreiungsbewegung des jüdischen Volkes entstand Jahrzehnte vor dem Erwachen des arabischen Nationalbewußtseins. Ihre Anfänge gehen, wie erwähnt, bis in die 1880er Jahre zurück, während der arabische Nationalismus erst im Anschluß an die Revolution der Jungtürken im Jahre 1908 nach außen in Erscheinung trat.

Die Geschichte der Juden im jüdischen Lande fing nicht mit der Staatsgründung im Jahre 1948 an. Es ist ferner ein Irrtum, die Balfour-Erklärung von 1917 als eine von den Briten ausgestellte „Eintrittskarte nach Palästina“ zu betrachten. Diese Erklärung stellte bereits die Anerkennung einer Bewegung dar, die eine jüdische Gesellschaft in jenem Land errichten wollte, zu dem das Judentum eine starke innere Beziehung besitzt, weil seit altersher religiöse und historische Bande zwischen diesem Volk und diesem Land bestehen. Diese Verbindung ist in vielen Jahrhunderten durch die Bibel, durch das Gebetbuch, durch die Feste lebendig erhalten worden. „Wenn der Zionismus gesiegt hat – mindestens auf der Ebene historischer Entscheidungen in der Geschichte der Juden – so hat er das vor allem drei Faktoren zu verdanken, die seinen Charakter prägten: er war, alles in allem, eine Bewegung der Jugend, in der, wie es nicht anders sein konnte, auch starke romantische Momente mitspielten; er war eine Bewegung des sozialen Protestes, die ihre Inspiration ebensosehr aus dem uralten und noch immer lebendigen Anruf der Propheten Israels wie aus den Losungen des europäischen Sozialismus schöpfte; und er war bereit, sich mit dem Schicksal der Juden in allen, ich sage allen Aspekten, den religiösen und den weltlichen gleichermaßen, zu identifizieren.“ (Gershom Scholem, Judaica 2, Frankfurt 1970, 58f.).

Die zionistische Bewegung stand in den Reihen derer, die sich für die Befreiung des Nahen Ostens vom Kolonialismus einsetzten. Sie erhob sich gegen eine Weltmacht, das damals noch bestehende britische Imperium, und verleidete den Engländern ihr Mandat in Palästina. Dies geschah zu einer Zeit, als kein arabischer Staat es wagte, sich offen gegen die Fremdherrschaft aufzulehnen. Eine Gemeinschaft von 600000 Menschen erhob sich zu jener Zeit gegen eine imperialistische Militär- und Seemacht.

Seit 1949 hat das Land und der Staat Israel Flüchtlinge aus aller Welt aufgenommen und eingegliedert. Etwa die Hälfte kam aus islamischen Ländern. Diese Flüchtlinge waren bei ihrer Ankunft vollkommen mittellos, da man sie in ihren arabischen Ursprungsländern enteignet hatte. Die israelische Gesellschaft hat diese Juden jedoch niemals als „Flüchtlinge“ betrachtet, sondern bemühte sich, sie vom ersten Augenblick als Staatsbürger zu integrieren. Dies steht leider im Gegensatz zu dem Verhalten der meisten arabischen Staaten gegenüber den Palästinensern, obgleich sie mit diesen in religiöser, sprachlicher und ethnischer Hinsicht nicht weniger eng verbunden waren. Nur Jordanien hat sich schließlich bemüht, die Palästinenser in den jordanischen Staat voll einzubeziehen, so daß dieser heute ebenso palästinensisch wie jordanisch ist. Natürlich ist das Palästinenserproblem heute längst kein Flüchtlingsproblem mehr, das es noch in den ersten Jahren nach 1948 gewesen war. Die Palästinenser haben dann noch fast zwanzig Jahre gebraucht, um zu ihrer eigenen palästinensischen Identität zu finden. Sie ist durch die Entstehung des Staates Israel gefördert worden, dann jedoch mindestens ebenso stark durch den Unwillen der andern Araber-Staaten, sich des Elends der Flüchtlinge anzunehmen. Insofern ist die palästinensische Identität aus zweifachem Protest gewachsen: Gegen den Staat Israel, in dem die „Flüchtlinge“ entweder nicht leben wollten oder nicht leben konnten, und gegen die arabischen Brüder, welche die „Flüchtlinge“ als eine sogenannte „offene Wunde“ manipulierten. Die Schaffung der palästinensischen Identität ist daher Ausdruck des Willens, das Schicksal der Palästinenser in die eigene Hand zu nehmen. Daß sie dann freilich bald in zahlreiche, ihren Zielen nicht förderliche neue Abhängigkeiten gerieten, ergab sich aus der politischen Situation, hat jedoch die Lösung des Nahost-Konflikts nicht erleichtert. Die aus den arabischen Staaten vertriebenen Juden hingegen hatten es in dieser Beziehung leichter: Sie fanden im Staat Israel ihre Heimat, zumal die Errichtung dieses Staates die Ursache ihrer Vertreibung oder zumindest ihrer Bedrückung durch die arabischen Staaten war, in denen die Juden jahrhundertelang gelebt hatten.

Heute, nach nahezu einem Jahrhundert nationalen Ringens und der erfolgreichen Gründung des einzigen Staates im Nahen Osten, der auf dem Prinzip individueller Freiheit, auf Fortschritt und Demokratie basiert, hat der Zionismus es nicht länger nötig, für die Anerkennung seines Rechts auf Selbstbestimmung zu kämpfen. Es ist Tatsache, daß Israel existiert. Ihm dieses Recht abzusprechen, hieße, an der Illusion festzuhalten, die Geschichte könne rückgängig gemacht werden. Eine Propaganda, die für das Recht der Palästinenser oder anderer ethnischer Gruppen auf Selbstbestimmung eintritt, den Juden jedoch dieses gleiche Recht streitig macht, ist nichts anderes als Ausdruck des Hasses und der bewußten Heuchelei.

Es kann dabei freilich nicht bestritten werden, daß mit der nationalen Befreiung des jüdischen Volkes, also mit dem Zionismus, zugleich auch Leid über viele Palästinenser gekommen ist, sei es, daß diese ihre Heimat verließen, sei es, daß sie unter einem Besetzungsregime leben müssen. Daher hat einstweilen der Zionismus sein Ziel auch auf Kosten anderer erreicht. Hier einen für alle Seiten tragbaren Ausgleich und eine Verständigung zu finden, bleibt eine wesentliche Aufgabe. Der Zionismus, wie ihn seine zahlreichen Begründer konzipiert hatten – Martin Buber war einer von ihnen –, sollte nicht nur den Juden ein Leben in Würde und Gerechtigkeit verbürgen, sondern auch jenen Menschen, mit denen die Juden im Lande Israel zusammenleben. Dieses unabdingbare Ziel des Zionismus ist bis heute noch nicht erfüllt. Bewegungen wie Gusch Emunim sind Perversionserscheinungen, welche mit Zionismus nichts zu tun haben, der seinem Wesen nach niemals nationaler Fanatismus sein darf, sondern sich nach der Botschaft der biblischen Propheten zu orientieren hat. Politikern bis hin zu David Ben Gurion war dieses Ethos – wenigstens theoretisch – noch bewußt; bei Späteren gewinnt man den Eindruck, hier seien wertvolle geistige Güter des Judentums verschüttet worden. Der Staat Israel hat gewiß ein Recht auf Sicherheit und sichere Grenzen, diese dürfen jedoch nicht als Fetisch oder Vorwand benutzt werden, um der friedlichen Regelung des Palästinenserproblems bereits im vornhinein aus dem Wege zu gehen. Die Gründe hierfür liegen beim Zionismus viel tiefer. Die zionistische Bewegung hatte sich von Beginn an Illusionen über das arabische Problem hingegeben. Gewiß haben die bedeutenden zionistischen Führer wie Weizmann, Sharett und Ben Gurion grundsätzlich eine Verständigung mit den Arabern gewollt, besaßen jedoch noch kein ausreichendes Verständnis für die legitimen nationalen Ansprüche der arabischen Bevölkerung, mit der die Juden bei der Besiedlung des Landes und später angesichts der Errichtung des Staates zusammenstießen. Die jüdische Haltung kommt am deutlichsten in einer Formulierung von Ch. Weizmann zum Ausdruck: „Der Konflikt zwischen Juden und Arabern ist nicht ein Konflikt zwischen Recht und Unrecht, sondern zwischen zwei Rechten, wobei jedoch die Juden ein größeres Recht haben, weil für uns ein jüdischer Staat eine Frage von Tod und Leben ... bedeutet, während es für die Araber den Verlust von weniger als 1% der arabischen Fläche darstellt ...".

So verständlich ein solcher Standpunkt für das in Jahrhunderten verfolgte jüdische Volk auch ist, trägt er nichts zu einer Lösung des Konfliktes bei, dessen Opfer palästinensische Menschen geworden sind, die das Unglück hatten, gerade dieses 1 % der arabischen Fläche als ihre Heimat zu betrachten. Es darf in diesem Zusammenhang nicht verschwiegen werden, daß es auf jüdischer Seite nie an Versuchen gefehlt hat, auf den verschiedensten Ebenen, von der politischen bis zur persönlichen, positive Beziehungen zu den Arabern herzustellen. Leider hat es sich gezeigt, daß die Stimmen, die von arabischer Seite her hier und da entgegenkamen und mit denen ein Gespräch fruchtbar schien, fast durchweg durch Mord seitens ihrer arabischen Landsleute zum Schweigen gebracht worden sind. Juda L. Magnes, Martin Buber, Nahum Goldmann, Ernst Simon, Simha Flapan, sind u.a. zu nennen, die eine Brücke zu den Arabern zu schlagen suchten. Sie sind nicht nur an der offiziellen israelischen Politik gescheitert, sondern ebenso sehr an dem nackten Terror der arabischen Extremisten.

Bei der Einschätzung des Zionismus kann schließlich nicht außer acht gelassen werden, daß er von Beginn an nicht unabhängig von den Weltmächten existieren konnte. Dies gilt um so mehr heute, da der gesamte Nahostkonflikt – unbeschadet der sachlichen Probleme, die er enthält – Teil des weltpolitischen Ringens der beiden Supermächte ist. Diese Tatsache ist für eine Lösung des Nahostkonfliktes gravierend, weil es den Supermächten nicht nur um den Frieden in diesem Teil der Erde geht, sondern um die Einnahme eigener Machtpositionen. Die direkt Beteiligten dieser Kontroverse sind daher im Grunde allesamt zugleich Opfer wie Profiteure dieser weltpolitischen Situation.

Minoritätengruppen gibt es nicht nur im Staate Israel; auch in den arabischen Staaten leben religiöse und sprachliche Minderheiten. Hierzu zählen u.a. die Kurden im Irak, die Christen im südlichen Sudan und die Kopten in Ägypten. Gerade auch die arabisch-christliche Gemeinschaft im Libanon lebt in einer dauernden nur allzu berechtigten Angst vor Übergriffen. Israel hat allmählich seinen Minoritätengruppen die Möglichkeit geschaffen, ihr Leben nach demokratischen Grundsätzen zu führen. Gewiß ist ihr Lebensstandard um vieles höher als der ihrer Brüder in den umliegenden Staaten, dennoch ist Israel auch noch davon entfernt, sein arabisches Minoritätenproblem befriedigend gelöst zu haben. Der Nahostkonflikt wirkt sich auch hier hemmend aus.

Das Problem der Palästinenser ist nicht das einzige Problem dieser Art in der Welt. In Indien und Pakistan, Nigeria und Biafra, Äthiopien, Eritrea und Zypern, Kambodscha und Vietnam befinden sich Millionen notleidender Flüchtlinge. Man hat für noch schwerere Notsituationen Lösungen gefunden: Das nach 1945 verarmte Westdeutschland nahm 10 Millionen Flüchtlinge auf, Griechenland anderthalb Millionen. Allein aus dem tschechoslowakischen Sudetenland wurden drei Millionen Menschen deportiert, ohne daß je ihre Repatriierung gefordert worden wäre. Die arabische Propaganda hat sich jedoch auf das palästinensische Flüchtlingsproblem konzentriert, als ob dies heute in der Welt das einzige Beispiel für eine gewiß ungerechte Situation darstelle. Die Führer der arabischen Staaten benutzen die Palästinenser, um von der eigenen arabischen Uneinigkeit und den inneren sozialen und politischen Problemen dieser Länder abzulenken. Die Palästinenser werden von arabischen Führern daher manipuliert. Die Gegnerschaft zum Staate Israel scheint heute fast als einziges Bindemittel zu dienen, das die unter sich zerstrittenen arabischen Staaten noch eint.

Wenn mit der „Dritten Welt" jene Staaten gemeint sind, die erst in den letzten Jahrzehnten ihre Unabhängigkeit erlangten und hart arbeiten, um ihre Wirtschaft aufzubauen und ihre Gesellschaft zu formieren, dann ist Israel ein Teil dieser Dritten Welt. Israel wurde zu gleicher Zeit mit Indien und Pakistan und nur kurz vor Libyen und mehreren anderen Staaten unabhängig. Trotzdem wird Israel so eingeordnet, als stünde es im Gegensatz zur Dritten Welt. Seit der Bandung-Konferenz im Jahre 1954 wurde es aus dieser Gemeinschaft ausgeschlossen. Ist denn der Maßstab für eine Zugehörigkeit zur Dritten Welt allein die Unfähigkeit, der Armut Herr zu werden? Ist es eine Militär- oder Stammesdiktatur, die Unmöglichkeit, eine Demokratie zu schaffen und die Güter des Landes relativ gerecht zu verteilen? Allem Anschein nach disqualifiziert sich Israel vor allem dadurch, daß es diese Schwierigkeiten zu meistern sucht, denen andere Entwicklungsländer oft hilflos gegenüberstehen.

Gegner des Zionismus behaupten, der Staat, den die Zionisten schufen, beruhe auf religiösen Grundlagen. Im Bewußtsein der Juden sind Religion und die Geschichte des eigenen Volkes jedoch miteinander verknüpft. Auch in anderen Befreiungsbewegungen wird die Religion als ein nicht unbedeutender Faktor für die Identität eines Volkes akzeptiert. Dies war – und ist – der Fall in den Unabhängigkeitskriegen gegen die türkische Herrschaft auf dem Balkan (Griechenland, Serbien, Bulgarien), in Zypern sowie im Bürgerkrieg in Irland. Der Vorwurf des „religiösen" Charakters wird gerade von solchen Staaten erhoben, die selber noch tief in eigenen urtümlichen Strukturen befangen sind (etwa Saudiarabien, Libyen und Kuwait sowie jetzt Iran).

Die Propaganda gegen den Zionismus hat zu seltsamen Koalitionen geführt: Kommunisten, Mitglieder der Neuen Linken, die das Sowjetregime ablehnen, taten sich mit feudalistischen Herrschern der arabischen Ölstaaten und riesigen kapitalistischen Körperschaften, die durch die Ausbeutung des Öls immer reicher werden, zusammen.

Der Zionismus ist eine nationale Befreiungsbewegung, die sich das Ziel gesetzt hat, das Problem des jüdischen Volkes zu lösen. Trotzdem wird er gelegentlich als eine Art von großer „internationaler Macht" hingestellt, die insgeheim gegen andere Völker und Staaten agiert. In Argentinien wurde ihm gelegentlich unterstellt, Zionismus wolle einen Teil des Landes an sich reißen, um auf argentinischem Boden einen zweiten jüdischen Staat zu errichten! In Rußland wird er als Vorhut einer internationalen imperialistischen Verschwörung gegen die UdSSR abgestempelt. In anderen Ländern gilt er aber als Agent des Kommunismus (eine Anschauung, die früher etwa König Feisal von Saudiarabien verbreiten ließ).

Diese Theorien wurden aufgestellt, als während des Sechstagekrieges die sowjetischen Waffen in den Händen der Ägypter versagten. Der sowjetische Vertreter, Nikolai Fedorenko, bezeichnete Israel in seiner Rede am 12. Juli 1967 vor der Vollversammlung der UNO als Erbe der Nazi-Politik und den Zionismus als ein

Instrument, das sich der Methoden Hitlers bediene. So absurd diese Vorwürfe anfangs klangen, sind sie doch von manchen akzeptiert worden und haben in gewissen linksextremen Kreisen und in der arabischen Propaganda Verbreitung gefunden; ausgerechnet die DDR sowie die CSSR bedienen sich noch derartiger Argumente.

Der französische Schriftsteller Zoë Oldenbourg, ein Christ, hält die Hetze gegen den Zionismus für eine internationale Macht – eine Neuauflage der „Weisen von Zion" –, die auf fruchtbaren Boden fiel, weil sie das Konzept des „bösen Juden" widerspiegelt, das seit Generationen im europäischen Bewußtsein verankert ist. Der Jude ist ein vertrauter Gegner, gegen den die Massen leicht aufgehetzt werden können. Die Europäer wissen wenig über die Polynesier oder die Sudanesen, doch Vorwürfe gegen Juden erscheinen ihnen glaubwürdig, zumal sich Antizionismus heute gelegentlich auch noch bezahlt macht: Die Ölstaaten verwenden große Mittel für die antizionistische Propaganda, statt die erheblichen Mehreinnahmen aus der Ölförderung den notleidenden Völkern der Dritten Welt zukommen zu lassen, oder wenigstens dafür zu sorgen, daß in allen arabischen Staaten mehr soziale Gerechtigkeit herrscht.

Der Antizionismus kann deshalb als eine Art von Reinkarnation des Antisemitismus bezeichnet werden, der nur, den historischen Umständen entsprechend, eine andere Form angenommen hat. Emil Fackenheim, Professor an der Universität Toronto, bezeichnet den Haß auf das jüdische Volk als urzeitlichen Mythos, der in jeder Generation andere, jeweils zeitgemäße Aspekte annimmt: Im Mittelalter war es vor allem religiöser Fanatismus, im 19. Jahrhundert waren es die wirtschaftlichen Mißstände, im 20. Jahrhundert ist es der pseudowissenschaftliche Rassismus. Der Kampf gegen den Zionismus ist die neuzeitliche Metamorphose dieses Mythos, die es auch dieses Mal auf die Existenz des jüdischen Volkes abgesehen hat und damit auf die nationale Befreiungsbewegung des jüdischen Volkes und den Staat Israel.

6. Literaturverzeichnis

„Ad gentes“, Das Dekret über die Missionstätigkeit der Kirche „Ad gentes“, in: K. Rahner, H. Vorgrimler, Kleines Konzilskompendium. Alle Dekrete, Konstitutionen und Erklärungen des Zweiten Vaticanums in der bischöflich genehmigten Übersetzung, Freiburg [6]1969, 607–653.

Agus, J., Guideposts in Modern Judaism, New York 1954.

Albert, H., Das Elend der Theologie. Kritische Auseinandersetzung mit H. Küng, Hamburg 1979.

Allen, W. H., Media Stimulus and Types of Learning, in: Audiovisual Instruction 12 (1967) 27–31.

– Unterrichtsmedienforschung: Vergangenheit, Gegenwart und Zukunft, in: H. Dichanz/ G. Kolb (Hrsg.), Quellentexte zur Unterrichtstechnologie I, Stuttgart 1975, 84–98.

Allport, G. W., Gestalt und Wachstum in der Persönlichkeit, Meisenheim 1970.

– Die Natur des Vorurteils, Köln 1971.

Altmann, A., A note on the Rabbinic Doctrine of Creation, in: Journal of Jewish Studies 7 (1956) 195–206.

Amery, C., Das Ende der Vorsehung. Die gnadenlosen Folgen des Christentums, Reinbek 1972.

Arendt, H., Vita activa oder Vom tätigen Leben, Stuttgart 1960.

Auer, J., Die Welt – Gottes Schöpfung, Regensburg 1975 (= Kleine katholische Dogmatik, Bd. III.).

Ausubel, D. P., Psychology of meaningful verbal learning. An introduction to school learning. New York–London 1963.

– Novak, J. D./Hanesian, H., Psychologie des Unterrichts. Bd. 1, 2. völlig neu überarbeitete Auflage, Weinheim und Basel 1980.

Backes, I., Gottes Volk im Neuen Bunde, in: TThZ 70 (1961) 80–93.

Bahr, H.-E., Art. Religion, in: Ch. Wulf (Hrsg.), Wörterbuch der Erziehung, München [2]1976, 491–499.

Baldermann, I./Nipkow, K. E./Stock, H., Bibel und Elementarisierung, Frankfurt 1979.

Balthasar, H. U., von, Schleifung der Bastionen. Von der Kirche in dieser Zeit, Einsiedeln [4]1952 (= Christ heute. 2. Reihe, 9. Bändchen).

– Das Ganze im Fragment. Aspekte einer Geschichtstheologie, Einsiedeln 1963.

– Mysterium Paschale, in: MySal III/2, 133–326.

– Cordula oder der Ernstfall, Einsiedeln 1966 (= Kriterien 2).

– In Gottes Einsatz leben, Einsiedeln [2]1972 (= Kriterien 24).

– Theodramatik, Bd. II/1, Einsiedeln 1976.

Baraúna, G., (Hrsg.), De Ecclesia. Beiträge zur Konstitution „Über die Kirche“ des Zweiten Vatikanischen Konzils, 2 Bde., Freiburg–Basel–Wien 1966.

Barres, E., Vorurteile, Opladen 1978.

Barth, K., Die Kirchliche Dogmatik. III. Band, Die Lehre von der Schöpfung, Erster Teil, Zollikon–Zürich [3]1957.

Bartholomäus, W., Christsein lernen von Anfang an. (Theologische Meditationen, hrsg. v. H. Küng), Zürich–Einsiedeln–Köln 1981.

Bea, A., Kardinal, Die Kirche und das jüdische Volk, Freiburg–Basel–Wien 1966.

Beier, G., Ost-West-Vorurteile in der politischen Bildung. Methodisch-didaktisches Modell des Abbaues von Vorurteilen, Frankfurt a. M. 1971.

Beinert, W., Christus und der Kosmos. Perspektiven zu einer Theologie der Schöpfung, Freiburg-Basel-Wien 1974.
- Der Sinn der Kirche?, in: MySal IV/1, 288-308.
Ben Chorin, S., Die Tafeln des Bundes, Tübingen 1979.
Benner, D., Grundbegriffe pädagogischen Denkens und Handelns, in: D. Lenzen - K. Mollenhauer (Hrsg.), Enzyklopädie Erziehungswissenschaft. Theorien und Grundbegriffe der Erziehung und Bildung, Band 1, Stuttgart 1983, 283-300.
- Hauptströmungen der Erziehungswissenschaft. Eine Systematik traditioneller und moderner Theorien. München 1973.
- Zum Problem einer Systematik der Handlungswissenschaften. Anmerkungen zu Joseph Derbolavs Analyse der Beziehungen zwischen Pädagogik und Politik, in: Pädagogische Rundschau 30 (1976) 309-327.
Berger, U., u. a., Jerusalem - Symbol und Wirklichkeit. Materialien zu einer Stadt, Berlin [2]1979 (= Veröffentlichungen aus dem Institut Kirche und Judentum bei der Kirchlichen Hochschule Berlin, Heft 1).
Bernards, M., Zur Lehre von der Kirche als Sakrament. Beobachtungen aus der Theologie des 19. und 20. Jahrhunderts, in: MThZ 20 (1969) 29-54.
Biemer, G./Siller, P., Grundfragen der Praktischen Theologie, Mainz 1971.
- Eingliederung in die Kirche, Mainz 1972.
- /Benner, D., Elemente zu einer curricularen Strategie für den Religionsunterricht in der Sekundarstufe II, in: Pädagogische Rundschau 27 (1973) 798-822.
- Das Methodenproblem, in: Handbuch der Religionspädagogik, Bd. 2, hrsg. von E. Feifel, R. Leuenberger, G. Stachel, K. Wegenast, Gütersloh-Zürich-Köln 1974, 287-308.
- /Biesinger, A., Theologie im Religionsunterricht, München 1976.
- Fachdidaktischer Ansatz für die Legitimation von Inhalten des Religionsunterrichts, in: G. Biemer/A. Biesinger, Theologie im Religionsunterricht, 22-33.
- /Biesinger, A./Kraus, B., Leistungsmessung im Religionsunterricht, in: Christlich-pädagogische Blätter 89 (1976) 194-202.
- Erziehung zum christlich-jüdischen Dialog in der pluralistischen Gesellschaft: FrRu (1979) 8-15 (gekürzte Fassung in: KatBl 105 (1980) 819-830).
- Zwischen Erfahrung und Offenbarung. Erlebnisbezogene Frömmigkeit, in: Diakonia 12 (1981) 289-292.
- Die Bedeutung des Bildes für erfahrungsorientiertes religiöses Lernen in der Schule und Gemeinde, in: G. Biemer, H. Kochanek (Hrsg.), Menschenbild und Gottesbild in der Bibel. Schauen, Lernen und Meditieren mit Bildern von R. P. Litzenburger, Stuttgart 1981.
- Theologische Grundlagen der Jugendpastoral, in: Diakonia 12 (1981) 293-310.
- u. a., Freiburger Leitlinien zum Lernprozeß Christen Juden, Theologische und diaktische Grundlegung. Forschungsprojekt „Judentum im katholischen Religionsunterricht" am Seminar für Pädagogik und Katechetik der Universität Freiburg (Lernprozeß Christen Juden, hrsg. von G. Biemer, E. L. Ehrlich, Bd. 2), Düsseldorf 1981.
- Die didaktische Konzeption: Lehr-Lernplanung des Themenbereichs „Christentum - Judentum", in: ders., Freiburger Leitlinien zum Lernprozeß Christen Juden, 99-113.
- /Fiedler, P., Das Rahmenmodell einer Verhältnisbestimmung von Christen/Juden, in: G. Biemer u. a., Freiburger Leitlinien zum Lernprozeß Christen Juden, 33-38.
- /Fiedler, P., Systematisch-theologische Aussagen über das Verhältnis von Christentum und Judentum, in: G. Biemer u. a., Freiburger Leitlinien zum Lernprozeß Christen Juden, 54-62.
- /Biesinger, A./Fiedler, P./Minz, K.-H./Reck, U., Die jüdische und christliche Bestimmung der elementaren Kategorien für die Darstellung des Judentums im katholischen Religionsunterricht, in: G. Biemer u. a., Freiburger Leitlinien zum Lernprozeß Christen Juden, 66-67.
- /Fiedler, P./Biesinger, A./Minz K.-H./Reck, U., Das Projektziel, in: G. Biemer u. a., Freiburger Leitlinien zum Lernprozeß Christen Juden, 114-116.
- /Knab, D. (Hrsg.), Lehrplanarbeit im Prozeß, Freiburg-Basel-Wien 1982.
Biesinger, A., Die Begründung sittlicher Werte und Normen im Religionsunterricht, Düsseldorf 1979.

– Themenspezifische Methodenoption, in: G. Biemer u. a., Freiburger Leitlinien zum Lernprozeß Christen Juden, 119–126.
– Den/das Glauben lernen durch Bilder? Ein Versuch mit Litzenburgers „Abraham“, in: G. Biemer, H. Kochanek (Hrsg.), Menschenbild und Gottesbild in der Bibel. Schauen, Lernen und Meditieren mit Bildern von R. P. Litzenburger, Stuttgart 1981, 106–116.
– Aufgaben des Religionslehrers, in: G. Biemer, A. Biesinger (Hrsg.), Christ werden braucht Vorbilder, Mainz 1983,103–123
Bitter, G., Erlösung. Die religionspädagogische Realisierung eines zentralen theologischen Themas, München 1976.
– Zur sozialen Dimension der Glaubensvermittlung. Eine religionspädagogische Zwischenbilanz, in: KatBl 106 (1981) 122–131.
Blankertz, H., Art. Didaktik, in: Handbuch pädagogischer Grundbegriffe. Bd. I, hrsg. v. J. Speck, G. Wehrle, München 1970, 240–296.
– Theorien und Modelle der Didaktik, München [8]1974.
Blau, J. L., Modern Varieties of Judaism. New York 1966.
– (Hrsg.), Reform Judaism, A historical Perspective, New York 1973.
Bloch, E., Das Prinzip Hoffnung, 3 Bde., Frankfurt 1970 (= Wissenschaftliche Sonderausgabe).
Blondel, M., Die Aktion. (L'action (1893), deutsche Übers. v. Robert Scherer), Versuch einer Kritik des Lebens und einer Wissenschaft der Praktik, Freiburg 1965.
Bloom, B. S. (Hrsg.), u. a., Taxonomie von Lernzielen im kognitiven Bereich. Übersetzt von E. Füner und R. Horn mit einem Nachwort von R. Messner, Weinheim und Basel 1972.
Blumenthal, D. R., Understanding Jewish Mysticism, A source Reader, New York 1978.
Boecker, H. J., Recht und Gesetz im AT u. im Alten Orient, Neukirchen 1976.
Böckle, F. u. a. (Hrsg.), Christlicher Glaube in moderner Gesellschaft. Enzyklopädische Bibliothek in 30 Teilbänden, Freiburg–Basel–Wien 1980ff.
Böckmann, A., Die Armut in der innerkirchlichen Diskussion heute. Ein Beitrag zu einem Neuverständnis der Ordensarmut, Münsterschwarzach 1973 (= Münsterschwarzacher Studien, Bd. 25).
Boeckmann, K./Heymen, N., Unterrichtlicher Medieneinsatz und Medienerziehung, in: Die Deutsche Schule 70 (1978) 372–381.
Böhl, F., Gebotserschwerung und Rechtsverzicht als ethisch-religiöse Normen in der rabbinischen Literatur, Freiburg 1971.
Boff, L., Erfahrung von Gnade. Entwurf einer Gnadenlehre, Düsseldorf 1978.
– Rettung in Jesus Christus und Befreiungsprozeß, in: Conc(D) 10 (1974) 419–426.
Bollnow, O. F., Erziehung zur Urteilsfähigkeit, in: W. Sacher (Hrsg.), Pädagogik und Vorurteil, Kastellaun 1976, 179–198.
Bornkamm, G., Jesus von Nazareth, Stuttgart [10]1975.
Botterweck, G. J., Form- und überlieferungsgeschichtliche Studie zum Dekalog, in: Concilium 1 (1965) 392–401.
– /Ringgren, H., Theologisches Wörterbuch zum AT (= ThWAT), Bd. 1, Stuttgart u. a. 1973.
Braulik, G., Die Ausdrücke für „Gesetz“ im Buch Dtn, in: Biblica 51 (1970) 39–66.
Breuning, W., Tod und Auferstehung in der Verkündigung, in: Conc(D) 4 (1968) 77–85.
– Systematische Entfaltung der eschatologischen Aussagen, in: MySal V, 779–890.
– Die Bedeutung der Taufe für die Einübung im Christentum, in: ders., Communio Christi. Zur Einheit von Christologie und Ekklesiologie, hrsg. v. Josef Herberg, Düsseldorf 1980, 167–182.
– Aktive Proexistenz – Die Vermittlung Jesu durch Jesus selbst, in: ders., Communio Christi, 48–69.
– Die Verherrlichung Christi und die Kirche, in: ders., Communio Christi, 134–156.
– Versuch einer Antwort auf den Fragenkatalog für das Projekt „Judentum im katholischen Religionsunterricht“, in: G. Biemer u. a., Freiburger Leitlinien zum Lernprozeß Christen Juden. Theologische und didaktische Grundlegung, Düsseldorf 1981, 136–141.
Brocke, M./Petuchowski, J. J./Strolz, W. (Hrsg.), Das Vaterunser. Gemeinsames im Beten von Juden und Christen, Freiburg–Basel–Wien 1974.

Broer, I., Freiheit vom Gesetz und Radikalisierung des Gesetzes (SBS 98), Stuttgart 1980.
Bruner, J. S., The act of discovery, in: R. C. Anderson/D. P. Ausubel (Hrsg.), Readings in the psychology of cognition, New York 1965, 606–620.
– Learning and thinking, in: R. C. Anderson/D. P. Ausubel (Hrsg.), Readings in the psychology of cognition, New York 1965, 76–86.
– Toward a theory of instruction. Cambridge, Mass. 1966.
– Der Prozeß der Erziehung, Düsseldorf 1970.
– /Olver, R. R./Greenfield, P. M., Studien zur kognitiven Entwicklung, Stuttgart 1971.
– Relevanz der Erziehung, Ravensburg 1973.
– Der Akt der Entdeckung, in: H. Neber (Hrsg.), Entdeckendes Lernen. Weinheim und Basel 1973, 15–27.
– Entwurf einer Unterrichtstheorie (Sprache und Lernen. Internationale Studien zur pädagogischen Anthropologie, hrsg. v. W. Loch, H. Paschen, G. Priesemann, Bd. 5), Berlin–Düsseldorf 1974.
Buber, M., Die Fünf Bücher der Weisung. Berlin 1930.
– Dialogisches Leben, Zürich 1947.
– Werke I–III, München 1962–1964.
– Hauptvortrag auf der Dritten Internationalen Pädagogischen Konferenz in Heidelberg, 1925, Heidelberg 1953.
– Ich und Du, in: Die Schriften über das dialogische Prinzip, Heidelberg 1954.
– Zwei Glaubensweisen, in: Werke Bd. I, Heidelberg 1962.
Buchner, H., Plotins Möglichkeitslehre, München–Salzburg 1970 (= Epimeleia 16).
Bunte, W., Judentum 1, Tonbild, Teil A. Judentum 1, Teil B, Judentum 2, Teil A, Judentum 2, Teil B. (Religionen der Welt), Brücken-Film.
Buren, P., van, Ein Modell systematischer Verhältnisbestimmung von Israel und Kirche, in: Martin Stöhr (Hrsg.), Jüdische Existenz und die Erneuerung der christlichen Theologie. Versuch der Bilanz des christlich-jüdischen Dialogs für die Systematische Theologie, München 1981 (= Abhandlungen zum christlich-jüdischen Dialog Bd. 11).
Burkhart, A., Der Mensch – Gottes Ebenbild und Gleichnis. Ein Beitrag zur dogmatischen Anthropologie F. A. Staudenmaiers, Freiburg–Basel–Wien 1962 (= FThSt 79).
Busink, T. A., Der Tempel von Jerusalem von Salomo bis Herodes, 2 Bde., Leiden 1970/80.
Bygott, A., Wege Israels. Ein Modell für den Religionsunterricht in den Klassen 9–11, Berlin 1981 (= Das Judentum. Abhandlungen und Entwürfe für Studium und Unterricht, Bd. 3).
Casper, B., Das dialogische Denken. Eine Untersuchung der religionsphilosophischen Bedeutung Franz Rosenzweigs, Ferdinand Ebners und Martin Bubers, Freiburg–Basel–Wien 1967.
– Notizen zu einer Antwort, in: G. Biemer u. a., Freiburger Leitlinien zum Lernprozeß Christen Juden. Theologische und diaktische Grundlegung, Düsseldorf 1981, 142–145.
Chardin, P. T. de, Der göttliche Bereich. Ein Entwurf des inneren Lebens, Olten und Freiburg 1962.
– Die Zukunft des Menschen, Olten 1963.
Chenu, M. D., Die Arbeit und der göttliche Kosmos. Versuch einer Theologie der Arbeit, Mainz 1956.
Cofer, Ch. N., Motivation und Emotion (Grundfragen der Psychologie, hrsg. v. W. Keil und M. Sader), München 1975.
Cohn, R., Von der Psychoanalyse zur themenzentrierten Interaktion. Von der Behandlung einzelner zu einer Pädagogik für alle (Gesammelte Aufsätze), Stuttgart 1978.
Cohon, S. S., The Unity of God. A Study in Hellenistic and Rabbinic Theology, in: Hebrew Union College Annual, Vol. XXVI, Cincinnati 1955.
Congar, Y.-M., Die Armut im christlichen Leben inmitten einer Wohlstandsgesellschaft, in: Conc(D) 2 (1966) 343–354.
Cook, L. A. (Hrsg.), College Programs, in: Intergroup Relations, Chicago, American Council on Education 1950.
Cox, H., Stadt ohne Gott?, Stuttgart–Berlin 1966.
Cube, F. von, Ausbildung zwischen Automation und Kommunikation, Bochum 1976.
– Die kybernetisch-informationstheoretische Didaktik, in: Westermanns Pädagogische Beiträge, 32 (1980), 120–124.

Czech, J./Loth, H.-J./Trazaskalik, F./Tworuschka, U., Judentum (= Weltreligionen. Geschichte. Quellen. Materialien), Frankfurt/M. u. a./München 1978.
Daacks, S. M., Teilhard de Chardin und die evangelische Theologie. Die Weltlichkeit Gottes und die Weltlichkeit der Welt, Göttingen 1967.
Dale, E., Audiovisual Methods in Teaching, New York u. a. [3]1969.
Dallmann G./Preibusch, W., Unterrichtsmedien, in: K. Ingenkamp (Hrsg.), Handbuch der Unterrichtsforschung, Teil 2, Weinheim-Berlin-Basel 1970, 1535-1719.
Dave, R. H., Eine Taxonomie pädagogischer Ziele und ihre Beziehung zur Leistungsmessung, in: K. Ingenkamp, Th. Marsolek (Hrsg.), Möglichkeiten und Grenzen der Testanwendung in der Schule, Weinheim 1968.
David, J., Die schöpferische Kraft des Menschen - Theologie der Arbeit und der Technik, in: MySal II, 787-804.
Davies, M., The emergence of Conservative Judaism, Philadelphia 1963.
Davis, E. E., Zum gegenwärtigen Stand der Vorurteilsforschung, in: Vorurteile, ihre Erforschung und ihre Bekämpfung, Frankfurt a. M. 1964, 51ff.
Deissler, A., Ich bin dein Gott, der dich befreit hat, Freiburg 1975.
– Die Grundbotschaft des AT, Freiburg [6]1978.
Deppermann, K., Judenhaß und Judenfreundschaft im frühen Protestantismus, in: B. Martin, E. Schulin (Hrsg.), Die Juden als Minderheit in der Geschichte, München 1981, 110-130.
Derbolav, J., Vom Wesen geschichtlicher Begegnung, in: Zeitschrift für Pädagogik 2 (1956) 73-89.
– Versuche einer wissenschaftstheoretischen Grundlegung der Didaktik, in: Didaktik in der Lehrerbildung, 2. Beiheft der Zeitschrift für Pädagogik, Weinheim 1960.
– Pädagogik und Politik, Stuttgart 1975.
– (Hrsg.), Kritik und Metakritik der Praxeologie, insbesondere der politischen Strukturtheorie, Kastellaun 1976.
– Der systematische Anspruch der Praxeologie. Rechtfertigung gegen die Einwände ihrer Kritiker, in: Pädagogische Rundschau 34 (1980) 223-244.
Deutsche Bischofskonferenz, Erklärung der deutschen Bischöfe „Über das Verhältnis der Kirche zum Judentum“ vom 28. April, Bonn 1980 (= Hirtenschreiben der deutschen Bischöfe Nr. 26).
– Zukunft der Schöpfung – Zukunft der Menschheit. Erklärung der Deutschen Bischofskonferenz zu Fragen der Umwelt und der Energieversorgung (Nr. 28), Bonn 1980.
Dichanz, H./Heidt, E. U., Einleitung, in: H. Dichanz u. a., Medien im Unterrichtsprozeß, München 1974, 11f.
– /Moormann, K., Unterrichtsvorbereitung, Stuttgart 1976.
Dietrich, G., Durch welche erzieherische Maßnahmen kann die Einstellung von Volksschülern gegenüber „dem Juden“ verändert werden? in: Zeitschrift für experimentelle und angewandte Psychologie 14 (1967) 191-199.
– Das jüdisch-prophetische Erbe in den neueren revolutionären Bewegungen, in: W. Strolz (Hrsg.), Jüdische Hoffnungskraft und christlicher Glaube, Freiburg-Barcelona-London 1971, 191-243.
Dilthey, W., Pädagogik, Geschichte und Grundlinien des Systems (Gesammelte Schriften Bd. IX, hrsg. v . D. F. Bollnow) Stuttgart-Göttingen 1961.
Dohmen, G., Medienwahl und Medienforschung im didaktischen Problemzusammenhang, in: Unterrichtswissenschaft, Heft 2, 3/1973.
– Medien (-Didaktik), in: Ch. Wulf (Hrsg.), Wörterbuch der Erziehung, München-Zürich 1974, 409.
– Aufgaben einer Mediendidaktik, in: L. J. Issing, H. Knigge-Illner (Hrsg.), Unterrichtstechnologie und Mediendidaktik, Weinheim-Basel 1976.
Dolch, J., Grundbegriffe der pädagogischen Fachsprache, München 1960.
Drever, J./Fröhlich, W. D., Art. Dissonanz, in: Wörterbuch zur Psychologie, dtv, 8. völlig neu bearbeitete Aufl. 1974, 82.
Eckert, W. P./Levinson, N. P./Stöhr, M. (Hrsg.), Antijudaismus im Neuen Testament? Exegetische und systematische Beiträge, München 1967 (= Abhandlungen zum christlich-jüdischen Dialog, Bd. 2).

Ehrlich, E. L., Tora im Judentum, in: EvTheol 37 (1977) 536–549.
Erwartungen zum christlich-jüdischen Dialog an die ökumenische Christenheit, in: CPB (1980) 268–280.
Ehrlich, H. J., Vorurteil. Eine sozialpsychologische Bestandsaufnahme der Lehrmeinungen amerikanischer Vorurteilsforschung, München–Basel 1979.
Eicher, P., Du sollst dir kein Bildnis machen. Möglichkeiten und Grenzen theologischer Anthropologie heute, in: Konturen heutiger Theologie. Werkstattberichte, hrsg. von G. Bitter, G. Miller, München 1976, 21–44.
Eigler, G., Auf dem Weg zu einer audiovisuellen Schule, München 1971.
– /Judith, H./Künzel, M./Schönwälder, A., Grundkurs Lehren und Lernen, Weinheim–Basel ^{4}1979.
Eisner, E. W., Instructional and expressive educational objectives, their formulation and use in curriculum, in: Aera Bd. 3, Chicago 1969, 1–31.
Encyclopaedia Judaica, vol. 15, Jerusalem 1971.
Epstein, I., The faith of Judaism, London 1960.
Escobar, P., Das universale concretum Jesu Christi und die „eschatologische Reduktion“ bei Hans Urs von Balthasar, in: ZKTh 100 (1978) 560–595.
Eubel, K.-D., Ergebnisse und Methoden der bisherigen Medienforschung in kritischer Sicht, in: H. Dichanz u. a., Medien im Unterrichtsprozeß, München 1974, 130–153.
Fackenheim, E. L., Quest for Past and Future: Essays in Jewish Theology. Bloomington/Indiana 1968.
Fangmeier, J., Offener Brief an Franz Hesse, in: B. Klappert/H. Starck (Hrsg.), Umkehr und Erneuerung, Neukirchen–Vluyn 1980, 66–71.
Feifel, E., Art. Glaube und Erziehung, in: J. Speck, G. Wehrle (Hrsg.), Handbuch pädagogischer Grundbegriffe 357–598.
Fiedler, P./Oberlinner, L., Jesus von Nazareth: BiLe 13 (1972) 52–74.
– Jesus und die Sünder (BET 3) Bern–Frankfurt 1976.
– Das Judentum im katholischen Religionsunterricht (Lernprozeß Christen Juden, 1) Düsseldorf 1980.
– Zum theologischen Gebrauch von „Bund“ (berit) in der Hebräischen Bibel, in: G. Biemer u. a., Freiburger Leitlinien zum Lernprozeß Christen Juden, Düsseldorf 1981, 222–236.
– Der Anspruch Jesu in seiner bleibenden Bedeutung, in: G. Biemer, D. Knab (Hrsg.), Lehrplanarbeit im Prozeß, Freiburg–Basel–Wien 1982, 49–54.
– Probleme der Abendmahlsforschung, in: ALw 24 (1982) 190–223. [1976.
Fink, E., Nähe und Distanz. Phänomenologische Vorträge und Aufsätze, Freiburg–München
– Grundfragen der systematischen Pädagogik, Freiburg 1978.
– Grundphänomene des menschlichen Daseins, hrsg. von E. Schütz/F. A. Schwarz, Freiburg 1979.
Fischer, F., Darstellung der Bildungskategorien im System der Wissenschaften. Aus dem Nachlaß herausgegeben, eingeleitet und mit Nachworten versehen von D. Benner und Wolfdietrich Schmied-Kowarzik, Ratingen–Kastellaun 1975.
Fischer, K. P., Der Mensch als Geheimnis. Die Anthropologie Karl Rahners, Freiburg–Basel–Wien ^{2}1974 (= ÖF. S. 5).
Flechtheim, O. K., Der Kampf um die Zukunft. Futurologie, Bonn 1980.
Fohrer, G., Geschichte der israelitischen Religion, Berlin 1969.
Frank, K. S., „Adversus Judaeos“ in der Alten Kirche, in: B. Martin u. E. Schulin (Hrsg.), Die Juden als Minderheit in der Geschichte (dtv 1745), München 1981, 30–45.
Frankl, V. E., Ärztliche Seelsorge, Wien ^{5}1948.
Fransen, P., Das neue Sein des Menschen in Christus, in: MySal IV/2, 921–984.
Friedländer, M., Die jüdische Religion, Basel 1971.
Fries, H., Der Beitrag der Theologie zur Una Sancta, München 1959.
– Die Offenbarung, in: MySal I, 159–238. [1976.
Fromm, E., Haben oder Sein. Die seelischen Grundlagen einer neuen Gesellschaft, Stuttgart
Gadamer, H.-G., Wahrheit und Methode. Grundzüge einer philosophischen Hermeneutik, Tübingen^{4}, unveränderter Nachdruck der dritten erweiterten Auflage 1975.
– /Boehm, G., Seminar: Die Hermeneutik und die Wissenschaft, Frankfurt a. M. 1978.

Gagné, R. M., Die Bedingungen des menschlichen Lernens, Hannover 1970, zweite Auflage nach der ersten amerikanischen Auflage.
Gahlen, H., Juden und Christen. Arbeitsheft (= Theologisches Forum 7. Arbeitsheft) Düsseldorf 1979.
Gamm, H.-J., Pädagogische Studien zum Problem der Judenfeindschaft. Ein Beitrag zur Vorurteilsforschung, Darmstadt 1966.
Garlichs, A., Gruppentherapeutische Ansätze im Unterricht? Versuche einer kritischen Würdigung der themenzentrierten interaktionellen Methode von Ruth Cohn, in: W. Polp (Hrsg.), Kommunikative Didaktik. Soziale Dimensionen des didaktischen Feldes. Weinheim 1976, 235–260.
Gaudium et spes, Die pastorale Konstitution über die Kirche in der Welt von heute „Gaudium et spes“, in: K. Rahner, H. Vorgrimler, Kleines Konzilskompendium, Freiburg [6]1969, 449–552.
Gehlen, A., Der Mensch, Frankfurt a. M. [9]1971.
Geis, R. R., Vom unbekannten Judentum, Freiburg 1961.
Gemeinsame Synode der Bistümer in der Bundesrepublik Deutschland. Beschlüsse der Vollversammlung. Offizielle Gesamtausgabe I. Hrsg. von L. Bertsch SJ, Ph. Boonen, R. Hammerschmidt, J. Homeyer, F. Kronenberg, K. Lehmann unter Mitarbeit von P. Imhof SJ, 2. durchgesehene und verbesserte Auflage, Freiburg–Basel–Wien 1976.
Gemser, B., Sprüche Salomos, Tübingen 1937 (= HAT 1/16).
Gerner, B. (Hrsg.), Begegnung. Ein anthropologisch-pädagogisches Grundereignis, Darmstadt 1969.
Gertz, B., Glaubenswelt als Analogie. Die theologische Analogie-Lehre Erich Przywaras und ihr Ort in der Auseinandersetzung um die analogia fidei, Düsseldorf 1969.
Gesenius, W., „jrh“, in: Handwörterbuch über das AT, Berlin–Göttingen–Heidelberg [17]1962, 318.
Ginzel, G. B. (Hrsg.), Auschwitz als Herausforderung für Juden und Christen, Heidelberg 1980 (= Tachless: Zur Sache, Bd. 1).
– Hitlers Urenkel, Düsseldorf 1981.
Görtz, H.-J., Die Wahrheit der Erfahrung in Franz Rosenzweigs „Neuem Denken“, in: ThPh 56 (1981) 389–406.
Goldberg, A. M., Schöpfung und Geschichte: Der Midrasch von den Dingen, die vor der Welt erschaffen wurden, in: Judaica 24 (1968) 27–44.
– Untersuchungen über die Vorstellung von der Shekhina in der frühen rabbinischen Literatur. Berlin 1969.
– Rede und Offenbarung in der Schriftauslegung Rabbi Aqibas, in: Frankfurter Judaistische Beiträge 8 (1980) 76–77.
Goldstein, H. (Hrsg.), Befreiungstheologie als Herausforderung. Anstöße – Fragen – Anklagen der lateinamerikanischen Theologie der Befreiung an Kirche und Gesellschaft hierzulande, Düsseldorf 1981.
Graus, F., Judenprogrome im 14. Jahrhundert: Der schwarze Tod, in: B. Martin, E. Schulin (Hrsg.), Die Juden als Minderheit in der Geschichte, München 1981, 68–84.
Greive, H., Die Juden. Grundzüge ihrer Geschichte im mittelalterlichen und neuzeitlichen Europa (Grundzüge, Bd. 37), Darmstadt 1980.
Greshake, G., Auferstehung der Toten. Ein Beitrag zur gegenwärtigen theologischen Diskussion über die Zukunft der Geschichte, Essen 1969 (= Koin. 10).
– Der Wandel der Erlösungsvorstellungen in der Theologiegeschichte, in: L. Scheffczyk (Hrsg.), Erlösung und Emanzipation (= QD 61), Freiburg–Basel–Wien 1973, 69–101.
– /Lohfink, N., Naherwartung, Auferstehung, Unsterblichkeit. Untersuchungen zur christlichen Eschatologie (= QD 71), Freiburg–Basel–Wien [3]1978.
Grim, J., Freiheit und Glaube, Fundamentalphilosophische Voraussetzungen theologischer Systematik (Überlieferung und Aufgabe, Abhandlungen zur Geschichte und Systematik der europäischen Philosophie, hrsg. v. E. Heintel XIX), Wien–München 1980.
Grözinger, K. E., Tora und Midrasch, in: E. Kedourie (Hrsg.), Die jüdische Welt, Frankfurt/M. 1980.

– Middat ha-Din und Middat ha-Rahamim, in: Frankfurter Judaistische Beiträge 8 (1980) 95–114.
Grom, B., Methoden für Religionsunterricht, Jugendarbeit und Erwachsenenbildung, Düsseldorf–Göttingen 1976.
Guardini, R., Religion und Offenbarung I, Würzburg 1958.
Gubler, M.-L., Juden und Christen – die fremden Brüder (Kleine Reihe zur Bibel, 23), Stuttgart 1981.
Guzmann, G., Camilo Torres. Persönlichkeit und Entscheidung, München 1970.
Haag, H., Vor dem Bösen ratlos?, München–Zürich 1978.
Habermas, J., Technik und Wissenschaft als „Ideologie", Frankfurt 1968.
Haecker, Th., Über Kardinal Newmans Grammar of assent, in: M. Laros, W. Becker (Hrsg.), Ausgewählte Werke von J. H. Kardinal Newman, Bd. VII, Mainz 1961.
Hagemann, W./Tulodziecki, G., Einführung in die Mediendidaktik, Köln ³1980.
Heidegger, M., Sein und Zeit, Tübingen ¹⁵1979.
Heidt, E. U./Schwittmann, D., Medientaxonomien: ein kritischer Überblick, in: L. J. Issing, H. Knigge-Illner (Hrsg.), Unterrichtstechnologie und Mediendidaktik 123–140.
– Medien und Lernprozesse, Weinheim–Basel 1976.
Heimann, P., Didaktik als Theorie und Lehre, in: Die Deutsche Schule 54 (1962) 407–427.
Heinze, T., Handlungsorientierte Curriculumforschung als Kritik und Alternative zur Technologisierung der Didaktik und Unterrichtsforschung, in: L. J. Issing, H. Knigge-Illner, Unterrichtstechnologie und Mediendidaktik, Weinheim–Basel 1976.
Hemmerle, K., Das Heilige und das Denken. Zur philosophischen Phänomenologie des Heiligen, in: B. Casper, K. Hemmerle, P. Hünermann, Besinnung auf das Heilige, Freiburg–Basel–Wien 1966, 9–79.
– Thesen zu einer trinitarischen Ontologie, Einsiedeln 1976 (= Kriterien 40).
– Antworten zum Fragenkatalog für das Projekt „Judentum im katholischen Religionsunterricht", in: G. Biemer u. a., Freiburger Leitlinien zum Lernprozeß Christen Juden 145–150.
Henrici, P., Endverheißung und menschliche Zukunft, in: Internationale Katholische Zeitschrift „Communio" 9 (1980) 244–252.
Henrix, H. H. (Hrsg.), Unter dem Bogen des Bundes. Beiträge aus jüdischer und christlicher Existenz, Aachen 1981 (= Aachener Beiträge zu Pastoral- und Bildungsfragen 11).
Hentig, H. von, Cuernavaca oder Alternativen zur Schule? Stuttgart–München 1971.
Heschel, A. J., Gott sucht den Menschen. Eine Philosophie des Judentums. Neukirchen–Vluyn 1980.
Hilger, G., Ein Fragenkatalog als Hilfe zur Analyse von Religionsbüchern, in: G. Hilger, Religionsunterricht als offener Lernprozeß, München 1975, 225–232.
Hiller, G. G., Konstruktive Didaktik, Düsseldorf 1973.
Hoffbauer, H., Entscheidungshilfen zum Problem der Medienwahl, in: Die Deutsche Schule 66 (1974) 552–564.
Holböck, F./Sartory Th. (Hrsg.), Mysterium Kirche in der Sicht der theologischen Disziplinen, 2 Bde., Salzburg 1962.
Holeczek, H., Die Judenemanzipation in Preußen, in: B. Martin, E. Schulin (Hrsg.), Die Juden als Minderheit in der Geschichte, München 1981, 131–160.
Holzkamp, K., Vorwort in: P. Keiler, Wollen und Wert. Versuch der systematischen Grundlegung einer psychologischen Motivationslehre, Berlin 1970.
Holzkamp-Osterkamp, U., Motivationsforschung 2. Die Besonderheit menschlicher Bedürfnisse. Problematik und Erkenntnisgehalt der Psychoanalyse. Texte zur kritischen Psychologie, Band 4/2. Frankfurt–New York 1976.
Hopf, W., Emotion und Qualifikation, in: R. Oerter, E. Weber (Hrsg.), Der Aspekt des Emotionalen in Unterricht und Erziehung, Donauwörth 1975, 269–295.
Horkheimer, M., Über das Vorurteil. Arbeitsgemeinschaft für Forschung des Landes Nordrhein-Westfalen, Köln 1963.
– Die Sehnsucht nach dem ganz Anderen. Ein Interview mit Kommentar von Helmut Gumnior, ³1975 (= Stundenbücher 97).
– /Adorno, Th. W., Dialektik der Aufklärung. Philosophische Fragmente. Fischer TB 6144, Frankfurt a. M. 1978.

Hruby, K., Begriff und Funktion des Gottesvolkes in der rabbinischen Tradition, in: Judaica 21 (1965) 230–256.
– Gesetz und Gnade in der rabbinischen Überlieferung, in: Judaica 25 (1969) 30–63.
Hurlock, E. B., Die Entwicklung des Kindes, Weinheim – Berlin – Basel – Wien ³1972.
Husik, I., A History of Mediaeval Jewish Philosophy, New York 1976.
Ingenkamp, K., Möglichkeiten und Grenzen des Lehrerurteils und der Schultests, in: H. Roth (Hrsg.), Begabung und Lernen. Ergebnisse und Folgerungen neuer Forschungen. Deutscher Bildungsrat. Gutachten und Studien der Bildungskommission, Bd. 4, Stuttgart ⁷1971.
Issing, L. J./Knigge-Illner, H. (Hrsg.), Unterrichtstechnologie und Mediendidaktik, Weinheim – Basel 1976.
Jendorff, B., Leistungsmessung im Religionsunterricht, München 1979.
Jochum, H., Juden, Judentum und Staat Israel im Religionsunterricht. Eine religionspädagogische Bibliographie, in: H. Jochum, H. Kremers (Hrsg.), Juden, Judentum und Staat Israel im christlichen Religionsunterricht in der Bundesrepublik Deutschland, Paderborn u. a. 1980, 169–180.
– /Kühne, R./Pasedach, U., Juden und Christen, Dillingen 1981 (= Stationen 4).
– /Kühne, R./Pasedach, U., Stationen 4: Juden und Christen – Lehrerkommentar – (in: Religionspädagogische Hefte V/1981).
Jüngel, E., Gott als Geheimnis der Welt. Zur Begründung der Theologie des Gekreuzigten im Streit zwischen Theismus und Atheismus, Tübingen ²1977.
Kadushin, M., Worship and ethics, Westport Con., 1978.
Kaliba, C., Die Welt als Gleichnis des dreieinigen Gottes. Entwurf zu einer trinitarischen Ontologie, Salzburg 1962.
Kammel, L. W., Einführung in die pädagogische Wertlehre, Paderborn 1927.
Kaplan, M., Judaism without Supernaturalism, New York 1958.
– The meaning of God in Modern Jewish Religion, New York 1962.
– Judaism as a Civilization: Toward a Reconstruction of American Jewish Life, New York 1967 (Schocken-Books).
Karsten, A., Das Vorurteil, in: Psychologische Beiträge 1 (1953) 149–161.
– (Hrsg.), Vorurteil, Darmstadt 1978.
Kasper, W., Jesus der Christus, Mainz ⁵1976.
– Das theologische Wesen des Menschen, in: Unser Wissen vom Menschen. Möglichkeiten und Grenzen anthropologischer Erkenntnisse, hrsg. v. W. Kasper, Düsseldorf 1977.
– (Hrsg.), Absolutheit des Christentums, Freiburg – Basel – Wien 1977 (= QD 79).
Katholische Arbeitnehmer-Bewegung (KAB) Deutschlands (Hrsg.), Texte zur katholischen Soziallehre der Päpste und andere kirchliche Dokumente, Kevelaer 1975.
Kedourie, E. (Hrsg.), Die jüdische Welt, Frankfurt/M. 1980.
Kern, W., Zur theologischen Auslegung des Schöpfungsglaubens, in: MySal II, 464–545.
– Theodizee: Kosmodizee durch Christus, in: MySal III/2, 549–581.
Klafki, W., Das pädagogische Problem des Elementaren und die Theorie der kategorialen Bildung, Weinheim ³/⁴1964.
– Kategoriale Bildung, in: Zf Päd 5 (1959), 386–412, zit. nach W. Klafki, Studien zur Bildungstheorie und Didaktik, Weinheim 8./9. Aufl. 1967.
– Studien zur Bildungstheorie und Didaktik. Weinheim 1967.
– Didaktische Analyse als Kern der Unterrichtsvorbereitung, in: Wolfgang Klafki, Studien zur Bildungstheorie und Didaktik 8./9. Aufl., Weinheim 1967.
– Die bildungstheoretische Didaktik, in: Westermanns Pädagogische Beiträge 32 (1980) 32–37.
– Brief an A. Biesinger vom 25. 2. 1981.
Klappert, B./Starck, H. (Hrsg.), Umkehr und Erneuerung. Erläuterungen zum Synodalbeschluß der Rheinischen Landessynode „Zur Erneuerung des Verhältnisses von Christen und Juden“, Neukirchen-Vluyn 1980.
Klein, W., Teilhard de Chardin und das Zweite Vatikanische Konzil. Ein Vergleich der Pastoral-Konstitution über die Kirche in der Welt von heute mit Aspekten der Weltschau Pierre Teilhards de Chardin, Paderborn 1975 (= Abhandlungen zur Sozialethik 8).
Klein, W. M., Christliches Sterben als Gabe und Aufgabe. Ansätze zu einer Theologie des Sterbens, Frankfurt /M. u. a. 1983 (= Disputationes Theologicae, Band 13).

Kleinert, I./Pohlmann, D. u.a., Werte und Normen 4, Judentum. Ein Modell für die Sekundarstufe II, Göttingen 1978.
Knigge-Illner, H., Unterrichtstechnologie und emanzipatorische Mediendidaktik – Gegensätze oder integrierbare Ansätze, in: L. J. Issing, H. Knigge-Illner (Hrsg.), Unterrichtstechnologie und Mediendidaktik, 373–394.
Koch, K., Tempeleinlaßliturgien und Dekaloge. In: K. Koch, R. Rendtorff (Hrsg.), Studien zur Theologie der alttestamentlichen Überlieferungen. Neukirchen 1961, 45–60.
Köppel, U., Das dtr. Geschichtswerk und seine Quellen. Bern–Frankfurt/M.–Las Vegas 1979.
Korff, W., Wie kann der Mensch glücken? Zur Frage einer ethischen Theorie der Gesellschaft. Tübinger Antrittsvorlesung vom 27. 6. 73, in: Theologische Quartalschrift 153 (1973) 305–322.
Korman, A. K., The Psychology of Motivation, New Jersey 1974.
Krappmann, L., Soziologische Dimensionen der Identität, Stuttgart 1971.
– Neuere Rollenkonzepte als Erklärungsmöglichkeit für Sozialprozesse, in: Familienerziehung, Sozialschicht und Schulerfolg, hrsg. v. b:i Redaktion, Weinheim–Berlin–Basel 1971, 161–183.
– Die Entstehung der Lernfähigkeit im Interaktionssystem der Familie und ihre Förderung in der Schule, in: Neuorientierung des Primarbereichs, Bd. I, Entwicklung der Lernfähigkeit, hrsg. v. H. Halbfas, F. Maurer, W. Popp, Stuttgart 1972, 178–197.
Krathwohl, D. R./Bloom, B. S./Masia, B. B., Taxonomie von Lernzielen im affektiven Bereich. Übersetzt von H. Dreesmann, Weinheim und Basel 1975.
Kroeger, M., Themenzentrierte Seelsorge. Über die Kombination klientzentrierter und themenzentrierter Arbeit nach C. Rogers und R. Cohn in der Theologie, Stuttgart 1976.
Küng, H., Strukturen der Kirche, Freiburg–Basel–Wien 1962 (= QD 17).
– Die Kirche, Freiburg–Basel–Wien [4]1967 (= ÖF. E Bd. 1).
– Wahrhaftigkeit. Zur Zukunft der Kirche, Freiburg–Basel–Wien 1968 (= ÖF, Ergänzende Abteilung. Kleine Ökumenische Schriften, 1).
– Artikel ‚Reform der Kirche', in: Handbuch theologischer Grundbegriffe, dtv-Ausgabe Bd. 2, München 1970, 467–472.
– Menschwerdung Gottes. Eine Einführung in Hegels theologisches Denken als Prolegomena zu einer künftigen Christologie, Freiburg–Basel–Wien 1970 (= ÖF. S. 1).
– Christ sein, München–Zürich [5]1975.
– Die Problematik der Katechismusfrage „Wozu sind wir auf Erden?", in: Conc(D) 13 (1977), 493–496.
Lang, B., Frau Weisheit. Düsseldorf 1975.
Langemeyer, G., Zur Erfahrbarkeit der Gnade. Die theologische Bedeutung der Differenz von Erleben und Erfahren, in: Theologie und Glaube 70 (1980) 410–423.
Lehmann, K., Was ist der Mensch? – eine theologische Antwort, in: Humanismus und Schule. Fragen und Antworten unserer Zeit (Schriftenreihe des Arbeitskreises für katholische (Privat)Schulen 13), München 1972, 14–40.
– Judentum im katholischen Religionsunterricht, in: G. Biemer u. a., Freiburger Leitlinien zum Lernprozeß Christen Juden, 152–157.
Lehmann, M., Sprüche der Väter, Bd. 1, Frankfurt [2]1921.
Lehrplan für das Fach Katholische Religionslehre Klasse 11 und Jahrgangsstufen 12 und 13 der Gymnasien. Grund- und Leistungskurse. Erzdiözese Freiburg. Diözese Rottenburg, November 1977.
Leroy, H., Jesus (EdF 95), Darmstadt 1978.
Leuenberger, R., Internalisation, in: Handbuch der Religionspädagogik Bd. 1, hrsg. von E. Feifel u. a., Gütersloh–Zürich, u. a. 1973, 114–119.
Leuner, H. D., Zwischen Israel und den Völkern (Institut Kirche und Judentum) Berlin 1978.
Liedke, G./Petersen C., „tora", in: Theologisches Handwörterbuch zum AT (= THAT), hrsg. von E. Jenni u. C. Westermann, Bd. 2, München 1976, Sp. 1032–1043.
Loch, W., Der Begriff der Begegnung in der Pädagogik des 20. Jahrhunderts, in: B. Gerner (Hrsg.), Begegnung. Ein anthropologisch-pädagogisches Grundereignis, 197–294.
Lohfink, G., Nicaragua und das Reich Gottes, in: ThQ 160 (1980) 306–308.

Lohfink, N., Liebe. Das Ethos des Neuen Testaments – erhabener als das des Alten?, in: N. Lohfink, Unsere großen Wörter. Das Alte Testament zu Themen dieser Jahre, Freiburg 1977, 225–240.
Lucht-Wraage, H., Beschreibung und Bewertung didaktischer Materialien, Weinheim–Basel 1980.
„Lumen Gentium", Die dogmatische Konstitution über die Kirche „Lumen Gentium", in: K. Rahner, H. Vorgrimler, Kleines Konzilskompendium, Freiburg–Basel–Wien [6]1969, 123–200.
Macke, G., Ausubel's Theorie des bedeutungsvollen verbalen Lernens, in: G. Macke (Hrsg.), Lernen als Prozeß. Überlegungen zur Konzeption einer operativen Lehr-Lern-Theorie, Weinheim–Basel 1978, 236–246.
Madsen, K. B., Modern Theories of Motivation. A Comparative Metascientific Study, Copenhagen 1974.
Mahr, A., Die Störungsprioritätsregel in TZI-Gruppen, psychoanalytische und empirische Studien (Beiheft zur Zeitschrift „Materialien zur Psychoanalyse und analytisch orientierten Psychotherapie", hrsg. v. P. Hahn, E. Herdickerhoff), Göttingen 1979.
Maier, J., Geschichte der jüdischen Religion, Berlin–New York 1972.
– /Schubert, K., Die Qumran-Essener, München 1973.
– Jesus von Nazaret und sein Verhältnis zum Judentum, in: W. P. Eckert, H. H. Henrix (Hrsg.), Jesu Jude-Sein als Zugang zum Judentum (Aachener Beiträge zu Pastoral- und Bildungsfragen, 6), Aachen 1976, 69–113.
Maisch, I., Die Thematik des „Landes" in christlicher und jüdischer Sicht, in: G. Biemer u. a., Freiburger Leitlinien zum Lernprozeß Christen Juden, 258–264.
– Die Botschaft Jesu von der Gottesherrschaft, in: P. Fiedler, D. Zeller (Hrsg.), Gegenwart und kommendes Reich, Stuttgart 1975, 27–41.
Malachy, Y., ‚Christian Zionism', in: EJ, Bd. 16, 1152–1155.
Malmberg, F., Über den Gottmenschen, Basel–Freiburg–Wien 1960 (= QD 9).
Marmorstein, A., The old Rabbinic doctrine of God I: London 1927, II: London 1938.
Marquardt, F.-W., Die Juden und ihr Land, Siebenstern TB 189, Hamburg 1975.
Marsch, W.-D. (Hrsg.), Diskussion über die „Theologie der Hoffnung" von J. Moltmann, München 1967.
Martin B., (Hrsg.), Movements and issues in American Judaism, Westport/Con. 1978.
– Conservative Judaism and Reconstructionism, in: B. Martin (Hrsg.), Movements and issues in American Judaism, 103–137.
Martin, B./Schulin, E. (Hrsg.), Die Juden als Minderheit in der Geschichte, München 1981.
Maslow, A. H., Motivation und Persönlichkeit, Olten 1977.
May, G., Schöpfung aus dem Nichts. Die Entstehung der Lehre von der creatio ex nihilo, Berlin–New York 1976 (= AKG 48).
Mayer, R., Der Babylonische Talmud (Auszüge), München 1963 (Goldmann TB 1330/32).
– Der Talmud (Goldmann TB 7571), München [5]1980.
Mayer-Scheu, J., Lebendiges Lernen mit der themenzentrierten Interaktion (TZI) nach R. Cohn, in: J. Scharfenberg, Glaube und Gruppe, Freiburg 1980, 53–69.
McGuire, W., J., Syllogistic analysis of cognitive relationship, in: C. I. Hovland, M. J. Rosenberg (Hrsg.), Attitude organization and change. Newhaven, Conn. Yale Univ. Press. 1960.
Mead, G. H., Geist, Identität und Gesellschaft aus der Sicht des Sozialbehaviorismus, Frankfurt a. M. 1968.
Mertens, D., Christen und Juden zur Zeit des ersten Kreuzzuges, in: B. Martin, E. Schulin (Hrsg.), Die Juden als Minderheit in der Geschichte, München 1981, 46–67.
Messner, R., Funktionen der Taxonomien für die Planung von Unterricht, in: B. S. Bloom (Hrsg.), Taxonomie von Lernzielen im kognitiven Bereich, 217–251.
Metz, J. B., Armut im Geiste. Vom Geist der Menschwerdung Gottes und der Menschwerdung des Menschen, in: GuL 34 (1961) 419–435.
– Art. Freiheit, in: Handbuch theologischer Grundbegriffe, Bd. II, München 1963, 403–414.
– Gott vor uns. Statt eines theologischen Arguments, in: S. Unseld (Hrsg.), Ernst Bloch zu ehren. Beiträge zu seinem Werk, Ffm. 1965, 227–241.
– Verantwortung und Hoffnung. Vier Diskussionsthemen, in: StZ 177 (1966) 451–462.

– Zur Theologie der Welt, Mainz 1968 (= Topos TB 11).
– Erlösung und Emanzipation, in: L. Scheffczyk (Hrsg.), Erlösung und Emanzipation, Freiburg – Basel – Wien 1973 (= QD 61), 120 – 140.
– Ökumene nach Auschwitz, in: E. Kogon, J. B. Metz (Hrsg.), Gott nach Auschwitz, Freiburg – Basel – Wien 1979, 124 – 144.
Metzger, W., Vom Vorurteil zur Toleranz (Schriftenreihe der Niedersächsischen Landeszentrale für Politische Bildung: Gruppenpsychologische Reihe 1), Hannover 1973.
Meyer, H. L., Das ungelöste Deduktionsproblem in der Curriculumforschung, in: Curriculumrevision – Möglichkeiten und Grenzen, hrsg. v. F. Achtenhagen und H. L. Meyer, München 1971, 106 – 132.
Michel, O., Polemik und Scheidung. Eine biblische und religionsgeschichtliche Studie, in: Judaica 15 (1959) 193 – 212.
Mierke, K., Konzentrationsfähigkeit und Konzentrationsschwäche, Bern – Stuttgart 1957.
Mieth, D., Dichtung, Glaube und Moral. Studien zur Begründung einer normativen Ethik (Tübinger Theologische Studien. Bd. 7, hrsg. v. A. Auer, W. Kasper, H. Küng, M. Seckler), Mainz 1976.
– Theologische Ethik und Religionsunterricht, in: der evangelische erzieher 28 (1976) 202 – 216.
Minz, K.-H., Die Lebensdynamik der göttlichen Dreieinigkeit. Der Beitrag Scheebens für eine heutige Neuorientierung, in: rhs 105 (1981) 49 – 51.
– Versuch einer systematisch-theologischen Begründung der Kategorien „Gott, Bund, Land, Volk, Hoffnung/Zukunft“ aus der Juden und Christen gemeinsamen heilsgeschichtlichen Perspektive, in: G. Biemer u. a., Freiburger Leitlinien zum Lernprozeß Christen Juden. Theologische und didaktische Grundlegung, 67 – 78.
– Die Integralstruktur der Bundeswirklichkeit, in: G. Biemer u. a., Freiburger Leitlinien zum Lernprozeß Christen Juden, 242 – 248.
– Zu einer theologischen Reduktivformel für die religions-didaktische Planung, in: G. Biemer, D. Knab (Hrsg.), Lehrplanarbeit im Prozeß, Freiburg – Basel – Wien 1982, 97 – 100.
– Die Bedeutung einer Reduktivformel für die Strukturierung von Curricula, in: Religionspädagogische Beiträge 12/1983, 46 – 65.
Mirgeler, A., Kirche ohne Prophetie, in: Internationale Katholische Zeitschrift „Communio“ 2 (1973) 321 – 341.
Möller, J., Vielleicht ist alles anders, Mainz 1962.
– Menschsein: Ein Prozeß. Entwurf einer Anthropologie, Düsseldorf 1979.
Modesto, H., Theologie und Lebenshilfe, in: H. Vorgrimler (Hrsg.), Wagnis Theologie. Erfahrungen mit der Theologie Karl Rahners, Freiburg 1979, 451 – 463.
Mollenhauer, K., Theorien zum Erziehungsprozeß, München 1972.
Moltmann, J., Die Kategorie *Novum* in der christlichen Theologie, in: S. Unseld (Hrsg.), Ernst Bloch zu ehren. Beiträge zu seinem Werk, Frankfurt 1965, 243 – 263.
– Theologie der Hoffnung. Untersuchungen zur Begründung und zu den Konsequenzen einer christlichen Eschatologie, München [8]1964 (= BEvTh 38).
– Umkehr zur Zukunft, München und Hamburg 1970 (= Siebenstern TB 154).
– Der gekreuzigte Gott. Das Kreuz Christi als Grund und Kritik christlicher Theologie, München 1972.
– Die ersten Freigelassenen der Schöpfung. Versuche über die Freude an der Freiheit und das Wohlgefallen am Spiel, München [4]1974 (= KT 2).
– Kirche in der Kraft des Geistes. Ein Beitrag zur messianischen Ekklesiologie, München 1975.
Moore, G. F., Judaism in the first centuries of the Christian Era, vol. I, Cambridge 1927.
Morgenthaler, Ch., Sozialisationstheorien in der Religionspädagogik, in: KatBl 102 (1977) 320 – 328.
Mose ben Maimon, Führer der Unschlüssigen. I – II. Übersetzung und Kommentar von A. Weiß, Hamburg 1972.
Mühlen, H., Die Veränderlichkeit Gottes als Horizont einer zukünftigen Christologie. Auf dem Wege zu einer Kreuzestheologie in Auseinandersetzung mit der altkirchlichen Christologie, Münster [2]1976.
Munk, E., Die Welt der Gebete, Basel 1962.

Mußner, F., Christus, das All und die Kirche. Studien zur Theologie des Epheserbriefes, Trier 1955 (= TThSt 5).
– Traktat über die Juden, München 1979.
Mysterium Salutis. Grundriß Heilsgeschichtlicher Dogmatik, hrsg. von J. Feiner und M. Löhrer, Bde. I–V, Einsiedeln–Zürich–Köln 1965–1976.
Mystici Corporis, Enzyklika vom 29. Juni 1943, in: DS 3800–3822.
Navè Levinson, P., Stellungnahme zu den „Freiburger Leitlinien" – insbesondere zum Bundesbegriff, in: G. Biemer u. a., Freiburger Leitlinien zum Lernprozeß Christen Juden. Theologische und didaktische Grundlegung, 236–239.
Néher, A., Die Haltung Israels gegenüber Staat, Land und Volk, in: XXVIII (1976) 55–59.
Neidhart, W., Psychologie des Religionsunterrichts, 2. umgearbeitete Auflage von ‚Psychologie des kirchlichen Unterrichts', Zürich–Stuttgart 1967.
Nestle, D., Neues Testament elementar, Neukirchen-Vluyn 1980.
Neufeld, K. H., „Frühkatholizismus" – Idee und Begriff, in: ZKTh 94 (1972) 1–28.
– Frühkatholizismus Woher? Überlegungen zu einer These, in: ZKTh 96 (1974) 353–384.
– Richtigstellung in Sachen „Frühkatholizismus", in: ZKTh 98 (1976) 440–446.
Neuenzeit, P., Das Herrenmahl. Studien zur paulinischen Eucharistieauffassung, München 1960 (= StANT, Bd. 1).
Neusner, J., The idea of purity in ancient Judaism, Leiden 1973.
– Der Talmud, in: E. Kedourie (Hrsg.), Die jüdische Welt. Frankfurt a. M. 1980.
Newman, J. H., Essay in Aid of a Grammar of Assent, Bd. VII der Ausgewählten Werke von John Henry Kardinal Newman, hrsg. von M. Laros und W. Becker, Mainz 1961.
Nipkow, K. E., Beruf und Person des Lehrers, in: K. E. Nipkow (Hrsg.), Schule und Religionsunterricht im Wandel. Ausgewählte Studien zur Pädagogik und Religionspädagogik, Heidelberg–Düsseldorf 1971, 98–126.
– Das Problem der Elementarisierung der Inhalte des Religionsunterrichts, in: G. Biemer, D. Knab, (Hrsg.), Lehrplanarbeit im Prozeß, Freiburg–Basel–Wien 1982, 73–95.
‚Nostra aetate', Die Erklärung über das Verhältnis der Kirche zu den nichtchristlichen Religionen „Nostra aetate", in: K. Rahner, H. Vorgrimler, Kleines Konzilskompendium.Freiburg–Basel–Wien [6]1969, 355–359.
Oberlinner, L., Todeserwartung und Todesgewißheit Jesu (SBB 10), Stuttgart 1981.
Oeing-Hanhoff, L., Der Mensch – Natur oder Geschichte?, in: Naturgesetz und christliche Ethik (Münchener Akademie-Schriften 55) München 1970, 13–47.
Oerter, R., Was sind Emotionen? Sozialwissenschaftliche Erklärungsversuche und Befunde, in: R. Oerter, E. Weber (Hrsg.), Der Aspekt des Emotionalen in Unterricht und Erziehung, 1975, 15–68.
– /Weber, E., (Hrsg.), Der Aspekt des Emotionalen in Unterricht und Erziehung, Donauwörth 1975.
Oesterreicher, J., Unter dem Bogen des Einen Bundes – Das Volk Gottes: Seine Zweigestalt und Einheit, in: Theologische Berichte 3, Zürich 1974, 27–69.
Österreichisches Pastoralinstitut (Hrsg.), Die Christen und das Judentum (Texte der Pastoralkommission Österreichs), Wien 1982.
Olszowi, E., Menschenbild und Struktur der TZI, in: Gruppenpsychotherapie und Gruppendynamik 10 (1976) 78–116.
Oser, F., Erziehung zur Meditation, in: A. Biesinger (Hrsg.), Meditation im Religionsunterricht, Düsseldorf 1981, 106–122.
Osten-Sacken, P., von der, Gründzüge einer Theologie im christlich-jüdischen Gespräch (Abhandlungen ... 12), München 1982.
Paul E., Das Ende einer theorielosen Religionspädagogik, in: G. Stachel, W. G. Esser (Hrsg.), Was ist Religionspädagogik?, Zürich–Einsiedeln–Köln 1971, 9–31.
Paul, G./Schoßig, B. (Hrsg.), Jugend und Neofaschismus, Frankfurt 1979.
Paus, A., (Hrsg.), Suche nach Sinn, Suche nach Gott. Vorlesungen der Salzburger Hochschulwochen 1977, Graz 1978.
Pawlikowski, J., What are they saying about Christian-Jewish Relations? New York (Paulist Press) 1980.
– Christ in the light of the Christian-Jewish dialogue, New York/Ramsey 1982.

– Sinai and Calvary. A Meating of Two Peoples, Beverly Hills, Ca. 1976.
Pesch, R., Das Markusevangelium, HThKNT II/1, Freiburg–Basel–Wien 1976.
Philonis Alexandrini opera quae supersunt, vol. I–VII, ed. L. Cohn, Berlin 1896.
Popp, W., Synthesen zur Didaktik, in: W. Popp (Hrsg.), Kommunikative Didaktik. Soziale Dimension des didaktischen Feldes, Weinheim u. a. 1976, 275–279.
Post, W., Artikel ‚Hoffnung', in: Handbuch philosophischer Grundbegriffe, Studienausgabe Bd. 3, München 1973, 692–700.
Priesemann, G., Nachwort des Hrsg., in: J. S. Bruner, Entwurf einer Unterrichtstheorie (Sprache und Lernen, Internationale Studien zur pädagogischen Anthropologie. Hrsg. v. W. Loch, H. Paschen, G. Priesemann Bd. 5) Berlin–Düsseldorf 1974, 165–170.
Protzner, W., Zur Medientheorie des Unterrichts, Bad Heilbrunn/Obb. 1977.
Przywara, E., Der Grundsatz: ‚Gratia non destruit, sed supponit et perficit naturam', in: Schol. 17 (1942) 178–186.
Rad, G., v., Theologie des Alten Testaments I, München [3]1961/[7]1978.
– Weisheit in Israel, Neukirchen 1970.
– Theologie des Alten Testaments, Bd. 2, München [6]1975.
Rahmenplan für die Glaubensunterweisung mit Plänen für das 1.–10. Schuljahr, hrsg. von den Katholischen Bischöfen Deutschlands durch den Deutschen Katecheten-Verein, München 1967 mit Katechetischen Beiheften für das 5.–9. (10.) Schuljahr, 5 Bde., hrsg. vom Deutschen Katecheten-Verein München 1968.
Rahner, K., Das Dynamische in der Kirche, Freiburg 1958 (= QD 5).
– Würde und Freiheit des Menschen, in: Schriften zur Theologie, Bd. II, Einsiedeln–Zürich–Köln 1964, 247–277.
– Über die Einheit von Nächsten- und Gottesliebe, in: Schriften zur Theologie Bd. VI, Einsiedeln–Zürich–Köln 1965, 277–298.
– Grundentwurf einer theologischen Anthropologie, in: Handbuch der Pastoraltheologie. Praktische Theologie der Kirche in ihrer Gegenwart. Bd. II/1, hrsg. v. F. X. Arnold, K. Rahner, V. Schnurr, L. M. Weber, Freiburg–Basel–Wien 1966, 20–38.
– Zur Theologie der Menschwerdung, in: K. Rahner, Schriften zur Theologie. Bd. IV, Neuere Schriften, Einsiedeln–Zürich–Köln [5]1967, 137–155.
– Zur Theologie der Hoffnung, in: K. Rahner, Schriften zur Theologie, Bd. VIII, Einsiedeln–Zürich–Köln 1967, 561–579.
– Über die theologische Problematik der „Neuen Erde", in: K. Rahner, Schriften zur Theologie, Bd. VIII, Einsiedeln–Zürich–Köln 1967, 580–592.
– Immanente und transzendente Vollendung der Welt, in: K. Rahner, Schriften zur Theologie, Bd. VIII, Einsiedeln–Zürich–Köln 1967, 593–612.
– Artikel ‚Eschatologie', in: Sacramentum mundi, Bd. 1, Freiburg 1967, 1183–1191.
– Der dreifaltige Gott als transzendenter Urgrund der Heilsgeschichte, in: MySal II, 317–401.
– Natur und Gnade, in: K. Rahner, Schriften zur Theologie, Bd. IV, Neuere Schriften, Einsiedeln–Zürich–Köln [5]1967, 209–236.
– Art. ‚Anthropologie', in: Sacramentum mundi, Bd. 1, Freiburg 1967, 176–186.
– Weltgeschichte und Heilsgeschichte, in: K. Rahner, Schriften zur Theologie, Bd. V, Zürich–Einsiedeln–Köln [3]1968, 115–135.
– Die Christologie innerhalb einer evolutiven Weltanschauung, in: K. Rahner, Schriften zur Theologie, Bd. V, Zürich–Einsiedeln–Köln [3]1968, 183–221.
– /Vorgrimler, B., Kleines Konzilskompendium. Alle Konstitutionen, Dekrete und Erklärungen des Zweiten Vaticanums in der bischöflich genehmigten Übersetzung, Freiburg–Basel–Wien, [6]1969.
– Reflexionen zur Problematik einer Kurzformel des Glaubens, in: K. Rahner, Schriften zur Theologie, Bd. IX, Einsiedeln–Zürich–Köln 1970, 242–256.
– Die gesellschaftskritische Funktion der Kirche, in: K. Rahner, Schriften zur Theologie, Bd. IX, Einsiedeln–Zürich–Köln 1970, 569–590.
– Prolixitas mortis, in: MySal V, 466–472.
– Das Sterben vom Tod her gesehen, in: MySal V, 473–493.
– u.a. (Hrsg.), Befreiende Theologie. Der Beitrag Lateinamerikas zur Theologie der Gegenwart, Stuttgart 1977.

– Marxistische Utopie und christliche Zukunft des Menschen, in: K. Rahner, Schriften zur Theologie, Bd. VI, Neuere Schriften, Einsiedeln – Zürich – Köln 1960, 77 – 88.
Ratzinger, J., Einführung in das Christentum, München [6]1968.
– Kirche als Ort des Dienstes am Glauben, in: J. Ratzinger, Dogma und Verkündigung, München – Freiburg 1973, 255 – 262.
– Auferstehung und ewiges Leben, in: J. Ratzinger, Dogma und Verkündigung, 301 – 314.
– Der Weltdienst der Kirche. Auswirkungen von „Gaudium et spes" im letzten Jahrzehnt, in: Internationale Katholische Zeitschrift „Communio" 4 (1975) 439 – 454.
– Zwischen Tod und Auferstehung, in: Internationale Katholische Zeitschrift „Communio" 9 (1980) 209 – 223.
– Herkunft und Sinn der Civitas-Lehre Augustins. Begegnung und Auseinandersetzung mit Wilhelm Kamlah, in: AugM Bd. 2, 1954, 965 – 979.
Reifenarth, B. H., Anmerkungen zur Struktur der Religionspraxis, in: Pädagogische Rundschau 34 (1980) 275 – 290.
Rendtorff, R., Tora, in: Religion in Geschichte und Gegenwart (RGG) Bd. 6, Tübingen 1962, Sp. 950f.
Reymond, Ph., Bibliographie zu „Gaudium et spes", in: F. Böckle u. a., Kirche im Umbruch der Gesellschaft, Freiburg/Schw. 1970, 106 – 119.
Riedel, H., Allgemeine Didaktik und unterrichtliche Praxis, München 1977.
Ringgren, H., Word and Wisdom, Lund 1947.
Robinsohn, S. B., Ein Strukturkonzept für Curriculumententwicklung, in: F. Achtenhagen u. H. L. Meyer (Hrsg.), Curriculumrevision – Möglichkeiten und Grenzen, München 1971, 57 – 74.
– Bildungsreform als Revision des Curriculum, Neuwied [5]1971.
Rombach, H., Anthropologie des Lernens, in: Der Lernprozeß Anthropologie, Psychologie, Biologie des Lernens, hrsg. vom Willmann-Institut, Freiburg – Basel – Wien 1969, 3 – 46.
Roos, K., Wie können wir besser miteinander sprechen? Praktische Anregungen aus der „Themenzentrierten Interaktion", in: KatBl 106 (1981) 689 – 695.
Rosenthal, G. S., The many Faces of Judaism, New York 1978.
Rosenzweig, F., „Der Ewige". Mendelssohn und der Gottesname, in: Kleinere Schriften. Berlin 1937.
– Der Stern der Erlösung, Haag [4]1976 (= Franz Rosenzweig, Gesammelte Schriften II).
Roth, H. (Hrsg.), Begabung und Lernen, in: Deutscher Bildungsrat, Gutachten und Studien der Bildungskommission Bd. 4, Stuttgart 1970.
– Pädagogische Anthropologie, Bd. II: Entwicklung und Erziehung, Hannover 1971.
– Pädagogische Psychologie des Lehrens und Lernens, Hannover [15]1976.
Rudolph, K., Die Gnosis. Wesen und Geschichte einer spätantiken Religion, Göttingen 1978.
Ruether, R., Nächstenliebe und Brudermord, München 1978.
Rufeisen, D., Experiment Judenchristentum, Hoffnung für die Weltkirche, in: Entschluß. Zeitschrift der Jesuiten 36 (1981) 14 – 16.
Ruh, U., Säkularisierung als Interpretationskategorie. Zur Bedeutung des christlichen Erbes in der modernen Geistesgeschichte, Freiburg – Basel – Wien 1980 (= FThSt 119).
Rumpf, H., Zweifel am Monopol des zweckrationalen Unterrichtskonzepts, in: Neue Sammlung, 11, 1971, 401.
Ruprecht, H., Modelle grundlegender didaktischer Theorien, in: H. Ruprecht, H.-K. Beckmann, F. v. Cube, W. Schulz, Modelle grundlegender didaktischer Theorien. Hannover u.a. [3]1976, 9 – 72.
Safrai, S., Das jüdische Volk im Zeitalter des zweiten Tempels, Neukirchen 1978.
Sallen, H. A., Zum Antisemitismus in der Bundesrepublik Deutschland. Konzepte, Methoden und Ergebnisse der empirischen Antisemitismusforschung, Frankfurt 1977.
Schäfer, P., Die Vorstellung vom Hl. Geist in der rabbinischen Literatur, München 1972.
– Die tora der messianischen Zeit, in: ZNW 65 (1974) 27 – 42.
– Geschichte der Juden in der Antike, Stuttgart/Neunkirchen 1983.
Schaeffler, A., Art. Sinn, in: Handbuch Philosophischer Grundbegriffe, Bd. 3, hrsg. v. H. Krings, H. M. Baumgartner, Ch. Wild, München 1974, 1325 – 1341.
Schechter, S., Aspects of Rabbinic Theology, New York [5]1975.

Scheeben, M. J., Die Mysterien des Christentums. Wesen, Bedeutung und Zusammenhang derselben nach der in ihrem übernatürlichen Charakter gegebenen Perspektive dargestellt. Ausgabe letzter Hand, hrsg. v. J. Höfer, Freiburg–Basel–Wien ^{3}1958 (= Gesammelte Schriften, Bd. II).
– Handbuch der katholischen Dogmatik, 3. u. 4. Buch, hrsg. v. W. Breuning u. F. Lakner (= Gesammelte Schriften, Bd. V), Freiburg–Basel–Wien ^{3}1961.
Scheffczyk, L., Schöpfung und Vorsehung, Freiburg–Basel–Wien 1963 (= HDG, Bd. II, Faszikel 2 a).
– (Hrsg.), Der Mensch als Bild Gottes (Wege der Forschung, Bd. 124) Darmstadt 1969.
– (Hrsg.), Erlösung und Emanzipation (QD 61) Freiburg–Basel–Wien 1973.
Schillebeeckx, E., Kirche und Menschheit, in: Conc(D) 1 (1965) 29–41.
– Gott, Kirche, Welt, (= Gesammelte Schriften, Bd. 2) Mainz 1971.
– Jesus. Die Geschichte von einem Lebenden, Freiburg–Basel–Wien ^{3}1975.
– Christus und die Christen. Die Geschichte einer neuen Lebenspraxis, Freiburg–Basel–Wien 1977.
– Menschliche Erfahrung und Glaube an Jesus Christus. Eine Rechenschaft, Freiburg–Basel–Wien 1979.
Schlatter, A., Die Theologie des Judentums nach dem Bericht des Josephus, 1932 (NA Hildesheim 1970).
Schleiermacher, F., Über die Religion, Reden an die Gebildeten unter ihren Verächtern, hrsg. v. R. Otto, Göttingen ^{6}1967.
Schlier, H., Die Kirche nach dem Briefe an die Epheser, in: H. Schlier, Die Zeit der Kirche. Exegetische Aufsätze und Vorträge, Freiburg–Basel–Wien ^{4}1966, 159–186.
– Das bleibend Katholische. Ein Versuch über ein Prinzip des Katholischen, in: H. Schlier, Das Ende der Zeit. Exegetische Aufsätze und Vorträge III, Freiburg–Basel–Wien 1971, 297–320.
Schmid, H. H., Gerechtigkeit als Weltordnung, Tübingen 1968.
Schmidt, W. H., Alttestamentlicher Glaube in seiner Geschichte, Neukirchen^{3}1979.
Schmitz-Moormann, K., Die Erbsünde. Überholte Vorstellung, bleibender Glaube, Olten und Freiburg 1969.
Schmucker, J., Das Problem der Kontingenz der Welt. Versuch einer positiven Aufarbeitung der Kritik Kants am kosmologischen Argument, Freiburg–Basel–Wien 1969 (= QD 43).
Schnackenburg, R., Das Heilsgeschehen bei der Taufe nach dem Apostel Paulus. Eine Studie zur paulinischen Theologie, München 1950 (= MThS. H 1).
– (Hrsg.), Zukunft. Zur Eschatologie bei Juden und Christen. Mit Beiträgen von I. Fetscher u. a. (= Schriften der Katholischen Akademie Bayern, Bd. 98), Düsseldorf 1980.
Schnitzer, A., Medienspezifische Grundfragen und Ansätze, in: A. Schnitzer (Hrsg.), Medien im Unterricht, München 1977.
Schoeps, H. J., Das Judenchristentum. Untersuchungen über Gruppenbildungen und Parteikämpfe in der frühen Christenheit, Bern und München 1964 (= Dalp-Taschenbücher, Bd. 376).
Scholem, G., Zur Kabbala und ihrer Symbolik, Zürich 1960.
– Von der mystischen Gestalt der Gottheit. Studien zu Grundbegriffen der Kabbala, Zürich 1962.
– Judaica III. Studien zur jüdischen Mystik. Frankfurt 1973.
Schoon, S./Kremers, H., Nes Ammim. Ein christliches Experiment in Israel, Neukirchen–Vluyn 1978.
Schoonenberg, P., Der Mensch in der Sünde, in: MySal II, 845–941.
– Bund und Schöpfung, Zürich–Einsiedeln–Köln 1970.
Schubert, K., Die Kultur der Juden, Teil 1, Wiesbaden 1977.
– Die jüdisch-christliche Ökumene – Reflexionen zu Grundlagen des christlich-jüdischen Dialogs, in: Kairos 22 (1980) 1–33.
Schürer, E., The History of the Jewish People in the age of Jesus Christ, vol. I/II, Edinburgh 1973/1979 (revised edition).
Schürmann, H., Wie hat Jesus seinen Tod bestanden und verstanden? Eine methodenkritische Besinnung, in: Orientierung an Jesus. Zur Theologie der Synoptiker, Festschrift für

J. Schmid, hrsg. v. P. Hoffmann in Zusammenarbeit mit N. Brox und W. Pesch, Freiburg–Basel–Wien 1973, 325–363.
Schüßler, R., Der Zusammenhang von kognitivem und affektivem Lernen als mediendidaktisches Problem – aufgezeigt am Beispiel der Darstellung des Judentums in Schulbüchern für den politischen Unterricht –, in: Tribüne, Zeitschrift zum Verständnis des Judentums 19 (1980) 70–79.
Schütz, E., Wilhelm von Humboldt – Staat und Erziehung, in: Vierteljahresschrift für wissenschaftliche Pädagogik 54 (1978) 506–520.
– Prolegomena zu einer „existentialkritischen" Pädagogik, in: Vierteljahresschrift für wissenschaftliche Pädagogik 55 (1979) 455–464.
– Einige Überlegungen zu einer existential-phänomenologisch (lebensweltlich) orientierten Didaktik und Curriculumarbeit, in: G. Biemer u. a., Freiburger Leitlinien zum Lernprozeß Christen Juden, 158–167.
– Glaube und Menschsein. Zur elementar-anthropologischen Grundlegung der Religionspädagogik, in: G. Biemer/D. Knab (Hrsg.), Lehrplanarbeit im Prozeß,19–26.
Schulin, E., Die spanischen und portugiesischen Juden im 15. und 16. Jahrhundert. Eine Minderheit zwischen Integrationszwang und Verdrängung, in: B. Martin, E. Schulin (Hrsg.), Die Juden als Minderheit in der Geschichte, München 1981, 85–109.
Schultze, H., (Hrsg.), Unterrichtsmedien im Religionsunterricht, Gütersloh 1979.
Schulz, A., Nachfolgen und Nachahmen, München 1962 (= STANT 6).
Schulz, W., Unterricht-Analyse und Planung, in: P. Heimann, G. Otto, W. Schulz, Unterricht-Analyse und Planung (Auswahlreihe 8. Bd. 1/2) Hannover [10]1979, 13–47.
– Unterrichtsplanung, München u. a. 1980.
Schweizer, E., Das Evangelium nach Matthäus (NTD 2), Göttingen 1973.
Seigfried, A., Das Neue Sein. Der Zentralbegriff der ‚ontologischen' Theologie Paul Tillichs in katholischer Sicht, München 1974 (= BÖT 10).
Sellin, E./Fohrer, G., Einleitung in das AT, Heidelberg [12]1979.
Semmelroth, O., Die Kirche als Ursakrament, Frankfurt 1953.
– Die Kirche als Sakrament des Heiles, in: MySal IV/1, 309–356.
Sidur Sefat Emet (Gebetbuch). Mit deutscher Übersetzung von S. Bamberger, Basel 1967.
Silbermann, A., Sind wir Antisemiten? Ausmaß und Wirkung eines sozialen Vorurteils in der Bundesrepublik Deutschland, Köln 1982.
Skinner, B. F., Science and Human Behaviour, New York 1953.
Skowronek, H., Art. Motivation, in: Wörterb. d. Erziehung. München–Zürich [2]1976, 427–430.
Soden, W., von, Jahwe. „Er ist, Er erweist sich", in: Welt des Orients 3, 1966.
Sorge, H., Didaktische Skizze mit einer Projektidee zum Thema Juden–Christen–Israel. Ein Gespräch, Stuttgart 1978, 105–124.
Spaemann, R., Autonomie, Mündigkeit, Emanzipation, in: Kontexte 7, Stuttgart–Berlin 1971, 94–102.
Speck, J., K. Rahners theologische Anthropologie. Eine Einführung, München 1967.
Sperber, H., Beitrag zur Wesensbestimmung der Didaktik, in: Welt der Schule, 1960.
Spero, S., Orthodox Judaism, in: B. Martin (Hrsg.), Movements and issues in American Judaism, Westport/Con. 1978, 83–102.
Stachel, G., Lifeline – ein englisches Programm zum Unterricht über Lebensfragen, in: KatBl 99 (1974) 571–587.
– Religionspädagogik des Gebetes und der Meditation. Klemens Tilmann zum siebzigsten Geburtstag, in: Handbuch der Religionspädagogik Bd. 3, hrsg. v. E. Feifel, R. Leuenberger, G. Stachel, K. Wegenast, Zürich–Einsiedeln–Köln 1975, 178–192.
– /Mieth, D., Ethisch handeln lernen. Zürich u. a. 1979.
Staudigl, G., Medien, in: F. Weidmann (Hrsg.), Didaktik des Religionsunterrichts, Donauwörth 1979, 155–157.
Stenzel, A., Rezension von: L. Scheffczyk, Schöpfung und Vorsehung, Freiburg 1963, in: Schol. 39 (1964) 308–309.
Stöhr, M. (Hrsg.), Jüdische Existenz und die Erneuerung der christlichen Theologie. Versuch der Bilanz des christlich-jüdischen Dialogs für die Systematische Theologie (Abhandlungen zum christlich-jüdischen Dialog 11), München 1981.

Strack, H. L., Einleitung in Talmud und Midrasch, München [6]1976.
– /Billerbeck, P., Kommentar zum Neuen Testament aus Talmud und Midrasch, Bd. 4, München 1928.
Straka, G. A./Macke, G., Lehren und Lernen in der Schule, Stuttgart–Berlin–Köln–Mainz 1979.
Suchmann, J. R., Learning through inquiry, in: Childhood education 41 (1965) 289–291.
Thoma, C. (Hrsg.), Auf den Trümmern des Tempels. Land und Bund Israels im Dialog zwischen Christen und Juden, Wien 1968.
– Christliche Theologie des Judentums, Aschaffenburg 1978 (= CiW 6. Ser., Bd. 4a/b).
– Die theologischen Beziehungen zwischen Christentum und Judentum, Darmstadt 1982.
Thüsing, W., Per Christtum in Deum. Studien zum Verhältnis von Christozentrik und Theozentrik in den paulinischen Hauptbriefen, Münster [2]1969 (= NTA, NF 1).
Tillich, P., Nichtkirchliche Religionen, Ges. Werke V, Stuttgart 1964.
Treml, A. L., Logik der Lernzielbegründung. Umrisse einer Theorie der Legitimation pädagogischer Normen. Maschinenschriftliche Dissertation, Tübingen 1976.
Trutwin, W./Wischmann, G., Juden und Christen (= Theologisches Forum 7. Texte), Düsseldorf [7]1979.
– /Breuning, K., Wege des Glaubens. Unterrichtsmodell für den katholischen Religionsunterricht der Jahrgangsstufen 7/8 (Grundfassung), Düsseldorf 1981.
Tschirsch, R., Gott für Kinder. Gütersloh 1974.
Tulodziecki, G., Analyse und Beurteilung von fremdproduzierten Unterrichtsmedien als Grundlage ihrer Verwendung in Lehr- und Lernprozessen, in: Die Deutsche Schule 1975, 272–279.
Uhde, B. (Hrsg.), Judentum im Religionsunterricht Sekundarstufe II. Einführung, Texte, Unterrichtsmodelle, Arbeitsmaterial. Autoren: F. Böhl, P. Schmitz, B. Uhde, München 1978.
– Zum Verständnis von „Bund" (berith) im rabbinischen Judentum, in: G. Biemer u. a., Freiburger Leitlinien zum Lernprozeß Christen Juden 248–256.
Urbach, E. E., The Sages. Their Concepts and Beliefs. I–II. Translated from the Hebrew by I. Abrahams, Jerusalem 1975.
Valeske, U., Votum Ecclesiae. I. Teil, Das Ringen um die Kirche in der neueren römisch-katholischen Theologie. Dargestellt auf dem Hintergrund der evangelischen und ökumenischen Parallel-Entwicklung. II. Teil, Interkonfessionelle ekklesiologische Bibliographie, München 1962.
Vergote, A., Religionspsychologie, Olten–Freiburg i.B. 1970.
‚Über das Verhältnis der Kirche zum Judentum': siehe oben ‚Deutsche Bischofskonferenz'.
Vilmar, F., Welt als Laboratorium Salutis. Zur Aufhebung von Transzendenz und Immanenz in der Philosophie Ernst Blochs, in: S. Unseld (Hrsg.), Ernst Bloch zu ehren. 121–134.
Vögtle, A., Hat sich Jesus als Heilsmittler geoffenbart?, in: BiKi 34 (1979) 4–11.
– Das Vaterunser – ein Gebet für Juden und Christen?, in: Das Vaterunser a.a.O. 165–195.
– Was ist Frieden? Orientierungshilfen aus dem NT, Freiburg 1983.
Vopel, K. W., Zur Theorie der themenzentrierten interaktionellen Methode, in: B. Genser u. a. (Hrsg.), Lernen in der Gruppe. Theorie und Praxis der themenzentrierten interaktionellen Methode, Hamburg 1972.
Wagner, H., Zum Problem des Frühkatholizismus, in: ZKTh 94 (1972) 433–444.
– Noch einmal: Frühkatholizismus, in: ZKTh 98 (1976) 52–64.
Wahle, H., Das gemeinsame Erbe. Judentum und Christentum, Innsbruck 1980.
Waxmann, M., A history of Jewish Literature, vol. I, London 1960.
Weber, E., Emotionalität und Erziehung. (Ein pädagogischer Orientierungsversuch), in: R. Oerter, E. Weber (Hrsg.), Der Aspekt des Emotionalen 69–125.
Weber, O., Das biblisch-theologische Menschenbild und seine Bedeutung für die Erziehung: Der Mensch in Theologie und Pädagogik. Pädagogische Forschungen. Veröffentlichungen des Comenius-Instituts. Heidelberg [2]1962.
Weidmann, F., Das Religionsbuch, in: F. Weidmann (Hrsg.), Didaktik des Religionsunterrichts, Donauwörth 1979, 176 f.
Weizsäcker, C. F., von, Information und Imagination, München 1973.
Welte, B., Über das Böse (QD 6), Freiburg–Basel–Wien 1959.

– Miteinander-Sein und Transzendenz, in: Auf der Spur des Ewigen, Freiburg 1965, 74–82.
– Auf der Spur des Ewigen, Freiburg–Basel–Wien 1965.
– Zeit und Geheimnis. Philosophische Abhandlungen zur Sache Gottes in der Welt, Freiburg 1975.
– Die Würde des Menschen und die Religion, Frankfurt a.M. 1977.
– Religionsphilosophie, Freiburg–Basel–Wien 1978.
– Meister Eckhart. Gedanken zu seinen Gedanken, Freiburg–Basel–Wien 1979.
– Zur Idee einer humanen Bildung aus christlichem Geist. Unveröffentlichtes Manuskript, Freiburg, März 1981.
Weniger, E., Didaktik als Bildungslehre. Teil 1: Die Theorie der Bildungsinhalte und des Lehrplans, Weinheim 6–8/1956; Teil 2: Didaktische Voraussetzungen der Methode in der Schule [3]1960.
Werblowsky, R. J. Z., Jüdische Mystik, in: E. Kedourie (Hrsg.), Die jüdische Welt, Frankfurt/M. 1980, 225–231.
– Trennendes und Gemeinsames, in: Handreichung Nr. 39 der Evangelischen Kirche im Rheinland: Zur Erneuerung des Verhältnisses von Christen und Juden, 1980, 29–43.
Westphalen, K., Praxisnahe Curriculumentwicklung, Donauwörth 1977.
Whitelam, K. W., The just King, Sheffield 1969.
Wilhelm, Th., Theorie der Schule, Hauptschule und Gymnasium im Zeitalter der Wissenschaften, neubearbeitete und erweiterte Auflage, Stuttgart 1967.
Willi, T., Tora in den biblischen Chronikbüchern, in: Judaica 36 (1980) 102–105 und 148–151.
Willig, I., Geschaffene und ungeschaffene Gnade. Bibeltheologische Fundierung und systematische Erörterung, Münster 1964 (= MBTh 27).
Wirth, W., Audiovisuelle Medien zur Darstellung des Judentums im christlichen Religionsunterricht, in: H. Jochum, H. Kremers (Hrsg.), Juden, Judentum und Staat Israel im christlichen Religionsunterricht in der Bundesrepublik Deutschland, 188–191.
Wittstock, A., Toraliebe im jüdischen Volk. Theologische Grundlegung und Ausarbeitung einer Unterrichtsreihe für Sekundarstufe II, Berlin 1981 (= Das Judentum. Abhandlungen und Entwürfe für Studium und Unterricht, Bd. 2).
Woelber, H. O., Religion ohne Entscheidung, Göttingen [2]1960.
Wolf, H. E., Zur Problemsituation der Vorurteilsforschung, in: Handbuch der empirischen Sozialforschung, hrsg. v. R. König, Bd. 12, 2. völlig neubearbeitete Auflage, Stuttgart 1978, 102–191.
Wolff, H. W., Dodekapropheton I: Hosea (= BKAT XIV/1), Neukirchen [3]1976.
Wolfson, H. A., Philo. Foundations of Religious Philosophy in Judaism, Christianity, and Islam. I–II. Cambridge/Massachusetts [4]1968.
Würthwein, E., Der Text des AT, Stuttgart [4]1973.
Wulf, F., Das Mysterium der Armut Christi in der Welt von heute, in: GuL 36 (1963) 128–133.
Wulf, Th., Heuristische Lernziele – Verhaltensziele, in: S. B. Robinsohn (Hrsg.), Curriculumentwicklung in der Diskussion, Düsseldorf–Stuttgart 1972, 36–45.
Zeller, D., Die weisheitlichen Mahnsprüche bei den Synoptikern, Würzburg 1977 (fzb 17) 117–120 (Lit.).
– God as Father in the Proclamation and in the Prayer of Jesus, in: A. Finkel, L. Frizzell (Hrsg.), Standing before God (FS für J. M. Oesterreicher), New York 1981, 117–129.
Zenger, E., Die Sinaitheophanie, Würzburg 1971 (fzb 3).
Ziechmann, J., Curriculum-Diskussion und Unterrichtspraxis. Ein Beitrag zum Lerngruppenorientierten Unterricht in der Schule. Stuttgart–Berlin–Köln–Mainz 1979.
Zionismus. Befreiungsbewegung des jüdischen Volkes, Berlin 1977 (= Veröffentlichungen aus dem Institut Kirche und Judentum bei der Kirchlichen Hochschule Berlin, Heft 5).
Zmarzlik, H.-G., Antisemitismus im Deutschen Kaiserreich 1871–1914, in: B. Martin, E. Schulin (Hrsg.), Die Juden als Minderheit in der Geschichte, München 1981, 249–270.
Zunz, L., (Übers.), Die vierundzwanzig Bücher der Heiligen Schrift, Basel o. J.

7. Dokumenten-Verzeichnis

(Diese Dokumente sind enthalten im Band 4 der Reihe „Lernprozeß Christen Juden“)

I. Judesein – religiös, historisch, politisch

I, 1: J. Czech u.a., Judentum, Frankfurt/München 1978.
I, 2: H. Jendges, Israel. Eine politische Landeskunde (Schriften der Bundeszentrale für politische Bildung), Bonn 1971.
I, 3: L. Trepp, Das Judentum. Geschichte und lebendige Gegenwart (rde 325/6), Reinbek bei Hamburg 1969.
I, 4: = I, 3.
I, 5: = I, 2.
I, 6: S. N. Eisenstadt, Die israelische Gesellschaft, Stuttgart 1973.
I, 7: J. Streller, Philosophisches Wörterbuch, Stuttgart 1955.
I, 8: C. Levi-Strauss, Rasse und Geschichte, Frankfurt 1972.
I, 9: Meyers Enzyklopädisches Lexikon, 9. Auflage, Bd. 19, Mannheim/Wien/Zürich, 1977.
I, 10: = I, 9.
I, 11: Kleines Stuttgarter Bibel-Lexikon, Stuttgart 1969.
I, 12: H.-J. Gamm, Pädagogische Studien zum Problem der Judenfeindschaft. Ein Beitrag zur Vorurteilsforschung, Neuwied-Berlin 1966.
I, 13: C. Thoma, Christliche Theologie des Judentums (Der Christ in der Welt, VI. 4a/b), Aschaffenburg 1978.
I, 14: A. Bein, Die Judenfrage. Biographie eines Weltproblems, Bd. I, Stuttgart 1980.
I, 15: E. Düring, Die Judenfrage als Racen-, Sitten- und Culturfrage. Mit einer weltgeschichtlichen Antwort, Karlsruhe und Leipzig 1881, zitiert in: Vorurteile gegen Minderheiten-Antisemitismus (Arbeitstexte für den Unterricht), hrsg. von H.-G. Oomen und H.-D. Schmid, Stuttgart 1978, 81-93.
I, 16: A. Hitler, Mein Kampf. 137–138. Auflage, München 1935, dazu Röm 9, 4.5.
I, 17: = I, 14.
I, 18: J. Joffo, Ein Sack voll Murmeln. Roman, Ullstein Tb. 20007.
I, 19: M. Wurmbrand/C. Roth, Das Volk der Juden, Dreieich 1980.
I, 20: W. Hofer (Hrsg.), Der Nationalsozialismus. Dokumente 1933–1945, Frankfurt a.M. 1957.
I, 21: F. Hahn, Lieber Stürmer. Leserbriefe an das NS-Kampfblatt 1924 bis 1945, Stuttgart 1978.

II. Bundesschluß/Bundesschlüsse und ihre Erneuerungen

II, 1: A. Bygott, Wege Israels. Ein Modell für den Religionsunterricht in den Klassen 9–11 (Das Judentum. Abhandlungen und Entwürfe für Studium und Unterricht, Bd. 3); Selbstverlag Institut Kirche und Judentum, Berlin 1981.
II, 2: P. Navè, Höre Israel – Talmudische und liturgische Traditionen über Dt 6, 4–9; 11, 13–21; Nm 15, 37–41, in: Das Vaterunser, Gemeinsames im Beten von Juden und Christen, hrsg. von M. Brocke, J. J. Petuchowski, W. Strolz, Freiburg–Basel–Wien 1974, 56–76.

II, 3: = II, 2.

II, 4: = II, 2.

II, 5: A. J. Heschel, Gott sucht den Menschen. Eine Philosophie des Judentums (Information Judentum, hrsg. von Y. Aschkenasy, E. L. Ehrlich, H. Kremers. Bd. 2), Neukirchen-Vluyn 1980.

II, 6: G. Fohrer, Glaube und Leben im Judentum, Heidelberg 1979.

II, 7: = II, 5.

II, 8: K.-H. Minz, JHWH, Der Gott Israels von Ägypten her. Thesen nach W. Zimmerli, Grundriß der alttestamentlichen Theologie, Stuttgart – Berlin – Köln – Mainz 1972, 16 – 19.

II, 9: A. Deissler, Die Grundbotschaft des Alten Testaments. Ein theologischer Durchblick, Freiburg – Basel – Wien 1972.

II, 10: Sidur Sefat Emet. Mit deutscher Übersetzung von S. Bamberger, Basel 1967.

II, 11: Die Peßach-Hagada. Erzählung von dem Auszuge Israels aus Ägypten – an den beiden ersten Peßach-Abenden. Übersetzt von W. Heidenheim, Basel 1981.

II, 12: R. R. Geis, Vom unbekannten Judentum (Herderbücherei 102), Freiburg 1961.

II, 13: 1 Kor 11, 25; Lk 22, 20.

II, 14: P. Fiedler, Erläuterung des Verhältnismodells „Alter Bund – Neuer Bund“, in: G. Biemer u.a., Freiburger Leitlinien zum Lernprozeß Christen Juden, Düsseldorf 1981, 42 – 44.

II, 15: K.-H. Minz, Die Integralstruktur der Bundeswirklichkeit = G. Biemer: s. II, 14, 242 – 248.

II, 16: P. Navè Levinson, Stellungnahme zu den „Freiburger Leitlinien“ – insbesondere zum Bundesbegriff = G. Biemer: s. II, 14, 236 – 239.

II, 17: M. Friedländer, Die jüdische Religion, Basel 1971 (= Frankfurt 1936).

II, 18: S. Talmon, Eschatologie und Geschichte im biblischen Judentum, in: R. Schnakkenburg (Hrsg.), Zukunft. Zur Eschatologie bei Juden und Christen (Schriften der katholischen Akademie in Bayern, hrsg. von F. Henrich, Bd. 98), Düsseldorf 1980, 13-50.

III. Tora als Zeichen des Bundes

III, 1: H.-J. Gamm, Das Judentum. Eine Einführung, Frankfurt/New York ^{2}1981.

III, 2: = II, 1.

III, 3: = II, 5.

III, 4: B. Feininger, Das Judentum unter der Weisung Gottes, in: G. Biemer u.a., Was Juden und Judentum für Christen bedeuten (Lernprozeß Christen Juden, 3), Freiburg 1983, 237 – 266.

III, 5: = II, 1.

III, 6: Der Talmud. Ausgewählt, übersetzt und erklärt von R. Mayer, München ^{5}1980.

III, 7: A. Wittstock, Toraliebe im jüdischen Volk. Theologische Grundlegung und Ausarbeitung einer Unterrichtsreihe für Sekundarstufe II (Das Judentum. Abhandlungen und Entwürfe für Studium und Unterricht, Bd. 2), Berlin 1981.

III, 8: = III, 6.

III, 9: = III, 6.

III, 10: = II, 5.

III, 11: = II, 5.

III, 12: = III, 6.

III, 13: = I, 3.

III, 14: = III, 6.

III, 15: = II, 1.

III, 16: E. L. Ehrlich, Zur Geschichte der Pharisäer = G. Biemer: s. II, 14, 265 – 277.

III, 17: M. Buber, Der Jude und das Judentum. Gesammelte Aufsätze und Reden, Köln 1963.

III, 18: = II, 5.

III, 19: = II, 5.
III, 20: = II, 10.
III, 21: = II, 9.
III, 22: R. Smend, U. Luz, Gesetz. Stuttgart – Berlin – Köln – Mainz 1981.
III, 23: = III, 4.
III, 24a: E. L. Ehrlich, Geistige und religiöse Strömungen im heutigen Judentum, in: Münchener Akademie-Schriften (Katholische Akademie in Bayern, hrsg. von F. Henrich), Bd. 47, München 1969.
III, 24b: = III, 24a.
III, 24c: = I, 3.
III, 25: R. Gradwohl, Die Worte aus dem Feuer. Wie die Gebote das Leben erfüllen, Freiburg/Basel/Wien ^{2}1978.
III, 26: = III, 25.

IV. Feier des Bundes in Familie und Gemeinde

IV, 1: B. Uhde, Zum Verständnis von „Bund" (berith) im rabbinischen Judentum = G. Biemer: s. II, 14, 248-256.
IV, 2: = II, 10.
IV, 3: Allgemeine jüdische Wochenzeitung XXXVII. Jg., Nr. 14, vom 2. 4. 1982, S. 11.
IV, 4: = II, 12.
IV, 5: II. Vatikanum, Die dogmatische Konstitution über die Kirche. „Lumen Gentium", Art. 41, zit. nach K. Rahner, H. Vorgrimler, Kleines Konzilskompendium. Herder Tb. 270 – 271, 173.
IV, 6: II. Vatikanum, Die Erklärung über die christliche Erziehung „Gravissimum educationis", Art. 3 – 4 = K. Rahner, H. Vorgrimler: s. IV, 5, 338 – 340.
IV, 7: Gemeinsame Synode der Bistümer in der Bundesrepublik Deutschland. Beschlüsse der Vollversammlung. Hrsg. von L. Bertsch u.a., Freiburg – Basel – Wien, 1976.
IV, 8: P. P. Grünewald, Im ewigen Kreis. Im jüdischen Kalenderjahr, Bern 1980.
IV, 9: = II, 10.
IV, 10: = III, 6.
IV, 11: = III, 6.
IV, 12: = III, 6.
IV, 13: = III, 6.
IV, 14: = III, 6.
IV, 15: = II, 5.
IV, 16: = III, 25.
IV, 17: = II, 12.
IV, 18: = II, 10.
IV, 19: = II, 10.
IV, 20: = II, 12.
IV, 21: = II, 12.
IV, 22: = II, 12.

V. Wurzeln des Christentums im Judentum

V, 1: Erklärung der deutschen Bischöfe „Über das Verhältnis der Kirche zum Judentum" (28. April 1980).
V, 2: L. Swidler, Der Jude Jesus. Theologische Implikationen für Christen, in: B. Rübenach (Hrsg.), Begegnungen mit dem Judentum, Stuttgart – Berlin 1981, 201 – 211.
V, 3: P. Fiedler, Neutestamentliche Verhältnisaussagen über Israel/Kirche = G. Biemer: s. II, 14, 40 – 52.

VI. Gemeinsamkeiten und Unterschiede von Christentum und Judentum

VI, 1: G. Biemer, P. Fiedler, Das Rahmenmodell einer Verhältnisbestimmung von Christen/Juden = G. Biemer: s. II, 14, 33–35.

VI, 2: K.-H. Minz, Versuch einer systematisch-theologischen Begründung der Kategorien „Gott, Bund, Land, Volk, Hoffnung–Zukunft" aus der Juden und Christen gemeinsamen heilsgeschichtlichen Perspektive = G. Biemer: s. II, 14, 67–78.

VI, 3: P. Fiedler, Juden und Christen – das Verhältnis der Kinder des Gottes Abrahams. In: Konradsblatt, 66. Jg., Nr. 13, 28. 3. 1982, 13.

VI, 4: = II, 5.

VI, 5: Papst Johannes Paul II., Enzyklika Laborem exercens, zit. nach: Der Wert der Arbeit und der Weg zur Gerechtigkeit, Freiburg–Basel–Wien 1981.

VI, 6: F. Mußner, Traktat über die Juden, München 1979.

VI, 7: Das Kaddisch, zit. nach: Jüdische Gebetstexte, in: Das Vaterunser: s. II, 2, 43f.

VI, 8: Gotteslob, Stuttgart 1975.

VI, 9: J. H. Newman, Über die Entwicklung der Glaubenslehre. Durchgesehene Neuausgabe der Übersetzung von Th. Haecker, besorgt, kommentiert und mit ergänzenden Dokumenten versehen von J. Artz (VIII. Band der Ausgewählten Werke von John Henry Kardinal Newman, hrsg. von M. Laros, W. Becker, J. Artz), Mainz 1969.

VI, 10: G. Biemer, A. Biesinger, Theologie im Religionsunterricht, München 1976.

VI, 11: Theologische Schwerpunkte des jüdisch-christlichen Gesprächs. Arbeitspapier des Gesprächskreises „Juden und Christen" des Zentralkomitees der deutschen Katholiken vom 24. 4. 1979.

VI, 12: F. Rosenzweig, Briefe, hrsg. von E. Rosenzweig, Berlin 1935 [vgl. = I, 13].

VI, 13: J. Neuner, H. Roos, Der Glaube der Kirche in den Urkunden der Lehrverkündigung, hrsg. von K. Rahner, 6. unveränderte Auflage, Regensburg 1961.

VI, 14: = VI, 13.

VI, 15: = VI, 13.

VI, 16: = VI, 13.

VI, 17: J. Ratzinger, Einführung in das Christentum. Vorlesungen über das Apostolische Glaubensbekenntnis, München 1968.

VI, 18: = I, 13.

VI, 19: = II, 11.

VI, 20: G. Biemer, Ausblick auf die religionspädagogische Praxis = G. Biemer: s. II, 14, 127–133.

VI, 21: Lobpreis aus dem Schott, Ausgabe 1956 (frei formuliert von A. Biesinger).

VI, 22: Exultet in der Osternacht vgl.: Der große Sonntagsschott für die Lesejahre A–B–C. Freiburg–Basel–Wien o.J.

VII. Zuordnungsmodelle von Christentum und Judentum

VII, 1: G. Biemer, P. Fiedler, Systematisch-theologische Aussagen über das Verhältnis von Christentum und Judentum = G. Biemer: s. II, 14, 54–62.

VII, 2: K. S. Frank, „Adversus Judaeos" in der Alten Kirche. In: B. Martin/E. Schulin (Hrsg.), Die Juden als Minderheit in der Geschichte, München 1981, 30–45.

VII, 3: R. Ruether, Nächstenliebe und Brudermord. Die theologischen Wurzeln des Antisemitismus (Abhandlungen zum christlich-jüdischen Dialog, hrsg. von H. Gollwitzer, Bd. 7), München 1978.

VII, 4: J. Blank, Das Evangelium nach Johannes. 3. Teil (Geistliche Schriftlesung 4/3), Düsseldorf 1977.

VII, 5: M.-L. Gubler, Juden und Christen – die fremden Brüder, Stuttgart 1981.

VII, 6a: E. L. Ehrlich, Judenfeindschaft. Von der Spätantike bis zum frühen Mittelalter, Wien 1980.

VII, 6b: R. Bernstein, Quellen zur jüdischen Geschichte. Von den Anfängen bis ins Zeitalter der Emanzipation, Stuttgart 1973.

VII, 7: = VII, 6b.

VII, 8: F. Graus, Judenpogrom im 14. Jahrhundert: Der Schwarze Tod – B. Martin/E. Schulin: s. VII, 2, 68–84.

VII, 9: K. Deppermann, Judenhaß und Judenfreundschaft im frühen Protestantismus = B. Martin/E. Schulin: s. VII, 2, 110–130.

VII, 10: H.-A. Raem (Hrsg.), Katholische Kirche und Nationalsozialismus. Eine Quellensammlung für den Katholischen Religionsunterricht an weiterführenden Schulen, Paderborn 1980.

VII, 11: = VII, 1.

VII, 12: = VI, 11.

VII, 13: = VI, 11.

VIII. Vorurteile gegenüber Juden und Judentum

VIII, 1: A. Biesinger, nach Dok VIII, 8.

VIII, 2: Earl E. Davis, Definition des sozialen Vorurteils. In: I, 15, 143f.

VIII, 3: U. Reck; vgl. H. A. Sallen, Zum Antisemitismus in der Bundesrepublik Deutschland, Frankfurt 1977.

VIII, 4: P. Fiedler, Religiöse Vorurteile Juden gegenüber – ein Test.

VIII, 5: M. Horkheimer, Th. W. Adorno, Dialektik der Aufklärung. Philosophische Fragmente. Fischer Tb. 6144, Frankfurt a.M. 1978.

VIII, 6: Th. W. Adorno, Studien zum autoritären Charakter, Suhrkamp Tb. 107.

VIII, 7: = VIII, 6.

VIII, 8: Th. van Vugt, Stellenwert und Behandlung des Vorurteils im Religionsunterricht. Dargestellt am Paradigma Antisemitismus, Zulassungsarbeit für das Theologische Diplom, Freiburg 1982.

VIII, 9: G. Biemer, Erziehung zum christlich-jüdischen Dialog in einer pluralistischen Gesellschaft, in: Freiburger Rundbrief XXXI (1979) 8–15.

IX. Gemeinsame Aufgaben von Christen und Juden

IX, 1: K. Lehmann, Was ist der Mensch? – eine theologische Antwort, in: Humanismus und Schule. Fragen und Antworten unserer Zeit (Schriftenreihe des Arbeitskreises für katholische [Privat-]Schulen 13), München 1972, 24–26.

IX, 2: M. Buber, Die Schriften über das dialogische Prinzip, Heidelberg 1954.

IX, 3: Papst Johannes Paul II., Ansprache an die Vertreter der Juden im Dommuseum in Mainz am 17. 11. 1980, in: Sekretariat der Deutschen Bischofskonferenz (Hrsg.), Predigten und Ansprachen von Papst Johannes Paul II. bei seinem Pastoralbesuch in Deutschland sowie Begrüßungsworte und Reden, die an den Heiligen Vater gerichtet wurden (Verlautbarungen des Apostolischen Stuhls 25A), 3. veränderte Auflage, o.J. 104f.

IX, 4: = VII, 12.

IX, 5: Ansprache von Papst Johannes Paul II. an die Delegierten der Bischofskonferenzen für die Beziehungen zum Judentum (6. 3. 1982) zit. nach: Freiburger Rundbrief XXXIV (1982) 3f.

Aufbaukurs „VOLK“

V 1: = VI, 6.

V 2: = III, 6.

V 3: Tatsachen über Israel. Hrsg. von der Informationsabteilung beim Außenministerium, Jerusalem 1977.

V 4: E. L. Ehrlich, Die Zukunft des jüdischen Volkes in der biblischen Verkündigung = G. Biemer u. a.: s. III, 4, 291–303.

V 5: E. L. Ehrlich, Geschichte Israels von den Anfängen bis zur Zerstörung des Tempels (70 n. Chr.) (Sammlung Göschen 2217), Berlin–New York ^{2}1980.

V 6: = VI, 6.

V 7a: = VI, 6.

V 7b: = I, 13.

V 8a: N. N. Glatzer, Anfänge des Judentums, Gütersloh 1966.

V 8b: J. Maier, Grundzüge der Geschichte des Judentums im Altertum, Darmstadt 1981.

V 9: = V 8b.

V 10: = I, 3.

V 11: Sh. Safrai, Das jüdische Volk im Zeitalter des Zweiten Tempels (Information Judentum, 1), Neukirchen-Vluyn 1978.

V 12: = I, 3.

V 13: = I, 3.

V 14: = I, 3.

V 15: = I, 19.

V 16a: = I, 19.

V 16b: = I, 3.

V 17a: = I, 19.

V 17b: = I, 3.

V 18: E. Sterling, Judenhaß. Die Anfänge des politischen Antisemitismus in Deutschland (1815–1850), Stuttgart 1969.

V 19: = I, 3.

V 20: = III, 24a.

V 21: = VII, 3.

V 22: = VII, 6b.

V 23a: = VII, 6b.

V 23b: = I, 3.

V 24: = I, 3.

V 25: = VII, 6b.

V 26a: = I, 3.

V 26b: = VII, 6b.

V 27: = I, 3.

V 28: Röm 11, 28–32.

V 29: = VII, 10.

V 30: Frankfurter Allgemeine Zeitung, Nr. 249 v. 25. 10. 80, „Ein Requiem für Hitler". Kardinal Bertram und der deutsche Episkopat im Dritten Reich. Klaus Scholder.

V 31: Brief Papst Pius' XII. an Bischof Preysing von Berlin (30. 4. 1943): Lettres de Pie XII aux évêques allemands 1939-1944 (Actes et documents du Saint Siège relatifs à la seconde guerre mondiale. Ed. par P. Blet, A. Martini, B. Schneider, ^{2}), Città del Vaticano 1966, 318-327 (Nr. 105).

V 32: Allgemeine jüdische Wochenzeitung XXXV. Jg., Nr. 52, vom 26. 12. 1980.

V 33: B. Ehrlich, Hilfe an Juden als Widerstandsakt im 3. Reich (Zulassungsarbeit zur 1. Dienstprüfung . . . an der PH Lörrach), 1975.

V 34a: Nelly Sachs, Fahrt ins Staublose, Frankfurt 1961.

V 34b: Y. Ilsar, Theologische Aspekte des Holocaust, in: Freiburger Rundbrief XXXII (1980) 33–40.

V 35: J. B. Metz, Ökumene nach Auschwitz. Zum Verhältnis von Christen und Juden in Deutschland, in: E. Kogon/J. B. Metz (Hrsg.), Dimensionen des Massenmords am jüdischen Volk, Freiburg/Basel/Wien 1979, 121–144.

V 36: = IV, 7.

V 37: K.-H. Minz, Das Volk Gottes in christlichem Verständnis = G. Biemer u. a.: s. III, 4,273–281.

V 38a: P. Antes, Aspekte der südamerikanischen Befreiungstheologie, in: G. Stephenson (Hrsg.), Der Religionswandel unserer Zeit im Spiegel der Religionswissenschaft, Darmstadt 1976, 54–66.
V 38b: E. Cardenal, Das Buch von der Liebe. Lateinamerikanische Psalmen (GTS 168), Gütersloh 91981.
V 39a: Freiburger Rundbrief XVIII (1966) 61.
V 39b: Karfreitag, Große Fürbitten: Der große Sonntagsschott: s. VI, 24.
V 39c: = V, 1.

Aufbaukurs „LAND“

L 1: = V 4
L 2: Die fünf Bücher der Weisung. Verdeutscht von Martin Buber gemeinsam mit Franz Rosenzweig (Die Schrift, 1), 9., abermals durchgesehene und verbesserte Auflage der neubearbeiteten Ausgabe von 1954, Heidelberg 1976.
L 3: Hos 11; Jes 43, 1–7.
L 4: = III, 6.
L 5a: H. Haag, Biblisches Wörterbuch (Herderbücherei 394), Freiburg 1971.
L 5b: = V 5.
L 6: = V 5.
L 7: = V 5.
L 8: 2 Kön 25, 8–12; Esra 1, 1–5.
L 9: = V 11.
L 10: = V 5.
L 11: = V 8b.
L 12a: = V 8b.
L 12b: E. Otto, Jerusalem – die Geschichte der heiligen Stadt (Urban-Tb. 308), Stuttgart u.a. 1980.
L 13a: Carta-Atlas zur Geschichte Israels. Vergangenheit und Gegenwart im Überblick, Jerusalem 1977.
L 13b: J. J. Landau, Israel. Ein Reise- und Kulturführer, Königstein/Ts. 1979.
L 14: = L 12b.
L 15: M. Krupp, Zur Siedlungsgeschichte in Palästina/Israel, in: M. Stöhr (Hrsg.), Zionismus. Beiträge für Diskussion (Abhandlungen zum christlich-jüdischen Dialog, 9), München 1980, 43–67.
L 16: E. L. Ehrlich, Über die Befreiungsbewegung des jüdischen Volkes: Der Zionismus = G. Biemer u. a.: s. III, 4, 311–318.
L 17: H. J. Heil, Die neuen Propheten, Fürth-Erlangen 1969.
L 18: = L 15.
L 19: = L 17.
L 20: Th. Herzl, Zionistische Schriften, Berlin 31934.
L 21a: Im Anfang der zionistischen Bewegung. Eine Dokumentation auf der Grundlage des Briefwechsels zwischen Theodor Herzl und Max Bodenheimer von 1896 bis 1905. Bearbeitet von Henriette Hannah Bodenheimer, Stuttgart 1965.
L 21b: Th. Herzl, *Wenn ihr wollt, ist es kein Märchen.* Altneuland/Der Judenstaat. Hrsg. und eingel. von J. Schoeps, Jüdischer Verlag 1978.
L 22: = L 15.
L 23a: = I, 1.
L 23b: M. Stöhr, Zionismus – eine Befreiungsbewegung? = M. Stöhr: s. L 15, 7–16.
L 24: = L 15.
L 25: =V 3.
L 26: = L 16.
L 27: D. F. Green, Arabische Theologen über die Juden und Israel. Auszüge aus den Akten der vierten Konferenz der Akademie für Islamische Forschung (Kairo 1968), Genf 31976.

L 28: = L 16.
L 29: Jean Améry, Der ehrbare Antisemitismus = M. Stöhr: s. L 15, 68–85.
L 30: I. Maisch, Die Thematik des „Landes“ in christlicher und jüdischer Sicht – G. Biemer: s. II, 14, 258–264.
L 31: = L 30.
L 32: = L 30.
L 33: = L 30.
L 34: = L 30.
L 35: K.-H. Minz, „Land“ als theologische Kategorie = G. Biemer u. a.: s. III, 4, 281–290.
L 36: Paul Celan, Die Niemandsrose, Frankfurt 1963; zitiert in: E. B. Cameron, Paul Celan, Dichter des Imperativs. Ein Brief, in: Bulletin des Leo Baeck Instituts 59 (1981) 55–91.

8. Register

8.1 Sachregister/Glossar

Die Umschrift hebräischer Begriffe wurde nicht vereinheitlicht.
Mit ff. wird angezeigt, daß ein Begriff jeweils bis zum Ende des entsprechenden (Unter-)Abschnitts erörtert wird.

8.2 Personenregister